YOGA VASISHTHA

BAND 2

YOGA VASISHTHA

BAND 2

Kapitel VI: Über die Befreiung

In der Übersetzung von

SWAMI VENKATESANANDA

Yoga Vidya Verlag

Originalausgabe:
Vasishtha's Yoga by Swami Venkatesananda

1. Auflage 2013 der deutschen Übersetzung

Herausgegeben vom Berufsverband der Yoga Vidya Lehrer e.V.
Yogaweg 7, 32805 Horn-Bad Meinberg, Deutschland

Weitere Sach- und Fachbücher sind zu beziehen über:
Yoga Vidya Verlag GmbH, Yogaweg 7, 32805 Horn-Bad Meinberg, Deutschland
Tel. 05234/87-2209, Fax – 2225, shop@yoga-vidya.de, www.yoga-vidya.de

Printed in Germany

ISBN 978-3-931854-95-9

Inhalt

Gebet

yatah sarvani bhutani pratibhanti sthitani ca
yatrai vo pasamam yanti tasmai satyatmane namah (1)
jnata jnanam tatha jneyam drasta darsana drsyabhuh
karta hetuh kriya yasmat tasmai jnaptyatmane namah (2)
sphuranti sikara yasmad anandasya mbare vanau
sarvesam jivanam tasmai brahmanandatmane namah (3)

Wir verneigen uns vor dieser Wirklichkeit,
in welcher alle Elemente
und alle belebten und unbelebten Wesen erstrahlen,
als hätten sie eine unabhängige Existenz,
und in welcher sie eine Zeitlang existieren,
um wieder mit ihr zu verschmelzen.

Wir verneigen uns vor diesem Bewusstsein,
welches die Quelle der scheinbar unterschiedlichen Dreiheit
des Wissenden, des Wissens und des Gewussten,
des Sehers, des Sehens und des Gesehenen,
des Täters, des Tuns und des Getanen ist.

Wir verneigen uns vor dieser absoluten Seligkeit
(dem Ozean der Seligkeit),
die das wahre Leben aller Wesen ist,
deren Glück und Wohlergehen
aus einem einzigen Wasserspritzer
dieses Ozeans der Seligkeit
hervorgegangen sind.

Kapitel VI: Über die Befreiung

Bhagavān Sri Ramana Maharshi sagte:

Cidābhāsa ist das Gefühl des Selbst, welches als Leuchten des Gemüts erscheint. Das eine wird drei, die drei werden fünf, und die fünf werden zu vielen. Dies bedeutet, dass das reine Selbst (*sattva*, das als eines erscheint) durch Kontakt zu dreien wird (*sattva, rajas und tamas*). Mit diesen dreien dann treten wiederum die fünf Elemente ins Dasein, und mit diesen das gesamte Universum. Dies erzeugt die Illusion, dass der Körper das Selbst ist. In Begriffen von Raum oder Himmel (akasha) wird dies mit drei Kategorien erklärt, wie sie in der Seele widerspiegelt sind, nämlich die grenzenlose Welt des reinen Bewusstseins, die grenzenlose Welt des mentalen Bewusstseins und die grenzenlose Welt der Materie (cidakasha, cittakasha und bhutakasha). Wenn das Gemüt (citta) in seine drei Aspekte geteilt wird, nämlich Verstand, Intuition und den Erzeuger des „Ich" (manas, buddhi und Ahamkara), wird es das innere Organ oder antahkarana genannt. Karanam bedeutet upakaranam. Beine, Hände und die anderen Organe des Körpers werden bāhyakarana oder äußere Organe genannt, während die Sinne (indriyas), die innerhalb des Körper arbeiten, antahkaranas oder innere Organe genannt werden. Das Gefühl des Selbst oder das Leuchten des Gemüts, welches mit diesen inneren Organen arbeitet, nennt man die individuelle Seele oder jīva. Wenn das mentale Bewusstsein, welches eine Widerspiegelung des fühlbaren oder greifbaren Aspektes des reinen Bewusstseins ist, die Welt der Materie wahrnimmt, wird es mentale Welt (mano akasha) genannt, aber wenn es den fühlbaren Aspekt des reinen Bewusstseins wahrnimmt, wird es totales Bewusstsein (cinmaya) genannt. Aus diesem Grunde wird gesagt: „Das Gemüt ist die Ursache von Bindung und Befreiung des Menschen." Das Gemüt erzeugt viele Illusionen.

Sobald diese Wahrheit durch die Selbst-Erforschung bestätigt wird, löst sich die Vielfalt in Fünf auf, die Fünf in Drei, und diese wiederum in Eines. Nimm an, du hast Kopfschmerzen – wenn sie durch Einnehmen der Medizin verschwinden, verbleibst du als das, was du ursprünglich warst; der Kopfschmerz ist wie die Illusion, dass der Körper das Selbst ist. Sie verschwindet, sobald die Medizin namens Selbst-Erforschung verabreicht worden ist.

Es ist wahr, dass diese Erkenntnis nur für reife, nicht für unreife, Gemüter möglich ist. Für letztere schreiben die Schriften die innere Wiederholung eines Mantras (Japa), die Verehrung von Gottesbildern, die Atemkontrolle (Pranayama), die Visualisierung von Lichtsäulen und ähnliche yogische, spirituelle und religiöse Praktiken vor. Mit Hilfe dieser Praktiken werden die Menschen dann allmählich reif und erkennen schließlich das Selbst durch Selbst-Erforschung.

VI.1:1 VALMIKI sprach:

Der Weise Vasishtha hatte die Lehren, die im Upashama Prakaranam enthalten waren, beendet und äußerte die Worte: „O Rāma, du hast das Upashama Prakaranam vernommen – höre nun den Abschnitt an, der von der Befreiung handelt.“ Sämtliche Könige und Weisen, die sich am Hofe befanden, waren tief beeindruckt von den Darlegungen des großen Weisen Vasishtha. Mit ihrer ganzen Aufmerksamkeit hingen sie an seinen Worten und Gebärden und wirkten eher wie die gemalten Figuren eines Bildnisses als lebendige, menschliche Wesen. Und es schien, als seien sogar die Sonne, die Luft, die Vögel und die wilden Tiere – die gesamte Natur – gänzlich vom Anhören der Darlegung des Weisen in Anspruch genommen, indem ihre Seelen sich in die erhabene Darstellung der Natur des innersten Selbst versenkten.

Als die Sonne unterging, erklang der Palast plötzlich vom Schall der Trommeln und Trompeten. Einige Augenblicke lang ertränkte dieser die Stimme des Weisen Vasishtha. Als der Klang der Trommeln, Trompeten und Muschelhörner schließlich erstarb, stellte der Weise Rāma die folgende Frage:

VASISHTHA sprach:

Ich habe dir hiermit ein aus Worten gewobenes Netz, deutend auf die höchste Wahrheit, gegeben. Fange den Vogel deines Gemüts mit Hilfe dieses Netzes und lass ihn dann in deinem Herzen ruhen. So wirst du die Selbsterkenntnis erlangen. O Rāma, hast du diese Wahrheit, die ich dir mitgeteilt habe, in dein Innerstes aufgenommen, auch wenn sie mit verschiedenen Verbildlichungen und Ausdrücken durchsetzt war – so wie der sprichwörtliche Schwan fähig ist, die mit Wasser versetzte Milch vom Wasser zu scheiden und nur die Milch zu trinken?

Du solltest diese Wahrheit wieder und wieder von Anfang bis Ende kontemplieren, über sie nachdenken und den durch sie vorgegebenen Pfad entlang wandern, o du Edler. Auch wenn du mit den verschiedensten Tätigkeiten befasst bist, werden sie dich nicht binden, wenn dein Gemüt mit dieser Wahrheit gesättigt ist. Andernfalls wirst du fallen – so wie der Elefant von der Klippe stürzt. Außerdem – wenn du diese Lehre nur für deine intellektuelle Unterhaltung verwendest, aber in deinem Alltag nicht lebst, dann wirst du wie der blinde Mann taumeln und stürzen.

Um den Zustand der Vollkommenheit oder der Befreiung, wie er durch mich gelehrt worden ist, zu erlangen, musst du ein Leben der Nicht-Anhaftung annehmen und tun, was immer im Augenblick auf dich zukommt. Sei versichert, dass dies in den Lehren aller Schriften der entscheidende Faktor ist.

Als das Zeichen zur Verabschiedung gegeben wurde, verließen alle Könige und Weisen die Versammlung, um sich in ihre Wohnräume zu begeben. Sie kontemplierten die Lehren Vasishthas und diskutierten sie untereinander und verbrachten nur einige wenige Stunden angenehmen, tiefen Schlafes.

VI.1:2 VALMIKI fuhr fort:

Schon bald begann die Dunkelheit zu weichen, so wie die mentale Konditionierung beim

Aufstieg des inneren Erwachens zu weichen beginnt. Lichtstrahlen vom östlichen Horizont beleuchteten die östlichen und westlichen Bergspitzen.

Rāma, Lakshmana und alle anderen erwachten zu dieser gesegneten Stunde und vollführten ihre morgendlichen religiösen Riten. Dann begaben sie sich zur Einsiedelei des Weisen Vasishtha. Sie entboten ihre Verehrung, fielen zu seinen Füßen und folgten ihm zum königlichen Hof. Obwohl der gesamte Hof mit Publikum angefüllt war, herrschte eine Stille, in der man eine Stecknadel fallen hören konnte. Die Luft des Versammlungssaales war wiederum erfüllt von himmlischen Wesen und Weisen, die Vollkommenheit erlangt hatten. Alle Anwesenden nahmen wie zuvor ihre Plätze ein. Rāma blickte mit Innigkeit dem Weisen Vasishtha ins Antlitz.

VASISHTHA sprach:

Rāma, erinnerst du dich an das, was ich dir bis jetzt gesagt habe und an die Worte, die fähig sind, die Erkenntnis der Wahrheit oder die Selbsterkenntnis wachzurufen? Ich werde dir nun erläutern, wie die Vollkommenheit dauerhaft herbeigeführt werden kann.

Durch Zufluchtnehmen zur Leidenschaftslosigkeit (d.h. zum unkonditionierten Gemüt) und durch ein klares Verständnis der Wahrheit kann dieser Ozean von Samsara (die Bindung an Leben und Tod) überquert werden. Bemühe dich daher nachhaltig im Sinne dieses Strebens. Sobald die Wahrheit klar wahrgenommen wird und Missverständnisse vollständig beseitigt sind, wird durch die Auflösung sämtlicher latenten Neigungen oder mentalen Konditionierung schließlich der sorgenfreie Zustand erlangt.

Nur das eine unendliche Sein oder kosmische Bewusstsein existiert. Es ist weder berührt von den Konzepten von Zeit und Raum noch der Polarisierung und Teilung unterworfen. Nur das Unendliche allein existiert und hat irgendwie die Dualität angenommen. Wenn jedoch das Unendliche nicht geteilt werden kann, wie kann dann die Dualität entstehen? Wisse dies, sei frei vom Ich-Sinn, und erfreue dich des Selbst.

Es gibt weder Gemüt, Unwissenheit noch die individuelle Seele – all dies sind Konzepte, die im Schöpfer Brahmā auftauchten. Sämtliche Objekte und auch das Gemüt mit all seinen Wünschen – all dies ist das unendliche kosmische Bewusstsein. Dieses allein leuchtet in der Unterwelt, auf der Erde und im Himmel als das Bewusstsein.

So lange die aus der Unwissenheit geborenen Konzepte existieren, so lange es die Wahrnehmung dessen gibt, was nicht das Unendliche ist, und so lange es die Hoffnung in diese Falle gibt, die man „Welt“ nennt, so lange unterhält man auch die Vorstellungen des Gemüts usw. So lange man den Körper als das „Ich“ ansieht, und so lange man das Selbst mit dem in Verbindung bringt, was man wahrnimmt, so lange man Hoffnung hegt für die Objekte, die man mit dem Gefühl „dies ist mein“ verbindet, so lange gibt es auch die Täuschung, die mit dem Gemüt usw. in Zusammenhang steht.

VASISHTHA fuhr fort:

Die illusorische Wahrnehmung der Existenz des Gemüts usw. besteht nur so lange, als noch nicht mit Hilfe der Weisen, die selbst vollkommen unangehaftet sind, die erhabene Realisierung der Wahrheit erfahren und die mentale Verdrehtheit geschwächt wurde. So lange die Erfahrung dieser Welt noch nicht erschüttert wurde durch die klare Wahrnehmung der Wahrheit, so lange erscheint die Existenz des Gemüts usw. als selbstverständlich. Diese Vorstellung besteht so lange, wie es aufgrund des Verlangens nach objektiven Erfahrungen eine blinde Abhängigkeit und als Konsequenz daraus mentale Verrücktheit und Täuschung gibt.

Im Falle derjenigen jedoch, die nicht von Vergnügungen angezogen werden, deren Herzen aufgrund ihrer Reinheit kühl sind, und die den Käfig des Verlangens, der Wünsche und Hoffnungen zertrümmert haben, hört die irreführende Vorstellung der Existenz des Gemüts auf. Wie kann in demjenigen, der sogar seinen Körper als die irrige Erfahrung einer Nicht-Wesenheit versteht, noch ein Gemüt auftauchen? Wer diese Vision des Unendlichen hat, und in wessen Herzen die Welterscheinung verschwunden ist, der unterhält nicht mehr die täuschenden Ideen des jīva usw.

Wisse, dass sobald die falschen Wahrnehmungen an ein Ende gelangt sind und die Sonne der Selbsterkenntnis im Herzen aufgegangen ist, das Gemüt zu einem Nichts wird. Es wird nicht mehr gesehen – wie verbrannte trockene Blätter. Der Zustand des Gemüts der Befreiten, die noch leben und die gleichzeitig die höchste Wahrheit und die relative Existenz zu sehen vermögen, wird als *sattva* bezeichnet (Transparenz). Es ist unrichtig, dies als Gemüt zu bezeichnen – in Wahrheit ist es *sattva*. Diese Wissenden sind gemütslos und befinden sich in einem Zustand perfekten Gleichgewichts – sie leben ihr irdisches Leben auf eine spielerische Weise. Die ganze Zeit über nehmen sie in ihrem Innern das Licht wahr, auch dann, wenn sie mit den verschiedensten Beschäftigungen befasst zu sein scheinen. Konzepte der Dualität, der Einheit oder andere dieser Art tauchen nicht in ihnen auf, da es keinerlei Neigungen mehr in ihren Herzen gibt. Der Same der Täuschung ist im Zustand von *sattva* verbrannt und lässt die Täuschung nie wieder entstehen.

O Rāma, du hast nun den Zustand von *sattva* erlangt – dein Gemüt wurde im Feuer der Weisheit verbrannt. Worin besteht diese Weisheit? Sie besteht darin, dass das unendliche Brahman in der Tat das unendliche Brahman ist –die Welterscheinung ist nichts als eine Erscheinung, deren Realität Brahman ist. Die Erscheinung (wie beispielsweise dein Körper als „Rāma") ist nicht-fühlend, unwirklich. Ihre Realität ist die Realität ihres Substrates, welches Bewusstsein ist. Weshalb trauerst du also? Wenn du jedoch zu empfinden vermagst, dass all dieses nur Bewusstsein ist, dann gibt es keinerlei Notwendigkeit für das Entstehen von Vielfalt in dir. Erinnere dich an deine essenzielle Natur als das unendliche Bewusstsein. Gib die Vorstellung der Verschiedenheit auf. Du bist was du bist – sogar dies ist noch ein Konzept, denn in Wahrheit bist du das selbstleuchtende Sein hinter allem. Grüße an Dich, o kosmisches Wesen, der du das unendliche Bewusstsein bist.

VI.1:3 VASISHTHA fuhr fort:

Du bist der Ozean des Bewusstseins, in dem die zahllosen großen und kleinen Wellen erscheinen, die man „Universen" nennt. Du bist in der Tat jenseits des Zustandes von Sein und

Nicht-Sein, die beide bloße Konzepte des Gemüts sind. Gehe jenseits dieser Konditionierung und so jenseits aller Dualität. Wie können in dir noch Neigungen und Begrenzungen existieren? Alle diese Konzepte (wie „dies ist eine latente Neigung oder Begrenzung“ und „dies ist ein jīva oder eine lebendige Seele“) tauchen im Bewusstsein auf – wie können sie dann vom Bewusstsein verschieden sein? Und wenn doch – wie können wir dann sagen, dass sie im Bewusstsein auftauchen?

Das, was man „Rāma“ nennt, ist in Wahrheit nichts anderes als der herrliche und unendliche Ozean, in dem die zahllosen Universen wie große und kleine Wellen erscheinen und verschwinden. Verbleibe im Zustand vollkommenen Gleichmuts. Du bist wie der unendliche Raum. Feuer ist untrennbar von der Hitze, Duft ist untrennbar vom Lotos, Schwärze ist untrennbar vom Collyrium (medizinisches Augenwasser), Weiße untrennbar vom Schnee, Süße untrennbar vom Zuckerrohr und Licht untrennbar vom Leuchtenden. Auf dieselbe Weise ist das Erfahren untrennbar vom Bewusstsein. So wie die Wellen untrennbar vom Ozean sind, so sind die Universen untrennbar vom Bewusstsein.

Das Erfahren ist nicht verschieden vom Bewusstsein, der Ich-Sinn ist nicht verschieden vom Erfahren, der jīva ist nicht verschieden vom Ich-Sinn, und das Gemüt ist wiederum nicht verschieden vom jīva (nicht verschieden oder untrennbar). Die Sinne sind nicht verschieden vom Gemüt, der Körper nicht verschieden von den Sinnen, die Welt nicht verschieden vom Körper und überhaupt gibt es nichts anderes als diese Welt. Diese Gegenüberstellung voneinander abhängiger Kategorien existiert schon seit einer sehr langen Zeit, und doch hat dies niemand in Szene gesetzt noch vermag jemand zu sagen, ob es seit einer langen oder kurzen Zeit existiert. Die Wahrheit lautet, o Rāma, dass all dies nichts anderes als die Selbst-Erfahrung des Unendlichen ist.

Es gibt die Leere im Leeren, Brahman durchdringt Brahman, die Wahrheit leuchtet in der Wahrheit, und die Fülle erfüllt die Fülle. Der weise Mensch, obschon er in dieser Welt tätig ist, tut nichts, da er nach nichts sucht. Auf dieselbe Weise, o Rāma, verbleibe wie der Raum rein in deinem Herzen, während du äußerlich angemessenen Handlungen nachgehst. In Umständen, die Frohlocken oder Niedergeschlagenheit hervorrufen, verbleibe unberührt von diesen wie ein Holzklotz. Wer sogar demjenigen gegenüber freundlich bleibt, der ihn ermorden will, der sieht die Wahrheit. Jemanden zu verehren, der noch nicht jenseits von Zu- und Abneigungen (rāga und dvesha) ist, ist sinnlos. Nur der, der frei von egoistischer und willentlicher Tätigkeit und gänzlich unangehaftet an alles ist, ist befreit – auch wenn er die ganze Welt zerstört, so hat er in Wahrheit nichts getan.

Derjenige, in dem sämtliche Konzepte und Gewohnheitsmäßigen Neigungen aufgehört haben, hat alle mentalen Konditionierungen und Fesseln überwunden. Er ist wie die Lampe, die kein Öl mehr hat.

VASISHTHA fuhr fort: VI.1:4, 5

O Rāma, das Gemüt, der Intellekt und der Ich-Sinn wie auch die Sinne sind alle ohne unabhängige Intelligenz. Wo können dann der jīva und alles andere wohnen? So wie es nur einen Mond gibt, aber aufgrund eines Augenschadens oder einer Störung des reflektierenden Mediums als zwei oder mehrere erscheint, so ist das Selbst (die innere Intelligenz oder das Bewusstsein) eines, erscheint jedoch aufgrund der durch Gedankenwellen hervorgerufenen Störung als viele.

So wie die Nacht ein Ende nimmt, sobald die Dunkelheit schwindet, so nimmt die Unwissenheit ein Ende, sobald das Gift des Verlangens nach Vergnügen schwindet. Dieser tödliche Virus namens Verlangen nach Vergnügen wird durch die magische Formel der Erläuterungen, wie sie in den Schriften enthalten sind, unverzüglich kuriert. Im selben Moment, da die mentale Verrücktheit und Verdrehtheit an ein Ende gelangt, verschwindet auch das Gemüt mit seinem ganzen Gefolge, so wie die Perlen auf den Boden rollen, wenn die sie verbindende Schnur zerrissen ist. Daher, o Rāma, haben sich diejenigen, die die Schriften aufgeben, ein Leben als Würmer und Ungeziefer erwählt und sich damit in die Selbstzerstörung begeben.

Wenn der Wind nachlässt, wird die Oberfläche des Sees wieder ruhig – und ebenso hört die Unstetigkeit der Augen auf, welche durch die Sehnsucht nach Ehefrau und anderen Objekten des Vergnügens entsteht, wenn die durch Unwissenheit entstandene Erregtheit aufhört. Offensichtlich, o Rāma, hast du diesen Ruhezustand nun erlangt. Du hast meinen Worten aufmerksam gelauscht, und aufgrund dessen wurde in dir der Schleier der Unwissenheit gelüftet. Alle gewöhnlichen Menschen werden durch die Worte ihres Familiengurus tief bewegt – wie sollte es bei jemandem, der wie du eine weite Sicht besitzt, anders sein?

RAMA sprach:

Hoher Herr, durch das Hören deiner Weisheitsworte hat die Welt, die außerhalb von mir erscheint, ihre Wirklichkeit verloren, und mein Gemüt ist nicht mehr. Ich ruhe im höchsten Frieden. Ich nehme die Welt wahr wie sie ist – als das unendliche Bewusstsein, unendlich vor mir ausgebreitet. Alle meine Zweifel sind verschwunden. Ich bin frei von Anziehung und Abstoßung. Ich bin im Natürlichen verankert, ich bin gut (*svasthah*: Ich ruhe im Selbst), und ich bin glücklich. Ich bin Rāma, in dem alle Welten ihre Zuflucht finden. Ich verehre Mich, Ich verehre Dich. Die mentale Konditionierung hat aufgehört. Das Gemüt ist an ein Ende gelangt. Ich sehe das Selbst als Alles-in-allem. Wenn ich an die Vergangenheit denke, lächle ich über die törichten Ideen der Dualität, die ich einmal hatte. All dieses geschah dank deiner nektargleichen Worte. Während ich in dieser Welt lebe, bin ich gleichzeitig in der Welt des Lichts. Dank der Strahlen, die von deinem erleuchteten Herzen als Worte der höchsten Weisheit ausgehen, bin ich hier und jetzt voll höchster Seligkeit.

VI.1:6 VASISHTHA fuhr fort:

O Rāma, du bist mir teuer – daher lege ich dir die Wahrheit noch einmal dar. Höre aufmerksam zu. Gehe zunächst von der Existenz der Vielfalt aus. Dein Bewusstsein wird sich erweitern. Und die Wahrheit, die ich dir nun darlege, wird sogar diejenigen vom Kummer befreien, die noch nicht vollständig erwacht sind.

Wenn einer unwissend ist, dann unterhält er die falsche Idee, dass der Körper das Selbst ist – seine eigenen Sinne werden zu seinen schlimmsten Feinden. Andererseits genießt derjenige, der Selbsterkenntnis besitzt und die Wahrheit kennt, die Freundschaft seiner Sinne, die nun befriedet und beruhigt sind, denn sie schaden ihm nicht mehr. Wer nichts als Abscheu für den physischen Körper und seine Funktionen empfindet, ist ihm gegenüber gewiss nicht nachsichtig und lädt nicht das Leiden ein.

Weder wird das Selbst vom Körper berührt noch ist der Körper auf irgendeine Weise mit dem Selbst in Beziehung – sie sind wie Licht und Dunkelheit. Das Selbst, welches sämtliche Modifikationen und mentalen Verdrehtheiten transzendiert, entsteht nicht und vergeht nicht. Was auch immer geschieht, geschieht diesem Körper, der leblos, unwissend, nicht-fühlend, endlich, verderblich und undankbar ist. Lass diese Dinge einfach geschehen. Wie kann dieser Körper jemals (durch Sinne oder Verstand) das ewigliche Bewusstsein verstehen? Denn sobald das eine als real gesehen wird, hört die Existenz des anderen auf. Wenn daher beider Natur gänzlich verschieden voneinander ist – wie können ihre Erfahrungen von Schmerz und Vergnügen dieselben sein? Da sie keinerlei Beziehung zueinander haben und auch nicht haben können – wie können sie dann miteinander existieren? Sobald das eine erscheint, verschwindet das andere; so wie beim Anbruch der Morgendämmerung die Nacht verschwindet. Selbsterkenntnis kann sich niemals in Selbst-Unwissenheit verwandeln, so wie der Schatten niemals heiß werden kann.

Brahman, der die Wirklichkeit ist, wird nie unwirklich – auch dann nicht, wenn man sich der Vielfalt bewusst ist – noch kann der Körper jemals die Natur des unendlichen Bewusstseins annehmen. Obgleich das Selbst allgegenwärtig ist, wird es vom Körper nicht berührt, so wie der Lotos nicht vom Wasser berührt wird. Auf dieselbe Weise wird auch dieses unendliche Selbst nicht von Bedingtheiten wie Alter, Tod, Vergnügen und Schmerz, Existenz und Nicht-Existenz berührt, die alle dem Körper zugehörig sind. Obgleich all die Körper aufgrund von irregeführtem Verständnis wahrgenommen werden, befinden sie sich alle im unendlichen Bewusstsein – so wie Wellen auf dem Ozean erscheinen. Die Vielfalt und die Eigenart der Erscheinungen beruht auf dem reflektierenden Medium. Die Wahrheit oder das unendliche Selbst wird von all diesem nicht berührt, so wie die Sonne nicht von der Vielfalt und der Bewegtheit ihrer Widerspiegelung in mehreren Spiegeln oder anderen reflektierenden Medien berührt wird.

Wenn die Wahrheit des Selbst verstanden wird, hört die Vorstellung der Unwissenheit betreffend das Selbst unverzüglich auf.

VASISHTHA fuhr fort:

Das korrekte Verständnis des Körpers und der Intelligenz, die im Körper wohnt, befähigt einen dazu, die gesamte Schöpfung in all ihren materiellen und spirituellen Aspekten so leicht zu erkennen, wie man die von einer Lampe beleuchteten Objekte erkennt. Es geschieht nur aufgrund des falschen Verstehens, dass irreführende und falsche Ideen auftauchen und im eigenen Herzen zu wachsen beginnen – Ideen, die gänzlich bar jeder Substanz sind. Benebelt von all diesen falschen Ideen, die in der Abwesenheit des Lichtes wahrer Erkenntnis entstehen, wird man wie ein Grashalm im Wind mal hierhin und mal dorthin getrieben.

Ohne das „Kosten" (die direkte Erkenntnis) der kosmischen Intelligenz streben die Sinne mit allen Kräften danach, ihre Objekte zu erkennen und hoffen vergeblich, durch den Kontakt mit diesen Objekten sinnvolle Erfahrungen machen zu können! Gewiss wohnt die unendliche und unerschöpfliche Intelligenz (Bewusstsein) in all diesen Objekten, jedoch erscheint sie aufgrund des Fehlens der Selbsterkenntnis als unwissend und daher begrenzt und endlich.

Die Lebenskraft und ihre Gefolgschaft funktionieren nur, um die nötige Energie für die Bewegungen zu liefern, die dem Leben innewohnen; es gibt kein anderes Motiv. In Abwesenheit der Selbsterkenntnis ist all das Reden und Schreien der Menschen wie der Lärm einer Schusswaffe! Es führt unvermeidlich zur Zerstörung und dient keinem sinnvollen Endzweck. Narren erfreuen sich der Früchte ihrer Tätigkeiten, ohne zu wissen, dass sie auf einem glühendheißen Felsen ihren Ruhe- und Schlafplatz eingenommen haben.

Die Gesellschaft solcher Narren ist dasselbe, wie in einem Wald auf einem Baum zu sitzen, der gefällt werden soll. Was auch immer du für diese Menschen tust, ist wie das Prügeln der Luft mit einem Stock. Was man ihnen gibt, landet im Dreck, und die Unterhaltung mit ihnen ist so sinnreich wie der Hund, der den Himmel anbellt.

Die Unwissenheit über das Selbst ist die Quelle sämtlicher Katastrophen und Schwierigkeiten. Sage mir doch, o Rāma, ob es eine einzige Schwierigkeit gibt, die nicht der Unwissenheit über das Selbst entspringt? Die gesamte Schöpfung wird von dieser Unwissenheit durchdrungen und hält sie aufrecht. Wer unwissend ist, wird wieder und wieder von schrecklichem Leid heimgesucht und erfährt nur selten etwas Freude. Die Quelle der Sorgen wegen Körper, Wohlstand und Ehefrau hören nicht auf, solange man das Selbst nicht kennt. Denn wer fest daran glaubt, dass der Körper das Selbst ist, für ihn nimmt die Unwissenheit kein Ende. Wie kann dann echte Selbsterkenntnis entstehen? So lange die Unwissenheit herrscht, kommt der Tor immer und immer wieder zu Fall. Sogar die kühlen Strahlen des Mondes erfährt er wie giftige Dämpfe. Die Tore der Hölle stehen weit, weit offen – begierig, ihn zu empfangen.

VASISHTHA fuhr fort:

Es ist nur in den Augen des Narren so, dass die giftige Schlingpflanze den Schmuck verführerischer Augen und perlweißer Zähne trägt. Denn nur in den Herzen der Gottlosen wächst dieser schreckenerregende Baum der Verblendung, die Heimstatt für die zahllosen Vögel der sündhaften Neigungen. Im Urwald seines lasterhaften Herzens tobt das Feuer des Hasses. Sein Gemüt ist überschwemmt von Eifersucht, die wiederum das Unkraut der zerstörerischen Kritiksucht gegenüber anderen entstehen lässt. Der einzige Lotos, den sein Herz kennt, ist die Missgunst, die von den Wespen endloser Kümmernisse heimgesucht wird.

Nur diesen sündigen Narren kommt das zu, was man „Tod" nennt. Geburt und Kindheit führen zur Jugend, die Jugend zum Alter, und das Alter endet im Tod – all dieses wird wiederholt vom Unwissenden erfahren. Der unwissende Mensch ist wie ein mit dem Seil, genannt Welt, gebundener Topf, mit dem er in den toten Brunnen des Samsara hinunter gelassen und im nächsten Moment wieder emporgezogen wird. Dieser Ozean der Welterscheinung ist für den Weisen wie der Huftritt eines Kälbchens und für den Unwissenden ein unergründlicher und endloser See der Kümmernisse. So wie ein gefangener Vogel nicht die Freiheit erlangen kann, so ist der an seinen Weltenhunger hingegebene Mensch unfähig, Erlösung von seinen Fesseln zu finden. Sein Gemüt, das von den unzähligen Neigungen und Konditionierungen besudelt ist, ist nicht in der Lage, dieses gewaltige, sich drehende Rad von Leben und Tod klar zu erkennen.

Seine eigene Verblendung überzieht die ganze Welt mit einem Netzwerk illusorischer Beziehungen und Kontakte und trägt so dazu bei, dass er noch tiefer in die Bindung gerät und darin versinkt. Mit einem winzigen Stück Fleisch (dem Auge) sieht der närrische Mensch einen winzigen Teil dieser Erde, den er als Berge, Seen, Wälder und Städte betrachtet. Die Unwissenheit ist wie ein mächtiger Baum, der seine Zweige in alle Richtungen auslädt und zahllose Blätter der illusorischen Objekte erschafft. Auf diesem Baum wohnen wiederum die unzähligen Vögel der Neigungen (die die vielen Erfahrungen des Vergnügens für den Unwissenden darstellen). Geburten sind die Blätter, die Handlungen die Knospen, Verdienst und Mangel die Früchte, Wohlstand und Glück die Blüten.

Diese Unwissenheit ist wie der Mond, der nach dem Untergang der Sonne der Weisheit aufgeht. Die wiederholten Geburten sind die Strahlen des Mondes, und die Unwissenheit ist der Herr der Fehler und Unvollkommenheiten. Neigungen und Gewohnheiten sind die Nektarstrahlen, die von diesem Mond herabgesandt werden, und von diesem Nektar trinken die Vögel der Hoffnungen und Wünsche. Es geschieht in der Finsternis der Unwissenheit, dass der Narr glaubt, er erfahre Vergnügen oder Glück in den Objekten dieser Welt.

Der äußerliche Anschein von Annehmlichkeit und Güte in den Objekten wird durch Unwissenheit verursacht. Denn all diese Objekte haben einen Anfang und ein Ende; sie sind verderblich, sie sind begrenzt.

VASISHTHA fuhr fort: VI.1:7

Wenn du hier strahlende Frauen siehst, die mit Perlen und Juwelen geschmückt sind, dann erblickst du nichts als die von deiner eigenen Täuschung erschaffenen Illusionen – sie sind nur Wellen auf dem Ozean der Lüste. Diese Täuschung lässt in dem, was nur eine Modifikation von Fleisch, Haut, Fett usw. darstellt, Anziehung und verführerische Eigenschaften wahrnehmen und all dies als reizvoll erscheinen; und dank dieser Täuschung werden ihre Brüste als goldene Töpfe und ihre Lippen als Nektarquellen usw. beschrieben.

Aufgrund dieser Illusion sucht man nach Wohlstand und Erfolg, was sich am Anfang für die Dummköpfe süß anfühlt, die aber bald zur Ursache der Gegensatzpaare (Glück und Unglück, Vergnügen und Schmerz, Erfolg und Versagen) werden und schließlich schnell an ihr Ende gelangen. Aus der Jagd nach dem Erfolg erwachsen die zahllosen Verzweigungen des Vergnügens und die unzähligen Verzweigungen des Unglücks.

Diese Täuschung strömt wie ein Fluss seit undenklicher Zeit und ist verschlammt und verdunkelt durch all die nutzlosen Handlungen und Gegenhandlungen. Er lässt wiederholt Geburten entstehen und schwillt aufgrund der bitteren Erfahrungen aus diesen Handlungen, die auf Erfolg und Glück abgezielt waren, immer mehr an.

Alle diese Handlungen haben die Wirkung eines unguten Windes, der eine Wolke von Staub aufwirbelt, deren Partikel physische und mentale Defekte, Alter und die verschiedenen menschlichen Beziehungen sind. All dieses führt zum Tod (oder dem Vergehen der Zeit), der einen unstillbaren und gefräßigen Appetit besitzt und – sozusagen – die Welten verzehrt, sobald sie reif sind.

Die Jugend wird von den Gespenstern der Kümmernisse und Ängste verfolgt, die zu spuken beginnen, wenn der Weisheits-Mond nicht scheint, und sie schreitet unablässig weiter in immer dichter werdende Täuschung. Die eigene Zunge wird im Dienst all der gemeinen und unkultivierten Menschen missbraucht und wird immer schwächer.

In der Zwischenzeit breitet die Armut die tausend Verzweigungen aus und liefert die Früchte von Unglück und harter Arbeit. Und die Gier, die doch leer und ohne jede Substanz und der Todfeind des spirituellen Fortschritts ist, proklamiert ihren Sieg in dieser Finsternis der Täuschung.

Schließlich schleicht sich heimlich die Katze der Senilität an und fängt die Maus der Jugend.

Diese Schöpfung ist substanzlos – und doch erwirbt sie eine falsche Realität. Sie lässt sogar die Früchte des Dharma (rechtschaffenen Lebens) und artha (Streben nach Wohlstand) wachsen. Diese vom Himmel umhüllte und mit den Augen der Sonne und des Mondes ausgestattete Welt wird nur durch die Illusion ihrer Substantialität am Leben erhalten. Im See dieser Welterscheinung blühen die Lilien der Körper, die wiederum von den Bienen der Lebenskräfte besucht werden.

VASISHTHA fuhr fort:

Das morbide Konzept der Welterscheinung ist in den Sinnen gefangen; es ist gebunden durch die Selbst-Begrenzung und Konditionierung sowie die starke Fessel der Hoffnungen und Wünsche. Diese Welterscheinung ist wie eine empfindliche Schlingpflanze, die beständig im Wind des Prana oder der Lebenskraft schwankt und dabei fortwährend alle Arten von Lebewesen ausschüttet, die sie ihrer Vernichtung überlässt.

Es gibt viele edle Seelen, die sich über diesen Morast namens Welterscheinung erhoben haben und, befreit von allen Zweifeln, sich für eine kurze Zeit erfreuen. Es gibt die göttlichen Wesen, die wie Lotosse in der blauen Weite des Firmamentes leben.

In dieser Schöpfung sind die Handlungen wie der Lotos, der von den vergeblichen Bemühungen nach den Früchten dieser Handlungen besudelt ist. Es sind diese Bemühungen, die im Netz der psychologischen Konditionierung gefangen und mit dem unverwechselbaren

Geruch des Dynamismus ausgestattet sind. Jedoch ist diese Welterscheinung nur wie ein kleiner Fisch, der in diesem endlichen Raum in die Existenz tritt und schon bald von dem widerspenstigen und unbesiegbaren alten Geier namens kritanta (Abschluss oder Endergebnis der Handlung) verschluckt wird. Und doch erscheinen alle diese Szenen des Lebens täglich aufs Neue und verschwinden wieder – wie Wellen auf der Oberfläche des Ozeans auftauchen und verschwinden. Der Töpfer, die Zeit, hält alle diese Dinge wie das Töpferrad in ständiger Umdrehung. Unzählige Wälder, genannt Schöpfung, sind schon von diesem Waldbrand, genannt Zeit, in Schutt und Asche gelegt worden. Das ist das Wesen dieser Schöpfung! Aber da die Unwissenden fest an all ihren falschen Ideen festhalten, vermögen weder die Vergänglichkeit dieser Welt noch die harten Schläge, die sie in ihrem Leben erleiden, sie zu erwecken.

Diese psychologische Konditionierung oder Selbst-Begrenzung dauert wie der Körper des Herrschers über die Götter (Indra) den gesamten Weltzyklus über an. Wie zufällig treten dann inmitten von all diesem göttliche Manifestationen auf, in welchen die reinste Natur enthüllt wird.

Während die unbeweglichen Kreaturen still stehend das Mysterium der Zeit kontemplieren, werden die beweglichen von den Zwillingskräften der Anziehung und Abstoßung geschüttelt, von Liebe und von Hass. Sie werden von der entsetzlichen Krankheit namens Vergnügen und Schmerz, Alter und Tod befallen, verlieren ihre Kräfte und gehen zugrunde. Unter den letzteren ertragen die Würmer und das Ungeziefer schweigend und geduldig die Früchte ihrer vergangenen schlechten Taten, als ob sie sie die ganze Zeit kontemplieren würden. Aber die unbemerkbare Zeit (der Tod), welche sogar jenseits der Kontemplation ist, rafft alles und jeden dahin.

VASISHTHA fuhr fort:

Die Bäume, überladen mit Blüten und Früchten, sind wahre Sinnbilder des Elends, die Kälte, Wind und Hitze zu ertragen haben. Gefangen im Lotos, den man Welt nennt, summen die Wesen wie Bienen unaufhörlich und ruhelos umher.

Dieses Universum ist sozusagen die Bettelschale von Kālī (die hier doppelsinnig verwendete weibliche Form von kāla, die Zeit und Tod bedeutet), die Gottheit, deren Natur Tätigkeit und Bewegung ist. Diese Kālī sucht nur danach, die Schale mit all den Wesen der Welt zu füllen und sie wieder und wieder ihrem Herrn darzubieten.

Das Universum kann mit einer alternden Frau verglichen werden. Ihre Haare bestehen aus der Finsternis der Unwissenheit über das Selbst. Sonne und Mond bilden ihre ruhelosen Augen. Ihr inneres und äußeres Wesen enthält die Götter Brahmā, Vishnu, Indra, die Erde, die Berge usw. Die Wahrheit betreffend Brahman das Absolute hütet sie wie einen Schatz, den sie in ihrer Brust verborgen hält. Ihre Mutter ist die Bewusstseinsenergie (oder sie ist die Mutter, die man als Bewusstseinsenergie bezeichnet). Wie eine Wolke ist sie außerordentlich unruhig und unstet. Ihre Zähne sind die Sterne. Morgenröte und Abenddämmerung sind ihre Lippen. Ihre Handfläche ist der Lotos. Ihr Mund ist der Himmel. Ihr Perlenhalsband sind die sieben

Ozeane. Ihr Nabel ist der Pol der Erde. Ihre Körperhaare sind die Wälder. Diese alternde Frau wird wieder und wieder geboren; sie stirbt wieder und wieder.

VI.1:8 All dieses findet im Lichte des Bewusstseins statt. In diesem erscheinen Götter, die während eines Augenblinzelns vom Schöpfer Brahma erschaffen werden, und es finden sich da Wesen, die einfach durch das Augenschließen von Brahmā getötet werden. In diesem höchsten Bewusstsein gibt es Rudras, die Tausende von Lebenszyklen innerhalb eines Augenzwinkerns beginnen und beschließen. Und es gibt andere Gottheiten, die in einem Augenblick Götter wie Rudra erschaffen und vernichten! Gewiss ist eine solche Manifestation unendlich. Wie kann es denn für das unendliche Bewusstsein unmöglich sein, irgendetwas im unendlichen Raum hervorzubringen? Und doch ist all dies nichts als Einbildung, das Ergebnis der Unwissenheit. Sämtliche Reichtümer und alles Unglück, die Kindheit, die Jugend, das Alter und der Tod wie auch das Leiden, und was man das Verlorensein in Glück und Unglück nennt und alles andere – all das ist die Ausdehnung der dichten Finsternis der Unwissenheit.

VASISHTHA fuhr fort:

O Rāma, ich werde dir nun erzählen, wie diese Schlingpflanze namens Unwissenheit sich in sämtliche Richtungen fortentwickelt. Sie gedeiht im Wald der Welterscheinung und wurzelt in den Bergen des Bewusstseins. Die drei Welten sind ihr Körper, das gesamte Universum ihre Haut. Vergnügen und Schmerz, Sein und Nicht-Sein, Weisheit und Unwissenheit sind ihre Wurzeln und Früchte. Wenn diese Unwissenheit die Vorstellung von Freude hat, wird Freude erfahren; wenn sie die Vorstellung von Schmerz hat, wird Schmerz erfahren. Wenn die Vorstellung von Sein vorherrscht, wird Sein erfahren. Wenn die Vorstellung von Nicht-Sein vorherrscht, wird Nicht-Sein erfahren. Diese Unwissenheit wird mit den Mitteln der Unwissenheit selbst vergrößert und führt zu noch größerer Unwissenheit. Sobald sie die Weisheit sucht, wächst und gedeiht sie an Weisheit und wird am Ende selbst zu Weisheit.

Diese Schlingpflanze der Unwissenheit manifestiert sich zu ihrem Zeitvertreib und in ihren verschiedenen psychologischen Zuständen oder Modi. Irgendwann stolpert sie über die (oder kommt in Kontakt mit) Weisheit und wird gereinigt, gerät aber wiederum in die Anhaftung. Sie ist die Quelle sämtlicher Emotionen und Sinneserfahrungen. Ihr Mark besteht aus der Erinnerung an vergangene Erfahrungen. Vicāra oder die Ergründung der Natur des Selbst ist die Termite, die sie zerstört. Die Sterne und Planeten, die am Firmament scheinen, sind ihre Blüten.

Diese Schlingpflanze wird vom Gemüt geschüttelt. Sie wird von den Vögeln der Vorstellung heimgesucht. Die tödlichen Schlangen der Sinne umkreisen sie. In ihr wohnt der Python der verbotenen Handlungen. Sie wird vom Licht des Himmels erleuchtet. Sie ist angefüllt mit dem Unterhalt der Lebewesen. Sie enthält darüber hinaus noch anderes, nämlich all die Dinge, die die Narren in die Irre führen, wie auch die Dinge, die die Weisheit fördern und auch eine endlose Vielfalt an Lebewesen. In ihr befinden sich alle, die geboren sind, die künftig geboren werden, die Toten und die Sterbenden. Manchmal ist diese Schlingpflanze ernstlich beschädigt, dann wieder ist sie gänzlich intakt und wirksam wie im Falle der völlig unreifen Personen. Es ist aber unmöglich, sie ganz zu zerstören. In ihr befinden sich die Vergangenheit, die Gegenwart und die Zukunft. Sie ist das tödliche Gewächs, welches einen besinnungslos macht, welches aber stirbt, sobald es entschlossen untersucht wird.

Diese Schlingpflanze manifestiert alles: Die Sterne und Planeten, die Lebewesen, die Pflanzen, die Elemente, den Himmel und die Erde, die Götter als auch die Würmer und das Ungeziefer. Was auch immer sich in diesem Universum befindet, wird von dieser Unwissenheit durchdrungen. Sobald sie transzendiert wird, erlangst du die Selbsterkenntnis.

RAMA fragte: VI.1:9

Hoher Herr, ich bin von deiner Aussage, dass sogar Götter wie Vishnu und Shiva Teil dieser Unwissenheit oder avidyā seien, verwirrt. Bitte erkläre dies eingehender.

VASISHTHA erwiderte:

Die Wahrheit oder Sein-Bewusstsein-Seligkeit (Satchidananda) befindet sich absolut jenseits von Denken und Verstehen – sie ist höchster Friede und Allgegenwart; sie transzendiert die Vorstellungskraft und jede Beschreibung. Auf natürliche Weise entsteht in ihr die Fähigkeit der Konzeptualisierung. Dieses Selbst-Verstehen wird als dreifach betrachtet, nämlich als subtil, mittel und grob. Der Intellekt, der diese drei erwägt, betrachtet sie als sattva, rajas und tamas. Die drei zusammen bilden das, was man prakriti oder Natur nennt. Avidyā oder Unwissenheit ist prakriti oder Natur, und sie ist dreifach. Dies ist die Quelle aller Wesen – jenseits davon ist das Höchste.

Diese drei Qualitäten der Natur (sattva, rajas und tamas) werden wiederum in die drei Unterkategorien des Subtilen, Mittleren und Groben unterteilt, so dass schließlich neun Kategorien entstehen. Es sind diese neun Qualitäten, die das gesamte Universum bilden.

Die Weisen, die Asketen, die Vollkommenen, die Bewohner der Unterwelten, die himmlischen Wesen und die Götter bilden alle den sāttvischen Teil der Unwissenheit. Unter diesen stellen die himmlischen Wesen und die Bewohner der Unterwelten den groben (tamas), die Weisen den mittleren (rajas), und die Götter Vishnu, Shiva usw. den subtilen Teil dar. Diejenigen, die unter die Kategorie des sattva fallen, werden nicht wiedergeboren – sie gelten als befreit. Sie existieren so lange, wie diese Welt andauert. Die anderen (wie die Weisen), die noch lebend befreit sind (jīvanmukta), werden im Laufe der Zeit ihre Körper verlieren und erreichen dann das Reich der Götter, verbleiben da während der Existenz der Welt und werden danach befreit. So wird aus diesem Teil von avidyā oder Unwissenheit tatsächlich vidyā oder Selbsterkenntnis! Avidyā taucht in vidya auf wie die Wellen auf dem Ozean, und wie Wellen im Ozean wieder vergehen, so löst sich auch avidyā wieder in vidyā auf.

Die Unterscheidung zwischen den Wellen und dem Wasser ist irreal und rein verbal. Ebenso ist die Unterscheidung zwischen Unwissenheit und Erkenntnis irreal und verbal. Es gibt hier weder Unwissenheit noch Erkenntnis! Sobald du aufhörst, Erkenntnis und Unwissenheit als zwei getrennte Entitäten zu sehen, existiert nur noch das, was eben existiert. Die

Reflektion von vidyā in sich selbst wird als avidyā bezeichnet. Sobald diese beiden Ideen aufgegeben werden, verbleibt als einziges die Wahrheit – diese mag etwas oder gar nichts sein! Die Wahrheit ist allmächtig, leerer als der Raum und doch nicht leer, da sie voll von Bewusstsein ist. Wie der Raum in einem Topf ist sie unzerstörbar und überall gegenwärtig. Sie ist die Wirklichkeit in allen Dingen. So wie ein Magnet kraft seiner Gegenwart die Eisenfeilspäne anzieht, so verursacht die Wahrheit die kosmische Aktivität, ohne selbst die Absicht dazu zu haben. Daher sagt man von ihr, dass sie überhaupt nichts tut.

VI.1:10 VASISHTHA fuhr fort:

Daher ist diese gesamte Welterscheinung mit all den beweglichen und unbeweglichen Wesen ein reines Garnichts – nichts darin ist wirklich physisch oder materiell geworden. Sobald die Konzeptualisierung eliminiert ist, welche die Ideen von Sein und Nicht-Sein entstehen lässt, wird erkannt, dass alle diese jīvas (die lebendigen Seelen) usw. nur inhaltslose Worte sind. Alle Beziehungen zu anderen Menschen, die aufgrund von Unwissenheit im eigenen Herzen sind, erweisen sich als nicht existent. Auch wenn man irrtümlicherweise das Seil für eine Schlange hält, kann doch niemand von dieser Schlange gebissen werden!

Es ist die Abwesenheit der Selbsterkenntnis, die man Unwissenheit oder Täuschung nennt. Sobald das Selbst erkannt wird, erreicht man die Ufer der unbegrenzten Intelligenz. Sobald Bewusstsein sich selbst objektifiziert und sich als sein Beobachtungsobjekt erachtet, gibt es avidyā oder Unwissenheit. Wird diese Subjekt-Objekt-Vorstellung transzendiert, dann werden sämtliche Schleier, die die Wirklichkeit verhüllen, aufgehoben. Das Individuum ist nichts anderes als das persönliche Gemüt. Die Individualität hört auf, sobald das Gemüt aufhört; sie bleibt, so lange es die Idee der Persönlichkeit gibt. So lange es einen Topf gibt, gibt es auch die Idee vom Raum, der in ihm umschlossen oder gefangen ist. Ist der Topf zerbrochen, dann verbleibt nur der unendliche Raum, auch dort, wo man sich zuvor einen Topf-Raum vorgestellt hat.

RAMA fragte: Hoher Herr, bitte sage mir, wie aus dieser kosmischen Intelligenz leblose Dinge wie Felsen werden können.

VASISHTHA erwiderte:

In Substanzen wie Felsen mit unbewegtem Bewusstsein wurde das Denken aufgegeben, aber sie sind nicht fähig, in den Zustand des Nicht-Denkens (no-mind) überzugehen. Es ist wie ein Zustand des Tiefschlafs, der weit weg vom Zustand der Befreiung ist.

RAMA fragte weiter:

Wenn diese Dinge in einem Zustand des Tiefschlafs ohne alle Konzepte oder Ideen existieren, dann sollten sie doch nahe an der Befreiung sein?

VASISHTHA erwiderte:

Moksha, Befreiung oder die Realisierung des Unendlichen bedeutet nicht die Existenz in der Form einer unbeweglichen Kreatur! Befreiung ist dann erreicht, wenn einer nach intelligenter Ergründung der Natur des Selbst, und nach innerem Erwachen als Folge davon, den Zustand des höchsten Friedens erlangt. Kaivalya oder totale Freiheit ist die Erlangung des reinen Seins, nachdem sämtliche mentalen Konditionierungen bewusst transzendiert und infolge einer gründlichen Erforschung aufgegeben wurden. Die Weisen sagen, dass einer nur dann in reinem Sein oder in Brahman verankert ist, wenn er die Wahrheit, wie sie in den Schriften dargelegt wird, in der Gesellschaft und mit Hilfe erleuchteter Weiser ergründet hat.

VASISHTHA fuhr fort:

Solange die psychologischen Begrenzungen und Konditionierungen im Herzen verbleiben – und seien sie auch nur im subtilen „Samen-Zustand" – sollten sie als Tiefschlafzustand betrachtet werden. Sie veranlassen die Wiedergeburt, auch wenn ein Zustand der Stille erfahren wird und sogar dann, wenn das Gemüt vom Selbst absorbiert zu sein scheint. Dieser Zustand ist ein lebloser Zustand und die Quelle des Kummers. Genauso muss der Zustand von leblosen und unbeweglichen Objekten wie Felsen usw. betrachtet werden. Sie sind nicht frei von der Selbst-Begrenzung (vāsanā), sondern diese ist latent in ihnen verborgen, so wie Blumen latent in den Samen verborgen liegen (und keimen, wachsen und Blumen hervorbringen) oder wie Töpfe im Lehm. Wo aber die Samen der vāsanās (Selbst-Begrenzung, Konditionierungen oder Neigungen) existieren, dort ist der Zustand des Tiefschlafs. Das ist nicht die Vollkommenheit. Sind aber alle vāsanās vernichtet und existiert nicht einmal mehr die Potentialität von vāsanās, dann nennt man diesen Zustand den vierten und transzendentalen (d.h. jenseits von Wachen, Träumen und Tiefschlaf). Dieser führt die Vollkommenheit herbei. Vāsanās, Feuer, Schulden, Krankheit, Feinde, Freundschaft (bzw. Leim), Hass und Gift – alle diese Dinge verursachen Leiden, wenn nach ihrer Beseitigung auch nur kleinste Restbestände zurückbleiben.

Andererseits ist man im Zustand des reinen Seins verankert, wenn alle vāsanās vollständig beseitigt worden sind – und man wird nie wieder von Sorge übermannt, ob man nun lebt oder nicht. Cit-shakti (die Bewusstseinsenergie) liegt verborgen in den unbeweglichen Kreaturen usw. als latentes vāsanā. Es dieses cit-shakti, welches die Natur jedes einzelnen Objekts bestimmt; es ist die fundamentale Eigenschaft sogar der Moleküle jedes einzelnen Objekts.

So lange dieses nicht als ātma-shakti (die Energie des Selbst oder das unendliche Bewusstsein) erkannt wird, erzeugt es die Illusion der Welterscheinung. Wird es als die Wahrheit realisiert, welche das unendliche Bewusstsein ist, dann vernichtet diese Erkenntnis sämtlichen Kummer. Diese Wahrheit nicht zu sehen, bedeutet avidyā oder Unwissenheit – und diese Unwissenheit ist die Ursache der Welterscheinung, die wiederum die Quelle aller weiteren Phänomene ist. So wie das Auftauchen des ersten Gedankens den Schlaf stört und beendet, so zerstört das leiseste Erwachen der inneren Intelligenz die Unwissenheit. Wenn man sich der Finsternis mit einer Lampe in der Hand nähert, um sie anzuschauen, dann verschwindet die Finsternis. Wird das Licht der Ergründung auf die Unwissenheit gerichtet, dann verschwindet die Unwissenheit. Wenn man zu fragen beginnt: „Was ist dieses ‚Ich' in diesem Körper aus Fleisch, Blut, Knochen usw.?" dann hört die Unwissenheit sofort auf. Was einen Anfang hat, hat auch ein Ende. Wenn sämtliche Dinge, die einen Anfang haben, ausgeschlossen werden, dann verbleibt als einziges die Wahrheit, die das Ende von avidyā oder Unwissenheit bedeutet. Du magst es als ein Ding oder ein Nicht-Ding ansehen, aber man muss das suchen, was IST, wenn die Unwissenheit vernichtet ist. Die Süße, die man schmeckt, wird nicht von jemand anderem genossen – die Beschreibung vom Ende von avidyā anzuhören, bewirkt nicht deine eigene Erleuchtung. Jeder muss es selbst realisieren. In Kürze, avidya besteht in dem Glauben, dass „es eine Realität gibt, die nicht Brahman oder das kosmische Bewusstsein ist“. Sobald es eine gewisse Erkenntnis gibt, dass „dies in der Tat Brahman ist“, hört avidyā auf.

Diskurs über Brahman

VASISHTHA fuhr fort: VI.1:11

Wieder und wieder erläutere ich all dies zum Nutzen und Frommen deines spirituellen Erwachens, o Rāma, denn ohne diese stetigen Wiederholungen (oder spirituelle Praxis) kann die Realisation des Selbst nicht geschehen. Diese Unwissenheit, genannt avidyā oder ajñāna, ist deshalb so undurchdringlich geworden, weil sie in Tausenden von Inkarnationen durch die Sinne innerhalb und außerhalb dieses Körpers wieder und wieder gelebt und erfahren worden ist. Die Selbsterkenntnis jedoch befindet sich nicht innerhalb der Reichweite der Sinne. Sie taucht auf, wenn die Sinne und das Gemüt, welches der sechste Sinn ist, aufhören.

O Rāma, lebe fest verankert in der Selbsterkenntnis, so wie König Janaka lebte, nachdem er erkannt hatte, was es zu erkennen gibt. Er kennt die Wahrheit allezeit, ob er nun tätig ist oder nicht, ob er wach ist oder nicht. Lord Vishnu inkarniert in dieser Welt und nimmt eine Verkörperung an, fest verankert in der Selbsterkenntnis. Auf die gleiche Weise verbleibt Lord Shiva in der Selbsterkenntnis, und ebenso ist auch Lord Brahmā in der Selbsterkenntnis verankert. Sei verankert in der Selbsterkenntnis, o Rāma, wie diese.

RAMA fragte:

Hoher Herr, bitte sage mir, worin diese Selbsterkenntnis besteht, in der alle diese großen Seelen verankert sind.

VASISHTHA erwiderte:

Rāma, du weißt dies bereits. Aber du fragst wieder danach, weil du es vollauf geklärt haben willst.

Alles was hier ist und alles was als die Welt erscheint, ist nur das reine Brahman oder das absolute Bewusstsein und nichts anderes. Bewusstsein ist Brahman, die Welt ist Brahman, sämtliche Elemente sind Brahman, ich bin Brahman, mein Feind ist Brahman, meine Freunde und Verwandten sind Brahman, die drei Perioden der Zeit sind Brahman, denn all dies wurzelt in Brahman. So wie der Ozean aufgrund der Wellenbildung größer erscheint, so scheint Brahman aufgrund der unendlichen Vielfalt der Substanzen größer zu werden. Brahman nimmt Brahman wahr, Brahman erfährt oder erfreut sich Brahmans, und Brahman manifestiert sich in Brahman durch die Macht von Brahman selbst. Brahman ist die Gestalt meines Feindes, der mir missfällt, der ich doch Brahman bin. Wenn dies sich so verhält – wer fügt da dem anderen was zu?

Die verschiedenen Stimmungen des Gemüts wie Anziehung und Abstoßung, Abneigung und Zuneigung wurden durch Einbildung heraufbeschworen. Sie wurden durch die Abwesenheit der Gedanken wiederum zerstört. Wie können sie dann vergrößert werden? Wenn Brahman allein in allem lebt, was Brahman ist, und wenn Brahman allein sich als Brahman in allem entfaltet – wo sind dann Freude und Leid? Brahman ist befriedigt mit Brahman, Brahman ist verankert in Brahman. Da gibt es weder ein „Ich" noch ein anderes!

VASISHTHA fuhr fort:

Alle Objekte dieser Welt sind Brahman. „Ich“ bin Brahman. Wenn dies der Fall ist, dann sind sowohl Leidenschaft als auch Leidenschaftslosigkeit, Verlangen und Widerwille, nichts als Ideen. Der Körper ist Brahman, und der Tod ist auch Brahman – wenn beide zusammenkommen wie das reale Seil und die irreale, eingebildete Schlange – wo ist dann ein Anlass für Trauer? Ebenso ist der Körper Brahman, und das Vergnügen ist Brahman – wo ist der Anlass für Frohlocken, wenn der Körper Vergnügen erfährt? Wenn auf der Oberfläche eines stillen Ozeans Wellen erscheinen, dann bewegen sie sich, aber als Wellen hören sie nicht auf, Wasser zu sein! Auf die gleiche Weise bleibt Brahman in seiner Essenz unverändert, wenn es in der Welterscheinung als bewegt erscheint – es gibt da weder eine „Ich“-heit noch eine „Du“-heit. Wenn der Wasserstrudel im Wasser erstirbt, ist gar nichts gestorben! Wenn der Tod-Brahman den Körper-Brahman überwältigt, geht nichts verloren.

Wasser vermag ruhig oder bewegt zu sein – auf die gleiche Weise kann Brahman still oder ruhelos sein. Das ist seine Natur. Es ist Unwissenheit oder Täuschung, die das Eine in „dies ist der fühlende jīva“ und „dies ist leblose Materie“ teilt. Der Weise unterhält keine solch fehlerhaften Ideen. Daher ist die Welt für den Unwissenden voller Sorgen, während dieselbe Welt für den Weisen voll Seligkeit ist; gleich wie die Welt für den Blinden finster und für den Sehenden voller Licht ist.

Wenn das eine Brahman alles durchdringt, dann gibt es weder Tod noch überhaupt eine lebendige Person. Die Wellen spielen auf der Oberfläche des Ozeans – weder werden sie geboren noch sterben sie! Ebenso steht es mit den Elementen in dieser Schöpfung. „Dies ist“ und „dies ist nicht“ – derartige Vorstellungen tauchen im Selbst auf. Diese Vorstellungen sind weder wirklich verursacht noch haben sie eine Motivation, genauso wie ein Kristall verschiedenfarbige Objekte ohne Motivation reflektiert.

Das Selbst bleibt sich selbst auch dann, wenn die Energien der Welt endlose Verschiedenheiten auf der Oberfläche des Ozeans des Bewusstseins hervorbringen. In dieser Welt, die man den Körper usw. nennt, gibt es keine unabhängigen Einheiten. Was man als den Körper oder die Ideen ansieht, als die Objekte der Wahrnehmung, als das Verderbliche und das Unverderbliche, die Gedanken und Gefühle und ihre Bedeutungen – alle diese sind Brahman in Brahman, das unendliche Bewusstsein. Dualität gibt es nur in den Augen der Irregeführten und Unwissenden. Das Gemüt, der Intellekt, der Ich-Sinn, die kosmischen Grundelemente, die Sinne und alle die verschiedenen Phänomene sind Brahman allein – Vergnügen und Schmerz sind Illusionen (sie sind Worte ohne Substanz). So wie ein einzelner Ton ein Echo in den Bergen erzeugt, die wiederum verschiedene Echos zurückwerfen, so erfährt das eine kosmische Bewusstsein in sich selbst die Vielfalt der Ideen von „Dies bin ich“ oder „Dies ist das Gemüt“ usw. Das eine kosmische Bewusstsein sieht in sich selbst die Vielfalt so, wie ein Träumer innerhalb von sich selbst von verschiedenen Objekten träumt.

VASISHTHA fuhr fort:

Wenn Gold nicht als solches erkannt wird, dann wird es mit Erde vermischt; wenn Brahman als solcher nicht erkannt wird, dann taucht die Unreinheit der Unwissenheit auf. Diejenigen, die Brahman erkannt haben, erklären, dass ein solch Großer selbst der Höchste Herr und Brahman ist; im Falle des Unwissenden nennt man die Nicht-Erkenntnis der Wahrheit Unwissenheit (oder es ist die Meinung der Kenner Brahmans, dass der Höchste Herr oder das höchste Sein in den Unwissenden als Unwissenheit gesehen wird). Wenn Gold als solches erkannt wird, dann „wird" es sofort Gold; wenn Brahman als solches erkannt wird, dann „wird" es sofort Brahman.

Da es allmächtig ist, wird Brahman unverzüglich und ohne eigene Motivation zu dem, wofür es sich selbst hält. Die Kenner Brahmans erklären, dass Brahman der Höchste Herr ist, das große Wesen, welches ohne Tätigkeit, Täter und Tätigkeitsorgan ist, ohne kausale Motivation und ohne Umwandlung oder Veränderung.

Wenn diese Wahrheit nicht erkannt wird, verwandelt sie sich im Unwissenden zu Unwissenheit, aber wenn sie realisiert wird, verschwindet die Unwissenheit. Wenn ein Verwandter nicht als solcher erkannt wird, gilt er als Fremder; wird er dann erkannt, so verschwindet die Idee des Fremden unverzüglich.

Wenn man weiß, dass Dualität eine illusorische Erscheinung ist, dann geschieht die Realisation von Brahman dem Absoluten. Wenn man weiß: „Dies ist nicht ich", wird die Irrealität des Ich-Sinns realisiert, und wahre Leidenschaftslosigkeit entsteht. „Ich bin wahrhaftig Brahman" – sobald diese Wahrheit erkannt wird, verschmelzen sämtliche Dinge in diesem Gewahrsein. Wenn die Ideen „ich" und „du" verschwunden sind, taucht die Realisierung der Wahrheit auf und man erkennt, dass alles, was immer es auch sei, wahrhaftig Brahman ist.

Was ist die Wahrheit? „Ich habe nichts mit dem Kummer, mit Tätigkeiten, mit Täuschung oder Wunsch zu tun. Ich bin Friede, frei von Sorgen. Ich bin Brahman" – das ist die Wahrheit. „Ich bin ohne jeden Mangel, Ich bin Alles, weder suche Ich etwas noch trachte ich danach, etwas aufzugeben. Ich bin Brahman" – so lautet die Wahrheit. „Ich bin Blut, Ich bin Fleisch, Ich bin Knochen, Ich bin der Körper, Ich bin Bewusstsein, Ich bin auch das Gemüt, Ich bin Brahman" – das ist die Wahrheit. „Ich bin das Firmament, Ich bin Raum, Ich bin die Sonne und das gesamte Weltall, Ich bin alle Dinge hier. Ich bin Brahman" – darin besteht die Wahrheit. „Ich bin der Grashalm, Ich bin die Erde, Ich bin der Baumstumpf, Ich bin der Wald, Ich bin die Berge und Ozeane. Ich bin das nonduale Brahman" – das ist die Wahrheit. „Ich bin das Bewusstsein, welches alle Dinge durchzieht und durch dessen Macht alle Wesen ihren Tätigkeiten nachgehen; Ich bin die Essenz aller Dinge" – so lautet die Wahrheit.

Dies ist gewiss: Alle Dinge existieren in Brahman, alle Dinge fließen von ihm aus, alle Dinge sind Brahman. Brahman ist allmächtig, es ist das eine Selbst, es ist die Wahrheit.

VASISHTHA fuhr fort:

Die Wahrheit, die allgegenwärtig und reines Bewusstsein ohne jede Objektivität ist, wird verschiedentlich als Bewusstsein, Selbst, Brahman, Existenz, Wahrheit, Ordnung und auch als reine Erkenntnis bezeichnet. Sie ist rein und in ihrem Licht erkennen alle Wesen ihr eigenes Selbst. Ich bin Brahman, das reines Bewusstsein ist, nachdem seine Erscheinung als Gemüt, Intellekt, Sinne und alle anderen Ideen verneint worden ist. Ich bin das unvergängliche Bewusstsein oder Brahman, in dessen Licht allein alle Elemente und das gesamte Universum leuchten. Ich bin das Bewusstsein oder Brahman, von dem beständig Funken sprühen und im Universum Bewusstsein reflektieren. In einem reinen Gemüt drückt es sich als Stille aus. Obwohl es mit den unaufhörlichen Erfahrungen des Ich-Sinnes der zahllosen Lebewesen in Kontakt zu stehen scheint, die auf diese Weise die Freude erfahren, die von Brahman stammt, ist es doch gänzlich jenseits ihrer Reichweite und unberührt von ihnen. Denn obwohl es letztendlich die Quelle allen Glücks und allen Entzückens ist, ist es selbst von der Natur des Tiefschlafs (ohne jede Vielfalt), friedlich und rein. Ein unendlich winziger Teil der Seligkeit Brahmans wird in den Subjekt-Objekt-Beziehungen und der daraus entstehenden Freude erfahren.

Ich bin das ewige Brahman, frei von den falschen Vorstellungen von Freude und Schmerz usw. und daher rein. Ich bin das Bewusstsein, in dem wahres und reines Erfahren ist. Ich bin dieses reine Bewusstsein, in dem die reine Intelligenz ohne Störung durch Gedankenwellen arbeitet. Ich bin dieses Brahman, welches die intelligente Energie ist, die in sämtlichen Elementen (Erde, Wasser, Feuer usw.) wirkt. Ich bin das reine Bewusstsein, welches sich als die Eigenschaften des Geschmacks usw. der verschiedenen Früchte manifestiert.

Ich bin das unveränderliche Brahman, welches realisiert wird, sobald der Jubel über das Erlangen der ersehnten Ziele und die Niedergeschlagenheit über das Nichterlangen der Ziele transzendiert sind. Wenn die Sonne scheint und die Objekte der Welt in ihrem Licht gesehen werden, dann bin ich das reine Bewusstsein, welches sich in der Mitte zwischen diesen beiden befindet und das ureigene Selbst des Lichtes wie auch des beleuchteten Objekts ist. Ich bin dieses reine Bewusstsein oder Brahman, welches ohne Unterbrechung in den Zuständen des Wachens, Träumens und Tiefschlafs existiert und daher der vierte Zustand oder die transzendentale Wahrheit ist.

So wie der Geschmack des Zuckerrohrsaftes, kultiviert auf Hunderten von unterschiedlichen Feldern, überall gleich ist, so ist das den Lebewesen innewohnende Bewusstsein ein und dasselbe – dieses Bewusstsein bin ich. Ich bin die Bewusstseinsenergie (cit-shakti), die größer als das Universum ist und doch kleiner als das winzigste atomare Partikel und folglich unsichtbar. Ich bin das Bewusstsein, welches überall wie Butter in der Milch existiert und dessen wesenhafte Natur das Erfahren ist.

VASISHTHA fuhr fort:

So wie die Ornamente aus Gold nichts als Gold sind, so bin Ich das reine Bewusstsein im Körper. Ich bin das Selbst, welches alle Dinge im Innen und im Außen durchdringt. Ich bin das Bewusstsein, welches alle Erfahrungen reflektiert, ohne selbst dem geringsten Wandel zu unterliegen und von der Unreinheit unberührt ist.

Ich verneige mich vor diesem Bewusstsein, welches der Geber der Früchte aller Gedanken ist, das Licht, welches in allen Leuchtkörpern scheint, der höchste Gewinn, das Bewusstsein, welches alle Glieder durchdringt, welches stets wachend und gewahr ist, welches beständig in allen Substanzen vibriert und welches homogen und ungestört ist, als sei es im Tiefschlaf, aber es ist hellwach. Dieses Bewusstsein ist die Realität, welche jeder einzelnen Substanz im Universum ihre Eigenschaften verleiht und, obwohl es in allem wohnt und somit das allernächste ist, aufgrund seiner Unerreichbarkeit für das Gemüt und die Sinne weit weg ist. Kontinuierlich und homogen im Wachen, Träumen, Tiefschlaf und dem vierten (transzendentalen) Zustand des Bewusstseins, leuchtet es, wenn alle Gedanken aufgehört haben, wenn sämtliche Erregungen an ihr Ende gelangt sind und wenn aller Hass beendigt ist. Ich verneige mich vor diesem Bewusstsein – das ohne jeden Wunsch und ohne Ich-Sinn ist und welches nicht geteilt werden kann.

Ich habe dieses Bewusstsein erlangt, welches allem innewohnt, und obwohl es alles ist, jenseits der Vielfalt ist. Es ist das kosmische Netz, in dem die endlose Zahl der Lebewesen wie Vögel gefangen sind, in dem alle Welten sich manifestieren, und in dem entgegen dem Augenschein nichts jemals geschehen ist. Dieses Bewusstsein ist die Natur des Seins und des Nicht-Seins sowie der Ruheort von allem, was gut und göttlich ist. Es spielt die Rollen sämtlicher Lebewesen und ist die Quelle aller Liebe und allen Friedens, obwohl es auf ewig frei und eins ist. Es ist das Leben aller lebendigen Wesen, der unerschaffene Nektar, der von niemandem gestohlen werden kann, die auf immer existierende Wirklichkeit. Dieses Bewusstsein, welches in den Sinneserfahrungen reflektiert wird, ist dennoch leer von diesen und kann von ihnen nicht erfahren werden. In ihm freuen sich alle Wesen, obgleich es selbst reine Seligkeit jenseits aller Freude ist; wie Raum ist es, jedoch jenseits von Raums; glorreich ist es, jedoch ohne alle Eroberungen und Glorien. Obwohl es alles zu tun scheint, tut es nichts.

All dies bin „Ich" und all dies ist mein. Jedoch bin Ich nicht, und Ich bin „nichts anderes als Ich". Ich habe dies realisiert. Diese Welt kann Illusion oder real sein – Ich bin jenseits und frei vom Fieber des Elends.

VASISHTHA fuhr fort: VI.1:

Verankert in dieser Realisation der Wahrheit lebten die großen Weisen auf immer in Frie- 12,13
den und Gleichmut. Sie waren frei von psychologischen Neigungen und weder suchten sie, noch wiesen sie den Tod oder das Leben zurück. Sie verblieben unerschütterlich in ihrer direkten Erfahrung wie ein zweiter Berg Meru. Aber sie durchwanderten die Wälder, die Inseln und die Städte, reisten in den Himmeln, als wären sie Engel oder Götter, sie besiegten ihre Feinde und regierten als Herrscher. Sie befassten sich mit verschiedenen Tätigkeiten, da sie erkannten, dass dies in Übereinstimmung mit den heiligen Schriften war. Sie erfreuten sich des Lebens, sie besuchten die himmlischen Gärten und wurden von den himmlischen Maiden unterhalten. Sie erfüllten pflichtschuldigst die Aufgaben des Haushälterlebens. Sie nahmen sogar an großen Kriegen teil. Sie behielten ihren Gleichmut in katastrophalen Umständen, unter denen andere ihren Frieden und die Ausgeglichenheit des Gemüts verloren hätten.

Ihr Gemüt war völlig im Zustand von sattva oder Göttlichkeit und war folglich frei von der Täuschung, von der egoistischen Idee (des „Ich tue dies“) und vom Wunsch nach Gewinn, obwohl sie Gewinn oder Belohnung für ihre Handlungen in keiner Weise zurückwiesen. Weder ergingen sie sich nach dem Sieg über ihre Feinde in überflüssigem Jubel, noch fielen sie nach einer Niederlage in Verzweiflung und Trauer. Sie waren auf natürliche Weise mit ihren Tätigkeiten beschäftigt und all ihre Handlungen entsprangen dem Geist der Nicht-Willentlichkeit.

Folge ihrem Beispiel, o Rāma. Lass deine Persönlichkeit (den Ich-Sinn) egolos sein, und lass die Handlungen spontan aus dir heraus erfolgen. Denn das unendliche, unteilbare Bewusstsein allein ist die Wahrheit, und es ist dieses, welches sich mit dem Anschein der Vielfalt, die weder real noch irreal ist, bekleidet hat. Lebe daher gänzlich unangehaftet. Weshalb trauerst du wie ein Unwissender?

RAMA sprach:

Hoher Herr, durch deine Gnade bin ich vollständig zur Wirklichkeit erwacht. Meine Täuschung ist verschwunden. Ich werde tun, was du mir gebietest zu tun. Gewiss werde ich von nun an im Zustande desjenigen ruhen, der noch lebend befreit ist. Bitte, Hoher Herr, sage mir, wie man diesen Zustand der Befreiung durch Zurückhaltung der Lebenskraft (Prana) und durch Auslöschung aller Selbstbegrenzung oder psychologischer Konditionierung erlangt.

VASISHTHA fuhr fort:

Normalerweise nennt man dies Yoga, also die Methode, mit der dieser Zyklus von Geburt und Tod aufhört. Dies bedeutet die absolute Transzendenz des Gemüts, und diese besteht aus zwei Arten. Die eine Art ist die Selbsterkenntnis, die Zurückhaltung der Lebenskraft die andere. Heute bedeutet Yoga nur noch die letztere Art. Und doch führen beide Methoden zum selben Ergebnis. Für manche ist die Selbsterkenntnis mit Hilfe der Ergründung schwierig, während für andere wiederum Yoga schwierig ist. Meine Überzeugung ist, dass der Pfad der Ergründung für alle der einfachste ist, weil die Selbsterkenntnis die immer gegenwärtige Wahrheit ist. Ich werde dir nun die Methode des Yoga beschreiben.

Die Geschichte von Bhushunda

VASISHTHA fuhr fort: VI .1:

Im unendlichen und unteilbaren Bewusstsein gibt es sozusagen in einer Ecke eine Welt- 14,15
erscheinung, die wie eine Luftspiegelung ist. Der Schöpfer Brahmā, der die augenscheinliche Ursache dieser Welterscheinung ist, wohnt darin. Ich bin sein Sohn, aus seinem Gemüt entsprungen. Als ich einst im Himmel Indras war, hörte ich von Weisen wie Nārada die Geschichten über die langlebigen Wesen. Im Verlaufe der Gespräche sagte der große Weise Śātātapa:

„In einer Ecke des Berges Meru gibt es den wunscherfüllenden Baum namens Cuta, dessen Blätter aus Gold und Silber sind. Auf diesem Baum lebt eine Krähe namens Bhushunda, die gänzlich frei von aller Anziehung und Abstoßung ist. Nichts auf der Erde und im Himmel hat länger als sie gelebt. Sie ist nicht nur schon sehr alt, sondern gleichzeitig eine erleuchtete und friedvolle Persönlichkeit. Falls irgendeiner von euch so leben kann wie sie, würde das als ein höchst verdienstvolles und lobenswertes Leben bezeichnet werden."

Ich hörte diese Worte und fühlte mich durch sie außerordentlich inspiriert. Bald darauf machte ich mich auf, um diesen Bhushunda zu treffen. Schnell erreichte ich den Gipfel des Berges Meru, wo Bhushunda lebte. Der Berg leuchtete und strahlte – vergleichbar mit dem Glanz der Yogis, die durch die Praxis des Yoga das psychische Tor der Krone des Hauptes und das obere Ende der Nadi, genannt Sushumna (die auch als der Berg Meru bezeichnet wird) geöffnet haben. Der Gipfel ragte bis in den Himmel hinein.

Dort sah ich den Baum namens Cuta, dessen Blätter und Blüten wie Juwelen glänzten. Es war ein wahrer Wolkenkratzer-Baum. Die himmlischen Wesen, die darin wohnten, erfüllten die Luft mit ihren Gesängen. Vollkommene Weise, die jede beliebige Gestalt annehmen konnten, wohnten ebenfalls darauf. Es war ein riesiger Baum mit unermesslichen Dimensionen.

Ich sah auf diesem Baum die verschiedensten Vogelarten. Ich sah den berühmten Schwan, der das Fortbewegungsmittel für den Schöpfer Brahmā ist. Ich sah den Vogel Śuka, der das Fortbewegungsmittel für den Feuergott und gelehrt in den Schriften ist. Ich sah den Pfau, der das Fortbewegungsmittel des Gottes Kārtikeya ist. Und ich sah ferner den Vogel, den man Bharadvāja nennt, sowie noch viele andere. Und in großer Entfernung sah ich auf dem Baum Krähen sitzen. Unter diesen entdeckte ich den großen Bhushunda, der dort in gänzlicher Stille und im Frieden saß. Er war herrlich, strahlend und friedvoll.

Dies war der berühmte Bhushunda, der Langlebige. Er hatte schon mehrere Weltzyklen erlebt. Er erinnerte sich sogar noch derjenigen, die schon vor Äonen gelebt hatten. Er blieb still. Er war frei von der Ich-heit und vom Mein-sein. Er war für alle ein Freund und Verwandter.

VASISHTHA fuhr fort: VI.1:

Ich ließ mich direkt vor Bhushunda nieder. Er wusste, dass ich Vasishtha war und begrüßte 16,17 mich angemessen. Durch seine bloße Gedankenkraft materialisierte er Blumen, mit denen er mir seine Verehrung entgegenbrachte. Er bat mich, mich neben ihn zu setzen. Dann sagte Bhushunda zu mir:

„Ich betrachte es als einen großen Segen, dass du uns nach einer langen Zeit deinen Darshan (Besuch) gibst. Gebadet im Nektar deines Darshans (Gegenwart oder Gesellschaft) werden wir wie ein guter Baum erneuert. Du bist unter denjenigen, die Verehrung verdienen, der Größte, und du bist allein aufgrund meiner angesammelten Verdienste zu mir gekommen. Bitte teile mir den Grund deines Kommens mit. Ganz gewiss doch leuchtet in deinem Herzen das Licht der Selbsterkenntnis, entzündet durch beständige und intensive Ergründung der Natur dieser unwirklichen Welterscheinung? Was ist der Zweck deines Besuchs? Ah, schon beim Anblick deiner gesegneten Füße habe ich dein Ziel erraten. Du kamst hierher, um das Geheimnis der außerordentlichen Langlebigkeit zu ergründen. Doch ich möchte die Absicht deines Besuches von deinen eigenen Lippen hören."

Ich antwortete wie folgt: „Du bist wahrhaftig gesegnet, da du dich des höchsten Friedens um dich herum erfreust, mit der höchsten Weisheit (der Selbsterkenntnis) ausgestattet bist und nicht im Netz dieser Illusion, genannt Welterscheinung, gefangen bist. Bitte gewähre mir ein paar Fragen betreffend deine eigene Person."

„In welcher Sippe wurdest du geboren? Wie vermochtest du die Erkenntnis dessen zu erlangen, welches als einziges wert ist zu wissen? Wie alt bist du heute? Erinnerst du dich noch an Dinge aus der Vergangenheit? Wer hat verfügt, dass du langlebig sein und auf diesem Baum leben wirst?"

BHUSHUNDA erwiderte:

Da du mir diese mich betreffenden Fragen gestellt hast, o Weiser, werde ich sie dir beantworten. Bitte höre aufmerksam zu. Die Geschichte, die ich dir nun erzählen werde, ist so wunderbar, dass sie die Sünden von allen vernichten wird, auf die sie zutrifft und die ihr zuhören.

Nachdem er so gesprochen hatte, o Rāma, begann Bhushunda mit der folgenden Erzählung. Seine Worte waren ernst und fein. Sie besaßen Macht, weil er jenseits aller Wünsche und Absichten nach Vergnügen war. Sein Herz war rein, weil es seine Erfüllung erlangt hatte. Er war der Geburt und der Auslöschung der Schöpfungen voll bewusst. Seine Worte waren liebevoll. Er hatte die Würde des Schöpfers Brahmā selbst. Seine Worte waren wie Nektar. Er begann seine Erzählung wie folgt:

VI.1:18 BHUSHUNDA sprach:

In diesem Universum gibt es eine Gottheit namens Hara. Hara ist der Gott der Götter und wird von sämtlichen Göttern im Himmel verehrt. Seine Gemahlin hat die eine Hälfte seines Körpers inne. Von seinen verfilzten Locken fließt der heilige Fluss Ganga. Auf seinem Haupt erstrahlt der leuchtende Mond. Eine tödliche Kobra schlingt sich um seinen Hals – scheinbar ihres Giftes beraubt wegen des Nektars, der vom Mond herabfließt. Der einzige Schmuck dieser Gottheit ist die heilige Asche auf seinem Körper. Er weilt auf Verbrennungsstätten und bei

Scheiterhaufen. Er trägt eine Kette aus Schädeln. Seine Amulette und Armreifen sind Schlangen.

Mit seinem bloßen Blick vernichtet er die Dämonen. Er ist dem Wohlergehen des ganzen Universums ergeben. Berge und Hügel, die auf ewig in Meditation versunken scheinen, sind Symbole für ihn. Seine Helfer und Diener sind Kobolde mit Köpfen und Händen wie Messerklingen und Gesichtern wie Bären, Kamele, Mäuse usw. Er hat drei strahlende Augen. Diese Kobolde verneigen sich vor ihm. Und die weiblichen Gottheiten, die sich von den Wesen in den vierzehn Welten ernähren, tanzen vor ihm.

Diese weiblichen Gottheiten besitzen ebenfalls Gesichter verschiedener Tierarten. Sie wohnen auf den Gipfeln der Berge, im Raum, in verschiedenen Welten, auf Verbrennungsstätten und in den Körpern der inkarnierten Lebewesen. Von diesen weiblichen Gottheiten gehören acht zu den herausragenden, und zwar sind dies Jayā, Vijayā, Jayanti, Aparājitā, Siddhā, Rakttā, Alambusa und Utpalā. Alle anderen gehorchen diesen acht Gottheiten. Von den acht war die siebente, Alambusa, die angesehenste. Ihr Fortbewegungsmittel ist die Krähe, und diese ist außerordentlich mächtig und von blauer Farbe.

Einmal begab es sich, dass sich diese weiblichen Gottheiten im Raum versammelten. Sie verehrten dort pflichtgemäß die Gottheit, die Tumburu genannt wird (und die ein Aspekt von Rudra ist) und befassten sich mit linkshändischen Ritualen, die die höchste Wahrheit enthüllten. Sie verehrten Tumburu und die unter dem Namen Bhairava bekannte Göttin. Schließlich waren sie alle vom Wein berauscht und führten verschiedene Riten aus. Bald begannen sie eine wichtige Frage zu erörtern: Wie kommt es, dass der Gemahl von Umā (Hara) uns so geringschätzig behandelt? Sie beschlossen: „Wir werden unsere Tapferkeit auf so überzeugende Art beweisen, dass er uns nicht mehr verachten wird." Sie überwältigten Umā mit ihren magischen Kräften und trennten sie von ihrem Lord Hara. Alle weiblichen Gottheiten sangen und tanzten in Ekstase. Manche tranken, manche sangen, andere lachten oder schrien, rannten, stürzten oder aßen Fleisch. Schon bald hatten diese berauschten Gottheiten überall auf der Welt Unordnung angerichtet.

BHUSHUNDA fuhr fort: VI.1:19

Während die Gottheiten auf diese Weise feierten und ihrem Vergnügen nachgingen, wurden auch ihre Fortbewegungsmittel trunken und begannen zu tanzen. Alle Schwäne tanzten zusammen mit der Krähe (Canda), die das Fortbewegungsmittel von Alambusa war. Als die weiblichen Schwäne trunken waren, entstand in ihnen der Wunsch, sich zu paaren. Eine nach der anderen paarte sich mit der Krähe (Canda), denn alle waren berauscht. Schon bald darauf wurden sie schwanger.

Als das Feiern vorbei war, begaben sich alle Gottheiten zu Lord Hara (Shiva) und überbrachten ihm den Körper von Umā, den sie durch ihre Zauberkräfte in Nahrung verwandelt hatten. Lord Shiva wusste um die Wahrheit und war über die Gottheiten erzürnt. Diese erschufen Umā neu und boten sie dem Herrn an, und so erlangte er seine Gemahlin zurück. Alle Gottheiten kehrten zu ihren Wohnstätten zurück. Die Schwäne, die die Fortbewegungsmittel von Brahmī waren, unterrichteten diese über alles, was sich zugetragen hatte.

Die Göttin Brahmī sprach zu ihnen: „Da ihr alle dicke Bäuche habt, werdet ihr euren Pflichten nicht nachkommen können. Begebt euch daher für einige Zeit Wohin ihr wollt." Nachdem sie so gesprochen hatte, saß die Göttin in tiefer Kontemplation.

Zu gegebener Zeit legten die Schwäne einundzwanzig Eier, die schon bald ausgebrütet waren. So wurden einundzwanzig von uns in der Familie von Canda, der Krähe, geboren. Zusammen mit unseren Müttern verehrten wir die Göttin Brahmī. Wir erlangten durch ihre Gnade Selbsterkenntnis und die Befreiung. Anschließend gingen wir zu unserem Vater, der uns herzlich umarmte. Wir verehrten danach alle zusammen die Göttin Alambusa.

Canda sagte zu uns: „Kinder, seid ihr dem Fangnetz namens Welterscheinung entgangen, indem ihr die Fesseln der vāsanās oder der mentalen Konditionierung abgeworfen habt? Andernfalls lasst uns die Göttin verehren, durch deren Gnade ihr die höchste Weisheit erlangen werdet."

Wir erwiderten: „Vater, wir haben durch die Gnade der Göttin Brahmī die Erkenntnis erlangt, die als einzige wert ist zu erlangen. Wir suchen nun einen abgeschiedenen und geeigneten Platz, um dort zu leben."

Canda erwiderte: „Es gibt in der Welt einen wunderbaren Berg namens Meru, der die Stütze aller vierzehn Welten und aller Wesen ist, die darin wohnen. Alle Götter und Weisen leben dort. Auf ihm wächst der wunscherfüllende Baum. Auf einem seiner Äste habe ich einst ein Nest gebaut, während sich die Göttin Alambusa in tiefer Meditation befand. Es ist schön und vorzüglich in jeder Hinsicht. Kinder, begebt euch zu diesem Nest und lebt darin. Ihr werdet niemals einem Hindernis begegnen."

Wir folgten dem Willen unseres Vaters und kamen alle hierher, um in diesem Nest zu leben.

VI.1:20 BHUSHUNDA fuhr fort:

Es gab da eine Welt in uralten Zeiten, die nicht jenseits unserer Erinnerung ist, weil wir sie selbst gesehen haben.

VASISHTHA fragte: Was geschah mit deinen Brüdern, da ich nur dich hier sehe?

BHUSHUNDA erwiderte:

Eine sehr lange Zeit verstrich, o Weiser, und im Verlaufe dieser Zeit gaben meine Brüder ihre physische Existenz auf und stiegen in den Himmel Lord Shivas auf. Auch langlebige Personen, die heilig und fromm und stark sind, werden schließlich von der Zeit (oder dem Tod) verzehrt.

VASISHTHA fragte weiter: Wie kam es, dass du von Hitze, Kälte, Wind und Feuer nicht berührt worden bist?

BHUSHUNDA fuhr fort:

Nun, als Krähe verkörpert zu sein, die von den Menschen verachtet wird, ist kein glücklicher Zustand, obwohl der Schöpfer reichlich für das Überleben der bescheidenen Krähe gesorgt hat. Weil wir jedoch beständig im Selbst verweilen und glücklich und zufrieden sind, haben wir manche Katastrophen glücklich überstanden. Wir blieben fest im Selbst verankert und haben alle unnötigen Aktivitäten aufgegeben, die nichts als eine Qual für Körper und Geist sind. Für diesen physischen Körper gibt es kein Elend, weder im Leben noch im Tod – daher verbleiben wir, wie wir sind und suchen nichts anderes als das, was ist.

Wir haben die Schicksale aller Welten gesehen. Wir haben mental die Identifikation mit dem Körper aufgegeben. Verankert in der Selbsterkenntnis und auf diesem Baum sitzend, betrachte ich das Vergehen der Zeit. Durch die Praxis des Pranayama habe ich mich über die Zeiteinteilungen erhoben. Daher bin ich in meinem Herzen im Frieden und unberührt von den Ereignissen der Welt. Sämtliche Wesen können verschwinden oder geboren werden – wir fürchten weder das eine noch das andere. All diese Wesen mögen in den Ozean namens Zeit (oder Tod) eingehen – wir aber ruhen am Ufer dieses Ozeans und bleiben unberührt davon. Weder nehmen wir an noch weisen wir zurück; wir scheinen zu existieren, aber wir sind nicht, was wir zu sein scheinen. Deshalb bleiben wir in Ruhe auf diesem Baum.

Obgleich wir uns mit verschiedenen Tätigkeiten befassen, ertrinken wir nicht im See der mentalen Modifikationen und verlieren niemals den Kontakt mit der Realität.

Hoher Herr, der Nektar, für dessen Erwerb die Götter den Ozean aufwühlten, ist weniger kostbar als der nektargleiche Segen, der aus der Gegenwart von Weisen wie dir hervorgeht. Ich erachte nichts als lobenswerter als die Gesellschaft von Weisen, die frei von allen Wünschen und Verlangen sind. O Heiliger, obwohl ich bereits die Selbsterkenntnis erlangt habe, empfinde ich erst heute die wahre Erfüllung meines Lebens, da ich dich gesehen und mich deiner Gesellschaft erfreuen durfte.

BHUSHUNDA fuhr fort: VI:1:21

Dieser wunscherfüllende Baum hier wird weder von den verschiedenen Naturkatastrophen noch von den von den Lebewesen verursachten Umwälzungen erschüttert. Es gab verschiedene von den letzteren, als die Dämonen die Erde zu zerstören oder zu überwältigen versuchten, und auch anlässlich der Intervention des Herrn, der die Erde von den Dämonen befreite. Von all diesen Geschehnissen blieb dieser Baum völlig unberührt. Nicht einmal die große Flut und die sengende Hitze der Sonne, wie sie die kosmische Auflösung begleiten, konnten diesen Baum ins Wanken bringen. Daher konnten wir, die wir hier auf diesem Baum leben, allem Unheil entgehen. Das Böse überwältigt immer nur diejenigen, die an unheiligen Orten leben.

VASISHTHA fragte:

Aber wie hast das Ende des Kosmos überlebt, wenn alles aufgelöst wird?

BHUSHUNDA erwiderte:

Während dieser Periode, o Weiser, gab ich dieses Nest auf, so wie ein undankbarer Mensch seinen Freund verlässt. Sodann verblieb ich vereint mit dem kosmischen Raum, vollkommen frei von allen Gedanken und mentalen Modifikationen. Als dann die zwölf kosmischen Sonnen unerträgliche Hitze über die gesamte Schöpfung ausstrahlten, praktizierte ich varuni-dharana und blieb unbetroffen (Varuna ist der Herr der Wasser; varuni-dharana ist die Kontemplation von Varuna). Als die Winde mit Gewalt zu blasen begannen und sogar die Berge versetzten, praktizierte ich pārvatī-dharana und blieb unbetroffen (Parvata heißt Berg und pārvatī-dharana bedeutet die Kontemplation des Berges). Als das gesamte Universum mit den Wassern der kosmischen Auflösung überflutet wurde, praktizierte ich vāyu-dharana und blieb unbetroffen (Vāyu bedeutet Wind und vāyu-dharana ist die Kontemplation des Windes). Sodann verblieb ich bis zum Beginn des nächsten kosmischen Zyklus im Tiefschlaf. Als der neue Schöpfer einen neuen Kosmos zu erzeugen begann, kehrte ich wieder in dieses Nest zurück.

VASISHTHA fragte:

Woher kommt es, dass nicht auch andere fähig sind, zu tun, was du tatest?

BHUSHUNDA erwiderte:

O Weiser, der Wille des Höchsten Wesens kann nicht umgangen werden. Es ist sein Wille, dass ich so sein soll, wie ich bin, und dass die anderen sein sollen, wie sie sind. Weder kann man ergründen noch ermessen, was geschehen wird. In Übereinstimmung mit der Natur jedes Wesens tritt das ins Sein, was ins Sein zu treten hat. Daher findet sich entsprechend meiner Gedankenkraft oder Konzeption dieser Baum in jedem Weltzyklus an dieser Stelle und in dieser Beschaffenheit.

VASISHTHA fragte:

Du erfreust dich einer so außerordentlichen Langlebigkeit, dass allein dies schon nahelegt, dass du die endgültige Befreiung erlangt hast! Und du bist ein weiser, tapferer und großer Yogi. Bitte teile mir mit, an welche außergewöhnlichen Geschehnisse in diesem und den vorherigen Weltzyklen du dich erinnerst.

BHUSHUNDA sprach:

Ich erinnere mich daran, dass es irgendeinmal nichts auf dieser Erde gab, keine Pflanzen und Bäume, nicht einmal Berge. Die Erde war für den Zeitraum von elftausend Jahren mit Lava bedeckt. In diesen Tagen gab es unterhalb der Polarregion weder Tag noch Nacht, denn auf dem Rest der Erde schien weder die Sonne noch der Mond. Nur die Hälfte der Polarregion war erleuchtet.

Zu dieser Zeit regierten die Dämonen die Erde – sie waren verblendet, mächtig und reich. Die Erde war ihr Spielplatz.

Außer der Polarregion war der Rest der Erde von Wasser bedeckt. Für eine sehr lange Zeit dann war die gesamte Erde ausgenommen die Polarregion bedeckt von Wäldern. Schließlich entstanden große Berge, aber es gab keinerlei menschliche Bewohner. Während zehntausend Jahren war die Erde mit den Kadavern der Dämonen bedeckt.

Einmal waren die Götter, die die Himmel zu durchqueren pflegten, aus Furcht verschwunden und wurden nicht mehr gesehen. Und die Erde wurde zu einem einzigen Berg! Ich erinnere mich an viele solche Geschehnisse, aber lass mich das erzählen, was wirklich wichtig ist.

Während meiner Lebenszeit habe ich das Erscheinen und Verschwinden zahlloser Manus (Urväter der menschlichen Rasse) verfolgt. Es gab eine Zeit, in der die Welt ohne Götter und Dämonen und nichts anderes als ein strahlendes, kosmisches Ei war. Zu einer anderen Zeit wiederum war die Erde von Brahmanen (Mitglieder der Priesterklasse) bevölkert, die dem Alkohol ergeben waren, von Shudras (Dienerklasse), die die Götter verlachten, und von Frauen, die Vielmännerei betrieben. Ich erinnere mich ferner an eine andere Epoche, als die Erde von Urwäldern bedeckt war und man sich die Weite des Ozeans nicht einmal vorstellen konnte, und als menschliche Wesen spontan entstanden. Zu einer anderen Zeit gab es dagegen weder Berge noch Erde – die Götter und die Weisen hausten im Raum. Zu einem anderen Zeitpunkt wiederum gab es weder Götter noch Weise usw., überall herrschte Finsternis.

Als erstes tauchte die Idee der Schöpfung auf. Dann entstanden Licht und die Aufteilung des Universums. Schließlich wurden, eines nach dem anderen, die verschiedenen Wesen wie auch Sterne und Planeten erschaffen,

Ich sah während einer dieser Epochen, dass Lord Vishnu (der allgemein als der Erhalter des Universums betrachtet wird) das Universum erschuf, während es in einer anderen Brahmā war, der das Universum erzeugte. Und wiederum in einer anderen Epoche war es Shiva, der zum Schöpfer wurde.

BHUSHUNDA fuhr fort: VI.1:22

Natürlich erinnere ich mich an Weise wie dich, an Göttinnen wie Gauri, an Dämonen wie Hiranyāksa, Könige wie Śibi, an die letzte Vergangenheit und an vergangene Zeitalter. O Weiser – dies ist das achte Mal, dass du eine Geburt als der Weise Vasishtha angenommen hast, und es ist dies das achte Mal, dass wir uns treffen. Einmal wurdest du aus dem Raum geboren, zu einer anderen Zeit aus dem Wasser, dann wiederum aus dem Wind, dann aus einem Berg und schließlich aus dem Feuer.

Was auch immer in der gegenwärtigen Schöpfung geschieht, geschah auf genau dieselbe Weise während dreier vergangener Schöpfungen. Ich aber entsinne mich der Geschehnisse von zehn solchen Schöpfungen. (Hinweis: Nun folgt eine Aufzählung aller wichtigen Weltgeschehnisse, die nicht alle in anderen Schöpfungen wiederholt wurden und so auf die unterschiedlichen Zeiten hinweist, in denen Bhushunda Augenzeuge war. Einige wenige von ihnen werden hier zur Veranschaulichung wiedergegeben). In jedem Zeitalter hat es Weise gegeben, die die Wahrheit verkündet und die Veden dargelegt haben. Es gab Vyāsas, die die Legenden (bzw. die prähistorischen Erzählungen) niedergeschrieben haben. Und immer wieder dichtete Vālmikī das heilige Rāmāyana. Zusätzlich dazu wurde von dem Weisen Vālmikī ein heiliges Buch geschrieben, in dem deine Instruktionen an Rāma verzeichnet sind; ursprünglich bestand es aus hunderttausend Versen. Auch in diesem Zeitalter wird es von Vālmikī geschrieben, diesmal zum zwölften Mal. Es gab außerdem noch ein großartiges Werk namens „Bharata", das in Vergessenheit geraten ist.

Um die Dämonen zu vernichten, nahm Lord Vishnu wieder und wieder die Geburt als Rāma an, und in diesem Zeitalter wird er zum elften Mal wiedergeboren werden. Und Lord Vishnu wird zum sechzehnten Mal als Krishna inkarnieren.

Und doch ist dies alles nur wie eine illusorische Erscheinung – die Welt als solche ist nicht die Wirklichkeit. Sie erscheint nur dem getäuschten Verstand als real. Sie erscheint und verschwindet wie die Wellen auf dem Ozean in einem Augenblick. Die drei Welten sind in manchen Epochen ähnlich und in anderen wiederum gänzlich verschieden. Aufgrund dieser Unterschiede habe ich in jedem Zeitalter neue Freunde, neue Verwandte, neue Bedienstete und neue Wohnungen. Manchmal lebe ich in den Himālayas, dann in den Malaya-Bergen, und zu anderen Zeiten wiederum nehme ich aufgrund der ererbten Neigungen meine Wohnstatt hier in diesem Nest auf.

Sogar die Himmelsrichtungen wechseln von Zeitalter zu Zeitalter. Da ich als einziger die Nacht des Schöpfers Brahmā überlebt habe, kenne ich die Wahrheit über alle diese Veränderungen. Je nach Position der Pole und der Bewegungen der Sterne, der Sonne und des Mondes werden die Himmelsrichtungen (wie Nord, Süd usw.) festgelegt. Wenn diese sich ändern, ändern sich auch die Himmelsrichtungen. Aber ich weiß, dass diese Welt weder wirklich noch unwirklich ist. Die einzige Realität ist die Bewegung der Energie innerhalb des kosmischen Bewusstseins. Diese erscheint aufgrund von falschem Verstehen als diese Schöpfung hier, um dann wieder zu verschwinden. Ein falsches Verständnis dieser Art erzeugt außerdem die Verwirrung in den menschlichen Beziehungen und Pflichten. In manchen Zeitaltern benimmt sich der Sohn wie der Vater, der Freund wie ein Feind und der Mann wie eine Frau. Manchmal benehmen sich die Menschen in den „dunklen Zeitaltern" so, als würden sie sich im „goldenen Zeitalter" befinden und umgekehrt.

VI.1:23 VASISHTHA fragte:

O Bhushunda, wie kam es, dass dein Körper nicht vom Tod verzehrt wurde?

BHUSHUNDA erwiderte:

O Weiser, du hast das Wissen von allem, und doch stellst du diese Frage, um die Beredsamkeit deines Dieners anzuspornen. Ich werde deine Frage beantworten, denn Gehorsamkeit ist die beste Verehrung der Heiligen.

Der Tod will nicht denjenigen töten, der weder rāga-dvesha (Anziehung und Abneigung) noch falsche Ideen oder mentale Gewohnheiten besitzt. Der Tod will nicht denjenigen töten, der nicht an mentaler Verwirrung leidet, der keine Wünsche und Hoffnungen unterhält, die Anlass zu Sorgen und Ängsten geben, der nicht von der Gier vergiftet ist, dessen Körper und Gemüt nicht vom Feuer des Zorns und des Hasses brennen, der nicht von der Lust aufgewühlt ist, der fest im reinen Gewahrsein des Brahman verankert ist und dessen Gemüt nicht wie ein Affe umherspringt.

O Weiser, all diese Übel suchen denjenigen nicht, dessen Herz den Zustand von äußerster Ruhe und Gleichmut erreicht hat. Auch die Krankheiten von Körper und Gemüt betreffen ihn nicht länger. Sein Gewahrsein vermindert oder vermehrt sich nicht, weder im Tiefschlaf noch im Wachzustand. Er, dessen Gemüt und Herz im höchsten Frieden verankert sind, wird von den blindmachenden Übeln, wie sie aus Lust und Hass entstehen, nicht berührt. Er sucht nicht, noch weist er zurück, weder gibt er auf, noch sammelt er an, obwohl er beständig mit angemessener Handlung befasst ist. Keine einzige der bösen Mächte befällt ihn. Zu ihm kommen auf natürliche Weise nur Freude, Glück und alle segenbringenden Eigenschaften.

Daher, o Weiser, sollte man fest im unvergänglichen und ewigen Selbst verankert sein, welches frei von Finsternis und von allem Suchen ist. Man sollte das Gespenst der Dualität oder Getrenntheit erschlagen und das Herz an die eine Wahrheit heften, die als einzige am Anfang, in der Mitte und am Ende wohltuend ist.

Weder in der Gesellschaft der Götter und Dämonen noch der himmlischen Künstler oder Maiden kann dauerhafte Freude gefunden werden. Weder im Himmel, auf der Erde noch in der Unterwelt kann man das ewigliche Gute finden – nirgendwo in dieser Schöpfung ist dies möglich. Sämtliche Aktivitäten sind mit physischer und mentaler Gebrechlichkeit und vielen Formen des Leids durchsetzt – das ewigliche Gute ist in ihnen nicht vorhanden. Dieses ewigliche Gute ist in überhaupt keiner Aktivität der Sinne zu finden, denn deren Erfahrungen haben einen Anfang und ein Ende.

Weder die Herrschaft über die ganze Welt noch die Erlangung der Form eines Gottes, weder das Studium der Schriften noch Betätigung in der Gesellschaft, weder das Anhören noch das Rezitieren von Geschichten, weder die Langlebigkeit noch der Tod, weder der Himmel noch die Hölle ist vergleichbar mit dem Gemüt eines Heiligen.

BHUSHUNDA fuhr fort: VI.1:24

Der beste aller Zustände, o Weiser, ist in der Tat die Vision des einen unendlichen Bewusstseins. Sogar die Kontemplation des Selbst, welches unendliches Bewusstsein ist, bannt die Kümmernisse, beendet den langlebigen Traum der Welterscheinung, reinigt Gemüt und Herz und vertreibt Ängste und Missgeschick. Diese Kontemplation des Selbst ist frei von Gedankenwellen. Es ist leicht für jemanden wie dich – es ist schwierig für jemanden wie mich.

Jedoch verfügt diese Kontemplation des Selbst sozusagen über Gesinnungsfreunde, die dieser Art der Kontemplation sehr nahe kommen, und zu ihnen gehört die Kontemplation der Lebenskräfte oder von Prana, die jemanden dazu befähigt, Sorge zu überwinden und Glück zu fördern. Diese Kontemplation habe ich mir zu Eigen gemacht.

Diese Art der Kontemplation von Prana hat mir Langlebigkeit und auch Selbsterkenntnis gebracht. Ich werde sie dir nun beschreiben.

Hoher Herr – betrachte diesen erfreulichen Körper, der von drei Säulen (den drei Körpern oder den drei Nādīs?) getragen wird, mit neun Toren ausgestattet ist und vom Ich-Sinn beschützt wird, der acht Gemahlinnen (puryashtaka) sowie verschiedene Verwandte (die Wurzelelemente) besitzt.

Eingeschlossen in der Mitte dieses Körpers sind die subtilen Ida und Pingalā. Es gibt drei lotos-gleiche Räder. Diese Räder bestehen aus Knochen und Fleisch. Wenn der vitale Wind diese Räder befeuchtet, dann beginnen die Blumenblätter oder Umkreise dieser lotos-gleichen Räder zu vibrieren. Die vitalen Winde erweitern sich aufgrund ihrer Ausdehnung noch weiter. Aufgrund dessen beginnen diese Nādīs unterhalb und oberhalb zu strahlen. Die Weisen nennen diese vitalen Winde entsprechend ihrer unterschiedlichen Funktionen mit verschiedenen Namen wie Prana, Apāna, Samāna usw. Die Funktionen leiten ihre Energien wiederum vom zentralen psychischen Herzzentrum her, das der Herzlotos ist.

Die Energie, die im Herzlotos vibriert, wird Prana genannt. Mit ihrer Hilfe sieht das Auge, die Haut fühlt, der Mund spricht, die Nahrung wird durch sie verdaut. Sie führt die verschiedenen Funktionen des Körpers aus. Sie hat zwei verschiedene Rollen, eine ober- und eine unterhalb, und wird dementsprechend als Prana bzw. Apāna bezeichnet. Ich bin ihnen ergeben, die frei von Ermüdung sind, die wie die Sonne und der Mond im Herzen scheinen, die wie die Karrenräder des Gemüts sind, welches der Wächter der Stadt genannt der Körper ist, und die die bevorzugten Pferde des Königs sind, den man den Ich-Sinn nennt. Da ich ihnen so ergeben bin, lebe ich wie im Tiefschlaf – für immer in gleichförmigem Bewusstsein.

Wer Prana und Apāna verehrt, wird in dieser Welt nicht wiedergeboren und ist frei von aller Bindung.

VI.1:25 BHUSHUNDA fuhr fort:

Prana befindet sich ständig in Bewegung, innerhalb und außerhalb des Körpers. Prana ist der vitale Wind, der sich im oberen Teil aufhält, während Apāna auf ähnliche Weise beständig im Innern und außerhalb des Körpers in Bewegung ist, jedoch im unteren Teil wohnt. Bitte höre dir die Erläuterung zur Praxis der Verlängerung oder Kontrolle dieser Lebenskraft an, die die Wohlfahrt desjenigen fördert, der wachend oder schlafend ist.

Das Ausströmen des im Herzlotos zentralisierten vitalen Windes, welches von selbst und ohne Bemühung von statten geht, wird als recaka oder Ausatmen bezeichnet. Der Kontakt mit der Quelle der prānischen Kraft, die zwölf Finger breit weiter unten ist, wird als puraka oder Einatmen bezeichnet. Wenn Apāna aufhört, sich zu bewegen und Prana nicht aufsteigt und sich außerhalb des Herzens begibt (und bevor dies zu geschehen beginnt), wird es kumbhaka (die Einbehaltung wie bei einem gefüllten Topf) genannt. Man sagt, es gäbe drei Punkte für recaka, kumbhaka und puraka, nämlich 1) außerhalb (der Nase), 2) unterhalb des Ortes, den man dvādaśānta nennt (oberhalb oder vor der Stirn in einem Bereich, der zwölf Finger breit ist), 3) die Quelle des Prana (Herzlotos).

(Hinweis: Dvādaśānta bezeichnet eine Art magnetisches Feld um den Körper herum von zwölf Fingerbreiten. Dieses magnetische Feld besteht ebenfalls aus Prana-Apāna).

Bitte lausche stets auf die natürliche und mühelose Bewegung der Lebenskraft. Die Bewegung der vitalen Winde zwölf Finger breit vom Körper entfernt stellt recaka dar. Der Zustand, in dem die Apāna-Kraft im dvādaśānta verbleibt wie der unfertige Topf im Töpferlehm, wird als externes kumbhaka bezeichnet.

Wenn die nach außen strömenden Winde sich bis zur Nasenspitze bewegt haben, wird dies als recaka bezeichnet. Bewegen sie sich dagegen in der Breite von dvādaśānta, dann nennt man sie externes recaka. Hat die äußere Bewegung von Prana von selbst aufgehört und ist Apāna noch nicht aufgestiegen, dann nennt man dieses externes recaka. Wenn dann jedoch Apāna nach innen strömt, ohne dass innerhalb Prana aufsteigt, dann nennt man dies internes kumbhaka. Sobald Apāna in dvādaśānta aufsteigt und eine äußere Erweiterung erfährt, wird es als externes puraka bezeichnet. Wer diese kumbhakas kennt, wird nicht wieder geboren.

Ob man geht, steht, wacht oder schläft – durch die genannten Praktiken werden diese vitalen Winde, die von Natur aus ruhelos sind, gezügelt. Dann ist derjenige, der diese kumbhakas kennt, nicht mehr der Täter seiner Handlungen, ob er nun etwas tut oder isst. Er erlangt in nur wenigen Tagen den höchsten Zustand. Wer diese kumbhakas praktiziert, wird nicht mehr von externen Objekten angezogen. Diejenigen, die mit dieser Sichtweise ausgestattet sind – seien sie nun bewegt oder unbewegt (aktiv oder inaktiv) – befinden sich nicht länger in Bindung. Sie haben erlangt, was als einziges wert ist zu erlangen.

BHUSHUNDA fuhr fort:

Wenn durch die Hingabe an die Praxis von Prana und Apāna die Unreinheiten des eigenen Herzens und Gemüts vernichtet sind, dann ist man frei von der Täuschung, erlangt inneres Erwachen und ruht im eigenen Selbst auch dann, wenn man äußerlich den Tätigkeiten nachgeht, so wie sie auf einen zukommen.

Hoher Herr, Prana entsteht im Lotos des Herzens und endet in einer Distanz von zwölf Fingerbreiten außerhalb des Körpers. Apāna taucht im dvādaśānta (zwölf Fingerbreiten außerhalb des Körpers) auf und endet im Herzenslotos. Apāna entsteht, wo Prana endet. Prana ist wie die Flamme – es steigt auf und hinaus. Apāna ist wie Wasser und fließt hinab in Richtung des Herzlotos.

Apāna ist der Mond, der den Körper von außen beschützt. Prana ist wie die Sonne oder das Feuer und fördert die innere Wohlfahrt des Körpers. Prana erzeugt in jedem Moment das Feuer im Herzensraum und nach der Erzeugung dieser Hitze die Hitze vor dem Gesicht. Apāna, das der Mond ist, nährt erst den Raum vor dem Gesicht und dann den Raum im Herzen.

Wenn jemand fähig ist, den Punkt zu erreichen, wo Apāna sich mit Prana vereinigt, dann gibt es für ihn kein Leid mehr und keine Wiedergeburt.

Tatsächlich ist es nur Prana, das eine Modifikation erfährt und als Apāna auftritt, nachdem es seine sengende Hitze aufgegeben hat. Und dann gewinnt dasselbe Prana, nachdem es die Kühle des Mondes abgelegt hat, seine Natur als das reinigende Feuer der Sonne. Der Weise ergründet die Natur von Prana so lange, wie dieses nicht seine solare Natur aufgegeben hat, um die lunare anzunehmen. Wer die Wahrheit bezüglich des Auf- und Untergangs von Sonne und Mond in seinem eigenen Herzen kennt, wird nicht wiedergeboren. Wer den höchsten Herrn, die Sonne, im eigenen Herzen sieht, sieht die Wahrheit.

Um Vollkommenheit zu erlangen, muss man nicht die äußere Dunkelheit am Kommen und Gehen hindern, sondern man muss die Dunkelheit der Unwissenheit im Herzen zerstören. Wenn die externe Dunkelheit vergangen ist, taucht die Welt auf, aber wenn die Dunkelheit der Unwissenheit im Herzen vertrieben ist, taucht die Selbsterkenntnis auf. Daher sollte man danach streben, Prana und Apāna zu beobachten, weil das Erkennen von diesen beiden die Befreiung gewährt.

Apāna endet im Herzen dort, wo Prana entsteht. Wo Prana geboren wird, dort stirbt Apāna, und wo Apāna geboren wird, dort hört Prana auf. Wenn Prana sich nicht mehr bewegt und Apāna aufzusteigen beginnt, dann erfährt man externes kumbhaka. Einer, der hierin gefestigt ist, erfährt kein Leid mehr. Hat Apāna aufgehört, sich zu bewegen, um Prana aufsteigen zu lassen, dann erfährt man inneres kumbhaka. Wer darin gefestigt ist, erfährt ebenfalls kein Leid mehr.

BHUSHUNDA fuhr fort:

Wer kumbhaka (Zurückhaltung des Atems) praktiziert, nachdem er das Prana auf eine Entfernung von mehr als zwölf Fingerbreiten vom Körper entfernt, also am Entstehungspunkt von Apāna, ausgeatmet hat, ist nicht länger dem Kummer unterworfen. Oder wenn man in sich selbst sehen kann, wo sich das Einatmen in den Impuls zum Ausatmen verwandelt –dann wird man nicht wiedergeboren. Wer zu sehen vermag, wo Apāna und Prana ihre Bewegungen beenden und stetig in diesem Zustand des Friedens verbleibt, ist ebenfalls nicht länger dem Kummer unterworfen.

Wer kühn und entschlossen den exakten Moment und den Punkt beobachtet, an dem das Prana vom Apāna verzehrt wird, wird nie wieder trauern. Oder wer kühn und entschlossen den exakten Moment und den Punkt beobachtet, an dem das Apāna vom Prana verzehrt wird, dessen Gemüt wird nicht wieder aufsteigen. Nimm daher diesen Punkt und diesen Moment wahr, an dem Prana von Apāna und Apāna von Prana außerhalb und innerhalb des Körpers verzehrt wird,. Denn in dem genauen Moment, in dem das Prana aufhört, sich zu bewegen und Apāna mit der Bewegung noch nicht begonnen hat, dort taucht ein kumbhaka auf, das mühelos ist. Die Weisen erachten dies als einen sehr bedeutsamen Zustand. Sobald es die mühelose Zurückhaltung des Atems gibt, ist der höchste Zustand erreicht. Dies ist das Selbst, dies ist reines, unendliches Bewusstsein. Wer dies erlangt, gerät nicht mehr ins Elend.

Ich kontempliere dieses unendliche Bewusstsein, welches die innewohnende Präsenz im Prana ist, jedoch weder Prana noch etwas anderes ist. Ich kontempliere dieses unendliche Bewusstsein, welches die innewohnende Präsenz im Apāna ist, aber weder Apāna noch etwas anderes als Apāna ist. Das was IST, nachdem Prana und Apāna zu sein aufgehört haben, und welches sich in der Mitte zwischen Prana und Apāna befindet – dieses unendliche Bewusstsein kontempliere ich. Ich kontempliere dieses unendliche Bewusstsein, welches das Prana des Prana ist, welches das Leben des Lebens ist, welches allein verantwortlich für die Erhaltung des Körpers ist, welches das Gemüt des Gemüts ist, welches die Intelligenz im Intellekt ist und die

Realität im Ich-Sinn. Ich verneige mich vor diesem Bewusstsein, in dem alle Dinge sind, aus dem sie kommen, welches alles und überall ist, und welches alles in allem und ewiglich ist, welches das Reinerhaltende von allem und dessen Vision der größte Gewinn ist. Ich verneige mich vor diesem Bewusstsein, in welchem Prana aufhört, sich zu bewegen und Apāna nicht aufsteigt, und welches vor (oder an der Wurzel) der Nase weilt. Ich verneige mich vor diesem Bewusstsein, welches die Quelle von Prana und Apāna ist, welches die Energie in Prana und Apāna ist und die Sinnestätigkeit ermöglicht. Ich verneige mich vor diesem Bewusstsein, welches in der Tat die Essenz der internen und externen kumbhakas und das einzige Ziel der Kontemplation von Prana ist, die Tätigkeit von Prana bewirkt und die Ursache sämtlicher Ursachen ist. Ich nehme meine Zuflucht in diesem Höchsten Wesen.

BHUSHUNDA fuhr fort: VI.1:26

Durch die regelmäßige und systematische Praxis des Pranayama wie ich es beschrieben habe, habe ich den Zustand der Reinheit erlangt und werde auch nicht vom Beben des Berges Meru (oder des Nordpoles) beunruhigt. Dieser Zustand des samādhi oder des vollkommenen Gleichmuts geht nie verloren, ob ich nun gehe oder stehe, wache, schlafe oder träume. Mit meiner Schau, die sich dem Selbst zuwendet, ruhe ich im Selbst und bin im Selbst in allen Lebensumständen, was auch immer in der Welt oder in der Umgebung stattfinden mag. So habe ich seit der Zeit der letzten kosmischen Auflösung gelebt.

Ich kontempliere weder die Vergangenheit noch die Zukunft – mein Gewahrsein richtet sich direkt und stetig nur auf die Gegenwart. Ich tue, was ich in der Gegenwart zu tun habe, ohne dabei an Ergebnisse zu denken. Ohne mich um Dinge wie Sein oder Nicht-Sein, wünschenswert oder nicht wünschenswert zu kümmern, verbleibe ich im Selbst. Daher bin ich immer glücklich, gesund und frei von der Verwirrtheit.

Mein Zustand ist die Frucht der Kontemplation des Moments der Vereinigung von Prana und Apāna (nämlich wenn das Selbst enthüllt wird). Ich unterhalte keine müßigen Ideen wie „Ich habe dies oder jenes erreicht und sollte auch noch dieses erreichen“ usw. Ich preise oder tadle niemanden (weder mich selbst noch andere) oder irgendetwas zu irgendeinem Zeitpunkt. Mein Gemüt frohlockt weder, wenn es Begehrenswertes erlangt, noch ist es betrübt, wenn es Übles erfährt – mein Zustand ist daher jederzeit glücklich und gesund. Ich huldige der höchsten Entsagung und habe sogar dem Wunsch zu leben entsagt. Aufgrund dessen unterhält mein Gemüt keinerlei Verlangen und ist friedvoll und ausgeglichen. Ich erkenne das eine gemeinsame Sein in allen Dingen (in einem Stück Holz, in einer schönen Frau, in einem Berg, einem Grashalm und in Feuer und Raum) und bin nicht beunruhigt von Gedanken wie „Was soll ich nun tun?“ oder „Was wird morgen sein?“ Ich kümmere mich weder um Gedanken an Alter oder Tod oder an das Verlangen nach Glück, noch betrachte ich etwas als „mein“ oder „nicht mein“. Ich weiß, dass alles zu jeder Zeit und überall immer nur das eine kosmische Bewusstsein ist. Darin bestehen die Geheimnisse meines Zustandes von Glücklichsein und Gesundheit. Ich denke nicht an Dinge wie „Ich bin der Körper“, auch dann nicht, wenn ich mit physischer Tätigkeit befasst bin, denn ich weiß, dass diese Welterscheinung illusorisch ist. Ich lebe in ihr wie im Tiefschlafzustand. Weder fühle ich mich vom Erfolg noch von den Widrigkeiten, wie sie mir gerade entgegenkommen, berührt, da ich sie mit gleicher Sichtweise betrachte (so wie ich meine beiden Arme als Arme anschaue). Was immer ich tue, ist unbefleckt von Wünschen oder vom Schlamm des Ich-Sinns. Daher verliere ich nicht den Kopf, wenn ich mächtig bin und gehe nicht betteln, wenn ich arm bin. Ich erlaube nicht, dass Hoffnungen oder Erwartungen mich antasten, und ich betrachte jedes Ding, auch wenn es alt und schäbig ist, mit frischem Blick so, als wäre es gänzlich neu und unverbraucht. Ich freue mich mit den Fröhlichen und trauere mit den Bekümmerten, denn ich bin der Freund von allen. Ich weiß, dass ich niemandem gehöre und niemand zu mir gehört. Ich weiß, dass ich selbst die ganze Welt, alle Tätigkeiten darin und die ihr innewohnende Intelligenz bin. Darin besteht das Geheimnis meiner Langlebigkeit.

VI.1: VASISHTHA sprach:

27,28 Daraufhin sprach ich zu Bhushunda: „Deine Lebensbeschreibung ist in der Tat wunderbar, o Hoher Herr. Gesegnet sind alle, die dich zu sehen vermögen. Du bist selbst wie ein zweiter Schöpfer. Personen wie du sind sehr selten. In deiner Gegenwart habe ich wahrhaftig großes Verdienst angesammelt. Mögest du auf immer gesegnet sein! Gib mir nun bitte die Erlaubnis zu gehen."

O Rāma, nachdem Bhushunda dies gehört hatte, verehrte er mich und begleitete mich trotz meiner Einwände ein Stück des Weges, wobei er zum Zeichen der Freundschaft meine Hand fest in der seinen hielt. Schließlich trennten wir uns, und die Trennung von Freunden ist immer ein schweres Ereignis. All dies geschah im vorherigen Zeitalter (Krta), während wir nun im Tretā-Zeitalter weilen.

Dies war die Geschichte von Bhushunda, o Rāma – praktiziere auch du den von Bhushunda beschriebenen Pranayama und strebe danach, so wie er zu leben.

RAMA fragte:

Hoher Herr, das von dir ausgehende Licht hat die dichte Finsternis um uns alle vertrieben. Wir sind nun spirituell erwacht, hocherfreut durch deine Worte und ruhen in unserem eigenen Selbst; wir sind sozusagen zu deinem Abbild geworden, indem wir erkannt haben, was als einziges es zu erkennen gibt.

In der inspirierenden Geschichte von Bhushunda, die du uns erzählt hast, hast du einen Körper mit drei Säulen und neun Toren usw. erwähnt. Bitte teile mir mit, wie dieser entstanden ist, wie er fortbesteht und wer darin wohnt?

VASISHTHA sprach:

O Rāma, dieses als der Körper bekannte Haus wurde tatsächlich von niemandem erbaut! Er ist nichts als eine Erscheinung wie die zwei Monde, die von fehlsichtigen Personen gesehen werden. Der Mond ist nur einer – die Zweiheit ist eine optische Täuschung. Der Körper wird nur dann als existent erfahren, wenn die Idee eines physischen Körpers im Gemüt vorherrscht;

er ist unwirklich. Da er jedoch zu existieren scheint, sobald die Vorstellung von ihm auftaucht, wird er als real und irreal angesehen. Träume sind während des Traumzustandes real und zu anderen Zeiten irreal; Wellen im Ozean sind real, sobald sie als existierend wahrgenommen werden und zu anderen Zeiten inexistent. Ebenso ist der Körper real, sobald er als eine reale Gegebenheit erfahren wird. Er ist nichts als eine illusorische Erscheinung, die als real erfahren wird.

Die Idee von „ich bin dieser Körper" taucht in Bezug zu dem auf, was in Wirklichkeit nur ein Stück Fleisch und Knochen usw. ist und nur aufgrund einer mentalen Disposition erscheint. Sie ist eine Illusion – gib sie auf. Es gibt tausende von weiteren Körpern, die nur durch deine Gedankenkraft ins Leben gerufen worden sind. Wenn du schläfst und träumst, erfährst du in diesem Zustand einen Körper. Wo entsteht er oder wo existiert er? In Tagträumen fantasierst du, im Himmel zu sein usw. – wo ist dieser Körper? Sobald all dies aufgehört hat, befasst du dich mit verschiedenen Tätigkeiten und spielst die unterschiedlichsten Rollen – wo befindet sich dann der Körper, mit dem du alle diese Dinge tust? Wenn du dich selbstvergessen und hingegeben mit deinen Freunden vergnügst und dich ihrer Gesellschaft erfreust – wo befindet sich dann dieser Körper? Daher, o Rāma, sind die Körper nur die Produkte des Gemüts – sie werden daher als gleichzeitig real und irreal betrachtet. Ihr Verhalten wird vom Gemüt festgelegt; sie sind nicht verschieden vom Gemüt.

VASISHTHA fuhr fort:

„Dies ist Wohlstand", „dies ist der Körper" und „dies ist eine Nation" – all dieses sind nur Ideen, o Rāma, und die Manifestationen der Energie des Gemüts – sie sind tatsächlich illusorisch. Erkenne, dass es sich hierbei um einen langdauernden Traum, eine ununterbrochene Halluzination, reines Tagträumen oder Wunschdenken handelt. Sobald du durch die Gnade Gottes oder des Selbst das innere Erwachen erfahren hast, wirst du all dies ganz klar sehen. Die Existenz einer von dir oder dem Gemüt unabhängigen Welt ist nichts als ein Taschenspielertrick des Gemüts; es ist nur das Sehen einer Vorstellung als ob es eine Substanz sei.

Ich habe erwähnt, dass ich aus dem Gemüt des Schöpfers geboren worden bin – auf dieselbe Weise entsteht die Welt aus dem Gemüt in der Form einer Idee. Tatsächlich ist sogar der Schöpfer nichts anderes als eine Idee im kosmischen Verstand. Ebenso ist auch die Welterscheinung nur eine solche Idee des Gemüts. Diese Ideen erlangen ihre Kraft im Gemüt durch wiederholtes Auftreten im Gewand scheinbarer Wahrheit. So treten sie wieder und wieder auf und erzeugen die Illusion der Welterscheinung.

Wenn ein Mensch entschlossen nach der Quelle dieser Ideen sucht, erkennt er das Bewusstsein. Andernfalls erfährt er wieder und wieder diese illusorische Welterscheinung. Durch die kontinuierliche Unterhaltung von Ideen wie „dies ist das", „dies ist mein" und „dies ist meine Welt" usw. erlangen diese die Festigkeit einer realen Substanz. Auch die scheinbare Dauerhaftigkeit der Welt ist nur eine Illusion, denn im Traumzustand wird ein sehr kurzer Moment vom Träumer als ein ganzes Leben erfahren. In einer Luftspiegelung wird nur das eingebildete „Wasser“ wahrgenommen, nicht aber die Grundlage der Täuschung. Auf dieselbe Weise sieht man im Zustand der Unwissenheit nur diese illusorische Welterscheinung, jedoch nicht deren Grundlage. Hat man jedoch diese Unwissenheit abgelegt, dann schwindet die illusorische Wahrnehmung. So wie ein ängstlicher Mensch sich nicht vor einem eingebildeten Tiger fürchtet, so fürchtet sich der Weise, der diese Welt nur als eine Idee oder Einbildung erkennt, vor nichts und niemandem. Wenn man weiß, dass die Welt nur die Erscheinung des eigenen Selbst ist – vor was sollte man sich dann fürchten? Sobald die eigene Sichtweise durch Ergründung gereinigt ist, schwindet das eigene getäuschte Verständnis dieser Welt.

Durch klare Wahrnehmung und klares Verständnis wird die eigene Natur gereinigt und fortan nicht wieder unrein. Worin besteht dieses rechte Verständnis? Es besteht in der Erkenntnis, dass diese Welt nichts als eine Widerspiegelung (und daher eine Erscheinung) des reinen Bewusstseins ist und somit weder real noch irreal. Geburt, Tod, Himmel, Erkenntnis und Unwissenheit sind alles Widerspiegelungen von Bewusstsein. Ich, du, die zehn Himmelsrichtungen und all dies sind Bewusstsein – darin besteht das rechte Verständnis. Sobald es das rechte Verständnis gibt, taucht das Gemüt nicht länger auf und unter, sondern es erlangt den höchsten Frieden. Es ergeht sich nicht länger in Lob und Tadel, in Frohlocken und Niedergeschlagenheit, sondern bleibt stets kühl und ruht in der Wahrheit.

VASISHTHA fuhr fort:

Wenn man erkannt hat, dass der Tod für alle unvermeidlich ist, warum sollte man dann über den Tod von Verwandten oder das Nahen des eigenen Endes trauern? Wenn man erkennt, dass jedermann einmal in guten und dann wieder in schlechten Umständen ist – weshalb sollte man jubeln oder verdrossen sein? Wenn man erkennt, dass die lebendigen Wesen wie Wellen auf dem Ozean erscheinen und vergehen – wo ist dann noch Raum für Klage? Was wahr ist, ist auf immer wahr (was existiert, existiert auf immer), und was irreal ist, ist auf immer irreal – wo ist da die Ursache für Kummer?

Das „Ich“ ist nicht, war nicht, und wird auch niemals sein. Der Körper ist aufgrund einer mysteriösen Täuschung entstanden und hat nur den Anschein von Existenz. Worin sollte die Ursache des Kummers bestehen? Sobald das rechte Verständnis der Wahrheit da ist, nämlich dass sogar wenn der Körper real wäre, das „Ich“ etwas anderes und nur eine Widerspiegelung des unendlichen Bewusstseins ist, gibt es keinen Kummer mehr.

Daher sollte man seine Zuversicht, seine Hoffnungen und seine Bestrebungen nicht auf etwas heften, was irreal ist, denn solche Erwartungen sind eine Fessel. O Rāma, lebe in dieser Welt, ohne irgendwelche Hoffnungen zu hegen. Was getan werden muss, muss getan werden, und was unangemessen ist, soll aufgegeben werden. Lebe glücklich und spielerisch in dieser Welt ohne das Wünschenswerte und das Unerwünschte zu erwägen.

Das unendliche Bewusstsein allein existiert überall und immer. Was zu sein scheint, ist nur eine Erscheinung. Sobald diese Erscheinung als solche erkannt worden ist, wird das, was IST, realisiert. Realisiere entweder: „Ich bin nicht, und diese Erfahrungen gehören nicht zu mir", oder wisse: „Ich bin alles". Dann wirst du frei von der trügerischen Verführung der Welterscheinung sein. Beide Haltungen sind gleichermaßen gut – nimm diejenige an, die dir zusagt. Du wirst sodann frei von Anziehung und Abstoßung sein (rāga-dvesha).

Alles was in der Welt ist, am Firmament oder in den Himmeln, wird nur von dem erreicht, der die Zwillingsmächte von Anziehung und Abstoßung überwunden hat. Was auch immer der irregeführte Mensch unternehmen mag, der sich von diesen Kräften getrieben fühlt, führt ihn unverzüglich auf das Feld der Sorgen. Wer diese Mächte nicht überwunden hat, obwohl er in den Schriften bewandert ist, ist in der Tat gleichzeitig bedauernswert und verachtenswert. Seine Gespräche bestehen aus Sätzen wie „ich wurde von jemandem betrogen" oder „ich habe Wohlstand und Vergnügen hinter mir gelassen". Wohlstand, Verwandte und Freunde kommen und gehen – weder sucht sie der Weise, noch gibt er sie auf. Was einen Anfang und ein Ende hat, ist der Aufmerksamkeit des Weisen nicht wert. In dieser Welt erzeugt jemand etwas (wie etwa eine Tochter), und ein anderer (wie etwa der Bräutigam) erfreut sich ihrer – wer wird durch so etwas getäuscht?

O Rāma, für dein spirituelles Erwachen erkläre ich dir wieder und wieder, dass diese Welterscheinung wie ein lang andauernder Traum ist. Wach auf – wach auf! Gewahre das Selbst, welches wie die Sonne leuchtet. In der Tat bist du bereits durch all diese nektargleichen Worte erleuchtet – du hast mit Geburt und Tod, Sorge, Sünde und Illusion nichts mehr zu tun. Gib alle diese Ideen auf und ruhe im Selbst.

VASISHTHA, der plötzlich verstummte, weil er gewahrte, dass Rāma vollständig im Selbst VI.1:29
absorbiert war, nahm seinen Diskurs nach einer Pause und nach der Rückkehr Rāmas in sein normales Bewusstsein wieder auf:

O Rāma, du bist gänzlich erwacht und hast Selbsterkenntnis erlangt. Verbleibe für immer in diesem erhabenen Zustand und lass dich nicht mehr in diese Welterscheinung hineinziehen. Dieses Rad der Welterscheinung (das Rad von Geburt und Tod) besitzt als seine Nabe Gedanken und Ideen. Sobald diese zum Stillstand gekommen sind, steht auch diese Welterscheinung still und hört auf. Falls jemand mit Willenskraft dieses Rad zum Stillstand bringt, dann dreht es sich so lange weiter, wie die durch Gedanken hervorgerufenen Verwirrtheiten nicht aufhören. Man sollte daher diese Nabe (die Gedanken und Ideen) abbremsen, indem man zuvor Zuflucht zur höchsten Form der Eigenbemühung nimmt, zur inneren Stärke, zur Weisheit und zum gesunden Menschenverstand. Was mit Hilfe dieser gebündelten Bemühung nicht erreicht wird, wird auch durch keine andere Bemühung erreicht. Daher sollte jeglicher Hilferuf nach göttlicher Intervention, welche nur die Einbildung eines kindlichen Gemütes ist, abgelehnt und mit der Kraft intensiver Eigenbemühung die Herrschaft über das Gemüt erlangt werden.

Diese Welterscheinung fing mit der Gedankenkraft des Schöpfers an. Sie ist jedoch falsch. In ihr wandern diese Körper, geboren aus den natürlichen Eigenschaften der verschiedenen Elemente, umher. Folglich sollte man niemals mehr die Idee hegen, dass diese Körper existieren und dass Vergnügen und Schmerz faktische Wirklichkeiten seien.

Der unwissende Mensch, der zu leiden glaubt und dessen Gesicht ständig von Tränen übergossen ist, ist schlimmer daran als ein Bildnis oder eine Statue, denn die letzteren erleiden keinen Kummer! Die Statue ist außerdem nicht der Krankheit und dem Tode unterworfen. Sie wird nur dann zerstört, wenn jemand sie willentlich zerstört, während der menschliche Körper zum Sterben verdammt ist. Wird die Statue sorgsam behandelt und beschützt, kann sie eine sehr lange Zeit in guter Verfassung bestehen. Der menschliche Leib jedoch, auch wenn er stets gut erhalten und beschützt wird, zerfällt von Tag zu Tag und verliert seine gute Verfassung. Daher ist die Statue besser als der aus Gedanken und Ideen geschaffene Körper. Wer setzt denn auf diesen menschlichen Körper alle seine Hoffnungen?

Der Wachkörper ist sogar noch schlechter als der geträumte Körper. Der geträumte Körper wird durch eine kurzlebige Idee (den Traum) erzeugt und ist folglich nicht der dauernden Sorge unterworfen. Der Wachkörper jedoch ist das Ergebnis langlebiger Ideen und Konzepte und wird also für eine sehr lange Zeit von den Sorgen terrorisiert. Ob man den Körper nun für real oder irreal hält – gewiss ist, dass er das Produkt von Gedanken und Ideen ist. Daher braucht man diesbezüglich keinerlei Kummer zu haben.

Bei einer zerbrochenen Statue ist kein Leben verloren, und so geht auch beim aus Gedanken und Ideen geborenen Körper bei dessen Tod nichts verloren. Es ist wie beim Verlust des zweiten Mondes, den der von der Fehlsichtigkeit Geheilte zuvor zu sehen glaubte. Das Selbst, welches unendliches Bewusstsein ist, stirbt nicht, noch wird es irgendeinem Wandel unterzogen.

VASISHTHA fuhr fort:

O Rāma, für jemanden, der in einem Karussell sitzt, dreht sich die Welt in der entgegengesetzten Richtung, und genau so denkt der Mann, der auf dem Rad der Unwissenheit umherwirbelt, dass der Körper und die Welt sich drehen. Der spirituelle Held jedoch sollte all dies zurückweisen – dieser Körper ist nichts als das Produkt der Gedanken und Konzepte eines unwissenden Gemüts. Die Erzeugung der Unwissenheit geschieht fälschlicherweise. Auch wenn der Körper aktiv und alle möglichen Tätigkeiten auszuführen scheint, ist er doch unwirklich wie die Schlange, die man sich in einem Seil liegend einbildet, und die immer das Produkt der Fantasie bleibt. Was von einem leblosen Objekt getan wird, wird nicht von diesem getan. Obwohl der Körper den Anschein der Tätigkeit erweckt, tut er tatsächlich nichts.

Der leblose Körper unterhält keinerlei Wunsch danach, Handlungen auszuführen, während das Selbst (welches unendliches Bewusstsein ist), ebenfalls keine solchen Wünsche hat. Folglich gibt es in Wahrheit keinen Täter aller Handlungen, sondern es gibt nur die beobachtende Intelligenz. So wie eine Lampe an einem windstillen Ort spontan und auf selbstverständliche Weise scheint, so sollte man unter allen Lebensumständen stets als das Selbst verbleiben. So wie die Sonne in sich selbst ruht und ihrer eigenen, essenziellen Natur gemäß beständig mit den Angelegenheiten von Tag und Nacht befasst ist, so sollst auch du in deinem eigenen Selbst ruhen und dich mit den Angelegenheiten des Staates befassen.

Sobald die getäuschte Wahrnehmung, dass dieser falsche Körper eine Realität ist, auftaucht wie ein Gespenst, das von einem kleinen Jungen herbeifantasiert wird, entsteht gleichzeitig der Kobold namens Ich-Sinn oder Gemüt. Dieses falsche Gemüt oder Ich-Sinn beginnt dann so laut zu brüllen, dass sogar tapfere Männer, erschreckt von diesem Gebrüll, sich unverzüglich in tiefe Meditation zurückziehen. Derjenige, der dieses Gespenst im Körper namens Gemüt (oder Ich-Sinn) niederwirft, wohnt ohne jede Furcht in der Leere, die den Namen „Welt" hat.

Es ist seltsam, dass immer noch Menschen leben, die den vom illusorischen Gespenst namens Gemüt erschaffenen Körper für ihr eigenes Selbst halten. Diejenigen, die sterben, während sie sich immer noch im Griff dieses Gespenstes namens Gemüt befinden, bestehen nur aus Unwissenheit! Derjenige, der freiwillig in diesem Hause lebt und sich von ihm beschützt glaubt, welches von dem Gespenst namens Gemüt bewohnt wird, ist selbst ein Kobold und in die Irre geführt, denn dieses Haus (der Körper) ist unbeständig und vergänglich. Daher, o Rāma, gib die Unterwürfigkeit dem Geist namens Ich-Sinn gegenüber auf und ruhe im Selbst, ohne einen zweiten Gedanken an den Ich-Sinn zu verschwenden.

Wer sich unter dem bösen Einfluss des Gespenstes namens Ich-Sinn befindet, ist irregeführt und ohne Freund und ohne Verwandte. Eine Tat, die mit einem vom Ich-Sinn durchtränkten Geist begangen wird, ist vergiftet und führt keine andere Frucht als diejenige des Todes herbei. Der Tor, der ohne Weisheit und Mut lebt und sich mit dem Ich-Sinn verheiratet hat, ist bereits tot. Er ist wie das bereitliegende Feuerholz, welches in das Feuer mit dem Namen „Hölle" geworfen wird.

Lass dieses Gespenst namens Ich-Sinn im Körper bleiben oder ihn verlassen. Erlaube deinem Gemüt nicht einmal einen Blick darauf, o Rāma!

VASISHTHA fuhr fort:

Sobald der Ich-Sinn, seiner Tarnungen beraubt, beiseitegelegt und von einer erwachten Intelligenz aufgegeben worden ist, kann er dir nicht länger schaden. Das Selbst ist unendliches Bewusstsein. Auch wenn der Ich-Sinn im Körper wohnt – wie kann das Selbst von ihm betroffen sein?

O Rāma – es ist unmöglich, all die Nöte zu beschreiben, die jemanden besuchen, der unter dem Einfluss des Gemütes steht. Alle das endlose Klagen und Weinen „o weh! ich bin tot" oder „Hilfe, ich verbrenne!", die man in der Welt vernimmt, ist nichts anderes als das Spiel des Ich-Sinns. Wie der allesdurchdringende Raum von nichts beschmutzt wird, so wird auch das allgegenwärtige Selbst nicht vom Ich-Sinn berührt.

Was ein Mensch mit dem Körper tut, wird in Wahrheit vom Ich-Sinn mit Hilfe der Zügel von Einatmung und Ausatmung getan. Indirekt wird das Selbst als die Ursache von all diesem betrachtet, so wie der unendliche Raum insofern verantwortlich für das Wachstum der Pflanzen gemacht werden kann, als er die Pflanzen nicht daran hindert, in den Raum hineinzuwachsen. So wie man eine Lampe als Ursache für die Sicht auf ein Objekt sieht, so wird das

Selbst als verantwortlich für die Tätigkeiten von Körper, Gemüt usw., die im Lichte des Selbst stattfinden, betrachtet. Es geschieht nur aufgrund der Energie des Selbst (Prana), die beständig vibriert und überall Erregtheit schafft, dass das Gemüt mit dem Selbst verwechselt wird.

Du bist das Selbst, o Rāma, nicht das Gemüt. Was hast du mit dem Gemüt zu tun? Gib diese Täuschung auf. Der Gemüts-Kobold, der im Körper wohnt, hat nichts mit dem Selbst zu tun, gibt aber still und leise vor: „Ich bin das Selbst". Dies wird zur Ursache von Geburt und Tod. Diese Unterstellung beraubt dich deines Mutes und deiner Tatkraft. Gib dieses Gespenst auf, o Rāma, und bleibe fest. Weder die Schriften noch die Verwandten und nicht einmal die Gurus oder Lehrer können einen Menschen beschützen, der gänzlich von dem Gespenst namens Gemüt beherrscht wird. Hat dagegen jemand dieses Gespenst besiegt, dann können der Guru, die Schriften und die Verwandten einem solchen Menschen leicht und einfach helfen, so wie man ein Tier aus dem Schlamm ziehen kann. Diejenigen, die dieses Gespenst bezwungen haben, sind die guten Menschen, die dieser Welt einen Dienst erweisen. Man sollte daher sich selbst aus der Unwissenheit erheben, indem man das Gespenst namens Ich-Sinn bezwingt. O Rāma –wandere nicht länger in diesem Dschungel der weltlichen Existenz umher wie ein Tier in einem menschlichen Körper. Schwelge nicht im Schlamm der so genannten Familienbeziehungen wegen diesem vergänglichen Körper. Der Körper wurde von jemandem geboren, er wird vom Ich-Sinn beschützt, und Freude und Sorgen werden in ihm wiederum von jemand anderem erfahren – all dies ist in der Tat ein großes Mysterium.

So wie die essenzielle Natur eines Topfes und die eines Stücks Stoff nicht unterschiedlich ist, so ist die essenzielle Natur des Gemüts und des unendlichen Bewusstseins nicht unterschiedlich. In dieser Hinsicht werde ich dir nun die Unterweisung berichten, die mir einst von Lord Shiva erteilt wurde. Die in dieser Unterweisung enthüllte Schau wird auch noch die stärkste Täuschung vernichten.

Die Beschreibung des Höchsten Herrn

VASISHTHA fuhr fort:

Es gibt den Berg von Lord Shiva namens Kailāsa. Ich habe dort einige Zeit gelebt, Lord Shiva verehrt und Entsagung praktiziert. Ich war von vollkommenen Weisen umgeben, mit denen ich die Wahrheit der Schriften zu erörtern pflegte.

Eines Abends war ich mit der Verehrung Lord Shivas befasst. Die Atmosphäre um mich herum war von Frieden und Stille erfüllt. Im Wald, in dem ich mich befand, war die Finsternis so dicht, dass man sie mit einem Schwert hätte durchschneiden können.

Da sah ich im Wald ein großes Licht. Mit meiner äußeren Schau sah ich dieses Licht und mit meiner inneren Schau ergründete ich seine Natur. Ich sah, dass es Lord Shiva selbst war, der Hand in Hand mit seiner Gemahlin Pārvatī einherging. Vor ihm ging sein Reittier Nandi und machte den Weg frei für den Höchsten Herrn. Ich machte meine um mich versammelten Schüler auf die göttliche Gegenwart aufmerksam und begab mich dann zu der Stelle, an der sich der Höchste Herr befand.

Ich verneigte mich vor dem Höchsten Herrn und verehrte ihn. Dann blieb ich lange in den Anblick der göttlichen Erscheinung versunken. Schließlich sprach Lord Shiva zu mir: „Verlaufen deine Entsagungspraktiken erfolgreich und ohne Störung? Hast du erlangen können, was wert ist zu erlangen, und haben deine inneren Ängste aufgehört?"

Als Antwort sprach ich zum Höchsten Herrn: „Allerhöchster Herr, diejenigen, die sich so glücklich nennen können, dir ergeben zu sein, finden nirgends Schwierigkeiten und erleben keine Furcht. Jeder in der Welt grüßt sie und wirft sich ihnen zu Füßen, die dir hingegeben sind und immer deiner gedenken. Nur Orte, wo Menschen leben, die Dir allein und mit ganzem Herzen ergeben sind, verdienen es, als Länder, Städte, Himmelsrichtungen und Berge bezeichnet zu werden. Deiner zu gedenken, ist die Frucht der in vergangenen Geburten erworbenen Verdienste und ist auch die Gewähr für noch mehr Segen in der Zukunft. Das beständige Gedenken Deiner, oh Höchster Herr, ist wie ein Gefäß gefüllt mit Nektar und ist die immer offenstehende Tür zur Befreiung. Höchster Herr, indem ich das kostbare und strahlende Juwel Deines immerwährenden Gedenkens besitze, habe ich alles Elend, das mich zukünftig in Bedrängnis versetzen könnte, unter die Füße getreten.

„Höchster Herr, obwohl ich durch Deine Gnade den Zustand der Selbsterfüllung erlangt habe, möchte ich über etwas Bestimmtes noch mehr wissen. Bitte erleuchte mich. Worin besteht die Verehrung des Höchsten Herrn, die alle Sünden zerstört und sämtliche segenbringenden Eigenschaften fördert?"

DER HÖCHSTE HERR sprach:

Weißt du, wer „Gott" ist? Gott ist nicht Vishnu, Shiva oder Brahmā, nicht der Wind, die Sonne oder der Mond, nicht der Brahmāne oder der König, nicht Ich oder du, weder Lakshmi noch das Gemüt. Gott ist ohne Form und ungeteilt (er ist nicht in den Objekten). Er ist dieser Glanz und die Pracht (devanam), die weder erzeugt wurden noch einen Anfang oder ein Ende haben. Dies ist es, was man Gott (deva) oder Lord Shiva nennt, und es ist reines Bewusstsein. Dies allein soll verehrt werden – dies allein ist alles.

Falls jemand nicht in der Lage ist, diesen Shiva zu verehren, dann soll er seine Form verehren. Das letztere erzielt vergängliche Früchte, während das erstere unendlichen Segen bringt. Wer das Unendliche ignoriert und sich dem Endlichen ergibt, verlässt freiwillig einen Lustgarten und begibt sich in ein Dornengestrüpp. Und doch verehren manchmal auch die Weisen auf spielerische Weise die Form.

Nun zu den in der Verehrung verwendeten Dingen: Weisheit, Selbstkontrolle und die Wahrnehmung des Selbst in allen Wesen gehören zum Besten, was dargebracht werden kann. Das Selbst allein ist Lord Shiva und soll immer mit den Blumen der Weisheit verehrt werden.

(Ich fragte als nächstes den Höchsten Herrn: „Bitte teile mir mit, wie diese Welt in reines Bewusstsein verwandelt wird und wie das reine Bewusstsein als Jiva und alle anderen Dinge erscheint.“)

Der HÖCHSTE HERR fuhr fort:

In der Tat ist es cid-ākāśa (das unendliche Bewusstsein) allein, das als einziges nach der kosmischen Auflösung noch existiert, jetzt als einziges existiert und gänzlich ohne Objektivität ist. Die Konzepte und Ideen, die vom Bewusstsein erleuchtet werden, erstrahlen innerhalb von diesem selbst als diese Schöpfung, und zwar aufgrund der Energiebewegungen innerhalb des Bewusstseins. Dies geschieht auf dieselbe Art und Weise, wie Träume im Schlaf auftauchen. Es ist völlig unmöglich, dass ein Objekt der Wahrnehmung außerhalb des allgegenwärtigen, unendlichen Bewusstseins existiert.

Alle diese Berge, die gesamte Welt, das Firmament, das Selbst, der Jiva oder die Persönlichkeit und alle Elemente dieses Universums, aus denen die Welt besteht – all dies ist nichts anderes als reines Bewusstsein. Bevor die sogenannte Schöpfung existierte und es nur dieses reine Bewusstsein gab – wo war da all dies (der Himmel usw.)? Raum (ākāśa), höchster oder unendlicher Raum (paramākāśam), absoluter Raum (brahmākāśam), die Schöpfung, das Bewusstsein – all dies sind nur Worte, die auf dasselbe verweisen, wie Synonyme dies tun. So wie die im Traum erfahrene Dualität illusorisch ist, so ist die der Schöpfung der Welt unterstellte Dualität illusorisch. So wie die Traumobjekte in der inneren Welt des Bewusstseins zu existieren und zu funktionieren scheinen, so scheinen die Objekte in der äußeren Welt des Wachzustandes zu existieren und zu funktionieren. In beiden Zuständen geschieht tatsächlich nicht das Geringste. So wie das Bewusstsein als einziges die Wirklichkeit des Traumzustandes ist, so ist Bewusstsein allein die Wirklichkeit des Wachzustandes. Das ist der Höchste Herr, das ist die Allerhöchste Wahrheit, das bist du, das bin Ich und das ist alles.

VI.1:30 Der HÖCHSTE HERR fuhr fort:

Die Verehrung dieses Höchsten Herrn ist die wahre Verehrung – durch diese Verehrung erlangt man alles. Er ist ungeteilt und unteilbar, non-dual und nicht durch Tätigkeit gebildet oder erschaffen. Er wird nicht durch äußere Bemühungen erlangt. Seine Verehrung ist die Urquelle der Freude.

Die äußerliche Verehrung einer Form wird nur für diejenigen vorgeschrieben, deren innere Intelligenz noch nicht erwacht ist und die noch unreif wie kleine Jungen sind. Wer keine Selbstbeherrschung usw. erlangt hat, benutzt für seine Verehrung Blumen usw. – eine solche Verehrung ist nutzlos, wie auch die Verehrung des Selbst in einer äußeren Form nutzlos ist. Und doch gewinnen solche Anhänger Befriedigung aus der Hingabe an ein von ihnen selbst geschaffenes Objekt; vielleicht ziehen sie aus dieser Art der Verehrung sogar irgendwelche wertlose Belohnungen.

Ich werde dir nun die Form der Verehrung beschreiben, die für erleuchtete Menschen wie dich angemessen ist. Der Höchste Herr, der allein der Verehrung wert ist, erhält die gesamte Schöpfung am Leben und ist jenseits von Gedanken oder Beschreibungen und sogar jenseits von Konzepten des „Alles" und der „allumfassenden Totalität". Allein er wird als „Gott" bezeichnet, der durch Zeit und Raum ungeteilt und auch unteilbar ist, dessen Licht die Objekte erleuchtet, und der reines und absolutes Bewusstsein ist. Er ist die Intelligenz, die jenseits all ihrer Aufteilungen ist, die in allem was ist, verborgen liegt, welche das Sein in allem Seienden ist und allem, was existiert, seines Seins beraubt (d.h. die Wahrheit verschleiert). Dieses Brahman ist in der Mitte von Sein und Nicht-Sein, es ist Gott, und es ist die Wahrheit, die man mit „OM" bezeichnet. Es existiert überall wie die Essenz in der Pflanze. Dieses reine Bewusstsein, welches in dir, in mir und in sämtlichen Göttern und Göttinnen lebt, ist Gott. Oh Heiliger – sogar die mit einer Gestalt ausgestatteten Götter sind doch nichts anderes als dieses reine Bewusstsein. Das gesamte Universum ist nichts als reines Bewusstsein. Das ist Gott, das „alles" bin ich, von ihm und durch ihn wird alles erlangt.

Dieser Gott ist weder fern von dir, oh Heiliger, noch schwierig zu erlangen – für immer ist er im Körper, und er ist überall wie unendlicher Raum. Er tut alles – er isst, er hält alles zusammen, er schreitet, er atmet, er kennt jedes Glied des Körpers. Er ist das Licht, in dem alle diese Glieder ihre verschiedenen Funktionen ausführen und tätig sind. Er ist es, der im Innersten des Herzens lebt. Er transzendiert die Sinne und die fünf Organe der Wahrnehmung – deshalb kann er von diesen nicht verstanden und nicht beschrieben werden, und doch wird für den Zweck der Unterweisung auf ihn als „Bewusstsein" hingedeutet. Obwohl er alles zu tun scheint, tut er in Wahrheit überhaupt nichts. Dieses Bewusstsein ist rein und auf dieselbe Weise mit den Aktivitäten der Welt befasst, wie der Frühling die Blüten der Bäume hervorbringt.

Der HÖCHSTE HERR fuhr fort:

Irgendwo funktioniert dieses Bewusstsein als Raum, dann wiederum als Jiva, irgendwo als Tätigkeit, wiederum anderswo als Substanz usw., ohne jedoch die Absicht dazu zu haben. So wie die „verschiedenen" Ozeane nur eine einzige unteilbare Masse Wasser sind, so ist dieses Bewusstsein, obwohl auf vielfältige Weise beschrieben, nichts als eine einzige kosmische Masse von Bewusstsein. Im Körper, der wie ein Lotos ist, saugt das gleiche Bewusstsein durch das ruhelose Gemüt Erfahrungen auf, wie Bienen den Honig einsammeln. Im Universum treiben alle diese verschiedenen Lebewesen (Götter, Dämonen, Berge, Ozeane usw.) in diesem unendlichen Bewusstsein umher, so wie Wirbel und Strudel im Ozean auftauchen. Sogar das Rad der Unwissenheit, welches das Rad von Geburt und Tod in beständiger Bewegung hält, dreht sich in diesem kosmischen Bewusstsein, dessen Energie sich in dauerndem Fluss befindet.

Es war das Bewusstsein in der Gestalt des vierarmigen Vishnu, welches die Dämonen vernichtete; so wie ein Gewittersturm, bewaffnet mit dem Regenbogen, die Hitze löscht, die von der Erde aufsteigt. Es ist das Bewusstsein allein, welches die Gestalt von Shiva und Pārvatī, von Brahmā dem Schöpfer und den zahllosen anderen Wesen annimmt. Dieses Bewusstsein ist wie ein Spiegel, der innerhalb von sich selbst sozusagen eine Reflektion wahrnimmt, ohne irgendeine Modifikation zu erleiden. Ohne Modifikationen in sich selbst zu erfahren, erscheint dieses Bewusstsein als all diese zahllosen Wesen in diesem Universum.

Das unendliche Bewusstsein ist wie ein Kriechgewächs – es ist übersät mit all den latenten Neigungen der zahllosen Jivas. Die Knospen dieses Gewächses sind die Wünsche. Die vergangenen Schöpfungen sind die Fasern. Die fühlenden und nicht fühlenden Lebewesen sind Teile des Kriechgewächses. Das Eine erscheint als viele, wurde aber in Wahrheit niemals zu vielen.

Es geschieht durch dieses unendliche Bewusstsein, dass all dies gedacht, zum Ausdruck gebracht und erledigt wird. Es ist das unendliche Bewusstsein allein, welches als die Sonne erstrahlt. Es ist das unendliche Bewusstsein, welches als die Körper auftaucht, die in Wirklichkeit leblos sind und miteinander mit Hilfe dieses Bewusstseins in Kontakt treten und aus diesem Kontakt ihre verschiedenen Erfahrungen gewinnen. Dieses Bewusstsein ist wie ein Taifun, der selbst unsichtbar ist, aber in welchem Sand und Staub aufsteigen und wie von selbst zu tanzen beginnen. Dieses Bewusstsein wirft sozusagen einen Schatten auf sich selbst, was dann als tamas oder Fühllosigkeit empfunden wird.

Im Körper erzeugen die Gedanken und Ideen Tätigkeiten im Licht eben dieses Bewusstseins. Ohne dieses Bewusstsein kann kein Objekt, auch wenn es sich direkt vor einem befindet, erfahren werden. Ohne dieses Bewusstsein kann der Körper weder arbeiten noch existieren. Er isst, wächst und verfällt. Dieses Bewusstsein erschafft und erhält sämtliche beweglichen und unbeweglichen Wesen im Universum. Das unendliche Bewusstsein allein existiert – und nichts anderes. Es ist nur Bewusstsein, das im Bewusstsein auftaucht.

VASISHTHA fuhr fort:

Daraufhin fragte ich den Höchsten Herrn: „Wenn dieses Bewusstsein also allgegenwärtig ist, wie konnte es dann in dieser Welt zu etwas Leblosem und Fühllosem werden? Wie ist es möglich, dass einer, der mit Bewusstsein gesegnet ist, dieses Bewusstsein wieder verliert?"

Der HÖCHSTE HERR spendete dieser Frage seinen Beifall und erwiderte:

Das allgegenwärtige Bewusstsein, welches alles in allem ist, existiert im Körper gleichzeitig als das Wandelbare und das Unwandelbare und Unveränderliche. So wie eine Frau träumt, sie sei eine andere Frau mit einem anderen Gemahl, so hält dasselbe Bewusstsein sich selbst für etwas anderes. So wie ein Mann sich unter dem Einfluss von unkontrollierter Wut völlig anders benimmt, so nimmt das Bewusstsein plötzlich andere Eigenschaften und Funktionen an. Stufenweise wird es dann leblos und fühllos.

Bewusstsein wird zu seinem eigenen Objekt; es erzeugt Raum und dann die Luft und danach deren Eigenschaften. Gleichzeitig bringt es in sich selbst Zeit und Raum hervor und wird dann zum Jiva mit dem individualisierten, endlichen Intellekt und Gemüt. Daraus tauchen dann die zyklische Welterscheinung und die Ideen von „ich bin ein Unberührbarer" usw. auf. Das unendliche Bewusstsein wird sodann selbst anscheinend leblos und gefühllos, so wie Wasser zu einem Kristall wird. Anschließend entsteht dann das getäuschte Gemüt, das Wünsche hat, das Opfer von Lust und Zorn wird, Wohlstand und Unglück erfährt, Schmerzen und Vergnügen erleidet, sich an Hoffnungen klammert, entsetzliche Qualen erduldet und mit Vorlieben und Abneigungen erfüllt ist, die die Täuschung weiter am Leben erhalten. Gänzlich in die Irre geführt, wandert es von Irrtum zu Irrtum, von Unwissenheit in immer größere Unwissenheit.

In der Kindheit hängt dieses getäuschte Bewusstsein gänzlich von den Erwachsenen ab. In der Jugend rennt es dem Wohlstand hinterher und ist von Ängsten und Sorge erfüllt. Im Alter versinkt es im Kummer, Und im Tode wird es von seinem eigenen Karma geführt. In Übereinstimmung mit diesem Karma wird es dann im Himmel oder in der Hölle, in den Unterwelten oder auf der Erde als Mensch, als Tier oder als unbeseeltes Wesen wiedergeboren. Dasselbe Bewusstsein erscheint als Vishnu, Shiva, Brahmā und andere. Es ist dasselbe Bewusstsein, welches als die Sonne, der Mond, der Wind und die Faktoren wirkt, welche die Veränderung der Jahreszeiten und von Tag und Nacht verursachen. Es ist dasselbe Bewusstsein, welches die Lebenskraft in den Samen und die Beschaffenheit aller materiellen Substanzen hervorruft. Dieses Bewusstsein, welches durch die Selbstbegrenzung konditioniert ist, fürchtet sich sogar vor sich selbst! Das ist die Wahrheit betreffend das Jiva-Bewusstsein. Es ist auch als Karmaātmā bekannt (d.h. das Selbst, welches im Rad von Aktion und Reaktion gefangen ist).

Hüte dich vor der Macht der Unwissenheit und der Unbeseeltheit! Durch bloßes Vergessen seiner eigenen, wahren Natur ist das Bewusstsein großen Nöten und Sorgen ausgesetzt und erlebt einen erbärmlichen Sturz.

Der HÖCHSTE HERR fuhr fort: VI.1:31

Das Bewusstsein denkt (empfindet oder stellt sich vor) fälschlicherweise „ich bin unglücklich" – gleich wie ein Geisteskranker denkt, dass er elend ist. So wie aufgrund von verzerrtem Verständnis jemand laut weint und klagt: „Oh weh, ich bin tot!", obwohl er nicht tot ist, oder wie jemand, der nicht verloren ist, schreit: „Hilfe, ich bin verloren!" – so stellt sich das Bewusstsein fälschlicherweise sein eigenes Elend und seine Begrenztheit vor. Einbildungen dieser Art sind unsinnig und unbegründet. Aufgrund der falschen Ideenbildung des Ich-Sinns hält das Bewusstsein die Welterscheinung für real. Es ist einzig das Gemüt, welches die Wurzelursache des Erfahrens ist und die Welt für etwas Reales hält. Tatsächlich kann dies jedoch nicht als eine Ursache betrachtet werden, da das Gemüt nichts anderes als reines Bewusstsein sein kann. Sobald folglich erkannt wird, dass das wahrnehmende Gemüt selbst irreal ist, muss natürlich auch die von ihm wahrgenommene Welt irreal sein.

So wie es in einem Felsen kein Öl gibt, so existiert im reinen Bewusstsein keine Teilung in Seher, Sehen und Gesehenes, in Täter, Tun und Tat oder Kenner, Kennen und Gekanntes. Ähnlich dazu ist die Unterscheidung zwischen „ich" und „du" reine Einbildung. Alle Unterscheidung zwischen dem Einen und dem Vielen ist rein verbal. All dies existiert überhaupt nicht – ebenso wenig, wie die Finsternis nicht in der Sonne existieren kann. Gegensätze wie Substanz und Nicht-Substanz, Leere und Nicht-Leere sind reine Konzepte. Im Zuge der Selbst-Ergründung verschwinden sie alle – nur reines Bewusstsein verbleibt.

Bewusstsein wird in Wirklichkeit weder einem Wandel unterzogen noch wird es unrein. Diese Unreinheit selbst ist nur eingebildet – es ist diese Einbildung, die die Unreinheit ist. Sobald dies realisiert wird, wird die Einbildung fallen gelassen und die vermeintliche Unreinheit hört auf. Jedoch kann selbst noch in denjenigen, die dies realisiert haben, erneut Unreinheit auftauchen; dies geschieht so lange, wie diese Einbildung nicht entschlossen zurückgewiesen wird. Mit Hilfe der Eigenbemühung kann dies leicht erreicht werden – wenn man einen Strohhalm fallenlassen kann, dann kann man mit derselben Leichtigkeit die drei Welten fallen lassen! Was könnte dann nicht durch Eigenbemühung erreicht werden?

Dieses unendliche Bewusstsein, welches unverändert und nicht-dual ist, kann mit Hilfe des einen selbstleuchtenden inneren Lichts erkannt werden. Es ist rein und ewiglich, es ist allgegenwärtig und frei vom Gemüt, es ist unveränderbar und unbefleckt, es ist in allen Objekten. Es ist in der Tat das unbewegliche Bewusstsein, welches wie ein Zeuge von allem existiert, so wie ein Licht leuchtet, aber das Leuchten nicht sein Tun ist. Obwohl es rein ist, erscheint das Bewusstsein als befleckt; in der trägen Materie ist es die nicht-träge Energie. Es ist allgegenwärtig, ohne dabei durch die Partikel, die das Weltall konstituieren, aufgeteilt zu werden.

Dieses unendliche Bewusstsein, welches ohne alle Konzepte und extrem subtil ist, kennt sich selbst. In seiner Selbst-Vergessenheit unterhält dieses Bewusstsein dann Gedanken und macht Erfahrungen, obwohl all dieses nur aufgrund seiner wahren Natur als unendliches Bewusstsein möglich ist – so wie jemand, der schläft, gleichzeitig im Innern wach ist!

Der HÖCHSTE HERR fuhr fort:

Durch Identifikation mit seinen eigenen Objekten scheint sich das Bewusstsein selbst auf den Zustand des Denkens oder Besorgtseins zu reduzieren, so wie unreines Gold wie Kupfer aussieht, solange es noch nicht gereinigt ist und als Gold glänzt. Durch Selbstvergessenheit seitens des unendlichen Bewusstseins entsteht das Konzept des Universums, welches wiederum als irreal erkannt wird, sobald es Selbsterkenntnis gibt.

Sobald Bewusstsein sich in sich selbst seiner selbst bewusst wird, taucht der Ich-Sinn auf. Nur ein kleiner Anstoß ist erforderlich, und dieser Ich-Sinn (der in Wahrheit nichts anderes als Bewusstsein ist) stürzt zu Boden, so wie ein Fels den Berghang hinabstürzt. Und selbst dann ist es Bewusstsein allein, das die Wirklichkeit in allen Formen und in allen Erfahrungen ist. Die Bewegungen der vitalen Winde lassen eine innere Schau und ein anscheinend im Außen befindliches Objekt entstehen. Aber auch das Erfahren der Schau (des Sehvorgangs) ist nichts als das reine (höchste) Bewusstsein! Die anscheinend unbeseelten vitalen Winde, die das Berührungsempfinden hervorrufen, kommen mit ihrem Objekt in Kontakt, und daraufhin entsteht das Empfinden von Berührung. Jedoch auch das Gewahrsein der Berührungsempfindung ist nichts als reines Bewusstsein. Auf dieselbe Weise ist es der vitale Wind (Prāna), der die Nase zum Riechen der Gerüche befähigt, die wiederum Modifikationen derselben Energie sind, während das Gewahrsein des Geruchs reines Bewusstsein ist. Wäre das Gemüt nicht mit dem Gehörsinn verbunden, wäre Hören nicht möglich. Alles dies ist reines Bewusstsein – und darin besteht die Erfahrung des Hörens.

Die Handlungen entspringen dem Denken, das Denken ist die Funktion des Gemüts, das Gemüt ist konditioniertes Bewusstsein, aber Bewusstsein selbst ist unkonditioniert! Das Universum ist nur eine Widerspiegelung im Bewusstsein (wie die in einer Kristallkugel widerspiegelte Umgebung), während Bewusstsein selbst nicht durch die Widerspiegelung konditioniert wird. Der Jiva ist das Vehikel des Bewusstseins, der Ich-Sinn das Vehikel des Jiva, die Intelligenz das des Ich-Sinns, das Gemüt das der Intelligenz, das Prāna das des Gemüts, die Sinne das des Prāna, der Körper das der Sinne, und die Bewegung ist das Vehikel des Körpers. Diese Bewegung ist das Karma. Da das Prāna das Vehikel des Gemüts ist, geht das Gemüt dahin, wohin es das Prāna führt. Wird das Gemüt jedoch in das spirituelle Herz eingetaucht, dann bewegt sich das Prāna nicht mehr. Und wenn sich das Prāna nicht bewegt, dann erlangt das Gemüt den Zustand der Stillheit. Wohin das Prāna geht, dahin folgt ihm das Gemüt – so wie der Reisende seinem Fahrzeug folgt.

Die Widerspiegelung des Bewusstseins innerhalb von sich selbst wird puryashtaka genannt. Nur das Gemüt ist puryashtaka, obwohl manche Leute es ausgiebig und weitgehender beschrieben haben (nämlich zusammengesetzt aus den fünf Elementen, dem inneren Organ [Gemüt, buddhi, Ich-Sinn und chitta], Prāna, den Tätigkeitsorganen, den Sinnen, der Unwissenheit, dem Wunsch und Karma oder der Tätigkeit). Genannt wird dies auch lingaśharīra, der subtile Körper. Da all dies im Bewusstsein erscheint, darin existiert und sich darin wieder auflöst, ist Bewusstsein allein die zugrundeliegende Realität.

Der HÖCHSTE HERR sprach: VI.1:32

Außer dem Gemüt und Prāna ist der Körper eine leblose Masse. So wie sich ein kleines Stück Eisen in der Nähe eines Magneten bewegt, so bewegt sich der Jiva in der Gegenwart des Bewusstseins, welches unendlich und allgegenwärtig ist. Der Körper ist leblos und abhängig – es ist das Bewusstsein, welches ihn funktionieren lässt und sich dabei für etwas Ähnliches wie die vitalen Winde (Prāna) hält. Daher ist es das Karma-Selbst oder das aktive Selbst (karmātmā), welches den Körper in Bewegung versetzt. Es ist jedoch das höchste Selbst, welches Gemüt und Prāna als die Beweger des Lebens im Körper bestimmt hat. Es ist das Bewusstsein selbst, welches die Unbeseeltheit mimt und das Gemüt als Jiva steuert.

Wenn diese Begrenzung einmal vorhanden und wirksam ist, folgen weitere Konsequenzen, zu denen beispielsweise die physischen und mentalen Krankheiten gehören! Es ist wie bei den Wellen, die auf der Oberfläche des Meeres erscheinen und dann weitere Wellen und Strudel entstehen lassen. Das Bewusstsein als Jiva wird abhängig, da es die Selbsterkenntnis als Bewusstsein aufgegeben hat. Unter einem dichten Schleier der Unwissenheit sein Unwesen treibend, ist es närrischerweise unfähig, den Schaden zu ermessen, den es über sich selbst erbringt – so wie ein Trunkenbold mit einem Schwert herumfuchtelt und dabei das eigene Bein verwundet. Jedoch wie der Trunkenbold bald wieder nüchtern werden kann, so kann auch das Bewusstsein schon bald die Selbsterkenntnis zurückgewinnen.

Sobald das Gemüt seiner Stützen beraubt ist, bleibt es allein im Selbst zurück. Sobald puryashtaka (der subtile Körper) ohne all seine Stützen ist, erlangt es den Zustand der Stillheit und fällt bewegungslos. Wenn das Bewusstsein aufgrund der Objektifizierung irregeführt wird, werden die latenten psychologischen Tendenzen aktiv. Indem sich das Bewusstsein mit diesen identifiziert, vergisst es seine eigene, essenzielle Natur.

Wenn sich der Lotos des Herzens entfaltet, beginnt das puryashtaka zu arbeiten – faltet sich dieser Lotos wieder zusammen, dann hört das puryashtaka auf zu arbeiten. Solange das puryashtaka im Körper arbeitet, lebt der Körper; hört es zu arbeiten auf, dann stirbt der Körper. Dieses Aufhören kann auch durch einen gewissen inneren Konflikt zwischen den Unreinheiten und dem inneren Erwachen verursacht sein. Sobald das eigene Herz nur von reinen Vasanas oder Neigungen erfüllt ist, hören alle Konflikte auf, und es gibt da Harmonie, Befreiung und Langlebigkeit. Wenn das puryashtaka andererseits zu arbeiten aufhört, dann stirbt der physische Körper. Der subtile Leib sucht sich nun in Übereinstimmung mit seinen verborgenen Vasanas einen anderen Körper. Aufgrund dieser Vasanas versucht das puryashtaka gewaltsam neue Verbindungen mit dem neuen subtilen Körper zu schaffen und vergisst dabei seine Natur als reines Bewusstsein. Da Bewusstsein jedoch unendlich und allgegenwärtig ist, wandert das Gemüt, welches das puryashtaka steuert, überall frei umher. So werden dann vom Jiva die Körper angenommen und wieder aufgegeben, so wie die Bäume neue Triebe sprießen lassen und alte abstoßen. Weise Menschen halten sich mit diesen Wandelerscheinungen nicht auf.

VI.1:33 Als Erwiderung auf Vasishthas Fragen: (a) Wie erscheint im unendlichen Bewusstsein die Dualität und (b) wie kann diese Dualität, die in Äonen der Bestätigung gewachsen ist, aufhören, fährt der HÖCHSTE HERR wie folgt fort:

Da das allgegenwärtige, unendliche Bewusstsein allein und immer gegenwärtig ist, ist die Vielfalt (Dualität) widersinnig und als solche unmöglich. Das Konzept des Einen taucht auf, sobald das Konzept der Zwei auftaucht und umgekehrt – wenn die Vielfalt als aus Bewusstsein bestehend erkannt wird, dann ist die Vielfalt auch nur das und nichts anderes! In ihrer Essenz sind Ursache und Wirkung ein und dasselbe. Diese Essenz ist unteilbar. Bewusstsein als sein eigenes Objekt ist stets nur Bewusstsein – die Vorstellungen von Modifikationen darin sind nur nichtige Ideen (zu sagen: Es gibt Wellen AUF der Oberfläche des Ozeans, ist dasselbe wie zu sagen: „Berge aus Wasser schwimmen auf der Oberfläche des Ozeans". Sind denn die Wellen außerhalb des Ozeans?) Bewusstsein allein ist „dies", „das", und „in der Mitte" (d.h. der Faktor, der die Modifikation wahrnimmt). Es ist das eine unendliche Bewusstsein, welches verschiedentlich als Brahman, Wahrheit, Gott, Shiva, Leere, Eines und Höchstes Selbst bezeichnet wird.

Was jenseits all dieser Formen und Zustände des Bewusstseins ist, was das Höchste Selbst ist, was durch das reine „Ich" bezeichnet wird – dies kann durch Worte nicht beschrieben werden. Das, was hier wahrgenommen wird, ist in sich selbst unteilbar. Wenn dieses Bewusstsein sich selbst mit einer zweiten Schau ausstattet, dann nimmt es Dualität wahr. Gebunden wird es durch seine eigene, aus Unwissenheit entstandene Einbildung. Diese Einbildung lässt wiederum die Substantialität von allem entstehen, und die Erfahrung der Objekte scheint dann die Realität dieser Objekte zu bestätigen. Anschließend erlangt der Ich-Sinn seine scheinbare Gültigkeit und ist festgegründet, indem er die Rolle des Täters aller Handlungen und des Erfahrenden aller Erfahrungen übernimmt. Was also zu Anfang ein zufälliges Zusammentreffen war, wird sehr schnell zu einer anscheinend feststehenden Tatsache.

Der Glaube an einen Kobold erschafft ihn. Der Glaube an die Dualität (Vielfalt) erschafft sie. Sobald das nicht-duale Sein erkannt wird, verschwindet die Dualität. Der Glaube (oder die Einbildung) lässt die Vielfalt entstehen – wird dieser Glaube aufgegeben, dann verschwindet auch die Vielfalt. Denken, Einbildung und Glauben lassen den Kummer entstehen – diese Art des Denkens aufzugeben ist nicht schmerzhaft! Es ist das ständige Wiederholen all dieser Gedanken und Glaubensvorstellungen, das den Kummer erzeugt – all dieses gelangt an sein Ende, wenn diese Gedanken und Glaubensvorstellungen aufgegeben werden. Wo liegt da die Schwierigkeit? Sämtliche Gedanken und Glaubensvorstellungen führen zum Leiden, während das Nicht-Denken und der Nicht-Glaube reine Seligkeit bedeuten. Mit dem Feuer der Weisheit lass' deshalb die Wasser deiner Glaubensvorstellungen sich in Dampf auflösen, und erlange Frieden und höchsten Segen. Gewahre das eine unendliche Bewusstsein.

Nur so lange der König die Tatsache vergisst: „Ich bin der König", lebt er im Elend. Sobald er diese Erkenntnis wiedererlangt, schwindet diese Sorge. So wie der Himmel nach der Regenzeit und am Anfang des Winters keine Wolken mehr bilden kann, um sich zu verhüllen, so sind die Wolken der Unwissenheit für immer gebannt, wenn das unendliche Bewusstsein realisiert wird.

Der HÖCHSTE HERR sprach: VI.1:34

Das Universum existiert sowohl wirklich als auch unwirklich. Das Göttliche, frei von aller Dualität, vereinigt, transzendiert und ist beides. Das manifeste Bewusstsein ist das Universum und das unmanifestierte Bewusstsein ist Bewusstsein. Durch die Idee „Ich bin dies" wird das

Bewusstsein gebunden; durch seine Selbsterkenntnis wird es befreit. Die Objektifizierung (oder Konzeptualisierung) führt zur Selbst-Vergessenheit. Und doch ist das Bewusstsein sogar im Zustand der Vielfalt und Aktivität stets ungeteilt. Denn es ist immer nur das höchste friedvolle Brahman, welches sich durch die Instrumente des Gemüts und seiner drei Modi (sāttva, rajas und tamas oder Wachen, Träumen und Schlafen) als Universum zu manifestieren scheint.

Wird jedoch das Gemüt durch das Gemüt zerstört, dann ist der Schleier zerrissen und die Wahrheit des Welt-Theaters wird gesehen – die Idee der Welterscheinung und der Existenz eines Jiva ist vernichtet. Das Gemüt wird dann klar, denn es gibt das beständige Wiederbeleben all seiner Ideen der objektiven Existenz von Dingen auf. Dieser Zustand wird als „paśyanti" bezeichnet. In diesem Zustand hat das rein gewordene Gemüt seine Neigung aufgegeben, die Bilder von Objekten heraufzubeschwören. Es erlangt einen Zustand wie im Tiefschlaf oder das Bewusstsein der Gleichförmigkeit und transzendiert die Möglichkeit einer Wiedergeburt. Es ruht im höchsten Frieden. Dies ist der erste Zustand.

Nun höre dir die Beschreibung des zweiten Zustandes an. Bewusstsein ohne Gemüt ist allerleuchtet, ohne Finsternis und schön wie Raum. Das unendliche Bewusstsein befreit sich selbst gänzlich von allen Modifikationen oder Dualität und verbleibt wie im Tiefschlaf oder wie eine Figur in einem unbehauenen Marmorblock. Es gibt alle Vorstellungen von Zeit und Raum auf und transzendiert Unbeseeltheit und Beseeltheit – es verbleibt als reines Sein jenseits jeder Ausdrucksmöglichkeit. Es transzendiert die drei Zustände des Bewusstseins und verbleibt als der vierte oder als der Zustand des ungeteilten unendlichen Bewusstseins.

Nun höre die Beschreibung des dritten Zustands. Dieser befindet sich sogar noch jenseits von Begriffen wie „Brahman", „das Selbst" usw. Manchmal nennt man ihn turīya-atīta (jenseits des vierten oder turiya-Zustandes). Er ist der höchste und letztgültige. Er entzieht sich jeder Beschreibung, denn er befindet sich jenseits der Praktiken, die von denjenigen, die sie unternehmen, beschrieben werden.

Oh Weiser – verbleibe für immer in diesem dritten Zustand. Dieser stellt die wahre Verehrung des Höchsten Herrn dar. Dann wirst du in dem verankert sein, was sich jenseits von dem befindet, was ist und nicht ist. Nichts wurde erschaffen, und es gibt nichts, was jemals verschwinden könnte. Dieser Zustand ist jenseits des Einen und der Zwei. Er ist das Ewige, aber jenseits des Ewigen und Vergänglichen – er ist eine einzige, reine Masse von Bewusstsein. Es gibt darin keine Frage der Vielfalt. Er ist das Alles, er ist erhabenes Gesegnetsein und Frieden, er befindet sich jenseits jeder Ausdrucksmöglichkeit. Es ist das reine OM. Es ist transzendent. Es ist das Höchste.

(VALMIKI sprach: „Nachdem er so gesprochen hatte, verblieb Lord Shiva für einige Zeit in stiller und tiefer Kontemplation.")

Deva Pujā

Nachdem er einige Zeit in sich selbst vertieft blieb, öffnete der HÖCHSTE HERR die Augen und fuhr fort: VI.1:35

Oh Weiser, gib die Gewohnheit auf, mit deinem Verstand Objekte wahrzunehmen. Diejenigen, die Dieses (das Selbst) realisiert haben, haben gesehen, was wert ist, gesehen zu werden. Was gäbe es darüber hinaus noch zu sehen oder nicht zu sehen? Gewahre das Selbst. Sei ein Schwert, welches trennt, was als Frieden und als Ruhelosigkeit betrachtet wird. Oder schenke mir noch einen kleinen Teil deiner nach außen gerichteten Aufmerksamkeit, denn durch bloßes Ruhigbleiben wird nichts gewonnen!

Dieser Körper wird durch die Lebenskraft oder Prāna am Leben erhalten und in Tätigkeit versetzt. Die Energie, die den Körper bewegt, ist Prāna. Die Intelligenz, die durch alles ihre Erfahrungen macht, ist Bewusstsein. Dieses Bewusstsein ist formlos und reiner als der Himmel. Wenn die Beziehung zwischen der Lebenskraft und dem Körper aufgehoben wird, wird nur die Lebenskraft vom Körper getrennt. Das Bewusstsein, welches reiner als Raum ist, verdirbt nicht.

Ein reiner Spiegel reflektiert das, was sich vor ihm befindet. Aber die Spiegelung wird nicht gesehen, wenn der Spiegel mit Staub bedeckt ist. Auf dieselbe Weise spiegelt die Intelligenz die Objekte nicht mehr, sobald das Prāna den Körper verlassen hat, obwohl dieser noch sichtbar ist.

Das Bewusstsein ist zwar unendlich und allgegenwärtig, aber es ist fähig, der Bewegungen von Gemüt und Körper gewahr zu werden. Sobald dieser Defekt der Objektivierung (Konzeptualisierung) beseitigt ist, scheint es als das höchste Sein. Es selbst ist der Schöpfer Brahmā, Vishnu, Shiva, Indra, die Sonne, der Mond und der höchste Herr. Manche dieser Gottheiten wie etwa Brahmā, Vishnu und Shiva, lassen sich von der kosmischen Illusion nicht täuschen. Sie sind Teile des unendlichen Bewusstseins – sie teilen seine wahre Natur so, wie rotglühendes Eisen die Natur des Feuers teilt. Jedoch wurde in Wirklichkeit keiner von diesen vom unendlichen Bewusstsein erschaffen, und keiner existiert getrennt von diesem. Sie sind nichts als bloße Ideen – einige Vorstellungen sind dichter, solider als andere. Es ist unmöglich, das Ausmaß der Ideen zu beschreiben, die in der Unwissenheit aufgestiegen sind.

Man könnte sagen, dass das höchste Sein (das unendliche Bewusstsein) der Vater von Brahmā, Vishnu, Shiva und all den anderen ist. Es ist dies aber nur eine Redensart. Nur dieses unendliche Bewusstsein soll verehrt und bewundert werden. Es ist jedoch sinnlos, es zum Zweck der Verehrung herbeizurufen; Mantras sind ohne Nutzen für seine Anbetung, denn es ist unmittelbar (das eigene Selbst und näher als das nächste). Es muss nicht eingeladen werden. Es ist das allgegenwärtige Selbst von allem. Die Verwirklichung dieses unendlichen Bewusstseins allein (welche gänzlich mühelos ist) ist die beste Form der Verehrung.

VI.1:36 Der HÖCHSTE HERR sprach:

Man sagt daher, dass Lord Rudra die reine, spontane Selbsterfahrung und das in allen Substanzen wohnende eine Bewusstsein ist. Es ist der Same aller Samen, die Essenz dieser Welterscheinung, die größte aller Taten. Es ist die Ursache aller Ursachen und die Essenz in allen Wesen, obwohl es tatsächlich weder etwas tut, noch den Gedanken des Seins enthält und daher nicht begriffen werden kann. Es ist das Gewahrsein in allem, was fühlend ist; es kennt sich selbst als sein eigenes Objekt. Es ist sein eigenes höchstes Objekt und der unendlichen Vielfalt in sich selbst gewahr.

Es ist das Bewusstsein in allen Erfahrungen, aber rein und unkonditioniert. Es ist die absolute Wahrheit und daher nicht die Wahrheit in Form eines Konzeptes. Es wird durch die Definitionen von Wahrheit oder Falschheit nicht begrenzt. Es ist in Wirklichkeit das Ende der höchsten Wahrheit oder die uranfängliche Wirklichkeit. Es ist reines, absolutes Bewusstsein und nichts anderes.

Und doch wird es durch Wünsche oder den Hang nach Vergnügen verfälscht. Es wird selbst der Erfahrende des Vergnügens, die Erfahrung des Vergnügens und die dadurch verursachte Unreinheit oder Befleckung. Obgleich es wie der Himmel ist, unkonditioniert und ungeteilt, wird es schnell begrenzt und konditioniert. In diesem unendlichen Bewusstsein hat es schon Millionen von Spiegelungen gegeben, die man Welterscheinung nennt, und es wird auch ferner Millionen weiterer Spiegelungen geben, die man Welterscheinung nennt. Und doch ist niemals etwas unabhängig von diesem unendlichen Bewusstsein ins Sein getreten – Licht und Feuer scheinen aus dem Feuer zu kommen, aber sie sind vom Feuer nicht unabhängig.

Dieses unendliche Bewusstsein kann mit dem letztendlichen subatomaren Partikel verglichen werden, das in seinem Innersten die allergrößten Berge verbirgt. Es umfasst die Zeitspanne all der zahllosen Epochen und lässt doch nicht eine einzige Sekunde der Zeit fallen. Es ist subtiler als die Spitze eines einzelnen Haares und durchdringt doch das ganze Universum. Niemand hat jemals seine Grenzen oder sein Ende gesehen.

Es tut nichts und stattet doch das gesamte Universum mit seinen Reichtümern aus. Obwohl es den gesamten Kosmos am Leben erhält, tut es nicht das Geringste. Obwohl sämtliche Substanzen nicht von ihm verschieden sind, ist es selbst keine Substanz; obwohl es nichtsubstanziell ist, durchdringt es alle Substanzen. Der Kosmos ist sein Körper, obwohl es keinen Körper hat. Es ist das ewige „jetzt", aber auch das „morgen" (der Morgen). Oft geschieht es, dass anscheinend bedeutungslose Klänge eine Bedeutung erlangen und in der Kommunikation mit anderen Wesen als inhaltsvoll betrachtet werden – auf dieselbe Weise ist dieses unendliche Bewusstsein und ist doch nicht. Es ist sogar das, was es nicht ist. Alle diese Aussagen darüber, was ist und nicht ist, gründen auf der Logik, während das unendliche Bewusstsein selbst jenseits von Wahrheit und jenseits von Logik ist.

Der HÖCHSTE HERR fuhr fort: VI.1:37

Dieses unendliche Bewusstsein lässt den Keimling mit Hilfe von Erde, Wasser, Zeit usw. sprießen und zu Nahrung werden. Es lässt die Blumen erblühen und ermöglicht der Nase, die verschiedenen Düfte zu riechen. Auf dieselbe Weise ist es fähig, die Substanzen der Welt wie auch die dazugehörigen Sinnesorgane zu erschaffen und am Leben zu erhalten, indem es sich dazu der Unterstützung der geeigneten Mittel bedient, die durch dasselbe Bewusstsein ins Dasein gerufen werden. Die Energie dieses Bewusstseins ist fähig, den gesamten Kosmos zu erschaffen und anschließend, durch bloße Erzeugung der Idee „dies alles ist nicht", in einen Zustand reiner Leere zu reduzieren.

Diese scheinbare Schöpfung ist nichts als die Reflektion des Bewusstseins innerhalb von sich selbst, welches scheinbar im Verlaufe der Zeit einen eigenen Körper angenommen hat. Die Trinität ist die Manifestation und auch die kosmische Macht oder Energie, welche festgelegt: „So soll es sein, und es soll nicht anders sein." Und doch hat das Bewusstsein nichts erschaffen – es ist wie eine Lampe, die den Raum erleuchtet, in dem Handlungen stattfinden.

VASISHTHA fragte:

Höchster Herr, worin bestehen die Energien dieses Shiva (Bewusstseins) und deren Kräfte und Aktivitäten?

Der HÖCHSTE HERR erwiderte:

Das höchste Sein ist formlos, und doch verfügt es über die folgenden fünf Aspekte: Wille, Raum, Zeit, Ordnung (oder Schicksal) und die kosmische unmanifestierte Natur. Es verfügt über zahllose Kräfte oder Energien oder Potenzen. Die wichtigsten unter ihnen sind Erkenntnis, Dynamik, Tätigkeit und Nicht-Tätigkeit.

All diese sind reines Bewusstsein. Weil sie die Potenzen des Bewusstseins genannt werden, sieht es so aus, als wären sie verschieden vom Bewusstsein, obwohl sie es tatsächlich nicht sind.

Die gesamte Schöpfung ist wie eine Bühne, auf der all diese Potenzen des Bewusstseins zur Melodie der Zeit tanzen. Die herausragende unter diesen ist diejenige, die „Ordnung" (d.h. die natürliche Ordnung der Dinge und deren Abfolge) heißt. Sie wird auch als Tätigkeit, Wunsch oder Wille zum Handeln, Zeit usw. bezeichnet. Diese Potenz legt die spezifischen Eigenschaften jedes Dinges fest, vom Grashalm bis zum Schöpfer Brahmā. Diese natürliche Ordnung ist frei von Aufregung, jedoch nicht von ihrer Begrenztheit gereinigt – sie (d.h. die natürliche Ordnung) tanzt das Tanzdrama namens Welterscheinung. Sie zeigt die verschiedenen Stimmungen (Leidenschaft, Zorn usw.) und bringt die verschiedenen Jahreszeiten und Epochen hervor und zieht sie wieder zurück; sie wird von himmlischer Musik und dem Tosen der Ozeane begleitet; ihre Bühne wird von Sonne, Mond und Sternen beleuchtet; ihre Schauspieler und Schauspielerinnen sind die lebendigen Wesen aller Welten – darin besteht dieser Tanz der natürlichen Ordnung. Der Höchste Herr, der das unendliche, kosmische Bewusstsein ist, ist der stille, aber wache Zeuge dieses kosmischen Tanzes. Er ist nicht verschieden vom Tänzer (der kosmischen, natürlichen Ordnung) und dem Tanz (den Ereignissen).

VI.1:38 Der HÖCHSTE HERR fuhr fort:

So ist er, der Höchste Herr, der für die Heiligen das beständige Ziel und Objekt der Verehrung ist. Er ist es in der Tat, der von den weisen Menschen auf die vielfältigste Art und Weise und in verschiedenen Formen wie beispielsweise Shiva, Vishnu usw. verehrt wird. Höre nun, auf welche Weise er verehrt werden soll:

Als erstes soll man die Körper-Idee (d.h. die Idee: „Ich bin dieser Körper") aufgeben. Nur die Meditation ist die wahre Verehrung. Folglich sollte man beständig durch Meditation den Höchsten Herrn der drei Welten verehren. Wie soll man diese Kontemplation ausführen? Er ist reine Intelligenz, Er ist strahlend wie hunderttausend Sonnen, die gleichzeitig aufgehen. Er ist das Licht, welches alle Lichter erleuchtet, Er ist das innere Licht, der grenzenlose Raum ist Seine Kehle, das Firmament ist Sein Fuß, die Himmelsrichtungen sind Seine Arme, die Welten sind die Waffen, die Er in seinen Händen hält; das gesamte Universum liegt in Seinem Herzen verborgen, die Götter sind die Haare Seines Körpers, die kosmischen Potenzen sind die Energien in Seinem Körper, die Zeit ist Sein Torwächter, und Er verfügt über Tausende von Köpfen, Augen, Ohren und Armen. Er berührt alles, Er schmeckt alles, Er hört alles, Er denkt durch alle, obgleich Er jenseits des Denkens ist. Er tut alles zu allen Zeiten, Er gewährt das, was man denkt oder wünscht, Er wohnt in allem, Er ist Alles, Er allein wird von allen gesucht. So sollte man über ihn kontemplieren.

Dieser Höchste Herr soll nicht mit materiellen Substanzen, sondern nur vom eigenen Bewusstsein verehrt werden. Nicht durch das Schwenken von Lichtern oder das Abbrennen von Räucherstäbchen, nicht durch Darbieten von Blumen, Nahrung und Sandelpaste verehrt man ihn. Erlangt wird er ohne die geringste Anstrengung – er wird nur durch Selbsterkenntnis verehrt. Dies ist die höchste Form der Meditation, dies ist die höchste Verehrung: Das kontinuierliche und ununterbrochene Gewahrsein der innewohnenden Gegenwart, des inneren Lichtes oder Bewusstseins. Während man tut, was immer man tut – hören, sehen, berühren, riechen, essen, gehen, schlafen, atmen oder sprechen – soll man stets die eigene essenzielle Natur als reines Bewusstsein erkennen. Auf diese Weise erlangt man die Befreiung.

Die Meditation ist Darbieten, die Meditation ist das der Gottheit dargebotene Wasser zum Waschen der Hände und Füße, die durch Meditation erlangte Selbsterkenntnis ist die Blume – tatsächlich ist für all dieses die Meditation erforderlich. Das Selbst wird durch kein anderes Mittel als die Meditation verwirklicht. Wenn man fähig ist, auch nur dreizehn Sekunden lang zu meditieren, dann erlangt man, auch wenn man unwissend ist, das Verdienst, eine Kuh aus Wohltätigkeit gegeben zu haben. Tut man es einhundertundeine Sekunden lang, dann ist das Verdienst so groß wie bei der Ausführung eines heiligen Ritus. Beträgt die Dauer zwölf Minuten, dann wird das Verdienst vertausendfacht. Beträgt die Dauer einen Tag, dann kommt man in das höchste Reich. Dies ist der allerhöchste Yoga. Dies ist das höchste kriyā (Handlung oder Dienst). Jemand, der diese Art der Verehrung praktiziert, wird selbst von den Göttern und Dämonen und allen anderen Wesen verehrt. Jedoch handelt es sich hierbei noch um äußere Verehrung.

Der HÖCHSTE HERR fuhr fort: VI.1:39

Ich werde dir nun die innere Verehrung des Selbst darlegen, die die höchste aller reinigenden Handlungen ist und welche alle Finsternis vollständig vernichtet. Dies ist die ununterbrochene Meditation – ob man nun geht oder steht, schläft oder wacht, handelt oder nicht handelt, in allen und durch alle Handlungen. Man soll den Höchsten Herrn, der im Herzen wohnt und sozusagen alle Modifikationen innerhalb von einem selbst hervorbringt, verehren. Man sollte den „bodha-lingam" (das manifeste Bewusstsein oder Selbst-Gewahrsein) verehren, welcher schläft und wacht, umhergeht oder steht, berührt, was es an Berührbarem gibt, aufgibt, was aufzugeben ist, Vergnügen genießt und verwirft, sich in den verschiedenen äußeren Tätigkeiten ergeht, allen Handlungen ihren Wert verleiht und als Friede in den lebenswichtigen Organen des Körpers verbleibt (das Wort deha-lingam im Text kann sich auch auf die mit den psychischen Zentren des Körpers verbundenen drei „lingams" beziehen). Diese innere Intelligenz soll verehrt werden mit allem, was ungesucht auf einen zukommt. Nachdem man in der Selbsterkenntnis gebadet hat, soll man sicher im Lebensstrom und seinen Erfahrungen verbleiben und diese innere Intelligenz mit den Mitteln der Selbsterkenntnis verehren.

Man soll den Höchsten Herrn auf die folgende Weise verehren: Er ist das Licht, erleuchtet von der solaren als auch von der lunaren Kraft; Er ist die Intelligenz, die auf ewig in sämtlichen materiellen Substanzen verborgen liegt; Er ist das nach außen gerichtete Gewahrsein, welches durch die Alleen des Körpers hin zur äußeren Welt fließt; Er ist das Prāna, welches sich im Gesicht (Nase) bewegt; Durch Ihn werden die Kontakte der Sinne mit ihren Objekten zu sinnvollen Erfahrungen; Er steuert die Kutsche, die aus Prāna und apāna besteht; er wohnt im Innersten des Herzens. Er ist der Kenner des Kennbaren und der Täter aller Handlungen, der Erfahrende aller Erfahrungen, der Denker aller Gedanken. Er ist derjenige, der sämtliche Teile und Glieder des Körpers gründlich kennt, der durch Sein und Nicht-Sein wahrgenommen wird und alle Erfahrungen mit seinem Licht erleuchtet.

Er ist ohne Teile und doch ist Er in allem; Er wohnt im Körper und ist doch allgegenwärtig; Er genießt und genießt nicht; Er ist die Intelligenz in jedem Glied. Er ist das Denkorgan im Gemüt. Er entsteht in der Mitte von Prāna und apāna. Er wohnt im Herzen, in der Kehle, in der Mitte des Gaumens, zwischen den Augenbrauen und an der Nasenspitze. Er ist die Realität aller sechsunddreißig Elemente (oder metaphysischen Kategorien), Er transzendiert die inneren Zustände, Er ruft die inneren Klänge hervor, und Er gebiert den Vogel, den man „Gemüt" nennt. Er ist die Wirklichkeit in allem, was als Einbildung und Nicht-Einbildung bezeichnet wird. Er wohnt in allen Wesen wie das Öl im Samen. Er wohnt im Herzenslotos und wiederum auch im gesamten Körper. Er wird unmittelbar überall von allen gesehen, denn Er ist das reine Erfahren in allen Erfahrungen – er vermehrt sich scheinbar, wenn Er die Objekte der Erfahrungen wahrnimmt.

Der HÖCHSTE HERR fuhr fort:

Man soll kontemplieren, dass der Höchste Herr die Intelligenz des Körpers ist. Die verschiedenen Funktionen und Organe des Körpers dienen dieser Intelligenz so, wie Gemahlinnen ihrem Gemahl dienen. Das Gemüt ist der Bote, der dem Höchsten Herrn das Wissen der drei Welten überbringt und darbietet. Die zwei fundamentalen Energien, d.h. die Energie der Weisheit (jñāna shakti) und die Energie der Tätigkeit (kriyā shakti) sind die Gemahlinnen des Höchsten Herrn. Die verschiedenen Aspekte der Erkenntnis sind seine Ornamente. Die Organe der Tätigkeit sind die Tore, durch die der Höchste Herr die äußere Welt betritt. „Ich bin dieses unendliche Selbst, welches unteilbar ist; Ich bin voll und unendlich" – so weilt diese Intelligenz im Körper.

Wer auf diese Weise kontempliert, ist selbst reiner Gleichmut. Sein Verhalten ist gleichmütig und wird von der Sicht des Gleichmuts geleitet. Er hat den Zustand der natürlichen Güte und inneren Reinheit erlangt und ist herrlich in jedem einzelnen Aspekt seines Seins. Er verehrt den Höchsten Herrn, der die Intelligenz ist, die seinen ganzen Körper durchdringt.

Diese Verehrung wird beständig Tag und Nacht ausgeführt, und zwar mit den Objekten, die mühelos erlangt und dem Höchsten Herrn mit einem im Gleichmut gefestigten Gemüt und mit dem rechten Geist (denn der Höchste Herr ist Bewusstsein und nur durch den rechten Geist ansprechbar) dargeboten werden. Der Höchste Herr soll mit allem verehrt werden, das sich mühelos erlangen lässt. Man soll niemals die geringste Anstrengung unternehmen, um etwas zu erlangen, was man nicht besitzt. Der Höchste Herr soll mit all den Mitteln des Genießens verehrt werden, die durch den Körper genossen werden: Durch Essen, Trinken, durch das Zusammenleben mit dem Ehegatten und andere ähnliche Vergnügen. Der Höchste Herr soll mit den Krankheiten verehrt werden, die man erfährt, und auch mit sämtlichen Arten von Unglück oder Leiden, die zu einem kommen. Der Höchste Herr soll mit den eigenen Aktivitäten einschließlich von Leben und Tod und sämtlichen Träumen, die man hat, verehrt werden. Der Höchste Herr soll mit der eigenen Armut und dem eigenen Reichtum verehrt werden. Der Höchste Herr soll sogar mit Kämpfen und Hader als auch mit Spielen und anderen Zeitvertreiben verehrt werden; wie auch mit den Manifestationen der Gefühle von Anziehung und Abstoßung. Der Höchste Herr soll mit den edlen Qualitäten eines frommen Herzens verehrt werden: Freundschaft, Mitgefühl, Freude und Gleichgültigkeit.

Der Höchste Herr soll mit allen Arten von Vergnügen verehrt werden, die ungesucht auf einen zukommen, gleichgültig ob diese Vergnügen durch die Schriften gebilligt oder verboten werden. Der Höchste Herr soll mit den Vergnügen verehrt werden, die als wünschenswert als auch mit denjenigen, die als nicht wünschenswert betrachtet werden. Er soll mit denjenigen verehrt werden, die als angemessen als auch mit denjenigen, die als unpassend gelten. Für den Zweck dieser Verehrung soll man aufgeben, was verloren ist, und man soll annehmen und entgegennehmen, was man ohne Mühe empfängt.

Der HÖCHSTE HERR fuhr fort:

Dieser Form der Verehrung soll man sich jederzeit hingeben und dabei im Hinblick auf alle Wahrnehmungen, seien sie nun erfreulich oder unerfreulich, stets im höchsten Gleichmut verankert sein. Man soll stets alles als gut und vorzüglich betrachten (oder alles als eine Vermengung von Gut und Böse ansehen). Durch die Erkenntnis, dass alles das eine Selbst ist, soll man stets das Selbst in diesem Geiste verehren. Man soll alles stets mit gleicher Sicht betrachten, sei es nun erfreulich und durch und durch wunderschön oder unerträglich und abscheulich. Auf diese Art soll man das Selbst verehren.

Man soll all die verschiedenen trennenden Ideen von „dies bin ich" oder „dies bin ich nicht" aufgeben und erkennen, dass „All dies in der Tat Brahman ist", das eine unteilbare und unendliche Bewusstsein. In diesem Geiste soll man das Selbst verehren. Immer und in allen Formen und deren Modifikationen soll man das Selbst verehren in und durch alles, was man bekommt. Man soll das Selbst nach Aufgabe der Trennung zwischen dem Wünschenswerten und dem Nicht-Wünschenswerten verehren oder sogar noch während der Aufrechterhaltung dieser Trennung (diese dann jedoch als Stoff für die Verehrung verwenden).

Ohne Verlangen und ohne Verweigerung mag man das, was mühelos und auf natürliche Weise zu einem kommt, genießen. Angesichts bedeutender oder unbedeutender Objekte soll man weder aufgeregt noch niedergeschlagen sein, so wie der Himmel und Raum von den verschiedenen Objekten, die in ihnen wachsen und gedeihen, nicht berührt werden. Man soll das Selbst ohne jede psychologische Verdrehtheit verehren, indem man jedes Objekt schätzt, so wie es durch Zufall von Zeit, Ort und Aktivität auf einen zukommt – ganz gleich ob es nun allgemein als gut oder schlecht angesehen wird.

Bei einer solchen Verehrung des Selbst sieht man alle Gegenstände, die bisher als notwendig für die Verehrung erwähnt worden sind, als gleichwertig, obgleich die dafür verwendeten Worte unterschiedlich sind. Gleichmut ist Glück an sich, und gerade dieses Glück ist jenseits von Gemüt und Sinnen. Was von diesem Gleichmut berührt wird, erlangt unverzüglich den Zustand des Glücks, worin auch immer die Beschreibung des Gegenstandes oder seine Definition bestehen mögen. Das allein wird als Verehrung angesehen, was von jemandem ausgeführt wird, der sich in einem Zustand von Gleichmut wie Raum befindet, wenn ferner das Gemüt gänzlich still ohne die geringste Gedankenwelle geworden ist und wenn da die vollkommen mühelose Abwesenheit von mentaler Verdrehtheit ist. Indem der weise Mensch in diesem Zustand des Gleichmuts verankert ist, sollte er in sich selbst eine unendliche Erweiterung erfahren, während er nach außen hin seinen natürlichen Tätigkeiten nachgeht, ohne Verlangen oder Zurückweisung. Darin besteht die Natur des Verehrers dieser Höchsten Intelligenz. In ihm tauchen Täuschung, Unwissenheit und Ich-Sinn nicht einmal im Traum auf. Verbleibe in diesem Zustand, oh Weiser, und erfahre alles wie ein Kind. Verehre den Höchsten Herrn dieses Körpers (die Intelligenz, die ihn durchdringt) mit allem, was im Verlaufe von Zeit, Umständen und Umgebung zu dir kommt, und ruhe, ohne Wünsche, im höchsten Frieden.

Der HÖCHSTE HERR fuhr fort: VI.1:40

Was auch immer du tust, und wann immer du es tust (oder Abstand davon nimmst) – alles ist die Verehrung des Höchsten Herrn, der selbst reines Bewusstsein ist. Indem all das als die

Verehrung des Selbst, welches der Höchste Herr ist, betrachtet wird, wird dieser erfreut.

Zuneigungen und Abneigungen, Anziehung und Abstoßung finden sich nicht im Selbst, unabhängig von seiner essenziellen Natur – sie sind bloße Worte. Sogar die Konzepte, auf die Worte wie „Souveränität", „Armut", „Vergnügen", „Schmerz", „mein Eigentum" und „andere" hinweisen, sind in der Tat nichts anderes als die Verehrung des Selbst, denn die sie wahrnehmende Intelligenz ist das Selbst. Die Erkenntnis des kosmischen Seins allein ist die wahre Verehrung des kosmischen Seins.

Es ist einzig das Selbst oder das kosmische Bewusstsein, auf welches durch Ausdrücke wie „diese Welt" hingewiesen wird. Oh, wie groß ist doch dieses rätselhafte Wunderwerk, dass das Selbst, welches reines Bewusstsein oder Intelligenz ist, auf seltsame Weise seine eigene Natur zu vergessen scheint und sich selbst als Jiva (individuelle Seele) betrachtet. In Wahrheit existiert in diesem kosmischen Sein, welches die Realität in allem ist, nicht einmal die Trennung in Verehrer, Verehrung und Verehrtes. Es ist unmöglich, dieses kosmische Sein zu beschreiben, welches das gesamte Universum ohne Teilung erhält und trägt; es ist unmöglich, jemanden darüber zu belehren. Und wir erachten diejenigen dieser Unterweisung nicht wert, die sich Gott als begrenzt durch Raum und Zeit vorstellen. Verehre daher das Selbst durch das Selbst, indem du alle diese begrenzenden Konzepte aufgibst, indem du auch die Trennung zwischen Verehrer und dem Verehrten (dem Höchsten Herrn) aufgibst. Sei im Frieden, rein und ohne Verlangen. Denke stets daran, dass alle deine Erfahrungen und Ausdrucksformen die Verehrung des Selbst sind.

(Als Erwiderung auf Vasishthas Frage nach einer umfänglicheren Erläuterung von Shiva, Brahman und dem Selbst, weshalb sie so genannt werden und wie solche Unterscheidungen entstehen, fuhr der Höchste Herr folgendermaßen fort:)

Die Wirklichkeit ist anfangslos und endlos und wird nicht einmal in irgendetwas widergespiegelt – das ist die Wirklichkeit. Weil es nicht möglich ist, sie mit Hilfe der Sinne und des Gemüts zu erfahren, denkt man über sie so, als sei sie nicht-existent.

(Als Antwort auf VasishthasFrage: „Wenn sie jenseits des Verstandes ist – wie kann sie dann realisiert werden?", erwiderte der HÖCHSTE HERR:)

Im Falle des Suchers, der sich nach Freiheit von der Unwissenheit sehnt und der folglich mit „sättvic avidyā" (subtiler Unwissenheit) ausgestattet ist, entfernt diese sātvic avidyā die Unwissenheit auf dieselbe Weise, wie der Wäscher mit Hilfe einer anderen Art von Schmutz (Seife) den Schmutz aus der Wäsche wäscht. Auf die gleiche Weise wird die Unwissenheit entfernt – das Selbst erkennt das Selbst durch das Selbst, und das Selbst sieht das Selbst aufgrund seiner eigenen, selbstleuchtenden Natur.

VI.1:41 Der HÖCHSTE HERR fuhr fort:

Wenn ein Kind mit Kohle spielt, werden seine Finger schwarz. Wenn es seine Hände wäscht, aber gleich wieder mit der Kohle spielt, werden sie wieder schwarz. Rührt es die Kohle nach dem Waschen jedoch nicht wieder an, dann bleiben seine Hände sauber. Wenn jemand auf dieselbe Weise die Natur des Selbst ergründet und sich gleichzeitig aller Tätigkeiten enthält, die avidyā oder Unwissenheit fördern und unterstützen, dann verschwindet die Finsternis der Unwissenheit. Jedoch ist es stets nur das Selbst, welches sich des Selbst bewusst wird.

Betrachte Vielfalt nicht als das Selbst. Denke nicht, dass die Selbsterkenntnis das Ergebnis der Unterweisung eines Lehrers sei. Der Guru oder Lehrer ist mit Sinnen und Verstand ausgestattet – das Selbst oder Brahman ist jenseits von Sinnen und Verstand. Das, was erst erlangt wird, wenn das andere aufgehört hat, wird nicht mit Hilfe dieses anderen erlangt, solange dieses andere noch existiert. Obwohl jedoch die Anweisungen des Lehrers und alles, was damit zusammenhängt, nicht wirklich ein Mittel zur Erlangung der Selbsterkenntnis darstellen, werden sie doch allgemein als das Mittel dazu betrachtet.

Das Selbst enthüllt sich nicht mit Hilfe der Schriften oder der Anweisungen des Lehrers, und das Selbst enthüllt sich nicht ohne Hilfe der Schriften und Anweisungen des Lehrers. Es enthüllt sich nur dann, wenn all dies zusammenkommt. Die Enthüllung des Selbst geschieht nur dann, wenn die Kenntnis der Schriften, die Anweisungen eines Lehrers und wahre Schülerschaft zusammentreffen.

Das, was IST, nachdem sämtliche Sinne aufgehört haben zu funktionieren und sämtliche Vorstellungen von Vergnügen und Schmerz verschwunden sind, ist das Selbst oder Shiva, was ebenfalls durch Ausdrücke wie „Das", „Wahrheit" oder „Wirklichkeit" angezeigt wird. Jedoch existiert das, was IST, wenn all dies aufhört zu existieren, sogar dann, wenn all dies gegenwärtig ist – wie der grenzenlose Raum. Die Erlöser des Universums (Brahmā, Indra, Rudra und andere) haben aus Mitgefühl die Schriften wie die Veden und die Purānas (die mythischen Legenden) verfasst, um den Getäuschten, den Unwissenden das spirituelle Erwachen zu ermöglichen und in ihnen den Durst nach Befreiung zu erwecken. In diesen Schriften haben sie dann Begriffe wie „Brahman", „Bewusstsein", „Shiva", „Selbst", „Höchster Herr", „Höchstes Selbst" usw. verwendet. Diese Begriffe deuten auf eine Vielfalt hin, aber in Wahrheit gibt es diese Vielfalt nicht.

Die durch Begriffe wie „Brahman" usw. angedeutete Wahrheit ist selbst in der Tat reines Bewusstsein. Im Vergleich zu diesem ist sogar der grenzenlose Raum grob und solide wie ein riesiger Berg. Dieses reine Bewusstsein scheint ein kennbares Objekt zu sein und lässt das Konzept der Intelligenz oder des Bewusstseins entstehen, obwohl das innerste Selbst keineswegs ein Objekt der Erkenntnis ist. Aufgrund einer momentan entstehenden Konzeptualisierung lässt dieses reine Bewusstsein den Ich-Sinn („ich weiß") entstehen.

Der HÖCHSTE HERR fuhr fort:

Dieser Ich-Sinn lässt schließlich die Ideen von Raum und Zeit entstehen. Ausgestattet mit der Energie der vitalen Winde wird er sodann zum Jiva oder Individuum. Das Individuum folgt von da an den Diktaten der Vorstellungen und gleitet in immer dichtere Unwissenheit hinein – so wird das Gemüt geboren in Verbindung mit dem Ich-Sinn und den verschiedenen Formen psychologischer Energie. All dies zusammen wird der „ātivāhika-Körper" genannt – der subtile Körper, der sich von einer Ebene zur nächsten bewegt.

Danach wurden die Substanzen (die Objekte der Welt), die den subtilen Energien des ātivāhika-Körpers entsprechen, erdacht und dann die verschiedenen Sinne (Sehen, Berühren, Hören, Schmecken und Riechen), die ihnen zugehörigen Objekte und die entsprechenden Erfahrungen geschaffen. Diese zusammen sind als puryashtaka bekannt. In ihrem subtilen Zustand werden sie auch der ātivāhika-Körper genannt.

Auf diese Art und Weise wurden alle diese Substanzen erzeugt, während doch in Wirklichkeit nichts erzeugt wurde. All diese sind nur scheinbare Modifikationen in dem einen unendlichen Bewusstsein. So wie Traumobjekte in einem selbst erscheinen, so ist all dies nicht verschieden vom unendlichen Bewusstsein. Wie wenn man Objekte im Traum erblickt, so scheinen all diese ebenfalls zu objektiver Realität zu werden.

Sobald die sie betreffende Wahrheit realisiert wird, leuchten alle diese Objekte als der Höchste Herr. Und sogar diese Aussage ist unwahr, denn sie sind niemals zu materiellen Substanzen oder Objekten geworden. Aufgrund der eigenen Ideenbildung, die sie als Substanzen betrachtet, welche man erfährt, erwerben sie den Anschein von Substantialität. Indem so eine Substantialität heraufbeschworen wird, sieht das Bewusstsein diese Substantialität auch.

Durch solche Ideen wird es dann konditioniert und scheint zu leiden. Konditionierung bedeutet Sorge und Kummer. Die Konditionierung jedoch gründet sich auf Gedanken und Ideen (oder sinnliche und psychologische Erfahrungen). Die Wahrheit jedoch befindet sich jenseits solcher Erfahrungen und die Welt ist eine Erscheinung wie eine Fata Morgana! Worin besteht die psychologische Konditionierung, wer konditioniert was und wer wird durch diese Konditionierung konditioniert? Wer trinkt das Wasser der Fata Morgana? Wenn daher all dies zurückgewiesen wird, verbleibt als einziges die Realität, in der es keinerlei Konditionierung gibt und nichts konditioniert ist. Es mag dann als Sein oder Nicht-Sein dargestellt werden, aber es allein ist. Mentale Konditionierung ist illusorisches Nicht-Sein – wie ein Gespenst. Sobald es erlegt ist, hört auch die Illusion der Erschaffung auf. Wer diesen Ich-Sinn und diese Luftspiegelung namens Schöpfung für real hält, ist nicht bereit für die Unterweisung. Die Lehrer unterweisen nur Menschen, die mit Weisheit ausgestattet sind, nicht die Toren. Die letzteren heften ihre Zuversicht und Hoffnung auf die Welterscheinung – wie ein dummer Vater, der seine Tochter einem Manne zur Frau gibt, den er nur im Traum gesehen hat!

VI.1:42 Der HÖCHSTE HERR fuhr fort:

Der Jiva nimmt alle diese scheinbar seinen Körper bildenden Elemente in der Leere wahr, so wie die träumende Person in ihrer inneren Leerheit verschiedene Objekte wahrnimmt. Dies ist auch heute noch wahr; denn das kosmische Bewusstsein oder das kosmische Sein nimmt das Universum der Vielfalt in sich selbst so wahr, wie der Träumer die Vielfalt in sich selbst wahrnimmt.

Der Jiva hält sich selbst für Brahmā, Vishnu usw., aber dies ist reine Gedankenform. Und doch nimmt diese Gedankenform andere Gedankenformen wahr und erfährt sie auch. Die einzige Realität all dieser Wahrnehmungen ist das Urkonzept namens Ich-Sinn, welcher im selben Moment auftaucht, in dem das Bewusstsein sich selbst als ein Objekt wahrnimmt und glaubt, dieses dann auch tatsächlich zu sehen (als sein eigenes Objekt). Dieser Moment ist die Epoche und das Vielfache und die Unterteilungen der Epochen. In jedem einzelnen Atom der Existenz findet ununterbrochen dieses Drama von Selbst-Verschleierung und –Enthüllung statt, welches doch nichts anderes als vom kosmischen Bewusstsein erzeugte Gedankenformen ist. Und doch wird durch oder im kosmischen Bewusstsein nichts tatsächlich erzeugt, denn es verbleibt unverwandelt und unverändert.

Der im Traum gesehene Berg scheint nur in Raum und Zeit zu existieren. Weder benötigt er Platz noch Zeit, um zu entstehen und zu verschwinden. So ist es auch mit der Welt. Wie die allmächtige Gottheit ins Sein getreten ist, auf genau dieselbe Weise tritt auch der Wurm ins Sein – innerhalb eines Augenzwinkerns. Von Lord Rudra bis hinab zum Grashalm sind sämtliche Lebewesen, die man im Universum erblicken kann, seien sie nun Mikroorganismen oder kolossale Persönlichkeiten, auf dieselbe Weise ins Leben getreten. Wenn einer die eigentliche Natur dieses Samsāra (Welterscheinung) ergründet, dann verschwindet mit dem Dämmern der Selbsterkenntnis oder Gotteserkenntnis die Wahrnehmung der Vielfalt. Entgleitet dagegen die wirkliche Natur des unendlichen Bewusstseins auch nur für eine halbe hundertstel Sekunde, dann treten all diese unseligen illusorischen Schöpfungen wieder ins Dasein. Durch den Ausdruck „Brahman“ verweist der weise Mensch auf den Zustand, in dem man für immer fest im unendlichen Bewusstsein verankert ist. Wenn dieser Zustand gestört wird, hat man die Idee von der Wirklichkeit der Welt, was wiederum zum Auftauchen von unendlicher Vielfalt führt – Götter, Dämonen, menschliche und untermenschliche Wesen, Pflanzen und Würmer. Sofern man jedoch den Zustand des kosmischen Bewusstseins nicht mehr verliert, erkennt man, dass die Wahrheit überall gegenwärtig ist.

VASISHTHA sprach:

Oh Rāma, nachdem Lord Shiva so gesprochen hatte, nahm er meine Verehrung entgegen und segnete mich. Dann verließ er mich zusammen mit seiner Gemahlin Pārvatī. Erfüllt von seiner Unterweisung gab ich meine frühere Verehrungspraxis auf und begann mit der Verehrung des allgegenwärtigen nicht-dualen Selbst.

VASISHTHA fuhr fort: VI.1:43

O Rāma, der irreale Jiva, nimmt die irreale Welt aufgrund des irrealen Einflusses der Irrealität wahr. Was kann man in all diesem als real oder irreal betrachten? Ein eingebildetes Objekt wird von jemand Eingebildetem beschrieben, und ein anderer glaubt, dies im Rahmen seiner eigenen Einbildung zu verstehen und bildet sich dann ein, etwas verstanden zu haben. So wie Flüssiges in Flüssigkeit, Bewegung im Wind und Leere im Raum ist, so ist die Allgegenwart im Selbst.

Seit der Unterweisung durch den Höchsten Herrn habe ich stets die Verehrung des unendlichen Selbst gepflegt. Durch die Gnade dieser Verehrung bin ich ohne jede Sorge, obgleich ich beständig mit den unterschiedlichsten Tätigkeiten befasst bin. Ich führe die

Verehrung des Selbst – welches ungeteilt, aber scheinbar geteilt ist – aus mit den Blumen von allem, was auf natürliche Weise auf mich zukommt und mit den Blumen der Handlungen, die sich natürlich ergeben.

Verwandtschaftliche Bindungen einzugehen (d.h. zu besitzen und besessen zu werden) ist natürlich für alle verkörperten Lebewesen. Die Yogis jedoch sind immer wachsam, und diese Wachsamkeit ist die Verehrung des Selbst. Durch die Pflege dieser inneren Haltung und mit einem Gemüt, das gänzlich ohne Anhaftung ist, wandere ich durch diesen schrecklichen Urwald namens Samsāra (Welterscheinung). Wenn du dasselbe tust, wirst du nicht leiden.

Wenn dir großer Kummer widerfährt (wie der Verlust von Reichtum und Verwandten), dann ergründe die Wahrheit in der oben beschriebenen Art und Weise. Du wirst nicht mehr von Freude oder Leid erschüttert werden. Du weißt nun, wie alle diese Dinge entstehen und wie sie aufhören. Du kennst ferner das Schicksal des Menschen, der von ihnen in die Irre geführt wird, da er ihre wahre Natur nicht ergründet hat. Weder gehören dir diese Dinge noch gehörst du zu ihnen. Darin besteht die unwirkliche Natur der Welt – gräme dich nicht.

Teurer Rāma – du bist reines Bewusstsein, das von der illusorischen Wahrnehmung der Vielfalt in der Schöpfung nicht berührt wird. Wenn du dies siehst, wie können dann Ideen von Wünschenswertem und nicht Wünschenswertem in dir entstehen? Verbleibe oh Rāma, fest im turīya (transzendentalen) Zustand des Bewusstseins.

RAMA sprach:

Hoher Herr, ich bin befreit vom Staub der Dualität. Ich habe erkannt, dass all dieses wahrhaftig Brahman ist. Mein Geist ist gereinigt, er ist seine Zweifel und Wünsche und sogar seine Fragen alle losgeworden. Weder verlangt es mich jetzt nach dem Himmel, noch fürchte ich die Hölle. Ich verbleibe verankert im Selbst. Durch deine Gnade, oh hoher Herr, habe ich diesen Ozean des Samsāra (Welterscheinung) überquert. Ich habe die Fülle der direkten Selbsterkenntnis realisiert.

VI.1:44 VASISHTHA fuhr fort:

Das wird nicht Tätigkeit genannt, oh Rāma, was du lediglich mit den Tatorganen und mit einem unangehafteten Gemüt ausführst. Der aus den sinnlichen Erlebnissen abgeleitete Genuss ist flüchtig. Eine Wiederholung dieses Erlebnisses bietet nicht gleichzeitig die Wiederholung desselben Genusses. Nur ein Tor hegt Wünsche nach solch momentanen Freuden. Außerdem – ein Objekt kann Vergnügen nur dann geben, wenn es dich nach ihm verlangt. Daher gehört das Vergnügen immer auch zum Verlangen. Gib daher den Wunsch oder das Verlangen auf.

Wenn du dann im Verlaufe der Zeit die Erfahrung dessen (des Selbst) erlangt hast, dann speichere diese Erfahrung nicht in deinem Gemüt oder Ich-Sinn auf, um sie in der Form eines Wunsches wiederzubeleben. Denn es wäre unweise, wieder in das Tal des Ich-Sinnes zu stürzen, nachdem man einmal Platz auf dem Gipfel der Selbsterkenntnis genommen hat. Lass die Hoffnungen fahren und die Ideen verschwinden; lass das Gemüt den Zustand des Nicht-Gemüts erlangen, indem du unangehaftet lebst. Du bist nur im Zustand der Unwissenheit gebunden. Verfügst du dagegen über Selbsterkenntnis, bist du nicht gebunden. Strebe unbedingt danach, wachsam in der Selbsterkenntnis zu verbleiben.

Wenn du dich nicht mit den Sinneserfahrungen befasst und alles das, was ungesucht auf dich zukommt, erfährst, befindest du dich in einem Zustand von Gleichmut und Reinheit, frei von latenten Neigungen und Erinnerungen. In einem solchen Zustand, der rein wie der Himmel ist, wirst du nicht einmal von tausend Zerstreuungen befleckt. Sobald der Kenner, das Gekannte und das Kennen im Selbst vereint sind, wird der reine Erfahrende in sich selbst nie wieder eine Trennung erzeugen.

Samsara (Welterscheinung) erscheint und verschwindet durch die geringste Bewegung im Gemüt (nämlich sobald das Gemüt „zwinkert"). Mache das Gemüt durch die Zurückhaltung des Prāna und auch der latenten Neigungen (Vasana) „nicht-zwinkernd" (frei von den Gedankenwellen). Durch die Vibration des Prāna taucht Samsara auf und verschwindet wieder – mache das Prāna durch fleißige Praxis frei von diesen Bewegungen. Durch das Entstehen und das Aufhören der Torheit (Unwissenheit) entstehen und vergehen die selbst-bindenden Handlungen – halte diese mit den Mitteln der Selbst-Disziplin und den Anweisungen der Lehrer und der Schriften zurück.

Diese Weltillusion ist durch die Bewegung der Gedankenwellen im Gemüt entstanden – hören diese auf, dann hört auch die Illusion auf, und das Gemüt wird zum Nicht-Gemüt. Erlangt werden kann dies auch durch die Zurückhaltung des Prāna. Dies ist der höchste Zustand. Die Seligkeit, die im Zustand des Nicht-Gemüts erfahren wird, ist unverursacht und wird nicht einmal in den höchsten Himmeln gefunden. In Wahrheit ist diese Seligkeit unsäglich und unbeschreiblich, und sie sollte nicht einmal als Glück bezeichnet werden! Das Gemüt des Wissenden ist Nicht-Gemüt – es ist reines Sāttva. Nach einer gewissen Zeit entsteht aus diesem Nicht-Gemüt der als turîya-âtîta bezeichnete Zustand (der Zustand jenseits des transzendentalen oder des turîyâ-Zustandes).

Die Geschichte vom Holzapfel

VASISHTHA fuhr fort: VI.1:45

In diesem Zusammenhang, oh Rāma, höre dir die folgende sehr lehrreiche Parabel an, die ich dir nun erzählen möchte.

Es gibt da eine Holzapfelfrucht, die unermesslich groß ist und niemals verdirbt oder verfault, obgleich sie bereits seit unzähligen Äonen existiert. Sie ist die Quelle und die Grundlage des Nektars der Unsterblichkeit und Unzerstörbarkeit. Sie ist die Heimstatt des Glückes selbst. Obgleich sie bereits sehr, sehr alt ist, ist sie auf ewig jung und neu, wie der Neumond. Sie ist das eigentliche Herz des Universums, sie ist bewegungslos und wird nicht einmal von den Kräften der kosmischen Auflösung erschüttert. Diese Holzapfelfrucht, die unermesslich groß ist, ist die ursprüngliche Quelle dieser Schöpfung.

Auch wenn diese Frucht reif ist, fällt sie nicht herunter. Sie ist immer ausgereift, wird aber niemals überreif. Nicht einmal der Schöpfer Brahmā oder Vishnu und Rudra oder andere Götter kennen den Ursprung dieser Holzapfelfrucht. Niemand hat jemals den Samen oder den Baum gesehen, auf dem diese Frucht wächst. Das Einzige, was man über sie zu sagen vermag, ist, dass diese Frucht existiert, und zwar ohne Anfang, Mitte und Ende, ohne Wandel und ohne Modifikation. Innerhalb dieser Frucht gibt es überhaupt keine Vielfalt – sie ist ganz voll ohne jede Leerheit. Sie ist die Urquelle aller Freuden und Entzücken, und zwar von der Freude des einfachen Mannes bis hin zur höchsten Freude der Gottheiten. Diese Frucht ist selbst nichts anderes als die Manifestation der Energie des komischen Bewusstseins.

Diese Energie des unendlichen Bewusstseins hat, ohne auch nur einen Moment lang ihre eigene wahre Natur aufzugeben, sozusagen diese Schöpfung durch bloßes Wollen innerhalb ihrer eigenen Intelligenz manifestiert. Und tatsächlich ist nicht einmal dies wahr (nämlich dass sie es so gewollt hat)! Der Ich-Sinn, den ein solches Wollen voraussetzt, ist selbst irreal – aber daraus sind alle Elemente und die ihnen entsprechenden subjektiven Sinne entstanden. In Wahrheit ist diese Energie des unendlichen Bewusstseins selbst Zeit, Raum, natürliche Ordnung, Ausbreitung der Gedanken, Anziehung und Abstoßung, Ich-heit, Du-heit und Es-heit, unten, oben, die anderen Himmelsrichtungen, die Berge, das Firmament und die Sterne, Erkenntnis und Unwissenheit – sie ist alles, was ist, war und jemals sein wird. All dies ist nichts anderes als die Energie des unendlichen Bewusstseins.

Obgleich sie Eines ist, wird sie als verschiedene Lebewesen wahrgenommen – sie ist weder eins noch viele. Sie ist nicht einmal sie selbst! Verankert ist sie in der Wirklichkeit. Sie ist höchster, alles umfassender Friede. Sie ist das eine, unermesslich große kosmische Wesen oder Selbst. Sie ist die (kosmische) Energie des (kosmischen) Bewusstseins.

Die Geschichte vom Fels

VASISHTHA fuhr fort: VI.1:46

Es gibt noch eine weitere Geschichte, oh Rāma, die dies illustriert. Ich werde sie dir nun erzählen.

Es gibt einen großen Fels voll Zärtlichkeit und Liebe, der immer ganz klar und deutlich wahrgenommen wird, der weich ist, allgegenwärtig und ewiglich. In ihm blühen zahllose Lotosblüten. Manchmal berühren sich die Blätter dieser Lotosblüten, manchmal nicht, manchmal zeigen sie sich dem Betrachter und manchmal verbergen sie sich vor ihm. Manche schauen abwärts, andere wiederum aufwärts, während die Wurzeln mancher miteinander verflochten sind. Manche haben aber auch überhaupt keine Wurzeln. Alle Dinge existieren darin, obwohl sie aber auch nicht darin sind.

Oh Rāma, dieser Fels ist in Wahrheit das kosmische Bewusstsein; in seiner Homogenität ist es felsengleich. Und doch erscheinen in ihm alle die verschiedenen Lebewesen des Universums. So wie sich jemand innerhalb eines Steinblocks verschiedene Figuren und Formen vorstellt, wird auch dieses Universum fälschlicherweise in diesem Bewusstsein gesehen. Ein Fels bleibt ein Fels, auch wenn ein Bildhauer verschiedene Figuren aus diesem Fels heraus „erschafft", und so steht es auch mit diesem kosmischen Bewusstsein, das eine homogene Masse von Bewusstsein ist. So wie ein massiver Fels potenziell verschiedene Figuren enthält, die aus ihm herausgearbeitet werden können, so existieren die verschiedenen Namen und Gestalten der Kreaturen in diesem Universum potentiell im kosmischen Bewusstsein. So wie ein Fels immer ein Fels bleibt, behauen oder unbehauen, so bleibt Bewusstsein immer Bewusstsein, ob die Welt nun erscheint oder nicht. Die Welterscheinung ist nichts als ein leerer Ausdruck – seine Substanz ist tatsächlich nur Bewusstsein und nichts anderes.

In Wahrheit sind alle diese Manifestationen und Modifikationen nichts anderes als Brahman, das kosmische Bewusstsein, aber nicht im Sinne der Manifestation oder Modifikation (d.h. nicht als diese manifestierten Formen). Sogar solche Unterscheidungen, nämlich „Modifikation im Sinne von Modifikation oder in irgendeinem anderen Sinn", sind in Brahman bedeutungslos. Werden solche Ausdrücke im Zusammenhang mit Brahman benutzt, dann bedeuten sie etwas ganz anderes, wie das Wasser in einer Fata Morgana. Weil ein Same nie etwas anderes als den Samen enthalten kann, sind auch die Blüten und Früchte von derselben Natur wie der Same, und die Substanz des Samens ist auch die Substanz der ihr entspringenden Wirkungen. Auf dieselbe Weise kann aus der homogenen Masse des kosmischen Bewusstseins nicht etwas anderes als das entspringen, was seiner Essenz entspricht. Sobald diese Wahrheit realisiert wird, hört die Dualität auf. Bewusstsein wird niemals zu Un-Bewusstheit. Sollte es da eine Modifikation geben, dann ist diese selbst nichts als Bewusstsein. Daher ist all dies– was auch immer, wo auch immer und in welcher Form es auch immer sein mag – nichts als Brahman. All dieses existiert für immer in seinem potentiellen Zustand in dieser Masse aus homogenem Bewusstsein.

VI.1:47 VASISHTHA fuhr fort:

Zeit, Raum und die anderen Faktoren dieser sogenannten Schöpfung (die in Wahrheit nur ein weiterer Aspekt des Bewusstseins ist), sind nichts anderes als eben dieses Bewusstsein. Wenn erkannt wird, dass all diese nichts als Gedanken und Ideen sind und das Selbst Eines und unteilbar ist, wie können sie dann als unwirklich betrachtet werden? Im Samen gibt es nichts anderes als den Samen – da ist keine Verschiedenheit. Zur gleichen Zeit gibt es die Idee der potentiellen Verschiedenheit (von Blüten, Früchten usw.), die angenommenerweise innerhalb des Samens existiert. Und trotzdem bleibt dieses kosmische Bewusstsein Eines – es ist ohne (dualistische) Vielfalt; doch es wird gesagt, dass das Universum der Vielfalt nur als Vorstellung existiert.

Der Fels ist einer – die Idee der zahllosen Lotosse darin taucht nur in Verbindung mit diesem einzelnen Fels auf. Auf dieselbe Weise entsteht die Idee der Vielfalt im Bewusstsein, ohne aber Vielfalt zu verursachen. Aber wie das Wasser in einer Fata Morgana gleichzeitig ist und nicht ist, ebenso verhält es sich mit der Vielfalt in Verbindung mit dem unendlichen Bewusstsein. All dies ist in der Tat Brahman, das unendliche Bewusstsein. So wie die Idee der Existenz von Lotosblüten im Fels den Fels nicht zerstört, so ist Brahman unbetroffen von der Welterscheinung, die in Brahman als die eigene Natur Brahmans existiert. In Wahrheit gibt es keinen Unterschied zwischen Brahman und der Welt – sie sind Synonyme. Sobald diese Realität erkannt wird, wird Brahman allein gesehen.

So wie alles was in dieser Welt als Wasser gesehen wird, nur Wasserstoff und Sauerstoff ist, so ist die Welterscheinung nichts anderes als Brahman. Das eine Bewusstsein erscheint als das Gemüt, die Berge usw., so wie die vielfarbigen Federn und Flügel des Pfaus schon im Ei des Pfaus gegenwärtig sind. Dieselbe Macht oder Potentialität wohnt auch im unendlichen Bewusstsein. Was auch immer jetzt als die verschiedenen Objekte des Universums wahrgenommen wird, wird, sobald alles mit dem Auge der Weisheit (dem Auge, welches selbst Weisheit ist) betrachtet wird, nur noch als Brahman oder das unendliche Bewusstsein gesehen. Denn all dieses ist in Wirklichkeit non-dual und nur scheinbar vielfältig, so wie die Wahrnehmung der Vielfalt im Flüssigen des Pfaueneis. Die Idee von Brahman und der Welt ist daher sowohl dual als auch non-dual. Das, was das Substrat all dieser Ideen von Einheit und Vielfalt ist – das ist der höchste Zustand.

Das unendliche Bewusstsein durchdringt das gesamte Universum, während das Universum im unendlichen Bewusstsein existiert. Die Beziehung ist eine der Vielfalt und Nicht-Vielfalt zugleich – so wie die verschiedenen Teile des Pfaus sich in ein und derselben Eisubstanz befinden. Wo in all diesem ist Vielfalt?

VI.1:48 VASISHTHA fuhr fort:

All dies – der Ich-Sinn und der Raum usw. – hat die Natur realer Substanzen angenommen, obwohl diese niemals erzeugt worden sind. Wo nichts entstanden ist (erschaffen wurde), wird alles gesehen. Auf dieselbe Weise verweilen die Weisen, die Götter und die Vollkommenen in ihrem transzendentalen Bewusstsein, die Seligkeit ihrer eigenen Natur kostend. Sie haben die Illusion der Dualität zwischen Betrachter und Objekt und den daraus folgenden Strom der Gedanken aufgegeben. Ihr Blick ist fest und ruhig.

Obwohl die Weisen in dieser Welt tätig sind, hegen sie nicht die geringste Idee einer illusorischen Existenz. Fest sind sie verwurzelt in der Erkenntnis, dass es keine Beziehung zwischen Kenner und Gekanntem (Subjekt und Objekt) gibt. Ihre Lebenskraft wird nicht erregt. Sie sind wie gemalte Figuren in einem Gemälde – ihr Gemüt bewegt sich nicht, so wie sich das Gemüt gemalter Figuren nicht bewegt. Denn sie haben die konzeptualisierende Neigung des Bewusstseins völlig aufgegeben.

Sie reagieren angemessenen auf die Gegebenheiten des Alltags mit Hilfe einer geringfügigen Bewegung im Bewusstsein (so wie es auch der Höchste Herr tut). Und doch erzeugt auch diese geringe Gedankenbewegung und die Erfahrung des Kontaktes des Betrachters mit seinem Objekt in ihnen großes Entzücken. Ihr Bewusstsein ist absolut rein – gereinigt von allen mentalen Bildern (Konzepten) und Ideen.

Ein solcher Zustand der Reinheit des Selbst, der wahren Natur des unendlichen Bewusstseins, ist keine Sichtweise (d.h. eine Erfahrung des Gemüts und der Sinne). Dieser Zustand kann nicht gelehrt werden. Er ist weder sehr einfach zu erlangen, noch ist er weit entfernt oder unmöglich. Nur durch direkte Erfahrung wird er erlangt.

Allein dies existiert und nichts anderes – weder der Körper und die Sinne noch die Lebenskraft, weder das Gemüt noch das Lagerhaus der Erinnerungen oder latenten Neigungen, weder der Jiva noch überhaupt eine Bewegung im Bewusstsein, weder Bewusstsein noch die Welt. Es ist weder real noch irreal oder irgendetwas dazwischen, es ist weder leer noch nicht-leer, weder Zeit noch Raum noch Substanz. Frei von all diesem und frei von den tausend Schleiern im Herzen solle man das Selbst in allem gewahren, was wahrgenommen wird.

Es ist weder der Anfang noch das Ende. Da es überall gegenwärtig ist, wird es für etwas anderes gehalten. Tausende werden geboren, und Tausende sterben – das Selbst, welches überall ist, innerhalb und außerhalb, wird davon nicht berührt. Es verbleibt in all diesen Körpern usw. so, als wäre es nur ganz wenig verschieden vom Unendlichen.

Obschon glückstrahlend in die verschiedensten Tätigkeiten involviert, ist es ohne Sinn von Ich und Mein. Denn was auch immer in dieser Welt wahrgenommen wird, ist nur Brahman, frei von allen Eigenschaften und Qualitäten. Es ist ewiglich, friedvoll, rein und gänzlich still.

RAMA fragte: VI.1:49

Wenn Brahman niemals irgendwelchen Modifikationen unterworfen ist, wie kann dann diese Welterscheinung, die real und irreal zugleich ist, in ihm auftauchen?

VASISHTHA erwiderte:

Echte Modifikation, oh Rāma, ist eine Umwandlung von einer Substanz in eine andere, so wie beim Gerinnen der Milch das Geronnene nicht wieder in den Milchzustand zurückversetzt werden kann. Mit Brahman ist dies aber nicht der Fall, da es vor der Welterscheinung unmodifiziert war und nach dem Ende der Welterscheinung seinen unmodifizierten Zustand wiedererlangt. Sowohl am Anfang wie auch am Ende ist es stets unmodifiziertes, homogenes Bewusstsein. Die momentanen und scheinbaren Modifikationen darin sind nur eine schwache Unruhe innerhalb des Bewusstseins und in keinem Fall eine echte Modifikation. In diesem Brahman gibt es weder ein Subjekt noch ein Objekt des Bewusstseins. Was ein Ding am Anfang und auch am Ende ist, das ist es und nichts anderes. Sollte es in der Mitte als irgendetwas anderes erscheinen, dann muss diese Erscheinung als irreal betrachtet werden. Folglich ist das Selbst das Selbst am Anfang und am Ende und natürlich auch in der Mitte! Es wird niemals irgendwelchen Umwandlungen oder Modifikationen unterworfen.

RAMA fragte: In diesem Selbst, welches reines Bewusstsein ist, wie kann darin diese schwache Unruhe entstehen?

VASISHTHA erwiderte:

Ich bin davon überzeugt, oh Rāma, dass dieses unendliche Bewusstsein allein real ist, und dass es in seiner Natur überhaupt keine Unruhe gibt. Worte wie „Brahman“ usw. verwenden wir nur zum Zweck der Kommunikation oder Unterweisung, nicht aber, damit die Ideen des Einen und Zweiten entstehen. Du, ich und alle diese Dinge sind reines Brahman – Unwissenheit gibt es überhaupt nicht.

RAMA fragte erneut:

Und doch hast du mich am Ende des vorherigen Abschnitts dazu ermahnt, die Natur dieser Unwissenheit zu ergründen!

VASISHTHA erwiderte:

Ja, weil du zu dieser Zeit noch nicht vollständig erwacht warst. Ausdrücke wie „Unwissenheit“, „Jiva“ usw. sind Hilfsmittel, um die Unerwachten zu instruieren. Bevor man die Erkenntnis der Wahrheit mitteilt, sollte man den gesunden Menschenverstand und andere geeignete Mittel (das im Text verwendete Wort yukti bedeutet im Alltagsgebrauch auch „Trick“) verwenden, um den Sucher zu erwecken. Wenn man einer unerwachten Person erklärt: „All dies ist Brahman“, dann wäre das so, als würde ein Mann einen Baum anflehen, ihn von seinem Leid zu befreien. Es geschieht durch geeignete Mittel, dass der Unerweckte erweckt wird. Der Erweckte wird dann durch die Wahrheit erleuchtet. Daher, da du nun erwacht bist, erkläre ich dir die Wahrheit.

Du bist Brahman, ich bin Brahman, das gesamte Universum ist Brahman. Was auch immer du tust – realisiere stets diese Wahrheit. Dieses Brahman oder das Selbst allein ist die Wirklichkeit in allen Wesen, so wie der Ton die eigentliche Substanz aller Töpfe ist. So wie der Wind und seine Bewegung nicht verschieden sind, so sind das Bewusstsein und seine inneren Bewegungen (Energien), die alle Manifestationen verursachen, nicht- verschieden voneinander. Es ist der Same der Idee, der auf den Boden des Bewusstseins fällt und dann all diese scheinbare Vielfalt entstehen lässt. Fällt dieser Same nicht, dann sprießt auch das Gemüt nicht.

RAMA fragte: VI.1:50

Was erkannt werden kann, ist erkannt; was gesehen werden kann, wird gesehen – wir alle sind erfüllt von der höchsten Wahrheit, dank der nektargleichen Weisheit des Brahman, die du uns mitgeteilt hast. Diese Fülle ist angefüllt mit Fülle. Fülle ist aus der Fülle geboren. Fülle füllt Fülle. In der Fülle ist die Fülle für immer enthalten. Bitte habe Nachsicht mit mir – um mein Gewahrsein noch zu vertiefen, erlaube mir noch eine Frage: Die Sinnesorgane sind offensichtlich in allen gegenwärtig – wie kann es dann geschehen, dass eine tote Person keine Sinneserfahrungen mehr macht, obwohl sie ihre Objekte zu Lebzeiten mit Hilfe dieser Organe erfahren hat?

VASISHTHA fuhr fort:

Getrennt vom reinen Bewusstsein gibt es weder die Sinne noch das Gemüt noch ihre Objekte. Es ist nur dieses Bewusstsein, welches als die Objekte in der Natur und als die Sinne in dieser Person auftritt. Wenn dieses Bewusstsein scheinbar zum subtilen Körper (puryashtaka) geworden ist, reflektiert es die externen Objekte.

Das ewige und unendliche Bewusstsein ist in Wahrheit ohne alle Modifikationen. Taucht in ihm jedoch die Idee „Ich bin" auf, dann wird diese Idee als Jiva bezeichnet. Es ist dieser Jiva, der im Körper lebt und sich bewegt. Sobald die Idee des „Ich" auftaucht (ahambhavana), wird es als Ich-Sinn (ahamkara) bezeichnet. Gibt es dann Gedanken (manana), dann spricht man vom Gemüt (manas). Taucht ein Gewahrsein (bodha) auf, dann bezeichnet man dieses als Geist oder Intelligenz (buddhi).

Wenn Bewusstsein von der individuellen Seele (indra) gesehen (drs) wird, spricht man von den Sinnen (indriya). Sobald die Idee des Körpers vorherrschend ist, erscheint Bewusstsein als solcher; ist die Idee der verschiedenen Objekte vorherrschend, dann erscheint Bewusstsein als die verschiedenen Objekte. Durch die Fortdauer dieser Ideen verdichtet sich dann die subtile Persönlichkeit langsam in die materielle Substantialität. Dasselbe Bewusstsein denkt dann schließlich: „Ich bin der Körper", „Ich bin ein Baum" usw. Dadurch getäuscht, steigt und fällt es, bis es schließlich eine reine Geburt erlangt und spirituell erwacht. Durch Hingabe an die Wahrheit erlangt es dann die Selbsterkenntnis.

Ich werde dir nun erklären, wie es die Objekte wahrnimmt. Ich sprach davon, dass das Bewusstsein aufgrund der Idee „Ich bin" als Jiva im Körper wohnt. Sobald dessen Sinne auf ähnliche Körper treffen, gibt es Kontakt zwischen ihnen und den Wunsch, diese zu kennen (eins mit ihnen zu werden). Sobald dieser Kontakt entsteht, wird das Objekt in einem selbst reflektiert und der Jiva nimmt diese Reflektion wahr, wobei er jedoch glaubt, dass sich diese Reflektion außerhalb befindet! Der Jiva kennt nur diese Reflektion, was bedeutet, dass er sich selbst kennt. Dieser Kontakt ist die Ursache der Wahrnehmung externer Objekte. Folglich ist sie nur im Fall des Unwissenden möglich, dessen Gemüt getäuscht ist, aber nicht im Fall des befreiten Weisen. Natürlich sind der Jiva (der ja nur eine Idee ist) und alles was mit ihm zusammenhängt, leblos und nicht-fühlend. Daher ist die Reflektion, die gesehen und erfahren wird, nichts als eine optische Täuschung oder geistige Verdrehtheit. Das Selbst ist alles in Allem und für alle Zeiten.

Die Geschichte von Arjuna

VASISHTHA fuhr fort: VI.1:51

So wie der kosmische Körper (zusammengesetzt aus der Geist-Energie und den kosmischen Elementen) oder der erste puryashtaka (der kosmische subtile Körper) im unendlichen Bewusstsein als eine Idee auftauchte, so tauchten alle anderen Körper (puryashtaka) auf dieselbe Weise auf. Was immer der Jiva (welcher der puryashtaka oder subtile Körper ist) wahrnimmt, während er noch in der Gebärmutter lebt, betrachtet er als existent. So wie sich im Makrokosmos die kosmischen Elemente entfalten, so werden im Mikrokosmos die Sinne entsprechend diesen Elementen entwickelt. Natürlich werden sie nicht wirklich erschaffen. Ausdrücke und Beschreibungen dieser Art werden nur zum Zweck der Unterweisung verwendet. Diese Ideen, die man in der Unterweisung benutzt, werden schließlich durch die Selbstergründung zerstreut, welche sie ursprünglich eingeführt und gefördert hat.

Auch wenn du diese Unwissenheit sehr sorgfältig und mit kühnem Verstand beobachtest, siehst du sie nirgendwo – sie verschwindet einfach. Das Irreale wurzelt in der Irrealität. Wasser in der Luftspiegelung gibt es nicht wirklich – wir reden nur davon. Das Wasser in der Luftspiegelung, welches unwirklich ist, ist niemals Wasser gewesen. Im Lichte der Wahrheit wird die Realität aller Dinge enthüllt, und Täuschung und illusorische Wahrnehmung verschwinden.

Das Selbst ist wirklich. Jiva, puryashtaka (der subtile Körper) und alles andere sind unwirklich – die Ergründung ihrer Natur ist ohne jeden Zweifel nichts als die Ergründung ihrer Unwirklichkeit! Nur um jemanden über die Realität ihrer Irrealität aufzuklären, existieren Ausdrücke wie „Jiva", „puryashtaka" usw.

Dieses unendliche Bewusstsein hat sozusagen die Natur des Jiva angenommen und, seine wahre Natur vergessend, erfährt alles, was es sich als existierend vorstellt. So wie für ein Kind das Gespenst, welches es in der Nacht sieht, real ist, so nimmt der Jiva die fünf Elemente wahr, die er als existierend betrachtet. Diese sind jedoch nichts als Ideen des Jiva, obwohl der Jiva sie als außerhalb von sich selbst sieht. Er glaubt, dass einige von ihnen innerhalb und andere außerhalb von ihm selbst sind. Und auf diese Weise erfährt er sie dann auch.

Erkenntnis wohnt dem Bewusstsein inne wie die Leere dem Raum. Jedoch glaubt das Bewusstsein nun, dass Wissen sein eigenes Objekt sei. Die verschiedenen Elemente sind durch Zeit und Raum begrenzt und sind selbst nichts anderes als die eingebildeten Aufteilungen im Bewusstsein, welche durch diese Trennung (in Bewusstsein und Erkenntnis als Subjekt und Objekt) selbst hervorgerufen worden sind. Solche Aufteilungen existieren nicht im Selbst, das Zeit und Raum überschreitet.

Und doch ersinnt das unendliche Bewusstsein mit dem ihm eingeborenen Wissen die verschiedenen Kreaturen. Darin eben besteht seine Macht, die von nichts übertroffen werden kann. Der leblose Raum ist nicht in der Lage, sich selbst in sich selbst zu reflektieren. Weil die

Natur Brahmans jedoch das unendliche Bewusstsein ist, reflektiert Brahman sich selbst in sich selbst und nimmt sich selbst als eine Dualität wahr, obgleich es körperlos ist.

VASISHTHA fuhr fort:

Was immer dieses Bewusstsein ersinnt, das betrachtet es als existierend – seine Konzepte und Ideen sind niemals unfruchtbar. In einer goldenen Halskette gibt es beides – das Gold und die Kette, wovon das eine die Realität (das Gold) und das andere die Erscheinung (die Kette) ist. Ebenso gibt es im Selbst sowohl Bewusstsein als auch die Idee der materiellen (leblosen) Substantialität. Da Bewusstsein allgegenwärtig ist, ist es immer im Gemüt, in welchem die Idee auftaucht, gegenwärtig.

Der Träumer träumt von einem Dorf, das sein Gemüt beschäftigt und in dem er einige Zeit lebt. Nur wenig später träumt er von einer anderen Situation und glaubt, er würde nun dort leben. Auf dieselbe Weise wandert der Jiva von einem Körper zum nächsten, und der Körper ist nur die Reflektion der vom Jiva gehegten Idee. Nur das Unwirkliche (der Körper) stirbt, und dieses Unwirkliche wird dann scheinbar in einem neuen Körper wiedergeboren. So wie man im Traum gesehene und nicht gesehene Dinge erträumt, so erfährt der Jiva in seinem Traum die Welt und sieht sogar, was in der Zukunft geschehen wird.

So wie ein Fehler der Vergangenheit berichtigt und durch die Eigenbemühung des heutigen Tages in eine gute Tat verwandelt werden kann, so können die Gewohnheiten der Vergangenheit durch angemessene Eigenbemühung überwunden werden. Jedoch kann die Idee des Jiva-seins sowie der Existenz und des Funktionierens der Augen usw. nur durch die Erlangung der Befreiung abgeschafft werden. Bis dahin werden sie abwechselnd verborgen oder offenbar.

Eine vom Bewusstsein gehegte Idee erscheint als Körper. Sie verfügt über einen korrespondierenden subtilen Körper (ātivāhika, der auch puryashtaka genannt wird), der aus Gemüt, Intellekt, Ich-Sinn und den fünf Elementen zusammengesetzt ist. Das Selbst ist formlos, während der puryashtaka in dieser Schöpfung in fühllosen und fühlenden Körpern umherwandert, bis er sich selbst gereinigt hat, wie im Tiefschlaf lebt und die Befreiung erlangt. Der subtile Körper existiert die ganze Zeit über, während dem Träumen und Schlafen. Er fährt fort, in den nicht-fühlenden „Körpern" zu existieren (die wie unbelebte Objekte sind), als befände er sich im Tiefschlaf.

All dieses wird auch in diesem (menschlichen) Körper erfahren. Sein Tiefschlaf ist ebenfalls leblos und nicht-fühlend, sein Traumzustand besteht in der Erfahrung dieser Schöpfung, sein Wachzustand ist in Wahrheit das transzendentale (turīya) Bewusstsein, während die Realisation der Wahrheit Befreiung ist. Der Zustand der Befreiung noch zu Lebzeiten ist in sich selbst das turīya-Bewusstsein. Jenseits davon befindet sich Brahman, welches turīya-atīta (jenseits von turīya) ist. In jedem einzelnen Atom der Existenz gibt es nichts als das höchste Sein – wo immer eine Welt gesehen wird, ist dies nichts als eine illusionäre Erscheinung. Diese Illusion und die sich aus ihr ergebende Bindung werden durch psychologische Konditionierung am Leben erhalten. Diese Konditionierung ist selbst Bindung und ihre Aufgabe bedeutet Befreiung. Eine dichte und massive Konditionierung führt zu einer Existenz als leblose Objekte, eine mittlere Konditionierung führt zu einer Existenz als Tier und eine geringe Konditionierung führt zu einer Existenz als Mensch. Jedoch genug von der Wahrnehmung von Getrenntheit – das gesamte Universum ist nichts als die Manifestation der Energie des unendlichen Bewusstseins.

VASISHTHA fuhr fort: VI.1:52

Was als dieser Samsara bekannt ist (Welterscheinung), ist nichts als der ursprüngliche Traum des Jiva (der Ersten Person). Der Traum des Jiva ist nicht wie der Traum einer Person, denn der Traum des Jiva wird als Wachzustand erfahren. Daher wird der Wachzustand als Traum bezeichnet. Der lange Traum des Jiva wird unverzüglich materialisiert, obwohl er irreal und nicht substanziell ist. Der Jiva wandert innerhalb dieses Traums von einem Traum zum nächsten, und so wird die irrtümliche Auffassung des Traums als Realität solider und solider – er wird als eine Realität erfahren, während das Reale als irreal ignoriert wird. Sei weise und lebe wie Arjuna, der durch die Unterweisung des Höchsten Herrn erleuchtet wird.

Das gesamte Universum erscheint im Ozean des kosmischen Bewusstseins, und in diesem Universum wohnen vierzehn Arten von Lebewesen. Als herrschende Gottheiten dieses Universum gab es bereits Yama, Chandra, Surya und andere. Sie haben die Leitsätze des rechtmäßigen Lebens vorgegeben. Wenn die Menschen jedoch mehrheitlich in Sünde leben, zieht sich Yama, der Gott des Todes, zurück, um für einige Jahre zu meditieren, was zur Folge hat, dass die Bevölkerung wächst und geradezu explodiert.

Die Götter, erschreckt von dieser Zunahme der Bevölkerung, versuchen, sie mit verschiedenen Mitteln zu reduzieren. Zahllose Male ist dies wieder und wieder geschehen. Der gegenwärtige Herrscher (Yama) ist Vaivashvata. Auch er wird sich zu gegebener Zeit in die Meditation zurückziehen müssen. Wenn sich dann die Bevölkerung der Erde sehr schnell vervielfacht, werden alle Götter Lord Vishnu anflehen, ihnen zu Hilfe zu kommen. Er wird zusammen mit seinem Alter Ego namens Arjuna als Lord Krishna inkarnieren.

Sein älterer Bruder wird Yudhishthira oder der Sohn des Dharma sein, der selbst die Verkörperung der Rechtmäßigkeit ist. Sein Vetter Duryodhana wird mit Bhīma, Arjunas Bruder, ein Duell ausfechten. In dieser Schlacht zwischen den Vettern werden 18 Divisionen der bewaffneten Streitkräfte ausgelöscht werden – auf diese Weise wird Vishnu die unerträglichen Lasten der Erde erleichtern.

Krishna und Arjuna werden die Rolle einfacher, menschlicher Lebewesen spielen. Wenn Arjuna sieht, dass die Armeen auf beiden Seiten aus seinen eigenen Blutsverwandten bestehen, wird er verzagen und den Kampf verweigern. Dann wird Lord Krishna ihn in der höchsten Weisheit unterweisen und ein spirituelles Erwachen in ihm hervorrufen. Er wird zu Arjuna sprechen: „Dieses (Selbst) wird weder geboren noch stirbt es, es ist ewiglich und wird nicht getötet, wenn der Körper getötet wird. Wer glaubt, dass er tötet oder getötet wird, ist unwissend. Wie, weshalb und durch wen sollte dies unendliche Sein, welches ohne ein Zweites und feiner als Raum ist, zerstört werden? Arjuna, gewahre das Selbst, welches unendlich, unmanifestiert, ewiglich und von der Natur reinen Bewusstseins und unbefleckt ist. Du bist ungeboren und ewiglich!“

VI.1:53 Der HÖCHSTE HERR fuhr fort, Arjuna zu unterweisen:

Arjuna, du bist kein Mörder – gib diese leere, selbstsüchtige Idee auf. Du bist das Selbst – frei von Alter und Tod. Wer frei vom Ich-Sinn ist und dessen Intelligenz nicht verhaftet ist, der tötet weder noch ist er dadurch gebunden, auch wenn er die ganze Welt vernichtet. Gib daher diese falschen Ideen des „Dies bin ich“ und „Dies ist mein“ auf. Nur aufgrund dieser falschen Ideen denkst du: „Ich bin vernichtet“, und dann leidest du. Nur die selbstsüchtige und unwissende Person glaubt: „Ich tue dies“, während alles nur durch die verschiedenen Aspekte des einen Selbst oder des unendlichen Bewusstseins getan wird.

Lass die Augen sehen, lass die Ohren hören, lass die Haut fühlen, lass die Zunge schmecken. Wo ist das „Ich“ in all dem? Auch wenn das Gemüt all die verschiedenen Ideen weiterhin hegt, so gibt es doch nirgends etwas, das als „Ich“ identifiziert werden könnte. Während alle diese Faktoren in Aktivität verwickelt sind, ist es das „Ich“, welches die Täterschaft übernimmt und als Folge davon leidet. Die Yogis führen Aktivitäten lediglich mit ihrem Gemüt und ihren Sinnen zum Zweck der Selbstreinigung aus. Wer dagegen vom Ich-Sinn verseucht ist, sei er nun ein Gelehrter oder ein noch Höherer als dieser, der ist ein verdorbener Mensch. Wer aber frei vom Ich-Sinn und dem Besitzsinn ist und Gleichmut in Freude und Schmerz zeigt, der wird nicht gebunden durch das, was er an Erlaubtem oder Verbotenem tut.

Folglich, oh Arjuna, ist deine Pflicht als Krieger, auch wenn sie Gewalttätigkeit beinhaltet, edel und rechtmäßig. Die Ausübung der Handlung, die dir zugedacht ist, auch wenn sie verabscheuungswürdig und unrecht ist, ist das Beste. Werde schon hier auf der Erde unsterblich durch die Ausübung deiner Pflicht. Sogar die natürliche Handlung eines Narren ist in seinem Fall edel. Wie viel mehr gilt dies im Fall eines guten Menschen! Sei verankert im Geist des Yoga und handle unangehaftet an die Handlung – so wirst du nicht gebunden sein.

Sei im Frieden, so wie Brahman im Frieden ist. Und lass deine Handlung von der Natur Brahmans sein. Indem du alles Brahman darbringst, wirst du unverzüglich selbst zu Brahman werden. Der Höchste Herr wohnt in allem. Indem du alle Handlungen als ein Opfer für Ihn verrichtest, leuchtest du selbst wie der von allen verehrte Höchste Herr. Werde ein wahrer Sanyāsin (Entsagender) durch das entschiedene Aufgeben aller Gedanken und Ideen – auf diese Weise wirst du dein Bewusstsein wahrlich befreien.

Das Aufhören aller Gedanken und Ideen oder mentalen Bilder sowie das Aufhören der tiefgreifenden psychologischen Konditionierung sind selbst das höchste Selbst oder Brahman. Danach zu streben wird sowohl Yoga als auch Weisheit (Jñāna) genannt. Die Überzeugung, dass Brahman allein dies alles ist, einschließlich der Welt und des „Ich“, wird genannt, „Alles Brahman opfern oder übergeben“ (Brahmarpanam).

Der HÖCHSTE HERR instruierte Arjuna:

Brahman ist innen und außen leer (undifferenziert und homogen). Es ist weder ein Objekt der Beobachtung noch ist es verschieden vom Beobachter. Die Welterscheinung taucht in ihm als ein unendlich kleiner Bestandteil seiner selbst auf. Da die „Welt" in Wahrheit nur eine Erscheinung ist, ist sie in Wahrheit Leere, Nichts und unwirklich. Auf mysteriöse Weise taucht in all diesem ein Gefühl des „Ich" auf, welches sogar im Vergleich mit der Welterscheinung unendlich winzig ist! Das Unendliche verbleibt ungeteilt durch alles und erscheint doch aufgrund des „Ich"-Gefühls als geteilt. So wie das „Ich" nicht-verschieden vom unendlichen Bewusstsein ist, so sind materielle Objekte wie Töpfe und Lebewesen wie etwa ein Affe nicht verschieden voneinander. Wer würde dann noch an diesem „Ich" hängen? Weshalb sich nicht an das unendliche Bewusstsein halten, welches allein als all dies erscheint aufgrund seiner eigenen, mysteriösen Energien? Dieses Verstehen mit dem anschließenden Aufgeben des Verlangens nach dem Genuss der Früchte der eigenen, natürlichen Handlungen wird als „Entsagung" (sanyāsa) bezeichnet. Entsagung bedeutet, allen Hoffnungen und Bestrebungen zu entsagen. Sobald man die Gegenwart des Höchsten Herrn in allen Erscheinungen und Modifikationen wahrnimmt und die Illusion der Dualität aufgibt, bezeichnet man dies als das sich Ergeben an den Höchsten Herrn oder das Darbieten des Selbst und von allem an den Höchsten Herrn.

Ich bin die Hoffnung, Ich bin die Welt, Ich bin die Tätigkeit, Ich bin die Zeit, Ich bin das Eine und auch das Viele. Sättige daher dein Gemüt gänzlich mit mir, sei mir ergeben, diene mir, verneige dich vor mir. Indem du so ständig eins mit mir bist und mich als dein höchstes Ziel hast, wirst du mich erreichen.

Ich besitze zwei Gestalten, oh Arjuna, die gewöhnliche und die höchste. Die gewöhnliche Form ist diejenige, die mit Händen usw. und dem Muschelhorn, dem Diskus, dem Streitkolben usw. ausgestattet ist. Die höchste Form ist ohne Anfang und Ende, ohne ein Zweites. Sie wird verschiedentlich als Brahman, Selbst, höchstes Selbst usw. bezeichnet. Solange man nicht vollständig erwacht ist, soll man die gewöhnliche Form verehren. Durch diese Verehrung wird man spirituell erwachen und eines Tages die höchste Form kennen, deren Kennen die Wiedergeburt verhindert.

Ich sehe, dass du durch meine Unterweisung erwacht bist. Gewahre das Selbst in allem und alles im Selbst und verbleibe für immer fest verankert im Yoga. Wer darin fest verankert ist, wird nicht wiedergeboren, obwohl er hier auf der Erde all seine natürlichen Tätigkeiten ausführt. Das Konzept der Einheit dient dazu, das Konzept der Vielfalt aufzuheben, das Konzept des Selbst (unendliches Bewusstsein) dient dazu, die Konzeptualisierung der Einheit aufzuheben. Das Selbst kann weder als existierend noch als nicht-existierend betrachtet werden – es ist, was es ist.

Das innere Licht, welches als reines Erfahren in allen Wesen leuchtet – das allein ist das Selbst, welches durch das Wort „Ich" bezeichnet wird, dies ist gewiss.

Der HÖCHSTE HERR fuhr fort, Arjuna zu unterweisen:

Die reine Erfahrung des Geschmacks, die in allen Substanzen der Welt existiert, ist das Selbst. Die Fähigkeit des Erfahrens, die in allen Geschöpfen existiert, ist das allgegenwärtige Selbst. Es existiert in allem, so wie Butter in Milch existiert.

Wie eine Sammlung von tausend Töpfen Raum außerhalb und innerhalb aller Töpfe enthält, ungeteilt und unteilbar, so existiert das alles durchdringende Selbst in allen Wesen der drei Welten. So wie in einem Perlenhalsband die verbindende Schnur unsichtbar ist, so verbindet das Selbst alles und hält alles zusammen, während es selbst unsichtbar bleibt. Diese Wahrheit oder Realität wird als das Selbst bezeichnet, welches alle Dinge von Brahmā dem Schöpfer bis hin zum Grashalm durchdringt.

In diesem Brahman gibt es eine kleine Manifestation, die ebenfalls Brahman ist, und die hier aufgrund von Unwissenheit und Täuschung als „Ich-bin-heit" und „Welt" bezeichnet wird. Wenn doch alles nur das eine Selbst ist, oh Arjuna, was bedeuten dann Ausdrücke wie „dies wurde getötet", „er tötet" oder „gut", „nicht gut", „Unglück" usw.? Wer weiß, dass das Selbst der Zeuge aller dieser Wandlungen ist und von ihnen unberührt und unbetroffen bleibt, der kennt die Wahrheit.

Obgleich ich Ausdrücke verwende, die Vielfalt nahelegen, ist die Wirklichkeit doch nondual. All dieses Kommen und Gehen, Erschaffen und Wiederauflösen ist nicht-verschieden vom Selbst. Das Selbst ist die eigentliche Natur der Totalität der Existenz, so wie Härte die Eigenschaft des Felsens und Flüssigkeit die Natur der Wellen ist.

Wer das Selbst in allem und in allem das Selbst sieht und erkennt, dass das Selbst der Nicht-Handelnde (nondual) ist, der sieht die Wahrheit. So wie in allen aus Gold gemachten Schmuckstücken unabhängig von ihrer Form und Größe das Gold die Wirklichkeit ist, und so wie Wasser die Wirklichkeit sämtlicher Wellen und Wirbel auf dem Ozean ist, unabhängig von ihrer Größe und Gestalt, so ist das höchste Selbst oder das unendliche Bewusstsein allein die Wirklichkeit, in der die Welt der vielfältigen Schöpfungen erscheint.

Weshalb trauerst du also? Was gibt es denn schon in all diesen sich ständig wandelnden Phänomenen, denen sich dein Herz verbunden fühlen sollte? Indem sie sich selbst auf diese Art befragen, durchwandern die Weisen diese Welt in totaler Freiheit und in perfektem innerem Gleichgewicht. Ihre Wünsche sind in sich selbst (als Wünsche) zurückgekehrt und ihre Täuschungen zerstreut; sie hängen an nichts, aber sind fest in der Selbsterkenntnis verankert; frei von allem Sinn der Dualität, was als Glück oder Unglück bezeichnet wird, haben die Weisen den höchsten Zustand erlangt.

VI.1:54 Der HÖCHSTE HERR fuhr fort, Arjuna zu unterweisen:

Höre, was ich dir nun weiter sagen werde. Ich teile dir dies mit, weil mir dein Wohl am Herzen liegt und weil du mir teuer bist.

Ertrage, was auch immer dir an Vergnügen und Schmerz, an Hitze und Kälte widerfährt – sie kommen und gehen. Sie gehören nicht zum Selbst, das anfangslos und endlos ist und ohne

Teile. Sinneserfahrungen werden aus dem täuschenden Kontakt mit den illusorischen Elementen geboren. Wer dies weiß und ungerührt bleibt, trägt das Zeichen der Befreiung auf der Stirn. Wenn doch das Selbst allein existiert – wo können da Vergnügen und Schmerz entstehen? Da das höchste Selbst allein allgegenwärtig ist, existieren Vergnügen und Schmerz nicht wirklich. Das Unwirkliche besitzt keinerlei Sein, und das Wirkliche hört nicht auf zu sein.

Das Selbst frohlockt weder im Vergnügen noch trauert es im Schmerz! Es ist nur das leblose Gemüt (ohne eigene Intelligenz und Bewusstheit), welches, im Körper wohnend, Schmerz erfährt. Wenn der Körper verfällt, ist das Selbst nicht betroffen. Weder gibt es unabhängig vom Selbst ein Ding wie den Körper usw. noch so etwas wie Schmerz usw. Was wird also von wem erfahren? Folglich ist der voll erwachte Mensch frei von solchen Täuschungen. So wie die Illusion einer Schlange in einem Seil bei richtigem Hinsehen verschwindet, so verschwindet die Täuschung des Körpers und des Kummers im spirituellen Erwachen. Rechtes Verständnis oder spirituelles Erwachen ist, dass das universale Brahman weder geboren wird noch stirbt.

Vernichte die Kräfte der Täuschung wie Stolz, Sorge, Furcht, Wunsch als auch Schmerz und Freude. Diese Gegensatzpaare sind allesamt illusorisch. Sei im Eins-sein verankert. Du bist dieser einzige Ozean des Bewusstseins. Schmerz und Freude, Gewinn und Verlust, Sieg und Niederlage sind aus der Unwissenheit geboren. Verbleibe daher unberührt von allem. Was auch immer du tust, isst und in Verehrung darbringst und gibst – all dies ist das Selbst. Was dein inneres Sein ist, das wirst du gewiss erlangen. Fülle daher dein gesamtes Sein mit Brahman an, um die Realisation von Brahman zu erlangen.

Wer in der Handlung die Nicht-Handlung und in der Nicht-Handlung die Handlung sieht, der ist weise und erlangt alles. Sei weder an die Früchte der Handlung noch an die Nicht-Handlung verhaftet. Anhaftung ist die eigentliche „Täterschaft" und auch die „Nicht-Täterschaft (wenn man selbstsüchtigerweise denkt: „Ich tue" oder „ich tue nicht"). Beide sind Aspekte der Torheit – gib daher die Torheit auf. Gib das Konzept der Vielfalt auf – auch wenn du handelst. Du bist nicht der Täter dieser Handlungen. Ein weiser Mensch ist, wessen Handlungen im Feuer der Selbsterkenntnis verbrannt und der folglich frei von Wünschen ist. Wer sich physischer Handlungen enthält, aber fortfährt, sich mental in Erfahrungen des Vergnügens zu ergehen, ist ein Heuchler. Wer jedoch mit Hilfe des Gemüts seine Sinne beherrscht und mit seinem Körper tätig und dabei frei von Anhaftung ist, der ist eine überlegene Person. In wessen Herzen die Wünsche in sich selbst zurückkehren, so wie die Flüsse wieder in den Ozean fließen, der lebt im Frieden, nicht jedoch der Mensch mit Wünschen.

Der HÖCHSTE HERR fuhr fort, Arjuna zu unterweisen: VI.1:55

Ohne etwas zu entsagen und ohne das selbstsüchtige Empfinden von „ich genieße" oder „ich leide" sollte man in allen natürlichen Situationen in einem Zustand des Gleichmuts verweilen. Hege nicht das Gefühl von „dies ist das Selbst oder Bewusstsein" für das was das Nicht-Selbst (Nicht-Bewusstsein) ist. Wenn der Körper zerfällt, geht nichts verloren. Das Selbst kann niemals verloren gehen! Das Selbst ist per definitionem das unzerstörbare und unendliche

Bewusstsein. Lass nicht den Gedanken „Das Selbst ist verderblich" je in deinem Gemüt auftauchen. Was verdirbt oder wandelhaft ist, ist nur die Vorstellung von „dies ist verloren" oder „dies wurde erlangt". Das Selbst, welches ewiglich und unendlich ist, hört nicht auf, die Wirklichkeit zu sein, während das Unwirkliche gar nicht existiert. Das Selbst, welches alles durchdringt, ist unverderblich. Die Körper gelangen an ihr Ende, aber das Selbst (das unendliche Bewusstsein) ist ewig. Das Selbst oder das unendliche Bewusstsein ist eines und nicht-dual. Was verbleibt, sobald aller Sinn für die Dualität verschwunden ist, ist das Selbst, das ist die höchste Wahrheit.

ARJUNA fragt;

Was, oh Höchster Herr, ist dann der sogenannte Tod, und was ist, was man Himmel und Hölle nennt?

Der HÖCHSTE HERR erwiderte:

Der Jiva oder die lebendige Seele oder Persönlichkeit lebt in einem Netz, das aus den Elementen (Erde, Wasser, Feuer, Luft und Raum) und auch dem Gemüt und dem Intellekt geknüpft ist. Dieser Jiva wird durch die latenten Neigungen (vergangene Eindrücke, Erinnerungen usw.) umhergetrieben, da er sich im Käfig namens Körper aufhält. Im Verlaufe der Zeit altert der Körper und der Jiva verlässt den Körper, so wie der Saft aus einem gepressten Blatt austritt. Er nimmt die Sinne und das Gemüt mit sich und gibt den Körper auf, so wie Duft seine Quelle verlässt und davonzieht. Der Körper des Jiva ist nichts anderes als die Vasanas oder die verbleibenden Eindrücke, die im Körper gewonnen wurden. Sobald der Jiva den Körper verlässt, wird dieser leblos – dann nennt man ihn „tot".

Während er im Raume umherzieht, sieht der Jiva, der die Natur des Prāna oder der Lebenskraft hat, die Formen, die durch seine vergangenen Vasanas oder Eindrücke heraufbeschworen werden. Diese früheren Eindrücke werden nur durch intensive Selbst-Erforschung zerstört. Auch wenn die Berge pulverisiert werden und die Welten verschwinden, sollte man niemals die Eigenbemühung aufgeben. Auch Himmel und Hölle sind nichts als Projektionen dieser Eindrücke oder Vasanas.

Diese Vasanas entstehen aus Unwissenheit und Torheit und hören nur in der Morgendämmerung der Selbsterkenntnis auf. Was ist der Jiva schon anderes als Vasana oder mentale Konditionierung, die wiederum nichts als leere Vorstellungen oder Gedankenformen sind? Wer fähig ist, diese Vasanas aufzugeben, während er noch in dieser Welt und in diesem Körper lebt, der wird als befreit bezeichnet. Wer nicht vermag, diese Vasanas aufzugeben, befindet sich in Bindung, auch wenn er ein großer Gelehrter ist.

VI.1:56 Der HÖCHSTE HERR fuhr fort, Arjuna zu unterweisen:

Sei eine befreite Seele, indem du die mentale Konditionierung aufgibst. Sei im Innern ruhig und kühl, und gib die durch Beziehungen entstehenden Sorgen auf. Gib den leisesten Zweifel betreffend Alter und Tod auf, entwickle eine Sichtweise, die so weit wie der Himmel ist, und sei frei von Anziehung und auch von Abstoßung. Führe die Handlungen aus, welche natürlich für dich sind. Nichts geht hier zugrunde. Darin besteht die Natur eines befreiten Weisen. Nur der Narr denkt: „ich werde dies tun“ oder „ich werde dies lassen“.

Die Sinne des befreiten Weisen sind auf natürliche Weise fest in seinem Herzen verankert. Es ist das Gemüt (Herz), welches das Gemälde der drei Welten auf die Leinwand des allgegenwärtigen Seins malt. Das Gemüt erzeugt Fragmentierung und Trennung. In Wahrheit gibt es keine solche Fragmentierung – es ist nur das Gemälde des Gemüts, welches als Fragmentierung in dieser Schöpfung gesehen wird. Raum ist absolute Leere. Und doch entsteht und vergeht diese Welterscheinung im Gemüt während eines Augenblinzelns! Da das Selbst (auf dem die Welt vom Gemüt gemalt wird) die gesamte Schöpfung durchdringt, erscheint die Schöpfung selbst als wirklich. Bei korrekter Ergründung jedoch löst sie sich im Selbst auf.

Weder existieren „andere“ noch „du“ selbst. Weshalb grämst du dich? Im reinen Raum gibt es weder Tätigkeit noch Bewegung, denn Tätigkeit und Bewegung selbst sind leer. Daher ist der reine Raum unberührt von Konzepten wie Zeit, Tätigkeit usw. All dies ist nichts als das Gemüt, dessen Ideen sich in Form dieser Bilder ausbreiten. Der reine Raum ist leer. Dieser Raum kann zu keiner Zeit getrennt und geteilt werden.

Nun ist diese eingebildete Schöpfung aufgelöst worden, oh Arjuna. Sie entstand im Moment einer Täuschung. Sie ist irreal, und doch vermag das Gemüt diese Fantasie in einem Augenblick zu erzeugen. Es (das Gemüt) kann einen Moment wie eine ganze Epoche erscheinen lassen, etwas weniges als viel darstellen, und das Irreale im Nu als gänzlich real erscheinen lassen – so ist diese Illusion entstanden. Es ist diese in einem Augenblick entstehende Täuschung, die die Illusion zurücklässt, welche „Welt“ genannt wird und die in den Augen der Unwissenden eine unbestreitbare und solide Realität ist.

Da diese Welterscheinung jedoch auf der Realität des unendlichen Bewusstseins gründet, sind alle Argumente betreffend seine reale oder irreale Natur von geringer Bedeutung. Es ist in der Tat ein großes Wunder, dass diese Welt der Vielfalt im unteilbaren unendlichen Bewusstsein erscheint. Und doch ist sie nicht mehr als das Gemälde einer Tänzerin, in der die Phänomene die verschiedenen Teile und die Götter und Dämonen und andere Lebewesen ihre Glieder sind. Alles ist in der Tat nur ihr eigenes Substrat, das niemals einem Wandel unterzogen wurde. Es ist das unendliche, unteilbare Bewusstsein.

Der HÖCHSTE HERR fuhr fort, Arjuna zu unterweisen: VI.1:

Dies ist in der Tat ein großes Wunder: Zuerst erscheint das Bild, und dann taucht die Frag- 57,58
mentierung auf. Das Bild existiert nur im Gemüt. Was auch immer getan wird, wird von der Leerheit in der Leerheit (Raum) getan. Leerheit löst sich in Leerheit auf, Leerheit erfreut sich an Leerheit, Leerheit durchdringt Leerheit. Was zu sein scheint, ist durchdrungen von Vasanas (psychologischer Konditionierung oder mentalen Bildern). Die Welterscheinung ist illusorisch. Sie existiert in Brahman so, wie ein Bild in einem Spiegel existiert – unberührbar, ohne Löcher (Brüche) und ohne Getrenntheiten; nicht-verschieden von Brahman. Auch was man Vasana nennt, ist essenziell auf unendlichem Bewusstsein gegründet und nicht verschieden davon.

Wer sich nicht von den Fesseln der Vasanas befreit hat, ist gänzlich an ihre Illusionen gebunden. Auch wenn jemand sämtliche Vasanas bis auf einen winzigen Restbestand abgelegt haben sollte, genügt dieser Rest, um schon bald einen neuen, mächtigen Urwald des Samsara (Welterscheinung oder Zyklus von Geburt und Tod) entstehen zu lassen. Falls jedoch dieser Same des Vasana durch ständige Bemühung mit Hilfe des Feuers des richtigen Verstehens und der Selbsterkenntnis zu Asche verbrannt wird, dann ruft er keine weitere Bindung hervor. Wer seine Vasanas zu Asche verbrannt hat, verliert sich nicht in der Freude und im Schmerz – er lebt in dieser Welt wie ein Lotosblatt im Wasser.

ARJUNA sprach:

Höchster Herr, meine Täuschungen sind verschwunden. Durch deine Gnade erfuhr ich das Erwachen meiner inneren Intelligenz. Ich bin nun von allen Zweifeln befreit. Ich werde in allem Deinen Willen tun.

Der HÖCHSTE HERR beschloss seine Unterweisung wie folgt:

Sobald die mentalen Modifikationen befriedet sind, ist auch das Gemüt im Frieden. Dann ist das Bewusstsein vom Objekt befreit und es gibt da das reine, innere Bewusstsein. Dieses Bewusstsein ist alles und allgegenwärtig. Es ist rein und ohne jede Gedankenbewegung. Es ist transzendental. Es wird erst dann erlangt, wenn es von sämtlichen Vasanas gereinigt worden ist. So wie die Hitze den Schnee schmilzt, so löst dieses reine Bewusstsein die Unwissenheit auf und vertreibt sie. Das, was alles in diesem Universum ist, das, was ohne alles in diesem Universum ist, das, was unbeschreiblich ist, das, was die höchste Wahrheit ist – welchen Namen soll man ihm geben?

VASISHTHA fuhr fort:

Wenn der Höchste Herr auf diese Weise Arjuna unterweist, wird dieser einige Momente lang still bleiben und dann sprechen: „Höchster Herr, im Sonnenlicht deiner Ermahnungen hat sich der Lotos der Intelligenz in meinem Herzen voll entfaltet.“ Nach diesen Worten, wird Arjuna unverzüglich seine Waffen an sich nehmen und sich am Krieg beteiligen als wäre es ein Spiel. (Hinweis: Dieses Kapitel enthält die Essenz der *Bhagavad Gita*)

VI.1:59 VASISHTHA fuhr fort:

Eigne dir diese Haltung an, oh Rāma, und verbleibe unangehaftet, ausgerüstet mit dem Geist der Entsagung und der Erkenntnis, dass du alles, was du tust oder erfährst, dem allgegenwärtigen Sein, Brahman, darbringst. Dann wirst du die Wahrheit erkennen, und das ist das Ende aller Zweifel.

Das ist der höchste Zustand, der Guru aller Gurus, dies ist das Selbst, das Licht, welches die Welt von innen erleuchtet. Es ist die Wirklichkeit aller Substanzen, das, was den Substanzen ihre essenziellen Eigenschaften verleiht. Die Idee der „Welt“ taucht nur dann auf, wenn der Geist der Erforschung abwesend ist. Jedoch war „Ich“, bevor die Welt war. Wie könnte dann die Idee der Welt usw. mich binden? Wer auf diese Weise die Wahrheit erkennt, ist frei von allem Anfang und allem Ende.

Wer auf diese Weise mit dem Geist der Nondualität ausgestattet ist (als wäre er wachend im Tiefschlaf), ist nie mehr beunruhigt, obwohl er ein aktives Leben führt. Er ist hier und jetzt befreit.

Was als die Welt erscheint, ist wahrhaftig nichts als die Zauberei (das Werk) des unendlichen Bewusstseins. Weder gibt es hier Einheit noch Dualität. Und meine Unterweisungen sind ebenso! Die Worte, ihre Bedeutung, der Schüler, der Wunsch (oder die Bemühung des Schülers) und die Fähigkeit des Gurus zur Verwendung der Worte sind alle ebenfalls das Spiel der Energie des unendlichen Bewusstseins! Im Frieden des eigenen inneren Seins vibriert das Bewusstsein – die Welterscheinung taucht auf. Würde dieses Bewusstsein nicht vibrieren, würde es auch keine Welterscheinung geben.

Das Gemüt ist nichts anderes als die Bewegung im Bewusstsein. Die Nicht-Realisation dieser Wahrheit ist die Welterscheinung! Die Nicht-Realisation dieser Wahrheit verstärkt und vertieft die Bewegung der Gedankenwellen im Bewusstsein. Auf diese Weise entsteht ein Weltzyklus. Unwissenheit und mentale Aktivität setzen sich gegenseitig fort.

Sobald die innere Intelligenz erwacht ist, hört das Verlangen nach Sinnesvergnügen auf, und das ist die Natur des Weisen. Das Nicht-Verlangen nach Sinnesvergnügen geschieht daher in ihm auf ganz natürliche und mühelose Weise. Er weiß, dass es die Energie des Selbst ist, die die Erfahrungen erfährt. Wer verweigert, das zu erfahren, was er zu erfahren hat, nur um der Welt zu gefallen, schlägt die Luft mit einem Stock! Man erlangt die Selbsterkenntnis, indem man die angemessenen Mittel verwendet.

Der Wunsch nach Befreiung verhält sich konträr zur Fülle des Selbst – aber die Abwesenheit dieses Wunsches fördert die Bindung! Daher sollte man dessen beständig gewahr sein. Die einzige Ursache für Bindung und Befreiung ist die Bewegung im Bewusstsein. Das Gewahrsein dessen beendet diese Bewegung. Der Ich-Sinn hört in dem Moment auf, in dem er beobachtet wird, weil er dann keine Stütze mehr hat. Wer ist dann von wem gebunden oder wer wird vom wem befreit?

VASISHTHA fuhr fort:

Darin besteht das höchste Sein, welches unendliches Bewusstsein ist. Diejenigen, die wie der Schöpfer Brahmā, Vishnu oder Shiva mit einer makrokosmischen Form ausgestattet sind, sind verankert in diesem höchsten Sein, sie sind die Herrscher oder Könige dieser Welt. Darin verankert, ziehen die vollkommenen Weisen in den Himmeln umher. Wer dies erlangt hat, stirbt nicht und trauert nicht. Der Weise, selbst wenn nur für einen Augenblick in diesem reinen Sein verweilt, welches von der Natur des unbegrenzbaren und unendlichen Bewusstseins ist und auch das Höchste Selbst genannt wird, wird nie wieder betrübt, auch wenn er sich weiterhin mit den Angelegenheiten dieser Welt befasst.

RAMA fragte:

Wenn das Gemüt, der Intellekt und der Ich-Sinn alle zusammen aufgehört haben, wie kann dann dieses reine Sein oder unendliche Bewusstsein hier erscheinen?

VASISHTHA fuhr fort:

Brahman, das in sämtlichen Körpern wohnt und Erfahrungen erfährt, isst, trinkt, spricht, sammelt und zerstört, ist selbst gänzlich frei von der Teilung des Bewusstseins und seiner Bewusstheit. Was allgegenwärtig und ohne Anfang und Ende und ein völlig reines, unmodifiziertes, undifferenziertes Sein ist – dies wird Existenz (vastu-tattvam) oder Realität genannt.

Dieses existiert im Raum als Raum, als Klang im Klang, als Berührung in der Berührung, als Haut in der Haut, als Geschmack im Geschmack, als Form in der Form, in den Augen als die Sehkraft, im Geruch als Geruch, im Duft als Duft, im Körper als Kraft, in der Erde als Erde, in der Milch als Milch, im Wind als Wind, im Feuer als Feuer, in der Intelligenz als Intelligenz, im Gemüt als Gemüt, im Ich-Sinn als Ich-Sinn. Es erscheint als chitta oder als Gemüt im Gemüt. Es ist der Baum im Baum. Es ist die Unbewegtheit im Unbewegten und die Bewegtheit in den beweglichen Lebewesen. Es ist das Leblose im Leblosen und die Intelligenz des Lebendigen. Es ist die Göttlichkeit der Götter und die Menschlichkeit in den Menschen. In den Tieren ist es deren animalische Natur und in den Würmern deren Wurmartigkeit. Es ist die eigentliche Essenz der Zeit und der Jahreszeiten. Es ist die Dynamik in der Aktion und die Ordnung in der Ordnung. Es ist die Existenz in der Existenz und der Tod im Verderblichen. Es ist die Kindheit, die Jugend und das Alter und auch der Tod.

Es ist ungeteilt und unteilbar, denn es ist die eigentliche Essenz aller Dinge. Die Vielfalt ist unwirklich, obwohl sie wirklich ist in dem oben genannten Sinne (nämlich dass die Vielfalt wahrgenommen und durchdrungen wird vom unendlichen Bewusstsein). Erkenne dies: „All dies ist durchdrungen von Mir, denn ich bin allgegenwärtig und ohne Körper und solch anderen Begrenzungen." Ruhe dann im Frieden und im höchsten Glück.

VALMIKI sprach:

Nachdem der Weise Vasishtha so gesprochen hatte, gelangte der Tag an sein Ende und die Versammlung löste sich für die Abendgebete auf.

VI.1:61 RAMA fragte:

Oh Weiser, so wie die Städte usw., die wir in unseren Träumen sehen, irreal sind, so ist diese Welt, welche der Traum von Brahmā dem Schöpfer ist, in der Tat irreal und illusorisch. Wie kommt es aber, dass sie in unseren Augen diesen außerordentlich hohen Grad an Solidität erlangt?

VASISHTHA erwiderte:

Die allererste Schöpfung Brahmās wird sogar heute noch von uns gesehen, als wäre sie real! Da das Bewusstsein unendlich ist, findet die Erschaffung des Jiva ebenfalls überall statt. Diese Schöpfung ist ohne Zweifel aus der Unwissenheit geboren – der Glaube an diese Schöpfung vernichtet die wahre Sicht. Obwohl diese Schöpfung unwirklich ist, erscheint sie doch aufgrund des Ich-Sinnes als gänzlich real und solide. Der Träumer realisiert die Flüchtigkeit der Objekte, die er im Traum wahrnimmt, nicht. Auf dieselbe Weise verhält es sich mit dem kosmischen Traum des Schöpfers. Der Traum teilt die Eigenschaften des Träumers. Was aus dem Unwirklichen geboren wurde, muss daher ebenfalls unwirklich sein! Daher erscheint diese Welt nur als wirklich, da sie aus dem unwirklichen Konzept (dem Traum des Schöpfers) geboren wurde. Sie sollte folglich entschieden zurückgewiesen werden.

Im Selbst, das unendliches Bewusstsein ist, erscheint diese Schöpfung nur für einen Moment. Während dieses Momentes entsteht die Idee, dass diese Schöpfung von sehr langer Dauer ist. Die Schöpfung scheint daher völlig real zu sein. So wie dieses Universum als ein Traum im Bewusstsein des Schöpfers existiert, so wird es als eine lange Zeitperiode im Bewusstsein (Traum) all der Wesen erfahren, die selbst die Traumobjekte des Schöpfers sind.

Was und in welcher Form in diesem Traum wahrgenommen wird, entsteht augenblicklich. Natürlich gibt es für einen verwirrten oder gestörten Verstand nichts, was er in dieser Welt als unreal erfahren würde. Sogar hier werden so viele außergewöhnliche Phänomene gesehen: Feuer brennt mitten im Wasser, Wasser bleibt im Himmel stehen, Lebewesen werden in einem Felsen entdeckt, leblose Maschinen funktionieren auf verschiedenste wunderbare Weise. Man kann auch sehen, was offensichtlich unwirklich ist: so wie man von seinem eigenen Tod träumen kann.

Da gibt es nichts, was real ist, noch ist da irgendetwas, was irreal ist – in diesem Traum, der die Schöpfung genannt wird, ist alles überall möglich! So wie man im Traum den Traum als gänzlich real empfindet, so empfindet jemand, der in dieser Schöpfung verfangen ist, sie als gänzlich real. So wie man von einem Traum zum nächsten wandert, so wandert man von einer Täuschung zur nächsten und erfährt diese Welt als gänzlich real.

Die Geschichte von den hundert Rudras

VASISHTHA fuhr fort: VI.1:62

In diesem Zusammenhang erzähle ich dir nun die folgende Legende, oh Rāma, der du bitte dein Ohr leihen mögest.

Es gab einmal einen Bettelmönch, der der Meditation ergeben war. Sein Gemüt, durch solche Meditation gereinigt, erlangte die Fähigkeit zum Materialisieren der Gedanken.

Eines Tages, der ständigen Meditation müde, aber immer noch in vollkommener Gedankenkonzentration, dachte er daran, etwas zu tun. Er stellte sich vor, dass er Analphabet und ein Angehöriger einer Familie war, die nicht zur Brāhmanenkaste gehörte. Unverzüglich wurde er sozusagen zu einem Stammesangehörigen, und es entstand in ihm das Gefühl „Ich bin Jivata". Dieses Traumwesen durchwanderte eine Zeitlang eine Stadt, die ebenfalls aus Traumobjekten bestand. Eines Tages war er betrunken und schlief ein. Er träumte, dass er ein Brāhmane sei, der Kenntnis der Schriften hatte. Während er so ein rechtschaffenes Leben führte, träumte dieser Brāhmane eines Tages, dass er ein mächtiger König sei. Er träumte, ein unbesiegter Kaiser mit unübertroffenem Glanz zu sein. Eines Tages erging dieser sich in königlichen Vergnügungen, schlief danach ein und träumte von einer himmlischen Nymphe.

Auch diese Nymphe träumte eines Tages, und zwar dass sie ein Reh sei. Und dieses Reh wiederum träumte davon, eine Kletterpflanze zu sein. Auch Tiere träumen, da die Natur des Gemüts darin besteht, sich an gesehene und gehörte Dinge zu erinnern. Das Reh wurde also zu einer Kletterpflanze. Die innere Intelligenz in dieser Kletterpflanze sah daraufhin im eigenen Herzen eine Biene. Die Kletterpflanze wurde zur Biene, und diese Biene begann den Nektar der Blumen zu schlürfen, die auf der Kletterpflanze wuchsen. Die Biene verfiel dem Nektar in einer dieser Blüten und läutete damit gewiss ihr eigenes Verderben ein!

In der Nacht kam ein Elefant zu dieser Kletterpflanze, riss sie zusammen mit der Biene aus und zermalmte sie in seinem Maul. Die Biene jedoch, die den Elefanten hatte kommen sehen, kontemplierte den Elefanten und wurde zu einem solchen. Dieser Elefant wurde sodann von einem König eingefangen. Eines Tages sah der Elefant einen Bienenstock und wurde aufgrund der Erinnerung an seine vergangene Geburt zu einer Biene. Sie begann, den Nektar der Blüten wilder Kletterpflanzen zu schlürfen. Sie wurde zur Kletterpflanze. Die Kletterpflanze wiederum wurde von einem Elefanten zertrampelt. Weil die Kletterpflanze jedoch in einem nahen See Schwäne gesehen hatte, wurde sie zu einem Schwan.

Eines Tages befand sich dieser Schwan in der Gesellschaft vieler weiterer Schwäne. Während der Bettelmönch über den Schwan meditierte, starb er plötzlich. Sein Bewusstsein wurde daraufhin in den Schwan verpflanzt.

VASISHTHA fuhr fort: VI.1:63

Dieser Schwan sah eines Tages Lord Rudra und entwickelte in seinem Herzen die Überzeugung: „Ich bin Lord Rudra". Unverzüglich gab er seinen Körper als Schwan auf und wurde zu Lord Rudra. Und dieser Rudra lebte dann in der Heimstätte Rudras. Da Rudra jedoch mit wahrer Erkenntnis ausgestattet war, erinnerte er sich an alles, was bis dahin geschehen war!

RUDRA rekapitulierte daher wie folgt:

Schaut nur! Wie mysteriös doch diese Māyā ist, die alle Welt täuscht! Sie ist unwirklich, erscheint aber als wirklich. Als erstes entstand in diesem unendlichen Bewusstsein, welches ich selbst bin, das Gemüt mit objektivem Bewusstsein, aber immer noch kosmisch und allwissend. Dann wurde ich zufälligerweise zum Jiva, der sich von den feinsten Teilen der kosmischen Elemente angezogen fühlte. Aufgrund dessen wurde ich während eines bestimmten Schöpfungszyklus zum Bettelmönch, der in vollkommener Stillheit lebte. Er überwand sämtliche Zerstreutheiten und verblieb vertieft in die Praxis der Kontemplation.

Jedoch ist jede nachfolgende Aktion mächtiger als die vorangegangene. Der Bettelmönch erachtete sich selbst als Jivata und wurde dann zu diesem. Danach begann er sich für einen Brāhmanen zu halten. Ganz bestimmt überwältigt die mächtigere Gedankenform die schwächere. Im Verlaufe der Zeit und aufgrund beständiger Kontemplation wurde er dann zum König – so wie das von der Pflanze aufgenommene Wasser schließlich zu ihrer Frucht wird! Königliche Vergnügen gehen mit dem Lustspiel der Nymphen einher – indem der König diese kontemplierte, wurde er zur Nymphe. Einzig und allein aufgrund einer Betörung wurde diese Nymphe eines Tages ein Reh. Das Reh wurde zur Kletterpflanze, die von der Idee besessen war, sie würde durchstochen werden. Indem sie die Biene kontemplierte, wurde sie zu einer solchen, die dann ein Loch in die Kletterpflanze stach. Die Biene wurde sodann zum Elefanten.

Ich bin Rudra, der während der letzten hundert Schöpfungszyklen immer Rudra gewesen ist. Ich durchwandere diese Welterscheinung, die nichts als eine psychologische Täuschung ist. In einem der Schöpfungszyklen war ich Jivata, in einem anderen der Brāhmane, in einem weiteren der König und in wieder einem anderen der Schwan. Auf diese Weise drehte ich in diesem Rad namens Gemüt und Körper.

Es geschah vor Äonen, dass ich diesem Höchsten Selbst oder unendlichen Bewusstsein entschlüpfte. Schon bald nach diesem Sturz fand ich mich als Bettelmönch wieder, der jedoch immer noch die Erkenntnis der Wahrheit hatte. Nachdem ich viele Inkarnationen durchlebt hatte, wurde ich durch die Gnade Rudras, den zu erblicken ich das Glück hatte, zu Lord Rudra selbst. Wenn der Jiva durch Zufall einem Erleuchteten begegnet, verschwinden seine unreinen Vasanas (Neigungen). Dies geschieht, wenn man sich ständig nach einem Kontakt mit einem erleuchteten Menschen sehnt. Ein solch stetiges Sehnen und Verlangen (abhyāsa) materialisiert sich und wird zur vollendeten Tatsache.

RUDRA rekapitulierte ferner wie folgt:

Gewiss geschieht es aufgrund der eigenen inneren Überzeugung „Dieser Körper ist mein Selbst", dass diese falsche Wahrnehmung sich ausbreitet. Wenn man dann seine wahre Natur ergründet, stellt man fest, dass nichts mehr übrig bleibt! Legen wir schließlich auch diese

Ergründung beiseite, da sie zu nichts führt. Diese Welt ist eine optische Täuschung – wie die Bläue des Himmels. Sie entsteht aus Unwissenheit. Legen wir nun sogar alle Bemühungen zur Reinigung dieser Unwissenheit beiseite! Sollte dann diese Welterscheinung, die gänzlich irreal ist, weiterhin erscheinen, dann soll sie – Schaden kann sie keinen mehr anrichten. Ich werde nun die Kette der imaginären Verkörperungen zurückverfolgen und die ihnen zugrundeliegende Einheit wieder herstellen.

VASISHTHA fuhr fort:

Nachdem er die Dinge so bedacht hatte, ging Rudra dorthin, wo der Körper des Bettelmönchs lag. Er hieß ihn erwachen und sich an all das erinnern, was bisher geschehen war. Der Bettelmönch erkannte Rudra als sein eigenes Selbst und erinnerte sich ferner an alle vergangenen Erlebnisse.

Dann gingen beide dorthin, wo Jivata in demselben unendlichen Bewusstsein gelebt hatte. Sie wiederbelebten seinen Körper. Alle drei waren in der Tat nur einer. Alle drei, verblüfft über dieses Mysterium, begaben sich dann dorthin, wo der von seiner Frau umarmte, schlafende Brāhmane lag. Sie erweckten sein Bewusstsein. Dann gingen sie zum König, der schlafend in seinem königlichen Schlafgemach lag, umgeben von Nymphen. Sie erweckten auch seine innere Intelligenz. Auch der König zeigte sich fasziniert im Angesicht der Wahrheit. Alle zusammen gingen nun dorthin, wo der Schwan lebte – derselbe Schwan, der dann Rudra wurde.

Sie durchzogen die Welt der einhundert Rudras der Vergangenheit. Sie erkannten, dass alle diese verschiedenen, illusorischen Ereignisse, die scheinbar stattgefunden hatten, nur in diesem einen unendlichen Bewusstsein geschehen waren. Die eine Form war sozusagen zu vielen geworden. Diese einhundert Rudras durchdrangen das gesamte Universum und waren allgegenwärtig.

Aufgrund der Tatsache, dass der Jiva auf allen Seiten von der Welt umgeben ist, wie sie aus ihm entsteht, gewahren die unerwachten Jivas einander nicht und verstehen einander nicht. So wie sämtliche Wellen von derselben Substanz und daher eines sind, so erkennen die erwachten Jivas ihr Einssein und verstehen sich gegenseitig. Jeder Jiva besitzt seine eigene illusorische Welterscheinung. Wenn jedoch diese Welterscheinung der Jivas ergründet wird, führt dies unfehlbar zu demselben unendlichen Bewusstsein, und zwar auf dieselbe Weise, wie das Graben an einer beliebigen Stelle des Erdreichs überall nur leeren Raum enthüllt.

Unterscheidendes Bewusstsein bedeutet Bindung – Befreiung ist die Abwesenheit davon. Was dir gefällt – das bejahe und bleibe dabei. Denn zwischen beiden gibt es keinen Unterschied, da in beiden nur Gewahrsein und nichts anderes ist. Wer würde den Verlust von etwas betrauern, was nur in der Unwissenheit existiert? Das, was durch „Stillsein“ gewonnen wird, existiert bereits; es ist daher schon längst „gewonnen“ worden!

VASISHTHA fuhr fort: VI.1:64

Alle von ihnen erlangten zusammen mit Lord Rudra ihr spirituelles Bewusstsein. Erkennend, dass sie ein Teil von Rudra waren, wurden sie glücklich. Rudra betrachtete das Spiel von Māyā, wie es entstand, und er inspirierte die anderen dazu, wieder ihre Rolle darin zu spielen und nach diesen scheinbar unabhängigen Existenzformen zu ihm zurückzukehren. Er versicherte ihnen ferner, dass sie am Ende des Weltzyklus den höchsten Zustand erreichen würden. Rudra entschwand dann ihrem Blick, und Jivata und die anderen kehrten in ihre eigenen Wohnstätten zurück.

RAMA fragte:

Waren denn nicht Jivata und die anderen bloße Traumgebilde (imaginäre Entitäten) des Bettelmönchs? Wie konnten sie dann zu echten Existenzen werden?

VASISHTHA erwiderte:

Gib die Idee auf, dass Imagination etwas Reales sei! Wenn das Illusorische der Illusion aufgegeben ist, existiert das, was existiert, im unendlichen Bewusstsein. Was im Traum gesehen und als real erlebt wird, erscheint immer so – auf dieselbe Weise, wie dem Reisenden seine zeitlichen und räumlichen Erfahrungen als real in Bezug auf die verschiedenen Orte erscheinen. Im Herzen dieses unendlichen Bewusstseins existiert alles, und alles, was man darin sieht, erfährt man auch.

Die traumartige Natur der Gedankenformen wird nur durch die intensive Praxis des Yoga erkannt, nicht auf andere Weise. Durch diese Praxis nehmen Lord Shiva und andere alles überall wahr. Was sich direkt vor dir befindet und zur selben Zeit von deinem Verstand wahrgenommen wird, wird nicht erkannt, so lange es eine Fehlwahrnehmung dieser Wahrnehmung oder dieser Art von Existenz gibt. Nur wenn die Fehlwahrnehmung dieser Wahrnehmung aufgehoben ist, kann das Objekt erkannt und realisiert werden. Was man sich wünscht, erlangt man nur, wenn das innerste Sein diesem voll und ausschließlich ergeben ist! Derjenige, der dem, was vor ihm ist, total ergeben ist, kennt dieses vollkommen, so wie jemand, der einem illusorischen Objekt total ergeben ist, dieses ebenfalls vollkommen kennt. Fehlt bei jemandem eine solche einsgerichtete Hingabe, dann zerstört er das Objekt (er ist dessen nicht gewahr). Es geschah durch eben diese einsgerichtete Hingabe, dass der Bettelmönch zu Rudra und den anderen wurde. Jeder von diesen verfügte über seine eigene Welt, und bis das Rudra-Bewusstsein in ihnen erweckt wurde, kannten sie einander nicht. Es geschah durch den Willen Rudras, dass ihr Bewusstsein verschleiert war und sie zu verschiedenen Gestalten und verschiedenen Naturen wurden.

Es geschieht durch die einsgerichtete Kontemplation des „Möge ich ein himmlisches Wesen werden!“ oder „Möge ich ein Gelehrter werden!“, dass man als Resultat dieser Kontemplation zu einem oder vielen, zu einem Ungebildeten oder einem Mann der Gelehrsamkeit wird. Durch Konzentration und Meditation ist es möglich, dass man zu einem Gott oder einem menschlichen Wesen wird und entsprechend lebt.

VI.1: VASISHTHA fuhr fort:

64,65 Das unendliche Bewusstsein, welches das wahre Selbst aller ist, ist mit Allmacht ausgestattet, aber der Jiva (der essenziell nicht verschieden vom Selbst ist) ist nur mit einer begrenzten Fähigkeit (entsprechend seinen Ideen) ausgestattet. Daher erfährt der Jiva aufgrund seiner eigenen Natur entweder endlose oder begrenzte Kräfte. Das unendliche Bewusstsein dehnt sich nicht aus und zieht sich nicht zusammen – es ist der Jiva, der erhält, wonach er sucht. Die Yogis, die verschiedene Kräfte erlangt haben, manifestieren diese Kräfte hier und auch anderswo. Da sie jedoch hier und dort und an verschiedenen Orten erfahren werden, erscheinen solche Erfahrungen als viele und unterschiedlich, so wie der berühmte Kartavirya Furcht in den Herzen vieler erzeugte, obgleich er in seinem eigenen Heim verblieb! (Ein modernes Beispiel ist das Radio: Ohne das Studio zu verlassen, dringt der Sprecher oder Sänger in zahllose Stuben.)

Dementsprechend inkarnierte Lord Vishnu, ohne seine Heimstatt zu verlassen, als menschliches Wesen auf der Erde. Und dementsprechend ist Indra (der der Beschützer der heiligen Riten ist), ohne seine himmlische Heimstatt zu verlassen, an tausend Orten anwesend, wo die Riten praktiziert werden. Als Antwort auf den Ruf seiner Verehrer wird Lord Vishnu, der Einer ist, tausende, um seinen Verehrern zu erscheinen. Auf dieselbe Weise gingen Jivata und die anderen, die nur die Geschöpfe der Einbildung oder der Wunschvorstellung des Bettelmönchs und durch das Rudra-Bewusstsein belebt waren, zu ihren verschiedenen Wohnsitzen und handelten gänzlich unabhängig voneinander. Sie spielten eine Zeitlang ihre verschiedenen Rollen und kehrten sodann zur Heimstätte Rudras zurück.

All dies war nur eine momentane Täuschung, die im Bewusstsein des Bettelmönchs aufstieg, obwohl es schien, als wäre sie gänzlich unabhängig von ihm. Auf dieselbe Weise finden auch Geburt und Tod all der zahllosen Wesen sozusagen in dem einen, unendlichen Bewusstsein statt. Sie bilden sich Vielfalt in dieser Welterscheinung ein und suchen dann nach Einheit im Selbst. Zur Zeit ihres Todes stellen sie sich in ihrem Innern eine andere Existenz vor, welche ihnen erscheint, als würde sie außerhalb stattfinden! Bis zur Verwirklichung der Befreiung werden die verkörperten Wesen endlosen Leiden unterzogen. Ich habe dir diese Geschichte erzählt, um eben diese Wahrheit zu verdeutlichen. Es ist dies das Schicksal nicht nur des Bettelmönchs, sondern aller Wesen. Das Wesen, welches seine Untrennbarkeit vom Höchsten Selbst vergisst, sieht seine Vorstellungen als unabhängig und gänzlich real und substanziell. Von diesem Traum wandert es zu anderen Träumen, bis es die falsche Idee „Ich bin der Körper" endlich ablegt.

RAMA fragte:

Oh was für eine wunderbare Geschichte! Hoher Herr, du sagtest, dass alle Dinge, die man als real wahrnimmt, auch real sind und als solche erfahren werden. Bitte, teile mir mit, ob dieser Bettelmönch auch irgendwo existiert?

VASISHTHA erwiderte:

Ich werde über diese Frage kontemplieren und sie später beantworten. (Die Versammlung erhob sich nun für die Mittagsgebete.)

VASISHTHA fuhr fort: VI.1:66

Oh König, oh Rāma! Mit meinem Auge der Weisheit habe ich nach dem Bettelmönch gesucht. Ich versank in tiefe Meditation mit dem Wunsch, diesen Bettelmönch zu erblicken.

Ich suchte nach ihm in diesem Universum, konnte ihn jedoch nicht finden. Wie kann die eigene Einbildungskraft außerhalb als etwas völlig Reales erscheinen?

Dann ging ich weiter Richtung Norden bis zum Land der Jīnas. Auf einem Ameisenhügel ist ein vihara (Zuflucht), der von Menschen bewohnt war. Dort, in seiner eigenen Hütte, lebte ein Bettelmönch (bhiksu), der als Dirghadrsa bekannt war und einen gelben Kopf hatte. Er befand sich in tiefer Meditation. Sogar diejenigen, die ihm dienten, betraten seine Hütte nicht, um ihn nicht in seiner Meditation zu stören. Es war der einundzwanzigste Tag seiner Meditation, und es sollte gleichzeitig der letzte sein.

Obgleich er von einem bestimmten Gesichtspunkt aus nur einundzwanzig Tage meditiert hatte, waren von einem anderen Gesichtspunkt aus Tausende von Jahren vergangen. Denn das war die Idee, die in seinem Gemüt aufgetaucht war. Ich wusste, dass ein solcher Bettelmönch bereits in einer anderen Epoche gelebt hatte, und sogar in jener Epoche war er bereits der zweite Bettelmönch dieser Art. Außer diesen beiden vermochte ich jedoch keinen weiteren, dritten zu sehen. Als nächstes betrat ich mit allen mir zur Verfügung stehenden geistigen Fähigkeiten und allem, was unter meiner Kontrolle war, das eigentliche Herz dieser Schöpfung und suchte nach dem dritten Bettelmönch.

Schließlich fand ich ihn doch noch, jedoch nicht in diesem Universum. Er befand sich in einem anderen Universum, das jedoch fast genauso wie dieses hier war, wenn auch von einem anderen Brahmā erschaffen. Auf dieselbe Art und Weise hat es schon immer zahllose Wesen gegeben, und so wird es auch in Zukunft sein. In dieser Versammlung hier gibt es Weise und heilige Brāhmanen, die ihrerseits Vorstellungen von anderen Wesen unterhalten, die daraufhin als solche in Erscheinung treten werden. Darin besteht die Natur der Māyā.

Einige dieser Wesen werden eine ähnliche Natur haben wie derjenige, der sie sich vorstellt. Andere wiederum werden völlig anders sein. Und wieder andere werden ihm teilweise ähnlich sein. Darin besteht die große Māyā, die sogar die Weisen verblüfft. Jedoch existiert sie weder wirklich noch wirkt sie hier – es ist immer nur die Täuschung, die all dieses erscheinen und verschwinden lässt! Außerdem – was ist eine kurze Zeitperiode von einundzwanzig Tagen und eine ganze Epoche? Es ist geradezu erschreckend, sich alle diese Spiele des Gemüts zu vergegenwärtigen.

All dieses ist nichts als Erscheinung, die sich wie der Lotos am Morgen entfaltet und wie der voll erblühte Lotos die Vielfalt enthüllt. All dieses taucht im unendlichen Bewusstsein auf, das rein ist, und doch wirkt die Erscheinung wie von der Unreinheit befleckt. Jedes Ding sieht wie bruchstückhaft aus und wird am Ende seiner bruchstückhaften Existenz weiterer seltsamer Fragmentierungen unterzogen. All dieses ist relativ real, nicht gänzlich irreal. Alle manifestieren sich in dem All – die Ursache befindet sich in der Ursache selbst!

VI.1:67 DASHARATHA sprach:

Oh Weiser, sage mir bitte, wo der Bettelmönch (bhiksu) meditiert, so dass ich unverzüglich meine Soldaten aussenden kann, um ihn von seiner Meditation aufzuwecken und hierher zu bringen.

VASISHTHA erwiderte:

Oh König, der Körper dieses Bettelmönchs ist bereits leblos geworden und kann nicht wiedererweckt werden. Sein Jiva hat Erleuchtung und Befreiung erlangt und kann nicht erneut der Erfahrung dieser Welterscheinung unterworfen werden. Seine Ergebenen stehen vor seiner Hütte und warten bis zum Ende des Monats, um dann die Tür zu öffnen, wie von ihm angewiesen worden ist. Sie werden feststellen, dass er in der Zwischenzeit seinen Körper aufgegeben hat und werden einen anderen an seiner Stelle einsetzen.

Diese Māyā (oder Welterscheinung oder Illusion) besitzt die Natur begrenzter und begrenzender Qualitäten und Eigenschaften. Man sagt, dass man sie unwissend nicht überqueren kann, aber mit der Erkenntnis der Wahrheit kann sie leicht überwunden werden.

Es ist falsche Wahrnehmung, die im Gold ein Schmuckstück sieht. Die bloße Erscheinungsweise wird zur Ursache solch falscher Wahrnehmung. Diese Māyā (unwirkliche Erscheinung) ist nur eine Redensart, denn die Erscheinung hat dieselbe Beziehung zum höchsten Selbst wie eine Welle zum Ozean. Wenn man die Wahrheit erkennt, hört die täuschende Natur der Erscheinung auf. Aufgrund der Unwissenheit erscheint dieser lange Traum der Welterscheinung als wirklich, und es geschieht deshalb, dass der Jiva ins Dasein tritt. Wird jedoch die Wahrheit realisiert, wird alles nur als das Selbst gesehen.

Was auch immer die Idee sein mag, die man hat – es ist das Selbst allein, welches als diese Idee erscheint. Dieses Universum ist das Ergebnis der Ideen zahlloser Individuen. Die ursprüngliche Idee Brahmās wird nun vom Jiva als feste Realität erfahren. Wenn man jedoch die Reinheit des Bewusstsein erlangt, wie sie Brahmā besitzt, betrachtet man alles wie einen langen Traum.

Es ist die Idee des Objekts, die zum Gemüt wird und dem unendlichen Bewusstsein entschlüpft. Dann wird das Gemüt verschiedenen Erfahrungen unterzogen. Aber ist dieses Gemüt unabhängig vom höchsten Selbst? Ist nicht das höchste Selbst auch das Gemüt? Der Jiva, der Körper und alles andere sind nichts als Reflexionen oder Erscheinungen im höchsten Selbst! Alle diese Bewegungen usw. geschehen in dem einen unendlichen Bewusstsein, welches für immer unendlich und Bewusstsein und nichts anderes ist – Bewegungen usw. darin sind nur Redensarten, die auf Einbildung basieren. Da gibt es weder Bewegung noch Nicht-Bewegung, weder eines noch vieles – was ist, ist wie es ist. Vielfalt taucht im unerwachten Zustand auf und verschwindet, wenn man die Ergründung beginnt. Der Ergründende existiert, aber ohne Zweifel, was in der Tat der höchste Zustand ist. Friede wird als die Welt erkannt; Friede allein ist diese Welterscheinung. Unwissenheit ist unwirklich; weder gibt es den Seher, das Gesehene noch die Sicht! Das Gemüt bildet sich einen Fehler im Mond ein – einen solchen Fehler gibt es dort nicht. Das unendliche Bewusstsein hat nichts als Bewusstsein als seinen „Körper“ oder seine Manifestation oder seine Erscheinung.

VASISHTHA fuhr fort: VI.1:68

Oh Rāma, verbleibe für immer fest verankert im Zustand, der ohne jede Gedankenbewegung ist und bleibe im Schweigen des Tiefschlafs.

RAMA sprach:

Herr, ich habe vom Schweigen des Mundes, vom Schweigen der Augen und anderer Sinne, und außerdem vom strengen Schweigen der extremen Askese gehört. Aber worin besteht das Schweigen des Tiefschlafs?

VASISHTHA erwiderte:

Rāma, es gibt zwei Arten von muni (ein Weiser, der Mauna oder Schweigen pflegt). Der eine ist ein strenger Asket, während der andere ein befreiter Weiser ist. Der erstere hält gewaltsam seine Sinne zurück und befasst sich fanatisch mit trockenen Kriyas (d.h. Aktivitäten ohne Weisheit). Der befreite Weise dagegen weiß, was was ist (d.h. er kennt die Wahrheit als Wahrheit und das Unwirkliche als unwirklich). Er besitzt Selbsterkenntnis und benimmt sich doch wie ein gewöhnlicher Mensch. Was als Schweigen oder Mauna bezeichnet wird, hängt von der Natur und dem Verhalten dieser munis ab.

Es werden vier Arten von Schweigen beschrieben: 1) das Schweigen des Mundes, 2) das Schweigen der Sinne (Augen usw.), 3) gewaltsame Zurückhaltung, und auch 4) das Schweigen des Tiefschlafs. Es gibt noch das Schweigen des Gemüts. Jedoch ist dies nur möglich zu praktizieren für jemanden, der tot ist oder der rigides Mauna (Kashtha Mauna) oder das Schweigen des Tiefschlafs (Sushupti Mauna) praktiziert. Die ersten drei Arten beinhalten Elemente des rigiden Mauna. Es ist die vierte Art, die dann wirklich zur Befreiung führt. Daher erkläre ich, auch wenn dies das Missvergnügen derjenigen erregen sollte, die die ersten drei Arten von Mauna praktizieren, dass diese drei nichts Erstrebenswertes enthalten.

Das Schweigen des Tiefschlafs führt zur Befreiung. In ihm werden weder das Prāna noch die Lebenskraft zurückgehalten oder angeregt, die Sinne werden weder genährt noch ausgehungert, die Wahrnehmung der Vielfalt wird weder betont noch unterdrückt, das Gemüt ist weder Gemüt noch Nicht-Gemüt. Es gibt keine Getrenntheit und folglich muss sie auch nicht aufgegeben werden. Dies wird das Schweigen des Tiefschlafs genannt, und derjenige, der darin gefestigt ist, mag meditieren oder auch nicht. Hier ist das Wissen von dem, was ist wie es ist, und da ist die Freiheit vom Zweifel. Es ist äußerste Leerheit. Da gibt es keinerlei Unterstützung. Es ist höchster Friede, von dem man weder sagen kann, dass er real noch dass er irreal ist. Der Zustand, in dem man weiß: „Da ist kein ‚Ich', noch sind da andere oder das Gemüt oder irgendetwas aus dem Gemüt Entstandenes", in dem man weiß: „'Ich' ist nichts als eine Idee in diesem Universum, und hier ist wirklich reines Sein" – dies wird als Schweigen des Tiefschlafs bezeichnet. Wo kann in diesem reinen Sein, welches unendliches Bewusstsein ist, „Ich" oder „etwas anderes" sein?

RAMA fragte:

VI.1:69 Wie gelangten die einhundert Rudras ins Dasein, oh Weiser?

VASISHTHA erwiderte:

Der Bettelmönch (bikshu) träumte die einhundert Rudras. Was sich diejenigen, deren Gemüter klar und nicht von Unreinheiten verdunkelt sind, vorstellen oder willentlich ins

Dasein rufen, dies erfahren sie dann als real. Welche Gedankenform auch immer in dem einen unendlichen Bewusstsein auftaucht, erscheint als solche.

RAMA fragte erneut:

Warum, oh Weiser, beschloss Lord Shiva unbekleidet und auf dem Begräbnisplatz zu leben, mit menschlichen Schädeln als Schmuck und bestrichen mit Asche, wie einer, der von Lust überwältigt werden kann?

VASISHTHA erwiderte:

Das Verhalten der Götter, der vollkommenen Wesen und der befreiten Weisen wird nicht bestimmt von Regeln oder Vorschriften, welche von unwissenden Menschen erfunden werden. Wird jedoch das Betragen der Unwissenden, deren Gemüt aufs schwerste konditioniert ist, andererseits nicht durch Vorschriften und Regeln des Betragens gesteuert, dann entsteht Unordnung, in der die großen Fische die kleinen fressen. Der Mensch der Weisheit jedoch ertrinkt nicht in dem, was als wünschenswert oder nicht wünschenswert gilt, denn er hat seine Sinne auf natürliche Weise unter Kontrolle und ist wachsam und gewahr. Er lebt und arbeitet ohne Vorsatz dazu. Er reagiert auf die Ereignisse nicht auf der Grundlage der Kausalität; seine Handlungen sind rein und spontan (so wie die Kokosnuss ohne kausalen Zusammenhang mit der auf dem Baum landenden Krähe niederfällt). Es kann auch sein, dass er überhaupt nichts tut!

Auf ähnliche Weise handeln sogar die Mitglieder der Trinität (Brahmā, Vishnu und Shiva) in ihren Inkarnationen. Und die Tätigkeiten der Erleuchteten sind jenseits von Lob und Tadel, jenseits von Annahme und Zurückweisung, denn sie haben nicht die Idee von „Dies ist mein" und „Dies ist ein anderes". Ihre Handlungen sind so rein wie das Feuer.

Ich möchte nicht weiter auf die Form von Mauna als das Schweigen der Entkörperten eingehen, da du noch verkörpert bist. Aber ich werde sie nun kurz beschreiben. Diejenigen, die voll erwacht sind, beständig in samādhi verweilen und als gänzlich erleuchtet gelten, werden sankhya-Yogis genannt. Diejenigen, die durch Pranayama usw. den Zustand des körperlosen Bewusstseins erlangt haben, werden yoga-Yogis genannt. Tatsächlich sind im Wesentlichen beide gleich. Die Ursache dieser Welterscheinung und der Bindung ist in der Tat das Gemüt. Beide Pfade führen dazu, dass das Gemüt aufhört. Daher wird durch die hingebungsvolle und nachdrückliche Praxis zum Aufhören der Bewegung des Prāna oder zum Enden der Gedanken die Befreiung erlangt. Darin besteht die Essenz aller Schriften, die von der Befreiung handeln.

RAMA fragte:

Oh Weiser, wenn das Aufhören aller Bewegungen des Prāna Befreiung bedeutet, dann muss der Tod Befreiung sein! Und damit erlangen alle Menschen nach dem Tode die Befreiung!

VASISHTHA erwiderte:

Oh Rāma, wenn das Prāna dabei ist, den Körper zu verlassen, stellt es bereits die Verbindung mit denjenigen Elementen her, die dem nächsten Körper dienen. Diese Elemente sind tatsächlich nichts anderes als die Verfestigung oder Kristallisierung der Vasanas (psychologische Konditionierung, gespeicherte Erinnerungen, vergangene Eindrücke oder Neigungen) des Jiva, die der Grund dafür sind, weshalb sich der jiva an diese Elemente klammert. Wenn das Prāna den Körper verlässt, nimmt es alle Vasanas des Jiva mit sich.

Erst wenn alle diese Vasanas zerstört sind, wird das Gemüt zum Nicht-Gemüt. Das Gemüt gibt die Lebenskraft nicht auf, bevor nicht die Selbsterkenntnis aufgetaucht ist. Durch die Selbsterkenntnis werden die Vasanas zerstört und damit auch das Gemüt; dann ist im Prāna keine Bewegung mehr. Darin besteht in der Tat der höchste Friede. Durch die Selbsterkenntnis wird die Unwirklichkeit der Konzepte, die die weltlichen Objekte betreffen, erkannt. Dies setzt den Vasanas und der Verbindung zwischen dem Gemüt und der Lebenskraft ein Ende. Die Vasanas bilden das Gemüt. Das Gemüt ist das Aggregat der Vasanas und nichts sonst; wenn die letzteren aufhören, dann ist dies der höchste Zustand. Erkenntnis ist die Erkenntnis der Wirklichkeit. Vicāra oder Ergründung selbst ist Erkenntnis.

Totale Hingabe an eine Sache, die Zurückhaltung des Prāna und das Aufhören des Gemüts – sobald nur eines dieser drei vervollkommnet ist, erlangt man den höchsten Zustand. Die Lebenskraft und das Gemüt sind so eng miteinander verbunden wie die Blume und ihr Duft oder der Sesamsame und sein Öl. Wenn daher die Bewegung der Gedanken im Gemüt aufhört, hört folglich auch die Bewegung des Prāna auf. Wenn das Gemüt einsgerichtet einer einzigen Wahrheit ergeben ist, dann hören die Bewegungen des Gemüts und daher auch die der Lebenskräfte auf. Die beste Methode besteht in der Ergründung des Selbst, welches unendlich ist. Dein Gemüt wird vollständig davon absorbiert sein. Dann hören sowohl das Gemüt als auch die Ergründung auf. Verbleibe fest in dem, was sich danach zeigt.

Ein Gemüt, das nicht nach Vergnügen verlangt, ist absorbiert vom Selbst, gemeinsam mit der Lebenskraft. Unwissenheit ist Nicht-Existenz, Selbsterkenntnis ist der höchste Zustand! Es ist nur das Gemüt, welches Unwissenheit ist, sobald es als eine Realität erscheint; daher ist die Realisierung seiner Nicht-Existenz der höchste Zustand. Ein Gemüt, das auch nur eine Viertelstunde lang im absorbierten Zustand verbleibt, wird einem vollständigen Wandel unterzogen, denn es hat den höchsten Zustand der Selbsterkenntnis gekostet und wird ihn nicht mehr aufgeben. Nein – auch wenn das Gemüt diesen Zustand auch nur eine Sekunde lang gekostet hat, wird es nicht wieder in diesen weltlichen Zustand zurückkehren! Die eigentlichen Samen des Samsara (Welterscheinung oder Zyklus von Geburt und Tod) wurden geröstet und sind verbrannt. Dadurch werden die Unwissenheit vertrieben und die Vasanas gänzlich befriedet; wer dies erreicht hat, ist in Sattva (Wahrheit) verwurzelt. Er ist des inneren Lichts gewahr und ruht in höchstem Frieden.

Die Geschichte vom Vampir

VASISHTHA fuhr fort: VI.1:
Man nennt das moksha oder Befreiung, wenn durch Selbst-Ergründung die Unwissenheit 70,71
aufhört, der Jiva unverzüglich zum Nicht-Jiva und das Gemüt zum Nicht-Gemüt wird. Weil der Ich-Sinn usw. nur wie Wasser in einer Luftspiegelung ist, hören diese Dinge auf, sobald das Licht der Ergründung auf sie gelenkt wird. Höre, oh Rāma, in diesem Zusammenhang die folgenden inspirierenden und erleuchteten Fragen, die einst von einem Vampir gestellt wurden.

In den Vindhya-Wäldern lebte ein Vampir. Einmal betrat er ein gewisses Land, und es gelüstete ihn danach, seinen Hunger zu stillen. Jedoch pflegte er niemanden zur Befriedigung seinen Hungers zu töten, es sei denn, das Opfer verdiente den Tod. Da er im Wald nirgendwo eine solche Person fand, ging er in die Stadt und traf dort den König.

Der VAMPIR sprach zum König:

Oh König, ich werde dich nicht töten und fressen, solange du es nicht verdienst. Du bist der Herrscher hier und erfüllst die Wünsche der Bedürftigen. Bitte, erfülle mir meinen Wunsch. Ich werde dir nun einige Fragen stellen. Gib mir die passenden Antworten dazu.

Was ist diese Sonne, deren Strahlenpartikel diese Universen sind? In welchem machtvollen Wind manifestiert sich dieser machtvolle Raum? Man wandert endlos von einem Traum zum andern und gibt doch nie das Selbst auf, aber sehr wohl stets diese Traumrealitäten. Was ist das Selbst? Der Stamm des Bananenbaums enthüllt, wenn geöffnet, eine Schicht nach der anderen, bis das Mark schließlich freiliegt. Worin besteht diese subtile Essenz, wenn diese Welterscheinung auf ähnliche Weise ergründet wird? Was ist das Atom, von dem die Universen selbst nur wie abgespaltene Atome sind? In welchem ungestalteten „Fels" liegen die drei Welten verborgen (wie ein nicht herausgehauenes Bildnis in einem Steinblock)? Beantworte diese Fragen. Falls nicht, verdienst du gewiss, von mir gefressen zu werden!

Der KÖNIG erwiderte:

Oh Vampir! Dieses Universum war einst von mehreren Hüllen bedeckt, so wie eine Frucht in ihre Schale eingeschlossen ist. Es gab da einen Zweig, auf dem sich tausende solcher Früchte befanden. Es gab da einen Baum mit tausenden solcher Zweige, einen Wald mit tausenden solcher Bäume, einen Berg mit tausenden solcher Wälder, ein Land mit tausenden solcher Berge, einen Kontinent mit tausenden solcher Länder, eine Kugel mit tausenden solcher Kontinente, einen Ozean mit tausenden solcher Kugeln, ein Wesen mit tausenden solcher Ozeane in ihm selbst und eine höchste Person, die tausende solcher Wesen wie eine Girlande trägt. Da gibt es eine Sonne, in deren Strahlen tausende von solch höchsten Personen gefunden werden – diese Sonne erleuchtet alles. Diese Sonne ist die Sonne des Bewusstseins, oh Vampir! Im Licht dieser Sonne sind all diese Universen nichts als winzigste, atomare Partikel. Es geschieht dank dieser Sonne, dass alle die aufzählbaren Dinge als real erscheinen.

Der KÖNIG sprach:

Im höchsten Selbst erstrahlen als Staubpartikel Substanzen (Konzepte oder relative Realitäten), bekannt als Zeit, Raum und Bewegung, und welche bewusste (Bewegung im Bewusstsein und selber Bewusstsein) und reine Intelligenz sind. VI.1: 72,73

Das Selbst oder Brahman scheint von einer Traumwelt zur nächsten zu wandern, gibt aber weder seine eigene essenzielle Natur auf, noch ist es jemals unwissend über sich selbst.

So wie beim Zerlegen eines Bananenstammes jede abgeschälte Schicht eine weitere, ähnliche Schicht freilegt, so wird diese Welterscheinung im Zuge ihrer Ergründung als nichts anderes als Brahman gesehen. Auf dieses Brahman wird positiv als Wahrheit, Brahman usw. Bezug genommen, und da es jenseits jeder Beschreibung ist, wird es außerdem negativ als Leerheit, unbeschreiblich usw. bezeichnet. Was als real erfahren wird, ist die Realität. Obwohl deren jeweilige Form durch die Erfahrung zusammengesetzt wird, ist sie doch nichts anderes als reines Bewusstsein – so wie der Bananenstamm nichts als ein Bananenstamm und jede Schicht darin von derselben, identischen Natur ist.

Das Selbst wird als atomisch angesehen, weil es extrem subtil und unfassbar ist. Da jedoch das Selbst allein ist, ist es das Unendliche und die eigentliche Wurzel der gesamten Existenz. Es ist formlos, obgleich es als alle Formen erscheint.

Diese Welterscheinung ist nichts als das Fleisch, in die die Wahrheit, die reines Bewusstsein ist, eingekleidet ist.

VASISHTHA fuhr fort:

Nachdem er diese Antwort von den Lippen des Königs vernommen hatte, wurde der Vampir still und tiefsinnig. Er vergaß seinen großen Hunger und versank in unergründliche Meditation.

Damit habe ich dir die Geschichte des Vampirs erzählt, oh Rāma, die die Wahrheit betreffend das subtile, unendliche Bewusstsein beschreibt. Das Universum ist nur eine Umhüllung oder ein Schleier dieses Bewusstseins – bei einer gewissenhaften Ergründung gibt es seine reale Natur preis. Es ist in der Tat ebenso real wie der „Körper“ des Vampirs!

Rāma, erweitere das Gemüt mit Hilfe des Gemüts. Verbleibe im Frieden mit dir selbst und erblicke in allem nichts als das eine unendliche Wesen. Wie der König Bhagiratha wirst du das unmöglich Scheinende erlangen, wenn du fest in deiner Erkenntnis der Wahrheit verweilst und dich mit angemessenen Handlungen des Alltags befasst, die durch das mühelose Erfahren des natürlichen Verlaufs der Ereignisse gekennzeichnet sind.

Die Geschichte von Bhagiratha

VI.1:74 Auf Rāmas Bitte erzählte VASISHTHA die folgende Geschichte:

Es gab einmal einen König namens Bhagiratha, der dem Dharma ergeben war. Er gab den Frommen und Heiligen großzügige Geschenke und war ein Schrecken für die Übeltäter. Unermüdlich arbeitete er daran, die Ursachen der Armut zu beheben. In der Gesellschaft der Heiligen schmolz sein Herz in Ergebenheit.

Bhagiratha holte wahrhaftig den heiligen Fluss Ganga vom Himmel auf die Erde nieder. Dabei hatte er große Schwierigkeiten zu überwinden und musste auch die Götter Brahmā und Shiva sowie den Weisen Jahnu versöhnen. Wegen all dem erlitt er häufig Niederlagen und Enttäuschungen. Schon in jungen Jahren besaß dieser König, oh Rāma, Unterscheidungsfähigkeit und Leidenschaftslosigkeit.

Eines Tages, als er allein war, dachte er wie folgt nach: „Dieses weltliche Leben ist wahrhaftig substanzlos und stupide. Tage und Nächte jagen einander. Die Leute wiederholen dieselben sinnlosen Tätigkeiten. Ich erachte nur das als eine sinnvolle Tätigkeit, welche zu einem Ziel führt, jenseits dessen es nichts weiter zu erlangen gibt; alles andere ist nur wiederholte, widerwärtige Ausscheidung (wie bei einer Cholera-Erkrankung)."

Er ging zu seinem Guru Tritala und bat: „Hoher Herr, wie kann man diesen Sorgen, dem Alter, dem Tod und der Täuschung, die zu diesen wiederholten Geburten hier führen, ein Ende bereiten?"

TRITALA sprach:

Alle Sorgen hören auf, alle Bindungen werden zerrissen und alle Zweifel zerstreut, wenn man während einer langen Zeit voll im Gleichmut des Selbst verankert ist, wenn die Wahrnehmung von Getrenntheit aufgehört hat und man die Fülle erfährt durch die Erkenntnis dessen, was erkannt werden muss. Was muss erkannt werden? Es ist das Selbst, welches rein und von der Natur reinen Bewusstseins ist, welches allgegenwärtig und ewiglich ist.

BHAGIRATHA fragte:

Ich weiß bereits, dass nur das Selbst real ist, während der Körper usw. nicht real ist. Aber weshalb ist dies alles für mich immer noch nicht vollkommen klar?

TRITALA sprach:

Ein intellektuelles Wissen dieser Art ist keine Erkenntnis! Dies ist Erkenntnis: Ungehaftet sein an Weib, Sohn und Haus, Gleichmut in Freud und Leid, Liebe zur Einsamkeit, feste Verankerung in der Selbsterkenntnis. Alles andere ist Unwissenheit! Nur wenn der Ich-Sinn ausgedünnt ist, taucht diese Selbsterkenntnis auf.

BHAGIRATHA fragte:

Wie kann dieser so fest im Körper verankerte Ich-Sinn entwurzelt werden?

TRITALA erwiderte:

Durch Eigenbemühung und entschlossenes Abwenden vom Verlangen nach Vergnügen. Und durch nachdrückliches Niederreißen des Gefängnisses von Scham und Schande (falsche Würde) usw. Wenn du all dies aufgibst und fest dabei bleibst, wird der Ich-Sinn verschwinden und du realisierst, dass du das höchste Wesen bist!

VASISHTHA fuhr fort: VI.1:

Nachdem er diese Anweisungen des Lehrers vernommen hatte, entschloss sich Bhagiratha, einen religiösen Ritus auszuüben als Auftakt zur vollkommenen Entsagung der Welt. Innerhalb von drei Tagen verschenkte er alles an die Priester und seine eigenen Verwandten, ob diese nun einen guten Charakter hatten oder nicht. Sein eigenes Königreich übergab er seinen Feinden, die jenseits der Landesgrenzen lebten. Gekleidet in ein Lendentuch, verließ er das Königreich und wanderte in Ländern und Wäldern umher, in denen er unbekannt war. 75,76

Schon sehr bald erlangte er in seinem Innern den Zustand des höchsten Friedens. Zufällig und unwissentlich betrat Bhagiratha eines Tages wieder sein eigenes, früheres Königreich und bat die Bewohner um Almosen. Diese erkannten ihn, verehrten ihn und baten, dass er wieder ihr König werde. Er jedoch nahm nichts entgegen als etwas Essen. Die Bürger klagten: „Seht doch, dies ist der König Bhagiratha! Was für ein trauriger Anblick, welch eine unglückliche Wendung des Schicksals!“ Nach einigen Tagen verließ Bhagiratha das Königreich wieder.

Bhagiratha traf seinen Lehrer und beide durchwanderten, vertieft in spirituelle Gespräche, das Land: „Weshalb ertragen wir eigentlich immer noch die Last dieses physischen Körpers? Aber andererseits: Weshalb ihn mit Gewalt abwerfen? Lass den Körper sein, so lange er ist!“ Beide waren ohne Sorgen und ohne Frohlocken; auch war nicht klar, ob sie Anhänger des mittleren Pfades waren. Sogar wenn die Götter und Weisen ihnen Reichtum und psychische Kräfte anboten, wiesen sie diese von sich wie Stroh.

In einem gewissen Königreich war der dort herrschende König verstorben, ohne einen Erben zu hinterlassen. Seine Minister waren nun auf der Suche nach einem geeigneten, neuen Herrscher. Bhagiratha, gekleidet in ein Lendentuch, befand sich zufällig in diesem Königreich. Die Minister entschieden, dass er für die Thronbesteigung die geeignete Person sei und umringten ihn. Bhagiratha bestieg den königlichen Elefanten. Schon bald war er der neue, gekrönte König. Als er das Königreich zu regieren begann, kamen die Bewohner seines früheren Königreiches zu ihm und baten ihn erneut, auch das frühere Königreich zu regieren. Bhagiratha nahm an. So wurde er zum Herrscher der ganzen Welt. Im Frieden mit sich selbst, mit einem ruhigen Gemüt, frei von Wunsch und Neid, befasste er sich mit angemessenem Handeln in allen Umständen, wie sie sich ergaben.

Einmal hörte er davon, dass das einzige Mittel, um für die Seelen seiner Ahnen zu sühnen, das Darbringen des Wassers aus der Ganga sei. Um die himmlische Ganga auf die Erde niederzuholen, zog er sich zur Ausübung von Askesepraktiken in die Wälder zurück und vertraute in der Zwischenzeit das Reich seinen Ministern an. Dort versöhnte er die Götter und Weisen und vollbrachte die äußerst schwierige Tat, die Ganga auf die Erde hernieder zu lenken, damit alle Menschen für alle Zukunft ihren Ahnen Sühneopfer mit dem Wasser der heiligen Ganga darbieten können. Von da an begann die heilige Ganga, die Lord Shivas Haupt schmückt, auf der Erde zu fließen.

Die Geschichte von Shikhidhvaja und Chudulai

VASISHTHA fuhr fort: VI.1:77

Verbleibe so wie König Bhagiratha stets im Zustand des Gleichmuts, Rāma. Und verbleibe wie Shikhidhvaja, der allem entsagt hatte, unbewegt. Ich werde dir nun die Geschichte von Shikhidhvaja erzählen. Höre bitte zu. Es gab einmal zwei Liebende, die aufgrund ihrer göttlichen Liebe füreinander in einem späteren Zeitalter wiedergeboren wurden.

RAMA fragte:

Oh Weiser, wie ist es möglich, dass das Paar, welches als Gemahl und Gemahlin zusammenlebte, wiederum als Gemahl und Gemahlin in einem späteren Zeitalter wiedergeboren werden konnte?

VASISHTHA erwiderte:

So ist die subtile Natur der Weltordnung, oh Rāma. Einige Dinge erscheinen im Überfluss und manifestieren sich erneut im Überfluss. Andere wiederum werden jetzt geboren und waren vorher niemals da; und hier seiend, werden sie nicht wiedergeboren. Wieder andere erscheinen heute in derselben Form, in der sie schon früher existiert haben. Es ist wie mit den Wellen des Ozeans – es gibt ähnliche und unähnliche.

Im Mālva-Königreich gab es einen König namens Shikhidhvaja. Er besaß alle königlichen, vortrefflichen Eigenschaften! Er war rechtschaffen und edel, tapfer und liebenswürdig. Sehr früh im Leben hatte er seinen Vater verloren. Obgleich jung an Jahren, konnte er seine königliche Souveränität behaupten. Unterstützt wurde er bei der Regierung seines Königreiches von seinen tüchtigen Ministern. Es wurde Frühling. Die Luft war geschwängert von Liebesverlangen. Der junge König begann von einer Partnerin zu träumen. Tag und Nacht verlangte sein Herz nach der Geliebten. Die klugen und weisen Minister erahnten die Wünsche des königlichen Herzens. Sie gingen in das Saurāstra-Königreich und hielten für ihren König um die Hand einer Prinzessin an. Schon bald konnte der König Shikhidhvaja Chudulai heiraten.

Shikhidhvaja und Chudulai waren einander so sehr zugetan, dass sie wie ein Jiva mit zwei verschiedenen Körpern waren. Viele gemeinsame Interessen teilten sie miteinander, und sie vergnügten sich zusammen in den Lustgärten. So wie die Sonne ihre Strahlen auf den Lotos herabsendet, so dass er sich entfalten kann, so überschüttete der König seine Geliebte mit seiner Liebe und las ihr jeden Wunsch von den Augen ab.

Sie teilten ihr Wissen und ihre Weisheit miteinander und erlangten so in allen Zweigen des Wissens große Gelehrtheit. Jeder wohnte in vollem Glanz im Herzen des andern. Es schien fast so, als wäre Lord Vishnu mit seiner Gemahlin selbst auf die Erde herabgekommen, um hier eine besondere Mission zu erfüllen!

VASISHTHA fuhr fort: VI.1:78

Auf diese Weise erfreuten sich Shikhidhvaja und Chudulai viele Jahre lang, ohne auch nur einen einzigen Augenblick Langeweile zu empfinden. Jedoch vermag niemand den Lauf der Zeit anzuhalten. Das Leben erscheint und verschwindet wie der Trick eines Taschenspielers. Das Vergnügen, welches man verfolgt, gerät wie der von der Sehne geschnellte Pfeil rasch außer Sichtweite. Die Sorgen umwölken das Gemüt, wie Geier den Kadaver umkreisen. „Was gibt es in dieser Welt zu erlangen, das niemals mehr Sorgen im Gemüt entstehen lässt?" Nachdem es auf diese Weise nachgedacht hatte, wandte sich das königliche Paar dem Studium der spirituellen Schriften zu.

Sie gelangten zum Schluss, dass nur die Selbsterkenntnis einen befähigen kann, die Sorgen hinter sich zu lassen. Sie gaben sich mit Herz und Seele der Selbsterkenntnis hin. Sie suchten die Gesellschaft der Weisen der Selbsterkenntnis und verehrten diese. Sie befassten sich beständig mit Erörterungen über Selbsterkenntnis und förderten so gegenseitig die Selbsterkenntnis.

Nachdem sie dauernd den Pfad der Selbsterkenntnis kontempliert hatte, begann die Königin wie folgt zu reflektieren:

„Ich sehe mich jetzt und frage: ‚Wer bin ich'?" Wie konnten Unwissenheit betreffend das Selbst und Täuschung entstehen? Der physische Körper ist mit Sicherheit leblos und gewiss nicht das Selbst. Nur aufgrund der Gedankenbewegungen im Gemüt wird er überhaupt erfahren. Die Tätigkeitsorgane sind nur Teile des Körpers und ebenfalls leblos, da Teile des leblosen Körpers nur leblos sein können. Auch die Sinnesorgane sind leblos, da sie nur mit Hilfe des Gemüts funktionieren. Ich erachte sogar das Gemüt für leblos. Das Gemüt denkt und hat Ideen, wird aber vom Intellekt dazu veranlasst, der das bestimmende Agens ist. Und sogar dieser Intellekt (buddhi) ist leblos, weil er vom Ich-Sinn gesteuert wird. Der Ich-Sinn ist ebenfalls leblos, da er vom Jiva heraufbeschworen wird, so wie ein Gespenst von einem unwissenden Kind heraufbeschworen wird. Der Jiva wiederum ist nichts als reines Bewusstsein, das sozusagen von der Lebenskraft eingekleidet wurde und im Herzen wohnt.

Oh siehe da! Ich habe realisiert, dass das Selbst, welches reines Bewusstsein ist, als Jiva einhergeht, da das Bewusstsein seiner selbst als sein eigenes Objekt gewahr wird. Dieses Objekt ist nicht-fühlend und unwirklich. Da das Selbst sich mit diesem Objekt identifiziert, bekleidet es sich scheinbar selbst mit Fühllosigkeit und hat (dem Anschein nach) seine essenzielle Natur als Bewusstsein aufgegeben. Denn darin besteht die Natur des Bewusstseins: Was es als sich selbst wahrnimmt, ob dies nun wirklich oder unwirklich sei, dazu wird es, wobei es scheinbar seine eigene Natur aufgibt. Folglich ist das Selbst reines Bewusstsein, es bildet sich wegen seiner Fähigkeit zur Wahrnehmung von Objekten nur ein, dass es nicht-fühlend und unwirklich ist."

Nachdem Chudulai auf diese Weise eine beträchtliche Zeit lang kontempliert hatte, wurde sie erleuchtet.

VASISHTHA fuhr fort:

Beglückt von ihrer Selbst-Entdeckung rief die Königin aus: „Endlich habe ich das erlangt, was erlangt (gekannt) werden sollte. Nun gibt es keinen Mangel mehr. Sogar das Gemüt und die Sinne sind nur Reflektionen des Bewusstseins, obgleich sie unabhängig vom Bewusstsein unwirklich sind. Dieses höchste Bewusstsein allein existiert. Es ist die höchste Wahrheit, unberührt von jedweder Unreinheit, für immer im vollkommenen Gleichgewicht und ohne Ich-Sinn. Wenn diese Wahrheit realisiert wird, leuchtet dieses Bewusstsein immerwährend, ohne je unterzugehen.

Dieses Bewusstsein bezeichnet man mit verschiedenen Namen wie Brahman, Höchstes Selbst usw. In ihm existiert keine Trennung von Subjekt und Objekt und deren Beziehung (Wissen). Bewusstsein wird seiner eigenen Bewusstheit bewusst – es kann nicht anders (nicht als ein Objekt des Bewusstseins) erkannt werden. Dieses Bewusstsein allein manifestiert sich als Gemüt, Intellekt und Sinne. Die Welterscheinung ist ebenfalls nichts als Bewusstsein, und abgesehen davon existiert nichts. Bewusstsein ist keinerlei Wandel unterworfen – der einzige scheinbare Wandel besteht in der illusorischen Erscheinung, die reine Täuschung und folglich unwirklich ist! In einem illusorischen Ozean tauchen illusorische Wellen auf. Das Gemüt ist der Ozean, und die Wellen sind ebenfalls Gemüt. Auf dieselbe Weise taucht die Welterscheinung im Bewusstsein auf und ist daher nicht verschieden von diesem.

Ich bin reines Bewusstsein, ohne Ich-Sinn und alles durchdringend. Für dieses Bewusstsein existieren weder Geburt noch Tod. Es kann nicht vernichtet werden, denn es ist wie Raum. Es kann weder verletzt noch verbrannt werden. Es ist das reine Licht des Bewusstseins – ohne jeden Makel.

Frei bin ich von aller Täuschung. Ich bin im Frieden. All diese Götter, Dämonen und zahllosen Wesen sind wirklich unerschaffen, da sie nicht verschieden vom Bewusstsein sind. Die Erscheinungen sind reine Täuschung, so wie ein tönerner Soldat nur Ton und kein Soldat ist.

Der Seher (Subjekt) und das Gesehene (Objekt) sind in Wirklichkeit das eine reine Bewusstsein. Wie konnte diese Täuschung entstehen, die zu Konzepten führte wie „Dies ist Einheit, dies ist Dualität“? In wem existiert diese Täuschung? Wessen ist sie? Ich ruhe im nirvana (Befreiung oder Erleuchtung) ohne die geringste mentale Erregung, indem ich realisiert habe, dass alles Existierende (ob fühlend oder nicht-fühlend) reines Bewusstsein ist. Es gibt weder ein 'dieses' noch ein 'Ich' noch ein anderes, weder Sein noch Nicht-Sein. Alles ist Friede.

Als sie dies erkannte, ruhte Chudulai im höchsten Frieden.

VASISHTHA fuhr fort: VI.1:79

Täglich zog sich die Königin mehr und mehr in sich selbst zurück, und mehr und mehr erfreute sie sich in der Seligkeit des Selbst. Sie war ohne Verlangen oder Anhaftung. Ohne irgendetwas zu suchen oder aufzugeben, blieb ihr Betragen natürlich und ihre Handlungen spontan. Alle ihre Zweifel waren zur Ruhe gekommen. Sie hatte den Ozean des Werdens überquert. Sie ruhte in einem unvergleichlichen Zustand des Friedens. So hatte sie in einer sehr kurzen Zeit die Erkenntnis erlangt, dass diese Welterscheinung auf dieselbe Weise, wie sie entstanden war, wieder verschwindet! Sie strahlte im Licht dieser Selbsterkenntnis.

Als Shikhidhvaja sie so strahlend und friedvoll sah, fragte er sie: „Geliebte, du scheinst deine Jugendlichkeit wiedererlangt zu haben, und du erstrahlst auf ungewöhnliche Weise. Von nichts wirst du mehr verwirrt, und auch Verlangen besitzt du keines mehr. Dagegen bist du voll Seligkeit. Sage mir: Hast du endlich vom Nektar der Götter in vollen Zügen getrunken? Gewiss hast du etwas erlangt, was zu erlangen extrem schwierig ist?"

CHUDULAI erwiderte:

Ich habe dieses Nichts aufgegeben, das eine gewisse Gestalt angenommen hatte. Ich bin nun verwurzelt in der Wahrheit und nicht mehr in der Erscheinung. Daher strahle ich. Ich habe all dies aufgegeben und Zuflucht zu etwas anderem genommen, das gleichzeitig wirklich und unwirklich ist. Daher strahle ich. Das ist etwas, und das ist gleichzeitig nicht etwas. Ich kenne es als das, was es ist. Daher strahle ich. Ich erfreue mich am Nichtgenießen der Vergnügen, als ob ich sie genossen hätte. Weder gebe ich der Freude noch dem Ärger nach. Daher strahle ich. Ich erfahre die größte Freude, in der Wirklichkeit verankert zu sein, die in meinem Herzen leuchtet. Ich werde von den königlichen Vergnügen nicht abgelenkt. Daher strahle ich. Auch wenn ich in den Lustgärten weile, verbleibe ich fest verankert im Selbst, sowohl im Genuss der Freuden als auch in der Schüchternheit. Deshalb strahle ich.

Ich bin die Herrscherin des Universums. Ich bin nicht ein sterbliches Wesen. Ich erfreue mich am Selbst. Daher strahle ich. Dies bin ich, dies bin ich nicht; in Wahrheit bin ich weder noch bin ich nicht. Ich bin alles, ich bin nichts. Daher strahle ich. Weder suche ich Vergnügen noch Reichtum, weder Armut noch irgendeine andere Form der Existenz. Ich bin glücklich mit allem, was ohne Mühe erlangt wird. Daher strahle ich. Ich spiele mit ganz schwachen Zuständen von Anziehung und Abstoßung, mit den durch die Schriften gewonnenen Einsichten. Daher strahle ich. Was immer ich mit diesen Augen sehe und mit diesen Sinnen erfahre, und was immer ich mit meinem Gemüt wahrnehme – überall sehe ich nichts als die eine Wahrheit, die klar von mir selbst in mir selbst gesehen wird.

VI.1:80 SHIKHIDHVAJA lachte über diese Worte, da er nicht fähig war, sie zu verstehen. Er sagte:

Du bist kindisch und albern, mein Liebes, und ganz gewiss plapperst du nur! Wie kann man denn erstrahlen, indem man etwas für nichts aufgegeben hat, indem man reale Substanzen verworfen und den Zustand einer Nichtsheit erlangt hat? Wie kann es zur Freude führen, wenn man, wie der verärgerte Mann das Bett ablehnt, Vergnügen verwirft und prahlt: „Ich erfreue mich am Nichtgenießen der Vergnügen"? Wer alles (Vergnügen usw.) aufgibt und dann denkt, er erfreue sich am Leersein, tut etwas, was überhaupt keinen Sinn ergibt. Ebenso ist es sinnlos zu denken, dass einer glücklich sei, nachdem er Kleidung, Nahrung, Bett usw. zurückgewiesen hat. „Ich bin nicht der Körper", „Noch bin ich irgendetwas anderes", „Nichts ist alles" – was als nur Geschwätz sind solche Aussagen? „Ich sehe nicht, was ich sehe" und „Ich sehe etwas anderes" ist ebenfalls nichts als Unsinn.

Aber meinetwegen – erfreue dich an den Vergnügen, die dir zugedacht sind. Ich werde weiterhin mit dir leben. Erfreue dich an dir selbst.

VASISHTHA fuhr fort:

Nachdem er so gesprochen hatte, verließ der König die inneren Gemächer. Chudulai dachte: „Ist es nicht traurig, dass der König nicht verstehen kann?“ und fuhr mit ihrer Arbeit fort. Auf diese Weise lebten sie eine beträchtliche Zeit miteinander. Obgleich Chudulai keinerlei Wünsche hatte, entstand doch irgendwann der Wunsch in ihr, sich im Raum zu bewegen. Um diese Kraft zu erlangen, zog sie sich in die Abgeschiedenheit zurück und übte die vitalen Winde, die nach oben steigen.

Es gibt in dieser Welt drei Arten erlangbarer Ziele, oh Rāma: Wünschenswerte, verabscheuenswerte und solche, die zu ignorieren sind. Das Wünschenswerte wird mit großer Anstrengung gesucht, das Verabscheuenswerte wird verworfen und dazwischen befindet sich dasjenige, dem gegenüber man gleichgültig ist. Gewöhnlich erachtet man das als wünschenswert, was Glück bringt, während das Gegenteil als verabscheuenswert angesehen wird. Gegenüber dem, was weder Glück noch Unglück bringt, ist man gleichgültig. Im Falle der Erleuchteten jedoch existieren diese Kategorien nicht. Denn sie betrachten alles als ein bloßes Spiel und sind daher gegenüber allem Sichtbaren und Unsichtbaren gänzlich gleichgültig.

Ich werde dir nun die Methode beschreiben, mit deren Hilfe das erlangt werden kann (siddhi oder psychische Kräfte), dem gegenüber der Weise der Selbsterkenntnis gleichgültig ist, welches von den irregeführten Personen dagegen als wünschenswert angesehen wird und was von einem, der die Absicht der Kultivierung der Selbsterkenntnis hegt, tunlichst vermieden werden sollte.

VASISHTHA fuhr fort:

Alle Errungenschaften beruhen auf vier Faktoren, nämlich Zeit, Ort, Tätigkeit und Mittel. Unter diesen ist Tätigkeit oder Bemühung der Schlüssel, weil sicherlich alle Bestrebungen nach Errungenschaft auf Tätigkeit oder Bemühung beruhen.

Es existieren einige perverse Praktiken, von denen behauptet wird, dass sie Errungenschaften möglich machen. Insbesondere in der Hand von unreifen Personen können diese Praktiken großen Schaden anrichten. Es gehören in diese Kategorie magische Pillen, Salben und Zauberstäbe wie auch die Verwendung von magischen Steinen, Drogen, Selbst-Kasteiungen und Zaubersprüchen. Darüber hinaus ist der Glaube falsch, dass allein der Aufenthalt an heiligen Plätzen wie Sri-Saila oder Meru jemanden befähigt, spirituelle Vollkommenheit zu erlangen.

Im Zusammenhang mit der Geschichte von Shikhidhvaja werde ich dir nun die Technik des Pranayama oder die Übung der Lebenskraft und die Errungenschaften, die man dadurch gewinnt, erläutern. Höre bitte aufmerksam zu.

Als Vorbereitung sollte man zunächst sämtliche Gewohnheiten und Neigungen ablegen, die nicht mit dem, was man zu erlangen trachtet, in Beziehung stehen. Man soll lernen, die Öffnungen des Körpers zu schließen und außerdem die verschiedenen Yoga-Haltungen praktizieren. Die Nahrung soll rein sein. Man soll die Bedeutung der heiligen Schriften kontemplieren. Die Gemeinschaft mit Heiligen und rechtes Betragen sind essenziell. Nachdem man allem entsagt hat, soll man bequem sitzen. Wenn man dann auf diese Weise einige Zeitlang

Pranayama praktiziert, ohne im Innern Ärger, Gier usw. aufsteigen zu lassen, wird die Lebenskraft vollkommen beherrscht.

Von der unumschränkten Herrschaft über die Erde bis zur totalen Befreiung – alles hängt von den Bewegungen der Lebenskraft ab. Daher sind alle diese Errungenschaften durch die Praxis des Pranayama erlangbar.

Tief innerhalb des Körpers gibt es eine Nadi, die man antraveshtika nennt. Sie ruht in den vitalen Teilen und ist die Quelle von hundert weiteren Nadis. Sie existiert in sämtlichen Lebewesen – in den Göttern, Dämonen und Menschen, in Tieren und Vögeln, Würmern und Fischen. In ihrer Quelle liegt sie aufgerollt. Sie ist verbunden mit allen lebenswichtigen Bahnen innerhalb des Körpers; vom Becken aufwärts bis zur Krone des Hauptes.

Innerhalb dieser Nadi wohnt die höchste Kraft. Genannt wird sie Kundalini (Schlangenkraft), weil sie aussieht als wäre sie aufgerollt. Sie ist die höchste Macht in allen Wesen und der Hauptbeweger aller Kräfte. Sobald das Prāna oder die Lebenskraft, die im Herzen wohnt, den Ort der Kundalini erreicht, taucht in einem ein Gewahrsein der Elemente der Natur auf. Sobald sich die Kundalini zu entrollen und zu bewegen beginnt, ist Gewahrsein in einem selbst.

Alle anderen Nadis (strahlenförmiger Energiefluss) sind ebenfalls sozusagen an die Kundalini gebunden. Die Kundalini ist daher der eigentliche Same des Bewusstseins und des Verstehens oder der Erkenntnis.

RAMA fragte:

Ist nicht das unendliche Bewusstsein ewig unteilbar? Wenn dies so ist – wie kann die Kundalini auftauchen und sich manifestieren und so dieses Bewusstsein offenbaren?

VASISHTHA fuhr fort:

In der Tat befindet sich stets überall nur dieses unendliche Bewusstsein. Es manifestiert sich jedoch hier und dort als die Elemente. Die Sonne bescheint alles, wird jedoch auf besondere Weise reflektiert, wenn die Strahlen auf einen Spiegel treffen. Auf ähnliche Weise scheint dasselbe unendliche Bewusstsein in einigen Elementen „verlorengegangen“, in anderen klar und wiederum in anderen Elementen in all seiner Pracht manifestiert zu sein.

So wie Raum überall nichts als (leerer) Raum ist, so ist Bewusstsein Bewusstsein und nichts anderes, was auch immer die Erscheinungsform sein mag. Es ist niemals einem Wandel unterworfen. Dieses Bewusstsein selbst ist die fünf Wurzelelemente. Mit deinem eigenen Bewusstsein siehst du dieses Bewusstsein, welches die fünf Wurzelelemente ist, auf dieselbe Weise, wie wenn du einen anderen in dir selbst oder mit einer Lampe hundert andere Lampen sehen würdest.

Aufgrund einer leichten Bewegung der Gedanken scheint dieselbe Wirklichkeit, die Bewusstsein ist, zu den fünf Elementen und dann zum Körper zu werden. Auf dieselbe Weise wird dasselbe Bewusstsein zu Würmern und anderen Kreaturen, zu Metallen und Mineralien, zu Erde und dem darauf Befindlichen, zu Wasser und weiteren Elementen. Daher ist die ganze Welt nichts anderes als die Bewegung von Energie im Bewusstsein, welche als die fünf Elemente erscheint. An irgendeiner Stelle ist dann diese Energie fühlend, an anderer dagegen erscheint sie als nicht-fühlend. Dies geschieht auf dieselbe Weise, wie Wasser, dem eisigen Wind ausgesetzt, gefriert und fest wird. So wird die Natur herangebildet und alle Dinge entsprechen dieser Natur.

Und trotzdem ist dies alles nichts als ein Spiel der Worte, eine Redeweise. Was sind denn Hitze und Kälte, Eis und Feuer? Noch einmal sei gesagt, dass alle diese Unterscheidungen nur aufgrund der Konditionierung und der Gedankenmuster auftauchen. Der weise Mensch ergründet daher die Natur dieser Konditionierung; er schaut, ob diese latent oder offenbar, gut oder böse ist. Darin besteht eine fruchtbare Ergründung – müßiges Argumentieren ist wie Boxen mit der Luft.

Latente Konditionierung erzeugt nicht-fühlende Wesen, offenbare Konditionierung lässt Götter, Menschen usw. entstehen. In einigen befindet sich eine dichte, zur Unwissenheit führende Konditionierung, in anderen wiederum ist die Konditionierung schwächer, was die Befreiung begünstigt. Diese Konditionierung ist für die Vielfalt der Kreaturen verantwortlich.

Denn für diesen kosmischen Baum, genannt die Schöpfung, ist die allererste Gedankenform der Same, während die verschiedenen Sphären die verschiedenen Teile des Baumes und Vergangenheit, Gegenwart und Zukunft seine Früchte sind. Die fünffachen Elemente, aus denen der Baum gebildet ist, entstehen aufgrund ihres eigenen Antriebs und verschwinden wieder aus eigenem Antrieb. Aus eigenem Antrieb vervielfältigen sie sich und nach Ablauf einer bestimmten Zeit werden sie wiederum vereint und bewegungslos.

VASISHTHA fuhr fort: VI.1:81

Die Kundalini funktioniert im Körper, der aus den fünf Elementen besteht, als Lebenskraft. Es ist dieselbe Kundalini, die verschiedentlich als Konditionierung oder Begrenzung, als Gemüt, Jiva, Bewegung der Gedanken, Intellekt (oder bestimmende Fähigkeit) und als Ich-Sinn bezeichnet wird, da sie die höchste Lebenskraft im Körper darstellt. Als apāna fließt sie beständig abwärts, als samāna wohnt sie im Solarplexus, und als udāna steigt diese Lebenskraft aufwärts. Aufgrund dieser Kräfte ist das Gesamtsystems im Gleichgewicht. Falls jedoch der abwärts gerichtete Zug zu stark ist und ihm keine entsprechende Kraft entgegenwirkt, erfolgt der Tod. Wenn die Bewegung der Lebenskraft so beherrscht wird, dass sie weder ab- noch aufwärts wandert, herrscht ein unaufhörlicher Zustand des Gleichgewichts, und sämtliche Krankheiten werden überwunden. Wenn andernfalls die gewöhnlichen (zweitrangigen) Nadis nicht richtig funktionieren, dann ist der Mensch geringfügigen Krankheiten unterworfen, während ernstliche Leiden auftreten, wenn die Hauptnadis betroffen sind.

RAMA fragte:

Worin bestehen die vyādhis (Krankheiten) und die ādhis (psychische Störungen) und was ist mit der Degeneration des Körpers gemeint? Bitte erleuchte mich dazu!

VASISHTHA fuhr fort:

Ādhi und vyādhi (Krankheiten) sind die Quellen der Leiden. Können sie vermieden werden, bedeutet das Wohlbefinden; ihr Aufhören bedeutet Befreiung. Manchmal tauchen sie gemeinsam auf, manchmal verursachen sie sich gegenseitig, und manchmal folgen sie einander. Die körperlichen Krankheiten nennt man vyādhi, während psychische Störungen, die durch psychologische Konditionierung (Neurosen) verursacht sind, ādhi genannt werden. Beide wurzeln in Unwissenheit und Schlechtigkeit. Sie enden, wenn die Selbsterkenntnis oder Erkenntnis der Wahrheit erlangt wird.

Durch Unwissenheit verliert man die Selbstbeherrschung und ist ständig von Zuneigungen und Abneigungen gequält und von Gedanken wie „dies habe ich gewonnen, nun habe ich noch dieses zu gewinnen". All dies verstärkt die Täuschung; all dies lässt psychische Störungen entstehen.

Physische Beschwerden werden durch Unwissenheit und deren Begleiterscheinung von fehlender mentaler Selbstkontrolle verursacht. Dies führt dann zu falschen Ernährungs- und Lebensgewohnheiten. Andere Ursachen sind ungeeignete und unregelmäßige Aktivitäten, ungesunde Lebensgewohnheiten, schlechte Gesellschaft, böse Gedanken. Auch diese werden von der Schwächung oder Blockierung der Nadis verursacht, wodurch der freie Fluss der Lebenskraft beeinträchtigt wird. Eine weitere Ursache ist eine ungesunde Umgebung. All dies wird natürlich letztlich durch die Früchte vergangener Handlungen, wie sie entweder in der näheren oder ferneren Vergangenheit begangen wurden, bestimmt.

VASISHTHA fuhr fort:

Alle diese psychischen Störungen und physischen Beschwerden entstehen aus den fünffachen Elementen. Ich werde dir nun mitteilen, wie diese aufhören. Physische Beschwerden sind zweifacher Art, nämlich gewöhnliche und ernstliche. Die ersteren tauchen aufgrund von alltäglichen Umständen auf, während die letzteren angeboren sind. Die ersteren werden mit Hilfe von täglichen medizinischen Maßnahmen und dem Annehmen einer richtigen mentalen Einstellung behoben. Die letzteren (ernstlichen) Beschwerden jedoch wie auch die psychischen Störungen hören erst dann auf, wenn die Selbsterkenntnis erlangt wird – die Schlange im Seil stirbt erst dann, wenn das Seil anstatt der Schlange gesehen wird. Selbsterkenntnis beendet sämtliche physischen und psychischen Störungen. Jedoch können physische Beschwerden, die nicht psychosomatischer Natur sind, auch durch medikamentöse Behandlung, Gebete und rechte Handlung wie auch durch Bäder behandelt werden. All diese Dinge werden in den medizinischen Abhandlungen beschrieben.

RAMA fragte:

Bitte teile mir mit, wie physische Beschwerden aus psychischen Störungen entstehen können und wie sie mit anderen als medizinischen Mitteln behandelt werden können.

VASISHTHA fuhr fort:

Bei mentaler Verwirrtheit kann man seinen eigenen Weg nicht klar wahrnehmen. Man wählt dann einen falschen Weg, weil man buchstäblich den Weg vor den eigenen Füßen nicht sieht. Die Lebenskräfte werden durch diese Verwirrtheit aufgerührt und fließen willkürlich und planlos in den Nadis auf und ab. Als Ergebnis davon leiden dann manche Nadis an Energiemangel, während andere wiederum durch zu viel Energie verstopft sind.

Schließlich entstehen Störungen im Stoffwechsel, Verstopfung, zu großer Appetit wie auch eine gestörte Funktion des Verdauungssystems. Nahrung verwandelt sich so in Gift. Der natürliche Umlauf der Nahrung im und durch den Körper wird angehalten. Dadurch entstehen die verschiedenen physischen Beschwerden.

So führen psychische Störungen zu physischen Beschwerden. So wie Myrobalan (Gerbstoff) die Gedärme arbeiten lässt, so helfen manche Mantras wie ya, ra, la, va diesen psychosomatischen Störungen ab. Weitere Maßnahmen sind reine und segenbringende Handlungen, den Heiligen dienen usw. Dadurch wird das Gemüt rein und im Herzen entsteht große Freude. Die Lebenskräfte fließen nun wieder ordnungsgemäß entlang der Nadis. Die Verdauung normalisiert sich, die Krankheiten hören auf.

Durch die Praxis von pūraka oder Inhalation bleibt der Körper stark, indem dadurch die Kundalini am unteren Ende des Rückgrats „gesättigt" und in einen Zustand des Gleichgewichts versetzt wird. Wenn durch Zurückhaltung des Atems sämtliche Nadis aufgewärmt sind, richtet sich die Kundalini wie ein Stab auf, und ihre Energien durchfluten dann sämtliche Nadis des Körpers. Aufgrund dessen werden die Nadis gereinigt und leicht. Dann ist der Yogi in der Lage, sich im Raum zu bewegen. Wenn die Kundalini durch den brahmā-Nadi aufsteigt und während des rechaka oder Exhalation den Punkt erreicht, der dvādaśānta genannt wird (zwölf Fingerbreiten ob der Krone des Hauptes) und die Kundalini dort eine Stunde lang gehalten werden kann, dann erblickt der Yogi die Götter und vollkommenen Wesen, die sich im Raum bewegen.

RAMA fragte:

Wie ist es diesen Sterblichen möglich, die himmlischen Wesen wahrzunehmen?

VASISHTHA fuhr fort:

In der Tat vermag kein Sterblicher himmlische Wesen mit seinen sterblichen Augen wahrzunehmen. Jedoch werden diese himmlischen Wesen wie im Traum mit den Augen der reinen Intelligenz gesehen. Die Himmlischen sind in der Lage, die Wünsche zu erfüllen. Das Wahrnehmen der himmlischen Wesen ist nicht anders als im Traum. Der einzige Unterschied ist, dass die Wirkung der Vision andauert. Noch einmal: Wenn jemand fähig ist, die Lebenskraft im dvādaśānta (zwölf Fingerbreiten vom Körper entfernt) eine beträchtliche Zeit nach der Exhalation zu halten, dann kann die Lebenskraft andere Körper betreten. Diese Macht ist der Lebenskraft eingeboren; obwohl sie unstetig ist, kann sie stetig gemacht werden. Weil die alles verhüllende Unwissenheit nicht substanziell ist, können wir solche außergewöhnlichen Vorkommnisse manchmal während der Bewegung der Energie in dieser Welt beobachten. Gewiss ist all dies nichts als Brahman – Vielfalt und verschiedene Funktionen sind nichts als Rede-weisen.

RAMA fragte:

Um in die engen Räume (Nadis) eindringen und dann den inneren Raum mit der Lebenskraft ausfüllen zu können, muss man seinen Körper atomisch und gleichzeitig fest machen! Wie kann man dies erreichen?

VASISHTHA fuhr fort:

Kommen Holz und Säge zusammen, wird das Holz zerteilt. Wenn jedoch zwei Stück Holz zusammen kommen, entsteht Feuer! All dies ist Teil der Natur.

[Das „sie" im folgenden Absatz bezieht sich möglicherweise auf das gastrische Feuer, die Lebenskraft oder vielleicht sogar die Kundalini. Vasishtha hat sicherlich kein besonders großes Interesse daran, hier präzise Unterscheidungen walten zu lassen!!] In diesem physischen Körper treffen im Unterleib zwei Kräfte aufeinander. Zusammen formen sie einen hohlen Stab. Darin ruht dann die Kundalini. Diese Kundalini befindet sich genau in der Mitte zwischen Himmel und Erde und vibriert immer mit der Lebenskraft. Im Herzen wohnend erfährt sie alles. Sie hält alle psychischen Zentren in konstanter Schwingung oder Bewegung. Sie verdaut und verzehrt jedes Ding. Sie macht die psychischen Zentren zittern durch die Bewegung des Prāna. Sie unterhält das Feuer im Körper, bis sämtliche Essenzen erschöpft sind.

Von Natur aus ist sie kühl, aber wegen ihr wird der Körper warm. Im ganzen Körper liegt sie ausgebreitet, obwohl sie im Herzen wohnt, wo sie vom Yogi kontempliert wird. Sie besitzt die Natur von jñāna (Erkenntnis) und in ihrem Licht werden ferne Objekte gesehen als wären sie nahe. Alles Kühle ist der Mond, das Selbst, und aus diesem Mond geht Feuer hervor. Der Körper ist aus diesem Mond und diesem Feuer gemacht. Tatsächlich besteht die ganze Welt aus diesen beiden, dem kühlen Mond und dem warmen Feuer. Oder du kannst diese Welt auch als die Schöpfung von Erkenntnis und Unwissenheit, des Realen und des Irrealen betrachten. In diesem Fall werden Bewusstsein, Licht und Erkenntnis als die Sonne oder das Feuer gesehen, während Finsternis und Unwissenheit als der Mond betrachtet werden.

VASISHTHA fuhr fort:

Feuer und Mond existieren aufgrund wechselseitiger kausaler Beziehung (im Körper). In gewisser Weise sind sie wie Same und Baum – das eine lässt das andere entstehen. In gewisser Weise aber sind sie auch wie Licht und Finsternis, wobei das eine das andere zerstört. (Wer dies alles in Frage stellt mit der Aussage: „Da es keinen Wunsch und keine Motivation gibt, sind solche Kausalitäten und Aktivitäten absolut unlogisch" sollte sofort verwiesen werden, denn diese Aktivitäten sind offensichtlich und werden von allen erfahren.)

Das (Feuer) Prāna trinkt die nektargleiche Kühle aus dem Munde des kühlen Mondes und erfüllt dabei den ganzen Raum innerhalb des Körpers. (Die Theorie des Yogis besagt, dass der Nektar im Gaumen zu fließen beginnt und vom gastrischen Feuer im Solarplexus verzehrt wird. Daher ist der kühle Mond die Ursache des verzehrenden Feuers. Er schreibt dann weiter *viparitakarani* vor, um diesen Verlust an Nektar zu verhindern. S.V.) Feuer stirbt und wird zum Mond, so wie der Tag endet und die Nacht anbricht. Am Knotenpunkt von Feuer und Mond, am Knotenpunkt von Licht und Finsternis, von Nacht und Tag, entsteht die Offenbarung der Wahrheit, welche sich sogar der Erkenntnis der Weisen entzieht.

Ebenso wie ein Tag aus Tag und Nacht besteht, ist der Jiva durch Bewusstsein und Trägheit gekennzeichnet. Feuer und Sonne symbolisieren Bewusstsein, während der Mond Finsternis oder Trägheit symbolisiert. So wie die Dunkelheit auf der Erde schwindet, wenn die Sonne am Himmel steht, so verschwindet die Finsternis der Unwissenheit und der Zyklus des Werdens gelangt an sein Ende, wenn das Licht des Bewusstseins gesehen wird. Und wenn der Mond (die Finsternis der Unwissenheit oder Trägheit) als das gesehen wird, was er ist, wird Bewusstsein als die einzige Wahrheit realisiert. Es ist dieses Licht des Bewusstseins, welches den leblosen Körper enthüllt. Bewusstsein selbst, unbewegt und nondual, kann nicht erfasst werden. Es kann jedoch durch seine eigene Reflektion, den Körper, realisiert werden.

Bewusstsein, das seiner selbst gewahr wird, gewinnt die ganze Welt. Sobald die Objektifizierung aufgegeben wird, geschieht die Befreiung. Prāna ist Hitze (Feuer), apāna ist der kühle Mond und beide wiederum existieren wie Licht und Schatten gemeinsam im Körper. Das Licht des Bewusstseins und der Mond der Beschreibung führen beide zusammen die Erfahrung herbei. Auch das Sonne und Mond genannte Phänomen, welches seit Beginn der Welt existiert hat, wohnt im Körper.

Oh Rāma, verbleibe in dem Zustand, in dem die Sonne den Mond in sich selbst absorbiert hat. Verbleibe in dem Zustand, in dem der Mond mit der Sonne im Herzen verschmolzen ist. Verbleibe in dem Zustand, in dem die Erkenntnis stattfindet, dass der Mond nichts als die Reflektion der Sonne ist. Kenne den Knotenpunkt von Sonne und Mond in dir selbst. Die äußeren Phänomene sind gänzlich uninteressant.

VASISHTHA fuhr fort: VI.1:82

Nun werde ich dir erklären, wie die Yogis ihre Körper atomisch klein oder riesengroß machen.

Es gibt da einen Funken Feuer, der knapp oberhalb des Herzenslotos brennt. Dieses Feuer nimmt sehr schnell zu, aber da es die Natur des Bewusstseins hat, steigt es als das Licht der Erkenntnis auf. Wenn es plötzlich so an Größe zunimmt, kann es den ganzen Körper auflösen; so wie das Wasserelement im Körper durch Hitze verdampft. Sobald es beide Körper (den physischen und den subtilen) hinter sich gelassen hat, kann es wandern, wohin es will. Die Kundalini-Kraft steigt wie Rauch aus dem Feuer empor und vereinigt sich sozusagen mit dem Raum. Diese Kundalini, die Gemüt, buddhi und Ich-Sinn fest im Griff behält, leuchtet als ein Staubpartikel. Dieser Funke oder Partikel ist dann fähig, überall hineinzugehen. Anschließend gibt die Kundalini die Wasser- und Erdelemente, die sie zuvor in sich selbst absorbiert hatte, wieder frei und der Körper nimmt seine ursprüngliche Gestalt wieder an. Auf diese Weise vermag der Jiva so winzig wie ein Atom und so riesig wie ein Berg zu werden.

Bisher habe ich dir die Yogische Methode beschrieben. Nun werde ich dir die Herangehensweise aus Sicht der Weisheit beschreiben.

Es gibt nur ein Bewusstsein, das rein, unteilbar, subtiler als das Subtilste, still und weder die Welt noch ihre Aktivitäten ist. Es ist seiner selbst gewahr – aufgrund dessen taucht dieser

Jiva auf. Dieser Jiva nimmt den unwirklichen Körper als wirklich wahr. Sieht der Jiva ihn jedoch im Lichte der Selbsterkenntnis, verschwindet diese Täuschung. Und auch der Körper wird dann gänzlich still. Der Jiva nimmt sodann den Körper nicht mehr wahr. Die Verwechslung des Körpers mit dem Selbst ist die allergrößte Täuschung, die auch das Licht der Sonne nicht vertreiben kann.

Wird der Körper als real wahrgenommen, wird er zu einem realen Körper. Wird er dagegen im Licht der Erkenntnis als irreal gesehen, verschmilzt er mit dem Raum. Welche Idee auch immer betreffend den Körper beibehalten wird, diese Idee wird dann zur Realität.

Eine andere Methode besteht in der Praxis der Exhalation, bei welcher der Jiva vom Sitz der Kundalini emporgehoben wird und seinen Körper aufzugeben hat, der dann leblos wie ein Stück Holz ist. Anschließend kann der Jiva dann einen anderen bewegten oder unbewegten Körper betreten und darin die gewünschten Erfahrungen machen. Nachdem er diese erlebt hat, kann er den alten Körper oder einen anderen einzig durch seine Willenskraft und zu seinem Vergnügen betreten. Er kann aber auch als das allesdurchdringende Bewusstsein verbleiben, ohne einen Körper anzunehmen.

VI.1:83 VASISHTHA fuhr fort:

Auf diese Weise gelangte die Königin Chudulai zu all ihren psychischen Kräften (wie etwa die Fähigkeit, sich selbst atomisch winzig oder riesengroß zu machen). Sie durchquerte den Himmel, tauchte in die tiefsten Ozeane und wanderte auf der Erde umher, ohne dabei jemals die Gesellschaft ihres Mannes aufzugeben. Sie ging in jede nur denkbare Substanz ein – Holz, Fels, Berge, Gras, Himmel und Wasser – ohne das geringste Hindernis. Sie wandelte mit den himmlischen Wesen und befreiten Weisen einher und unterhielt sich mit ihnen.

Obgleich sie alles unternahm, um auch ihren Mann zu erleuchten, blieb dieser gänzlich uninteressiert und lachte sogar über ihre angeblichen Narrheiten. Er blieb daher unwissend. Sie jedoch fand es nicht weise, ihm ihre psychischen Kräfte zu demonstrieren.

RAMA fragte:

Wenn nicht einmal eine solch große siddha-Yogini wie Chudulai das spirituelle Erwachen und die Erleuchtung von König Shikhidhvaja herbeiführen konnte, wie kann man dann überhaupt Erleuchtung erlangen?

VASISHTHA sagte:

Die Unterweisung des Schülers durch einen Lehrer ist nur der Weg der Tradition. Die Ursache der Erleuchtung besteht allein in der Reinheit des Bewusstseins des Schülers. Selbsterkenntnis wird weder durch Zuhören noch durch Ausübung rechtschaffener Handlungen erlangt. Nur das Selbst kennt das Selbst, nur die Schlange kennt ihre Füße! Jedoch…

Die Geschichte vom Stein der Weisen

Es lebte in den Vindhya-Bergen ein reicher Dorfbewohner. Als er einmal im Wald spazieren ging, verlor er eine Kupfermünze (ein Centstück). Weil er ein Geizhals war, begann er im Dickicht danach zu suchen. Die ganze Zeit über rechnete er: „Mit einem Cent werde ich ein kleines Geschäft machen, und schnell werden dann vier und schließlich acht Cent daraus usw.“ Drei Tage lang suchte er nach dem Geldstück und kümmerte sich nicht um den Spott der Zuschauer. Am Ende dieser drei Tage fand er plötzlich einen wertvollen Stein! (Es war der Stein der Weisen) Er nahm ihn mit sich nach Hause und lebte glücklich und zufrieden.

Was war der Grund dafür, dass der Geizhals den Stein der Weisen fand? Ganz gewiss sein Geiz und sein Suchen im Dickicht nach dem verlorenen Cent. Auf dieselbe Weise hält der Schüler im Falle der Unterweisung durch den Lehrer nach etwas Ausschau, um dann etwas anderes zu finden! Brahman ist jenseits der Sinne und des Gemüts – es kann durch die Unterweisung durch jemanden nicht erkannt werden. Doch erlangt man diese Erkenntnis auch nicht ohne die Unterweisung des Lehrers! Der Geizhals hätte den kostbaren Stein nicht gefunden, wenn er nicht im Gebüsch nach seinem Cent gesucht hätte. Daher wird die Unterweisung durch den Lehrer als die Ursache der Selbsterkenntnis bezeichnet, obwohl sie nicht die Ursache ist! Sieh nur dieses Mysterium der Māyā, oh Rāma – man sucht etwas, erlangt aber etwas anderes!

VASISHTHA fuhr fort: VI.1:84

Ohne alle Selbsterkenntnis war König Shikhidhvaja geblendet von der Täuschung. Er versank im Kummer, den nichts in der Welt mildern kann. Schon bald begann er, wie du oh Rāma, die Abgeschiedenheit zu suchen und erledigte nur noch diejenigen königlichen Pflichten, die seine Minister ihm zu tun nahelegten. Er war großzügig in seiner Wohltätigkeit. Er übte verschiedene Entsagungspraktiken. Bezüglich seiner Täuschung und der Sorgen trat jedoch kein Wandel ein. Nach beträchtlichen Bemühungen sagte er eines Tages:

SHIKHIDHVAJA sprach zur Königin:

Meine Teure, ich habe nun lange Zeit die Regentschaft genossen und mich aller königlichen Vergnügen erfreut. Das Gemüt des Asketen vermögen weder Vergnügen noch Schmerz, Wohlstand noch Missgeschick zu stören. Ich will mich in den Wald zurückzuziehen und ein Asket zu werden. Dieser herrliche Wald, der dir in jeder Hinsicht ähnlich sieht (hier folgt eine romantische Beschreibung des Waldes, in der dieser mit den Gliedern der Königin verglichen wird), soll mein Herz so entzücken wie er deines entzückte. Gib mir daher die Erlaubnis zu gehen, denn eine gute Gattin sollte sich den Wünschen ihres Gatten nicht widersetzen.

CHUDULAI erwiderte:

Mein Gebieter, nur diejenige Handlung leuchtet als angemessen, die zur richtigen Zeit unternommen wird, so wie die Blumen der Frühlingszeit und die Früchte der Herbstzeit angemessen sind. Das Leben im Walde ist der späteren Lebenszeit zugedacht, jedoch nicht einem Menschen in deinem Alter. In deinem Alter ist das Leben eines Haushälters angemessen. Wenn wir älter geworden sind, werden wir beide dieses Leben aufgeben und in den Wald gehen! Außerdem werden deine Untertanen über deine unzeitgemäße Abreise aus dem Königreich trauern.

SHIKHIDHVAJA sagte:

Meine Teure, lege keine Hindernisse in meinen Weg. Wisse, dass ich mich bereits für den Wald entschieden habe! Du bist noch ein Kind. Für dich ist es nicht richtig, im Wald zu leben und ein hartes, asketisches Leben zu führen. Bleibe daher hier und regiere das Königreich.

VASISHTHA fuhr fort:

In der folgenden Nacht, als die Königin noch schlief, verließ der König den Palast unter dem Vorwand, in der Stadt auf Streife zu gehen. Er ritt den ganzen Tag und erreichte schließlich am Mandara-Berg einen dichten Dschungel. Dieser war weit, weit entfernt von menschlichen Behausungen. Es gab Anzeichen dafür, dass dieser Ort früher von heiligen Brāhmanen bewohnt worden war. Dort baute er für sich selbst eine Hütte und stattete diese mit allem aus, was er als notwendig für ein asketisches Leben erachtete, wie etwa einem Bambusstock, einem Teller für das Essen, einem Wasserkessel, einer Schale für die Blumen, einem kamandalu, einem Rosenkranz (Mala), Kleidung als Schutz vor der Kälte, einem Hirschfell. Dann nahm er das asketische Leben auf. Den ersten Teil des Tages verbrachte er mit Meditation und Japa (Wiederholung heiliger Mantras). Den zweiten Teil des Tages verbrachte er mit dem Sammeln von Blumen. Dann folgten das Bad und anschließend die Verehrung der Gottheit. Danach nahm er ein karges Mahl ein bestehend aus Früchten und Wurzeln. Den Rest des Tages verbrachte er mit Japa oder der Wiederholung von Mantras. So lebte er eine lange Zeit in der Hütte, ohne jemals an sein Königreich usw. zu denken.

VI.1:85 VASISHTHA fuhr fort:

Chudulai erwachte mit einem Schreck, als sie entdeckte, dass ihr Gemahl den Palast verlassen hatte. Sie fühlte sich unglücklich und kam zu dem Ergebnis, dass ihr Platz an der Seite ihres Gemahls sei. Rasch verließ auch sie durch ein kleines Fenster den Palast und flog durch den Himmel und hielt dabei Ausschau nach ihrem Gemahl. Schon bald hatte sie ihn entdeckt, wie er im Wald umherwanderte. Jedoch bevor sie sich in seiner Nähe niederließ, begann sie mit Hilfe ihrer psychischen Kräfte die zukünftigen Ereignisse zu schauen. Sie vermochte alles zu sehen, wie es entsprechend dem Schicksal zu geschehen hatte, bis in das kleinste Detail. Indem sie sich dem Unvermeidlichen beugte, kehrte sie auf der gleichen Himmelsroute zum Palast zurück.

Chudulai kündigte an, dass der König den Palast für eine wichtige Mission verlassen habe. Von nun an übernahm sie selbst die Staatsangelegenheiten. Achtzehn Jahre lang weilte sie im Palast, während ihr Gemahl im Walde lebte, und niemals trafen sie einander. Ihr Gemahl begann, erste Zeichen des Alterns zu zeigen.

Nun „sah" Chudulai, dass das Gemüt ihres Mannes beträchtlich an Reife gewonnen hatte und ihre Aufgabe darin bestand, ihm bei der Erlangung der Erleuchtung zu helfen. Nachdem sie diesen Entschluss gefasst hatte, verließ sie des Nachts den Palast und begab sich an den Ort, wo ihr Gemahl lebte. Sie nahm in den Himmeln die himmlischen Wesen und die vollkommenen Weisen wahr. Sie durchflog die Wolken, atmete den himmlischen Duft ein und schaute mit großer Erwartung der Wiedervereinigung mit ihrem Gemahl entgegen. Sie war erregt und ihr Gemüt befand sich in Aufruhr. Nachdem sie ihres mentalen Zustandes gewahr geworden war, sagte sie sich: „Oh, so lange in diesem Körper Leben ist, hört dessen Natur nicht auf, aktiv zu sein. Sogar mein Gemüt ist so stark erregt! Oder vielleicht, oh Gemüt, suchst du deinen eigenen Gemahl? Aber es kann auch sein, dass mein Gatte nach all diesen Jahren der Askese sein Königreich und mich vergessen hat. In diesem Fall ist es gänzlich überflüssig, oh Gemüt, durch die Aussicht des Wiedersehens mit ihm in Erregung zu geraten! Ich werde das Gleichgewicht im Herzen meines Gemahls so wieder herstellen, dass er in sein Königreich zurückkehrt, wo wir dann zusammen eine lange Zeit glücklich leben werden. Das Entzücken, welches in einem Zustand vollkommenen inneren Gleichgewichts empfunden wird, ist jedem anderen Glück überlegen."

Während sie so dachte, erreichte Chudulai den Mandara-Berg. Noch in der Luft befindlich, erblickte sie ihren Gemahl wie einen völlig Fremden, denn der König, der früher in königliche Gewänder gekleidet war, erschien nun als ein abgezehrter Asket. Chudulai war erschüttert vom herzzerreißenden Anblick ihres Gatten, gekleidet in groben Stoff, mit verfilztem Haar, still und einsam und mit beträchtlich dunklerer Haut, als hätte er in einem Fluss voll Tinte gebadet. Einen Moment lang dachte sie: „Oh weh – dies ist wahrhaftig die Frucht der Torheit! Denn nur Toren gelangen in den Zustand, in dem der König ist. Sicherlich geschah es aufgrund seiner Täuschung, dass er sich hier in dieser Einsiedelei selbst abgeschlossen hat. Hier und jetzt werde ich ihm nun zur Erleuchtung verhelfen. Ich werde mich ihm in einer Verkleidung zeigen."

VASISHTHA fuhr fort:

Da sie fürchtete, dass Shikhidhvaja aufs Neue ihre Unterweisung verspotten und sie immer noch für ein unwissendes Mädchen halten würde, verwandelte Chudulai sich selbst in einen jungen, Brāhmanen Asketen und ließ sich direkt vor ihrem Gemahls nieder. Shikhidhvaja erblickte den jungen Asketen und war hoch erfreut. Beide schienen einander in ihrem spirituellen Glanz übertreffen zu wollen. Der junge Asket war in der Tat so unvergleichlich strahlend, dass Shikhidhvaja ihn für ein himmlisches Wesen hielt. Er brachte dem Asketen seine Verehrung entgegen. Chudulai nahm die Verehrung an und bemerkte: „Ich habe die ganze Welt bereist, aber noch nie bin ich mit solcher Hingabe verehrt worden! Ich bewundere deine Ruhe und Entsagung. Du hast dich entschlossen, auf des Messers Schneide zu wandern, indem du dein Königreich aufgegeben und dich in die Waldeinsamkeit zurückgezogen hast."

Shikhidhvaja erwiderte: „Gewiss weißt du alles. Oh Sohn der Götter! Durch deinen bloßen

Blick ergießt sich der Nektar über mich. Ich habe eine liebliche Ehefrau, die jetzt mein Königreich regiert, und du ähnelst ihr in gewisser Weise. Und die Blumen, die ich dir in Verehrung dargeboten habe, mögen sie gesegnet sein. Das Leben findet seine Erfüllung in der Verehrung der Gäste, die unerwartet eintreffen. Die Verehrung eines solchen Gastes ist sogar der Verehrung der Götter überlegen. Bitte sage mir, wer du bist und wie ich den Segen deines Besuches verdiene?“

DER BRĀHMANE (Cudala) sprach:

Es gibt einen heiligen Mann in diesem Universum, den man Nārada nennt. Einst war er in einer Höhle am Ufer des heiligen Flusses Ganga in Meditation versunken. Am Ende seiner Meditation hörte er den Klang von Armreifen, die anscheinend einigen Leuten gehörten, die sich im Wasser vergnügten. Aus bloßer Neugierde blickte er in ihre Richtung und erschaute einige der höchsten himmlischen Nymphen, die nackt im Wasser spielten. Sie waren unbeschreiblich schön. Sein Herz erfuhr ein Entzücken und sein Gemüt verlor einen Augenblick lang das Gleichgewicht, überwältigt von Lust.

SHIKHIDHVAJA fragte:

Oh Heiliger, obschon er ein Weiser von großem Wissen und sogar ein Befreiter war, ohne Wunsch und Anhaftung, und obschon sein Bewusstsein unbegrenzt wie der Himmel war, wie kam es, dass er von Lust überwältigt wurde?

DER BRĀHMANE (Cudala) sagte:

Oh königlicher Weiser, sämtliche Wesen in den drei Welten einschließlich der Götter im Himmel haben einen Körper, der den zweifachen Mächten unterworfen ist. Ob man nun unwissend oder weise ist – so lange man verkörpert ist, ist der Körper dem Glück und dem Unglück, Vergnügen und Schmerz unterworfen. Indem man sich erfreulichen Objekten hingibt, erfährt man Vergnügen und durch Mangel daran (Hunger usw.) erfährt man Qualen. Darin besteht nun einmal die Natur der Dinge.

DER BRĀHMANE (Cudala) fuhr fort:

Wird das Selbst, welches die Wirklichkeit und rein ist, auch nur einen Moment lang vergessen, dann erfährt das Objekt der Erfahrung eine Erweiterung. Dies geschieht nicht, sofern ein ungebrochenes Gewahrsein herrscht. So wie Finsternis und Licht seit jeher mit Tag und Nacht in Verbindung gebracht werden, so hat die Erfahrung von Freude und Schmerz für den unwissenden Menschen die Existenz des Körpers bestätigt. Im Weisen jedoch, auch wenn eine solche Erfahrung im Bewusstsein reflektiert wird, erzeugt sie keinen Eindruck. Wie im Fall eines Kristalls wird der weise Mensch von einem Objekt nur dann beeinflusst, wenn dieses sich aktuell und physisch in seiner unmittelbaren Nähe befindet. Die unwissende Person jedoch ist so stark beeinflusst, dass sie über die Objekte sogar in deren Abwesenheit brütet. Das ist also das Kennzeichen: Eine ausgedünnte Verletzlichkeit bedeutet Befreiung, während die dichte Eintrübung des Gemüts Bindung bedeutet.

(Als Erwiderung auf Shikhidhvajas Frage: „Wie können Vergnügen und Schmerz sogar in der Abwesenheit des Objektes auftreten?", sprach der Brāhmane:) Die Ursache liegt in dem Eindruck, der über den Körper, die Augen usw. im Herzen empfangen worden ist. Später dann erweitert sich dieses von selbst. Sobald das Herz erregt ist, erregt die Erinnerung den Jiva am Sitz der Kundalini. Die Nadis, die im gesamten Körper verzweigt sind, werden betroffen. Die Erfahrungen von Vergnügen und von Schmerz betreffen die Nadis jedoch unterschiedlich – nur in der Erfahrung von Vergnügen, nicht aber im Schmerz, erweitern sie sich sozusagen und blühen auf.

Wenn der Jiva nicht mehr in den Zustand der erregten Nadis kommt, ist er befreit. Bindung ist nichts anderes als die Unterwerfung des Jiva unter Vergnügen und Schmerz. Der Jiva wird schon allein durch den „Anblick" von Vergnügen und Schmerz erregt. Erkennt er jedoch mit Hilfe der Selbsterkenntnis, dass Vergnügen und Schmerz in Wahrheit nicht existieren, erlangt er sein Gleichgewicht wieder. Oder er erlangt die totale Freiheit, wenn er realisiert, dass Vergnügen und Schmerz weder in ihm noch er in ihnen existiert. Sobald er realisiert, dass all dies nichts als das eine unendliche Bewusstsein ist, erlangt er sein Gleichgewicht zurück. Wie eine Lampe ohne Öl wird er nicht aufs Neue erregt. Der Jiva wird dann als nichtexistierend erkannt und ins Bewusstsein reabsorbiert, in dem er nur der erste auftretende Wurzelgedanke ist.

(zur Frage Shikhidhvajas, wie die Erfahrung von Vergnügen zu einem Verlust von Energie führen könne, antwortete der Brāhmane:) Wie ich schon sagte, bewegt der Jiva die Lebenskraft. Die Bewegung der Lebenskraft entzieht die vitale Energie aus dem ganzen Körper. Diese Energie fließt dann als Samenenergie hinab und wird auf natürliche Weise entladen.

(Nach dem Wesen der Natur befragt, antwortete der Brāhmane:) Ursprünglich existierte Brahman allein als Brahman. In ihm tauchten wie Wellen auf der Oberfläche des Ozeans unzählbare Substanzen auf. Dies ist, was man Natur nennt. Sie steht nicht kausal mit Brahman in Zusammenhang, sondern geschieht so, wie zufällig eine Kokosnuss fällt, wenn eine Krähe auf der Kokospalme landet. In dieser Natur finden sich die verschiedensten Geschöpfe, die mit den unterschiedlichsten Eigenschaften ausgestattet sind.

DER BRĀHMANE (Cudala) fuhr fort: VI.1:

Durch die Natur des Selbst wird das Universum geboren. Es wird durch Selbstbegrenzung 86,87
oder Konditionierung aufrechterhalten, die aufgrund von ständig wechselnder Ordnung und Unordnung entsteht. Hören diese Selbstbegrenzung und die Konflikte zwischen Ordnung und Unordnung auf, werden die Wesen nicht wieder geboren.

(Fortfahrend mit der Geschichte von Nārada sprach der Brāhmane:) Nārada erlangte seine Selbstbeherrschung zurück. Er sammelte den Samen, der vergossen wurde, in einem Kristallgefäß. Anschließend füllte er ihn mit Milch, die er mit Hilfe seiner Gedankenkraft erzeugt hatte. Nach einer gewissen Zeit gebar dieses Kristallgefäß ein Kind, das in jeder Hinsicht vollkommen war. Nārada taufte das Kind und teilte ihm im Laufe der Zeit die höchste Weisheit mit. Der Knabe war ein Ebenbild seines Vaters.

Später nahm Nārada den Jungen mit zu Brahmā, dem Schöpfer, dem Vater Nāradas. Brahmā segnete den Jungen (dessen Name Kumbha war) mit der höchsten Weisheit. Dieser Junge, dieser Kumbha, der Enkel Brahmas, steht nun vor dir. Ich durchwandere die Welt zu meinem Vergnügen, denn ich habe nichts darin zu gewinnen. Wenn ich in diese Welt komme, berühren meine Füße nicht die Erde.

(Nachdem Vasishtha so gesprochen hatte, ging der siebzehnte Tag zur Neige.)

SHIKHIDHVAJA sprach:

Es ist wahrhaftig die Erfüllung vergangener guter Taten, die in vielen Inkarnationen getan wurden, dass ich dich heute getroffen habe und den Nektar deiner Weisheit trinke! Nichts in der Welt kann den Frieden geben, den die Gemeinschaft mit Heiligen einem Menschen verleiht.

DER BRĀHMANE (Cudala) sagte:

Ich habe dir meine Lebensgeschichte erzählt. Bitte teile du mir nun mit, wer du bist und was du hier tust. Wie lange bist du schon hier? Erzähle mir alles wahrheitsgemäß, denn Einsiedler sprechen nur die Wahrheit.

SHIKHIDHVAJA erwiderte:

Oh Sohn der Götter, du hast Kenntnis von allen Dingen wie sie sind. Was soll ich dir denn noch erzählen? Ich lebe in diesem Dschungel aufgrund meiner Furcht vor diesem Samsara (Weltzyklus oder Zyklus von Geburt und Tod). Obgleich du schon alles weißt, werde ich dir kurz meine Geschichte erzählen. Ich bin König Shikhidhvaja. Ich habe mein Königreich aufgegeben. Ich fürchte diesen Samsara, in dem man wiederholt und abwechselnd Vergnügen und Schmerz, Geburt und Tod erlebt. Obwohl ich jedoch weit gewandert und ausgiebigen Entsagungspraktiken nachgegangen bin, habe ich Frieden und Stillheit noch nichtgefunden. Mein Gemüt ist immer noch ruhelos. Ich ergehe mich weder in Aktivitäten, noch suche ich irgendeinen Gewinn zu erzielen – ich bin alleine hier und hafte an nichts. Und doch bin ich trocken und unerfüllt. Ich habe ununterbrochen sämtliche Kriyas (Yogische Methoden) praktiziert. Und doch schreite ich nur vom Kummer zu größerem Kummer; sogar Nektar wird für mich zu Gift.

DER BRĀHMANE (Cudala) sagte:

Einst fragte ich meinen Großvater: „Was ist besser – kriyā (Handlung, die Praktik einer Technik) oder jñāna (Selbsterkenntnis)?" Er sprach dann zu mir:

„Gewiss ist jñāna dem kriya überlegen, denn durch jñāna realisiert man das Eine, welches als Einziges ist. Dagegen wurde kriyā schon immer als Zeitvertreib beschrieben. Wenn man jñāna nicht besitzt, dann klammert man sich an kriyā; wenn man keine gute Kleidung hat, klammert man sich an einen Sack.

Die Unwissenden sind aufgrund ihrer Konditionierung (Vasana) durch die Früchte ihrer Handlungen gefangen. Wird die Konditionierung aufgegeben, wird Handlung zur Nicht-Handlung, gleichgültig ob sie nun als gut oder böse betrachtet wird. Wenn es keine Selbst-

Begrenzung oder Wollen gibt, tragen die Handlungen keine Früchte mehr. Handlungen selber erzeugen keinerlei Reaktionen oder „Früchte" – es sind die Vasana oder das Wollen, die Früchte aus einer Handlung erzeugen. So wie ein schreckhafter Junge sich einen Geist vorstellt und diesen dann auch tatsächlich vor sich sieht, so hat der Unwissende die Ideen von Sorgen und erleidet dann auch Sorgen.

Jedoch sind weder die Vasana (Selbst-Begrenzung oder Konditionierung) noch der Ich-Sinn real! Sie entstehen aufgrund von Torheit. Sobald diese Torheit aufgegeben wird, entsteht die Realisierung, dass all dies nichts als Brahman ist und Selbst-Begrenzung nicht existiert. Gibt es Vasana, dann gibt es das Gemüt. Hören die Vasana im Gemüt auf, entsteht die Selbsterkenntnis. Wenn jemand die Selbsterkenntnis erlangt hat, wird er nicht wiedergeboren."

Daher haben schon die Götter, Brahmā und andere, erklärt, dass die Selbsterkenntnis das Höchste ist. Weshalb bleibst du noch weiter unwissend? Weshalb denkst du: „Dies ist das kamandalu", „Dies ist ein Stock" und verbleibst unwissend? Weshalb ergründest du nicht: „Wer bin ich?", „Wie ist diese Welt entstanden?" und „Wie gelangt all dies an ein Ende?" Weshalb erreichst du nicht den Zustand der Erleuchteten, indem du die Natur von Bindung und Befreiung ergründest? Weshalb verschwendest du deine Zeit mit nutzlosen Askesepraktiken und anderen Kriyas? Du erlangst Selbsterkenntnis, indem du die Gemeinschaft mit Heiligen suchst, ihnen dienst und sie befragst.

SHIKHIDHVAJA sagte:

Oh, ich wurde durch dich wahrhaftig erweckt, oh Weiser! Ich gebe die Torheit auf! Du bist mein Guru, ich bin dein Schüler. Bitte unterweise mich in deinem Wissen, welches allen Kummer vertreibt.

DER BRĀHMANE (Cudala) erwiderte:

Oh königlicher Weiser, ich werde dich unterrichten, wenn du zuhören kannst und meine Worte würdigst. Eine Unterweisung wird ergebnislos verlaufen, wenn man nur auf Fragen Antworten gibt, wenn der Fragende nicht wirklich zuzuhören bereit ist und die Lehren nicht schätzt und sie sich nicht aneignet. (Nachdem sie die entsprechende Versicherung Shikhidhvajas erhalten hatte, sprach Chudulai:) Höre nun aufmerksam zu, denn ich werde dir eine Geschichte erzählen, die der deinen ähnelt.

Die Geschichte vom Chintamani

DER BRĀHMANE (Cudala) sprach: VI.1:88

Es gab einmal einen Mann, der in sich selbst eine nahezu undenkbare Verbindung von Reichtum und Klugheit vereinigte. Er besaß die besten Eigenschaften, er war erfolgreich in seinen Geschäften und erreichte alle seine Ziele; aber er war seines Selbstes nicht gewahr. Er begann schließlich mit Entsagungspraktiken, um das himmlische Juwel namens Chintamani zu gewinnen (der Stein der Weisen, von dem man sagt, dass er seinem Besitzer sämtliche Wünsche erfüllt). Seine Bemühungen waren so intensiv, dass nach kurzer Zeit das gewünschte Juwel vor ihm erschien. Was ist unmöglich für jemanden, der bis zum Äußersten nach etwas strebt? Wenn man sich voll und ganz einer Aufgabe widmet und dabei Mühen und Schwierigkeiten nicht beachtet, dann wird auch ein armer Mann das Ziel erreichen.

Dieser Mann sah also das Juwel vor sich in unmittelbarer Reichweite. Jedoch war er unfähig, eine Gewissheit über dieses Objekt zu erlangen. Mit einem Gemüt, das verwirrt war von all dem Kämpfen und Leiden, begann er zu grübeln: „Kann dies der Chintamani sein? Oder ist er es vielleicht nicht? Soll ich ihn berühren oder nicht? Vielleicht wird er verschwinden, wenn ich ihn anfasse? Es ist doch unmöglich, ihn in so kurzer Zeit zu erlangen! Die Schriften erklären, dass er nur nach lebenslangem Streben erlangt werden kann. Ich bin ja nur ein armer, gieriger Mensch – gewiss bilde ich mir die Existenz dieses Juwels vor mir nur ein. Womit hätte ich das Glück verdient, es so bald zu erlangen? Es mag Große geben, die dieses Juwel in so kurzer Zeit rechtmäßig ihr Eigen nennen können, aber ich selbst bin doch nur ein gewöhnlicher Mann mit nur wenig durch Entsagung erworbenen Verdiensten. Wie könnte ich es daher in so kurzer Zeit erlangt haben?“

Da er so verwirrt war, tat er nichts, um das Juwel an sich zu nehmen. Er war nicht dazu ausersehen, es zu erlangen. Man bekommt immer nur das, was man verdient, und wann man es verdient. Sogar als das himmlische Juwel vor ihm lag, ignorierte es der Dummkopf! Das Juwel aber, unbeachtet geblieben, verschwand wieder. Psychische Kräfte (siddhis) verleihen einem Menschen alles, wonach er verlangt. Haben sie dann seine Weisheit restlos zerstört, gehen sie fort und kehren nicht mehr zurück. Dieser Mann setzte dann seine Entsagungsbemühungen fort, um den Chintamani zu erlangen. Die Fleißigen geben ihre Unternehmungen niemals auf. Nach einiger Zeit sah er ein Stück farbiges Glas, das zufällig während des Spiels der himmlischen Wesen herunterfiel. Er dachte, dass dies nun endlich der Chintamani sei und griff gierig danach. Überzeugt, dass er nun alles erlangen werde, was er sich wünscht, gab er seinen Wohlstand, seine Familie usw. auf und ging in den Dschungel. Wegen seiner Dummheit erfuhr er dort aber nichts als Leiden. Unglück, Altern und Tod sind nichts im Vergleich mit dem durch Dummheit verursachten Leiden. Tatsächlich ist die Dummheit die Krönung aller Leiden und Notlagen!

Die Geschichte vom dummen Elefanten

DER BRĀHMANE (Cudala) fuhr fort:

Höre dir nun, oh König, eine weitere Geschichte an, die der deinen ähnlich ist. Im Vindhya-Wald gab es einst einen Elefanten, der außerordentlich stark und mit mächtigen Stoßzähnen bewaffnet war. Der Elefantentreiber hatte ihn jedoch in einen Käfig gesperrt. Dadurch und wegen der wiederholten Anwendung des Stachelstocks durch den Treiber erlitt der Elefant große Pein.

Wenn der Treiber fort war, versuchte sich der Elefant aus dem Käfig zu befreien. Er setzte diese Bemühungen drei Tage lang fort. Schließlich hatte er den Käfig zertrümmert. Doch da entdeckte der Treiber, was der Elefant angerichtet hatte. Während der Elefant sich bereits auf der Flucht befand, erkletterte er einen Baum in der Absicht, sich auf den Rücken des Elefanten zu werfen und ihn erneut zu unterwerfen. Als er heruntersprang, verfehlte er jedoch den Kopf des Elefanten und stürzte direkt vor ihm nieder. Der Elefant sah seinen Peiniger (den Treiber) vor sich am Boden liegen, doch wurde er von Bedauern überwältigt und tat ihm daher nichts zuleide. Mitgefühl findet man sogar bei den wilden Tieren. Der Elefant ging weiter.

Der Treiber stand auf, er war nicht ernstlich verletzt. Der Körper eines Bösewichts nimmt nicht so leicht Schaden! Ihre bösen Taten scheinen ihre Körper sogar noch zu stärken. Der Treiber wollte den Verlust des Elefanten nicht hinnehmen. Er durchstreifte den Wald auf der Suche nach dem verlorenen Elefanten. Nach einer langen Zeit sah er den Elefanten am Rande eines dichten Urwaldes stehen. Er holte weitere Elefantentreiber und grub, eifrig um den Fang des Elefanten bemüht, mit ihrer Hilfe ein riesiges Erdloch. Das Erdloch deckten sie mit Laubwerk zu.

Nach ein paar Tagen fiel der mächtige Elefant in die Grube. Und so steht der Elefant immer noch in seinem Käfig, nachdem er von seinem grausamen Besitzer erneut gefangen und gefesselt wurde!

Der Elefant hatte versäumt, den Feind zu töten, obschon er vor ihm am Boden lag und musste daher neue Qualen auf sich nehmen. Wer aufgrund von Dummheit die Gelegenheit, die sich ihm bietet, nicht nutzt und auf diese Weise alle Hindernisse beseitigt, lädt den Kummer ein. Aufgrund der falschen Selbstzufriedenheit des Gedankens „ich bin frei" geriet der Elefant erneut in Ketten, denn die Dummheit lädt den Kummer geradezu ein. Torheit bedeutet, gebunden zu sein, Oh Heiliger! Jemand, der gebunden ist, glaubt in seiner Dummheit, dass er frei ist. Obwohl in den drei Welten nichts als das Selbst existiert, ist all dies für jemanden, der fest in der Dummheit lebt, nur eine Ausdehnung der Dummheit.

SHIKHIDHVAJA sagte: VI.1:90

Heiliger, erkläre mir bitte die Bedeutung dieser Geschichten!

DER BRĀHMANE (Cudala) sprach:

Der reiche, gebildete Mann, der auf die Suche nach dem himmlischen Juwel ging, bist du selbst, oh König! Du verfügst über die Kenntnis der Schriften und doch ruhst du nicht im Frieden – so wie ein Stein, der im Wasser ruht. Chintamani bedeutet die totale Entsagung von allem, und dies setzt dann allen Sorgen ein Ende. Durch reine, totale Entsagung wird alles gewonnen. Was ist im Vergleich damit das himmlische Juwel? Insofern du bereit warst, das Reich usw. aufzugeben, hast du eben diese totale Entsagung erfahren.

Nachdem du allem entsagt hattest, gelangtest du in diese Einsiedelei. Jedoch ist da noch etwas, dem du entsagen musst – dein Ich-Sinn. Wenn das Herz das Gemüt aufgibt (die Bewegung der Gedanken), entsteht die Realisation des Absoluten. Du jedoch bist beherrscht von dem Gedanken der Entsagung, den deine eigene Entsagung in dir erzeugt hat. Jedoch ist dies nicht die Seligkeit, die aus totaler Entsagung entsteht. Wer alles aufgegeben hat, wird nicht von der Sorge heimgesucht; wenn der Wind die Zweige eines Baumes hin und her bewegt, kann man nicht sagen, er sei unbeweglich.

Solche Sorgen (oder Gedankenbewegungen) sind selbst das Gemüt. Gedanken (Ideen, Konzepte) sind nur ein anderer Name für dieselbe Sache. Wie kann das Gemüt als ein entsagendes Gemüt bezeichnet werden, wenn es darin immer noch Gedanken gibt? Sobald das Gemüt durch Gedanken (Sorgen usw.) bewegt wird, erscheinen sofort die drei Welten. So lange also noch Gedanken da sind, kann es auch keine reine und totale Entsagung geben. Folglich: Sobald solche Gedanken in deinem Herzen entstehen, wird deine Entsagung dein Herz verlassen (wie der Chintamani den Mann verlassen hat). Weil du den Geist der Entsagung nicht genügend verstanden und geschätzt hast, hat er dich verlassen – zusammen mit der Freiheit von Gedanken und Sorgen.

Als du dann von dem Juwel (dem Geist der totalen Entsagung) verlassen worden bist, hast du anstelle dessen das wertlose Stück Glas (die Askesepraktiken und alles andere) aufgelesen und es aufgrund deiner Getäuschtheit als etwas Wertvolles betrachtet. Du hast damit das unkonditionierte, unangehaftete und unendliche Bewusstsein durch die nutzlose Ausübung von Askesepraktiken ersetzt, die einen Anfang und ein Ende haben und daher, oh weh, nur zu neuen Sorgen führen. Wer die unendliche Freude aufgibt, die leicht zu erlangen ist, und sich anstelle dessen mit dem Erwerb des Unmöglichen befasst, ist gewiss ein dickköpfiger Narr und Selbstmörder. Du bist in die Falle dieses Waldlebens gefallen und hast nicht versucht, den Geist der totalen Entsagung wachzuhalten. Du hast die Fesseln des Königreiches und all der anderen Dinge aufgegeben, nur um durch das gebunden zu werden, was als asketisches Leben bezeichnet wird. Jetzt leidest du sogar noch mehr als vorher durch Kälte, Hitze und Wind usw. und bist noch enger gefesselt. Törichterweise denkst du: „Ich habe den Chintamani erworben!", aber in Wahrheit hast du nicht einmal ein Stückchen Kristall in der Hand!

Darin liegt die Bedeutung der ersten Geschichte.

VI.1:91 DER BRĀHMANE (Cudala) fuhr fort:

Höre dir nun die Bedeutung der zweiten Geschichte an.

Was als der Elefant im Vindhya-Wald beschrieben wurde, bist du selbst auf dieser Erde. Die zwei mächtigen Stoßzähne sind viveka (Unterscheidung, Weisheit) und vairāgya (Leidenschaftslosigkeit), die du beide besitzt. Der Treiber, der den Elefanten quälte, ist die Unwissenheit, die dein Leiden verursacht. Obgleich der Elefant stark war, wurde er vom Treiber überwältigt. Auf dieselbe Weise wurdest du, obwohl in jeder Hinsicht vorzüglich, von dieser Unwissenheit oder Dummheit überwältigt.

Der Käfig des Elefanten steht für den Käfig der Wünsche, in dem du eingekerkert bist. Der einzige Unterschied besteht darin, dass der eiserne Käfig im Verlaufe der Zeit zerfällt, während der Käfig der Wünsche im Laufe der Zeit immer stärker wird. So wie der Elefant aus seinem Käfig ausgebrochen ist, hast du dein Königreich verlassen und bist hierhergekommen. Jedoch ist die Aufgabe der psychologischen Neigungen nicht so einfach wie der Ausbruch aus einem materiellen Käfig.

So wie der Treiber durch die Flucht des Elefanten alarmiert war, zitterten Unwissenheit und Torheit in dir, als sich dein Geist der Entsagung zu manifestieren begann. Wenn der weise Mensch das Jagen nach dem Vergnügen aufgibt, flieht ihn alle Unwissenheit. Als du in den Wald gegangen bist, hast du dieser Unwissenheit einen ernstlichen Schaden zugefügt. Du hast jedoch versäumt, sie durch Aufgabe des Gemüts oder der Bewegung der Energie im Bewusstsein zu zerstören, so wie der Elefant versäumte, den Treiber zu töten. Daher hat diese Unwissenheit erneut ihr Haupt erhoben und, sich daran erinnernd, wie du deine früheren Wünsche besiegt hast, dich in die Grube genannt Askese gelockt.

Hättest du diese Unwissenheit gleich nach der Entsagung deines Königreichs ein und für alle Male ausgerottet, würdest du jetzt nicht in der Falle der Askese sitzen.

Du bist der König der Elefanten – ausgestattet mit den machtvollen Stoßzähnen von viveka oder Weisheit. Hier in diesem dichten Urwald jedoch bist du von diesem Besitzer namens Unwissenheit in die Falle gelockt worden und liegst nun in diesem toten Brunnen namens Askese.

Oh König, weshalb hast du die weisen Worte deiner Ehefrau Chudulai nicht ernstgenommen, die in der Tat eine Wissende ist? Von allen, die das Selbst realisiert haben, ist sie die Hervorragendste – zwischen ihren Worten und Taten gibt es keinerlei Widerspruch. Was sie sagt, ist wahr und wert, in die Praxis umgesetzt zu werden. Aber auch wenn du früher nicht auf ihre Worte gehört und sie angenommen hast, warum hast du nicht alles aufgegeben in vollkommener Entsagung?

SHIKHIDHVAJA sagte: VI.1:92

Ich habe dem Königreich entsagt, dem Palast, dem Land und meiner Ehefrau. Weshalb denkst du, dass ich nicht allem entsagt hätte?

DIE BRAHMANA (Cudala) erwiderte:

Reichtum, Frau, Palast, Königreich, die Erde und der königliche Schirm sowie deine Verwandten gehören dir nicht, oh König. Diesen zu entsagen ist nicht wahre Entsagung! Es gibt noch etwas anderes, was dein zu sein scheint und dem du noch nicht entsagt hast, und dies ist die eigentliche Entsagung. Entsage dem vollständig und restlos und erlange dadurch die Freiheit vom Leiden.

SHIKHIDHVAJA sprach:

Wenn das Königreich mit allem, was darin ist, nicht mir gehört, dann entsage ich hiermit diesem Wald mit allem, was sich darin befindet. (Indem er so sprach, entsagte Shikhidhvaja mental dem Wald usw.)

(Nachdem der Brāhmane ihm erklärt hatte, dass „alle diese Dinge nicht dir gehören und daher kein Sinn darin liegt, ihnen zu entsagen" sprach Shikhidhvaja:) Gewiss ist diese Einsiedelei hier in diesem Moment mein ein und alles, sie gehört mir. Ich werde daher auch ihr entsagen. (Nachdem er sich dazu entschlossen hatte, reinigte Shikhidhvaja sein Herz von der Idee, dass die Einsiedelei sein sei:) Jetzt habe ich wahrhaftig allem völlig entsagt!

DER BRĀHMANE(Cudala) wiederholte:

Auch all dies ist nicht dein. Wie konntest du dem überhaupt entsagen? Es gibt noch etwas, dem du nicht entsagt hast und was den wertvollsten Teil der Entsagung bildet. Indem du dem entsagst, erlangst du die Freiheit vom Kummer.

SHIKHIDHVAJA sprach:

Wenn also auch dies alles nicht mir gehörte, dann entsage ich nun meinem Stock, dem Hirschfell usw. und meiner Hütte.

VASISHTHA sagte:

Indem er so sprach, sprang er von seinem Platz auf. Während der Brāhmane zuschaute, las Shikhidhvaja alles in der Hütte liegende Zeug auf und zündete damit ein Feuer an. Er warf seinen Rosenkranz fort: „Ich bin nun frei von der Illusion, dass die Wiederholung eines Mantras heilig sei, daher brauche ich dich nicht länger." Er verbrannte sein Hirschfell zu Asche. Er gab seinen Wasserkessel (kamandalu) einem Brāhmanen (oder warf ihn ins Feuer).

Er sagte sich: „Was auch immer aufgegeben werden kann, dem muss ein für alle Mal entsagt werden; denn andernfalls tritt es wieder ins Dasein und wird gesammelt. Daher werde ich ein für alle Mal alles verbrennen."

Nachdem er den Entschluss gefasst hatte, alle heiligen und weltlichen Handlungen aufzugeben, nahm Sikhidvaja all die Dinge, die er bis dahin benutzt hatte und verbrannte sie.

VI.1:93 VASISHTHA fuhr fort:

Schließlich zündete Shikhidhvaja auch noch die Hütte an, die er unnötigerweise, geleitet von seiner früheren falschen Vorstellungen, gebaut hatte. Danach verbrannte er systematisch alles, was übrig geblieben und noch vergessen worden war. Er warf alles fort oder ins Feuer einschließlich seiner Kleider. Erschreckt von diesem Feuer liefen sogar die Tiere davon.

SHIKHIDHVAJA sagte schließlich zum Brāhmanen:

Erleuchtet durch dich, oh Sohn der Götter, habe ich nun allen Ideen entsagt, die ich so lange in mir getragen habe. Jetzt bin ich verankert in reinem und seligem Wissen. Von allem, was Ursache der Bindung sein könnte, hat sich das Gemüt abgewendet und ruht nun im Gleichmut. Ich habe allem entsagt. Ich bin frei von aller Bindung. Ich bin im Frieden, Ich bin siegreich geblieben. Der Himmel ist mein Kleid, meine Wohnstatt, und ich selbst bin wie der Himmel. Existiert noch etwas jenseits dieser höchsten Entsagung, oh Sohn der Götter?

DIE BRAHMANA (Cudala) sagte:

Du hast noch nicht allem entsagt, oh König. Tue daher nicht so, als würdest du dich des Segens der höchsten Entsagung erfreuen! Es gibt da etwas, dem du immer noch nicht entsagt hast, und dies ist der wertvollste Teil der Entsagung. Erst wenn auch dieses gänzlich ohne einen Überbleibsel aufgegeben ist, wirst du den höchsten Zustand, frei von Kummer, erreichen.

Nach einigem Nachdenken sprach SHIKHIDHVAJA:

Es gibt da nur noch ein weiteres Ding, oh Sohn der Götter, das übriggeblieben ist, und das ist dieser Körper, wo die tödlichen Schlangen namens Sinne hausen, und der aus Blut, Fleisch usw. zusammengesetzt ist. Ich werde nun auch ihn aufgeben und zerstören und damit die totale Entsagung erlangen.

Als er sich daran machte, seinen Entschluss auszuführen, sagte DER BRĀHMANE:

Oh König, weshalb willst du vergeblich diesen schuldlosen Körper zerstören? Gib diesen Zorn auf, der die Eigenschaft eines Bullen ist, der sich aufmacht, ein Kalb zu töten! Dieser asketische Körper ist leblos und taub. Mit ihm hast du nicht das Geringste zu tun. Versuche daher nicht, ihn zu zerstören. Der Körper ist, was er ist – leblos und taub. Angetrieben und funktionsfähig wird er durch eine andere Kraft oder Energie. Der Körper ist für die Erfahrung von Vergnügen und Schmerz nicht verantwortlich. Außerdem bedeutet die Zerstörung des Körpers nicht die totale Entsagung. Im Gegenteil – du wirfst etwas fort, was tatsächlich eine Hilfe beim Erlangen totaler Entsagung ist! Erst wenn du dem zu entsagen vermagst, was durch diesen Körper tätig ist und ihn in Bewegung versetzt, dann hast du wahrhaftig alles Böse und alle Sünden aufgegeben und wirst zum höchsten Entsagenden. Wenn man dem entsagt hat, dann hat man allem (einschließlich dem Körper) entsagt. Andernfalls werden Sünde und Böses, auch wenn sie eine Zeitlang untertauchen, wieder auferstehen.

DER BRĀHMANE (Cudala) sagte:

Wahre Entsagung ist die Entsagung von dem, was alles ist, was die einzige Ursache von all diesem ist und in dem all dieses lebt.

SHIKHIDHVAJA bat:

Heiliger Herr, bitte teile mir mit, was dies ist, dem entsagt werden soll.

DIE BRAHMANA (Cudala) sagte:

Oh du Edler! Es ist das Gemüt (welches auch „Jiva", „Prāna" usw. genannt wird) oder chitta, welches weder leblos noch nicht leblos ist und sich in einem Zustand von Verwirrtheit befindet – dieses ist das „Alles". Es ist chitta (Gemüt), welches die Verwirrtheit ist, es ist das menschliche Wesen, es ist die Welt, es ist alles. Es ist der Same für ein Königreich, für den Körper, für die Ehefrau und den ganzen Rest. Sobald diesem Samen entsagt wird, geschieht die totale Entsagung von allem, was jetzt ist und in Zukunft!

All dies – Gut und Böse, Königreich und Urwald – verursacht Qualen im Herzen desjenigen, der chitta besitzt, und große Freude in demjenigen, der ohne Gemüt ist. So wie der Baum vom Wind bewegt wird, wird dieser Körper vom Gemüt bewegt. Die verschiedenen Erfahrungen der Wesen (Altern, Tod, Geburt usw.) wie auch die Festigkeit der heiligen Weisen – all dies sind nichts als Veränderungen im Gemüt. Nur dieses Gemüt ist gemeint, wenn man verschiedentlich von buddhi, Kosmos, Ich-Sinn, Prāna usw. spricht. Daher ist die Aufgabe des Gemüts totale Entsagung. Sobald es aufgegeben worden ist, wird die Wahrheit erfahren. Sämtliche Ideen von Einheit und Verschiedenheit finden ein Ende – dann ist da Friede.

Wenn du andererseits etwas aufgibst, was du als „nicht mein" betrachtest, erzeugst du eine Getrenntheit in dir selbst. Wenn man allem entsagt, dann existiert dieses „alles" innerhalb der Leerheit des einen unendlichen Bewusstseins. Wenn man in diesem Zustand totaler Entsagung ruht wie eine Lampe ohne Öl, dann leuchtet man mit einem überwältigenden Glanz wie eine Lampe mit Öl. Auch nachdem du das Königreich usw. aufgegeben hast, existierst du immer noch. Dementsprechend existiert auch dieses unendliche Bewusstsein weiter, wenn dem Gemüt entsagt worden ist. Du hast all dies verbrannt, aber in dir hat kein Wandel stattgefunden; auch wenn du das Gemüt total aufgibst, wird es keine Veränderung geben. Wer allem total entsagt hat, wird von der Furcht des Alterns, des Todes und anderen Ereignissen im Leben nicht berührt. Das allein ist höchste Seligkeit. Alles andere ist nichts als schrecklicher Kummer. OM! Eigne dir daher diese Wahrheit an und tu, was du willst. In einer solchen totalen Entsagung existiert die höchste Weisheit oder Selbsterkenntnis: in der vollkommenen Leere eines Gefäßes werden die kostbarsten Juwelen aufbewahrt.

Durch vollkommene Entsagung hat Śākya Muni (Buddha) schließlich den Zustand jenseits aller Zweifel erlangt und blieb darin fest verankert. Folglich, oh König, nach der vollkommenen Entsagung verbleibe fest in dem Zustand, in welchem du dich selbst finden wirst. Gib sogar die Idee von „ich habe allem entsagt" auf und ruhe im Zustand des höchsten Friedens.

VI.1:94 SHIKHIDHVAJA sprach:

Bitte erkläre mir die genaue Natur von chitta (Gemüt) und auch, wie man es aufgeben kann, damit es nicht wieder und wieder erscheint.

KUMBHA (DER BRĀHMANE – Cudala) erwiderte:

Die Natur von chitta (Gemüt) sind die Vasanas (subtile Eindrücke der Konditionierung aus der Vergangenheit). Tatsächlich sind beide Begriffe Synonyme. Die Aufgabe von diesem oder das Entsagen dieser ist leicht, sehr leicht erlangbar und beglückender als die Herrschaft über ein Königreich und noch schöner als eine Blume. Gewiss ist die Entsagung des Gemüts äußerst schwierig für einen Toren, so wie es für einen Einfaltspinsel schwierig ist, ein Königreich zu regieren.

Die gänzliche Zerstörung oder Auslöschung des Gemüts bedeutet die Auslöschung von Samsara (des Schöpfungszyklus). Es wird auch als die Aufgabe des Gemüts bezeichnet. Entwurzele daher diesen Baum, dessen Same die „Ich"-Idee ist, mit seinen sämtlichen Zweigen, Früchten und Blättern und ruhe im Himmelsraum deines Herzens.

Was man das „Ich" nennt, entsteht in Abwesenheit der Erkenntnis des Gemüts (Selbsterkenntnis). Dieses „Ich" ist der Same des Baumes namens Gemüt. Er wächst im Felde des höchsten Selbst, welches gleichzeitig von der Macht namens Māyā, welche Illusionen schafft, durchdrungen wird. Auf diese Weise wird in diesem Feld eine Teilung erzeugt und Erfahrung erschaffen. Dadurch entsteht die unterscheidende Wesenheit namens buddhi. Natürlich besitzt sie keine eigene, klar umgrenzte Gestalt, weil sie nichts als die erweiterte Gestalt des Samens ist. Ihre Natur besteht in der Konzeptualisierung oder Ideenbildung, und sie wird auch als das Gemüt, Jiva und Leerheit bezeichnet.

Der Stamm dieses Baumes ist der Körper. Die Bewegungen der Energie darin, die sein Wachstum fördern, ist die Wirkung der psychologischen Konditionierung. Seine Zweige sind lang und reichen über große Entfernungen hinweg – dies sind die endlichen Sinneserfahrungen, die durch Sein und Nicht-Sein charakterisiert sind. Seine Früchte sind Gut und Böse (Vergnügen und Schmerz, Glück und Unglück).

Dieser Baum ist äußerst bösartig. Strebe dauernd danach, seine Zweige zu beschneiden und ihn zu entwurzeln. Auch seine Zweige haben die Natur der Konditionierung, die Natur der Konzepte und Wahrnehmungen. Sie (die Zweige) sind mit den Früchten von all diesen ausgestattet. Wenn du ihnen nicht anhaftest, und dich mit ihnen nicht beschäftigst und nicht identifizierst, dann werden diese Vasanas mit Hilfe deiner Intelligenz (Bewusstsein) sehr stark geschwächt. Du wirst dann fähig, den ganzen Baum zu entwurzeln. Die Zerstörung der Zweige ist zweitrangig – die hauptsächliche Aufgabe besteht in der Entwurzelung dieses Baumes.

Wie wird dieser Baum entwurzelt? Indem man sich mit der Ergründung des Selbst befasst – „Wer bin ich?" Diese Ergründung ist das Feuer, in dem die Samen und die Wurzeln dieses Baumes namens chitta (Gemüt) vollständig verbrannt werden.

SHIKHIDHVAJA sprach:

Ich weiß, dass ich reines Bewusstsein bin. Wie diese Unreinheit (Unwissenheit) darin entstehen konnte, entzieht sich meiner Kenntnis. Ich bin verwirrt, weil ich diese Unreinheit nicht loswerden kann, die nicht das Selbst und unwirklich ist.

KUMBHA fragte:

Sage mir, ob diese Unreinheit (Unwissenheit), aufgrund derer du ein an diesen Samsara gebundener unwissender Mann bist, real oder irreal ist?

SHIKHIDHVAJA erwiderte:

Es ist diese Unreinheit, die gleichzeitig der Ich-Sinn und der Same dieses riesigen Baumes namens chitta (Gemüt) ist. Ich weiß nicht, wie ich dies loswerden kann. Sogar nachdem ich ihr entsagt habe, kehrt sie wieder zu mir zurück!

KUMBHA sprach:

Die Wirkung, die aus einer realen Ursache entsteht, ist stets unabweisbar und feststehend. Wenn aber die Ursache nicht real ist, ist die Wirkung gewiss ebenso unwirklich wie der doppelte Mond in den Augen eines Fehlsichtigen. Der Keim von Samsara ist aus dem Samen des Ich-Sinnes entstanden. Ergründe dessen Natur und teile mir deine Ergebnisse mit.

SHIKHIDHVAJA erwiderte:

Oh Weiser, ich sehe, dass die Erfahrung die Ursache des Ich-Sinns ist. Sage mir bitte, wie ich sie loswerden kann.

KUMBHA fragte erneut:

Ah, nun bist du fähig, die Ursachen der Wirkungen zu entdecken! Was ist die Ursache dieser Erfahrungen? Dann werde ich dir erklären, wie du die Ursache loswerden kannst. Wenn Bewusstsein gleichzeitig das Erfahren und die Erfahrung ist und es für die Erfahrung keine Ursache als das auftauchende Objekt gab, wie kann dann die Wirkung (Erfahrung) auftauchen?

SHIKHIDHVAJA antwortete:

Gewiss wohl nur aufgrund einer objektiven Realität wie der des Körpers? Ich kann nicht sehen, wie diese objektive Realität als falsch gesehen werden kann.

KUMBHA sprach:

Wenn Erfahrung auf der Realität von Objekten wie dem Körper beruht, und der Körper usw. als unwirklich erwiesen ist, auf was kann sich die Erfahrung dann stützen? Wenn die Ursache abwesend oder unwirklich ist, ist die Wirkung inexistent und die Erfahrung einer solchen Wirkung ist eine Illusion. Was ist dann die Ursache von Objekten wie der Körper?

SHIKHIDHVAJA fragte:

Der doppelte Mond kann nicht unwirklich sein, da er als seine Ursache die Augenkrankheit hat. Der Sohn der unfruchtbaren Frau wurde niemals gesehen und ist daher unwirklich. Nun, ist nicht der Vater die Ursache für die Existenz des Körpers?

KUMBHA erwiderte:

Was aus der Unwirklichkeit geboren wurde, ist selbst unwirklich, und daher ist auch der Vater unwirklich. Wenn einer behauptet, dass der erste Schöpfer die Ursache aller danach entstandenen Körper sei, dann ist nicht einmal dies die Wahrheit! Der Schöpfer selbst ist nicht verschieden von der Wirklichkeit – seine Erscheinung als etwas anderes als die Realität (diese Schöpfung usw.) ist daher nichts als Täuschung. Durch die Realisierung dieser Wahrheit wird man fähig, Unwissenheit und Ich-Sinn loszuwerden.

VI.1:95 SHIKHIDHVAJA fragte:

Wenn all dies vom Schöpfer bis zur Säule unwirklich ist, wie entstand dann dieser sehr reale Kummer?

KUMBHA erwiderte:

Diese Illusion der Welterscheinung erfährt durch ihre wiederholte Bestätigung eine Verstärkung – zu einem Block gefrorenes Wasser dient als Sitz! Erst wenn Unwissenheit vertrieben ist, realisiert man die Wahrheit, erst dann manifestiert sich der ursprüngliche Zustand von selbst. Sobald die Wahrnehmung von Vielfalt reduziert wird, hört die Erfahrung von Samsara auf und du strahlst in deinem ursprünglichen Glanz.

Du bist somit das höchste, uranfängliche Wesen. Dieser Körper, diese Gestalt usw. ist aufgrund von Unwissenheit und Missverständnis ins Dasein getreten. Alle diese Ideen vom Schöpfer und einer Schöpfung bestehend aus verschiedenen Wesen können nicht als real bewiesen werden. Wenn die Ursache unbewiesen ist, wie kann man die Wirkung als real betrachten?

Alle diese verschiedenen Wesen sind nur Erscheinungen wie Wasser in der Luftspiegelung. Solch täuschende Erscheinungen verschwinden, wenn sie ergründet werden.

SHIKHIDHVAJA fragte:

Weshalb kann man nicht sagen, dass das höchste Selbst oder das unendliche Bewusstsein (Brahman) die Ursache ist, deren Wirkung wiederum der Schöpfer ist?

KUMBHA erwiderte:

Brahman oder das höchste Selbst ist Eines ohne ein Zweites, ohne Ursache und ohne Wirkung, da es keinerlei Veranlassung (Antrieb oder Bedarf) hat, irgendetwas zu tun oder entstehen zu lassen. Daher ist es weder der Täter noch findet da eine Tätigkeit statt, noch gibt es ein Instrument dazu oder den Samen dafür. Daher ist es nicht die Ursache für diese Schöpfung oder den Schöpfer.

Somit gibt es so etwas wie Schöpfung überhaupt nicht. Daher bist du weder der Täter der Handlungen noch der Genießende der Erfahrungen. Du bist das Alles, immer im Frieden, ungeboren und vollkommen. Da es keinerlei Ursache (Grund für die Schöpfung) gibt, gibt es keine als Welt zu bezeichnende Wirkung. Die Welterscheinung ist daher nichts als Täuschung.

Wenn somit die Objektivität der Welt als unwirklich erkannt wird, was ist dann Erfahrung und von was? Wenn es keine Erfahrung gibt, gibt es keinen Erfahrenden (Ich-Sinn). Daher bist du rein und befreit. Bindung und Befreiung sind bloße Worte.

SHIKHIDHVAJA sprach:

Hoher Herr, durch deine weisen und gut begründeten Worte, bin ich vollständig erwacht. Ich erkenne, da es keine Ursache gibt, dass Brahman weder der Täter noch der Schöpfer von etwas sein kann. Daher gibt es weder das Gemüt noch den Ich-Sinn. Wenn dies so ist, bin ich rein, bin ich erwacht. Ich verneige mich vor meinem Selbst! Da ist nichts, was das Objekt meines Bewusstseins wäre.

VASISHTHA fuhr fort: VI.1:96

Auf diese Weise endlich spirituell erwacht, versank Shikhidhvaja in tiefer Meditation, aus der ihn Kumbha freundschaftlich wieder erweckte. Kumbha sagte:

„Oh König, endlich bist du erwacht und erleuchtet. Was jetzt zu tun ist, muss getan werden, ohne Rücksicht darauf, ob diese Welterscheinung aufhört oder nicht aufhört. Sobald das Licht des Selbst gesehen wird, bist du unverzüglich frei vom Unerwünschten und von den mentalen Modifizierungen und bist, noch lebend, ein Befreiter."

Shikhidhvaja, der nun strahlte im Licht der Selbsterkenntnis, fragte den Brāhmanen Kumbha „um weiteres Verständnis": „Wenn die Wirklichkeit unteilbares und unendliches Bewusstsein ist, wie konnte dann darin diese scheinbare Getrenntheit von Seher, Gesehenes und Sicht auftauchen?"

KUMBHA erwiderte:

Eine gute Frage, oh König. Dies allein musst du noch wissen. Was auch immer in diesem Universum ist, hört am Ende dieses Weltzyklus auf zu sein. Übrig bleibt lediglich die Essenz, die weder Licht noch Dunkelheit ist. Das ist reines Bewusstsein, welches höchster Friede und unendlich ist. Jenseits ist es von Logik und intellektuellem Verstehen. Genannt wird es Brahman oder nirvana. Es ist kleiner als das Kleinste, größer als das Größte und das Vorzüglichste unter dem Vorzüglichen. Verglichen mit diesem ist alles, was hier und jetzt erscheint, nichts als ein atomares Partikel!

Das, was als das Ich-Bewusstsein erstrahlt und das universale Selbst ist, ist dasselbe, was hier als das Universum existiert. In der Tat gibt es keinen wirklichen Unterschied zwischen dem universalen Selbst und dem Universum, so wie es auch keinen solchen zwischen der Luft und ihrer Bewegtheit gibt. Man mag wohl sagen, dass es zwischen den Wellen und dem Ozean in Begriffen von Zeit und Raum eine kausale Beziehung gibt, aber im universalen Selbst oder unendlichen Bewusstsein gibt es keine solche Beziehung. Das Universum ist daher ohne jede Ursache. In diesem unendlichen Bewusstsein treibt dieses Universum wie ein Staubpartikel dahin. In ihm geschieht es, dass das Wort „Welt" mit Substantialität oder Realität ausgestattet wird.

Dieses (unendliche Bewusstsein) allein ist die Essenz hier. Es durchdringt alles. Es ist eines. Es ist Bewusstsein. Es hält alles zusammen. Und doch kann man nicht sagen, dass es eines sei, weil es da absolut keine Getrenntheit oder Dualität gibt. Daher genügt es zu wissen, dass das Selbst allein die Wahrheit ist, und keine Vorstellung von Dualität soll entstehen. Dieses allein ist überall zu jeder Zeit in all den verschiedenen Gestalten. Weder wird es gesehen (durch die Sinne und das Gemüt erfahren) noch ist es ein Objekt, das man erreichen kann. Es ist weder die Ursache noch die Wirkung. Es ist äußerst subtil. Es ist reines Erfahren (weder der Erfahrende noch die Erfahrung). Obwohl es hiermit beschrieben worden ist, ist es jenseits aller Beschreibung. Deshalb kann man nicht sagen, dass es ist oder dass es nicht ist. Wie kann es dann die Ursache dieser Schöpfung sein?

KUMBHA sprach:

Das, was keinen Samen (Ursache) besitzt und nicht beschrieben werden kann, ist daher nicht die Ursache von etwas anderem – nichts wird aus ihm geboren. Folglich ist das Selbst weder der Täter noch die Handlung noch das Instrument der Handlung. Es ist die Wahrheit. Es ist das ewigliche, absolute Bewusstsein. Es ist Selbsterkenntnis. Im höchsten Brahman existiert keine Schöpfung. Rein theoretisch könnte man das Erscheinen und Existieren einer Welle im Ozean auf der Basis von Zeit (die für das Erscheinen benötigt wird) und Raum (in dem die

Welle zu existieren scheint) erklären. Wer jedoch konnte jemals eine derartige Beziehung zwischen Brahman und der Schöpfung herstellen? Denn in Brahman existieren Zeit und Raum nicht. Daher besitzt diese Welt nicht die geringste Grundlage.

SHIKHIDHVAJA sagte:

Gewiss könnte man die Existenz von Wellen im Ozean auf rationalistische Weise darstellen. Jedoch verstehe ich nicht, wie es sein kann, dass Welt und Ich-Sinn ohne Ursache sind.

KUMBHA erwiderte:

Jetzt hast du die Wahrheit auf die richtige Weise verstanden, oh König! Dies ist deshalb so, weil es faktisch keine Realität gibt, die den Wörtern „Welt" und „Ich-Sinn" entspricht. So wie die Leerheit (oder die Idee von Entfernung) existiert und nicht verschieden vom Raum ist, so existiert auch diese Welterscheinung im höchsten Sein oder unendlichen Bewusstsein, und zwar in derselben oder auch einer ganz anderen Form.

Wenn so die Realität dieser Welt richtig verstanden wird, dann wird sie als das höchste Selbst (Shiva) realisiert. Richtig verstanden, verwandelt sich sogar Gift in Nektar. Die Welt, nicht richtig verstanden, wird böse (agivam) und zur Welt des Kummers. Denn was dieses Bewusstsein als sich selbst realisiert, dazu wird es. Aufgrund einer Verwirrung im Selbst sieht sich dieses Bewusstsein als verkörpert und als die Welt.

Es ist dieses höchste Selbst allein, welches als das höchste Wesen (Shivam) erstrahlt. Daher sind alle Fragen betreffend die Welt und den Ich-Sinn unangebracht. Nur Fragen betreffend reale Substanzen können als angebracht betrachtet werden, nicht jedoch solche über Dinge, deren Existenz unbewiesen ist. Die Welt und der Ich-Sinn besitzen keine vom höchsten Selbst unabhängige Existenz. Da es keine Grundlage für ihre Existenz gibt, ist die Wahrheit, dass nur das höchste Selbst existiert. Die Energie Brahmans (Māyā) hat diese Illusion durch die Kombination der fünf Elemente erschaffen. Aber Bewusstsein bleibt Bewusstsein und wird durch Bewusstsein erkannt, während Vielfalt durch die Idee der Vielfalt wahrgenommen wird. Das Unendliche lässt innerhalb von sich selbst Unendlichkeit entstehen, das Unendliche erschafft Unendlichkeit, das Unendliche ist aus der Unendlichkeit geboren und Unendlichkeit verbleibt unendlich. Bewusstsein leuchtet als Bewusstsein.

KUMBHA sagte: VI.1:97

Im Falle von Gold mag man sagen, dass es zu einer gewissen Zeit und an einem gewissen Ort Anlass zur Entstehung eines Schmuckstücks gegeben hat. Aber aus dem Selbst (welches absoluter Friede ist) wurde nichts erschaffen und nichts kehrt jemals ins Selbst zurück. Brahman ruht in sich selbst. Es ist daher weder Same noch Ursache für die Schöpfung der Welt, die eine Angelegenheit bloßer Erfahrung ist. Außer dieser Erfahrung existiert nichts, was als Welt oder Ich-Sinn bezeichnet werden könnte. Daher existiert allein das unendliche Bewusstsein.

SHIKHIDHVAJA sagte:

Ich erkenne, oh Weiser, dass es im Höchsten Herrn weder eine Welt noch den Ich-Sinn geben kann. Aber wie kommt es, dass Welt und Ich-Sinn erstrahlen, als gäbe es sie wirklich?

KUMBHA erwiderte:

Tatsächlich ist es das Unendliche, welches, anfangslos und endlos, als reines, erfahrendes Bewusstsein existiert. Nur dieses ist das ausgebreitete Universum, welches sozusagen sein Körper ist. Es gibt keine andere Substanz wie den Intellekt noch gibt es ein Außen noch eine Leerheit. Die Essenz des Seins ist reines Erfahren, welche daher die Essenz des Bewusstseins ist. So wie Flüssigkeit untrennbar vom Wasser existiert, so existieren Bewusstsein und Unbewusstsein zusammen. Es gibt keine vernunftgemäße Erklärung für ein solches Sein, denn es ist einfach, was es ist.

Da es im Bewusstsein weder einen Widerspruch noch eine Getrenntheit gibt, ist es offenbar und selbstverständlich.

Wenn das unendliche Bewusstsein die Ursache von etwas anderem ist, wie kann es dann als unbeschreibbar und unvergleichbar bezeichnet werden? Folglich ist Brahman weder eine Ursache noch der Same für etwas. Was sollen wir dann als die Wirkung ansehen? Daher ist es unangebracht, die Schöpfung mit Brahman in Verbindung zu bringen und das Leblose mit dem unendlichen Bewusstsein zu verknüpfen. Wenn da eine Welt oder der Ich-Sinn erscheinen, so sind dies nur leere Worte zum Zweck der Unterhaltung.

Bewusstsein wird nicht zerstört. Falls eine solche Zerstörung jedoch wahrgenommen werden sollte, dann ist es das Bewusstsein, welches sie wahrnimmt, frei von der Zerstörung und Erschaffung. Falls eine solche Zerstörung wahrgenommen wird, ist sie sicherlich nur ein Trick des Bewusstseins. Folglich existiert nur Bewusstsein – weder eines noch vieles! Genug daher mit dieser Debatte.

Wenn es keine materielle Existenz gibt, existiert auch das Denken nicht. Da sind weder eine Welt noch der Ich-Sinn. Verbleibe fest verankert im Frieden und in der Stille, frei von der mentalen Konditionierung, ob du nun verkörpert oder unverkörpert bist. Sobald die Realität Brahmans erkannt ist, gibt es keinen Platzmehr für Kummer und Angst.

VI.1:98 SHIKHIDHVAJA sagte:

Oh Heiliger, bitte unterweise mich so, dass ich vollkommen verstehe, dass das Gemüt nicht existiert.

KUMBHA sprach:

Oh König, in der Tat hat es niemals eine Wesenheit namens Gemüt gegeben. Das, was hier leuchtet und als Gemüt bezeichnet wird, ist nichts als das unendliche Brahman (Bewusstsein). Das Nichtwissen um seine wahre Natur lässt die Idee des Gemüts, der Welt und von allem andern entstehen. Wenn sogar diese Ideen ohne Substanz sind, wie können dann „Ich“, „Du“ usw. als real erachtet werden? Es gibt daher kein Ding wie die „Welt“ – was auch immer zu sein scheint, ist unerschaffen. All dies ist in der Tat Brahman. Wie kann es gekannt werden, und durch wen?

Sogar zu Beginn des gegenwärtigen Weltzyklus wurde diese Welt nicht erschaffen. Nur für dein Verständnis habe ich sie als Schöpfung beschrieben. In völliger Abwesenheit von kausalen Faktoren konnte all dies nicht erschaffen werden. Daher ist alles, was ist, Brahman und nichts anderes. Es ist nicht einmal logisch zu sagen, dass der Höchste Herr, der ohne Namen und ohne Form ist, diese Welt erschaffen hat! Es ist nicht wahr. Wenn daher die Idee der Schöpfung dieser Welt als falsch gesehen wird, dann ist gewiss auch das Gemüt, welches die Idee einer solchen Schöpfung hegt, falsch.

Das Gemüt ist ein Bündel von Ideen, die die Wahrheit begrenzen. Schließlich beinhaltet Teilung immer Teilbarkeit. Wenn jedoch das unendliche Bewusstsein unfähig zur Teilung ist, kann es auch keinerlei Teilbarkeit und folglich keine Teilung geben. Wie kann das Gemüt, der Teiler, real sein? Was auch immer erscheint, wird in und durch Brahman wahrgenommen und wird nur umständehalber als Gemüt bezeichnet! Es ist das unendliche Bewusstsein allein, welches sich als das Universum ausbreitet. Weshalb es dann überhaupt Universum nennen? In diesem gewaltigen Feld oder Raum des unendlichen Bewusstseins ist sogar die minimalste Erscheinung nichts als die Widerspiegelung von Bewusstsein in sich selbst – folglich sind da weder ein Gemüt noch eine Welt. Nur in der Unwissenheit wird all dies als „Welt" gesehen. Das Gemüt ist daher irreal.

Durch dies hier wird nicht geleugnet was ist, sondern nur die Schöpfung selbst. Die Realität, die als Welt gesehen wird, ist anfangslos und unerschaffen. Daher können die Erklärungen der Schriften und die eigenen Erfahrungen bezüglich Erscheinen und Verschwinden der Substanzen hier nicht als ungültig erachtet werden, außer von einem Ignoranten. Wer die Gültigkeit dieser Erklärungen und Erfahrungen verleugnet, von dem sollte man sich fernhalten. Die transzendentale Realität ist ewiglich, die Welt ist nicht unwirklich (nur die begrenzende Beifügung, das Gemüt, ist falsch). Daher ist all dieses das unteilbare, unbegrenzbare, namenlose und formlose unendliche Bewusstsein. Es ist die Selbstspiegelung Brahmans in all seinen unendlichen Gestalten, die als das Universum mit seinen Zyklen von Erschaffung und Auflösung erscheint. Es ist dieses Brahman selbst, welches sich in einem Augenblick als das Universum kennt und als solches erscheint. Ein Gemüt gibt es nicht.

SHIKHIDHVAJA sagte: VI.1:99

Meine Täuschung ist dahin! Weisheit wurde aufgrund deiner Gnade erlangt. Ich bin für immer frei von allen Zweifeln. Ich weiß nun, was zu wissen ist. Der Ozean der Illusionen wurde überquert. Ich bin im Frieden ohne Idee eines „ich"; als reine Erkenntnis.

KUMBHA sprach:

Wenn die Welt als solche nicht existiert, dann sind auch „ich" und „du" nicht auffindbar. Verbleibe daher im Frieden in dir selbst, befasse dich mit nicht-willentlichen Handlungen, die von Moment zu Moment auf natürliche Weise entstehen. All dies ist nichts als Brahman, der Friede ist – Worte wie „ich" und „die Welt" sind bedeutungs- und substanzlos. Sobald die fehlende Substantialität solcher Ausdrucksweisen verstanden ist, wird das, was bisher als Welt betrachtet wurde, als Brahman gesehen.

Der Schöpfer Brahmā ist nur eine Idee oder ein Konzept. Und so ist es auch mit dem „Selbst" oder „Ich". Im richtigen oder falschen Verständnis ist Befreiung oder Bindung! Die

Idee „Ich bin" lässt Bindung und Selbstzerstörung entstehen. Die Realisierung von „Ich bin (ist) nicht" führt zu Freiheit und Reinheit. Bindung und Befreiung sind nur Ideen. Was sich dieser Ideen bewusst wird, ist das unendliche Bewusstsein, welches als einziges ist. Die Idee „Ich bin" ist die Quelle aller Qualen. Die Abwesenheit dieser Empfindung ist Vollkommenheit. Erkenne dieses „Ich bin nicht dieser Ich-Sinn" und ruhe in reinem Gewahrsein.

Wenn ein solch reines Gewahrsein auftaucht, verschwinden sämtliche Ideen. Dann ist da Vollkommenheit. Im reinen Gewahrsein, in Vollkommenheit oder im Höchsten Herrn gibt es weder Kausalität noch die daraus entstehende Schöpfung oder Objekte. In Abwesenheit von Objekten gibt es auch keine Erfahrung oder den sie begleitenden Ich-Sinn. Wenn der Ich-Sinn inexistent ist, dann gibt es keinen Samsara (Zyklus von Geburt und Tod). Wenn demnach Samsara nicht existiert, dann existiert allein das höchste Wesen. In ihm existiert dieses Universum wie Formen in nicht behauenem Stein. Wer auf diese Weise das Universum ohne Dazwischentreten des Gemüts und daher ohne Vorstellung eines Universums sieht, der allein sieht die Wahrheit. Eine solche Vision wird als nirvana bezeichnet.

So wie allein der Ozean existiert, wenn das Wort „Welle" seiner Bedeutung entkleidet worden ist, so existiert allein Brahman, sobald das Wort „Schöpfung" als bedeutungslos verstanden wird. Diese Schöpfung ist Brahman; Brahman allein ist dieser Schöpfung gewahr. Wird die Wortbedeutung von „Schöpfung" fallengelassen, dann wird die wahre Bedeutung von „Schöpfung" als das ewige Brahman erkannt. Wenn man das Wort „Brahman" zu ergründen beginnt, wird ALLES verstanden. Und wenn man das Wort „Schöpfung" ergründet, wird Brahman verstanden. Dieses Bewusstsein, welches die Grundlage und das Substratum all dieser Ideen und ihres Gewahrseins ist, wird durch das Wort „Brahman" gekannt. Sobald diese Wahrheit klar realisiert und die Dualität von Erkenntnis und Erkanntem fallengelassen wird, verbleibt der höchste Friede, der unbeschreibbar und unausdrückbar ist.

VI.1:100 SHIKHIDHVAJA sagte:

Wenn das höchste Wesen real ist und die Welt real ist, dann nehme ich an, dass das höchste Wesen die Ursache und die Welt die Wirkung sind?

KUMBHA sprach:

Nur wenn es Kausalität gibt, kann eine Wirkung unterstellt werden. Wenn es jedoch keinerlei Kausalität gibt, wie kann dann daraus eine Wirkung entstehen? Zwischen Brahman und dem Universum existiert keine kausale Beziehung – was auch immer ist, ist Brahman. Wenn es keinen Samen gibt, wie kann dann etwas geboren werden? Wenn Brahman namen- und gestaltlos ist, gibt es in ihm sicher keine Kausalität (Samen). Folglich ist Brahman der Nicht-Täter, in dem keine Kausalität existiert. Daher gibt es auch keine Wirkung, die Welt genannt werden kann.

Brahman – das ist, was du bist, und Brahman allein existiert. Wenn dieses Brahman mit dem Auge der Unweisheit gesehen wird, wird es als das Universum erfahren. Dieses Universum ist sozusagen der Körper Brahmans.

Wenn dieses unendliche Bewusstsein sich selbst als etwas anderes ansieht, als es wirklich ist, spricht man von Selbstzerstörung oder Selbst-Erfahrung. Diese Selbstzerstörung ist eigentlich das Gemüt. Auch wenn eine solche Selbstzerstörung nur einen Augenblick lang andauert, wird sie als Gemüt bezeichnet, welches einen ganzen Weltzyklus lang dauert.

Solch ideenmäßige Existenzen hören erst mit dem Dämmern der rechten Erkenntnis und dem Verschwinden aller Ideen auf. Da die ideenmäßige Existenz unwirklich ist, hört sie beim Erkennen der Wahrheit auf natürliche Weise auf. Wie könnte die Welt, die nur als ein Wort, aber nicht als reale, unabhängige Substanz existiert, als eine reale Existenz akzeptiert werden? Ihre angeblich unabhängige Existenz ist nicht anders als das Wasser in der Luftspiegelung. Wie kann es real sein? Dieser verwirrte Zustand, in dem diese Unwirklichkeit als wirklich erscheint, wird als Gemüt bezeichnet. Nicht-Verstehen der Wahrheit ist Unwissenheit oder Gemüt. Rechte Erkenntnis ist dagegen Selbsterkenntnis oder Selbstverwirklichung. So wie die Realisierung von „dies ist kein Wasser" die Erkenntnis der Luftspiegelung als Luftspiegelung herbeiführt, so führt die Realisierung von „dies ist nicht das reine Bewusstsein, sondern das Bewusstsein in Bewegung, welches als Gemüt bezeichnet wird" die Zerstörung des Gemüts herbei.

Wenn daher die Nicht-Existenz des Gemüts realisiert wird, wird gesehen, dass der Ich-Sinn usw. ebenfalls nicht existiert. Eines allein existiert – das unendliche Bewusstsein. Sämtliche Ideen hören auf. Die Falschheit, welche als Gemüt erschien, hört auf, sobald die Ideen aufhören. Weder bin ich, noch ist da ein anderer, noch existieren du oder jene – es gibt weder Gemüt noch Sinne. Eines allein ist – das unendliche Bewusstsein. Nichts in den drei Welten wurde jemals geboren oder stirbt. Nur das unendliche Bewusstsein existiert. Da gibt es weder Vielfalt noch Einheit, weder Verwirrtheit noch Täuschung. Nichts verdirbt und nichts gedeiht. Alles (sogar die sich als Wunsch und Wunschlosigkeit manifestierende Energie) ist dein eigenes Selbst.

KUMBHA (Cudala) sagte: VI.1:101

Ich hoffe, dass du nun in deinen Innern spirituell erweckt bist und weißt, was zu wissen ist und siehst, was zu sehen ist.

SHIKHIDHVAJA erwiderte:

In der Tat, hoher Herr, habe ich durch deine Gnade den höchsten Zustand erlangt. Wie konnte es geschehen, dass sich dieser mir so lange entzog?

KUMBHA sagte:

Erst wenn das Gemüt gänzlich still ist und man alle Wünsche nach Vergnügen aufgegeben hat und außerdem die Sinne ihre Eintrübung oder Verschleierung losgeworden sind, werden die Worte des Lehrers richtig verstanden. (Doch die Bemühungen bis dahin waren nicht verschwendet.) Die unternommenen Anstrengungen haben heute ihre Früchte getragen – die Unreinheiten im Körper sind weggefallen. Wenn man frei von psychologischer Konditionierung ist und die Unreinheiten beseitigt oder gereinigt sind, gehen die Worte des Guru ins

Innerste des eigenen Seins, so wie ein Pfeil in den Stängel des Lotos eindringt. Du hast diesen Zustand der Reinheit erlangt und bist durch meine Unterweisung erleuchtet; deine Unwissenheit wurde zerstreut.

Durch unseren Satsang (heilige Gemeinschaft) wurden deine Karmas (Handlungen und deren verbleibende Eindrücke) zerstört. Bis heute Vormittag warst du aufgrund der Unwissenheit erfüllt von den falschen Ideen des „Ich" und „mein". Nun, da dein Herz aufgrund des Lichtes in meinen Worten das Gemüt aufgegeben hat, bist du vollkommen erwacht; denn die Unwissenheit kann nur so lange andauern, wie das Gemüt im Herzen wirkt. Nun bist du erleuchtet und befreit. Verbleibe verankert im unendlichen Bewusstsein, frei von Sorge, vom Streben und aller Anhaftung.

SHIKHIDHVAJA sprach:

Hoher Herr, hat ein Befreiter noch ein Gemüt? Wie kann er ohne Gemüt leben und tätig sein?

KUMBHA sagte:

Es gibt tatsächlich in den Befreiten keinerlei Gemüt mehr. Was ist denn das Gemüt? Es ist nichts als die dichte, psychologische Konditionierung oder Begrenzung, die zur Wiedergeburt führt. In den befreiten Weisen ist dies alles abwesend. Der befreite Weise lebt mit Hilfe eines von der Konditionierung freien Gemüts, das keine Wiedergeburt verursacht. Es ist überhaupt kein Gemüt, sondern reines Licht (Sattva). Der Befreite lebt und ist tätig, verankert in diesem Sattva, nicht im Gemüt. Das unwissende und leblose Gemüt ist das Gemüt – das erleuchtete Gemüt wird als Sattva bezeichnet. Der Unwissende lebt in seinem Gemüt, der Erleuchtete lebt in Sattva.

KUMBHA fuhr fort:

Du hast aufgrund deiner vorzüglichen Entsagung den Zustand von Sattva (unkonditioniertes Gemüt) erlangt. Dem konditionierten Gemüt wurde vollkommen entsagt, dessen bin ich sicher. Dein Gemüt ist nun wie reiner, unendlicher Raum. Du hast den Zustand des vollkommenen Gleichgewichts erreicht, den Zustand der Vollkommenheit. Dies ist die totale Entsagung, in der alles ohne jeden Restbestand aufgegeben wird.

Welche Art von Glück (Zerstörung des Kummers) kann man durch Askesepraktiken erlangen? Höchstes und nicht endendes Glück werden allein durch gänzlichen Gleichmut erlangt. Welche Art Glück erlangt man in den Himmeln? Wer bar der Selbsterkenntnis ist, versucht einen Zipfel des Glücks durch Ausübung mancher Rituale zu erhaschen. Wer kein Gold besitzt, schätzt das Kupfer!

Oh königlicher Weiser, mit der Hilfe Chudulais wärest du sehr schnell weise geworden. Weshalb hast du dich dieser nutzlosen und sinnlosen Askese hingegeben? Sie hat einen Anfang und ein Ende und nur in der Mitte gibt es ein Auftauchen von Glück. Und doch hat deine Askese in gewisser Hinsicht zu diesem spirituellen Erwachen geführt. Verbleibe nun verwurzelt in Weisheit.

Es geschieht innerhalb dieses unendlichen Bewusstseins, dass all diese Realitäten und sogar die irrealen Ideen darin auftauchen und sich darin auch wieder auflösen. Sogar Ideen wie „Dies ist zu tun" und „Dies ist nicht zu tun" sind nur Tröpfchen des unendlichen Bewusstseins. Gib sogar diese auf und ruhe im Unkonditionierten. All diese (Askese usw.) sind indirekte Methoden. Weshalb wählt man anstelle dessen nicht lieber die direkte Methode der Selbsterkenntnis?

Was als Sattva beschrieben wurde, dem sollte durch Sattva selbst entsagt werden – d.h. durch die totale Freiheit davon oder durch Nicht-Anhaftung daran. Welche Sorgen auch immer in den drei Welten auftauchen, oh König, tauchen nur aufgrund von mentalem Verlangen auf. Wenn du im Zustand des Gleichmuts verankert bist, der sowohl die Bewegung als auch die Nicht-Bewegung der Gedanken als gleich ansieht, wirst du im Ewigen ruhen.

Es gibt nur ein einziges, unendliches Bewusstsein. Dieses Brahman, welches reines Bewusstsein ist, wird selbst als Sattva gekannt. Der Unwissende sieht es als die Welt. Bewegtheit (Erregung) wie auch Nicht-Bewegtheit in diesem unendlichen Bewusstsein sind lediglich Ideen im Gemüt des Beobachters, denn die Totalität des unendlichen Bewusstseins ist all dieses, jedoch gänzlich frei von solchen Ideen. Seine Realität ist jenseits von Worten!

VASISHTHA fuhr fort:

Nachdem er dies gesagt hatte, verschwand Kumbha aus der Sicht des Königs, als dieser gerade Blumen als Zeichen der Verehrung darbieten wollte. Nachdenkend über die Worte Kumbhas trat er in tiefe Meditation ein, in der er vollkommen frei von allen Wünschen und Verlangen und fest im unkonditionierten Zustand verankert war.

VASISHTHA fuhr fort: VI.1:103

Während SHIKHIDHVAJA so in tiefer Meditation und gänzlich frei von der geringsten mentalen Modifikation oder Bewegung im Bewusstsein war, legte Chudulai ihre Verkleidung ab und kehrte in ihrer weiblichen Gestalt in den Palast zurück, um die Leitung der Staatsangelegenheiten wieder aufzunehmen.

Nach drei Tagen kehrte sie an den Ort zurück, an dem sie SHIKHIDHVAJA verlassen hatte und war erfreut zu sehen, dass er sich immer noch in tiefer Meditation befand. Sie dachte bei sich: „Ich sollte ihn zum Weltbewusstsein wiedererwecken – warum soll er jetzt schon den Körper aufgeben? Er soll das Königreich noch eine Zeitlang regieren. Anschließend können wir beide zusammen den Körper aufgeben. Gewiss werden die Unterweisungen, die ich ihm erteilt habe, nicht verlorengehen und umsonst gewesen sein. Ich werde ihn mit der Praxis des Yoga wach und gewahr erhalten."

Wieder und wieder begann sie nun wie ein Löwe zu brüllen. Doch der König öffnete nicht die Augen. Sie drückte seinen Körper zu Boden. Aber immer noch blieb der König versunken im Selbst. Sie dachte: „Oh weh, nun ist er völlig absorbiert im Selbst. Wie kann ich ihn nun ins Körperbewusstsein zurückbringen? Andererseits – weshalb sollte ich? Soll er den unverkörperten Zustand erlangen, und auch ich werde diesen Körper aufgeben!"

Während sie sich bereitmachte, ihren Körper aufzugeben, dachte sie noch: „Lass mich zuvor sehen, ob ich in seinem Körper noch irgendwo den Samen des Gemüts (Vasana) finde. Falls es einen gibt, kann er wiedererweckt werden, und wir beide können dann als befreite Wesen weiterleben. Falls es einen solchen Samen nicht mehr geben und er also die letztliche Befreiung erlangt haben sollte, werde ich diesen Körper ebenfalls verlassen.“ Sie untersuchte seinen Körper und stellte fest, dass der Same der Individualität noch in ihm wohnte.

RAMA fragte:

Hoher Herr, wenn der Körper des Weisen wie ein Holzklotz am Boden liegt, wie kann man wissen, dass es noch eine Spur von Sattva (gereinigtem Gemüt) in ihm gibt?

VASISHTHA sprach:

Es gibt in seinem Herzen, unsichtbar und äußerst subtil, noch eine Spur von Sattva, die die Ursache der Wiederbelebung des Körperbewusstseins ist. Es ist wie mit der Blume und der Frucht, die beide potentiell im Samen anwesend sind. Im Falle des Weisen, dessen Gemüt gänzlich frei von Gedankenbewegungen ist, der ohne die kleinste Idee der Dualität oder Einheit ist, dessen Bewusstsein äußerst fest und stetig wie ein Berg ist, befindet sich der Körper in einem Zustand perfekten Gleichgewichts. Er fällt weder noch steigt er (stirbt oder lebt), sondern er verbleibt in vollkommener Harmonie mit der Natur. Nur so lange es Ideen von Dualität oder Einheit gibt, geschieht es, dass der Körper denselben Verwandlungen wie das Gemüt unterworfen wird. Es sind die Bewegungen der Gedanken, die als die Welt erscheinen. Aufgrund dessen erfährt das Gemüt Vergnügen, Ärger und Täuschung, die unvermeidbar und ununterdrückbar sind. Ist das Gemüt jedoch fest im Gleichmut verankert, tauchen Störungen dieser Art nicht mehr in ihm auf. Ein solcher Mensch ist wie reiner Raum.

VASISHTHA fuhr fort:

Wenn sich Sattva in einem Zustand totalen Gleichgewichts befindet, werden keinerlei physische und psychologische Defekte erfahren. Es ist nicht möglich, Sattva aufzugeben, denn es erreicht von selbst im Verlaufe der Zeit sein Ende. Wenn es weder das Gemüt und auch Sattva nicht mehr im Körper gibt – wie in der Wärme schmelzender Schnee – löst sich der Körper in die Elemente auf. SHIKHIDHVAJAs Körper war frei vom Gemüt (Gedankenbewegung), enthielt aber immer noch eine Spur von Sattva. Daher hatte er sich noch nicht in die Elemente aufgelöst. Chudulai hatte dies bemerkt und entschied: „Ich werde in die reine Intelligenz eingehen, die allgegenwärtig ist, und mich bemühen, das Körperbewusstsein in ihm wieder zu erwecken. Falls ich es nicht tue, wird er gewiss nach einiger Zeit von selbst erwachen. Aber weshalb sollte ich so lange allein bleiben?“

Chudulai gab also ihren Körper auf und betrat das reine Gemüt (Sattva) von Śhidhvaja. Sie berührte dieses reine Gemüt und ging schnell wieder in ihren eigenen Körper, den sie rasch in den des jungen Asketen Kumbha verwandelt hatte. Kumbha begann auf angenehme Weise die Hymnen der Sāma Vedas zu singen. Der König hörte dies und kehrte ins Körperbewusstsein zurück. Er sah Kumbha vor sich und war glücklich. Er sprach zu Kumbha: „Wunderbarerweise sind wir zusammen erneut in deinem Bewusstsein aufgetaucht, oh Höchster Herr! Und du bist hierhergekommen, nur um deine Segnungen über mich auszuschütten!"

KUMBHA sprach:

Seit der Zeit, als ich dich verließ und fortging, ist mein Gemüt (Herz) hier bei dir gewesen. Es gibt keinen Wunsch, in den Himmel zu gehen, sondern nur den Wunsch, in deiner Nähe zu sein. Einen Verwandten, Freund, eine vertrauenswürdige Person oder einen Schüler wie dich habe ich in der ganzen Welt nicht.

SHIKHIDHVAJA erwiderte:

Ich betrachte mich im höchsten Maße gesegnet dadurch, dass du, obwohl vollkommen erleuchtet und unangehaftet, mit mir zu sein wünschest. Bitte, bleibe mit mir zusammen hier in diesem Wald!

KUMBHA fragte:

Sage mir: Hast du für eine Weile im höchsten Zustand geruht? Hast du Ideen wie „dies ist unterschiedlich", „dies ist Unglück" usw. aufgegeben? Hat dein Verlangen nach Vergnügen aufgehört?

SHIKHIDHVAJA erwiderte:

Durch deine Gnade habe ich das andere Ufer dieses Samsara (Welterscheinung) erreicht. Ich habe erlangt, was zu erlangen ist. Da ist nichts als das Selbst – weder das Gekannte noch was noch zu kennen ist (das Unbekannte), weder Erlangte noch das, was aufgegeben wurde oder aufgegeben werden sollte, weder eine Wesenheit noch das Andere und noch nicht einmal Sattva (ein reines Gemüt). Wie unbegrenzter Raum verbleibe ich in einem unkonditionierten Zustand.

VASISHTHA fuhr fort: VI.1:104

Nachdem sie eine Stunde an diesem Platz verbracht hatten, gingen der König und Kumbha zurück in den Wald, in dem sie ungezwungen acht Tage lang umherwanderten. Sie befolgten dabei die üblichen Regeln des Lebens und führten zur Ehrung der Ahnen und Götter die vorgeschriebenen religiösen Riten aus. Falsche Ideen wie „dies ist unser Heim" oder „dies ist nicht" tauchten in ihren Herzen nicht auf. Manchmal waren sie in prächtige Roben gekleidet, ein anderes Mal in Lumpen. Gelegentlich waren sie mit Sandelpaste bestrichen, zu anderen Gelegenheiten mit Asche. Nach einigen Tagen erstrahlte auch der König wie Kumbha selbst.

Als Kumbha (Chudulai) das Strahlen des Königs bemerkte, sprach sie zu sich selbst: „Dies hier ist mein edler und starker Gemahl. Der Wald ist herrlich. Beide sind wir in einem Zustand, der keine Müdigkeit kennt. Warum entsteht dann in unseren Herzen nicht der Wunsch nach Freuden? Der befreite Weise begrüßt und erfährt, was ungesucht auf ihn zukommt. Sollte er im Konformismus (Rigidität) gefangen sein, dann würde dies Torheit (Unwissenheit) entstehen lassen. Wenn die Leidenschaft nicht wieder erwacht in der unmittelbaren Nähe ihres edlen und starken Gatten, umgeben von einem Blumengarten, ist sie so gut wie tot! Was gewinnt ein Wissender oder ein Weiser mit Selbsterkenntnis, wenn er das aufgibt, was mühelos zu ihm kommt? Ich sollte dafür sorgen, dass mein Gemahl zusammen mit mir die ehelichen Freuden genießen kann." Nachdem sie so entschieden hatte, sprach Kumbha zu Shikhidhvaja: „Heute ist ein besonderer Tag, wo ich im Himmel sein sollte, um meinen Vater zu sehen. Erlaube mir zu gehen, und bis zum Abend werde ich wieder zurück sein."

Die beiden Freunde schenkten einander Blumen. Kumbha ging fort. Schon bald warf Chudulai ihre Verkleidung ab, ging zum Palast und erledigte die königlichen Pflichten. Sie kehrte an den Ort zurück, an dem sie Shikhidhvaja verlassen hatte, aber erneut als Kumbha. Der König bemerkte eine Veränderung im Gesichtsausdruck Kumbhas und fragte: „Oh Sohn der Götter, weshalb siehst du so unglücklich aus? Die Heiligen lassen sich in ihrem Gleichmut nicht von äußeren Umständen stören."

KUMBHA sprach:

Diejenigen, die, obwohl verankert im Gleichmut, ihre Organe nicht während der Lebenszeit des Körpers auf natürliche Weise tätig sein lassen, sind widerspenstige und sture Menschen. So lange es Sesamsamen gibt, gibt es Öl; solange es den Körper gibt, gibt es also auch die verschiedenen Gefühle. Wer gegen die Zustände des Körpers, denen dieser auf natürliche Weise unterworfen ist, rebelliert, haut mit einem Schwert die Luft in Stücke. Der Gleichmut des Yoga hat mit dem Gemüt, nicht aber mit den Tätigkeitsorganen und ihren Zuständen zu tun. Solange der Körper lebt, sollte man die natürlichen Funktionen walten lassen, wobei Verstand und Sinne im Zustand der Gelassenheit verweilen. Darin besteht das Gesetz der Natur, dem sogar die Götter unterworfen sind.

VI.1:105 KUMBHA fuhr fort:

Nun, oh König, vernimm, welches Unglück mich befallen hat. Denn wenn man einem Freund sein Missgeschick anvertraut, verschafft man sich große Erleichterung, so wie die dunkle, schwere Wolke hell und leicht wird, wenn sie den Regen fallen lässt. Auch das Gemüt wird klar und friedlich, wenn ein Freund dem Schicksal des anderen lauscht, so wie Wasser klar wird, wenn ein Stück Alaun hineingeworfen wird.

Nachdem ich von dir fortging, ging ich in die Himmel und tat dort meine Pflicht. Der Abend brach herein, und ich verließ den Himmel, um zu dir zurückzukehren. Als ich den Raum durchflog, begegnete ich dem Weisen Durvāsa, der auf dem Weg für die Abendgebete war und es eilig hatte. Wie seit jeher war er in dunkle Wolken gekleidet und mit Blitzen geschmückt. All dies verlieh ihm das Aussehen einer Frau, die auf dem Wege zur Begegnung mit ihrem Liebhaber ist. Ich grüßte ihn und sagte, nur zum Spaß, genau dieses zu ihm. Empört über meine Respektlosigkeit verfluchte er mich: „Für diese Unverschämtheit wirst du von nun an jede Nacht zu einer Frau werden." Ich bin traurig schon bei dem Gedanken, jede Nacht eine Frau zu werden. Es ist wirklich tragisch, dass der Sohn der Götter, welche leichthin von der Lust überwältigt werden, nun die Konsequenzen einer Beleidigung heiliger Weiser zu erleiden hat. Doch weshalb sollte ich trauern, da all dies mein Selbst nicht berühren kann.

SHIKHIDHVAJA sagte:

Was nützt das Trauern, oh Sohn der Götter? Komme was wolle – das Selbst ist vom Schicksal des Körpers nicht betroffen. Was auch immer an Freude oder Sorge jemandem zugedacht ist, betrifft lediglich den Körper, nicht seinen Bewohner. Wenn sogar du trauerst, was ist dann von den unwissenden Menschen zu sagen? Vielleicht aber hast du, indem du dieses unglückliche Ereignis erzählt hast, nur die entsprechenden Worte und Ausdrücke gebraucht!

VASISHTHA fuhr fort:

So trösteten sie einander, denn sie waren unzertrennliche Freunde geworden. Die Sonne begann unterzugehen und die Finsternis der Nacht legte ihren Mantel über die Erde. Beide vollführten die Abendgebete. Schon bald danach begann Kumbhas Körper eine schleichende Verwandlung durchzumachen. Indem er seine Tränen hinunterschluckte, sprach er mit erstickter Stimme zu Shikhidhvaja: „Oh wehe, ich fühle meinen Körper dahinschmelzen und auf die Erde niedertropfen. Meine Brust entwickelt weibliche Brüste. Meine Knochen entwickeln sich zu denen einer Frau. Aussehen, Kleidung und Schmuck einer Frau entspringen aus dem Körper selbst. Oh was soll ich tun? Wie kann ich diese Schande, wahrhaftig eine Frau geworden zu sein, verbergen?"

SHIKHIDHVAJA erwiderte: „Heiliger, du weißt, was zu wissen ist. Trauere nicht über das Unvermeidliche. Das Schicksal berührt nur den Körper, nicht den Verkörperten." Kumbha stimmte zu: „Du hast recht. Ich empfinde nun keinen Kummer mehr. Wer kann der Weltordnung oder der Natur schon widerstehen?"

Indem sie so sprachen, begaben sie sich zu Bett (sie schliefen in demselben Bett). Auf diese Weise lebte Chudulai mit ihrem Gemahl tagsüber als junger Asket und nächtens als Frau zusammen.

VASISHTHA fuhr fort: VI.1:106

Einige Tage lebten sie so, und dann sagte Kumbha zu Shikhidhvaja: „Oh König, höre dir meinen Vorschlag an. Eine Zeitlang war ich nächstens eine Frau. Nun möchte ich die Rolle einer Frau während der Nacht erfüllen, denn ich empfinde, dass ich als die Frau eines würdigen Gemahls lebe. In den drei Welten gibt es niemanden, der mir teurer ist als du. Daher wünsche ich dich zu heiraten und gemeinsam mit dir eheliche Freuden zu genießen. Dies ist nur natürlich, erfreulich und naheliegend. Was sollte falsch daran sein? Wir haben beide Wunsch und Ablehnung aufgegeben und verfügen über eine ausgewogene Sicht. Lass uns daher das Natürliche ohne Verlangen und Abneigung tun."

SHIKHIDHVAJA erwiderte:

„Oh Freund, ich vermag weder Gutes noch Böses in diesem Vorhaben zu erblicken. Oh Weiser, tue was dir beliebt. Da das Gemüt in vollkommenem Gleichgewicht ruht, sehe ich überall nichts als das Selbst. Tue daher, wie es dir beliebt."

Kumbha antwortete: „Wenn dies deine wahren Empfindungen sind, oh König, dann ist heute der beste aller Tage. Die himmlischen Wesen sollen unsere Hochzeit bezeugen."

Beide sammelten alle für den Hochzeitsritus benötigten Gegenstände. Sie badeten, als Vorbereitung für den geheiligten Ritus, zusammen in heiligem Wasser. Sie entboten den Ahnen und Göttern ihre Verehrung.

Unterdessen war die Nacht hereingebrochen. Kumbha wurde eine liebliche Frau. „Er" sprach zum König: „Oh teurer Freund, nun bin ich eine Frau. Mein Name ist Madanikā. Ich grüße dich. Ich bin deine Frau." Shikhidhvaja verehrte Madanikā mit Girlanden, Blumen und Juwelen. Ihre Schönheit bewundernd, sagte der König: „Oh Madanikā, du strahlst wie die Göttin Lakshmi. Mögen wir zusammenleben wie die Sonne und der Schatten, Lakshmi und Narayana, Shiva und Parvati und dabei gesegnet sein. Mögen wir mit allem Glückverheißendem gesegnet sein."

Das Paar entzündete das heilige Feuer und vollführte in strenger Beachtung der Vorschriften die Hochzeitsriten. Der Altar war mit blühenden Gewinden und Edelsteinen sowie Halbedelsteinen bedeckt. Seine vier Ecken schmückten Kokosnüsse, und es gab Gefäße mit heiligem Gangeswasser. In der Mitte brannte das heilige Feuer. Sie umwandelten dieses Feuer und entboten die vorgeschriebenen Opfergaben zusammen mit den dafür bestimmten heiligen Hymnen. Noch während sie so taten, nahm der König häufig Madanikās Hand, um ihr seine Liebe und Freude zu zeigen. Dann umschritten sie dreimal das geheiligte Feuer und vollführten damit das so genannte Lājā Homa. Schließlich zogen sie sich in das Hochzeitsgemach zurück (eine besonders für diesen Zweck vorbereitete Höhle). Der Mond überschüttete sie mit kühlen Strahlen. Das Brautbett war aus duftenden Blüten gemacht. Sie bestiegen dieses Bett und vollzogen die Ehe.

VI.1:107 VASISHTHA fuhr fort:

Als die Sonne aufging, wurde aus Madanikā wieder Kumbha. Auf diese Weise lebte das Paar als Freunde tagsüber und als Ehefrau und Ehemann in der Nacht. Als Shikhidhvaja eines Nachts schlief, schlüpfte Kumbha (als Chudulai) in den Palast, erledigte die königlichen Pflichten und kehrte rasch an die Seite des Königs zurück.

Einen Monat lang lebten sie so in den Höhlen des Mahendra-Berges. Sie durchwanderten verschiedene Wälder und zogen von einem Berghang zu einem anderen. Eine Zeitlang lebten sie im Garten der Götter, der als der Pārijāta-Wald bekannt ist und sich auf den südlichen Hängen des Maināka-Berges befindet. Außerdem durchstreiften sie auch das Kuru- und das Kosala-Gebiet.

Nachdem sie sich einige Monate lang auf diese Weise aneinander erfreut hatten, dachte Chudulai (als Kumbha): „Ich werde nun die Reife des Königs testen, indem ich ihm die Vergnügen und Freuden des Himmels schmackhaft mache. Wenn er dagegen unempfindlich bleibt, wird er gewiss nie wieder Vergnügen suchen."

Nachdem sie sich dazu entschlossen hatte, erschuf Chudulai mit Hilfe ihrer magischen Kräfte eine Illusion, in der Shikhidhvaja den König der Götter (Indra) vor sich stehend erblickte, begleitet von himmlischen Wesen. Ohne durch deren plötzliches Erscheinen aus der Fassung zu geraten, entbot der König ihnen seine Verehrung. Dann fragte er Indra: „Bitte teile mir mit, womit habe ich es verdient, dass du es auf dich genommen hast, heute hierher zu kommen?"

Indra erwiderte: „Oh Heiliger, wir alle kamen hierher, weil wir unwiderstehlich durch deine Gegenwart angezogen worden sind. Wir haben in den Himmeln von deiner Glorie singen gehört. Komm, komm in den Himmel – die himmlischen Wesen, die von deiner Größe vernommen haben, sind begierig, dich zu sehen. Bitte nimm diese himmlischen Insignien an, mit deren Hilfe du wie die vollkommenen Weisen den Raum durchqueren kannst. Gewiss, oh Weiser, verschmähen befreite Wesen wie du nicht das Glück, welches ungesucht zu ihnen gelangt. Möge dein Besuch den Himmel reinigen." Shikhidhvaja sagte: „Ich kenne die Umstände, die im Himmel herrschen, oh Indra! Jedoch mein Himmel befindet sich überall und auch nirgendwo. Ich bin glücklich, wo immer ich bin, weil ich mir nichts wünsche. Jedoch bin ich nicht fähig, den von dir beschriebenen Himmel aufzusuchen, der nur auf einen bestimmten Ort begrenzt ist! Daher vermag ich deinem Befehl nicht Folge zu leisten." „Aber", sprach Indra, „ich denke, dass es nur recht ist, dass die befreiten Weisen leiden, um die ihnen zugeteilten Freuden zu erfahren." Shikhidhvaja schwieg. Indra machte sich bereit zur Abreise. Shikhidhvaja sagte: „Ich werde nicht jetzt kommen, denn es ist nicht die Zeit dafür."

Nachdem Indra den König und Kumbha gesegnet hatte, verschwanden er und sein Gefolge.

VASISHTHA fuhr fort: VI.1:108

Nachdem Chudulai dieses magische Schauspiel aufgelöst hatte, sprach sie zu sich selbst: „Glücklicherweise wird der König von Verführungen des Vergnügens nicht angesprochen. Sogar als Indra ihn besuchte und in den Himmel einlud, blieb der König ungerührt und rein wie Raum. Ich werde ihn nun einer weiteren Prüfung unterziehen, der zeigen soll, ob er von den Zwillingskräften von Anziehung und Abstoßung bewegt werden kann."

Noch in derselben Nacht erzeugte Chudulai mit Hilfe ihrer magischen Kräfte einen entzückenden Lustgarten mit einem außerordentlich schönen Bett darin. Sie schuf einen jungen Mann, physisch sogar noch attraktiver als Shikhidhvaja. Dann erschien sie zusammen mit ihrem Liebhaber, sitzend auf dem Bett, in enger Umarmung.

Shikhidhvaja hatte seine Abendgebete beendet und suchte nach seiner Frau Madanikā. Nach einigem Suchen fand er das Versteck des Paares. Er sah sie völlig versunken in ihre Liebesspiele. Ihr Haar umfloss ihn. Mit ihren Händen hielt sie sein Gesicht umfangen. Ihre Münder begegneten sich in einem leidenschaftlichen Kuss. Offensichtlich waren sie in verzehrender Leidenschaft füreinander entbrannt. Jede Bewegung ihrer Glieder drückte ihre äußerste Liebe füreinander aus. Auf ihren Gesichtern spiegelte sich das Entzücken ihrer Herzen. Die Brust des einen presste sich an die des anderen. Sie hatten ihre Umgebung völlig vergessen.

Shikhidhvaja sah all dies, war aber gänzlich unbewegt. Er wollte sie nicht stören und wandte sich ab, um zu gehen. Das Paar jedoch hatte seine Gegenwart bemerkt. Er sagte zu ihnen: „Bitte, lasst euch durch mich nicht in eurem Glück stören."

Nach einiger Zeit kam Madanikā aus dem Garten und traf, beschämt durch ihr Betragen, Shikhidhvaja. Jedoch der König sagte: „Meine Teure, weshalb bist du so schnell gekommen? Gewiss leben die Wesen nur, um Glück zu erfahren. Und in dieser Welt ist es schwierig, ein Paar zu finden, das in solcher Harmonie ist. Ich fühle mich dadurch nicht betroffen, da ich sehr wohl weiß, was die Menschen in dieser Welt am meisten lieben. Kumbha und ich sind große Freunde füreinander, während Madanikā nur die Frucht von Durvāsas Fluch ist!"

Madanikā erwiderte: „Darin besteht die Natur der Frauen, oh hoher Herr! Sie sind schwankend in ihrer Ergebenheit. Sie sind achtmal so leidenschaftlich wie Männer. Sie sind schwach und vermögen in der Gegenwart eines verführerischen Mannes nicht, der Lust zu widerstehen. Bitte vergib mir, und sei mir nicht böse."

Shikhidhvaja erwiderte: „Ich bin dir überhaupt nicht böse, meine Liebe. Jedoch werde ich dich von nun an als einen guten Freund und nicht mehr als meine Frau behandeln." Chudulai war erfreut über die Haltung des Königs, die ihr überzeugend bewies, dass er jenseits von Lust und Zorn war. Unverzüglich gab sie die Form als Madanikā auf und nahm ihre ursprüngliche als Chudulai wieder an.

VI.1:109 SHIKHIDHVAJA sagte:

Wer bist du, oh reizende Frau, und wie bist du hierhergekommen? Seit wann bist du schon hier? Du siehst so sehr wie meine Frau aus!

Cudala erwiderte:

Ich bin tatsächlich Chudulai. Ich habe die Gestalten von Kumbha und anderen angenommen, um deinen Geist zu erwecken. Außerdem habe ich die Gestalt dieser kleinen, illusorischen Welt mit dem Garten usw. erschaffen, die du soeben gesehen hast. Von dem Tage an, als du unklugerweise dein Königreich aufgegeben hast und hierher zur Ausübung von Askese gekommen bist, habe ich mich um dein spirituelles Erwachen bemüht. Ich unterwies dich in der Gestalt von Kumbha. Die Gestalten von Kumbha und anderen, die du gesehen hast, waren nicht wirklich. Nun bist du vollkommen erwacht und weißt alles, was zu wissen ist.

VASISHTHA fuhr fort:

Shikhidhvaja ging in tiefe Meditation und sah in seinem Innern alle Geschehnisse, die sich seit dem Verlassen des Palastes ereignet hatten. Er war überglücklich, und seine Zuneigung zu seiner Frau wuchs und wuchs. Nachdem er das Körperbewusstsein wiedererlangt hatte, umarmte er Chudulai mit einer Leidenschaft, die nicht zu beschreiben ist. Ihre Herzen überflossen in Liebe füreinander, und so verblieben sie einige Zeitlang wie in einem überbewussten Zustand.

SHIKHIDHVAJA sagte schließlich zu Cudala:

Oh wie süß ist die Liebe einer teuren Frau – süßer als Nektar! Wie viel Mühen und Schmerz hast du für mich auf dich genommen! Die Art und Weise, wie du mich diesem schrecklichen Ozean der Unwissenheit entrissen hast, kann mit nichts verglichen werden. Die Tradition hat uns einige große Frauen geschenkt, die außerordentliche Ehegattinnen waren, doch sie sind nichts im Vergleich mit dir. In sämtlichen Tugenden und edlen Qualitäten übertriffst du sie. Du hast hart gekämpft und meine Erleuchtung herbeigeführt. Wie kann ich dir dies jemals vergelten? Liebende Frauen kämpfen für die Befreiung ihrer Männer aus diesem Ozean des Samsara. In diesem Bemühen erreichen sie aufgrund ihrer Liebe für ihren Gemahl Dinge, die sogar die Schriften, der Guru und ein Mantra nicht vollbringen. Für den Ehemann ist seine Frau alles – Freundin, Bruder, Gönner, Dienerin, Guru, Kamerad, Reichtum, Glück, Schriften, Wohnung (Gefäß) und Sklavin. Eine solche Frau sollte daher immer und mit allen Mitteln verehrt und bewundert werden.

Meine teure Chudulai, du bist in der Tat die wunderbarste aller Frauen in dieser Welt. Komm und umarme mich noch einmal.

VASISHTHA sagte:

Nachdem er so gesprochen hatte, umarmte SHIKHIDHVAJA Chudulai aufs Neue in starker und leidenschaftlicher Liebe.

Cudala sprach:

Hoher Herr, als ich dich deine nutzlose Askese praktizieren sah, war mein Herz voller Schmerzen. Ich erleichterte diese Schmerzen, indem ich hierher kam und mich bemühte, dich zu erwecken. Ich tat dies nur aus Selbstsucht und zu meiner eigenen Freude. Gewiss verdiene ich dafür keinerlei Lob!

SHIKHIDHVAJA erwiderte:

Von nun an sollten alle Frauen ihre selbstsüchtigen Ziele verfolgen, indem sie ihre Ehemänner spirituell erwecken, wie du es getan hast!

Cudala sprach:

Ich sehe in dir nicht länger all diese kleinlichen Verlangen, Gedanken und Gefühle, die dich Jahre zuvor gequält haben. Bitte sage mir, was du heute bist, worin du verankert bist und was du siehst.

SHIKHIDHVAJA erwiderte:

Meine Teure, ich ruhe in dem, was mir durch deine Hilfe gegeben wurde. Ich habe keinerlei Anhaftungen mehr. Ich bin wie der unendliche, unteilbare Raum. Ich bin Friede. Ich habe den Zustand erlangt, der sogar für Götter wie Vishnu und Shiva schwierig zu erlangen ist. Ich bin frei von Verwirrung und Täuschung. Ich erfahre weder Sorge noch Freude. Ich vermag weder „Dies ist" noch „Das andere ist" zu sagen. Ich bin frei von aller Verhüllung und erfreue mich eines Zustandes des innerlichen Wohlseins. Was ich bin, das bin ich – schwierig, dies in Worte zu fassen! Du bist mein Guru, meine Liebe – ich verneige mich vor dir. Durch deine Gnade, meine Geliebte, habe ich diesen Ozean des Samsara überquert. Ich werde nie wieder denselben Fehler begehen.

Cudala fragte:

Was willst du jetzt tun?

SHIKHIDHVAJA erwiderte:

Ich kenne weder Gebote noch Verbote. Was immer du tust, das anerkenne ich als richtig. Tue, was du für richtig hältst, und ich werde dir darin folgen.

Cudala sprach:

Hoher Herr, wir sind nun beide im Zustand der befreiten Weisen verankert. Für uns sind jetzt Wunsch und das Gegenteil davon dasselbe. Von welchem Nutzen sollte für uns die Disziplin von Prāna oder diejenige des unendlichen Bewusstseins sein? Daher sollten wir das sein, was wir zu Beginn, in der Mitte und am Ende sind, und das eine Ding aufgeben, das danach verbleibt. Wir sind der König und die Königin zu Beginn, in der Mitte und am Ende. Das eine noch aufzugebende Ding ist die Täuschung! Lass uns daher ins Königreich zurückkehren und dort weise Herrscher sein.

SHIKHIDHVAJA fragte:

Weshalb sollten wir dann nicht die Einladung Indras in den Himmel annehmen?

Cudala erwiderte:

Oh König, ich wünsche mir weder die Vergnügen des Himmels noch den Glanz des Königreichs. Ich verbleibe in der Verfassung, in welche mich meine eigene Natur versetzt. Sobald dem Gedanken „dies ist Vergnügen“ der Gedanke „dies ist nicht“ entgegengestellt wird, verderben beide. Ich verbleibe in dem Frieden, der beides überlebt.

Die beiden befreiten Weisen verbrachten alsdann die Nacht im Entzücken der ehelichen Freuden.

Die Geschichte von Kaca

VASISHTHA fuhr fort: VI.1:110

Bei Tagesanbruch erhob sich das Paar und erledigte seine morgendlichen Pflichten. Chudulai materialisierte durch ihre Gedankenkraft ein goldenes Gefäß, das die heiligen Wasser von sieben Ozeanen enthielt. Mit diesen Wassern badete sie den König und krönte ihn zum König. Sie sprach: „Mögest du mit all dem Glanz der acht göttlichen Beschützer des Universums ausgestattet sein."

Der König seinerseits setzte Chudulai erneut als seine Königin ein. Er schlug ihr vor, mit Hilfe ihrer Gedankenkraft eine Armee zu erschaffen, was sie auch tat.

Angeführt vom königlichen Paar, das auf dem stattlichsten Elefanten saß, bewegte sich die gesamte Armee in Richtung des Königreichs. Auf dem Wege dahin zeigte Shikhidhvaja Chudulai die verschiedenen Orte, die mit seinem asketischen Leben in Verbindung standen. Bald schon erreichten sie die Außenbezirke ihrer Stadt, wo ihnen die Bewohner einen überwältigenden Empfang bereiteten.

Unterstützt von Chudulai regierte Shikhidhvaja das Königreich während zehntausend Jahren. Danach erlangte er nirvana (Befreiung, wie eine Lampe, deren Öl aufgebraucht ist), von wo es keine Wiedergeburt gibt. Nachdem er die Freuden der Welt genossen hatte, wie es dem herausragendsten unter den Königen zukommt, und ein sehr langes Leben gelebt hatte, erlangte er, da in ihm nur ein kleiner Rest von sattva war, den höchsten Zustand. Befasse dich, oh Râma, auf dieselbe Weise mit spontaner und natürlicher Tätigkeit, ohne dich zu sorgen. Erhebe dich! Genieße die Freuden der Welt und die letzte Befreiung.

So habe ich dir, oh Râma, also die Geschichte von Shikhidhvaja erzählt. Wenn du diesem Pfade folgst, wirst du niemals trauern. Regiere so, wie SHIKHIDHVAJA es tat. Auch du wirst dann die Freuden dieser Welt genießen und die letzte Befreiung erlangen. Auch Kaca, der Sohn von Brihaspati, dem Lehrer der Götter, tat so.

RÂMA fragte:

Hoher Herr, bitte teile mir mit, wie Kaca, der Sohn des Brihaspati, die Erleuchtung erlangt hat.

VASISHTHA sprach:

Wie Shikhidhvaja erlangte auch Kaca die Erleuchtung. Eines Tages, als er noch sehr jung war, war er eifrig um die Befreiung aus dem Samsara bemüht. Er suchte seinen Vater Brihaspati auf und fragte diesen: „Hoher Herr, du weißt alles. Bitte teile mir mit, wie man sich aus diesem Käfig genannt Samsara befreien kann."

BRIHASPATI sprach: VI.1:111

Mein Sohn, die Befreiung aus diesem als Samsara bezeichneten Gefängnis kann einzig und allein durch Entsagung geschehen!

VASISHTHA fuhr fort:

Nachdem er dies vernommen hatte, wandte sich Kaca in Richtung des Waldes, nachdem er allem entsagt hatte. Brihaspati ließ dieses Ereignis ungerührt. Die Weisen werden von Vereinigungen oder Trennungen nicht betroffen. Nach acht Jahren der Abgeschiedenheit und Askese traf Kaca seinen Vater wieder und fragte ihn: „Vater, ich habe acht Jahre lang Askese geübt, nachdem ich allem entsagt habe. Weshalb habe ich noch nicht den Zustand des höchsten Friedens erlangen können?“

Brihaspati wiederholte daraufhin lediglich seine erste Aufforderung: „Entsage allem“, und ging fort. Dies wörtlich nehmend, warf Kaca sogar noch die Baumrinde ab, mit der er seinen Körper bedeckt hatte. Dann setzte er die Askesepraktiken drei weitere Jahre lang fort. Erneut ging er zu seinem Vater und fragte ihn, nachdem er ihn verehrt hatte: „Vater, ich habe sogar noch dem Stab und der Kleidung usw. entsagt. Aber Selbsterkenntnis habe ich immer noch nicht erlangt!“

Brihaspati erwiderte daraufhin: „Mit „totaler Entsagung“ ist nur das Gemüt gemeint, denn das Gemüt ist alles, was es gibt. Die totale Entsagung besteht daher in der Entsagung des Gemüts.“ Nachdem er so gesprochen hatte, verschwand Brihaspati. Kaca begann auf der Suche nach dem Gemüt, dem zu entsagen wäre, in sich selbst hineinzuschauen. Jedoch so viel er auch suchte, er vermochte das, was man „Gemüt“ nennt, einfach nicht zu finden! Da er das Gemüt nicht zu finden vermochte, dachte er bei sich folgendermaßen nach: „Die physischen Stoffe wie der Körper können nicht das sein, was man als Gemüt betrachtet. Weshalb strafe ich also überflüssigerweise den unschuldigen Körper? Ich sollte zu meinem Vater zurückkehren und das Wo und Wie dieses furchterregenden Feindes namens Gemüt ergründen. Sobald ich es erkannt habe, werde ich ihm entsagen.“

Nachdem er zu diesem Entschluss gelangt war, suchte Kaca erneut seinen Vater auf und bat: „Bitte teile mir mit, was das Gemüt ist, damit ich ihm entsagen kann.“ Brihaspati erwiderte: „Diejenigen, die um das Gemüt wissen, erklären, dass das Gemüt das 'Ich' sei. Der Ich-Sinn, der in dir erscheint, ist das Gemüt.“ Kaca antwortete: „Dies ist jedoch sehr schwierig, wenn nicht gar unmöglich!“ Brihaspati sagte: „Es ist sogar einfacher, als eine Blume in der Hand zu zerdrücken; einfacher, als deine Augen zu schließen! Denn was aufgrund von Unwissenheit real zu sein scheint, verschwindet beim Dämmern der Erkenntnis. In Wahrheit gibt es keinen Ich-Sinn. Er scheint nur zu existieren und zwar aufgrund von Unwissenheit und Täuschung. Wo sollte dieser Ich-Sinn denn sein, wie konnte er entstehen, was genau ist er? In allen Wesen gibt es stets nur das eine reine Bewusstsein! Folglich ist dieser Ich-Sinn nichts anderes als ein Wort. Gib ihn auf, mein Sohn, und gib die Selbstbegrenzung und psychologische Konditionierung auf. Du bist das Unkonditionierte – niemals durch Zeit, Raum usw. konditioniert.“

Die Geschichte vom irregeführten Mann

VASISHTHA fuhr fort:

Als er so mit der höchsten Weisheit bekannt gemacht worden war, erlangte Kaca die Erleuchtung. Er lebte frei vom Ich-Sinn und allem Verlangen nach Besitz. Lebe wie er, oh Rāma. Der Ich-Sinn ist unwirklich. Vertraue ihm nicht, noch gib ihn auf. Wie kann das Unwirkliche begriffen werden, oder wie kann man ihm entsagen? Wenn der Ich-Sinn unwirklich ist – was sind dann Geburt und Tod? Du bist dieses subtile und reine Bewusstsein, welches unteilbar und frei von Ideenbildung ist, aber alle Wesen umfasst. Nur im Zustand der Unwissenheit wird diese Welt als eine illusionäre Erscheinung gesehen. In der Sichtweise der Erleuchteten jedoch wird all dies als Brāhman gesehen. Gib die Konzepte von Einheit und Verschiedenheit auf und bleibe in der Seligkeit. Betrage dich nicht wie der irregeführte Mann und leide! VI.1: 112,113

RÂMA sprach:

Aus deinen nektargleichen Worten gewinne ich höchste Freude. Nun bin ich im transzendentalen Zustand verankert. Und doch fühle ich mich noch nicht gesättigt. Obgleich ich zufrieden bin, befrage ich dich weiter, da niemand durch Nektar allein gesättigt ist. Wer ist der irregeführte Mann, von dem du gesprochen hast?

VASISHTHA sprach:

Höre der folgenden lustigen Geschichte über den irregeführten Mann zu, der aus der Täuschung entstanden ist. Er wurde in einer Wüste geboren und wuchs in dieser auch auf. Eines Tages entstand in ihm eine verrückte Idee: „Ich bin aus Raum geboren, Ich bin Raum, Raum ist mein. Diesen Raum sollte ich daher schützen." Nachdem er diesen Entschluss gefasst hatte, baute er ein Haus, das den Raum schützen sollte. Wie er sah, dass der Raum sicher in diesem Haus eingeschlossen war, war er glücklich. Im Verlaufe der Zeit jedoch verfiel das Haus und stürzte ein. Laut klagte er: „Oh du mein Raum! Wohin bist du gegangen? Oh weh – alles ist verloren!"

Dann grub er einen Brunnen. Er meinte, dass der Raum darin nun sicher geschützt sei. Auch der Brunnen stürzte jedoch im Laufe der Zeit ein. Schließlich baute er nach und nach noch einen Kasten, eine Grube und einen kleinen Hain mit vier Salbäumen. Alle diese Dinge gingen nach kurzer Zeit zu Grunde, und der irregeführte Mann war zutiefst unglücklich.

Höre die Bedeutung dieser Geschichte an, oh Rāma. Der Mann, der aus Täuschung entstanden ist, ist der Ich-Sinn. Er taucht auf dieselbe Weise wie die Bewegung im Wind auf. Seine Wirklichkeit ist Brahman. Weil er dies nicht weiß, betrachtet der Ich-Sinn den Raum um sich herum als sich selbst und sein Besitztum. Daher identifiziert er sich selbst mit dem Körper usw. in der Absicht, ihn zu schützen. Der Körper usw. lebt einige Zeit und verdirbt dann. Aufgrund dieser Täuschung trauert der Ich-Sinn wieder und wieder und glaubt, dass das Selbst tot und verloren sei. Wenn der Kasten usw. zerstört werden, bleibt der Raum unbetroffen davon. Das

Selbst bleibt ferner unbetroffen, wenn die Körper sterben. Das Selbst ist reines Bewusstsein, subtiler noch als Raum, oh Rāma. Niemals wird es zerstört. Es ist ungeboren. Es verdirbt nicht. Und das unendliche Brahman allein leuchtet als diese Welterscheinung. Wisse dies, und lebe auf immer glücklich.

VI.1:114 VASISHTHA fuhr fort:

Dem höchsten Brahman entsteigt als erstes das Gemüt mit seiner Fähigkeit des Denkens und Vorstellens. Und dieses Gemüt bleibt auf dieselbe Weise in diesem Brahman wie der Duft in den Blüten, die Wellen im Ozean und die Sonnenstrahlen in der Sonne. Weil Brahman, das extrem subtil und unsichtbar ist, sozusagen vergessen wird, entsteht diese falsche Idee der realen Existenz der Welterscheinung.

Wenn man denkt, dass die Sonnenstrahlen verschieden und getrennt von der Sonne sind, dann erlangen die Sonnenstrahlen für einen solchen Menschen auch genau diese scheinbar getrennte Existenz. Denkt man, dass ein aus Gold gemachtes Schmuckstück ein Schmuckstück ist, dann ist dieses für einen solchen Menschen in der Tat auch nur ein Schmuckstück und nicht Gold.

Erkennt einer jedoch, dass die Sonnenstrahlen von der Sonne nicht verschieden sind, dann bezeichnet man sein Verstehen als „unmodifiziert" (nirvikalpa). Wenn einer erkennt, dass die Wellen nicht verschieden vom Ozean sind, dann spricht man von seinem Verstehen als „unmodifiziert" (nirvikalpa). Wenn einer erkennt, dass das Schmuckstück nicht verschieden von Gold ist, dann spricht man von seinem Verstehen als „unmodifiziert" (nirvikalpa).

Wer das Sprühen der Funken betrachtet, realisiert nicht, dass sie nur Feuer sind. Sein Gemüt erfährt Freuden und Leiden, indem diese Feuerfunken auffliegen und wieder zu Boden fallen und dort zerstreut werden. Wenn er zu erkennen vermag, dass diese Funken nichts als Feuer und von diesem nicht verschieden sind, sieht er nur noch das Feuer als solches. Vom Verstehen eines solchen Menschen spricht man dann als „unmodifiziert" (nirvikalpa).

Wer auf diese Weise im nirvikalpa verankert ist, ist in der Tat groß. Sein Verstehen vermindert sich nicht. Er hat erlangt, was zu erlangen wert ist. Sein Herz verfängt sich nicht länger in den Objekten. Daher, oh Rāma, gib diese Wahrnehmung von Vielfalt oder die Objektifizierung auf und verbleibe im Bewusstsein verankert.

Was auch immer das Selbst ersinnt, wird aufgrund der diesem Bewusstsein innewohnenden Mächte materialisiert. Diese materialisierten Gedanken leuchten dann auf, als wären sie unabhängig! Was der Verstand (ausgestattet mit der Fähigkeit des Denkens) daher ersinnt, wird unverzüglich materialisiert. Dies ist die Quelle der Vielfalt. Folglich ist diese Welterscheinung weder real noch irreal. So wie die fühlenden Wesen in ihren eigenen Tagträumen die verschiedenen Objekte erschaffen und erfahren, so ist diese Welterscheinung der Tagtraum Brahmans. Wird sie als Brahman erkannt, löst sich die Welterscheinung auf, denn vom absoluten Gesichtspunkt aus gesehen ist diese Welt inexistent. Brahman verbleibt stets als Brahman und erzeugt nichts, was nicht bereits zuvor existent war!

Oh Rāma, was auch immer du tust – wisse, dass alles nur reines Bewusstsein ist. Brahman allein manifestiert sich hier als all dies, denn nichts anderes als Brahman existiert. Einen Spielraum für „dies“ und „anderes“ gibt es nicht. Gib daher sogar noch die Konzepte von Befreiung und Bindung auf. Verbleibe im reinen egolosen Zustand und befasse dich mit natürlichen Aktivitäten.

Die Geschichte von Bhringisa

VASISHTHA fuhr fort: VI.1:115

Gib sämtliche Zweifel auf. Nimm Zuflucht zur moralischen Stärke. Sei der höchste Handelnde in den Handlungen, der höchste Genießer der Freuden und der höchste Entsager aller Dinge! Diese dreifache Disziplin wurde in alten Zeiten Bhringisa durch Lord Shiva gelehrt, der dadurch die vollkommene Freiheit erlangte. Bhringisa war ein Mensch mit gewöhnlicher oder traditioneller Selbsterkenntnis. Er ging zu Lord Shiva und bat: „Hoher Herr, ich werde von dieser Welterscheinung getäuscht. Bitte sage mir, welche Geisteshaltung mir helfen wird, um mich von dieser Täuschung zu befreien."

LORD SHIVA erwiderte:

Gib alle deine Zweifel auf. Nimm Zuflucht zur moralischen Stärke. Sei ein mahābhokttā (ein großer Genießer der Wonne), ein mahākartā (ein großer Handelnder in den Handlungen) und ein mahātyāgī (ein vollkommener Entsagender).

Derjenige ist ein mahākartā (ein großer Handelnder in den Handlungen), der frei von Zweifeln ist und in natürlichen Situationen die angemessenen Handlungen ausführt, seien diese nun dharmisch (rechtmäßig) oder adharmisch (falsch), und ohne von Abneigungen und Zuneigungen, durch Erfolg und Misserfolg, durch den Ich-Sinn oder Eifersucht verwirrt zu werden und mit seinem Gemüt stets im Zustand der Stille und Reinheit bleibt. Er ist unangehaftet an die Dinge, aber verbleibt als der Zeuge von allem, ohne selbstsüchtige Wünsche oder Beweggründe, ohne Aufregung und Jubel, stets mit einem friedlichen Gemüt und ohne Kummer oder Trauer, gleichgültig gegenüber Tätigkeit und Untätigkeit; seine wahre Natur sind Friede und Gleichgewicht oder Gleichmut, die er in allen Situationen beibehält (Geburt, Existenz oder die Auslöschung aller Dinge).

Derjenige ist ein mahābhokttā (ein großer Genießer), der weder etwas hasst noch nach irgendetwas verlangt, sondern alle natürlichen Erfahrungen genießt; der auch während der Tätigkeiten nicht an etwas hängt, noch ihm entsagt; der durch das Erfahren nicht erfährt; der das Spiel der Welt ungerührt betrachtet. Sein Herz wird durch die Vergnügen und Schmerzen, wie sie im Verlaufe des Lebens auftauchen, und die Wandel, die Verwirrtheit erzeugen, nicht berührt. Er betrachtet Alter und Tod, Paläste und Hütten und auch die großen Missgeschicke und Glücksfälle mit demselben Entzücken. Seine wahre Natur ist tugendhaft und frei von Gewalt. Er erfreut sich an der Süße wie an der Bitterkeit der Dinge gleichermaßen und trifft keine willkürlichen Unterscheidungen in „dies ist erfreulich" und „dies ist es nicht".

Derjenige ist ein mahātyāgī (ein vollkommener Entsagender), der aus seinem Verstand alle Konzepte wie Dharma und Adharma, Schmerz und Vergnügen, Geburt und Tod, sämtliche Wünsche, sämtliche Zweifel, sämtliche Überzeugungen verbannt hat; der die Falschheit in der Erfahrung von Schmerz durch Körper, Gemüt usw. versteht und realisiert: „Ich habe keinen Körper, keine Geburt, kein richtig und kein falsch", und der in seinem Herzen die Idee der Welterscheinung vollständig beseitigt hat.

Auf diese Weise unterrichtete Lord Shiva Bhringisa, der daraufhin erleuchtet wurde. Nimm auch du diese Haltung an, oh Rāma, und transzendiere das Leiden.

VI.1: RÂMA fragte:

116,117 Hoher Herr, du kennst sämtliche Wahrheiten. Wenn der Ich-Sinn sich im Gemüt aufgelöst hat, wie kann man die Natur von Sattva erkennen?

VASISHTHA sprach:

Ein solches Gemüt, oh Rāma, ist sogar bei schlimmsten Herausforderungen unberührt von Sünden wie Gier und Täuschung. Tugenden wie die Freude (am Wohlergehen anderer) bleiben für immer bei dem, dessen Ich-Sinn sich aufgelöst hat. Die Knoten der mentalen Konditionierung und Tendenzen sind durchtrennt. Der Zorn ist weitgehend besänftigt und die Täuschung ist wirkungslos geworden. Wünsche haben ihre Macht verloren. Die Gier ist auf der Flucht. Die Sinne sind im Gleichgewicht und weder erregbar noch geschwächt. Auch wenn sich auf dem Antlitz eines solchen Menschen Vergnügen und Schmerz widerspiegeln, bewegen sie doch nicht das Gemüt, welches all dies als bedeutungslos einstuft. Das Herz ruht im Gleichmut.

Der erleuchtete Mensch, der mit all diesen Tugenden ausgestattet ist, bewohnt mühelos und auf natürliche Weise den Körper. Sein und Nicht-Sein (wie Wohlstand und Missgeschick), die einander folgen und all die verschiedenen und stark gegensätzlichen Widersprüche erzeugen, bewirken im Heiligen weder Freude noch Leid.

Wehe dem, der sich diesem Pfad der Selbsterkenntnis verweigert, den er durch die richtige Führung seiner Intelligenz sehr leicht gehen kann. Die Mittel zur Überquerung dieses Ozeans von Samsara (Welterscheinung oder Zyklus von Geburt und Tod) und zur Erlangung des höchsten Friedens sind die Ergründung des Selbst (Wer bin ich?), der Welt (Was ist diese Welt?) und der Wahrheit (Worin besteht die Wahrheit?).

Dein eigener Ahne, Iksvaku, dachte eines Tages, während er noch sein Königreich regierte, folgendermaßen nach: „Worin besteht wohl der Ursprung dieser Welt, so voll von verschiedenen Leiden wie Alter, Tod, Schmerz und Vergnügen und Täuschung?" Er konnte aber keine Antwort finden. Nachdem er seinen Vater Manu, den Sohn Brahmās, gebührend verehrt hatte, fragte er ihn: „Hoher Herr, dein eigener Wille veranlasst mich dazu, dir eine wichtige Frage vorzulegen. Worin besteht der Ursprung dieser Welt? Wie kann ich frei von Samsara werden?"

Manu erwiderte: „Was du hier siehst, existiert nicht, mein Sohn, und zwar nichts davon! Auch gibt es nichts Ungesehenes oder etwas, was jenseits der Sinne und des Verstandes wäre. Es gibt nur das Selbst, welches ewiglich und unendlich ist. Was als das Universum gesehen wird, ist eine Reflexion in diesem Selbst. Aufgrund der dem kosmischen Bewusstsein eingeborenen Energie wird diese Reflexion hier als der Kosmos und die darin existierenden Lebewesen wahrgenommen. Das ist, was du die „Welt" nennst. Weder gibt es Bindung noch Befreiung. Das eine, unendliche Bewusstsein allein existiert – weder eines noch viele! Gib alle Gedanken an Bindung und Befreiung auf und ruhe im Frieden."

MANU fuhr fort: VI.1:
Wenn das reine Bewusstsein in sich selbst Konzepte und Ideen entstehen lässt, nimmt es 118,119,
die Form einer Individualität (Jiva) an. Diese Individuen wandern dann in diesem Samsara 120
(Welterscheinung) herum. Während einer Verdunkelung von grellem Licht lässt sich erblicken, was vorher überstrahlt und nicht erblickt wurde. Auf eine ähnliche Weise ist es möglich, mit Hilfe der Erfahrungen des Individuums das reine Erfahren selbst kennenzulernen, welches das unendliche Bewusstsein ist. Jedoch kann diese Selbsterkenntnis nicht durch das Studium der Schriften oder mit der Hilfe eines Gurus erlangt werden – es kann nur durch das Selbst für sich selbst erlangt werden.

Betrachte deinen Körper und die Sinne als Instrumente des Erfahrens, nicht jedoch als das Selbst. Die Idee „Ich bin der Körper" bedeutet Bindung – der Suchende soll sie daher aufgeben. „Ich bin kein Ding, sondern reines Bewusstsein" – diese beständig aufrechterhaltene Überzeugung führt zur Befreiung. Nur wenn man das Selbst nicht realisiert, welches frei von Alter, Tod usw. ist, dann klagt man lauthals „Oh weh – ich bin tot, ich bin hilflos!" Nur aufgrund solcher Gedanken wird die Unwissenheit gefestigt. Befreie dein Gemüt von unreinen Ideen und Gedanken. Ruhe im Selbst, das frei von solchen Ideen ist. Verbleibe während all deiner Tätigkeiten im Zustand vollkommenen Gleichgewichts und regiere dein Königreich in Frieden und Freude.

Der Höchste Herr erfreut sich dieser Welterscheinung und zieht sie schließlich wieder in sich selbst zurück. Dieselbe Kraft oder Energie, die die Bindung hervorruft, ist gleichzeitig die Kraft oder Energie, die die Schöpfung auflöst und befreit. So wie ein Baum alle seine Teile und Blätter durchdringt, so durchdringt dieses unendliche Bewusstsein das gesamte Universum. Aber oh weh – der Unwissende realisiert dies nicht, obwohl es doch in jeder Zelle seines Körpers zu finden ist. Derjenige, der zu sehen vermag, dass dieses Selbst allein alles ist, erfreut sich der Seligkeit.

Dieses Verstehen sollte man durch das Studium der Schriften und die Gemeinschaft mit den Heiligen erlangen. Darin besteht der erste Schritt. Nachdenken oder Ergründen ist der zweite. Nicht-Anhaftung oder psychologische Freiheit ist der dritte Schritt. Der vierte Schritt besteht im Sprengen der Fesseln der Vasanas (der Konditionierungen und Neigungen). Die Seligkeit, die aus dem reinen Gewahrsein abgeleitet wird, ist dann der fünfte Schritt – in dieser Seligkeit lebt der befreite Weise wie im Halbschlaf. Die Selbsterkenntnis schließlich ist der sechste Schritt, in der der Weise in einem Meer von Seligkeit ist und wie im Tiefschlaf lebt. Der siebente Schritt wird turīya (der transzendentale Zustand) genannt und ist in sich selbst die Befreiung. Hier herrschen vollkommener Gleichmut und Reinheit. Jenseits davon (immer noch der siebente Zustand) ist turīyātīta, der jenseits jeder Beschreibung ist. Die ersten drei Zustände sind „Wach"zustände. Der vierte ist der Traumzustand. Der fünfte ist der Tiefschlaf, weil er voller Seligkeit ist. Der sechste ist turīya oder das nonduale Bewusstsein. Der siebente Zustand ist unbeschreiblich.

Wer diesen erreicht, ist in reinem Sein, frei von aller Subjekt/Objekt-Getrenntheit. Er ist weder am Sterben noch am Leben interessiert. Er ist mit allem eins. Er ist frei von Individuation. (Hinweis: Bezüglich der Schritte scheint in diesem Absatz etwas Unklarheit zu herrschen. Geklärt wird dies im Kapitel 126 dieses Abschnitts)

VI.1:120, MANU fuhr fort:

121,122 Der befreite Weise kann jemand sein, der formell der Welt entsagt hat oder auch ganz normal als Haushälter lebt. Da er weiß: „Ich tue nichts", erfährt er keinen Kummer. Da er weiß: „Ich bin unberührt, mein Gemüt ist unbewegt und frei von aller Konditionierung, ich bin reines und unendliches Bewusstsein", erfährt er keinen Kummer. Der Erleuchtete, der ohne Ideen von „Ich" und „anderen" ist, erfährt keinen Kummer. Wo immer er ist und in wessen Gesellschaft er sich befindet – er weiß, dass alles, was ist, das ist, was es ist. Er erfährt keinerlei Kummer. Er weiß, dass alle Himmelsrichtungen angefüllt sind mit dem Strahlen des Selbst, welches ewiglich ist. Es geschieht in der Tat nur durch die in der Unwissenheit gelebte Selbstbegrenzung, dass man Frohlocken und Sorge in ständig wechselnden Umständen erfährt. Sobald diese aus der Unwissenheit geborene Selbstbegrenzung entweder geschwächt oder zerstört ist, gibt es da keine Erregtheit oder Trauer mehr. Die Handlungen, die aus solch geschwächten Vasanas oder Konditionierungen hervorgehen, sind in Wahrheit Nicht-Handlungen, deren Samen nicht länger keimen! Ein solcher Mensch führt seine Tätigkeiten nur noch mit den Gliedern des Körpers aus, während sein Gemüt und sein Herz im höchsten Frieden ruhen.

Alle Fähigkeiten des Menschen gehen bei Mangel an Übung verloren. Diese Selbsterkenntnis jedoch, wenn sie einmal gewonnen ist, wächst von Tag zu Tag.

Die Individualität (die Jiva-schaft) existiert so lange, wie der Wunsch nach Vergnügen andauert. Sogar dieser Wunsch ist aus Unwissenheit geboren! Wenn die Selbsterkenntnis auftaucht, verschwinden die Wünsche, und das Selbst gibt die Idee der Individualität auf und realisiert seine unendliche Natur. Diejenigen, die Ideen haben wie „dies ist mein" und „ich bin dies", stürzen in die Grube der Unwissenheit. Diejenigen jedoch, die diese Ideen in ihrem Herzen und Gemüt aufgegeben haben, steigen höher und höher hinauf. Gewahre das selbstleuchtende Selbst, welches alles durchdringt. Im selben Moment, in dem die Allgegenwart des Bewusstseins realisiert wird, überquert man den Ozean des Samsara.

Wisse, dass all das, was von Brahmā, Vishnu usw. getan wird, von dir getan wird. Alles was je gesehen werden kann, ist das Selbst oder das unendliche Bewusstsein. Du bist dieses unendliche Bewusstsein. Mit was kann das verglichen werden? Weder bist du Leerheit noch Nicht-Leerheit, weder Bewusstsein noch Unbewusstsein, weder das Selbst noch ein anderes! Ruhe in dieser Erkenntnis. Weder gibt es einen Ort namens Befreiung noch irgendeinen anderen! Wenn der Ich-Sinn gestorben ist, vergeht auch die Unwissenheit, und das nennt man Befreiung.

Wer diese Selbsterkenntnis erlangt hat, überschreitet das Kastensystem, die Vorschriften, die die Ordnungen des Lebens betreffen, und Gebote und Verbote der Schriften so, wie der

Löwe aus seinem Käfig ausbricht. Seine Handlungen sind unmotiviert und nicht-willentlich, da er von ihren Verdiensten nicht verführt wird. Er ist jenseits von Lobpreis und Tadel, er verehrt nichts und nimmt auch keinerlei Verehrung entgegen. Weder fühlt er sich durch andere gestört noch stört er andere. Er allein ist würdig, verehrt und gepriesen zu werden. Nicht durch Riten und Rituale, sondern allein durch die Verehrung solcher Weiser erlangt man die Weisheit.

Die Geschichte von Iksvaku

VASISHTHA fuhr fort: VI.1:

Nachdem er so von Manu unterrichtet worden war, wurde Iksvaku erleuchtet. Erwirb auch du diese Haltung, oh Râma. 123,124

RÂMA fragte:

Wenn das die Natur der erleuchteten Person ist, – was ist denn so außergewöhnlich und wunderbar daran?

VASISHTHA fuhr fort:

Andererseits: Was ist denn so ungewöhnlich und wunderbar daran, psychische Kräfte wie die Fähigkeit zum Fliegen zu erlangen? Die Natur des Unwissenden besteht in der Abwesenheit des Gleichmuts. Das Kennzeichen des Erleuchteten ist die Reinheit des Gemüts und die Abwesenheit des Verlangens. Der Erleuchtete kann überhaupt nicht durch Merkmale gekennzeichnet werden. Er ist ohne Verwirrung und Täuschung. Samsara ist an ein Ende gelangt. Süchte, Zorn, Gram, Täuschung, Gier und andere unheilvolle Eigenschaften sind in ihm auf ein Minimum reduziert.

Der Höchste Herr nimmt die Gestalt der Individualität (Jiva) an. Die Elemente tauchen im Kosmos ohne irgendeinen Grund auf. Das Individuum, aus dem Höchsten Herrn hervorgegangen, erfährt die Elemente (Objekte) so, als wären sie von ihm erzeugt worden. Auf diese Art tauchen alle die Jivas auf und leben – ohne einen offensichtlichen Grund. Aber von nun an werden alle ihre individuellen Handlungen zur Ursache ihrer nachfolgenden Erfahrungen von Vergnügen und Schmerz. Die Begrenztheit des eigenen Verständnisses wird zur Ursache der individuellen Handlungen.

Die Ursache der Bindung ist das begrenzte Verständnis und die eigenen Vorstellungen, während die Abwesenheit davon Befreiung ist. Gib daher sämtliche Ideenbildungen (sankalpa) auf. Sobald du von irgendetwas hier angezogen wirst, bist du gefesselt; bist du dagegen von nichts angezogen, bist du frei. Was auch immer du tust und genießt, tust du nicht wirklich und genießt du nicht wirklich. Wisse dies und sei frei.

Alle diese Ideen existieren allein im Gemüt. Besiege mit Hilfe des Gemütes das Gemüt. Reinige das Gemüt mit Hilfe des Gemütes. Zerstöre das Gemüt mit Hilfe des Gemütes. Erfahrene Wäscher waschen Schmutz mit Hilfe von Schmutz aus. Ein Dorn wird durch einen zweiten Dorn entfernt. Gift neutralisiert Gift. Der Jiva verfügt über drei Körper, nämlich den groben, den subtilen und den höchsten. Der physische Körper stellt die grobe Form dar. Das Gemüt mit seinen Ideen und Begrenztheiten ist der subtile Körper. Gib diese beiden auf und nimm Zuflucht zum höchsten, der die Realität selbst ist: Reines, unmodifiziertes Bewusstsein. Dies ist das kosmische Wesen. Verbleibe darin verankert, nachdem du die ersten beiden entschlossen zurückgewiesen hast.

VI.1: RÂMA fragte:

124,125 Bitte beschreibe den Zustand von turīya, der den Wach-, Traum- und Tiefschlafzustand durchzieht, ohne als solcher erkannt zu werden.

VASISHTHA fuhr fort:

Der Zustand, der rein und gelassen ist, der ohne Ich-Sinn und ohne Nicht-Ich-Sinn ist, ohne Reales und Irreales und frei, der wird Turya (der vierte Zustand) genannt. Es ist der Zustand des befreiten Weisen. Es ist das ununterbrochene Zeugenbewusstsein. Er ist verschieden von den Wach- und Traumzuständen, die durch Gedankenbewegungen gekennzeichnet sind; er ist verschieden vom Tiefschlafzustand, der durch Trägheit und Unwissenheit gekennzeichnet ist. Wenn der Ich-Sinn aufgegeben wird, kommt der Zustand des vollkommenen Gleichgewichts zum Vorschein, in dem turīya sich selbst manifestiert.

Ich erzähle nun ein Gleichnis, und wenn du dieses hörst, wirst du erleuchtet werden, auch wenn du bereits erleuchtet bist! In einem gewissen Wald gab es einen außergewöhnlichen Weisen. Ein Jäger, ging zu ihm und fragte: „Oh Weiser, ein Hirsch, verwundet von meinem Pfeil, muss hier durchgekommen sein. Sage mir, in welche Richtung er ging." Der Weise erwiderte: „Wir sind heilige Männer, die diesen Wald bewohnen. Unsere Natur ist Friede. Wir sind frei vom Ich-Sinn. Der Ich-Sinn und das Gemüt, die die Tätigkeiten der Sinne ermöglichen, sind zu einem Stillstand gekommen. Ich weiß nicht mehr, was man als Wachen, Traum und Tiefschlaf bezeichnet. Ich bin verankert im turīya. In diesem Zustand gibt es keinerlei Objekte zu sehen!" Der Jäger vermochte die Bedeutung der Worte des Weisen nicht zu erfassen und ging seines Weges.

So habe ich dir zu verstehen gegeben, oh Rāma, dass es nichts als turīya gibt. Turīya ist unmodifiziertes Bewusstsein, und das ist alles, was existiert. Wachen, Träumen und Schlafen sind Zustände des Gemüts. Hören sie auf, stirbt das Gemüt. Dann existiert nur noch sattva – was die Yogis zu erlangen trachten. Und darin besteht das Ergebnis aller Schriften: In Wahrheit gibt es weder Avidyā (Unwissenheit) noch Māyā; Brahman allein existiert. Manche nennen dies Leerheit, andere reines Bewusstsein, wieder andere den Höchsten Herrn. Darüber streiten sie sich dann untereinander. Gib alle diese Ideen auf. Ruhe im nirvana ohne Gedankenbewegung, mit einem weitgehend „geschwächten" Gemüt und friedlicher Intelligenz. Ruhe im Selbst, als ob du taub, stumm und blind wärest. Im Innern gib alles auf und befasse dich im Außen mit angemessenen Handlungen. Es ist die Existenz des Gemüts, die Glück, und es ist die Existenz des Gemüts, die Unglück entstehen lässt. Lass all dies einfach vergehen, indem du dein Gemüt unbeachtet lässt. Verbleibe unberührt von dem, was anziehend und nicht-anziehend ist. Allein schon durch diese Eigenbemühung wird Samsara überwunden! Indem du Vergnügen und Schmerz und alles Dazwischenliegende nicht mehr wahrnimmst, erhebst du dich über das Leid. Schon durch diese geringfügige Eigenbemühung erlangst du das Unendliche.

VI.1: 126 RÂMA fragte:

Wie beschreitet man die sieben Stufen des Yoga? Worin bestehen die Kennzeichen dieser sieben Stufen?

VASISHTHA fuhr fort:

Der Mensch ist entweder ein Akzeptierender (pravritta) oder ein Verneinender (nivritta) der Welt. Der erstere sagt sich: „Was soll es mit dieser Befreiung schon auf sich haben? In meinem Fall ist dieser Samsara und das Leben darin das Bessere!" und beschäftigt sich weiterhin mit seinen weltlichen Aufgaben. Nach vielen Geburten gewinnt er Weisheit. Er erkennt, dass die Tätigkeiten der Welt nichts anderes als sinnlose Wiederholungen des immer Gleichen sind und will sein Leben nicht mehr damit verschwenden. Er denkt: „Worin liegt der Sinn von all dem? Ich will mich davon zurückziehen!" Dann wird er als nivritta angesehen.

Nun fragt er sich wieder und wieder: „Wie kann ich Leidenschaftslosigkeit kultivieren und so diesen Ozean von Samsara überqueren?" Und mit jedem weiteren Tag erzeugt allein dieser Gedanke Leidenschaftslosigkeit in ihm, bis schließlich Frieden und Freude in seinem Herzen auftauchen. Für die Aktivitäten des weltlichen Jahrmarktes interessiert er sich nicht mehr; anstelle dessen pflegt er nun verdienstvolle Tätigkeiten. Er fürchtet auch die Sünde. Seine Redeweise ist den Umständen angemessen und sanft, wahrhaftig und liebevoll. Damit hat er den ersten Schritt auf der Leiter der yoga-bhumika (des Yoga-Zustands) getan. Er dient den Heiligen mit Hingabe. Er wendet sich den Schriften zu, wann und wo immer er sie findet, und studiert sie. Sein beständiges Bestreben ist nun die Überquerung des Ozeans von Samsara. Er ist der wahre Suchende – andere dagegen sind nur selbstsüchtig.

Dann betritt er die zweite Stufe des Yoga, die vicāra, Ergründung, genannt wird. Eifrig sucht er nun Zuflucht zur Gemeinschaft mit Heiligen, die in den Schriften und in spirituellen Übungen gut bewandert sind. Er weiß, was zu tun und zu lassen ist. Er gibt Böses wie Eitelkeit, Eifersucht, Verblendung und Gier auf. Von den Lehrern erfährt er alle Geheimnisse des Yoga. (Hinweis: Vicāra heißt „direktes Beobachten" oder „in etwas hineinschauen")

Mit Leichtigkeit schreitet er sodann zur dritten Stufe des Yoga fort, die man asamsanga, Nicht-Anhaftung oder Freiheit nennt. Nun durchwandert er in Abgeschiedenheit die Wälder und strebt nach der Stillung des Gemüts. Die Liebe zu den Schriften und tugendhaftes Betragen verleihen ihm schließlich den Einblick in die tiefen Wahrheiten. Die Nicht-Anhaftung oder Freiheit tritt in zwei Formen auf, nämlich der gewöhnlichen und der vorzüglichen. Wer die erste Form dieser Freiheit praktiziert, empfindet wie folgt: „Weder bin ich der Täter noch der Genießende; weder betrübe ich andere, noch werde ich von anderen betrübt. All dies geschieht nur aufgrund von vergangenem Karma unter der Ägide Gottes. Ich tue nichts – ob da nun Schmerz oder Vergnügen, Glück oder Missgeschick herrscht. All dies und auch Begegnung und Trennung, psychische Verwirrtheit und physische Krankheit, wird allein von der Zeit erzeugt." Auf diese Weise denkend ergründet und erfährt er die Wahrheit. Er praktiziert damit die gewöhnliche Nicht-Anhaftung oder Freiheit.

VASISHTHA fuhr fort:

Durch fleißiges Üben dieser yogischen Methoden, durch die Zufluchtnahme zur Gemeinschaft der Heiligen und das Vermeiden schlechter Gesellschaft wird die Wahrheit offenbar.

Wenn man das Höchste realisiert, welches die einzige Essenz oder Wahrheit jenseits dieses Ozeans von Samsara ist, erkennt man: „Ich bin nicht der Täter, sondern Gott allein ist der Täter. Nicht einmal in der Vergangenheit habe ich jemals etwas getan." Er gibt die eitlen und bedeutungslosen Worte auf und verbleibt im Innern und im Geiste still. Darin besteht die vorzügliche Nicht-Anhaftung oder Freiheit. Ein solcher Mensch hat sämtliche Abhängigkeiten, unten wie oben, innerhalb wie außerhalb, berührbare und unberührbare, fühlende und nichtfühlende, aufgegeben. Er strahlt wie der unabhängige und unbegrenzte Raum selbst. Dies ist die vorzügliche Freiheit. In dieser erfreut er sich des Friedens und der Zufriedenheit, der Tugend und der Reinheit, der Weisheit und der Selbst-Ergründung.

Zur ersten Stufe des Yoga kommt man sozusagen zufällig, wenn man ein reines Leben mit guten und tugendhaften Taten gelebt hat. Wenn man so weit gekommen ist, sollte man diesen Zustand würdigen und ihn durch Eifer, Fleiß und Selbstbemühung schützen. So soll man weiterfahren bis zur nächsten Stufe, der Selbstergründung. Durch fleißige Selbstergründung erreicht man dann die dritte Stufe, die Freiheit.

RÂMA fragte:

Wie aber ist es einem unwissenden Menschen möglich, diesen Ozean von Samsara zu überqueren, der in einer schlechten Familie aufgewachsen ist und die Gemeinschaft mit den Heiligen vermissen musste? Und was geschieht mit jemandem, der stirbt, während er sich noch auf der ersten, zweiten oder dritten Stufe des Yoga befindet?

VASISHTHA sprach:

Nach vielen, sehr vielen Leben wird der unwissende Mensch durch ein zufälliges Ereignis erweckt. Bis dahin durchlebt er diesen Samsara. Sobald Leidenschaftslosigkeit in seinem Herzen entsteht, beginnt sich Samsara zurückzuziehen. Sogar eine unvollkommene Praxis dieses Yoga zerstört die Auswirkungen vergangener Sünden. Wer während dieser Praxis den Körper verlässt, steigt in den Himmel auf und wird wiedergeboren unter Umständen, die das Fortsetzen der begonnenen Praxis begünstigen. Schon sehr bald wird er die Leiter des Yoga weiter erklimmen.

Diese drei Zustände werden als „Wachzustand" bezeichnet, weil es in ihnen eine Getrenntheit im Bewusstsein gibt. Der Praktizierende gilt jedoch bereits als eine verehrungswürdige Person (ārya). Unwissende, die ihn sehen, werden inspiriert. Wer sich mit rechtschaffenen Handlungen befasst und das Sündhafte vermeidet, ist verehrungswürdig (ārya). Diese verehrungswürdige Heiligkeit befindet sich auf der ersten Stufe des Yoga in einem Samenzustand. Sie keimt auf der zweiten Stufe und findet auf der dritten Stufe ihre Erfüllung. Wer den Status eines Verehrungswürdigen (ārya) erlangt und ganz offensichtlich edle Gedanken kultiviert hat und dann stirbt, erfreut sich einer sehr langen Zeit der Wonnen des Himmels und wird dann als Yogi wiedergeboren. Durch fleißiges Praktizieren der ersten drei Stufen des Yoga wird die Unwissenheit zerstört, und das Licht der Weisheit leuchtet im Herzen.

VASISHTHA fuhr fort:

Im vierten Zustand des Yoga sehen die Yogis das Eine in Allem mit einem Gemüt, das frei von Getrenntheit ist. Die Getrenntheit hat aufgehört, während die Einheit stetig empfunden wird. Sie betrachten die Welt daher wie einen Traum.

Im fünften Zustand verbleibt als einziges die ungeteilte Wirklichkeit. Deshalb wird er mit dem Tiefschlaf verglichen. Wer diesen Zustand erlangt hat, auch wenn er mit verschiedenen äußeren Tätigkeiten befasst ist, ruht in sich selbst.

Nachdem der Yogi so von Stufe zu Stufe fortgeschritten ist, erreicht er schließlich die sechste, turīya. In diesem Zustand erkennt er: „Ich bin weder real noch irreal und auch nicht egolos. Ich bin jenseits von Dualität und Einheit. Sämtliche Zweifel sind zu Ende." Er verbleibt nun wie das Bildnis einer gemalten Lampe (d.h. er hat nirvana – den Zustand der Lampe ohne Brennstoff – noch nicht erreicht, ist aber doch wie eine Lampe ohne Öl, da die Lampe nur gemalt ist). Leer ist er im Innern, leer im Außen, leer wie ein leeres Gefäß. Gleichzeitig ist er jedoch voll im Innern wie im Außen, wie ein volles Gefäß, das ins Meer eingetaucht ist. Diejenigen, die schließlich den siebenten Zustand erreichen, nennt man „körperlose, befreite Wesen". Ihr Zustand entzieht sich jeder Beschreibung. Und doch sind sie verschiedentlich beschrieben worden.

Diejenigen, die diese sieben Stufen praktizieren, werden nie wieder vom Kummer heimgesucht. Aber man muss wissen, dass da in einem Wald ein Elefant umherstreift, der schreckliche Verwüstungen anrichtet. Wenn dieser Elefant getötet ist, erringt der Mensch auf allen sieben Stufen den Sieg – nicht aber auf andere Weise. Der Name des Elefanten ist „Begierde". Er wandert in dem Urwald umher, den man Körper nennt. Rasend macht ihn die Sinnlichkeit. Unablässig und ruhelos wird er von der Konditionierung und den Neigungen (Vasana) umhergetrieben. Dieser Elefant zerstört alle in dieser Welt. Er wird mit verschiedenen Namen bezeichnet wie Begierde, Vasana (Neigungen oder mentale Konditionierung), Gemüt, Gedanke, Gefühl, Anhaftung u.a. Er muss mit den Waffen des Mutes oder der Entschlossenheit, die aus der Realisierung der Einheit entstanden ist, erschlagen werden.

Wünsche entstehen nur so lange, wie man an die objektive Existenz von etwas glaubt! Und allein darin besteht dieser Samsara – nämlich im Empfinden von „dieses ist". Das Aufhören dessen ist Befreiung (moksha). Das ist die Essenz von jñāna oder Weisheit. Das Wahrnehmen von „Objekten" lässt die Wünsche entstehen. Das Nicht-Wahrnehmen von Objekten beendet die Wünsche. Wenn die Wünsche enden, wirft der Jiva seine Selbstbegrenzung ab. Aus diesem Grund gibt die große Seele alle Gedanken an Erfahrenes und noch nicht Erfahrenes auf. Ich erkläre hiermit mit hoch erhobenen Händen, dass der gedankenfreie und ideenfreie Zustand der beste ist. Er ist der Herrschaft über die gesamte Welt unendlich überlegen. Nicht-Denken ist Yoga. Führe in diesem Zustand ruhend die angemessenen Handlungen aus, oder tue gar nichts! So lange die Gedanken an „ich" und „mein" andauern, gelangen die Sorgen an kein Ende. Hören diese Gedanken auf, dann hören auch die Sorgen auf. Wisse dies und tue dann, wie es dir beliebt (Hinweis: Im Originaltext dieses Absatzes werden für Worte wie „Denken" und „Nicht-Denken" die Wörter „samvedanam" und „asamvedanam" verwendet. Diese Wörter beinhalten weitaus mehr als das bloße Denken. Mit dem Wort „samvedanam" sind auch das Erkennen, das Fühlen, die Erfahrung und das Wissen gemeint).

VI.1:127 VALMIKI sprach zu Bharadvâja:

Nachdem er die Quintessenz der höchsten Weisheit gehört und von shakti-pata überwältigt war, verblieb Râma versunken im Ozean der Seligkeit. Er hatte aufgehört, Fragen zu stellen, Antworten zu erheischen und nach dem Verstehen ihres Sinns zu streben. Er befand sich im höchsten Zustand der Selbsterkenntnis.

BHARADVÂJA fragte:

Oh Lehrer! Es ist eine Wonne zu sehen, dass Râma nun den höchsten Zustand erlangt hat. Wie aber ist es möglich für Menschen wie uns, die töricht, unwissend und voll sündhafter Veranlagung sind, diesen Zustand zu erreichen, welcher sogar für Götter wie Brahmā schwer zu gewinnen ist?

VALMIKI sagte:

Ich habe dir in Gänze diesen Dialog zwischen Râma und Vasishtha wiedererzählt. Bedenke ihn wohl, denn die darin enthaltenen Instruktionen gelten auch für dich.

Es gibt keine Getrenntheit in dem Bewusstsein, was man Welt nennen könnte. Befreie dich durch Praktizieren der dir hier enthüllten Geheimnisse von der Idee der Getrenntheit. Wach- und Schlafzustand sind Teile dieser Schöpfung. Erleuchtung ist durch das reine, innere Licht gekennzeichnet. Diese Schöpfung hier entsteht aus dem Nichts und löst sich in nichts auf. Ihre wahre Natur ist die Leerheit, sie existiert nicht. Aufgrund der anfangslosen und falschen Selbstbegrenzung erweckt diese Schöpfung den Anschein von Existenz und erzeugt endlose Verwirrung. Du bist verblendet, weil du dir nicht wieder und wieder und häufig genug die Wahrheit des unendlichen Bewusstseins ins Gedächtnis rufst, sondern anstelle dessen das Gift der Selbstbegrenzung und der sich daraus ergebenden psychologischen Konditionierung genießt.

Diese Verblendung wird anhalten, bis du die Füße der erleuchteten Weisen erreichst und von ihnen das rechte Wissen erfährst. Mein Lieber – das, was nicht am Anfang existiert hat, wird auch nicht am Ende existieren, und es existiert nicht einmal jetzt. Diese Welterscheinung ist wie ein Traum. Die einzige Realität, in der sie auftaucht und wieder verschwindet, ist das unendliche Bewusstsein. Im Ozean von Samsara oder der Unwissenheit taucht aufgrund der anfangslosen, potentiellen Mächte der Selbstbegrenzung die Idee des „Ich" auf. Die Bewegung der Gedanken schafft sodann weitere Ideen wie „Mein", „Anziehung", „Abstoßung" und noch andere. Wenn diese Ideen einmal im eigenen Bewusstsein Wurzeln geschlagen haben, wird man unvermeidbar die Beute endloser Schwierigkeiten und Sorgen.

Tauche tief in den inneren Frieden ein, nicht aber ins Meer der Vielfalt. Wer lebt, wer ist tot, wer ist gekommen – weshalb verlierst du dich mit solch falschen Ideen? Wenn das eine Selbst die einzige Wirklichkeit ist – wo ist Raum für „anderes"? Die Theorie, dass Brahman als die Welt erscheint (so wie eine Schlange im Seil wahrgenommen wird), ist nur für die Kindischen und Unwissenden gedacht. Der Erleuchtete ruht für immer in der Wahrheit, die nicht einmal den Anschein von Verschiedenheit aufweist.

VALMIKI fuhr fort:

Unwissende Menschen, die die Abgeschiedenheit nicht schätzen, versinken im Gram, und ab und zu lächeln sie. Die Wissenden dagegen sind immer glücklich und lächeln fortwährend. Die Wahrheit oder das Selbst ist subtil und scheint daher von der Unwissenheit verschleiert zu sein. Aber auch falls man an die atomare Substanzialität der Welt glaubt, verschwindet das Selbst nicht. Weshalb sorgst du dich also? Das Unwirkliche (die Unwissenheit usw.) tritt weder zu irgendeinem Zeitpunkt ins Dasein, noch hört die Wirklichkeit oder das Selbst jemals auf zu sein.

Und doch entsteht aus den unterschiedlichsten Gründen die Verwirrung. Verehre, um diese zu überwinden, den Höchsten Herrn, der der Lehrer des gesamten Universums ist. Deine sündigen Karmas sind noch nicht von dir abgefallen, sondern zur Schlinge geworden, die dich fesselt. Bis dein Gemüt ein Nicht-Gemüt (sattva) geworden ist, verehre Namen und Form. Danach wirst du in der Kontemplation des Absoluten verankert sein. Gewahre dann, und sei es auch nur für einen Augenblick, mit dem Selbst das innere Selbst im inneren Licht.

Das Höchste wird von dem erlangt, der durch Eigenbemühung und rechte Handlungen die Gnade des Höchsten Herrn erlangt hat. Alte Gewohnheiten und Neigungen sind sehr stark. Bloße Eigenbemühung ist daher nicht ausreichend. Sogar die Götter sind unfähig, sich dem Unvermeidlichem (dem Schicksal) zu widersetzen. Alle sind dieser Weltordnung (niyati), die jenseits von Denken und Ausdruck ist, unterworfen.

Der spirituelle Held jedoch sollte stets fest in der Überzeugung verwurzelt sein, dass ihm die Erleuchtung, wenn auch vielleicht erst nach mehreren Inkarnationen, gewiss ist. Durch sündige Handlungen wird man an diesen Samsara gebunden, und durch rechte Handlungen wird man frei! Durch die gegenwärtigen rechten Handlungen werden die Wirkungen der vergangenen sündigen Taten schwächer. Wenn du alle deine Handlungen Brahman übergibst, wirst du niemals wieder auf dem Rad des Samsara umherwirbeln.

Sieh doch, wie die unwissenden Menschen in dieser Welt durch die große Regisseurin, die Zeit, dazu gebracht werden, die unterschiedlichsten Rollen zu spielen. Die Zeit erschafft, bewahrt und zerstört. Weshalb erregst du dich über den Verlust des Wohlstands usw., und warum fängst du an, selbst zu tanzen? Sei still und betrachte diesen kosmischen Tanz! Diejenigen, die den Göttern, den heiligen Brāhmaṇen und dem Guru ergeben sind und unerschütterlich an den Grundsätzen der Lehren festhalten, erwerben die Gnade des Allerhöchsten Herrn.

BHARADVĀJA fragte:

Hoher Herr, ich habe nun erfahren, was es zu erfahren gibt. Ich weiß nun, dass es keinen größeren Freund als die Leidenschaftslosigkeit (vairāgya) und keinen größeren Feind als Samsara gibt. Ich möchte jetzt von dir die eigentliche Essenz der Unterweisungen des heiligen Weisen Vasishtha vernehmen.

VALMIKI erwiderte:

Oh Bharadvāja, höre, was ich dir nun mitteilen werde. Durch bloßes Zuhören schon wirst du niemals wieder in diesem Samsara ertrinken.

VI.1:128 VALMIKI fuhr fort:

Im Innern soll man sich im Frieden befinden, wobei man das Gemüt beherrscht, verbotene und selbstsüchtige Handlungen und die aus den Sinneskontakten entstehenden Freuden aufgegeben hat. Man soll sich ferner mit der Tugend des Glaubens versehen. Dann setzt man sich auf einen weichen Sitz in bequemer Haltung, die das Gleichgewicht begünstigt. Anschließend soll man die Tätigkeiten des Gemüts und der Sinne kontrollieren. Man soll OM wiederholen, bis das Gemüt völligen Frieden erlangt.

Führe dann zur Reinigung des Gemüts usw. Pranayama aus. Ziehe sanft und nach und nach die Sinne vom Kontakt mit äußeren Objekten zurück. Erforsche die Methode, mit der du die Quelle des Körpers, der Sinne, des Gemüts und der buddhi (innere Intelligenz) erkennst und lass sie in ihre Quelle zurückkehren. Zuerst ruhe im kosmischen manifestierten Wesen (virat). Ruhe anschließend im Unmanifestierten und schließlich in der höchsten Ursache von allem.

Auf diese Weise werden alle Faktoren in ihre Quelle zurückgeführt. Der physische Körper (das Fleisch usw.) ist Erde und kehrt zur Erde zurück. Das Blut usw. ist flüssig und kehrt zum Wasserelement zurück. Das Feuer (Wärme) und das Licht im Körper gehören zum Feuerelement – dahin kehren sie zurück. Die Luft wird der kosmischen Luft dargeboten. Der Raum verschmilzt mit dem Raum.

Ähnlich kehren die Sinne zu ihrer Quelle zurück: Der Hörsinn in den Raum, der Tastsinn in die Luft, der Sehsinn in die Sonne, der Geschmackssinn ins Wasser. Der Lebensatem kehrt zur Luft zurück, die Kraft der Rede ins Feuer, die Hände kehren zu Indra zurück, die Kraft der Fortbewegung zu Vishnu, das Reproduktionsorgan zu Kaśyapa, das Exkretionsorgan zu Mitra, das Gemüt zum Mond und die buddhi zu Brahman, denn alle diese sind die Gottheiten, die über diese Organe herrschen, welche nicht von einem selbst (dem „Ich") geschaffen wurden. Nachdem auf diese Weise alle zu ihrer Quelle zurückgekehrt sind, siehe dich selbst als das kosmische Wesen (virat). Der Höchste Herr, der als zweigeschlechtlich (Bewusstsein-Energie) im Herzen des Universums wohnt, ist sein Träger.

In diesem Universum nehmen die Elemente Erde, Wasser, Feuer, Luft und Raum jedes für sich die doppelte Größe des Elements davor an. Löse die Erde im Wasser auf, das Wasser im Feuer, das Feuer in der Luft und die Luft im Raum. Der Raum soll mit dem kosmischen Raum, der die Ursache von allem ist, verschmolzen werden. Der Yogi, sodann für einen Augenblick in seinem subtilen Leibe ruhend, sollte empfinden: „Ich bin das Selbst von allem", und dabei alle Selbstbegrenzung ablegen. Das, worin dieses Universum ruht und welches ohne Name und Form ist, wird von einigen prakriti (Natur), von anderen Māyā (Illusion) und von wieder anderen „subatomar" genannt. Es wird ferner auch avidyā (Unwissenheit) genannt. Alle diese Bezeichnungen tragen das Zeichen der Verwirrung durch die Polemik der Worte. In Diesem existieren alle Dinge in ihrem unmanifestierten Zustand und ohne Beziehung miteinander. Sie entstehen aus Ihm und existieren darin für die Dauer des Weltzyklus. Äther, Luft, Feuer, Wasser und Erde – darin besteht die Ordnung der Schöpfung. Die Auflösung findet in umgekehrter Reihenfolge statt. Durch die Aufgabe der drei Zustände (Wachen, Träumen und Schlaf) wird turīya erlangt. In der Meditation verschmilzt sogar der subtile Körper im Höchsten.

BHARADVĀJA sprach:

Hoher Herr, ich bin nun vom subtilen Körper befreit und schwimme im Ozean der Seligkeit. Ich bin das unteilbare Selbst, welches das höchste Selbst ist und die zwei Mächte des Bewusstseins und des Unbewusstseins besitzt. So wie in Feuer geworfenes Feuer zu ununterscheidbarem Feuer oder in die See geworfenes Stroh usw. zu Salz wird, so wird diese leblose Welt, dem unendlichen Bewusstsein dargeboten, eins mit ihm. So wie eine ins Meer geworfene Salzpuppe ihren Namen und ihre Form aufgibt und eins mit dem Ozean wird, mit Wasser gemischtes Wasser Wasser oder mit Butter gemischte Butter Butter ergibt, so bin auch ich mit diesem unendlichen Bewusstsein verschmolzen.

„Ich bin dieses höchste Brahman, welches ewiglich, allgegenwärtig, rein, friedlich, unteilbar und ohne Bewegung ist, welches weder Sammeln noch Verteilen kennt, dessen Gedanken sich jedoch materialisieren; welches ohne Verdienste und ohne Tadel ist, welches die Quelle dieses Universums und welches das Höchste Licht ist, Eines ohne ein Zweites." Auf diese Weise soll man kontemplieren. Dann hört die Aufgewühltheit des Gemüts auf. Sobald die Bewegung des Gemüts aufgehört hat, erstrahlt das Selbst in seinem eigenen Licht. In diesem Licht gelangt aller Gram an sein Ende, und es gibt die Seligkeit, die das Selbst in sich selbst erfährt. Es gibt dann ein direktes Gewahrsein der Wahrheit: „Nichts als das Selbst ist!".

VALMIKI sprach:

Teurer Freund, wenn du willst, dass dieser Wahn genannt Samsara zu Ende geht, dann gib alle Tätigkeiten auf und werde ein Liebender von Brahman.

BHARADVĀJA sprach:

Oh Guru, dein erleuchtender Diskurs hat mich vollständig erweckt. Meine Vernunft ist nun rein und die Welterscheinung erstreckt sich nicht länger vor meinen Augen! Ich möchte jetzt wissen, was die Menschen der Selbsterkenntnis tun. Haben sie noch irgendwelche Pflichten?

VALMIKI sprach:

Diejenigen, die nach Befreiung verlangen, sollen sich nur noch mit Tätigkeiten befassen, die frei von Mängeln sind. Sie sollen alle selbstsüchtigen und sündigen Handlungen unterlassen. Wenn die Eigenschaften des Gemüts aufgegeben werden, übernimmt das Gemüt die Eigenschaften des Unendlichen. Der Jiva ist befreit, wenn man denkt: „Ich bin das, was jenseits des Körpers, des Gemüts und der Sinne ist"; wenn man ohne die Ideen von „Ich bin der Täter" und „Ich bin der Genießende" und ohne Vorstellungen von Schmerz und Vergnügen ist; wenn man erkennt, dass alle Wesen im Selbst sind und das Selbst in allen Wesen; wenn man die Zustände des Wachens, Träumens und Tiefschlafes aufgibt und im transzendentalen Bewusstsein verbleibt. Darin besteht der Zustand der Seligkeit, welcher selbst das unendliche Bewusstsein ist. Tauche ein in diesen Ozean aus Nektar, voll von Frieden, und ertrinke nicht in der Vielfalt.

Somit habe ich dir also den Diskurs des Weisen Vasishtha kundgetan. Festige dein Gemüt durch Praxis. Beschreite den Pfad der Weisheit und des Yoga. Du wirst alles erkennen.

VALMIKI fuhr fort:

Als er bemerkte, dass Rāma völlig vom Selbst absorbiert war, sprach Viśvamitra zu dem Weisen Vasishtha: „Oh Sohn des Schöpfers, oh Heiliger, in der Tat bist du groß! Du hast durch śakti-pāta (direkte Übertragung der spirituellen Energie) bewiesen, dass du der Guru bist. Der ist ein Guru, der durch einen Blick, eine Berührung, durch verbale Kommunikation oder durch Gnade das Gottesbewusstsein im Schüler zu erwecken vermag. Jedoch erwacht die spirituelle Vernunft des Schülers erst, wenn er sich selbst von den dreifachen Unreinheiten befreit und dadurch einen kühnen Intellekt entwickelt hat. Bringe jedoch bitte, oh Weiser, Rāma zurück in das Körperbewusstsein, denn er hat noch viele Dinge zu tun für das Wohlergehen der drei Welten und meines eigenen."

Sämtliche versammelten Weisen und andere Teilnehmer der Zusammenkunft verneigten sich vor Rāma. Dann sagte Vasishtha zu Viśvamitra: „Bitte sage ihnen, wer Rāma wirklich ist." Viśvamitra sprach zu ihnen: „Rāma ist die höchste Person der Gottheit selbst. Er ist der Schöpfer, Beschützer und Erlöser. Er ist der Höchste Herr und der Freund aller. Er manifestiert sich auf verschiedene Art – manchmal als voll erleuchtetes Wesen, manchmal als Unwissender. In Wahrheit ist er der Gott der Götter, und sämtliche Götter sind nur Teilmanifestationen von ihm. Gesegnet ist dieser König Daśaratha, dessen Sohn Lord Rāma selbst ist. Gesegnet ist Ravana, dessen Kopf durch die Hände Rāmas fallen wird. Oh Weiser Vasishtha – bitte bringe ihn ins Körperbewusstsein zurück."

Vasishtha sprach zu Rāma: „Oh Rāma, dies ist nicht die Zeit zu ruhen! Erhebe dich und erfreue die Welt. Solange Menschen noch in Bindung leben, darf der Yogi sich nicht im Selbst verlieren." Rāma reagierte nicht auf diese Worte. Daraufhin betrat Vasishtha das Herz Rāmas durch dessen sushumna-nadi. Das Prāna in Rāma begann sich zu regen und belebte sein Gemüt. Der Jiva, der die Form des inneren Lichts hat, verteilte seinen Glanz auf sämtliche Nadis des Körpers. Rāma öffnete leicht die Augen und gewahrte Vasishtha vor sich. Rāma sprach zu Vasishtha: „Es gibt nichts, was ich tun oder unterlassen sollte. Jedoch müssen deine Worte stets gewürdigt werden." Indem er sprach, legte Rāma seinen Kopf auf die Füße des Heiligen und erklärte dann: „Hört alle her! Es gibt nichts Höheres als die Selbsterkenntnis, nichts Höheres als den Guru."

Alle versammelten Weisen und himmlischen Wesen ließen einen Blumenregen auf Rāma hernieder und segneten ihn. Dann verließen sie die Versammlung.

So habe ich dir, oh Bharadvāja, die Geschichte von Rāma erzählt. Erlange durch Praxis dieses höchsten Yoga die höchste Seligkeit. Wer diesem Dialog zwischen Rāma und Vasishtha immer wieder lauscht, wird befreit, was auch immer die Umstände seines Lebens sein sollten, und erlangt die Erkenntnis des Brahman.

RĀMA fragte: VI.2:1

Wenn man die Tätigkeiten und den Willen zur Ausübung von Tätigkeiten aufgibt, fällt der Körper weg. Wie kann ein lebendes Wesen dann weiterleben?

VASISHTHA fuhr fort:

Die Aufgabe der mentalen Konditionierungen und Ideen ist nur dem lebendigen Wesen möglich, nicht einem toten. Was ist kalpanā (Vorstellung oder mentale Aktivität)? Es ist nur der Ich-Sinn. Sobald dieser als nichts erkannt wird, wird der Ich-Sinn aufgegeben. Die im Innern durch das äußere Objekt erzeugte Idee nennt man kalpanā. Sobald diese Idee die Merkmale von Leerheit oder Raum annimmt, geschieht die Preisgabe der Idee. Erinnerung ist kalpanā. Die Weisen sagen daher, dass Nicht-Erinnern das Beste ist. Die Erinnerung umfasst alles, was man erfahren und auch noch nicht erfahren hat. Verzichte auf das „Erinnern" dessen, was erfahren und was noch nicht erfahren wurde, und ruhe dann im Selbst wie ein halbwacher Säugling.

So wie sich das Rad des Töpfers aufgrund des vorherigen Schwunges weiterdreht, so lebe weiter hier und handle ohne Ideen, ohne die Tätigkeit des Gemüts, welches nun in reines sattva verwandelt worden ist. Ich erkläre mit hoch erhobenen Armen: „Das Aufgeben der Ideen ist das Höchste!" Weshalb nur hören die Menschen nicht zu? Wie machtvoll doch diese Verblendung ist! Unter ihrem Einfluss gibt nicht einmal derjenige, der den kostbaren Edelstein von vicāra (Selbst-Ergründung) schon auf der Handfläche liegen hat, seinen Wahn auf. Nur dies ist das Beste: Das Nicht-Wahrnehmen von Objekten und das Nicht-Auftauchen von Ideen. Dies sollte man zu seiner Erfahrung machen.

Wenn du friedvoll in deinem eigenen Selbst ruhst, wirst du wissen, dass im Vergleich damit sogar das Leben eines Kaisers so unbedeutend wie ein Grashalm ist. Sobald einer den Entschluss gefasst hat, einen bestimmten Ort aufzusuchen, setzen sich seine Füße in Bewegung. Funktioniere auf dieselbe Weise und führe hier deine Tätigkeiten aus. Handle ohne Wunsch nach Belohnung oder nach den Früchten der Handlung und ohne Vergnügen oder Gewinn zu erstreben. Die Sinnesobjekte werden keine Anziehung mehr besitzen, sondern nur noch das sein, was sie sind. Und falls Empfindungen von Vergnügen durch den Kontakt der Sinne mit ihren Objekten auftauchen sollten, lass dich davon nach innen ins Selbst führen. Verlange nicht nach den Früchten der Handlungen; aber sei auch nicht untätig. Oder sei entweder beidem oder keinem ergeben – wie es sich gerade ergibt. Denn was bindet, ist der Wille, etwas zu tun oder nicht zu tun, und die Abwesenheit von diesem ist Befreiung. In der Tat gibt es da weder ein Muss noch ein Muss-nicht – alles ist nur reines Sein. Halte deine innere Intelligenz davon ab, das eine oder das andere wahrzunehmen. Verbleibe auf ewig das, was du in Wahrheit bist. Das Gewahrsein von „Ich" und „mein" ist die Wurzel der Sorge – ihr Aufhören ist Emanzipation. Tue, was dir beliebt.

VASISHTHA fuhr fort: VI.2:2

So wie eine Tonsoldatenarmee nichts anderes als eine Armee aus tönernen Figuren ist, so ist das gesamte Universum reines nonduales Selbst. Was ist ein Objekt und durch wen wird es wahrgenommen, da doch nur dieses eine nonduale Selbst existiert? Abgesehen von diesem höchsten Selbst gibt es nichts, das man mit „Ich" oder „mein" bezeichnen könnte.

RĀMA fragte:

Wenn dies so ist, hoher Herr, weshalb sollte man dann die sündigen Taten aufgeben und sich den tugendhaften Handlungen widmen?

VASISHTHA sprach:

Teile mir bitte als erstes mit, oh Rāma, was du unter Taten verstehst. Wie entsteht Tätigkeit, was ist deren Wurzel, und wie wird diese Wurzel zerstört?

RĀMA sprach:

Gewiss, hoher Herr, muss das, was zu zerstören ist, vollständig entwurzelt und seine Wurzeln vernichtet werden. So lange der Körper lebt, gibt es auch Tätigkeiten. Er ist in diesem Samsara, der Welterscheinung, verwurzelt. In diesem Körper entstehen die Tätigkeiten aus den Gliedern (den Handlungsorganen des Körpers). Vasana oder mentale Gewohnheiten sind die Samen für die Handlungsorgane. Diese mentalen Gewohnheiten, die durch die Sinne funktionieren, sind in der Lage, sogar das weit Entfernte zu verstehen. Die Sinne sind im Gemüt verwurzelt. Das Gemüt ist im Jiva verwurzelt, der konditioniertes Bewusstsein ist, und dieses wiederum ist im Unkonditionierten verwurzelt, welches die Wurzel von allem ist. Brahman ist die Wurzel dieses Unkonditionierten, und Brahman selbst besitzt keine Wurzel. Daher gründen alle Tätigkeiten auf Bewusstsein, das sich selbst objektiviert und dann die Tätigkeiten erzeugt. Geschieht dies nicht, dann ist dies der höchste Zustand.

VASISHTHA sprach:

Was ist dann, oh Rāma, in diesem Fall zu tun oder zu unterlassen? Das Gemüt existiert so lange, wie der Körper lebt; gleichgültig ob die verkörperte Person erleuchtet ist oder unwissend. Wie kann man dies, was als Jiva-schaft (Individualität) bezeichnet wird, überhaupt aufgeben? Jedoch kann und soll man sehr wohl die Idee „Ich tue etwas" aufgeben und sich mit angemessenen Handlungen befassen. Beim Erwachen der inneren Intelligenz hört die Welterscheinung auf, und es entsteht die psychologische Freiheit oder Nicht-Anhaftung. Dies nennt man Emanzipation. Wird die objektive oder konditionierte Wahrnehmung aufgegeben, entsteht der Friede, den man Brahman nennt. Die Wahrnehmung oder das Gewahrsein von Objekten nennt man Tätigkeit, die sich zu diesem Samsara oder Welterscheinung ausdehnt. Das Aufhören eines solchen Gewahrseins nennt man Emanzipation. Daher, oh Rāma, ist die Aufgabe aller Tätigkeiten falsch, solange der Körper lebt. Ein solches Aufgeben verleiht der Tätigkeit einen Wert; aber das was Wert hat, kann nicht aufgegeben werden.

VI.2:3 RĀMA fragte:

Wenn das, was ist, nicht aufhören kann zu sein, und wenn das, was nicht ist, nicht existiert – wie kann dann Gewahrsein (Erfahrung) zu Nicht-Gewahrsein oder Nicht-Erfahrung gemacht werden?

VASISHTHA erwiderte:

Es ist wahr, dass das was ist, nicht aufhört zu sein, während das, was nicht ist, nicht existiert. Erfahrung und Nicht-Erfahrung sind aber ebenso leicht und einfach zu meistern. Denn das Wort „Erfahrung" und das, was mit ihm bezeichnet wird, ist aus Falschheit oder Illusion geboren. Daher lässt dieses dann die Sorgen wachsen. Gib dieses Gewahrsein von „Erfahrung" auf und verbleibe verankert im Gewahrsein der höchsten Weisheit. Das ist nirvana.

Gute und böse Taten hören auf, sobald man erkennt, dass sie in Wirklichkeit als solche überhaupt nicht existieren. Deshalb sollte man die Wurzel der Tätigkeiten ergründen, bis diese Wurzel zerstört ist. So wie alles, was der Erde entsprießt, nicht verschieden von der Erde ist, so ist alles, was aus Bewusstsein entsteht, nicht verschieden vom Bewusstsein. Flüssigkeit ist nicht verschieden vom Flüssigen, und genau gleich gibt es in Brahman keinerlei Getrenntheit, nicht einmal zwischen Gemüt und Bewusstsein. In diesem Bewusstsein taucht ohne jede Ursache eine Aktivität auf, die man Gewahrsein nennt; sie ist daher so gut wie inexistent, da sie nicht verschieden vom Bewusstsein ist.

Tätigkeit ist im Körper verwurzelt, der wiederum im Ich-Sinn wurzelt. Wird der Begriff des Ich-Sinnes preisgegeben, hört er (der Ich-Sinn) auf. So wird die Wurzel der Tätigkeit zerstört. Diejenigen, in denen so die Tätigkeit aufgehört hat, kümmern sich weder um Verzichten noch um Besitzen. Sie verbleiben verankert in dem, was ist, und ihre Handlungen sind gänzlich spontan; tatsächlich tun sie nichts! So wie den Fluss hinuntertreibende Gegenstände sich völlig nichtwillentlich bewegen, so wirken diese Menschen lediglich mit ihren Handlungsorganen. Sobald das Gemüt seine Konditionierung aufgegeben hat, verlieren die Objekte ihre Anziehungskraft.

Ein solches Verständnis oder Erwachen der inneren Intelligenz ist schon das Aufgeben der Tätigkeiten. Worin sollte der Nutzen von „tun" oder „lassen" bestehen? Was man mit dem Ausdruck „Aufgeben der Tätigkeiten" bezeichnet, ist nichts anderes als das Aufhören des Gewahrseins von Tätigkeit und Erfahrung, das Aufgeben der Konditionierung und folglich das Erlangen von Frieden und innerem Gleichgewicht. Wenn anstelle des wahren, richtig verstandenen Aufgebens ein falsches Aufgeben (Nicht-Aufgeben) ins Spiel kommt, werden die Getäuschten, unwissend wie kleine Tiere, vom Kobold des „Aufgebens der Tätigkeiten" besessen. Diejenigen dagegen, die die Wahrheit betreffend das Aufgeben der Tätigkeiten richtig verstanden haben, haben weder mit Tätigkeit noch Untätigkeit etwas zu tun. Sie erfreuen sich stets des höchsten Friedens, ob sie nun in ihrem Haus oder im Wald leben. Für die Friedvollen ist ein Haus wie ein Wald, während für die Ruhelosen sogar der Wald wie eine übervölkerte Stadt ist. Für jemanden, der im Frieden ist, ist die ganze Welt ein friedlicher Wald. Für den Ruhelosen, der von tausend Gedanken umher getrieben wird, ist sie ein Ozean des Grams.

VASISHTHA fuhr fort: VI.2:4

Oh Rāma, sobald der Ich-Sinn beruhigt ist, verschwindet die Welterscheinung. Dann entsteht ein spontanes Fahrenlassen der objektiven Wahrnehmung, so wie eine Lampe verlöscht, deren Öl aufgebraucht ist. Entsagung von Tätigkeit ist nicht Entsagung. Wahre Entsagung beruht auf Verstehen! Sobald die Lampe des Verstehens nicht mehr mit dem Öl des Ich-Sinns und des Besitzergreifens versorgt wird, bleibt als einziges die Selbsterkenntnis zurück. Wer den Ich-Sinn und das Empfinden von „mein" nicht zurückgewiesen hat, kennt weder Entsagung noch Weisheit noch Frieden. Man kann sehr leicht die Idee von ‚Ich' aufgeben und sie ersetzen durch das Verstehen: „Der Ich-Sinn ist nicht!" Was gibt es daran zu zweifeln?

All diese Ideen wie „Ich bin dies" oder „Ich bin nicht dies" sind nicht unabhängig vom Bewusstsein. Bewusstsein ist wie Raum, wie Leere. Wie kann Illusion darin existieren? Daher gibt es weder Getäuschtheit noch den Getäuschten, weder Verwirrung noch den Verwirrten. All dies scheint zu entstehen, weil man die Wahrheit nicht klar sieht. Verstehe dies. Verbleibe im Frieden in der Stille. Darin besteht nirvana.

Genau dasselbe, mit dem du die Idee des Ich-Sinns hegst, befähigt dich in einem Augenblick, die Nicht-Existenz des Ich-Sinns zu realisieren. Dann wirst du diesen Ozean von Samsara hinter dir lassen. Wer seine eigene Natur besiegen kann, erlangt den höchsten Zustand. Er ist ein Held. Wer die sechs Feinde (Lust, Zorn, Gier usw.) besiegt, ist groß, während andere nur wie Esel in menschlicher Verkleidung sind. Wer fähig ist, die Ideen, welche im Gemüt auftauchen, zu überwinden, ist ein Mensch (purusha). Er ist ein Mensch der Weisheit.

Sobald die Wahrnehmung von Objekten in dir auftaucht, begegne ihr mit dem klaren Verstehen: „Das bin ich nicht". Die aus Unwissenheit entstandenen Wahrnehmungen werden sofort erlöschen. Tatsächlich gibt es in alldem nichts zu wissen; was allein Not tut, ist das Loswerden von Verwirrtheit und verblendetem Verständnis. Wenn diese Verblendung nicht dauernd aufs Neue belebt wird, hört sie einfach auf. Welche Idee auch immer in dir auftaucht wie die Bewegung des Windes – erkenne: „Das bin ich nicht", und ziehe ihr dadurch den Boden unter den Füßen weg. Derjenige, der noch keinen Sieg über Gier, Scham, Eitelkeit und Verblendung errungen hat, wird aus dem Lesen dieser Schrift keinen Nutzen ziehen – es ist eine nutzlose Zeitverschwendung.

Der Ich-Sinn taucht im Selbst auf wie die Bewegung des Windes. Er ist daher nicht-verschieden vom Selbst. Der Ich-Sinn scheint zu leuchten dank dem Selbst, welches seine Wirklichkeit oder sein Substrat ist. Das Selbst taucht nicht irgendwann auf, noch geht es unter. Etwas anderes als das Selbst gibt es nicht. Wie kann man dann sagen: „Dies ist" oder „dies ist nicht"? Das Höchste Selbst ist im Höchsten Selbst, das Unendliche im Unendlichen, der Friede im Frieden. Das ist alles, was ist – weder sind da „Ich" noch „die Welt" noch „das Gemüt".

VI.2:5 VASISHTHA fuhr fort:

Nirvana (Emanzipation) ist nirvana. Im Frieden ist da nichts als Friede. Im Göttlichen gibt es Göttlichkeit. Nirvana (Emanzipation) ist auch mit dem Raum verbundenes oder auch nicht-verbundenes anirvana (Nicht-Emanzipation). Wenn das rechte Verständnis betreffend die Unwirklichkeit des Ich-Sinnes auftaucht, ist es nicht mehr schwierig, Bedrohung mit Waffen oder Krankheiten usw. zu ertragen. Denn wenn der Same der Welterscheinung (der Ich-Sinn) vernichtet ist, verschwindet die Welterscheinung mit ihm zusammen. So wie der Spiegel durch Beschlagen erblindet, wird das Selbst vom unwirklichen Ich-Sinn verhüllt. Dieser Ich-Sinn lässt den ganzen Rest dieser Welterscheinung entstehen. Verschwindet er, dann leuchtet das Selbst durch sein eigenes Licht; so wie die Sonne scheint, wenn die finsteren Wolken fortgeblasen sind. So wie ein in den Ozean geworfener Gegenstand in diesem untergeht, so geht der Ich-Sinn, der einmal das Selbst betreten hat, in diesem unter.

So lange der Ich-Sinn andauert, leuchtet dieses eine Brahman oder unendliche Bewusstsein als die verschiedenen Objekte mit verschiedenen Namen. Ist der Ich-Sinn stillgelegt, leuchtet Brahman ungehindert als das reine, unendliche Bewusstsein. Der Ich-Sinn ist der Same dieses Universums. Wenn er geröstet ist, liegt in Worten wie „Welt", „Bindung" oder „Ich-Sinn" kein Sinn mehr. Ist der Topf zerbrochen, bleibt nur noch Ton zurück; wird der Ich-Sinn aufgegeben, löst sich die Vielfalt auf. So wie die Objekte der Welt beim Aufstieg der Sonne sichtbar werden, wird die Vielfalt der Welt beim Aufstieg des Ich-Sinns sichtbar. Oh Rāma, ich sehe keine Alternative zur Selbsterkenntnis, die in der Realisierung der Unwirklichkeit des Ich-Sinns besteht. Nichts anderes kann dein wahres Wohlergehen sicherstellen. Gib daher als erstes den individualistischen Ich-Sinn auf und gewahre dein Selbst als das gesamte Universum. Erkenne als nächstes, dass das gesamte Universum das Selbst oder Brahman ist und nichts anderes. Sei frei von aller durch weltliche Ideen verursachten Erregtheit.

Wer diesen Ich-Sinn nicht zu erobern vermag, erlangt den höchsten Zustand nicht. Sollte sein Herz jedoch rein sein, dann kann Unterweisung betreffend die spirituelle Erkenntnis es so durchdringen, wie ein Tropfen Öl ein gewaschenes Kleidungsstück durchdringt. In diesem Zusammenhang möchte ich dir nun eine alte Legende erzählen. Vor langer, langer Zeit fragte ich einmal Bhusunda: „Wen erachtest du in dieser Welt als unwissend und verblendet?"

BHUSUNDA erwiderte:

Es gab einmal ein himmlisches Wesen, welches auf der Kuppe eines Berges lebte. Es war unwissend und den Sinnesvergnügen hingegeben, aber es hatte sich eine so rechtschaffene Lebensführung angewöhnt, welche ihm ein sehr langes Leben versprach. Nach einer sehr langen Zeit entstand in diesem Wesen der Gedanke, dass es den Zustand jenseits von Geburt und Tod erlangen sollte. Nachdem der Himmelsbewohner sich dazu entschlossen hatte, kam er zu mir. Er brachte mir seine Verehrung dar und fragte mich: „Diese Sinne, oh hoher Herr, sind ständig erregt vom Verlangen nach Erfüllung und sind die Quelle endloser Schmerzen und Leiden. Dies habe ich erkannt und nehme daher Zuflucht zu deinen Füßen."

DER HIMMELSBEWOHNER fuhr fort: VI.2:4,6

Bitte erzähle mir von dem, was grenzenlos ist, frei von Wachstum und Verfall und rein, anfangslos und endlos. Bis zu diesem Zeitpunkt war ich wie schlafend, aber nun wurde ich durch die Gnade des Selbst erweckt. Errette mich bitte von diesem schrecklichen Feuer der Verblendung.

Die Wesen werden geboren und sterben, nachdem sie sich hier nutzlos abgemüht haben – all dies ist weder für Dharma noch für die Emanzipation zu gebrauchen. Es scheint bezüglich dieses Irrens in der Verblendung kein Ende zu geben. Die Vergnügen dieser Welt verschärfen all diese Täuschung nur und sind dazu noch wechselhaft. Ich kann mich an ihnen nicht erfreuen. Alle Freuden des Himmels habe ich gesehen und genossen. Durch das Feuer der Unterscheidung wurde nun der Wunsch nach Vergnügen zu Asche verbrannt. Ich erkenne klar den Schaden, der durch die Sinne des Sehens, Hörens, Riechens, Schmeckens und Berührens verursacht wird. Was soll ich mit all diesen sich wiederholenden Vergnügen anfangen? Sogar wenn man alle Freuden tausend Jahre lang genießt, ist niemand wirklich befriedigt. Was ist denn so außergewöhnlich daran, die Herrschaft über die ganze Welt einschließlich aller Freuden zu gewinnen? Alles ist dem Tod und der Vernichtung unterworfen. Bitte sage mir, was ich gewinnen muss, um daraus ewige Zufriedenheit zu erlangen.

Ich habe klar die giftige Natur all dieser Sinneserlebnisse realisiert, die mein Leiden hier noch vergrößert haben. Derjenige ist ein echter Held dieser Welt, der sich zur Schlacht gegen diese gewaltige Armee der eigenen Sinne entschließt. Befehligt wird diese Armee vom Ich-Sinn. Dieser wiederum ist mit den als Sinneserfahrungen bezeichneten Pferden ausgestattet. Die Stadt, die man den Körper nennt, hat er damit völlig eingekreist. Sogar die Heiligen müssen mit diesen Sinnen kämpfen. Nur diejenigen, die aus diesen Kämpfen siegreich hervorgehen, verdienen es, groß genannt zu werden. Alle anderen sind nur wie Automaten aus Fleisch (Maschinen).

Eine andere Abhilfe für diese als Sinnesverlangen bezeichnete Krankheit als das entschlossene Aufgeben aller Wünsche nach Vergnügen gibt es nicht, denn keine Medizin, keine Pilgerfahrt und kein Mantra sind von irgendeinem Nutzen. Diese Sinne haben mir aufgelauert, wie Räuber einem einsamen Reisenden im finsteren Wald auflauern. Diese Sinne sind unflätig und führen zu großem Unglück. Schwierig sind sie zu überwältigen. Sie führen zur Wiedergeburt. Sie sind die Feinde der Menschen der Weisheit und die Freunde der Dummköpfe. Die Gefallenen suchen ihre Gesellschaft und die edlen Menschen meiden sie. In der Finsternis der Unwissenheit streifen sie wie wilde Kobolde ungehindert umher. Sie sind leer und wertlos und taugen, wie trockener Bambus, zu nichts anderem als zum Verbrennen.

Hoher Herr, für die demütig Bittenden bist du die alleinige Zuflucht. Du bist ihr Erlöser. Bitte errette mich aus diesem schrecklichen Ozean von Samsara durch deine erleuchtenden Ermahnungen. Die Hingabe an Weise wie dich ist in dieser Welt das sicherste Fahrzeug zur Zerstörung des Kummers.

VI.2:7,8 BHUSUNDA erwiderte:

Du bist in der Tat gesegnet, oh Himmelsbewohner, weil du spirituell erwacht bist und danach trachtest, dich selbst zu erheben. Deine Intelligenz ist vollständig erweckt. Daher hege ich das Empfinden, dass du meine Unterweisung mühelos verstehen wirst. Bitte höre nun, was ich dir sagen werde. Was ich zu sagen habe, ist aus langer Erfahrung entstanden.

Was uns vorkommt wie „Ich" oder „andere", ist in Wahrheit nicht unser Selbst. Denn sobald du danach suchst, kannst du es nicht sehen. Dagegen führt die Überzeugung, dass weder „ich" noch „du" noch „die Welt" existieren, zum Glück und nicht zum Kummer. Der

Ursprung der Unwissenheit kann nicht ermittelt werden. Sogar nach einer sehr ausführlichen Untersuchung, vermögen wir immer noch nicht zu erklären, ob die Welterscheinung nun aus der Unwissenheit oder die Unwissenheit aus der Welterscheinung geboren wurde. Die zwei sind faktisch zwei Aspekte derselben Sache. Was existiert, ist das eine unendliche Bewusstsein oder Brahman; die Welterscheinung ist wie eine Luftspiegelung, von der nur gesagt werden kann: „Sie existiert" und „Sie existiert nicht".

Der Same dieser Welterscheinung ist der Ich-Sinn, denn der Baum der Welterscheinung wächst aus dem Ich-Sinn. Die Sinne und ihre Objekte, die verschiedenen Formen der Konditionierung, Himmel und Erde mit ihren Bergen, Ozeanen usw., die Einteilungen der Zeit und all die Namen und Formen sind verschiedene Teile des Baumes der Welterscheinung.

Wenn dieser Same verbrannt ist, entsteht aus ihm nichts mehr. Wie wird dieser Same verbrannt? Wenn du die Natur des Ich-Sinns ergründest, wirst du erkennen, dass er nicht gefunden werden kann. Das ist Erkenntnis. Mit diesem Feuer der Erkenntnis wird der Ich-Sinn verbrannt. Durch die Idee des Ich-Sinns scheint er zu sein und lässt die Welterscheinung entstehen. Sobald diese falsche Idee fahrengelassen wird, verschwindet der Ich-Sinn und die Selbsterkenntnis ist da.

Ganz am Anfang dieser Welterscheinung existierte der Ich-Sinn nicht als eine Realität. Wie können wir dann an die Existenz des Ich-Sinns, an die Realität des „Ich" und „Du" und an Dualität oder Nondualität glauben? Diejenigen, die ernsthaft und aufrichtig nach der Erkenntnis der Wahrheit streben, nachdem sie sie von den Lippen eines Lehrers vernommen und darüber in den Schriften geforscht haben, erlangen diese Selbsterkenntnis sehr leicht.

Was als die Welt erscheint, ist nichts anderes als die Ausbreitung der eigenen Vorstellungen und Gedanken (sankalpa). Sie gründet auf dem Bewusstsein. Sie ist eine optische Täuschung, deren Substrat Bewusstsein ist. Daher bezeichnet man sie gleichzeitig als real und irreal. Im Schmuckstück ist das Gold die Realität, während das Schmuckstück nur eine Idee oder Vorstellung ist. So sind das Erscheinen und das Verschwinden dieser Welterscheinung nichts als Modifikationen von Ideen. Wer dies zu realisieren vermag, ist an den Freuden dieser Welt und des Himmels nicht mehr interessiert – er erlebt seine letzte Inkarnation.

BHUSUNDA fuhr fort: VI.2:9,10

Oh Himmelsbewohner, gib die Idee auf, dass die Objekte dieser Welterscheinung die Manifestation des unendlichen Bewusstseins sind. Verbleibe im reinen Selbst. Trägheit taucht im Bewusstsein aufgrund seiner eigenen Manifestation auf, obgleich Trägheit dem Bewusstsein unähnlich zu sein scheint. So wie ein und derselbe Wind ein Feuer entfachen und ausblasen kann, so bewirkt ein und dasselbe Bewusstsein Bewusstsein und auch Trägheit. Lass dein Bewusstsein oder deine erweckte Intelligenz daher erkennen, dass der Ich-Sinn („Ich") nicht ist, und sei das, was du bist. Schließlich wird dein Bewusstsein mit dem absoluten Bewusstsein verschmelzen, ohne das Objekt des Bewusstseins jemals wieder erscheinen zu lassen. Und das ist Brahman, das unvergleichlich ist.

Das gesamte Universum ist erfüllt von diesem unendlichen und ungeteilten Bewusstsein. Erkenne dies und tue dann, was dir beliebt. Nur wenn die Augen von Unwissenheit geblendet sind, nimmt man die Welt der Vielfalt wahr. In Wahrheit sind alle diese Objekte so real wie ein am Himmel gesehener Baum, den jemand mit einem Sehfehler erblickt.

Dieses träge Universum ist nicht verschieden vom Bewusstsein – so wie im Wasser reflektiertes Feuer nicht verschieden davon ist. Auf dieselbe Weise existiert kein realer Unterschied zwischen Erkenntnis und Unwissenheit. Weil Brahman mit unendlichen Kräften ausgestattet ist, manifestieren sich Trägheit oder Unbewusstsein im Bewusstsein. Diese Trägheit existiert in Brahman auf dieselbe Weise, wie zukünftige Wellen und Wogen auf der unbewegten Oberfläche eines stillen Gewässers existieren. Wasser hat nicht den Wunsch, Wellen entstehen zu lassen. Ebenso hegt auch Brahman keinen Wunsch danach, die Welt zu „erschaffen". Und daher ist es richtig zu sagen, dass in Abwesenheit einer echten Ursache auch keine Schöpfung stattgefunden hat. Sie ist nur eine Erscheinung, wie eine Luftspiegelung! Brahman allein existiert. Brahman ist Friede und unerschaffen; und Brahman erzeugt nichts.

Oh Himmelsbewohner, du bist dieses Brahman, welches homogen, ungeteilt und unteilbar wie Raum ist. Du bist ein Wissender. Bleibe immer frei von Zweifeln, ob du nun etwas weißt oder nicht. Sobald du realisierst, dass du ungeborenes, unendliches Bewusstsein bist, hören Unwissenheit und Torheit auf, und diese Welterscheinung verschwindet. Wo immer das höchste Brahman existiert (und es ist unendlich und existiert überall), entsteht die Welterscheinung. In einem Grashalm, in Holz, Wasser und in sämtlichen Dingen des Universums existiert dasselbe Brahman, das unendliche Bewusstsein. Die Natur von Brahman ist unbeschreiblich und unbestimmbar. Es gibt darin kein Anderes, und daher ist es unvergleichlich. Es ist daher sogar unangemessen, die Natur Brahmans zu erörtern. Das, was nach dem Aufhören dieses Ich-Sinnes erfahren wird, ist dasselbe Brahman, welches von demjenigen erfahren wird, der die Natur des Ich-Sinns, in den er verstrickt ist, ergründet. Bei dessen Ergründung löst er sich im Bewusstsein auf.

VI.2: BHUSUNDA fuhr fort:

11,12 Wem der Kontakt mit einer scharfen Waffe und der Kontakt mit einer nackten Frau dieselbe Erfahrung bedeuten, der ist im höchsten Zustand verankert. Man soll sich der spirituellen Praxis befleißigen, bis man den Zustand erlangt hat, in dem der Kontakt mit den Objekten dieselbe Reaktion hervorruft, wie man sie im Tiefschlaf empfinden würde. Der Kenner des Selbst ist von mentaler Krankheit oder psychologischem Leiden gänzlich unberührt.

So wie geschlucktes Gift körperliche Leiden verursacht, ohne dabei seine Natur als Gift aufzugeben, so wird das Selbst zum Jiva, ohne dabei seine Natur als das Selbst oder ungeteiltes Bewusstsein aufzugeben. Auf dieselbe Weise nimmt das Bewusstsein die Natur des Unbewusstseins oder der Trägheit an. In Brahman scheint etwas aufgetaucht zu sein, obgleich es tatsächlich nicht verschieden von Brahman ist. Gift vergiftet den Körper, hört aber nicht auf, Gift zu sein. Ebenso wird das Selbst weder geboren noch stirbt es, während es von einem anderen Gesichtspunkt aus ins Dasein kommt und stirbt.

Nur dann, wenn die eigene Intelligenz nicht in objektiver Wahrnehmung ertrinkt, ist man in der Lage, diesen Ozean des Samsara so leicht zu überqueren, als wäre er so klein wie die Fußspur eines Kalbs. Erreicht wird dies jedoch nicht durch die Hilfe Gottes oder durch andere Mittel. Wie kann im Selbst, das allgegenwärtig und in allem ist, überhaupt das Gemüt oder der Ich-Sinn entstehen? Es gibt da weder Gutes noch Böses irgendwo, gegenüber irgendjemandem und zu irgendeinem Zeitpunkt, es gibt da weder Vergnügen noch Schmerz, weder Not noch Wohlstand. Niemand ist der Täter, und niemand ist der Genießende von irgendetwas.

Zu sagen, dass der Ich-Sinn im Selbst aufgetaucht sei, ist dasselbe wie zu sagen, dass der Raum (die Entfernung) im Raum entstanden ist. Der Ich-Sinn ist nur eine Täuschung und unwirklich. Im Raum gibt es nichts als Räumlichkeit – ebenso existiert im Bewusstsein nur Bewusstsein. Das, was man den Ich-Sinn („Ich") nennt, das bin ich weder, noch bin ich es nicht. Dieses Bewusstsein existiert wie ein Berg innerhalb jedes Atoms, denn es ist außerordentlich subtil. Dieses extrem subtile Bewusstsein hat Ideen von „ich" und „dies", und diese scheinen als entsprechende Substanzen zu existieren. So wie ein Strudel nichts anderes als eine rein begriffliche Vorstellung des Wassers ist, so sind der Ich-Sinn und Raum usw. nur Ideen, die im Bewusstsein erscheinen. Das Aufhören solcher Ideen nennt man die kosmische Auflösung. Auf diese Weise, als Ideen und als nichts anderes, treten alle Welten ins Dasein und verschwinden wieder. In all dem wird das Bewusstsein nicht dem geringsten Wandel unterzogen. Im Bewusstsein gibt es weder eine Erfahrung von Vergnügen oder von Schmerz, noch taucht die Idee von „Ich bin dies" auf. Bewusstsein kennt keine Qualitäten wie Mut, Vergnügen, Wohlfahrt, Furcht, Erinnerung, Ruhm oder Pracht. Im Selbst wird all dies genauso wenig wahrgenommen wie die Füße einer Schlange in der Dunkelheit.

BHUSUNDA fuhr fort:

Es gibt da einen Sprühregen von Nektar von Brahman, und dies betrachtet man als Schöpfung. Da jedoch Zeit und Raum in Wahrheit nicht existieren, ist diese Schöpfung unwirklich, und was als existierend erscheint, ist nicht verschieden vom Höchsten Herrn. So wie es nur Wasser ist, was als Strudel erscheint, und wie es nur Rauch ist, was aus der Entfernung wie eine Wolke am Himmel erscheint, so entsteht, wenn Bewusstsein seiner selbst gewahr wird und eine Idee (welche leblos, träge ist) entstehen lässt, zwischen diesen beiden (Bewusstsein und Idee) ein dritter Faktor, den man als Schöpfung bezeichnet. Diese Schöpfung jedoch ist nur eine Erscheinung, wie ein in einer Säule oder einem Kristall reflektierter Bananenbaum. Bei rechter Untersuchung verschwindet diese Idee von Realität, die in der irrealen Erscheinung wahrgenommen wird.

Diese Welterscheinung ist wie ein auf Leinwand gemaltes Königreich. So wie die Leinwand durch Verwendung verschiedener Farben schön gemacht wird, so erlangt diese Welterscheinung ihre Anziehungskraft durch die verschiedenen Sinneserfahrungen. Die Welterscheinung hängt vom Seher ab, dem Ich-Sinn, der selbst irreal ist. Daher ist sie nicht verschieden vom höchsten Selbst, so wie Flüssigkeit untrennbar vom Wasser ist.

Das Licht des Bewusstseins ist das Selbst. Wenn die Idee von „Ich“ darin auftaucht, kommt diese Schöpfung ins Dasein. Ohne diese Idee gibt es weder eine Schöpfung noch einen Schöpfer. Bewegtheit ist die Natur des Wassers; in Beziehung zu sich selbst als Wasser gibt es kein Fließen von Wasser (es ist, was es ist, nämlich fließendes Wasser). Ebenso ist Bewusstsein unermesslich und fest wie Raum und daher keines Raumes innerhalb von sich selbst gewahr. Wenn dasselbe Wasser zu verschiedenen Zeiten und an verschiedenen Orten gesehen wird, entsteht die Idee der Bewegtheit. Ebenso lässt auch das Gewahrsein, das im Bewusstsein erscheint, in Verbindung mit den Ideen von Zeit und Raum die Idee der Schöpfung entstehen. (Obwohl natürlich aufgrund der Unwirklichkeit von Zeit und Raum eine solche Schöpfung unmöglich und der Vergleich von Bewusstsein mit Wasser unangemessen ist.) Wisse, dass alles von dir im Namen des Gemüts, des Ich-Sinns, des Intellekts usw. Erfahrene nichts als Unwissenheit ist. Durch Eigenbemühung verschwindet diese Unwissenheit. Die Hälfte dieser Unwissenheit wird durch die Gemeinschaft mit Heiligen zerstreut, ein Viertel wird durch das Studium der Schriften und das verbleibende Viertel durch Eigenbemühung vernichtet.

(Als Erwiderung auf Rāmas Frage) erläuterte VASISHTHA:

Man soll die Gemeinschaft der Heiligen suchen und mit ihnen die Wahrheit über diese Schöpfung ergründen. Man sollte intensiv nach dem Heiligen verlangen und ihn verehren. Im gleichen Augenblick, in dem man einen Heiligen gefunden hat, verlöscht schon die Hälfte der Unwissenheit allein durch seine Gegenwart. Ein weiteres Viertel wird durch das Studium der Schriften und das restliche durch Eigenbemühung zerstreut. Die Gesellschaft der Heiligen setzt dem Verlangen nach Vergnügen ein Ende. Wird die Unwissenheit entschlossen durch Eigenbemühung zurückgewiesen, hört sie auf. All dies kann entweder auf einmal oder nacheinander geschehen.

VI.2:13 BHUSUNDA fuhr fort:

Ein am Himmel visualisierter Palast muss nicht durch reale Säulen gestützt werden. Und so hängt auch die eingebildete oder illusorische Welterscheinung nicht von echter Zeit und echtem Raum ab. Zeit, Raum und Welterscheinung sind rein begrifflich. Diese Welterscheinung ist extrem subtil und gründet sich allein auf mentale Aktivität oder die Bewegung der Gedanken – sie ist wie Duft in der Luft. Jedoch wird diese Welterscheinung anders als der Duft in der Luft nur von dem Gemüt erfahren, das sie wahrnimmt, während Duft auch von anderen erfahren werden kann. So wie der eigene Traum nur vom Träumer erfahren wird, so wird diese Schöpfung nur von demjenigen erfahren, in dessen Gemüt sie auftaucht.

In diesem Zusammenhang ist eine alte Legende erwähnenswert. Sie erzählt, wie Indra, der König der Götter, sich selbst im Innern eines subatomaren Partikels verborgen hat.

Irgendwann in alter Zeit gab es eine Art von wunscherfüllendem Baum. Auf einem seiner Zweige wuchs eine Frucht, die dieses Universum war. Diese Frucht war ganz einzigartig und völlig verschieden von allen anderen Früchten. Wie die Würmer im Apfel lebten in ihr die verschiedensten Wesen: Götter, Dämonen usw. Sie enthielt sowohl die Erde als auch den Himmel und die Unterwelten. Sie besaß ein riesiges Ausmaß, da sie eine Manifestation des unendlichen Bewusstseins war. Darüber hinaus war sie sehr reizvoll, denn sie barg in sich die unendlichen Möglichkeiten der verschiedenen Erfahrungen. Sie erstrahlte vor Intelligenz und beherbergte in ihrem Innern den Ich-Sinn. In ihr befanden sich alle Wesen, und zwar von den stumpfsten und unwissendsten bis hin zu denjenigen, die der Erleuchtung nahe waren.

Auch Indra, der König der Götter, war in dieser Frucht. Einmal, als Lord Vishnu und andere sich gerade zurückgezogen hatten, wurde dieser Indra von mächtigen Dämonen überfallen. Indra rannte in alle zehn Himmelsrichtungen und die Dämonen setzten ihm nach. Schließlich wurde er von den Dämonen überwältigt. Als die Aufmerksamkeit der Dämonen für einen Moment abgelenkt war, nutzte Indra die Situation und nahm eine subtile, winzige Gestalt an (indem er die Idee seiner Größe aufgab und sich vorstellte, dass er subtil und winzig sei), und so schlüpfte er in ein subatomares Teilchen.

In diesem fand er Ruhe und Frieden. Er vergaß den Krieg mit den Dämonen. Er visualisierte in dem subatomaren Teilchen einen Palast für sich selbst, dann eine Stadt, dann eine ganze Nation mit weiteren Städten und Wäldern, und schließlich erblickte er darin die ganze Welt, ein ganzes Universum mit Himmel und Hölle. Er dachte nun, dass er Indra, der König dieses Himmels, war. Ihm wurde ein Sohn geboren, den er Kunda nannte. Nach einiger Zeit gab dieser Indra seinen Körper auf und erlangte nirvana – wie eine Lampe ohne Brennstoff.

Kunda wurde zu Indra und regierte die drei Welten. Auch er war gesegnet mit einem Sohn von gleicher Tapferkeit und gleichem Glanz. So vervielfachte sich seine Nachkommenschaft und sogar heute noch regiert einer seiner Nachkommen den Himmel. Und daher gibt es in diesem subatomaren Teilchen viele solche Könige, die jeder ihr eigenes Königreich regieren.

BHUSUNDA fuhr fort: VI.2:14

In dieser Familie wurde schließlich einer geboren, der Herrscher des Himmels wurde, aber gleichzeitig entschlossen war, dem Zyklus von Geburt und Tod ein Ende zu setzen. Durch die Anweisungen des Lehrers der Götter (Brihaspati) erlangte er Weisheit. Er führte in allen Situationen, wie sie ohne sein Zutun entstanden, die angemessenen Handlungen aus. Auf diese Weise übte er religiöse Praxis und kämpfte sogar mit den Dämonen. Dann entstand in seinem Gemüt ein Wunsch: „Ich will die Wirklichkeit Brahmans des Absoluten erkennen!" Er ging in eine tiefe Meditation. Er war nun im Frieden mit sich selbst und verblieb in Abgeschiedenheit. Nun vermochte er das höchste Selbst oder Brahman, zu sehen: Allmächtig, alldurchdringend, überall; das was alles ist; das überall und immer ist; dem alle Hände und Füße gehören; das Brahman, dessen Augen und Köpfe und Gesichter alles sind; frei von den Sinnen und doch die wahre Essenz aller Sinne; frei von allem (unangehaftet) und doch der Erhalter von allem; ohne alle Eigenschaften und doch mit allen ausgestattet; innerhalb und außerhalb aller Kreaturen (bewegliche und unbewegliche); das Brahman, welches weit entfernt und nahe und wegen seiner extremen Subtilität unbekannt ist. Es ist die Sonne und der Mond und das Erdelement all überall, die Wirklichkeit in den Bergen und im Ozean, die wahre Essenz von allem. Dieses

Brahman hat die Natur dieser Schöpfung und der Welt und bleibt doch das unabhängige Selbst, das uranfängliche Bewusstsein. Obgleich es alles ist, ist es ohne alle diese Dinge.

Er (Indra) sah Brahman im Topf, in der Kleidung, im Baum, im Affen, im Menschen, im Himmel, im Berg, im Wasser, im Feuer und in der Luft, mannigfaltig manifestiert und tätig. Er erkannte, dass dies die Wirklichkeit in dieser Welterscheinung ist. Indem er so Brahman mit seinem eigenen, reinen und gereinigten Bewusstsein kontemplierte, versank dieser Indra in der Meditation. Indem er erkannte, dass Brahman die himmlische, unumschränkte Macht in Indra war, regierte er das Universum.

So wie dieser Indra das ganze Universum regierte, während er innerhalb des subatomaren Teilchens lebte, so gab es schon zahllose Indras und Universen. So lange man das wahrgenommene Objekt als etwas Reales und Substanzielles betrachtet, wird diese Welterscheinung weiterfließen. Diese Māyā (Welterscheinung) wird so lange weiterfließen, bis die Wahrheit realisiert ist; erst dann wird Māyā aufhören zu wirken. Wo auch immer Māyā wirkt und auf welche Weise, wisse, dass dies nur aufgrund der Existenz des Ich-Sinnes geschieht. Diese Māyā verschwindet unverzüglich, sobald die Wahrheit betreffend den Ich-Sinn untersucht und verstanden wird. Denn die Wirklichkeit oder das unendliche Bewusstsein ist gänzlich frei von der Subjekt/Objekt-Trennung, frei von der leisesten Spur der groben Substanzialität. Sie ist reine Leerheit, deren einzige Realität das unendliche, unkonditionierte Bewusstsein ist.

VI.2: BHUSUNDA fuhr fort:

15,16 So wie das gesamte Universum durch Indra und seine Idee einer solchen Schöpfung im Herzen des subatomaren Partikels ins Dasein trat, so manifestiert sich auch die Welt überall da, wo der Ich-Sinn auftaucht. Der Ich-Sinn ist die erste Ursache dieser Weltillusion, die mit der Bläue des Himmels verglichen werden kann.

Dieser Baum der Welterscheinung wächst im Raum auf einem Berg namens Brahman aufgrund von latenten Neigungen und Ideen. Sein Same ist der Ich-Sinn. Die Sterne sind seine Blumen. Die Flüsse sind seine Adern. Die Berge sind seine Blätter. Die Essenz der Ideen und Begrenztheiten bildet seine Früchte. Diese Welt ist nichts als die Ausbreitung der Vorstellung ihrer Existenz.

Diese Welterscheinung ist wie eine unermessliche Ausdehnung von Wasser. In diesem Ozean tauchen die Welten auf wie Wellen und Wogen. Aufgrund der Verblendung, die die Selbsterkenntnis verdunkelt und so die Emanzipation verhindert, beginnt sie sich zu erweitern. Sie scheint reizvoll und schön zu sein dank des beständig wechselnden Panoramas der Lebewesen, die in ihr ins Dasein treten und wieder zugrunde gehen.

Oh Himmelsbewohner, diese Schöpfung kann ferner mit der Bewegung des Windes verglichen werden. Der Ich-Sinn ist der Wind und die Welt seine Bewegtheit. Die Bewegtheit ist nicht verschieden vom Wind – der Duft ist untrennbar von der Blume – und so ist auch der Ich-Sinn untrennbar von dieser Welt. Die Welt existiert in der eigentlichen Bedeutung vom „Ich-Sinn"; und der Ich-Sinn existiert in der eigentlichen Bedeutung des Wortes „Welt". Sie sind voneinander abhängig. Wer fähig ist, mit der erweckten inneren Intelligenz den Ich-Sinn zu beseitigen, reinigt sein Bewusstsein von dieser Unreinheit namens Welterscheinung.

Oh Himmelsbewohner, so etwas wie den Ich-Sinn gibt es in Wahrheit nicht. Auf mysteriöse Weise ist er irgendwie und ohne Ursache und Substanzialität aus dem Nichts aufgetaucht. Brahman allein durchdringt alles. Der Ich-Sinn ist falsch. Da der Ich-Sinn selbst falsch ist, ist natürlich auch die Welt, die dem Ich-Sinn als real erscheint, falsch. Das Unwirkliche ist unwirklich – das Verbleibende ist ewiglich und Friede. Das bist du.

Nachdem ich so gesprochen hatte, fiel der Himmelsbewohner in tiefe Meditation.

Er erlangte den höchsten Zustand. (VASISHTHA sprach zu Rāma: „Wenn die Lehre in ein reifes Herz gelangt, verwurzelt und erweitert sie sich in dessen innerer Intelligenz. In einem unreifen Herzen bleibt sie nicht. Aus dem Ich-Sinn taucht die Idee „dies ist mein" auf, die sich dann als die Welterscheinung ausbreitet.")

Und so, oh Weiser, wird manchmal sogar eine unwissende Person wie dieser Himmelsbewohner unsterblich. Unsterblichkeit wird nur durch die Erkenntnis der Wirklichkeit erlangt. Ein anderes Mittel gibt es nicht.

VASISHTHA fuhr fort: Oh Rāma, ich kehrte anschließend dorthin zurück, wo sich weitere Weise zu einer Besprechung versammelt hatten. Nun habe ich dir also die Geschichte von der leichten Emanzipation des Himmelsbewohners erzählt. Seit ich diese Geschichte von den Lippen Bhusundas vernommen habe, sind elf Weltzyklen vergangen.

VASISHTHA fuhr fort: VI.2:

Dieser mächtige Baum namens Welterscheinung, der die süßen und bitteren Früchte 17,18
namens Glück und Unglück (Gut und Böse) hervorbringt, hört in dem Moment auf, in dem der Ich-Sinn als falsch erkannt wird. Wer den Ich-Sinn als falsch erkennt und dadurch den Zustand vollkommenen Gleichmuts erlangt, fällt nie wieder dem Leiden zum Opfer. Wenn die Selbsterkenntnis die falsche Idee vom Ich-Sinn beseitigt hat, verschwindet der Ich-Sinn, der bis dahin für eine solide Realität gehalten wurde, und niemand weiß, wohin. Man weiß auch nicht, wohin der erste Beweger des Körpers, den man ebenfalls für solide Realität gehalten hat, gegangen ist. Das Blatt (Körper) saugt in sich selbst die Feuchtigkeit (Ich-Sinn) der Erde auf, aber die Sonne (die Selbsterkenntnis, die den Ich-Sinn als falsch erkennt), lässt sie verdampfen und verwandelt sie in feinen Wasserdampf (Brahman). In Abwesenheit der Selbsterkenntnis jedoch wächst der Same des Ich-Sinns in einem Augenblick zu einem mächtigen Baum, denn in diesem Samen ist der gesamte Baum mit all seinen unzähligen Ästen, Blättern, Blüten und Früchten vollständig enthalten. Der Mensch der Weisheit erkennt, dass die gesamte Schöpfung im Ich-Sinn verborgen liegt.

Auch der Tod vermag dem kein Ende zu setzen. Tod nennt man, wenn die Idee der Realität von einer Substanz in eine andere transportiert wird. Gewahre jetzt direkt vor dir zahllose Schöpfungen von zahllosen Wesen, welche in diesen Wesen existieren. Das Gemüt ist innerhalb des Prāna oder der Lebenskraft, und die Welt existiert im Gemüt. Zum Zeitpunkt des Todes verlässt dieses Prāna den Körper und ist im Raum. Dort weht es der kosmische Wind hin und her. Gewahre diese Prānas (Jivas) mit all ihren in ihnen verborgenen Vorstellungen (Welten), wie sie den gesamten Raum erfüllen. Mit meinem Auge der inneren Intelligenz vermag ich sie hier direkt vor mir zu sehen.

Die Luft im gesamten Raum ist angefüllt mit den Prānas der abgeschiedenen Seelen. In diesen Prānas existiert das Gemüt. Und im Gemüt existiert wie das Öl im Samen die Welt. So wie die Lebenskraft (Prāna) in den Winden des Raums hin und her geweht wird, so werden all diese Welten im Gemüt, wie der Duft der Blüten in der Luft, hin und her geweht. Gesehen wird dies ausschließlich mit dem Auge der inneren Intelligenz, oh Rāma, nicht aber mit den fleischlichen Augen. Diese Welten existieren überall und immer. Sie sind noch subtiler als Raum, weil sie von der Natur der Ideenessenz sind. Tatsächlich werden sie daher auch nicht hin und her geweht oder von einem Ort zu einem anderen bewegt. Jedoch ist für jeden Jiva (der aus der Kombination von Prāna, Gemüt und seinen Ideen zusammengesetzt ist) die Idee der Welt seiner eigenen Schöpfung real aufgrund seines festen Glaubens an die Substanzialität dieser Schöpfung. Werden die Objekte am Ufer eines schnell dahin fließenden Flusses als Reflexionen im Wasser gesehen, scheinen sie sich ebenfalls zu bewegen, obwohl sie das nicht tun. Auf dieselbe Weise kann man von diesen Welten innerhalb der Jivas sagen, dass sie sich in Bewegung oder nicht in Bewegung befinden. Im Selbst jedoch, das unendliches Bewusstsein ist, gibt es keinerlei Bewegung, denn wenn ein Topf von einem Platz zu einem anderen gebracht wird, bewegt sich der in ihm enthaltene Raum nicht von einem Platz zum andern. Daher erscheint also diese Welt nur aufgrund des verblendeten Glaubens an ihre Existenz – in Wahrheit ist sie nur Brahman allein und wird niemals erschaffen oder zerstört.

VASISHTHA fuhr fort:

Auch wenn man erwägt, dass diese Welt im kosmischen Raum erscheint, so wird sie von denen, die sie bewohnen, nicht so erfahren. Die Fahrgäste eines Bootes fahren in ihm, aber wer im Boot sitzt, sieht niemanden darin sich fortbewegen. So wie ein talentierter Künstler in seinen Gemälden oder Bildwerken die Illusion von Räumlichkeit erschafft, so hegt das Gemüt innerhalb eines subatomaren Teilchens die Idee unermesslicher Entfernungen. Außerdem gibt es illusorische Erfahrungen in Bezug auf Größe oder Kleinheit von Objekten. Und so gibt es auch die unwirkliche Erfahrung dieser Welt und dessen, was als die Andere Welt bezeichnet wird, obgleich alle diese falsch sind. Aus all dem entstehen die falschen Ideen wie „Dies ist wünschenswert“ und „Dies ist nicht wünschenswert“.

Ein fühlendes Wesen erfährt die Existenz seiner eigenen Glieder in sich selbst mit seiner eigenen inneren Intelligenz. Auf dieselbe Weise nimmt der Jiva (in diesem Fall das kosmische Wesen) in sich selbst die Existenz der Welt der Vielfalt wahr. Das unendliche Bewusstsein ist ungeboren und ungeteilt wie Raum – alle diese Welten sind sozusagen seine Glieder. Eine lebendige Eisenkugel kann in sich selbst die potentielle Existenz eines Messers und einer Nadel usw. visualisieren. Auf dieselbe Weise sieht oder erfährt der Jiva in sich selbst die Existenz der drei Welten, obgleich dies nicht mehr als eine Illusion oder falsche Wahrnehmung ist. Auch im nicht-fühlenden Samen existiert der potentielle Baum mit all seinen Zweigen, Blättern, Blüten und Früchten, wenn auch nicht als diese verschiedenen Objekte. Auf die gleiche Weise existieren alle diese Welten in Brahman, wenn auch nicht als solche, sondern in einem undifferenzierten Zustand. In einem Spiegel (den man nun als fühlend oder nicht-fühlend ansehen mag) wird eine Stadt reflektiert (obschon man wahrheitsgemäß ebenso gut sagen könnte, dass es keine Reflexion darin gibt) – sie wird gesehen oder nicht gesehen. Und so ist auch die Beziehung zwischen den drei Welten und Brahman. Was die Welt genannt wird, ist nichts als Zeit, Raum, Bewegung und Substanzialität, und all dies ist aufgrund seiner wechselseitigen Abhängigkeit nicht verschieden vom Ich-Sinn.

Was man hier als Welt wahrnimmt, ist nichts als das höchste Selbst, welches als Welt erscheint, ohne dabei dem geringsten Wandel seiner eigenen wahren Natur unterworfen zu sein. Sie erscheint als das, als was man sie zu einem bestimmten Zeitpunkt und an einem bestimmten Ort sieht. Alle diese scheinbaren Existenzen tauchen im Gemüt als Ideen auf, denn das Gemüt ist nichts anderes als Bewusstsein. Konzepte oder Ideen (sankalpa), latente Konditionierung (Vasana) und ein Lebewesen (Jiva) sind nicht verschieden vom unendlichen Bewusstsein. Auch wenn sie erfahren werden, bleiben sie unwirklich mit der Ausnahme der einen Realität, die das unendliche Bewusstsein ist. Folglich gibt es da Emanzipation oder moksha, sobald die unwirkliche Idee abgetan wird. Und doch kann man nicht wahrheitsgemäß behaupten, dass alle diese Welten in der Luft umhergeweht werden, denn alle sind nur falsche Ideen mit dem unendlichen Bewusstsein als deren Substrat und einzige Wirklichkeit.

RĀMA fragte: VI.2:19

Oh Weiser, bitte erzähle mir mehr über Gestalt, Natur und Wohnort des Jiva und seine Beziehung zum höchsten Selbst.

VASISHTHA erwiderte:

Oh Rāma, es ist das unendliche Bewusstsein, welches sich selbst aufgrund der Ideen, die es von sich selbst hat, als ein Objekt wahrnimmt und dann Jiva genannt wird. Außerdem nennt man es auch cit oder reines Bewusstsein. Dieser Jiva ist weder ein subatomares Teilchen noch grob und physisch und auch nicht leer oder sonst etwas. Das allgegenwärtige, reine Bewusstsein selbst wird Jiva genannt, wenn es sein eigenes Sein erfährt. Es ist winziger als ein Atom und größer als das Größte. Es ist alles und es ist reines Bewusstsein. Von den Weisen wird es Jiva genannt. Welches Objekt auch hier erfahren wird, ist nur seine eigene selbst erfahrene Reflexion. Was es von Augenblick zu Augenblick denkt, erfährt es hier und jetzt. Erfahrung dieser Art gehört zur eigentlichen Natur des Jiva, so wie die Bewegung zur Natur des Windes gehört. Hört diese Erfahrung auf, wird der Jiva zu Brahman.

Aufgrund seiner Natur als Bewusstsein erzeugt der Jiva, sobald er die Idee des Ich-Sinns hegt, Zeit, Raum, Bewegung und Substanz und wird im und durch den Körper tätig. Dann erfährt er alle diese Unwirklichkeiten in sich selbst als reale Gegebenheiten, so wie eine Person von ihrem eigenen Tod träumt. Dann, seine eigene wahre Natur vergessend, beginnt er sich mit seinen eigenen falschen Ideen zu identifizieren. Er tritt in eine von den Umständen zufällig hervorgerufene Verbindung mit den fünf Sinnen und erfährt ihre Funktionen so, als wären es seine eigenen Funktionen. Er leuchtet, ausgestattet mit diesen fünf Kräften, als der purusha (die innewohnende Präsenz) und als virat (kosmische Person). Es ist dies immer noch das subtile und mentale Wesen und die erste Emanation des Höchsten Wesens.

Diese Person entsteht aus eigenem Antrieb, wächst, verfällt, erweitert sich und zieht sich wieder zusammen und hört schließlich auf zu sein. Ihre Natur ist das Gemüt (Idee oder Gedanke) und dank ihrer Subtilität ist sie als puryashtaka (die achtfältige Stadt) bekannt. Dieses subtile Wesen ist klein und groß, manifest und unmanifest und durchdringt alles im Innern und im Außen. Seine Glieder sind deren acht – die fünf Sinne, das Gemüt als sechster Sinn, der Ich-Sinn sowie das gleichzeitige Sein-und-Nicht-Sein. Alle Veden wurden von ihm bereits gesungen. Durch es wurden die Regeln des Betragens und der rechten Lebensführung niedergeschrieben. Alle diese sind noch heute in Kraft.

Sein Kopf ist der höchste von allen, seine Füße sind die Unterwelten, Raum ist sein Bauch, alle Welten bilden seine Seiten, Wasser sein Blut, Berge und Erde sein Fleisch, die Flüsse sind seine Blutgefäße, die Himmelsrichtungen seine Arme, die Sterne seine Haare, der kosmische Wind sein Prāna, sein Lebensfunke ist die Mondsphäre und sein Gemüt das Aggregat sämtlicher Ideen. Sein Selbst ist das Höchste Selbst. Aus dieser kosmischen Person oder Jiva entstehen weitere Jivas, die über die ganze Welt verteilt werden. Brahmā, Rudra und andere sind seine mentalen Schöpfungen. Die Manifestationen seiner Gedankenformen sind die Götter, Dämonen und Himmelswesen. Der Jiva entsteigt dem Bewusstsein und das ist sein Wohnort. Tausende solcher virat sind schon entstanden und werden auch in Zukunft entstehen.

VI.2: VASISHTHA fuhr fort:

20,21 Die kosmische Person ist selbst eine Idee (oder Konzept, Gedanke usw.). Welche Idee auch immer in ihr auftaucht, scheint in den fünf Elementen im kosmischen Raum verkörpert zu sein. Daher, oh Rāma, wird alles das, was jemals als geschaffen erscheint, von den Weisen als die Ausbreitung von Ideen betrachtet. Die kosmische Person ist die ursprüngliche Ursache dieser gesamten Welterscheinung – die Wirkung ist dieselbe wie die Ursache.

Und doch findet all dies im Bewusstsein, nicht im Unbewusstsein, statt. Alle diese verschiedenen Kreaturen (vom Wurm bis zu Gott Rudra) sind aus der ursprünglichen Idee entstanden wie ein mächtiger Baum, der aus einem winzigen Samen herausgewachsen ist. Obgleich das Universum sich auf diese Weise aus einem winzigen Subatom heraus ausgebreitet hat, wurzelt diese Ausbreitung oder Evolution in der Intelligenz, nicht in der Leblosigkeit. So wie die kosmische Person als dieser Kosmos manifest wurde, so sind alle Dinge ins Dasein getreten – bis hin zum winzigsten Atom.

In Wahrheit jedoch gibt es weder Großes noch Winziges. Jede Idee, die im Selbst auftaucht – wird als etwas Reales erfahren. Das Gemüt entsteht im Mondelement, und der Mond wird vom Gemüt erschaffen. Auf dieselbe Weise lässt der eine Jiva den anderen entstehen. Der Weise erachtet den Jiva als die Essenz des Samens. In ihr ist die Seligkeit des Selbst verborgen, die der Jiva wie etwas von ihm selbst getrenntes empfindet. In ihm entsteht seine Identifikation mit den fünf Elementen, ohne erkennbaren Grund. Und doch fährt der Jiva fort, der Jiva und nicht wirklich durch diese Elemente begrenzt zu sein. Er befindet sich innerhalb wie außerhalb dieser Elemente und ihrer Zusammensetzung, die als der Körper bekannt sind. Aufgrund seiner Identifikation mit den Elementen jedoch, die ihn wie mit einem Schleier umhüllt, sieht er deren wahre Natur nicht – so wie ein blind geborener Mensch seinen Weg nicht sehen kann. Emanzipation oder moksha bedeutet die Zerstörung dieser Unwissenheit und die Realisierung der Unabhängigkeit des Jiva von diesen Elementen und vom Ich-Sinn.

Oh Rāma, man sollte danach streben, ein Jnani (Mensch der Weisheit oder direkter Erkenntnis) zu werden, nicht aber ein jñanabandhu, ein Pseudo-Jnani. Wer ist der Pseudo-Jnani? Derjenige, der die Schriften aus Vergnügen oder Gewinndenken heraus studiert wie ein Bildhauer die Künste studiert und nicht nach dem Geist der Lehren lebt. In seinem Alltagsleben spiegelt sich sein Wissen der Schriften in keiner Weise wieder. Viel eher ist er daran interessiert, das Wissen der Schriften zu seiner physischen Wohlfahrt und sinnlichen Befriedigung zu nützen. Aus diesem Grunde erachte ich einen unwissenden Menschen besser als den Pseudo-Jnani.

Jñāna oder Weisheit ist Selbsterkenntnis; andere Arten der Erkenntnis sind nur blasser Abglanz. In dieser Welt sollte man nur so viel arbeiten als nötig ist, um ein ehrliches Leben zu führen. Man sollte nur leben (essen), um die Lebenskraft am Leben zu erhalten. Und die Lebenskraft sollte man nur erhalten, um Erkenntnis zu erlangen. Man sollte das erforschen und kennen, was einen von der Sorge befreit.

VASISHTHA fuhr fort: VI.2:22

Der ist ein Jnani, der die Folgen der Handlungen nicht wahrnimmt (oder sich nicht um sie kümmert), weil er in der Selbsterkenntnis verankert ist und sowohl das individualisierte Gemüt als auch dessen Objekte nicht beachtet. Derjenige ist ein Jnani, dessen psychologische Konditionierung gänzlich aufgehört hat. Seine innere Intelligenz ist frei von Verdrehtheiten aller Art. Seine Erkenntnis führt nie wieder zur Wiedergeburt. Er tut einfache Dinge wie Essen und Ankleiden und handelt spontan und angemessen, frei von Wunsch und mentaler Aktivität. Man nennt ihn einen pandita.

Die verschiedenen Kreaturen sind ohne Absicht ins Dasein getreten und existieren ohne Absicht weiter. Obwohl es so scheint, sind es keine realen Wesenheiten. Ihre kausale Verursachung wurde erst später ins Spiel gebracht, um diese unwirkliche Schöpfung erklären zu können. Gibt es etwa einen Grund für das Auftauchen einer Luftspiegelung? Diejenigen, die nach Ursachen für das Erscheinen solch optischer Täuschungen suchen, versuchen auf den Schultern des Enkels des Sohnes einer unfruchtbaren Frau zu reiten! Die einzige Ursache für das Auftauchen derartiger optischer Täuschungen oder illusorischer Erscheinungen ist das Nicht-Gewahrsein, denn bei näherem Hinsehen verschwinden sie. Werden sie auf rechte Weise untersucht und wahrgenommen, erweisen sie sich als das höchste Selbst. Werden sie dagegen mit dem Verstand wahrgenommen, taucht der konditionierte Jiva auf. Dieser Jiva, wenn er auf richtige Weise betrachtet und verstanden wird, ist das höchste Selbst. Wird er mit Hilfe des Verstandes erfasst, erscheint er als Jiva, der jeder Art von Wandel, Geburt, Verfall usw. unterworfen ist. Diejenigen, die die direkte Erfahrung des kosmischen Wesens besitzen, nehmen keinerlei Vielfalt wahr; auch dann nicht, wenn ihre Augen die Welt erblicken. In ihrem Gemüt gibt es während der Tätigkeiten keine ungeordneten Gedanken oder Bewegungen in verschiedenste Richtungen; ihr Gemüt ist ein Nicht-Gemüt, in dem eine Nicht-Bewegung von Gedanken existiert. Ihr Verhalten ist auf dieselbe Weise nicht-willentlich wie ein trockenes Blatt, das im Wind treibt.

Der unwissende Tor, gebunden an die psychologische Konditionierung, rühmt die von den Schriften vorgeschriebenen Handlungen, weil er spirituell nicht erweckt ist. Seine Sinne suchen nach der Beute ihrer Objekte. Der Weise dagegen hält die Sinne zurück und verbleibt im Selbst. Weder gibt es formloses Gold noch Brahman ohne alle Manifestation. Und doch besteht Emanzipation in der Beseitigung der Konzepte von Schöpfung und Manifestation. Am Ende dieses kosmischen Weltzyklus gibt es während der Periode der Auflösung eine einzige vollkommene Finsternis, die die gesamte Schöpfung bedeckt. Auf dieselbe Weise ist in den Augen der Weisen das gesamte Universum eingehüllt von der Wirklichkeit Brahmans. Trotz all der darin enthaltenen Vielfalt und Bewegung ist der Ozean eine homogene Einheit; es gibt nur das eine Brahman, das alle Vielfalt und Bewegung enthält. Es gibt diese Welt innerhalb des Ich-Sinns und den Ich-Sinn innerhalb dieser Schöpfung; sie sind untrennbar. Der Jiva sieht diese Schöpfung in sich selbst, ohne jede Ursache oder Beweggrund. Das Schmuckstück ist Gold. Wird es nicht mehr als Schmuckstück gesehen, hört es auf und das Gold allein bleibt zurück. Die Wissenden leben daher nicht, auch wenn sie lebendig sind, sie sterben nicht, auch wenn sie sterben, sie existieren nicht, auch wenn sie existieren. Ihre Handlungen sind nicht-willentliche Funktionen des Körpers.

VASISHTHA fuhr fort:

In jedem Körper existiert der Jiva wie eine Schneeflocke – scheinbar schwer und groß in schweren und großen Wesen und leicht und fein in kleinen Wesen. Das „Ich“ betritt in seiner Vorstellung die Dreiheit, und da es seiner selbst gewahr ist, hält es sich selbst für einen Körper, obwohl dies irreal ist und nur als real erscheint. In dieser Dreiheit, welche die Hülle von Karma ist, existiert der Jiva, der die eigentliche Essenz des Samentropfens ist, in diesem Körper wie der Duft in einer Blüte. So wie sich die Strahlen der Sonne über die Erde ausbreiten, breitet sich der Jiva, der im Samentropfen und in die Dreiheit eingetreten ist, selbst über den ganzen Körper aus.

Obgleich der Jiva überall außen und innen ist, besitzt er doch ein besonderes Zugehörigkeitsempfinden zu dieser vitalen Energie (Samentropfen), die er deshalb als seine eigene, besondere Heimstatt ansieht. So existiert er dann in den Herzen der Lebewesen – was immer er sich vorstellt, während er in den Wesen existiert, wird zu der Erfahrung, die er erfährt.

Jedoch erlangt er so lange keinen Frieden und hört nicht auf, die falsche Idee von „Ich bin dies" zu hegen, bis er nicht sämtliche Bewegungen der Gedanken im Bewusstsein aufgegeben hat und zum Nicht-Gemüt geworden ist. Daher, oh Rāma, auch wenn du noch Gefühle und Gedanken hast, aber das Ich oder der Ich-Sinn in dir aufhört, wirst du wie Raum sein, und es wird da Frieden geben. Es gibt Weise der Selbsterkenntnis, die in dieser Welt leben und tätig sind als wären sie gemeißelte Skulpturen. Ihre Tätigkeitsorgane funktionieren, doch die Welt ruft in ihrem Bewusstsein nicht die geringste Störung hervor. Wer hier wie Raum lebt (der von jeder in ihm vorgehenden Tätigkeit gänzlich unberührt bleibt), ist von jeder Bindung befreit.

Wer dagegen seine feste Überzeugung von der Existenz der Vielfalt nicht aufgibt, den gibt der Kummer nicht auf. Wer glücklich mit jedem Kleid ist, in das man ihn kleidet, mit jeder Nahrung, mit der er gefüttert wird, und mit jedem Ruheplatz, der ihm angeboten wird, strahlt wie ein Weltenherrscher. Obgleich er ein konditioniertes Leben zu führen scheint, ist er in Wahrheit unkonditioniert, denn innerlich ist er frei und leer. Obschon er tätig zu sein scheint, strebt er nicht, sondern funktioniert wie einer im Tiefschlaf. Da ist wahrhaftig kein Unterschied zwischen dem Unwissenden und dem Weisen (dem Wissenden) mit der Ausnahme, dass der letztere frei vom konditionierten Gemüt ist. Was dem konditionierten Gemüt als die Welt erscheint, wird vom Unkonditionierten als Brahman erachtet.

Was auch immer hier als existierend erscheint, verdirbt und tritt erneut ins Dasein. Du dagegen, oh Rāma, bist das, was weder Geburt noch Tod hat. Sobald die Selbsterkenntnis in dir aufgetaucht ist, verliert diese Welterscheinung ihre Macht, dich zu beeindrucken – so wie aus einem gerösteten Samen keine Pflanze mehr keimen kann. Ein solcher Mensch ruht im Selbst, ob er nun tätig oder untätig ist. Nur derjenige, in dem das Verlangen nach Vergnügen gänzlich aufgehört hat, erfährt höchsten Frieden, nicht aber derjenige, der den Frieden des Gemüts mit anderen Mitteln zu erlangen sucht.

VASISHTHA fuhr fort: VI.2:23

Oh Rāma, erhebe dich, ohne Wunsch oder mentale Voreingenommenheit und frei von mentaler Konditionierung, und gehe wie Manki in Richtung des höchsten Zustands.

Dein Vorfahr Aja hatte mich zu einer religiösen Zeremonie eingeladen. Als ich vom Himmel herabkam, um an dieser Feier teilzunehmen, betrat ich einen heißen, staubigen Urwald. Während ich meinen Weg durch diesen Wald suchte, hörte ich einen Wanderer klagen: „Oh weh! So wie die Sonne alles verbrennt, so bringt die Gesellschaft mit den Gottlosen nichts als Kummer und Sünde hervor. Ich will zu dem Dorf da drüben gehen und mich etwas ausruhen."

Als er sich anschickte, zum nächsten Dorf zu gehen, sprach ich ihn an: „Willkommen, oh Wanderer, der du den richtigen Weg noch nicht gefunden hast! An diesem von Unwissenden bewohnten Ort findest du ebenso wenig ewige Zufriedenheit wie du deinen Durst nicht mit Salzwasser, das ihn nur noch verschlimmert, löschen kannst. Die Unwissenden wandern ziellos umher und wählen die falschen Wege. Sie befassen sich weder mit Selbst-Ergründung noch geben sie ihre ruchlosen Handlungen auf. Sie sind wie Maschinen tätig! Besser als unter unwissenden Menschen zu bleiben ist es, eine Schlange in einer finsteren Höhle, ein Wurm in einem Felsen oder ein lahmes Reh in einer Wüste (Luftspiegelung) zu sein. Ihre Gesellschaft führt zu momentanen Vergnügen, aber zerstört das Selbst; sie ist giftig."

Nachdem ich so gesprochen hatte, sagte der Wanderer: „Hoher Herr, wer bist du? Du strahlst wie ein Herrscher, obwohl du nichts besitzt. Bist du von Nektar trunken? Du bist ohne alles und doch vollkommen erfüllt. Worin besteht deine Gestalt, oh Weiser, die nichts und alles gleichzeitig ist, die übernatürlich zu sein und doch gleichzeitig in der Welt zu ruhen scheint? Du bist ohne Wunsch und Hoffnung und scheinst doch Wünsche und Hoffnungen zu haben. In deinem Bewusstsein tauchen verschiedene Konzepte und Ideen auf, die mit deinem eigenen Wunsch übereinstimmen, und dieses ganze Universum ruht in dir wie der Same in der Frucht. Ich bin Pilger und mein Name ist Manki. Ich bin weit gewandert und möchte heimkehren. Aber ich habe nicht mehr die nötige Kraft für die Heimkehr. Hoher Herr, die Großen pflegen die Freundschaft auf den ersten Blick. Ich bin unfähig diese Weltillusion zu überwinden – bitte erleuchte mich!"

Ich erwiderte: „Oh Pilger, ich bin Vasishtha. Fürchte dich nicht. Denn du hast das Tor zur Freiheit erreicht. Du hast die Gesellschaft des wahren Menschen (der durch Selbst-Ergründung gekennzeichnet ist) gesucht und daher beinahe schon das andere Ufer dieser Welterscheinung erreicht. Daher ist in deinem Gemüt die Leidenschaftslosigkeit erwacht, und da ist Friede. Sobald die Schleier, die die Wahrheit verhüllen, beseitigt werden, leuchtet die Wahrheit von selbst. Bitte sage mir, was du nun wissen willst. Wie gedenkst du, diese Weltillusion zu zerstören?"

VI.2:24 MANKI sprach:

Hoher Herr, ich habe in den zehn Himmelsrichtungen nach jemandem gesucht, der meine Zweifel beseitigen kann, aber bis jetzt habe ich niemanden gefunden. Heute habe ich durch deine Gesellschaft die höchste Segnung erlangt, wie sie nur den Glücklichsten unter den Wesen zuteil werden kann.

In dieser Welt treten alle Dinge ins Dasein und gehen zugrunde, weshalb es die wiederholte Erfahrung des Kummers gibt. Alle Vergnügen der Welt enden unweigerlich im Kummer. Ich erachte daher den Kummer als etwas, was dem Vergnügen, welches zum Kummer führt, vorzuziehen ist. Weil mein Gemüt den wiederholten Erfahrungen von Vergnügen und Schmerz unterworfen ist, ist es voll verdrehter Ideen und reflektiert nicht das innere Licht der erwachten Intelligenz. Gebunden an die latenten Tendenzen, die in diesem unwissenden Leben geboren werden, führt das Gemüt mich nur in Richtung sündhaften Daseins und schlechter Handlungen. Auf diese Weise habe ich meine Tage verschwendet. Dieses Verlangen nach Vergnügen erfährt niemals Befriedigung, wird niemals erfüllt und gelangt niemals an ein endgültiges Ende, obwohl all sein Trachten und Sehnen stets im Misserfolg endet. Im Herbst vertrocknen die Blätter und fallen ab. Der Wunsch nach Vergnügen jedoch fällt nicht ab – auch nicht die Furchtsamkeit, die im Herzen wohnt und mir schreckliches Unglück bringt. Sogar derjenige, der offenbar gesegnet ist und sich des Wohlstands erfreut, wird zu einem

Häufchen Elend reduziert; denn Wohlstand ist oft nichts anderes als ein Köder, der den Unachtsamen in die Grube des Kummers stürzen lässt.

Da mein Herz dermaßen von sündhaften Neigungen und Ruhelosigkeit befleckt ist, nehmen die Weisen, die in mir nichts als das Interesse an Sinnesgenuss erblicken, keine Notiz von mir. Und immer noch setzt mein Gemüt seinen zerstörerischen Kurs fort, da der Tod es noch nicht überwältigt hat. Die Finsternis meiner Unwissenheit, in der der Ich-Sinn gedeiht, wurde noch nicht vom Mondlicht des Studiums der Schriften und der Gemeinschaft mit erleuchteten Wesen vertrieben. Der Elefant der Unwissenheit in mir ist noch nicht dem Löwen der Erkenntnis begegnet. Das Stroh meines Karma ist noch nicht vom Feuer seiner Vernichtung erfasst worden. Die Sonne der Selbstergründung, die die Dunkelheit der mentalen Konditionierung vertreibt, ist noch nicht in mir aufgegangen.

Oh Weiser, was ich intellektuell als nicht existierend erkannt habe, erscheint vor meinen Augen immer noch als reale Wesenheit oder Substanz. Meine Sinne vertilgen mich. Sogar die Kenntnis der Schriften scheint einen weiteren Schleier in mir auszubreiten, anstatt mir zu helfen, die bestehenden Schleier zu vernichten.

So bin ich also von Unwissenheit und Verwirrung belagert. Hoher Herr, bitte sage mir, worin für mich das wahrhaft Gute besteht.

VASISHTHA fuhr fort: VI.2:25

Erfahren, Denken (Ideen haben), mentale Konditionierung und Einbildung sind sinnlos und führen nur zu psychologischer Verwirrung. Sämtliche Sorgen und Missgeschicke des Lebens wurzeln und sind in der Sinneserfahrung und dem Denken. Der Weg dieses Lebens oder Samsara ist verschlungen und qualvoll für jemanden, der von psychologischer Konditionierung oder latenten Neigungen beherrscht wird. Im Falle des Erwachten jedoch hört dieser Samsara gleichzeitig mit dem Ende seiner mentalen Konditionierung auf.

Es gibt nichts anderes als das reine Bewusstsein, wie es auch nichts anderes als reine Leerheit im Raum gibt. Dass es einen anderen Erfahrenden als dieses reine Bewusstsein geben soll, ist Unwissenheit, deren Expansion zu diesem Samsara (Welterscheinung) wird. Was in Abwesenheit der Beobachtung erscheint, verschwindet, sobald das Licht der Beobachtung darauf gerichtet wird. So verschwindet auch dieses fiktive erfahrende Selbst, welches nur die Reflexion des wahren Selbst ist, sobald seine wahre Natur ergründet wird.

Die durch das objektive Bewusstsein hervorgerufene Getrenntheit hört auf, sobald die Unteilbarkeit des Bewusstseins erkannt wird. Es gibt keine Tontöpfe unabhängig vom Ton, da sie nur Modifikationen von Ton sind. Objekte sind Bewusstsein – sie unterscheiden sich nicht vom Bewusstsein als „Objekte des Bewusstseins". Was durch Erkenntnis gekannt wird, ist nicht verschieden von dieser Erkenntnis – das Unbekannte wird nicht gekannt! Bewusstsein ist der gemeinsame Faktor im Subjekt, im Prädikat (kennen) und dem Objekt – folglich gibt es da nichts anderes als Erkenntnis oder Bewusstsein. Wäre es anders, dann könnte es kein Erfassen (d.h. von zwei völlig verschiedenen Substanzen) geben. So sind sogar Holz und Stein von der essenziellen Natur des Bewusstseins, sonst könnten sie nicht wahrgenommen werden. Was auch immer in dieser Welt ist, ist reines Bewusstsein. Obgleich Objekte wie Holz und Wachs unterschiedlich zu sein scheinen, sind sie vom Blickwinkel des Beobachters aus nicht verschieden, denn es ist der gleiche Beobachter, der beide beobachtet, und der Beobachter ist Bewusstsein.

Der Ich-Sinn, der die Vielfalt wahrnimmt, ist der Schöpfer der Getrenntheit. Der Ich-Sinn bedeutet Bindung, sein Aufhören bedeutet Befreiung. Alles ist so einfach. Worin besteht die Schwierigkeit? Diese Getrenntheit ist so „aufgetaucht“ wie der doppelte Mond des Fehlsichtigen. Wie kann man in diesem Fall sagen, sie sei „aufgetaucht“? Es ist einfach falsch. Bewusstsein und Leblosigkeit können in keiner Beziehung zueinander stehen. Bewusstsein kann nicht zu Unbewusstsein werden. Es ist Bewusstsein allein, das irgendwie glaubt, es sei leblos. Anschließend hüpfen all diese Begrenztheiten in die Materialität hinein wie ein Stein, der vom Berggipfel herunterrollt.

VI.2:26 VASISHTHA fuhr fort:

Wer auf diese Illusion der Welterscheinung hereinfällt, wird unverzüglich die Beute zahlloser weiterer Illusionen, die der ursprünglichen Illusion entspringen, wie Insekten nach einem Regen. Das Gemüt ist wie ein Wald im Frühling. So voll ist es aufgrund der vielen Ideen und Konzepte, dass in ihm dichte Finsternis herrscht. Aufgrund der Selbstbegrenzung oder Unwissenheit werden die Menschen zahllosen Erfahrungen von Vergnügen und Schmerz in dieser Welt unterzogen.

Zwischen dem Weisen und dem Mond gibt es keinen Unterschied – beide strahlen Freude aus. Sie sind friedlich, kühl und still, voll von unsterblich machendem Nektar und helfen zu sehen. Es gibt keinen Unterschied zwischen dem Unwissenden und dem Kind – beide werden in ihrem Leben von Launen und Grillen umhergetrieben und bedenken nicht, was war oder sein wird; rechtes Betragen kennen sie nicht.

Niemand, vom Schöpfer bis hin zum kleinsten Insekt, kann höchsten Frieden erlangen, solange er nicht die vollkommene Beherrschung des Gemüts erlangt. Durch bloße Ergründung der Natur der Bindung hört diese auf zu sein; so wie die Hindernisse auf dem Weg denjenigen nicht behindern, der ihrer gewahr ist. Gespenster verfolgen denjenigen nicht, der umsichtig und wach ist. Sobald du die Augen schließt, ist die Sicht auf die Welt ausgelöscht. Entfernst du die Idee der Welt aus deinem Bewusstsein, dann existiert allein das reine Bewusstsein. Dieses reine Bewusstsein existiert auch jetzt als einziges, denn die Welt ist nur eine unwirkliche Erscheinung, die aufgrund einer kleinen Erregung im Bewusstsein entstanden ist. Sie ist sozusagen die Schöpfung des kosmischen Gemüts. Dieses kosmische Gemüt hat lediglich die Idee einer solchen Schöpfung, denn es verfügt nicht über die materiellen Substanzen, die für eine materielle Schöpfung nötig wären! Die Welt ist ein Gemälde auf der Brahman-Leinwand – ohne Farben gemalt und ohne Pinsel. Wie kann man dann sagen, dass diese Welt tatsächlich erschaffen worden sei – von wem, wie, wann und wo?!

Die Idee „Ich bin glücklich“ schafft die Erfahrung von Glücklichsein und die Idee „Ich bin unglücklich" schafft die Erfahrung von Unglücklichsein. Alle diese Ideen sind nur reines Bewusstsein. Da sie nur Ideen sind, sind sie falsch. Weil das Selbst oder das unendliche Bewusstsein unbegrenzt und unkonditioniert ist, gibt es darin keinerlei Bewegung oder Erregung. Es gibt keine Wünsche oder Anhaftungen (Abhängigkeiten) und daher auch keine Ruhelosigkeit oder Bewegung im Selbst. Abhängigkeit allein ist Bindung – Nicht-Abhängigkeit bedeutet Freiheit oder Emanzipation. Wer in dem ruht, was mit den Worten „Alles", „Unendliches" oder „Fülle" bezeichnet wird, wünscht sich nichts mehr. Was sollte der weise Mensch noch für sich wünschen, wenn doch der physische Körper so unwirklich ist wie der Körper in einem Traum?

Im spirituell erwachten und erleuchteten Zustand ruht der Weise im Selbst – alle seine Wünsche sind erfüllt. Oh Rāma, Manki vernahm all dies und versank, seine Täuschung aufgebend, in tiefer Meditation. Er führte von da an spontane, den Umständen entsprechende Tätigkeiten aus (pravāhapatitam kāryam: unvermeidbare Tätigkeiten; wörtlich: Die Tätigkeit desjenigen, der in einen Fluss gefallen ist).

VASISHTHA fuhr fort: VI.2:

Im Selbst gibt es Einheit und Vielfalt, doch nicht Einheit und Vielfalt, die gegensätzlich sind. Wie kann man darin Vielfalt geltend machen? Das eine Selbst existiert – subtil und allgegenwärtig wie der Raum. Es ist ungeteilt durch Geburt und Tod der Körper. „Ich bin der Körper" ist Täuschung – nicht die Wahrheit. Du bist das reine Selbst oder ungeteiltes Bewusstsein. Das Subjekt (der Beobachter), das Objekt (das Beobachtete) und das Prädikat (die Beobachtung) sind nichts als Modifikationen des Gemüts. Die Wahrheit oder das Selbst wird durch diese Teilung nicht geteilt und ist daher jenseits der Kontemplation (dhyāna). All dies hier ist das eine, ungeteilte Brahman – ein Ding wie die Welt gibt es nicht. Wie kann Illusion überhaupt entstehen oder existieren? Durch meine Unterweisung wurde das verblendete Empfinden, es gäbe da eine Welt (entweder als Realität oder Illusion) zerstreut. Nun gibt es für dich keinen Grund mehr, unter Bindung zu leiden. Sei im Glück und Unglück frei und lebe ohne Ich-Sinn und ohne Wünsche. 27,28

RĀMA sprach:

Ich möchte von dir noch einmal die Wahrheit über Karma hören oder das, was der göttliche Wille (Schicksal) genannt wird.

VASISHTHA erwiderte:

Göttlicher Wille (Schicksal, daivam) und Karma sind nur Konzepte, und die Wahrheit ist, dass sie Bewegungen im Bewusstsein sind. Sobald es eine solche Bewegung gibt, taucht die Welterscheinung auf; hört die Bewegung auf, hört ebenfalls die Welterscheinung auf. Es gibt da nicht den geringsten Unterschied zwischen einer Person und ihrem Karma (Handlung). Ein Wesen wird durch seine charakteristischen Tätigkeiten gekannt, die seinen Charakter zeigen – beide sind untrennbar. Und so sind Worte oder Konzepte wie „göttlich" (daiva), „Handlung" (Karma) und „Person" (nara) nichts als Ausdrücke, die Bewegungen innerhalb des Bewusstseins bezeichnen.

Diese Bewegung im Bewusstsein dient zusammen mit der Selbstbegrenzung im Bewusstsein als der Same für alles; aber es gibt gleichzeitig keine Ursache oder Samen für die Bewegung im Bewusstsein. Es gibt keine Getrenntheit zwischen dem Samen und dem Keimling, und daher ist all dies (Körper usw.) nichts als Bewegung im Bewusstsein. Diese Bewegung ist offensichtlich allmächtig und folglich in der Lage, Götter, Dämonen und andere Wesen, bewegte wie unbewegte, fühlende und nicht-fühlende, zu manifestieren. Diejenigen, die behaupten, dass eine Person und ihre Handlungen (Karma) unterschiedlich und getrennt seien, sind Tiere in menschlicher Verkleidung – wir grüßen sie!

Der Same, der als die Welt sprießt, besteht in der Selbstbegrenzung oder Konditionierung im Bewusstsein. Verbrenne diesen Samen durch Nicht-Anhaftung oder Freiheit. Nicht-willentliche Handlungen (Nicht-Handeln im Handeln) nennt man Nicht-Anhaftung oder Freiheit. Die Entwurzelung der Konditionierung (Vasana) nennt man ebenfalls Nicht-Anhaftung oder Freiheit. Strebe mit allen Mitteln nach der Erlangung dieser Freiheit. Das Mittel, mit dem du den Samen der Vasanas zerstören kannst, ist das Beste. Hierbei ist nur die Eigenbemühung und nichts anderes von Nutzen.

VI.2:29 VASISHTHA fuhr fort:

Oh Rāma, betrachte alle Handlungen zu jeder Zeit als reines Bewusstsein und lebe mit nach innen gerichteter Sicht. In Kummer und Unglück, in schrecklichem Elend und Schmerz bleibe in dir selbst frei vom Kummer. Verhalte dich dabei jedoch so, als würdest du trauern, so wie es der Etikette und der Schicklichkeit deiner gesellschaftlichen Umgebung entspricht. Vergieße Tränen, klage, als ob du Vergnügen und Schmerz erfährst. Wenn du dich der Gesellschaft deiner Gattin erfreust und an Festlichkeiten usw. teilnimmst, zeige Freude und Vergnügen, als wärest du der mentalen Konditionierung unterworfen. Führe die Begräbnisriten aus, und sogar in der Kriegsführung benimm dich wie ein unwissender Mensch. Erwirb Wohlstand und vernichte deine Feinde, wie auch die unwissenden Menschen mit begrenztem Verständnis es tun. Sei mitfühlend gegenüber den Leidenden. Verehre die Heiligen. Genieße dein Glücklichsein. Trauere im Kummer. Sei ein Held unter Helden. Mit deinem nach innen gerichteten Blick bade in der Seligkeit des Selbst, und mit Herz und Gemüt im Frieden – tue nicht, was du tust.

Wenn du auf diese Weise im Selbst ruhst, kann die schärfste Waffe dich (die Selbsterkenntnis) nicht verletzen. Diese Selbsterkenntnis wird weder von Waffen verletzt noch vom Feuer verbrannt, weder vom Regen genässt noch vom Wind getrocknet. Klammere dich an die Säule der Selbsterkenntnis und kenne das Selbst als frei von Alter und Tod. Wenn du, obgleich äußerlich tätig, so in der Selbsterkenntnis verwurzelt bist, wirst du nicht wieder in den Fehler der Selbstbegrenzung (Vasana) verfallen. Führe ein aktives Leben, während du innerlich wie im Tiefschlaf verbleibst.

Gib alle Ideen von Getrenntheit auf. Ruhe in der Selbsterkenntnis mit einem Gewahrsein, das sich nur wenig nach außen erstreckt. Auf diese Weise wirst du gänzlich in der Ruhe leben, als ob du in deinem Innern im Tiefschlaf bist, ob du nun äußerlich tätig bist oder nicht, oder ob du etwas festhältst oder loslässt. Dann wirst du völlig frei von aller Disharmonie sein, weil du den Nicht-Unterschied zwischen Wachen und Tiefschlaf realisiert hast. Dann wirst du durch die Praxis des Selbst-Gewahrseins, welches anfangslos und endlos ist, nach und nach diesen höchsten Zustand des Bewusstseins erlangen, in dem keinerlei Dualität existiert und der jenseits aller Materialität ist. Es gibt darin weder Einheit noch Verschiedenheit – aber den höchsten Frieden.

RĀMA fragte:

Wenn dies die Wahrheit des Ich-Sinns ist, oh Weiser, wie erscheinst du dann hier mit dem Namen Vasishtha? (Als Rāma dies fragte, wurde Vasishtha völlig still. Die Teilnehmer der Versammlung begannen, sich Sorgen zu machen. Als er dies bemerkte, fragte Rāma erneut:) Warum schweigst du, oh Weiser? In dieser ganzen Welt gibt es nichts, was ein heiliger Weiser nicht beantworten kann.

VASISHTHA erwiderte:

Ich schweige nicht, weil ich deine Frage nicht beantworten kann, sondern weil Schweigen die einzige Antwort auf deine Frage ist.

VASISHTHA fuhr fort:

Es gibt zwei Arten von Fragestellern, nämlich den erleuchteten und den unwissenden. Man sollte die Fragen des Unwissenden vom Standpunkt des Unwissenden und die Fragen des Weisen vom Standpunkt des Weisen aus beantworten. Bis jetzt warst du unwissend und hast daher lediglich intellektuelle Antworten verdient. Nun, da du die Wahrheit kennst und im höchsten Zustand ruhst, sind intellektuelle und logische Antworten nicht länger für dich. Oh Rāma, alle verbalen Aussagen (seien sie nun ausführlich oder knapp, ihr Sinn subtil oder transzendental) sind durch Logik, Dualität und Getrenntheit begrenzt.

Solche mit Makeln behaftete Aussagen sind deiner nicht würdig, mein Teurer. Worte können keine reine und makellose Aussage geben. Jemandem wie dir sollte man nur die reinste Wahrheit übermitteln, und die reinste Wahrheit wird allein durch vollkommenes Schweigen zum Ausdruck gebracht. Dieses Schweigen, das frei von rationalem Argumentieren und mentaler Tätigkeit ist, ist der höchste Zustand. Deshalb war es die einzig gültige Antwort auf die Frage eines Weisen wie dir. Noch einmal: Jede Form des Ausdrucks ist der Ausdruck der Natur desjenigen, der sie ausdrückt. Ich verharre fest im reinen, nondualen und unteilbaren Bewusstsein, das der höchste Zustand ist. Wie kann ich versuchen, das Unausdrückbare auszudrücken? Daher habe ich nicht versucht, das Unendliche auf Worte zu reduzieren, die der mentalen Aktivität entspringen.

RĀMA sprach:

Ich erkenne, dass alle Ausdrücke mit dem Makel der Dualität und Begrenztheit befleckt sind. Indem ich dies berücksichtige und in Betracht ziehe, erlaube mir zu fragen: Wer bist du?

VASISHTHA erwiderte:

Ich bin das reine sphärengleiche Bewusstsein, frei von aller objektiven Erfahrung und jenseits aller mentalen Aktivität und aller Gedanken. Ich bin das reine und unendliche Bewusstsein. Dasselbe bist du. Und auch diese ganze Welt ist es. Alles ist nur reines, unteilbares Bewusstsein. Ich bin reines Bewusstsein und nichts als das. Da es nichts anderes gibt, kann ich es nicht beschreiben. Wenn man versucht, das eigene Selbst zu beschreiben, dann erhebt sich der Ich-Sinn und alles andere damit, sogar dann, wenn man die totale Freiheit erreichen will. Man nennt das den höchsten Zustand, in dem der Lebende sich verhält wie ein Toter.

Für den Ich-Sinn ist es absurd, diese Art von Freiheit zu suchen, da er die Wahrheit niemals verstehen könnte. Das unendliche Bewusstsein hat gewiss kein Bedürfnis, das unendliche Bewusstsein zu realisieren! Das Ganze ist wie beim Blindgeborenen, der versucht, ein Gemälde zu sehen. Nirvana (Emanzipation oder Freiheit) ist, wenn man fest wie ein Fels steht, ob da nun Erregtheit oder Bewegung im Bewusstsein ist oder nicht. Ein solcher sieht kein „anderes". Er ist frei von allem Wunsch und Verlangen. In ihm gibt es kein „ich", „du" oder „anderes". Er ist allein („All–eins").

VASISHTHA fuhr fort:

Das Gewahrsein des unendlichen Bewusstseins seiner selbst ist das Gemüt. Dieses ist Samsara und Bindung, was zu psychischem Leiden führt. Wenn das unendliche Bewusstsein verbleibt, als wäre es seiner selbst nicht gewahr, ist dies moksha oder Befreiung. Gemüt, Intellekt usw. sind nur Modifikationen des reinen Bewusstseins, denn sie sind bloß Worte. Tatsächlich existiert allein das reine, ungeteilte Bewusstsein. Wenn das reine Bewusstsein als einziges existiert und alles innerhalb und außerhalb durchdringt – wie kann dann die Idee von Getrenntheit auftauchen, und wo?

Gibt es einen Unterschied zwischen reinem Bewusstsein und der äußersten Leerheit? Auch falls es einen gibt, so ist es unmöglich, ihn in Worte fassen. Ich bin der reine (Raum des) Bewusstseins, sobald die Idee der Selbstbegrenzung (mentale Konditionierung) aufhört. Da diese Begrenzung jedoch nur eine Idee ist, kann sie das Unendliche nicht begrenzen. Sobald man dieses Verstehen entwickelt hat, obwohl es immer noch ein Selbstgewahrsein gibt, hört sogar dieses auf, denn zwischen dem Beobachter und dem Beobachteten gibt es keinerlei Getrenntheit. Es ist, als ob Leerheit die ultimative Wahrheit ist!

Die Unwissenheit weist auf die verborgene Weisheit hin. Weisheit schließlich zerstört diese Unwissenheit und kommt selbst ebenfalls zur Ruhe. Dies ist der höchste Zustand. Der weise Muni (einer, der innerlich schweigt) wird ein mānava (Mensch) durch Selbsterkenntnis (oder der Mensch wird zum Muni). Unwissend wird der Unwissende zu Tieren und Bäumen. „Ich bin Brahman" und „Dies ist die Welt" sind aus der Täuschung entstandene Ideen. Bei Untersuchung oder Ergründung werden sie nicht mehr gesehen. Sobald das Licht auf die Suche nach der Dunkelheit geht, verschwindet die Dunkelheit. Der friedvolle Mensch mit richtigem Verständnis besitzt alle Sinne, ist jedoch nicht länger ihren Erfahrungen unterworfen, da er nicht mehr von falschen Ideen beherrscht wird. Er lebt wie im Tiefschlaf.

So wie alle Träume im Tiefschlaf enden, so endet der Tiefschlaf im samādhi; sämtliche

Objekte der Wahrnehmung enden in der Erkenntnis, und alles wird als das eine Selbst gesehen. Wer zu sehen vermag, dass all diese Objekte nur im konditionierten Zustand des Gemütes erfahren werden, realisiert schlagartig die Unkonditioniertheit des Selbst. Da es im Unkonditionierten weder das Tun noch das Genießen gibt, existieren in Wahrheit weder Sorge noch Vergnügen, weder Tugend noch Sünde noch ein Mangel für irgendjemanden. All dies ist reine Leerheit. Sogar die Ideen von „Ich" und „Mein" sind leer. Alle Erscheinung ist Illusion und existiert nicht in unserm Innern. Wer dies zu sehen vermag, befasst sich nur noch mit nichtwillentlicher Handlung oder verbleibt in völligem Schweigen (kaṣhtha mauna oder das Schweigen eines Holzklotzes). Er ist Brahman. Für das verkörperte Wesen gibt es bezüglich der Erlangung des höchsten Friedens keinen anderen Weg.

VASISHTHA fuhr fort: VI.2:30

Die Idee des „ich" ist nichts als äußerste Unwissenheit, die den Pfad zu nirvana oder Befreiung blockiert. Und doch versucht der törichte Mensch mit dieser Finsternis der Unwissenheit das Licht der Wahrheit zu finden! Die Erforschung des Ich-Sinns enthüllt seine Begrenztheit und konditionierte Natur oder seine totale Abwesenheit. Gefunden wird er nur im Unwissenden, nicht im Wissenden. Der Wissende andererseits existiert im verkörperten oder entkörperten Zustand ohne die geringste Furcht und Sorge, denn er hat die Idee des Egos völlig hinter sich gelassen. In einer auf Leinwand gemalten Schlacht entsteht keinerlei Furcht vor Zerstörung – auch den in innerer Gelassenheit gefestigten Wissenden berühren die Handlungen nicht. Im Falle des befreiten Weisen ist sogar die Manifestation von konditioniertem Verhalten nur scheinbar, nicht real. Wie ein Seil seine Form beibehält, obwohl es komplett zu Asche verbrannt ist, so handelt es sich bei der Persönlichkeit des befreiten Weisen in Wirklichkeit um eine Nicht-Persönlichkeit; sein Gemüt ist ein Nicht-Gemüt und seine Konditioniertheit ist wirklich von unkonditionierter Art. Er ist Brahman und nichts anderes. Wer im totalen Frieden ruht, auch wenn er im Außen scheinbar mit verschiedenen Handlungen befasst ist, ist auf ewig ein Befreiter.

Die Elefanten und Streitwagen, die am Himmel zu fliegen scheinen, sind nichts als Formationen aus Wolken. Die Welten, die hier zu existieren scheinen, sind in Wahrheit nichts als das höchste Selbst oder Brahman. Die Ursache des Kummers besteht darin, dass man das Irreale als real ansieht, was aus falschem oder verblendetem Verstehen der Realität entsteht. So wie ein im Kreis umhergewirbelter Feuerbrand illusorische Formen in den Raum zeichnet und dessen einzige Realität die Flamme am Ende des Stockes ist, so sind alle diese vielen Formen nichts anderes als die real wirkende Erscheinungsform des einen, unteilbaren Brahman oder unendlichen Bewusstseins. Lass all dieses (den Beginn und das Ende, das Aufsteigen und Niederfallen, den Raum und die Zeit) so lange existieren, wie es will. Man soll im inneren Frieden ruhen.

Das leblose Wasser vermag ein Schiff zu tragen, das eine Ladung über das Wasser befördert und auf diese Weise das durch es selbst (das Wasser) entstandene Hindernis überwindet.

Auf dieselbe Weise befähigt diese leblose Welt einen Menschen dazu, die Welterscheinung zu überwinden. Was durch Gedanken erschaffen worden ist, kann auch durch Gedanken zerstört werden. Erlange daher durch Erkenntnis dessen, was weder „ich" noch „anderes" ist, die Furchtlosigkeit. Nichts von dem, was man „ich" nennt, wird bei der Untersuchung von Körper, Gemüt usw. gefunden. Gib Vergnügen auf, befasse dich mit der Ergründung und sei der Eigenbemühung ergeben.

VI.2:31 VASISHTHA fuhr fort:

Das unendliche Bewusstsein reflektiert sich selbst als das unendliche und unkonditionierte Bewusstsein in allem –und das allein wird in Wahrheit in allem erfahren. Wenn jedoch die Idee eines Objekts auftaucht und durch Wiederholung bekräftigt wird, manifestiert sich dieses Bewusstsein als das Objekt – wie Traumobjekte, welche, obwohl in einem selbst, in diesem Traum Objekte zu sein scheinen. Wenn ein Traumobjekt verdirbt, geht nichts verloren – wenn „die Welt" oder das „ich" verdirbt, ist ebenfalls nichts verloren. Wer würde denn eine Halluzination rühmen oder verurteilen? Was bleibt, ist die Wahrheit. Verbleibe fest darin verankert.

Diese Welterscheinung ist nur eine Idee, die durch Ergründung gänzlich aufgelöst wird. Was verbleibt, ist Brahman. Die Realität dieser Welt zu bekräftigen, ist wie den Worten des Sohnes einer unfruchtbaren Frau zu vertrauen. Die individuelle Persönlichkeit ist Vasana oder mentale Konditionierung, die beim Nachforschen verschwindet. Aber im Zustand der Unwissenheit, wenn man nicht forscht, taucht die Welterscheinung wieder auf.

Der Körper ist das Ergebnis der Vermischung und Verbindung der fünf Elemente, er ist selbst leblos. Sogar das Gemüt, der Intellekt und der Ich-Sinn bestehen aus denselben Elementen. Sobald man fähig ist, die träge Materialität des Gemüts, des Intellekts und des Ich-Sinns aufzugeben, erlangt man das reine, unkonditionierte Sein. Dies ist Befreiung.

Das „Objekt" entsteht im „Subjekt", verfügt aber über keine unabhängige Existenz. Folglich ist sogar „der konditionierte Zustand oder Sein" nichts als eine Idee – sie ist irreal. Daher verschwindet sie auch, sobald man sie untersucht. Das Beste ist, die Idee zurückzuweisen und sie am erneuten Auftauchen zu hindern, indem man nie wieder an sie denkt. Weder gibt es da das Subjekt (Seher) noch den Erfahrenden, weder das Reale noch das Irreale. Nur höchster Friede existiert. Wer in diesem Frieden verankert ist, ist frei von Zuneigungen und Abneigungen, auch wenn er handelt. Vielleicht ist er auch nicht mit Tätigkeiten befasst. Wenn das Gemüt befreit ist von allen Ideen, die das unkonditionierte Bewusstsein begrenzen – wie kann der Weise in dualistischer Weise handeln? Frei von Liebe, Hass und Furcht existiert er als das unbewegte Selbst, fest verankert im höchsten Frieden.

Die Idee des „Objekts", die im „Subjekt" auftaucht, wird vom letzteren als getrennt von ihm selbst erfahren. Tatsächlich sind beide (wie der Träumer und die wache Person) untrennbar eins wie Milch in zwei verschiedenen Tassen. Das höchste Selbst ist frei von allen Ideen. Ideen lassen Objekte entstehen, und wenn die Ideen aufgegeben werden, hören auch die Objekte auf zu sein.

VASISHTHA fuhr fort: VI.2:32

Sobald es im unendlichen Bewusstsein eine Bewegung gibt, entstehen die Ideen von „ich“ und „die Welt“. Sie sind harmlos, solange man erkennt, dass sie faktisch untrennbar vom Selbst oder dem unendlichen Bewusstsein sind. Werden sie jedoch für wirklich gehalten und die Welt wird als real angesehen, dann ist großes Unglück die Folge.

Sogar diese Bewegung im Unkonditionierten ist kein realer Vorgang. Wenn schon sie irreal ist, wie viel mehr müssen es dann die aufgrund dieser Bewegung auftauchenden Ideen sein! Sie besitzen nicht mehr Wahrheit als der Tanz des Sohnes einer unfruchtbaren Frau. Bewegung dieser Art taucht in der Unwissenheit auf – sie ist selbst Unwissenheit. Im Licht des rechten Verstehens hört sie auf.

Auf dieselbe Weise taucht der Ich-Sinn auf, sobald er in der Vorstellung konzipiert wird. Wird dieses Konzept zurückgewiesen, dann hört der Ich-Sinn auf. Genannt wird dies dhyana (Meditation) und Samadhi (überbewusster Zustand). Es ist das unkonditionierte Bewusstsein. Bitte falle nicht in das Netz der Dualität und Nondualität usw.! All diese Kontroversen und Polemiken bewirken Schwierigkeiten und Verzweiflung. Sobald einer das Unreale oder Nicht-Dauerhafte erstrebt, entsteht der Kummer. Wenn die Konditionierung des Bewusstseins wegfällt, gibt es kein Leid, wie es auch im Tiefschlaf kein Leid gibt. Das Bewusstsein, welches die Konditionierung aufgibt, realisiert seine unkonditionierte Natur. Das ist Befreiung.

Mit Hilfe meiner Anweisungen wird dein Verständnis fest und unerschütterlich werden, sobald du zu erkennen vermagst, dass das „Ich“ nicht existiert. Die Welt und das „Ich“ existieren nur als Ideen, weder als Tatsachen noch als Realität. Sie hören auf, sobald man ergründet: „Wer bin ich?“ und „Wie ist diese Welt entstanden?“ Die Realisierung der Nicht-Existenz des „Ich“ ist nirvana oder Befreiung. Das Licht dieser Erkenntnis vertreibt die Finsternis der Unwissenheit. Daher sollte man bis ans Ende des Lebens ergründen: „Wer bin ich?“ – „Wie konnte diese Welt entstehen?“ – Was ist der Jiva oder die individuelle Persönlichkeit?“ und „Was ist das Leben?“ wie es von den Wissenden gelehrt wird. Wenn du dich der Gemeinschaft der Wissenden anvertraust, wird das Licht ihrer Selbsterkenntnis die Finsternis der Unwissenheit mitsamt ihrem Gefolge einschließlich des Ich-Sinns vertreiben. Bleibe daher in ihrer Gesellschaft.

Suche Zuflucht zu diesen Wissenden in der Abgeschiedenheit, nicht in der Öffentlichkeit. Denn dein Verständnis kann gehemmt oder verwirrt werden, wenn verschiedene Leute ihre verschiedenen Standpunkte zum Ausdruck bringen. Der weise Mensch soll sich dem Wissenden privat nähern, die Wahrheit hören und diese Wahrheit kontemplieren. Diese Kontemplation wird die Wolken des konzeptionellen Denkens und der Ideen, die einen Schatten auf das Bewusstsein werfen, zerstreuen.

VASISHTHA fuhr fort: VI.2:33

Sobald jemand durch Eigenbemühung und in der Gemeinschaft mit Heiligen Weisheit erlangt hat, hört die Ausbreitung dieser Welterscheinung in seinem Bewusstsein auf. Ideen tauchen im Bewusstsein auf, und wenn ihnen eine konträre Idee entgegengehalten wird, werden die ersteren einer radikalen Verwandlung unterzogen. Befreiung besteht in der totalen Aufgabe sämtlicher Konzepte und Ideen. Möglich wird diese totale Aufgabe, indem man aufhört, Vergnügen zu erstreben. Nach und nach hören Vorstellungen und Ideen auf zu erscheinen und sich zu verbreiten, wenn man sich entschlossen hat, in seinem Gemüt Worte nicht mehr mit Bedeutungen zu verknüpfen – seien diese Worte nun von anderen geäußert worden oder im eigenen Verstand aufgetaucht.

Die Aufgabe des Ich-Sinns bedeutet das Aufhören der Unwissenheit – darin und in nichts anderem besteht die Befreiung. Ob diese Welt nun existiert oder nicht existiert, ihre Wahrnehmung oder Anerkennung durch das Gemüt führt zu Kummer. Ihre Nicht-Wahrnehmung dagegen bedeutet Seligkeit. Für alle verkörperten Wesen gibt es zwei Arten von Krankheit: Die erste bezieht sich auf diese Welt und die zweite auf die nächste Welt. Für die in dieser Welt auftretenden Krankheiten suchen die unwissenden Menschen noch vor dem Ende ihres Lebens Abhilfe zu schaffen. Für die Probleme im Leben danach jedoch existieren keine Heilmittel, und daher ist das Vertrauen darauf gänzlich nutzlos. Wer nicht in dieser Welt Abhilfe für diese schreckenerregende Krankheit namens Unwissenheit gefunden hat, kann sie auch nicht finden, nachdem er diese Welt verlassen hat. Verschwende daher nicht deine Zeit damit, nichtige Abhilfen für die mit deinem Leben in dieser Welt verknüpften Probleme zu finden. Werde deine mit dem nächsten Leben verbundenen Probleme durch Selbsterkenntnis los. Keine Zeit ist zu verlieren, denn das Leben schwindet mit jedem Augenblick dahin.

Du wirst keine Abhilfe für deine Probleme finden, wenn du dich nicht aus dem Sumpf des Vergnügens emporhebst. Der Dummkopf, der sich im Vergnügen wälzt, lädt Trauer und Missgeschick ein. So wie sich die Kraft der Männlichkeit bereits in den Taten der Kindheit manifestiert, so beginnt die Fülle der Vollkommenheit (nirvana) mit der Stärke der Selbstdisziplin oder der Aufgabe des Strebens nach Vergnügen. Der Lebensatem des Wissenden fließt harmonisch dahin, während der Lebensatem des Unwissenden voller Wirbel ist.

Die Universen tauchen im unendlichen Bewusstsein wie Blasen auf der Oberfläche des Ozeans auf. Und doch sind sie nicht verschieden vom unkonditionierten Sein. Brahman ist jenseits aller Beschreibung und hat nicht einmal eine „Natur“, die wahrgenommen werden kann. Daher wäre es unweise zu behaupten, dass die Manifestation der Universen seiner Natur entspringt! Schöpfung, Welt, Bewegung im Bewusstsein usw. sind bloße Worte ohne Substanz. Wenn solche Ideen aufgegeben werden, hören „Welt“ und „ich“ auf zu sein, und Bewusstsein allein existiert – rein und unbewegt. Dieses unkonditionierte Bewusstsein allein ist – nichts anderes sonst; nicht einmal die hier gesehene Natur der verschiedenen Objekte. Alle diese Ideen (betreffend die Natur der verschiedenen Objekte) sind Sprösslinge der Verblendung.

VI.2:34 VASISHTHA fuhr fort:

Was durch Glück oder Unglück im Leben vernichtet wird, ist vernichtet; aber was nicht vernichtet wird, ist nicht vernichtet. Dies ist die Essenz der Unterweisung der Schriften. Wer Wünsche hat, unterzieht sich erfreulichen und unerfreulichen Erfahrungen. Wer dagegen von der Qual solcher Erfahrungen frei werden will, muss als einziges die Wünsche loswerden.

Es gibt keine Illusion im höchsten Selbst, dass das „ich" und „die Welt" existieren. Wer hat diese Ausdrücke geschaffen und sie dann der reinen Leerheit, die höchster Friede ist, überlagert? Es gibt weder ein „Ich" noch die „Welt" und auch nicht „Brahman". All dies sind nur Worte. Die einzige Wirklichkeit ist der höchste Friede. Da dies Alles ist, gibt es keine Getrenntheit in ihm und weder einen Täter noch einen Erfahrenden. Zum Zweck der Unterweisung werden die Definitionen geprägt. Die einzige Wahrheit ist, dass das Selbst und das Selbst allein ist! Jedoch wie die Traumerfahrungen zweier Menschen, die Seite an Seite schlafen, nicht identisch sind und der eine vom anderen nicht weiß, was dieser träumt, so bleiben das eigene Verstehen und die innere Erfahrung rein persönlich und einzigartig.

Gewiss ist es Bewusstsein als das Selbst, welches sich allem im Universum bewusst ist. Daher bin ich dieses Bewusstsein – ich, die Welt und alle Dinge darin sind davon nicht verschieden. Es ist das eine Selbst, welches als das Viele erscheint. Aber aufgrund von Unwissenheit und der extrem subtilen Natur des Selbst wird es nicht als solches erkannt. Es ist das Selbst, welches in sich selbst dieses Universum sieht, als ob es eine Gestalt hätte, obschon es in Wahrheit keine Form hat. Sämtliche Unterscheidungen zwischen fühlend, nicht-fühlend usw., obwohl nicht real, dienen lediglich zur Unterweisung der Suchenden.

Die Idee „ich" taucht zufällig in Brahman auf (wie die Krähe, die auf einem Baum landet und zufällig, gleichzeitig und ohne eine kausale Verbindung eine Kokosnuss herunterfällt). In Wahrheit bin ich Brahman, die Welt ist Brahman und es gibt da weder einen Anfang noch ein Ende. Wo sollte daher ein Grund zum Frohlocken oder Trauern sein? Die Dinge erscheinen als fühlend oder nicht-fühlend, weil der Höchste Herr allmächtig ist. In Brahman jedoch gibt es keine solchen Unterteilungen. Diese Schöpfung erscheint als ein Glied des Höchsten Herrn, und es scheint eine kausale Verbindung zu geben. Jedoch ist dies nicht wahr, denn in Brahman existiert nichts, auf das man als seine Natur Bezug nehmen könnte.

Dualistische Erfahrung ist Bindung, und Befreiung ist das Aufgeben davon. Wird die dualistische Erfahrung aufgegeben, dann hören sämtliche Getrenntheiten zwischen dem Seher (Subjekt), dem Gesehenen (Objekt), dem Beobachter und dem Beobachteten auf. Die Bewegung im Bewusstsein wird als Schöpfung angesehen; wenn diese Bewegung als falsch und inexistent erkannt wird, erscheint nirvana. Brahman ist unkonditioniert und unmodifiziert. Das gesamte Universum ist das absolute Brahman, ohne die geringste Getrenntheit.

VASISHTHA fuhr fort: VI.2:35

Das unendliche Bewusstsein, oh Rāma, ist überall und scheint daher während eines Augenblinzelns von einem Teil des Universums in den anderen zu wandern. Was auch immer deine Tätigkeit ist, verbleibe verankert im unkonditionierten Selbst. Das Kennzeichen der Unwissenheit besteht darin, dass sie bei der Ergründung oder Untersuchung nicht gefunden wird. Falls sie gesehen oder beobachtet werden könnte, würde sie zu Wissen werden. Wenn daher also die Unwissenheit nicht existiert, gibt es gewiss auch keine Getrenntheit im Bewusstsein.

Brahman allein existiert, so als wäre es die Welt; dieses Eine erscheint als geteilt; das Reine erscheint als unrein; das Erfüllte erscheint als Leerheit; das Leere erscheint als Fülle; die Bewegung erscheint als etwas Unbewegtes und umgekehrt das Unmodifizierte als Modifiziertes; das Ruhende als ruhelos; die Realität als inexistent; Bewusstsein als leblos; das Selbst als Objekt; das Nicht-Selbst als das Selbst; das Ewige als vergänglich; das Unkennbare als Kennbares, das Offenbare als verborgen in der Dunkelheit. Obwohl es nichts als Sein ist, ist es schwierig zu erkennen.

Das Unendliche ist unkonditioniert und scheint daher an keinem bestimmten Ort zu existieren. Es gibt in ihm keine Getrenntheit in der Form des Täters, der Tätigkeit, des Instrumentes und der Ursache. Es existiert als alles überall und immer. Es ist unsichtbar und liegt doch stets offen zutage. In ihm gibt es keine Unterscheidung zwischen Bewusstsein und Leblosigkeit. Ich bin, und ich bin sogar die Idee: „Ich bin nicht“; sollte es etwas anderes geben, dann bin ich dies auch.

Alle diese Universen scheinen im unendlichen Bewusstsein zu existieren, obgleich in ihm keine Erscheinung oder Getrenntheit möglich ist. Es ist so, als wünschte dieses Bewusstsein sich selbst zu sehen und so wird es zu seinem eigenen Spiegel, in dem es sich selbst ohne die geringste Absicht widerspiegelt. Auf diese Weise wird das reine Sein zu seiner eigenen, leblosen Reflexion – dem Universum. Das unendliche Bewusstsein kennt sich selbst als die Welt.

In ihm tauchen sämtliche Substanzen und materiellen Schöpfungen auf; sie leuchten in ihm und sie werden in ihm absorbiert. Die ganze Welt ist ein Gemälde, während dieses Bewusstsein selbst die reine und farblose Farbe ist, mit der die Welt gemalt wurde. Die Objekte scheinen dabei der Schaffung und Zerstörung unterworfen zu sein. Bewusstsein jedoch ist ewiglich und unkonditioniert. Obgleich tausende von Welten in diesem Bewusstsein auftauchen, verbleibt es im Frieden, denn es gibt in ihm keinerlei Absicht zu erschaffen, so wie ein Spiegel von den in ihm auftauchenden Reflexionen unberührt bleibt. Dieses unendliche Bewusstsein ist die absichtslose und nicht-willentliche (Nicht)Ursache der Erscheinung dieser und der nächsten Welt. Sobald es seine Augen öffnet, erscheinen die Welten, und wenn es sie schließt, verschwinden die Welten.

VI.2:36 VASISHTHA fuhr fort:

Genau wie ich die Halluzination eines Kindes nicht wahrnehme, aber sie von diesem für wirklich gehalten wird, so gibt es in meinem Bewusstsein auch keine Schöpfung. Da die Formen, das Sehen und die Intelligenz, die sie erfasst, reines Bewusstsein sind, existiert nur dieses, nicht aber das Universum. Den Ich-Sinn nehme ich nicht wahr – ich erkenne dagegen die Existenz des reinen Bewusstseins oder des absoluten Friedens. Wisse, dass sogar diese meine Worte reines Bewusstsein sind und dieser Dialog im Feld deines eigenen, reinen Bewusstseins stattfindet.

Der höchste Zustand ist das, worin kein Wunsch auftaucht. Der Weise, der wunschlos ist, funktioniert als wäre er aus Holz gemacht. Er erfährt im Innern reine Leerheit und im Außen reine Leerheit – für ihn ist die Welt wie ein hohles Schilfrohr. Derjenige, der nicht in diese Welt verliebt ist und dessen Herz sich allein am Höchsten Wesen erfreut, ist im Frieden und hat diesen Ozean des Samsara überquert. Nachdem du Wünsche und latente Neigungen oder mentale Konditionierungen überwunden hast, sprich, was gesprochen werden muss, berühre, was berührt werden muss, koste, was gekostet werden muss, betrachte verschiedene Szenen und rieche verschiedene Düfte.

Nur aufgrund des Erkennens der Substanzlosigkeit der Erfahrungsobjekte wird man von der Krankheit der Wünsche befreit. Das Auftauchen der Wünsche führt zu Kummer und das Aufhören der Wünsche zur höchsten Freude; und kein Kummer und keine Freuden in der Hölle oder im Himmel sind damit vergleichbar. Das Gemüt ist der Wunsch, und das Aufhören des Wunsches ist moksha (Befreiung), und darin besteht die Essenz aller Schriften. Wenn dieses Wünschen nicht durch Eigenbemühung überwunden werden kann, dann ist es übermächtig, und keine andere Abhilfe existiert!

Falls du die Wünsche nicht vollkommen loswerden kannst, dann beseitige sie Schritt für Schritt. Der Wanderer verzweifelt nicht, wenn er den langen Weg sieht, sondern setzt einen Fuß vor den anderen. Die Wünsche selbst sind Samsara oder die Welterscheinung, die nur eine Ausbreitung oder Projektion der eigenen Wünsche ist – das Nicht-Wahrnehmen bedeutet Befreiung. Daher soll man eifrig danach streben, das Wünschen zu überwinden – alles andere ist wertlos. Weshalb sollte man sich begnügen, die Schriften zu studieren und die Anweisungen der Lehrer anzuhören? Samādhi ohne ein Aufhören der Wünsche gibt es nicht! Wenn man meint, es sei unmöglich, Wünsche mit der eigenen Weisheit zu überwinden, dann sind auch das Studium der Schriften und die Anweisungen des Lehrers von keinem Nutzen. Wird diese von den Wünschen hervorgerufene Ruhelosigkeit gebremst, dann braucht es nur noch sehr wenig Bemühung, um Selbsterkenntnis zu erlangen. Daher sollen alle mit allen verfügbaren Mitteln eifrig nach der Überwindung der Wünsche streben, die der Same für Geburt, Alter und Tod sind. Mit dem Auftauchen der Wünsche taucht auch die Bindung auf – mit dem Aufhören der Wünsche hört die Bindung auf. Verbrenne daher den Samen der Wünsche im eigenen Herzen durch das Feuer des Friedens, des Gleichmuts und der Selbstbeherrschung.

VASISHTHA fuhr fort: VI.2:37

Yoga bedeutet, das Gift der Wünsche loszuwerden. Obwohl ich bereits darüber gesprochen habe, werde ich es wiederholen, damit es völlig klar wird.

Auch wenn du einen Wunsch nach etwas hast, so gibt es doch nichts anderes als das Selbst. Was solltest du also wünschen? Bewusstsein ist subtil wie Raum und unteilbar, und das ist die Welt. Wie kannst du daher Wünsche haben und wonach? Es gibt keine Objekte, die man begehren kann. Wir können auch nicht sehen, ob es einen Unterschied und eine Beziehung zwischen dem Gewinn (eines Objekts) und seinem Besitzer gibt. Wie kann eine irreale Substanz erworben werden? Wer hat jemals einen schwarzen Mond eingefangen? Wenn so die Natur des Gewinns und seines Besitzers klar verstanden ist, dann verschwinden beide, und wir wissen nicht, wohin!

Sobald die Unterscheidung zwischen dem Seher, der Sicht und dem Gesehenen ebenfalls als inexistent erkannt ist, versinkt der Ich-Sinn usw. im Selbst oder Bewusstsein. In nirvana oder der Befreiung gibt es weder einen Seher noch eine Sicht noch Gesehenes – sollten diese existieren, dann gibt es kein nirvana. Die illusorische Erscheinung von Objekten stellt keinerlei praktischen Nutzen dar – Perlmutter, das wie Silber aussieht, ist wertlos. Wenn du die Wirklichkeit dieser illusorischen Erscheinung bejahst, lädst du das Unglück ein; wird ihre Irrealität dagegen durchschaut, entsteht da großes Glück.

Es gibt zwischen zwei Dingen hier nicht die geringste kausale Beziehung, weil nur das eine, unendliche Bewusstsein real ist. „Ursache" und „Wirkung" sind Worte ohne jede Bedeutung. Was ist die Ursache der Flüssigkeit des Wassers oder der Bewegung der Luft? Kummer oder Glück gibt es nicht, da die gesamte Welt der Höchste Herr ist. Es gibt nichts anderes als das unkonditionierte Bewusstsein. Wie können dann Wünsche entstehen?

RÂMA fragte:

Wenn alles Brahman oder unendliches Bewusstsein ist, dann sind die Wünsche dies gewiss auch! Wo wäre dann der Sinn von Vorschriften und Verboten?

VASISHTHA fuhr fort:

Wenn die Wahrheit einmal realisiert ist, besteht der Wunsch nur noch aus Brahman und aus nichts anderem. Sobald die Selbsterkenntnis oder die Erkenntnis der Wahrheit erscheint, hört das Wünschen auf, so wie die Finsternis im Moment des Sonnenaufgangs schwindet. Sobald die Selbsterkenntnis auftaucht, hört das Empfinden von Dualität zusammen mit den Vasanas oder der mentalen Konditionierung auf. Wie kann in diesem Zustand das Wünschen existieren? Im Menschen der Selbsterkenntnis gibt es weder eine Abneigung noch eine Zuneigung noch einen Wunsch nach Objekten. Keinen Gefallen an ihnen zu finden, ist ganz natürlich.

VASISHTHA fuhr fort:

Falls der Mensch der Selbsterkenntnis überhaupt noch einen Wunsch hegt, dann ist dies rein zufällig und ursachelos oder geschieht auf Veranlassung anderer. Ein solches Wünschen ist Brahman. Jedoch ist soviel gewiss: Im weisen Menschen entsteht kein Wunsch. Vorschriften und Verbote gelten nicht für den Menschen der Selbsterkenntnis. Wer und was für Anweisungen können jemandem erteilt werden, in dem sämtliche Wünsche aufgehört haben? Und tatsächlich sind dies die Zeichen, an denen man den Wissenden erkennt – in ihm sind Wünsche so gut wie verschwunden; er ist allein dem Glück und der Freude aller ergeben.

Wenn man verstanden hat, dass die Objekte substanzlos sind und man keinen Gefallen mehr am Vergnügen hat, tauchen die Wünsche nicht mehr auf – und eben das ist Befreiung. Sobald die erleuchtete Person jenseits der Ideen von Einheit und Dualität ist, behandelt sie Wunsch und Nicht-Wunsch als gleichwertig und göttlich. Ein solcher Mensch ist frei von Erregung und ruht im Frieden des Höchsten Herrn. Weder ist er am Tun interessiert. noch gibt es für ihn etwas zu gewinnen, wenn er sich des Tuns enthält. Nichts ist hier von Belang: Wunsch oder Nicht-Wunsch, Wahrheit oder Falschheit, Selbst oder anderes, Leben oder Tod.

In dieser Person tauchen Wünsche nicht auf – und wenn einer auftaucht, dann ist er Brahman.

Für wen es weder Freude noch Sorge gibt, wer im Frieden ruht und innerlich unbewegt ist, der ist erleuchtet. Er ist sogar fähig, Leid in Freude zu verwandeln. Wer fest in der Realisierung der Wahrheit verankert ist, für den ruht Raum im Raum, Friede im Frieden, Glückverheißendes im Glückverheißenden, Leerheit in der Leerheit, die Welt in Brahman. Der falsche Ich-Sinn verschwindet.

Die Welt, die zu sein scheint, ist nicht anders als die Stadt, die in der Einbildungskraft von jemandem erscheint. Sie ist eine illusorische Erscheinung. Der Ich-Sinn ist unwirklich, obwohl er real erscheint. Diese Welterscheinung ist weder real noch irreal – sie ist unbeschreibbar. Und obwohl es wahr ist, dass der Wissende nicht vom Wunsch oder Nicht-Wunsch berührt wird, ist es besser zu sagen, dass in seinem Fall Wünsche überhaupt nicht auftauchen. Das Gemüt ist Bewegung im Bewusstsein, wenn es seiner selbst bewusst wird, und dies ist dann Samsara und auch Wünschen. Davon frei zu sein ist Befreiung. Wisse dies und lasse die Wünsche fahren.

Ob es Wünschen oder Nicht-Wünschen, eine Schöpfung oder die kosmische Auflösung gibt, in Wahrheit entsteht kein Verlust von irgendetwas für irgendjemanden hier. Wunsch und Nicht-Wunsch, Wahrheit und Falschheit, Sein und Nicht-Sein, Glück und Unglück sind nichts als Ideen, die im Raum auftauchen, aus denen aber nichts entsteht. Und doch wird derjenige als Kandidat für die Befreiung erachtet, der täglich seine Wünsche verringert. Kein anderes Mittel in der Welt kann der schrecklichen Qual abhelfen, welche durch Wünsche im Herzen verursacht wird.

VASISHTHA fuhr fort:

Nichts als die Selbsterkenntnis oder die Erkenntnis der Wahrheit ist wirksam zur Beseitigung des Wünschens. Es ist sinnlos, dies mit Mitteln erreichen zu wollen, die selbst auf dem Falschen (dem Ich-Sinn usw.) basieren.

Bewusstsein wird aufgrund des Ich-Sinns scheinbar zu lebloser Materie. So entstehen das Gemüt und der Körper. Da es jedoch Bewusstsein ist, erfährt es sich selbst (jetzt als Körper), ohne dabei seine Wirklichkeit als Bewusstsein aufzugeben. Daher ist diese Schöpfung (der Welt, des Körpers usw.) weder wahr noch falsch.

Die Erde ist Leerheit, die Berge sind Leerheit, die festen Substanzen sind Leerheit, die Welten sind Leerheit, die Bewegung ist Leerheit und sogar die Erfahrung dieser Schöpfung ist Leerheit. Deshalb entsteht diese Welterscheinung in Wahrheit nicht, und sie hört nicht auf. In diesem Ozean aus unendlichem Bewusstsein entstehen alle diese Welten wie Wellen und Wogen – nicht verschieden, obwohl verschieden erscheinend – ohne den geringsten Grund und die kleinste Ursache, und in Wahrheit entstehen sie weder. noch hören sie jemals auf zu sein. Im unendlichen Bewusstsein ist es unmöglich für ein Objekt, als etwas anderes als unendliches Bewusstsein zu erscheinen.

Die Yogis oder die vollkommenen Wesen verstehen sich darauf, aus der ganzen Welt eine Leerheit zu machen und diese während eines Augenzwinkerns mit dem magischen Zaubertrank des Bewusstseins wieder in die Welt zurück zu verwandeln. Es gibt da zahllose Welten, die von solchen Siddhas (vollkommenen Wesen) im Raum erzeugt worden sind, zahllose Schöpfungen, die alle nur aus reinem unendlichen Bewusstsein bestehen. Erleuchtete Yogis können sogar von der einen Schöpfung zur anderen reisen.

Alle diese Schöpfungen sind nicht verschieden vom Bewusstsein, wie Duft und Blüte, obgleich sie als verschieden erscheinen. Ihre Erscheinung im unendlichen Bewusstsein ist rein illusorisch. Da sie mit den Ideen, wie diese in allen Beobachtern erscheinen, wahrgenommen werden, werden sie entsprechend diesen Ideen wahrgenommen. In den Yogis sind diese Ideen jedoch sehr stark vermindert; sie sehen daher die Wahrheit, und ihre Aussagen befinden sich deshalb nahe an der Wahrheit. Die Erklärungen von anderen sind durch ihre eigenen Ideen oder die mentale Konditionierung gefärbt.

Oh Rāma, die Zeit setzt die Welt in Bewegung und mit ihr zusammen all die fiktiven „ich“, „du“, „sie“, „da“ und „deshalb“. All dies ist reines, unendliches Bewusstsein, das höchster Friede ist, ungeschaffen und unverderblich. Dies ist der Höchste Herr, das Selbst. Wie und in wem können da Wünsche und alles andere entstehen?

VI.2:38 VASISHTHA fuhr fort:

Bewusstsein erblickt in sich selbst sein eigenes Selbst, als ob dieses sein eigenes Objekt wäre. Obgleich man die Schöpfung als zweifach betrachtet, nämlich als die durch Brahmā und die durch das eigene Gemüt erzeugte Schöpfung, sind sie doch ein und dasselbe, da beide dem Selbst oder dem unendlichen Bewusstsein entspringen. Es ist das dem Bewusstsein innewohnende Gewahrsein, welches diese Idee der Schöpfung als außerhalb des Bewusstseins erscheinen lässt. Zwischen subjektivem Idealismus und absolutem Idealismus können wir daher keinen Unterschied entdecken.

All diese verschiedenen Objekte entstehen im unendlichen Bewusstsein, existieren darin und sind von diesem nicht verschieden. Es geschieht aufgrund dieser Wahrheit, dass die Erfahrung dieser verschiedenen Objekte entsteht. Da sowohl das Subjekt als auch das Objekt der Erfahrung Bewusstsein sind, vermischt sich das Objekt mit dem Subjekt wie Wasser mit Wasser. So entsteht Erfahrung. Wäre dem nicht so, könnte es, wie zwischen zwei Stück Holz, auch keinerlei Erfahrung geben. Im Objekt existieren die verschiedenen Elemente (Erde, Wasser usw.). Im Subjekt existieren die Lebenskraft, das Gemüt, der Jiva usw. Jedoch sind diese nicht reines Bewusstsein, sondern die Erscheinungen, die im Bewusstsein auftreten. In Wahrheit sind sie daher unwirklich. Da das Unwirkliche nicht existieren kann, ist es klar, dass die Realität oder das unendliche Bewusstsein oder Brahman als einziges existiert.

Wenn die Traumobjekte der Person, die neben dir schläft, verschwinden, weil sie erwacht, verlierst du nichts. Für denjenigen, der sich über den Ich-Sinn erhoben hat, ist das gesamte Universum weniger wert als ein Grashalm. Nichts in den drei Welten kann ihn verführen – sogar der Rang der Götter bedeutet ihm so wenig wie ein Haar. Für ihn sind Dualität und Vielfalt unwirklich und falsch.

Wie kann ein Wunsch im Herzen des weisen Menschen auftauchen, wenn doch in seinen Augen das gesamte Universum leer ist? Er sieht nicht einmal einen Unterschied zwischen Leben und Tod. Bei genauem Hinsehen erweist sich sogar der Körper usw. als unwirklich und falsch. Wenn auch noch das Gemüt aufhört durch Aufgeben der Ideen über Körper und Welt, verbleibt als einziges das Selbst oder das unendliche Bewusstsein.

Der Ich-Sinn taucht nur in Abwesenheit einer Ergründung der Natur der Wahrheit auf. Sobald man diese ergründet, hört der Ich-Sinn auf und dann ist da reines, unendliches Bewusstsein. Das Gemüt ist von der Objektifizierung befreit. Das tägliche Leben wird in göttliches Leben verwandelt. Alles was du tust oder genießest, alles wird göttlich. Verbleibe, wunschlos und frei von der Verblendung, in der Selbsterkenntnis verankert. Da es keine anderen Beweggründe mehr gibt, lass dich von den Schriften leiten.

VASISHTHA fuhr fort: VI.2:39

In wem der Schleier der Unwissenheit zerrissen und die Wünsche aufgehört haben, der strahlt mit dem Licht der reinen Intelligenz. Alle seine Zweifel sind zu Ende, und er erleuchtet alles um ihn herum. Wer mit ihm, der frei von Zweifel und unabhängig ist (frei von aller Abhängigkeit), in Verbindung tritt, erfährt ebenfalls Reinigung und Erleuchtung.

Die Idee der Realität der Objekte dieser Welt entsteht nur in der Unwissenheit. Wie können Wünsche nach Objekten entstehen, wenn doch erkannt wurde, dass sie unwirklich sind? Auch „Schöpfung“ und „Befreiung“ sind nur Worte ohne Bedeutung. Diese Welt ist Bewusstsein – wenn dies nicht so wäre, wären weder „ich“ noch „das“ wahrnehmbar.

Echter Friede wird dann erlangt, wenn man keinen Ich-Sinn mitsamt seinem Gefolge einschließlich des Kummers wahrnimmt. Im Tiefschlaf gibt es keine Träume, während der Zustand des Tiefschlafs wiederum während des Träumens nicht erfahren wird. Auf dieselbe Weise existieren die Wahrnehmungen des Ich-Sinns, des Kummers (geboren aus der Idee der Welterscheinung) und des Friedens (geboren aus nirvana) nicht gleichzeitig. All dies sind nur Ideen – in Wahrheit gibt es weder Schöpfung noch nirvana, weder Schlaf noch Träume. Wird all dies zurückgewiesen, entsteht der echte Friede.

Verwirrung und Verblendung sind irreal – das Irreale existiert nicht. Was durch Ergründung nicht gefunden wird, existiert nicht. Was durch Ergründung realisiert wird, ist die eigene wahre Natur, die als einziges existiert und keinerlei Vielfalt enthält. Bewegt man sich von der eigenen wahren Natur fort, entsteht großes Leid – wenn man im Selbst ruht, dann ist da großer Friede und Selbstbeherrschung.

Die Elemente (Sinne und Gemüt usw.) agieren immer nur mit Hilfe ihrer eigenen Gegenstücke (Licht, Raum usw.) Das Selbst oder das unendliche Bewusstsein tut nichts und ist an Aktivitäten nicht beteiligt. Diejenigen, die diese Welt als real ansehen, besitzen keine Selbsterkenntnis, und für sie sind Leute wie wir „unwirklich“. In mir ist reines Gewahrsein des einen kosmischen Bewusstseins, in dem sogar die Aktivitäten der Welt nicht verschieden davon erscheinen, sondern nur wie die Bewegung des Windes, die nicht verschieden vom Wind ist.

In ihrem Gemüt erscheint mein Körper als real, aber für meine erleuchtete Intelligenz ist ihre physische Existenz unwirklich, wie für eine schlafende Person. Meine Beziehung mit ihnen ist Brahman und existiert in Brahman. Was auch immer ihre Sichtweise ist – lass sie so bleiben; für mich ist es gut. Da alles von Brahman durchdrungen ist, existiere ich nicht als „ich". Sogar diese Worte scheinen nur für dich zu entstehen. Im Herzen eines Wissenden gibt es keinen Wunsch nach Vergnügen und keinen Wunsch nach Befreiung. Weder Befreiung noch Reichtum usw. sind von irgendeinem Nutzen für den, der verankert ist in der Erkenntnis des „weder bin ich, noch ist diese Welt".

VI.2: VASISHTHA fuhr fort:

40,41 Oh Rāma, das nennt man das Selbst (svariipain), welches die äußeren Formen und die inneren psychologischen Zustände kennt. Wenn das Nicht-Selbst geschwächt ist und die Selbst-Natur sich ausbreitet, dann wird die Welt im Lichte dessen nur als bloße Erfahrung erkannt. Wer vollkommen im Selbst verankert ist, für den hört diese Welterscheinung auf wie ein Traum während des Tiefschlafs.

Man sollte stets im Selbst ruhen, wissend, dass Vergnügen schreckliche Krankheiten bringen, Verwandte Bindung bedeuten und Wohlstand (artha) die Quelle des Unglücks (anartha) ist. Das Nicht-Selbst ist Samsara – ruhen im Selbst ist das Höchste. Daher sollte man wie die Leerheit des Bewusstseins immer nur sich selbst sein. Ich bin weder das Selbst noch die Objekte noch die Welterscheinung – ich bin Brahman, der höchste Friede, in dem ich mich jetzt befinde. Nur du bist des „du" gewahr – ich selbst sehe nichts als höchsten Frieden. Das Brahman-Bewusstsein weiß nichts vom Schöpfer-Bewusstsein und umgekehrt, so wie der Träumer nichts vom Tiefschlafzustand weiß und der Schlafende wiederum nicht den Traumzustand erfährt. Die erleuchtete Person sieht sowohl Brahman als auch die Welt wie die Wach- und Traumzustände. Daher kennt sie all diese, wie sie sind.

So gewiss es ist, dass es im Sonnenlicht Beleuchtung gibt, so gewiss ist es, dass es spirituelles Erwachen gibt, wenn die Nichtigkeit der weltlichen Objekte zur Erfahrung wird. Die einzige Wirklichkeit besteht darin, dass die höchste Essenz des kosmischen Bewusstseins in jedem Atom des Seins tanzt. Wer könnte das Unmessbare messen oder das Unendliche zählen? Dieser wunderbare kosmische Tanz, der sich vor deinen Augen abspielt, oh Rāma, ist nichts als das Spiel des kosmischen Bewusstseins. Die schlafende Person, die nicht im Tiefschlaf ist, wird das Spielfeld für die Träume. Auf dieselbe Weise wird das Selbst, welches nicht in der Selbsterkenntnis weilt, scheinbar zum Samen dieser Welterscheinung. Kontempliere das Selbst und lebe im Wachzustand wie im Tiefschlaf, frei von psychologischem Elend.

Wer spirituell erwacht ist und in einem Wachzustand lebt, der dem Tiefschlaf ähnelt, dessen Zustand wird svabhava (Selbst-Natur) genannt. Dieser Zustand führt zur Befreiung. Wer in Brahman verankert ist und keinen Unterschied zwischen Brahman und der „Welt" sieht, lebt auch in dieser Welt, ohne einen Unterschied zwischen Subjekt, Objekt und Prädikat zu machen und ist deshalb frei vom Empfinden der Täterschaft. In seinen Augen erscheint alles wie es ist, und es gibt weder Einheit noch Vielfalt.

Eine eingebildete Stadt ist Einbildung, keine Stadt. Diese Welterscheinung ist eine Erscheinung, nicht aber die Welt. Die Wirklichkeit ist unendliches Bewusstsein oder Brahman.

Bemerkung: Cidakasa nennt man die „Leere des Bewusstseins", da es ohne Ich-Sinn ist.

VASISHTHA fuhr fort: VI.2:42

Die Welterscheinung entsteht in Unwissenheit, und Weisheit bereitet ihr ein Ende. Für die Realität ist jedoch all dies bedeutungslos, denn weder taucht sie auf noch vergeht sie. Diese Realität ist das unteilbare, unendliche Bewusstsein, außer dem nichts sonst ist. Dieses scheint sich in sich selbst Polarisierungen zu unterziehen und sich seiner selbst als Objekt bewusst zu werden. Daraus entstehen scheinbar Getrenntheit und Halbwissen, welches Unwissenheit ist. Ein solches Gewahrsein ist dem Bewusstsein innewohnend, aber es ist nicht verschieden vom Bewusstsein.

Die Unterscheidung zwischen der Welt und ihrem Höchsten Herrn ist verbal und falsch. Im unteilbaren, unendlichen Bewusstsein ist keine Unterscheidung sinnvoll. Aufgrund der illusorischen Vorstellung von Raum und Zeit wird irgendwann und irgendwo Gold scheinbar zu einem Schmuckstück – auf dieselbe Weise tritt die Vorstellung einer Schöpfung im Bewusstsein auf. Wenn also die Dualität nicht existiert, wird auch die Ergründung der kausalen Beziehung zwischen dem Schöpfer und seiner Schöpfung sinnlos.

Wenn das, was existiert, als das erkannt wird, was es ist (d.h. als das unteilbare Bewusstsein), hört die Welterscheinung auf. Verbleibe fest wie ein Fels in der Erkenntnis dieser Wahrheit, während du hier weiter wie ein intelligentes Lebewesen tätig bist. Verehre das Selbst, welches der Höchste Herr ist, mit all deinen natürlichen Tätigkeiten und Erfahrungen einschließlich deiner Weisheit. Wenn das Selbst so verehrt wird, verleiht es dir unverzüglich die Gnade der spirituellen Entfaltung; im Vergleich damit ist die Verehrung von Göttern wie Rudra und Vishnu wertlos. Das Selbst, welches der Höchste Herr ist, schenkt sofort moksha oder endgültige Befreiung, wenn es mit der Ergründung des Selbst, mit Selbstbeherrschung und Satsang (Gemeinschaft mit Weisen) verehrt wird.

Erkenntnis der Wirklichkeit ist die beste Form der Verehrung. Wenn der Höchste Herr als das Selbst existiert, dann werden andere nur von Narren verehrt. Man sagt, dass die Verehrung der Götter, Pilgerfahrten, Askesepraktiken usw. ihren Segen gewähren, wenn sie mit Weisheit oder viveka ausgeübt werden. Gewiss ist es die Weisheit, die all diesem die eigentliche Kraft verleiht. Ist es dann nicht ausreichend, das Selbst mit viveka allein zu verehren? Werde mit dieser Weisheit das Körperbewusstsein los und damit auch die Scham, die Furcht, die Verzweiflung, Vergnügen und Schmerz. Weisheit enthüllt Bewusstsein als das Selbst, aber in Abwesenheit von Objekten wie dem Körper usw. geht dieses Bewusstsein in den höchsten Frieden über, der unbeschreiblich ist. Ihn zu beschreiben bedeutet, ihn zu zerstören. Und sich mit dem aus den Schriften gewonnenen Wissen zufriedenzugeben und sich selbst für erleuchtet zu halten, ist wie die nichtige Einbildung eines Blindgeborenen. Erleuchtung, die jenseits jeder Beschreibung ist, entsteht dann, wenn die Unwirklichkeit der Objekte verstanden ist und erkannt wird, dass dieses Bewusstsein kein Objekt der Erkenntnis sein kann.

VI.2:43 VASISHTHA fuhr fort:

Die Merkmale desjenigen, der frei vom Fieber der Unwissenheit ist und dessen Herz aufgrund der Selbsterkenntnis ruhig und kühl bleibt, besteht darin, dass dieser nicht vom Vergnügen verführt werden kann. Genug mit all diesem Reden über Erkenntnis und Weisheit, die nur Worte sind und durch diese Worte hervorgerufene Ideen ohne eigene Wahrheit. Nirvana oder Befreiung besteht im Nicht-Erfahren des Ich-Sinns. Diese Wahrheit muss klar verstanden werden.

So wie der wache Mensch keinerlei Nutzen aus den Objekten zieht, die er während des Träumens erblickt hat, so erlangen wir durch die in dieser Welterscheinung erblickten Objekte keine Freude. Alle vierzehn Welten tauchen in der Finsternis der Unwissenheit und Verblendung so auf, wie Vampire und Kobolde im finsteren Wald auftauchen. Sobald die Wahrheit ergründet wird, verschwindet der Kobold auf Nimmerwiedersehen, und wenn die Wahrheit bezüglich der vierzehn Welten ergründet wird, werden sie als reines Bewusstsein gesehen. Die Objekte existieren gewiss nicht unabhängig und sind folglich unwirklich; sie sind von Bewusstsein durchdrungen, das das Subjekt ist. Da jedoch Bewusstsein in Bezug zu keinem Objekt als das Subjekt bezeichnet werden kann, gibt es auch kein Subjekt. Es existiert etwas, was nicht beschrieben werden kann.

Verbleibe als reines Bewusstsein. Trinke von der Essenz der Selbsterkenntnis. Ruhe frei von allen Zweifeln im Garten von nirvana oder der Befreiung. Weshalb, oh Mensch, durchstreifst du diesen Wald des Samsara, der ohne jede Wesenhaftigkeit ist? Oh ihr getäuschten Menschen – lauft nicht dieser Luftspiegelung namens Hoffnung und Wunsch nach Glück in dieser Welt hinterher! Vergnügen enden in Missvergnügen. Weshalb seht ihr nicht, dass diese nichts als Quellen eurer eigenen Zerstörung sind? Lasst euch von dieser illusorischen Welterscheinung nicht täuschen. Seht diese Täuschung und ergründet sie. Dann werdet ihr in eurem eigenen Selbst ruhen, das anfangslos und endlos ist.

Der Unwissende betrachtet diesen Samsara als real. In Wahrheit jedoch existiert es überhaupt nicht. Was nach der Zurückweisung dieser Erscheinung existiert, ist die Wahrheit. Aber sie hat keinen Namen! Brich wie der Löwe aus dem Käfig der Unwissenheit aus und erhebe dich über alles. Die Ideen von „ich“ und „mein“ aufzugeben, darin besteht die Befreiung und in nichts anderem. Befreiung ist Friede. Befreiung ist die Auslöschung aller Konditionierung. Befreiung ist Freiheit von allen physischen, psychologischen und psychischen Qualen.

Diese Welt wird vom Unwissenden und vom Weisen nicht auf dieselbe Art gesehen. Für denjenigen, der Selbsterkenntnis erlangt hat, erscheint diese Welt nicht als Samsara, sondern als das eine unendliche und unteilbare Bewusstsein. Der Mensch der Selbsterkenntnis ist zu dem erwacht, was für den Unwissenden inexistent ist. Und was für den letzteren real ist, ist für den Erleuchteten inexistent.

VASISHTHA fuhr fort:

Der Wissende erfährt die Welt so, wie der Blindgeborene die Welt in seinen Träumen „sieht" und im Tiefschlaf nicht sieht. Sein Herz und sein Gemüt sind kühl, da das Feuer der Wünsche erlöscht ist. Da das Gemüt des Wissenden befreit ist von Anziehung, befindet es sich in vollkommenem Gleichgewicht; sogar dann, wenn er nicht „Meditation" praktiziert; so wie die Wasser eines Teichs unbewegt bleiben, wenn es keinen Abfluss gibt.

Das Objekt ist (veräußerlichte) mentale Aktivität, während mentale Aktivität der vom Objekt hinterlassene Eindruck in der Intelligenz ist. So wie in verschiedenen Flüssen mit verschiedenen Namen dasselbe Wasser zum Ozean fließt, so ist dasselbe Bewusstsein sowohl die verschiedenen Objekte als auch die dazugehörige mentale Tätigkeit. Objekt und Gemüt sind daher nicht verschieden voneinander. Sobald eines von beiden verschwindet, hören beide auf. Beide sind ohne Essenz. Daher entsteht Friede, sobald sie aufhören. Der Wissende gibt beide auf und verliert dadurch überhaupt nichts; denn „Objekt" und „Gemüt" sind nur Worte ohne dazugehörige Dinge. Was ist, IST das unendliche Bewusstsein.

Für den Menschen der Selbsterkenntnis sind die Dinge, die der unwissende Mensch für real hält (Zeit, Raum, Materie usw.), inexistent. In den Augen eines tapferen Mannes gibt es keine Kobolde, und so gibt es in den Augen des weisen Menschen keine Welt. Für den unwissenden Menschen jedoch ist sogar der Wissende unwissend.

Oh Rāma, lass dich nicht in die Ideen der Materialität und des Gemüts verstricken, da sie falsch sind. Ruhe in deinem eigenen Selbst. Bewusstsein nimmt all die verschiedenen Formen an, wie der Same, welcher in die verschiedenen Teile des Baumes wächst. Sobald die Objekte fallengelassen werden, verbleibt das Unbeschreibbare (Bewusstsein) – es „Bewusstsein" zu nennen bedeutet, es zu begrenzen.

Materie und Gemüt sind identisch – und beide sind falsch. Durch diese falsche Erscheinung wirst du geblendet. Selbsterkenntnis wird diese Verblendung zerstreuen. Selbsterkenntnis und Aufhören der Welterscheinung sind die Kennzeichen der Weisheit (bodham oder Erwachen). Der Ich-Sinn, der auftaucht, solange die Wünsche nicht ausgelöscht sind, führt zum Kummer.

Von den Wurzeln aufwärts ist der gesamte Baum mit all seinen Ästen, Blättern, Blüten und Früchten nichts als ein und derselbe Baum. Auf dieselbe Weise ist Bewusstsein allein alles, unteilbar und unmodifiziert. So wie Butter aufgrund ihrer eigentlichen Natur durch Einfrieren hart wie Stein wird, so ist die Materie „eingefrorenes" Bewusstsein. Im unendlichen und unmodifizierten oder unkonditionierten Bewusstsein jedoch ist eine solche Modifikationen unmöglich: die Konditionierung ist eine falsche Idee. Im Herzen desjenigen, der Selbsterkenntnis besitzt und frei von Verblendung und Ich-Sinn ist, schmilzt sie dahin.

VASISHTHA fuhr fort: VI.2:44

Ich werde nun den Baum beschreiben, den man samadhana (Gleichmut) nennt und der in dem Wald wächst, den man das Herz des Weisen nennt.

Sein Same besteht im sich Abwenden von der „Welt", gleich ob dies auf natürliche Weise oder durch Erfahrungen von Kummer geschieht. Das Gemüt ist wie ein Acker. Gepflügt wird er durch rechte Handlungen, Tag und Nacht gewässert durch rechtes Empfinden, gedüngt durch die Praxis des Pranayama. Auf diesen Acker namens Gemüt fällt der Same namens Samadhi (Abwenden von der Welt) von selbst, wenn man allein im Wald der Weisheit ist. Der weise Mensch sollte diesen Samen der Meditation ständig pflegen und mit intelligenten Methoden wässern und nähren.

Man soll stets die Gesellschaft der Weisen suchen, die die wahren Freunde und Wohlgesinnten und rein und freundlich sind. Dann sollte man den Samen von Samadhi oder Meditation durch Anhören, Nachdenken und Kontemplieren der Schriften begießen, was schließlich die vollkommene innere Leerheit hervorbringen wird, die voller Weisheit ist, rein und kühl wie Nektar. Indem man dieses kostbaren Samens der Meditation oder Samadhi gewahr ist, der auf den Acker des Gemüts gefallen ist, soll ihn der weise Mensch sorgfältig hegen und pflegen und mit Entsagung, Wohltätigkeit usw. nähren.

Wenn dieser Same zu sprießen beginnt, soll er unter den Schutz des Friedens und der Zufriedenheit gestellt werden. Gleichzeitig muss er gegen die gefräßigen Vögel der Wünsche, der Anhänglichkeit an die Familie, des Stolzes und der Gier usw. verteidigt werden, mit Hilfe der Zufriedenheit. Mit dem Besen der rechten und liebenden Handlung muss der Schmutz der rajasischen Ruhelosigkeit hinweggefegt werden, während die Finsternis der tamasischen Unwissenheit mit dem Licht des rechten Verständnisses vertrieben wird.

Die Blitze des Besitzerstolzes und die Donnerstürme des Verlangens nach Vergnügen prasseln auf diesen Acker nieder und verwüsten ihn. Verhindert werden sollte dies mit dem Dreizack der Großmut, des Mitgefühls, Japa (Wiederholung des göttlichen Namens), Entsagung, Selbstbeherrschung und die Kontemplation der Bedeutung von pranava (OM).

Wenn der Same auf diese Weise behütet wird, keimt und sprießt er und wird zu Weisheit. Durch ihn wird der ganze Acker des Gemüts herrlich zu strahlen beginnen. Der Spross bildet zwei Blätter: Das eine nennt man das Studium der Schriften und das andere Satsang (Gemeinschaft mit den Weisen). Bald wird dieser Keimling aus dem Saft der Leidenschaftslosigkeit oder Reinheit des Gemüts die feste Rinde der Zufriedenheit ausbilden. Genährt durch den Regen der Weisheit der Schriften wird er schnell zu einem Baum heranwachsen. Dieser kommt nicht mehr so leicht ins Schwanken, auch wenn er von den Affen raga-dvesha (Anziehung und Abstoßung) geschüttelt wird. Er bildet sodann die breit ausladenden Äste der reinen Erkenntnis. Weitere Äste und Zweige dieses Baumes, die wachsen, sobald jemand vollständig in Meditation oder dhyana verankert ist, sind eine klare Sicht, Wahrhaftigkeit, Mut, ungetrübtes Verstehen, Gleichmut, Friede, Freundlichkeit, Mitgefühl, Ruhm usw.

VASISHTHA fuhr fort:

Der Baum der Meditation wirft einen kühlen Schatten, in dem sämtliche Wünsche und Verlangen zu Ende gehen und all die brennende Qual aufhört. Meditation vergrößert den

Schatten der Selbstbeherrschung, die die Stetigkeit des Gemüts fördert.

Unter diesem Baum sucht ein Reh namens Gemüt seine Zuflucht, das in der Wildnis zahlloser Konzepte, Ideen und Vorurteile umhergewandert ist, bis es irgendwann den richtigen Weg gefunden hat. Dieses Reh wird von zahllosen Feinden verfolgt, die nach seinem Fell trachten. Es verbirgt sich in den Dornbüschen genannt Körper, um sich zu retten. All diese Bemühungen erschöpfen seine Kräfte. Hin und her rennend in diesem Wald des Samsara, belästigt von den Winden der Vasanas oder latenten Neigungen und versengt von der Hitze des Ich-Sinns, ist das Reh nicht endenden Qualen unterworfen.

Dieses Reh ist nie zufrieden mit dem, was es bekommt. Sein Verlangen vervielfältigt sich und es setzt alles dran, um dieses Verlangen zu befriedigen. Es hängt an den vielen Vergnügen wie Frau, Kinder usw. und erschöpft sich in seinen steten Sorgen um sie. Gefangen ist es im Netz des Wohlstands usw. und kämpft verzweifelt, um sich zu befreien. Im Verlaufe dieses Kampfes fällt es wieder und wieder und verletzt sich. Vom Strom des Verlangens wird es weit, weit davongetragen, verfolgt und gejagt von unzählbaren Leiden. Auch wird es von den verschiedenen Sinneserfahrungen in die Falle gelockt. Von seinen abwechselnden Aufstiegen in die Himmelsregionen und den nachfolgenden Stürzen in die Hölle wird es verwirrt und irregeführt. Zermalmt und verwundet wird es von den Steinen und Felsen namens mentale Modifikationen und schlechte Eigenschaften. Um dem zu entkommen, beschwört es mit seinem Intellekt verschiedene Verhaltensregeln herauf, die sich jedoch als wirkungslos erweisen. Eine Kenntnis des Selbst oder des unendlichen Bewusstseins hat es nicht.

Dieses als Gemüt bekannte Reh wird bewusstlos gemacht durch den giftigen Atem der Schlange namens weltliche Freuden und Verlangen nach Vergnügen. Es wird von den Feuern des Zorns gebrannt. Ausgedörrt wird es von den Ängsten und Sorgen. Verfolgt wird es vom Tiger namens Armut. Es stürzt rettungslos in die Grube namens Anhaftung und sein Herz wird durch seinen enttäuschten Stolz gebrochen.

An einem gewissen Punkt wendet sich das Reh von all dem ab und sucht Zuflucht bei dem bereits beschriebenen Baum (der Meditation), wo es dann prächtig gedeiht. Höchster Friede oder Seligkeit wird einzig und allein im unkonditionierten Zustand des Bewusstseins erlangt, und dieser wird nur im Schatten des Baumes namens Samadhi oder Meditation erreicht.

VASISHTHA fuhr fort: VI.2:45

Nachdem das Reh (Gemüt) zur Ruhe gekommen ist, bleibt es glücklich an diesem Ort und versucht nicht mehr, anderswo hinzugehen. Nach einiger Zeit beginnt dann der Baum namens Meditation oder Samadhi Früchte zu tragen, die in der Enthüllung des höchsten Selbst bestehen. Das Reh-Gemüt gewahrt diese Früchte über sich auf dem Baum der Meditation. Es gibt daraufhin sämtliche anderen Ziele auf und erklettert den Baum, um von seinen Früchten zu kosten. Auf den Baum gestiegen, lässt das Reh-Gemüt die weltlichen Gedankenmuster fallen und denkt nie wieder an das niedere Leben. Wie die Schlange ihre Haut ablegt, so gibt auch das Reh-Gemüt seine früheren Gewohnheiten auf, um den Baum der Meditation erklimmen zu können. Wenn eine Erinnerung an seine Vergangenheit auftaucht, lacht es laut: „Wie konnte ich nur ein solcher Narr sein?!" Nachdem es die Gier usw. abgelegt hat, ruht es auf diesem Baum wie ein Eroberer.

Sein Verlangen lässt Tag um Tag nach. Weder geht es dem aus dem Weg, was ungesucht zu ihm kommt, noch verlangt es nach etwas, was es nur mit Mühe bekommen könnte. Es umgibt sich mit dem Wissen der Schriften, die vom unendlichen Bewusstsein oder unkonditionierten Sein handeln. In seinem Innern gewahrt es klar seine eigenen, vergangenen Zustände der Unwissenheit und lacht darüber. Es gewahrt seine Frau und Kinder usw. und lacht über sie, als wären sie Verwandte aus einem früheren Leben oder Leute in einem Traum. Sämtliche Aktivitäten, die auf Anhaftung und Widerwillen, Furcht und Eitelkeit, Stolz und Verblendung gründen, erscheinen ihm nun wie reine Schauspielerei. Beim Betrachten der vorübergehenden Erfahrungen in dieser Welt lacht es spöttisch – wissend, dass all diese wie die Erfahrungen eines Irren sind.

Das Reh-Gemüt, verankert in diesem außergewöhnlichen Zustand, hegt keine Ängste oder Sorgen mehr bezüglich Frau, Kinder usw. In seiner erleuchteten Sichtweise gewahrt es das, was als einziges ist (die Realität), in dem, was als einziges ist (das Unendliche). In dieser Sichtweise gesammelt, erklimmt es den Baum des Samadhi. Nun freut es sich sogar über das, was es zuvor als Missgeschick betrachtet hatte. Mit den nötigen Aktivitäten befasst es sich, als wäre es nur zu dem Zweck aufgewacht, um diese Arbeit zu tun, und ergibt sich dann wieder der Meditation. Ganz natürlich will es dauernd im Zustand des Samadhi sein. Es ist völlig frei vom Ich-Sinn, erscheint aber so, als würde es wie andere, mit denen es gemeinsam ein- und ausatmet, ein Leben im Ich-Sinn führen. Auch wenn Vergnügen dieser Art ungesucht auf es zukommen, empfindet es für sie keinerlei Begeisterung, denn sein Herz wendet sich auf natürliche Weise von allen Vergnügungen ab. Es ist erfüllt. Für die weltlichen Ziele und Zwecke stellt es sich schlafend. Wer weiß schon, in welchem Zustand es lebt? Näher und näher wird es zur edlen Frucht von moksha oder Befreiung gezogen. Zuletzt wirft es sogar noch buddhi oder den Intellekt ab und ist schließlich im unkonditionierten Bewusstsein verankert.

VASISHTHA fuhr fort:

Man nennt das die Erlangung des Höchsten, in welchem man die Idee, dass Objekte existieren, aufgegeben hat und im eigenen reinen Selbst ruht. Wenn alle Getrenntheiten beiseitegelegt werden, verbleibt als einziges das Unteilbare. Es ist rein, einzig, anfangslos und endlos. Dies nennt man Brahman. Wer den Wunsch nach Reichtum, Frauen und weltlichen Objekten aufgegeben hat, ruht im höchsten Selbst. Wenn sogar die Getrenntheit zwischen dem Gemüt und dem unendlichen Bewusstsein wegfällt, lösen sich sämtliche Getrenntheiten im Nichts auf. Dann existiert man im höchsten Wesen, so wie das nicht herausgehauene Bildnis im Marmorblock existiert.

Die unwissende Person vermag weder zu meditieren, noch ist dies für sie überhaupt wünschenswert. Die erleuchtete Person ist bereits im Selbst verankert! Ein Erleuchteter interessiert sich nicht für die Objekte der Wahrnehmung, was für einen Unwissenden unmöglich wäre.

Wenn das Gewahrsein des Objekts als reines Bewusstsein, das ewiglich ist, verstanden wird, nennt man dies samadhana, den Zustand des Gleichmuts. Wenn Subjekt und Objekt verschmelzen, befindet sich das Gemüt im Zustand von samadhana. Im Selbst zu ruhen, beinhaltet das Desinteresse des Selbst an den Objekten. Dagegen besteht Unwissenheit in der Hinwendung des Selbst zu den Objekten. Gewiss findet eine solche Hinwendung nur im Unwissenden statt, denn keiner, der jemals Nektar gekostet hat, interessiert sich noch für bitter schmeckende Dinge. Deshalb wird für den Weisen die Meditation mühelos und natürlich. Wenn es kein Verlangen gibt, wird das Selbst niemals aufgegeben. Oder wenn das Gemüt sich so erweitert, dass es das gesamte Universum einschließt, wird das Selbst ebenfalls nicht aufgegeben. Soviel ist gewiss: Bis man die Selbsterkenntnis erlangt, ist das Streben nach Samadhi erforderlich. Wer im Samadhi verankert ist, ist Brahman in menschlicher Gestalt. Wir verneigen uns vor ihm!

Wenn man nicht an Objekten interessiert ist, dann können nicht einmal die Götter die Meditation stören. Daher soll man unerschütterliche Meditation (vajra-dhyanam) kultivieren. Die Mittel dafür sind 1. die Schriften, 2. die Gemeinschaft mit Heiligen und 3. die Meditation. So wie man sich in der Nähe eines gemalten Feuers nicht erwärmen kann, so wird auch die Unwissenheit nicht durch Halbwissen beseitigt. Der Unwissende betrachtet die Welt als physische Realität, der Weise betrachtet sie als Bewusstsein. Für den Weisen gibt es weder einen Ich-Sinn noch die Welt. Seine Sichtweise der Welt ist auf unbeschreibliche Weise wunderbar. Für den Unwissenden besteht die Welt aus dürrem Holz und Steinen. Wer erleuchtet ist, betrachtet die Welt als das eine Selbst; der Unwissende sieht sie dagegen nicht als das eine Selbst. Der Unwissende ergeht sich in endlosen Argumenten. Der Erleuchtete hat mit allen einen freundlichen Umgang. Der natürliche Zustand, der in und während Wachen, Träumen und Tiefschlaf existiert, ist turīya oder Samadhi. Das Gemüt dagegen ist nichts als Konditionierung, welche bei Ergründung aufhört zu sein.

VASISHTHA fuhr fort: VI.2:46

Sobald die Frucht der höchsten Wahrheit erlangt ist und sich in Befreiung verwandelt hat, wird sozusagen auch das Gewahrsein inexistent, weil das Gemüt nun in der höchsten Wahrheit absorbiert ist. Die Reh-heit des Reh-Gemüts schwindet wie das Licht einer Lampe ohne Brennstoff. Es verbleibt nur noch die höchste Wahrheit. Das Gemüt, welches die Frucht der Meditation erlangt hat, die in der Selbsterkenntnis besteht, ist nun unerschütterlich wie ein Diamant (vajra). Die für das Gemüt typische Bewegung oder Ruhelosigkeit verschwindet und niemand weiß, wohin! Ohne Störung oder Getrenntheit erstrahlt nur die Erleuchtung als reines Bewusstsein.

In diesem Zustand herrscht ein müheloses Fallenlassen sämtlicher Wünsche und nur mühelose Meditation verbleibt. Solange Brahman nicht realisiert ist, kann man nicht im Selbst ruhen – bis dahin ist Meditation nicht möglich, indem man einfach nur an das Selbst usw. denkt. Sobald die höchste Wahrheit erkannt ist, geht das Gemüt wer weiß, wohin? und wunderbarerweise verschwinden dann auch die Vasanas oder die mentale Konditionierung, das Karma und auch Freude und Verzweiflung. Dann sieht man den Yogi in einem Zustand kontinuierlicher und ungebrochener Meditation verharren, in diamantener Meditation oder Samadhi (vajra-samadhana) wie ein Berg.

Wenn der Yogi nicht am Vergnügen interessiert ist, wenn seine Sinne gänzlich friedevoll und beherrscht sind, wenn er im Entzücken seines Selbst ruht, wenn alle seine mentalen Modifikationen aufgehört haben – was ist dann für ihn im Namen von Samadhi noch zu tun? Wenn der Yogi ohne mentale Konditionierung diese Welt nicht mehr als ein Objekt der Beobachtung wahrnimmt, kann er gar nicht anders, als in vajra-samadhi (diamantengleicher Meditation) zu verharren, wie wenn er dazu von einer unwiderstehlichen Macht gedrängt würde. Das Gemüt wird nicht mehr abgelenkt. Sobald das Gemüt im Frieden ist, da es dank des Wissens um die Wahrheit an weltlichen Objekten nicht mehr interessiert ist, dann ist dies Samadhi. Die feste Zurückweisung von Vergnügen ist Meditation. Wenn dies voll erblüht, ist es vajra-sara (felsengleich). Weil dies gleichzeitig auch der Zustand der vollkommenen Erkenntnis ist, wird es als nirvana oder seliger Zustand bezeichnet.

VI.2:47 Welchen Nutzen hat so etwas wie Meditation, solange es noch Verlangen nach Vergnügen gibt? Und welchen Nutzen hat so etwas wie Meditation, wenn das Verlangen aufgehört hat? Sobald es vollkommene Erkenntnis und gleichzeitig Desinteresse an Vergnügen gibt, ist unkonditioniertes Bewusstsein (nirvikalpa Samadhi) die natürliche und mühelose Folge. Wer nicht mehr vom Verlangen nach Vergnügen hin und her getrieben wird, wird der vollkommen Erleuchtete (sambuddha) genannt. Diese vollkommene Erleuchtung entsteht aus dem völligen Aufgeben des Vergnügens. Wer im Selbst ruht, empfindet kein Verlangen mehr. Der Wunsch nach Vergnügen entsteht nur dann, wenn es da eine Bewegung weg vom Selbst gibt. Als Abschluss des Studiums der Schriften, von Japa usw. ist man in Samadhi; nach der Praxis des Samadhi soll man weiter studieren, Japa praktizieren usw. Oh Rāma, ruhe immer im Zustand von nirvana.

VASISHTHA fuhr fort:

Wenn einer erschlagen ist von den Schwierigkeiten und Drangsalen der irdischen Existenz und „müde von all diesem", sucht er eine Zuflucht. Ich werde dir nun die einzelnen, fortschreitenden Stufen beschreiben, mit deren Hilfe dieser Mensch schließlich Frieden und Ruhe erlangt. Er wendet sich entweder aufgrund einer unmittelbaren Ursache oder auch ohne eine solche von den weltlichen Zielen ab (Vergnügen und Wohlstand) und flüchtet zu einer weisen Person. Schlechter Gesellschaft geht er in weitem Bogen aus dem Weg.

Die Segnungen, die aus der Gemeinschaft mit Heiligen erwachsen, sind nicht vergleichbar mit sämtlichen anderen Segnungen. Die Natur des Heiligen ist kühl und friedlich, sein Betragen und seine Handlungen sind rein. Seine Gesellschaft fördert daher den Frieden und das Gute in jedem, der sie sucht. In seiner Gesellschaft verliert man die Furcht. Das Sündhafte gelangt an ein Ende und man nimmt an Reinheit zu. Sogar die Liebe und die Zuneigung, die

die Götter und Engel ihr Eigen nennen, sind nichts im Vergleich mit der unbegrenzten Liebe, die den Heiligen entströmt.

Wer rechte Handlungen ausübt, verfügt über eine Intelligenz, die im Frieden ruht und die Wahrheit wie ein vollkommener Spiegel reflektiert. Dann wird die Bedeutung der Erklärungen der Schriften in vollem Maße klar. Der weise Mensch verstrahlt Weisheit und Güte. Indem er sich vom Käfig der Unwissenheit zu befreien trachtet, flieht er die Vergnügen und wendet sich in Richtung der unkonditionierten Seligkeit.

Es ist ein großes Unheil, nach Vergnügen zu streben. Auch wenn der weise Mensch sie zurückweist, können sie in seinem Herzen noch Unbehagen erzeugen. Daher ist er in höchstem Maße glücklich, wenn er sich nicht in vergnüglichen Situationen befindet. Die Weisen oder Yogis und die Vollkommenen laden ihn ein. Der weise Mensch jedoch legt keinen Wert auf die Gaben von psychischen Mächten oder Wissen, die sie ihm gewähren wollen. Er sucht die Gemeinschaft mit den erleuchteten Wesen. Mit ihnen vertieft er sich in die Wahrheiten der Schriften. Diese Erleuchteten heben andere auf ihre eigene Stufe.

Der weise Mensch gibt nach und nach alle selbstsüchtigen Handlungen wie auch das Streben nach Reichtum und Vergnügen auf. Er verschenkt alles als selbstopfernde Wohltätigkeit. Oh Rāma, denke daran, dass nicht einmal die Leiden der Hölle so schmerzhaft sind wie das durch selbstsüchtige Handlungen verursachte Leiden. Reichtum ist eine Quelle endlosen Unheils, wirtschaftliches Gedeihen ist andauerndes Unglück, Genuss des Vergnügens ist unaufhörliche Krankheit. All dieses wird vom pervertierten Intellekt missverstanden. In dieser Welt ist die beste Medizin, das beste Tonikum und der allergrößte Glücksfall allein die Zufriedenheit. Das zufriedene Herz ist bereit für die Erleuchtung. Wende dich als erstes von der Weltlichkeit ab, nimm dann Zuflucht zu Satsang, ergründe die Wahrheit der Schriften und kultiviere das Desinteresse an Vergnügen – und du wirst die höchste Wahrheit erlangen.

VASISHTHA fuhr fort: VI.2:48

Wenn das Gemüt sich in Leidenschaftslosigkeit und in heiliger Gemeinschaft befindet und es durch Studium der Schriften kein Streben mehr nach Vergnügen gibt, verlangt es einen nicht mehr nach Reichtum – man behandelt auch eigenen Reichtum wie getrockneten Mist. Ein solcher Mensch sieht seine Verwandten und Freunde als Mitpilger auf dem Weg und hilft ihnen zu angemessener Zeit in angemessener Weise. Er haftet nicht an Abgeschiedenheit, Gärten, heiligen Plätzen, seinem eigenen Heim, Streichen und Spielen mit seinen Freunden oder an Diskussionen über die Schriften; mit all diesen Beschäftigungen verbringt er nicht viel Zeit.

Er ruht im höchsten Frieden. Der höchste Zustand ist das, was ist. Trennung und Uneinigkeit in ihm entsteht durch Unwissenheit, und diese Unwissenheit ist falsch und inexistent! Wer im Selbst gefestigt ist und unbewegt wie eine Marmorskulptur, wird nicht von den Sinnesobjekten beeinflusst. „Ich" und „die Welt", Zeit und Raum, Erkenntnis oder Leerheit – alle diese werden, auch wenn sie weiter existieren, vom Wissenden nicht erfahren. Man sollte jene Sonne in menschlicher Gestalt begrüßen, deren Persönlichkeit frei von rajas ist (ruheloser

Tätigkeit oder Unreinheit), die sogar sattva oder Reinheit transzendiert hat und in welcher die Finsternis der Unwissenheit keinen Platz hat. Der Zustand desjenigen, der alle Getrenntheit überwunden und dessen Gemüt zum Nicht-Gemüt geworden ist, ist jenseits aller Beschreibung. Der Höchste Herr, den er Tag und Nacht verehrt, beschenkt ihn mit dem höchsten Zustand des nirvana.

Der Höchste Herr ist weder weit entfernt noch unerreichbar. Das eigene, erleuchtete Selbst ist der Höchste Herr. Aus ihm kommen alle Dinge und in ihn kehren sie zurück. Alle Dinge hier verehren und beten ihn an, auf ihre eigene Art und immerwährend. Wenn das Selbst so in verschiedenen Formen von Geburt zu Geburt von jemandem verehrt wird, ist es erfreut. Wenn es erfreut ist, sendet das Selbst schließlich einen Boten, der das innere Erwachen und die Erleuchtung bewirkt.

Der Bote, den das Selbst sendet, ist viveka oder Weisheit. Sie wohnt im innersten Herzen. Diese Weisheit führt schließlich das graduelle Erwachen herbei von dem, der durch Unwissenheit konditioniert ist. Was dann erwacht, ist das innere Selbst – das ist das Höchste Selbst, und sein Name ist „OM". Es ist das allgegenwärtige Wesen. Das Universum ist sozusagen Sein Körper. Sämtliche Köpfe, Augen, Hände usw. gehören Ihm. Erfreut wird Es durch Japa, Wohltätigkeit, rituelle Verehrung, Studium und ähnliche Praktiken. Wenn dieses Selbst durch Weisheit oder viveka erwacht, dann geschieht eine innere Entfaltung – das Gemüt verschwindet und auch der Jiva. In diesem schrecklichen Ozean von Samsara ist Weisheit (viveka) allein das Boot, mit dem man übersetzen kann.

Das Selbst ist hoch erfreut über die verschiedenen Formen der Verehrung (wähle diejenigen, die dir gefallen). Es beschenkt einen mit dem reinen Botschafter namens viveka (Weisheit). Mit den Mitteln der Gemeinschaft mit Heiligen, dem Studium der Wahrheit der Schriften und der Erleuchtung bringt es den Jiva näher zum reinen uranfänglichen Zustand des Einsseins.

VI.2:49 VASISHTHA fuhr fort:

Sobald viveka oder Weisheit gestärkt und bestätigt ist und die Unreinheit der Konditionierung fortgewaschen ist, strahlt der Heilige mit einem außergewöhnlichen Glanz. Für ihn haben sowohl die inneren Ideen als auch die äußere Wahrnehmung der Welt aufgehört. Und doch – da alle diese aus der Unwissenheit geboren wurden, die falsch ist, hat nichts Wirkliches aufgehört zu sein. Die Welt ist nur eine Erscheinung – sie ist weder das Nicht-Selbst, noch ist sie grob oder physisch. Diese Elemente sind unwirklich, denn weder die Welt noch die Leerheit sind real. Brahman allein breitet sich aus, und Brahman allein erstrahlt.

Die Welt ist nicht materiell – Leerheit ist nirgendwo zu sehen. Das Gemüt wurde zum Nichts. Was verbleibt, ist die Wahrheit – unbeschreibbar, aber nicht nicht-seiend. Der Intellekt ist durch die einander widersprechenden Aussagen verwirrt, aber sobald die Wahrheit mit Hilfe der korrekten Methoden ergründet wird, wird sie realisiert. Wessen Intelligenz erwacht ist, der ist ein Wissender. Er ist verankert im nondualen Bewusstsein und sieht die Welt nicht als „die Welt".

Die Welterscheinung entsteht nur dann, wenn das unendliche Bewusstsein sich selbst als ein Objekt betrachtet; besser wäre es, wenn dies nicht geschehen würde. Aber wenn dies geschehen ist, wird dieses Bewusstsein veräußerlicht und materialisiert. Das Gemüt selbst ist das Gewahrsein der Materie und bindet sich an den Körper. All dies sind jedoch nur Ideen und verbale Zuschreibungen – all diese Unterscheidungen sind nur eingebildet. Das Selbst, welches Bewusstsein ist, wird niemals zu einem Objekt oder zu Materie. Sobald man in der Selbsterkenntnis verankert ist, werden sogar Worte wie „Bewusstsein" und „Unbewusstsein" bedeutungslos.

Der materielle Körper entsteht aus dem subtilen mentalen Körper aufgrund von ständigem Daran-Denken. Materie ist folglich unwirklich. Durch ständiges Denken von „ich bin verwirrt, ich bin verrückt" wird man verrückt; wenn man realisiert „ich bin nicht verrückt", erlangt man sein mentales Gleichgewicht zurück. Wird der Traum als Traum erkannt, kann er einen nicht mehr an der Nase herumführen. So wie der subtile Körper durch beständiges Daran-Denken zu einem groben materiellen Körper wird, so kann dieser Prozess durch richtiges Denken rückgängig gemacht werden. Durch beständige rechte Kontemplation sollte man den subtilen Körper zu seinen wirklichen Zustand als Jiva führen und dann hin zu Brahman.

Solange und bis diese beiden (Materie und Gemüt, das Grobe und das Subtile) nicht als das eine unendliche Bewusstsein realisiert werden, sollte der weise Sucher danach streben, beide zu reinigen und ihre wahre Natur zu ergründen. Wer in der Selbsterkenntnis verankert ist, wird auch nicht durch schlimmste Unglücksfälle erschüttert – nicht einmal falls es Feuer und Schwefel regnen oder die Erde sich in Luft auflösen oder eine große Flut alles auf der Erde verschlucken sollte. Wer mit der höchsten Leidenschaftslosigkeit versehen ist, erfreut sich im diamantengleichen Samadhi (Vajra Samadhi). Der innere Friede, den man aus solcher Leidenschaftslosigkeit erlangt, kann nicht verglichen werden mit dem Frieden, der aus Entsagungspraktiken usw. entsteht.

VASISHTHA fuhr fort: VI.2:50

Alle diese in den zehn Himmelsrichtungen gesehenen Wesen gehören einer oder mehreren der folgenden Kategorien an: Einige befinden sich im Traum-Wach-Zustand, andere in einem von Vorstellungen geprägten Wachzustand, andere wiederum in einem reinen Wachzustand; wieder andere befinden sich in einem langen Wachzustand, andere in einem groben Wachzustand, wiederum andere im Zustand eines Wachtraums, während andere in einem abnehmenden Wachzustand leben.

Oh Rāma, in einem gewissen früheren Weltzyklus, in einem bestimmten Winkel der Schöpfung verharren einige Wesen in einem Zustand des Tiefschlafs, obwohl sie lebendig sind. Die Träume, die sie träumen, erscheinen als dieses Universum. Sie befinden sich in was man den träumenden Wachzustand nennt. Wir alle sind ihre Traumobjekte. Aufgrund der Tatsache, dass ihr Traum sehr lange dauert, erscheint er uns real und als ein Wachzustand. Und in all diesem sind die Träumer weiterhin die Jivas. Da das Allgegenwärtige allwissendes Bewusstsein ist, existiert alles überall. Daher existieren wir als die Traumobjekte der Träume dieser ursprünglichen Träumer. In dieser Traumwelt wird man befreit, wenn man die Verblendung zurückweist. Oder man betrachtet sich selbst entsprechend der Idee, die man von sich hat, als einen anderen Körper. Die Welterscheinung, die aufgrund dieser Idee in Erscheinung tritt, wird dann von ihm auch so erfahren.

In einem gewissen Weltzyklus an irgendeinem Ort lebten einige Wesen in einem Wachzustand, in dem sie verschiedene Vorstellungen hatten, die wiederum verschiedene Kreaturen entstehen ließen. Diese befinden sich in einem von Vorstellungen geprägten Wachzustand. Aufgrund der Nachhaltigkeit der Ideen, die sie entstehen ließen, sind sie fest darin verankert. Auch wenn diese Ideen aufhören, existieren sie doch aufgrund ihrer eigenen vergangenen Ideen fort.

Diejenigen, die zu Beginn des expandierenden Bewusstseins Brahmās, als es weder Schlaf noch Traum gab, aufgetaucht sind, leben im reinen Wachzustand. Sie befinden sich, wenn sie durch weitere Wiederverkörperungen gehen, in einem langen oder fortgesetzten Wachzustand. Befinden sie sich dagegen in einem verdichteten Zustand von Bewusstsein, der Unbewusstsein ist, dann sagt man von ihnen, dass sie im groben Wachzustand sind.

Diejenigen, die nach dem Anhören der Schriften den Wachzustand als Traum betrachten, befinden sich im Zustand des Wachtraums. Sobald sie voll erwacht sind und schließlich im höchsten Frieden ruhen, nimmt die Grobheit ihrer Wahrnehmung der Welt im Wachzustand ab. Diese, die sich in einem an Vergröberung abnehmenden Wachzustand befinden, erlangen dann turīya oder den vierten Zustand des Bewusstseins.

Dies sind die sieben Zustände, in denen die verschiedenen Wesen existieren. In Wahrheit sind auch diese nur ein einziger Ozean des Bewusstseins, so wie die sieben Ozeane nichts als eine einzige Masse Wasser sind.

VI.2:51 RÂMA fragte:

Hoher Herr, wie entsteht der reine Wachzustand und wie existieren Wesen ohne irgendeine Ursache oder Beweggrund in einem solchen Zustand?

VASISHTHA erwiderte:

Oh Rāma, ohne Ursache entsteht keine Wirkung. Der reine Wachzustand entsteht deshalb auch nicht, noch tritt der ganze Rest dieser scheinbaren Schöpfung überhaupt ins Dasein. Nichts wird erschaffen und nichts wird vernichtet – all diese Beschreibungen dienen nur der Unterweisung.

RÂMA fragte erneut:

Wer hat die Körper, das Gemüt usw. erschaffen und wer täuscht alle diese Wesen durch die Fesseln namens Freundschaft, Vorlieben usw.?

VASISHTHA erwiderte:

Oh Rāma, niemand erschafft diese Körper zu keiner Zeit, und niemand täuscht Wesen zu keiner Zeit. Bewusstsein ist anfangslos und ewig – es allein existiert als alle diese verschiedenen Wesen. Nichts befindet sich außerhalb dieses Bewusstseins, obgleich es als außerhalb von sich selbst erscheint. Dieser Anschein taucht auch in ihm selbst auf – wie ein Keimling aus dem Samen. Dieses Universum existiert innerhalb des Bewusstseins wie eine noch nicht herausgehauene Figur in einem Marmorblock. Dieses Bewusstsein ist überall, innen und außen. Es breitet sich aufgrund von Raum und Zeit als diese Welterscheinung aus – so wie sich der Duft der Blüten verbreitet. „Dies“ selbst ist „die andere Welt“. Lasst uns diese mentale Konditionierung beenden, die eine andere Welt erschafft. Woher entstehen Ideen von anderen Welten, wenn sie aufgegeben worden sind?

Das Selbst allein ist wirklich, ohne Konzepte wie Zeit, Raum und ähnliche Ideen; das Selbst jedoch ist keine Leerheit. Diese Wahrheit wird nur von denjenigen realisiert, die im höchsten Zustand verankert sind, aber nicht von denen, die im Ich-Sinn verweilen. Für jemanden, der die Wahrheit realisiert hat, sind die vierzehn Welten seine eigenen Glieder. In seiner Sichtweise hört die Trennung zwischen Traum- und Wachzustand auf. Sobald diese Welterscheinung als reines Bewusstsein gesehen wird, wird sie wie ein Traum. So wie alles ins Feuer geworfene eines wird (Asche), so werden sämtliche Zustände zusammen mit der Welterscheinung durch das Feuer der Weisheit zu Einem reduziert.

Das Bewusstsein allein erscheint als dieses grobe Universum. Sobald dies erkannt wird, hört der Glaube an die Existenz der Materie auf. Damit hört auch der Wunsch nach dem Besitz von Materie auf. Man lebt im eigenen inneren Frieden. Wird das Selbst weder als Welt noch als Leerheit erkannt, bleibt alles so, wie es wirklich ist. Der Weise der Selbsterkenntnis hat Samsara überquert und das Ende allen Karmas erreicht.

VASISHTHA fuhr fort: VI.2:52

Die Vorstellung der Existenz der Welt taucht im Unwissenden so auf, wie das Gewahrsein seiner verschiedenen Äste im „Gemüt“ eines Baumes auftauchen mag! Diese illusorische Wahrnehmung einer objektiven Welt, genannt „avidyā“ oder „Unwissenheit“, existiert tatsächlich nicht – sie ist so real wie Wasser in einer Luftspiegelung (Klang ohne Substanz). Aber halte zum Zweck des klaren Verständnisses diese Unwissenheit einen Moment lang für real und höre zu. Danach wirst du verstehen, dass sie tatsächlich nicht existiert.

Was immer hier erscheint, verdirbt am Ende des Weltzyklus. Niemand vermag diese totale Zerstörung abzuwenden. Nur Brahman existiert dann noch. Diese Erkenntnis ist nicht wie eine durch Drogen hervorgerufene Erfahrung, denn wir wissen mit Gewissheit, dass der Körper wie ein Traumobjekt ist und Bewusstsein allein real ist. Diese Welterscheinung verdirbt wieder und wieder. Was geht zugrunde und wie kommt es wieder und wieder ins Dasein? Wenn man davon ausgeht, dass alle diese Objekte irgendwo im Raum verborgen weiter existieren, dann muss man auch zugeben, dass sie nicht einmal während der kosmischen Auflösung vernichtet wurden.

Es gibt eine Ähnlichkeit zwischen Ursache und Wirkung. Da es für diese Welterscheinung keine Ursache gibt, ist sie auch keine Wirkung. Eines allein ist. Die zahllosen Äste, Blätter, Blüten und Früchte des Baumes sind nur die Ausbreitung des winzigen Samens. Es gibt keinen Grund, eine kausale Verursachung zu erfinden. Der Same ist die einzige Realität. Sobald die Wahrheit ergründet wird, erkennen wir, dass das eine Bewusstsein allein als Wahrheit verbleibt.

Am Ende des Weltzyklus hören alle diese Objekte der Wahrnehmung auf zu sein. Das eine Selbst, welches Bewusstsein ist, verbleibt als einziges und dies ist unbeschreiblich und jenseits von Denken und Erklärung. Nur der Weise der Selbsterkenntnis erfährt dies – andere lesen nur diese Worte. Denn da ist weder Raum noch Zeit, weder Sein noch Nicht-Sein, weder Bewusstsein noch Unbewusstsein. Ich habe dies hier auf negative Weise beschrieben, weil auch die Schriften dies so tun. In meiner Sichtweise ist es reiner und höchster Friede. In diesem existieren die unendlichen Möglichkeiten wie Figuren im unbehauenen Marmorblock. Das höchste Selbst ist daher zur selben Zeit mannigfaltig und nicht mannigfaltig. Nur wenn du keine Selbsterkenntnis besitzt, tauchen in dir Zweifel auf.

Die Wahrnehmung von Vielfalt geschieht wegen der Getrenntheit, die im Selbst auftaucht. Das Selbst jedoch ist ohne jedwede Getrenntheit in Raum, Zeit usw. Das Selbst ist das Substratum und die ungeteilte Realität von Zeit, Raum usw. – so wie der Ozean aus Wellen besteht. Die Realität ist daher ungeteilt und geteilt, sie ist und ist nicht. Das nicht herausgehauene Bildnis im Marmorblock mag man irgendwann herausmeißeln, jedoch ist es unmöglich, die Welt aus dem unendlichen Bewusstsein herauszuholen. Obwohl es geteilt erscheint und doch ungeteilt ist, scheint es nur von der Totalität verschieden zu sein und ist doch nicht wirklich verschieden von dieser.

VI.2: VASISHTHA fuhr fort:

53,54 Die Realität ist das unendliche, ungeteilte Bewusstsein, welches, da es kein Objekt der Beobachtung ist, nicht kennbar ist. Brahmā, Vishnu, Rudra usw. sind Namen, die durch wiederholte Verwendung als real angesehen werden. Die Schöpfung, die weder eine Ursache noch einen Grund hat, ist inexistent. Jedoch vermag man weder mit Gewissheit zu sagen, dass da Nicht-Existenz ist, noch dass da etwas existiert.

Wenn das eigene Gemüt in vollkommener Stillheit ruht, dann ist das, was ist, die Realität. In dieser Realität scheint die Welt zu sein. Die Welterscheinung entsteht nicht aus dem Nichts! Daher muss man schlussfolgern, dass Brahman allein ist – sogar in der Gestalt dieser Schöpfung. Die Schöpfung ist nichts als ein Wort, ein Name. Die Wirklichkeit ist Brahman. „Ich“, „du“ und „die Welt“ sind Namen, die in Brahman als Brahman existieren.

Der Ozean, die Berge, die Wolken, Erde usw. sind alle das Ungeborene und unerschaffen. Dieses Universum existiert in Brahman als die Große Stille (kashtha mauna – die Stille eines Holzklotzes). Der Seher existiert in der Szene als Sehen – aufgrund seiner eigenen Natur. Der Täter existiert als Tat, denn es gibt für ihn keinen Grund, irgendetwas zu tun. Es gibt in ihm weder einen Kenner noch einen Täter, weder Leblosigkeit noch einen Erfahrenden, weder Leerheit noch Substanz. Leben und Tod, Wahrheit und Falschheit, Gut und Böse – alle diese sind von gleicher Substanz, wie Wellen im Ozean. Die Trennung zwischen dem Seher (Subjekt) und der Szene (dem Objekt) ist Fantasie.

Die Ursache dieser Schöpfung ist nicht auffindbar, wie sehr man sich auch bemühen mag. Was ohne Grund und Ursache strahlt, ist gewiss inexistent, es sei denn als Illusion. Es existiert als es selbst und es erstrahlt, weil es selbst ist, ohne eine Schöpfer-Schöpfung-Beziehung.

RÂMA fragte:

Man sieht, wie im Samen des Banyan-Baumes der gesamte Baum verborgen liegt. Weshalb sollten wir dann nicht davon ausgehen, dass auch die Welt auf diese Weise in Brahman verborgen liegt?

VASISHTHA antwortete:

Die Möglichkeit einer solchen Schöpfung bestünde, falls ein solcher Same und die zusammenarbeitenden Ursachen existieren würden. Wo sollten jedoch die Samenform und die zusammenarbeitenden Ursachen sein, wenn doch sämtliche Elemente während der kosmischen Auflösung aufgelöst werden? Wenn das unendliche, unteilbare Bewusstsein allein die Wahrheit ist, gibt es weder Raum für die Existenz auch nur eines subatomaren Partikels und noch viel weniger für einen Samen dieser Schöpfung. Was auch immer das höchste Wesen ist, das ist auch dieses Universum. Das eine unendliche Bewusstsein ersinnt sich selbst als das falsche innerhalb des falschen und als reines Bewusstsein in reinem Bewusstsein. So wie Raum (Entfernung) im Raum existiert, so existiert all dies in Brahman.

VASISHTHA fuhr fort: VI.2:55

Da es von Beginn an weder eine Ursache noch einen Beweggrund für das Erscheinen einer Schöpfung gab, gibt es weder Sein noch Nicht-Sein, weder grobe Materie noch subtiles Gemüt, weder bewegliche noch unbewegliche Objekte. Bewusstsein ist ohne Form und kann nicht diese Welt aus Namen und Formen erschaffen, da Ursache und Wirkung identisch sind und nur etwas, was selbst Form hat, sich selbst in andere Formen verwandeln oder solche erschaffen kann. Das Selbst bleibt allezeit das Selbst und fantasiert innerhalb des ungeteilten Bewusstseins all diese verschiedenen Objekte. Was auch immer dieses Bewusstsein als in sich selbst seiend erfährt, dass allein „nennt" man dann die Welt oder diese Schöpfung.

Wisse, dass das eine Brahman allein existierte, gänzlich friedvoll und homogen, bevor all dies geschah (d.h. wenn man realisiert, dass all dies unwirklich und inexistent ist). Unendliches Bewusstsein ist unendliches Bewusstsein, Wasser ist Wasser. Da diese „Schöpfung" vom Bewusstsein heraufbeschworen wird, scheint sie auch so erschaffen zu sein. So wie die Welt, von der man träumt, eine illusorische Erscheinung im eigenen Bewusstsein ist, so erscheint im Wachzustand diese Welt im Bewusstsein als Bewusstsein.

In der ursprünglichen Schöpfung nennt man den Traum des ungeteilten Bewusstseins den Wachzustand (die Welt, die im Wachzustand erfahren wird). Der Traum, der im Bewusstsein der Wesen, welche in dieser Unwissenheit entstehen, wird der Traumzustand genannt. Dieser fantasievolle Traum hat sich durch beständige Wiederholung in dieser Welt „materialisiert". Der Fluss ist nichts als Bewegung von Wasser – die Schöpfung ist nichts als die Fantasie des unendlichen Bewusstseins.

Es ist nicht richtig zu denken, dass „Tod" ein Zustand von Seligkeit ist wegen der totalen Vernichtung des Selbst. Es ist vielmehr ein Zustand von Leerheit (wie Raum). Die Vision von Samsara wird erneut auftauchen. Sollte es Furcht aufgrund böser Taten geben, dann sind die Konsequenzen hier oder „dort" dieselben. Folglich gibt es keinen fundamentalen Unterschied zwischen Leben und Tod. Wen man dies weiß, erlangt man den Frieden des Gemüts. Wenn die Wahrnehmung der Vielfalt erlöscht, taucht die Vision der Einheit auf. Dies nennt man Befreiung. Ob diese Schöpfung ist oder nicht ist – es gibt dann sowohl ein vollkommenes Verstehen der Abwesenheit der Objekte wie auch die Erfahrung der Unteilbarkeit des Unendlichen. Werden aufgrund dessen das Objekt und auch das Subjekt beiseitegelegt, dann herrscht großer Frieden. Im höchsten Selbst natürlich gibt es weder Bindung noch Befreiung.

Wer diese Wahrheit zu realisieren vermag, erlangt nirvana. Diese Welterscheinung, die nichts als eine leichte Bewegung im Bewusstsein ist, wird von diesem Menschen ebenfalls als nirvana realisiert. Er erkennt, dass diese Schöpfung keine Vielfalt, sondern in Wahrheit reines Brahman allein ist.

VI.2:56 VASISHTHA fuhr fort:

Die reine Leerheit existiert überall auf jede nur denkbare Weise immer in diesem Raum, der Bewusstsein ist. Bewusstsein existiert hier und anderswo in der Gestalt dieser Schöpfung – nirgendwo gibt es Unbewusstsein, weil all dies nur reines Bewusstsein ist. Sogar das, was Materie zu sein scheint, ist nichts als reines Bewusstsein. Höre dir in diesem Zusammenhang, oh Rāma, die folgende Geschichte vom Felsen an, den ich selbst gesehen habe.

Einmal wollte ich sämtlichen Tätigkeiten in dieser Welt entsagen, nachdem ich klar verstanden hatte, was es zu wissen gab. Ich wollte unaufhörlich und ohne Unterbrechung in völliger Abgeschiedenheit meditieren. Ich zog mich an einen einsamen Ort zurück und dachte wie folgt nach:

Die gesamte Welt ist wertlos und ohne Belang. Nichts in dieser Welt kann mir auch nur das geringste Glück geben. Was sehe ich und wer bin ich? Um die richtigen Antworten zu finden, muss ich an einen Ort gehen, der weder von Dämonen noch von Göttern erreicht werden kann und dort in völliger Abgeschiedenheit ohne Furcht vor Ablenkung meditieren.

Wo finde ich einen solchen Ort? Die Wälder sind erfüllt vom Lärm der fließenden Gewässer und der umherstreifenden Löwen. So wie die Stadt voll Menschen und Störung ist, so ist auch der Ozean voll von den verschiedensten Ablenkungen. Nicht einmal die Höhlen sind frei von Ablenkung – in ihnen ertönt das Heulen des Windes, und sie sind voll Schlingpflanzen usw. Die Seen sind oftmals Tummelplatz der Menschen wie auch der Himmelsbewohner und Dämonen und deshalb voller Ablenkungen. Nachdem ich so all die Orte auf Erden geprüft hatte, entschloss ich mich, ins Weltall zu gehen. Aber selbst dort fand ich Ablenkungen vor, verursacht durch Wolken, Himmelsbewohner und Dämonen, astrale Körper und abgeschiedene Seelen.

Nachdem ich alle diese Orte verlassen hatte, ging ich zu einem einsamen Ort; weit, weit weg, nicht einmal die natürlichen Elemente waren dort vorzufinden. An diesem einsamen

Platz stellte ich mir sodann eine Einsiedelei vor. Ich machte sie mit Hilfe meines eigenen Gemüts unzugänglich für andere Lebewesen. Ich setzte mich in die Lotosposition. Mein Gemüt machte ich ganz still. Ich entschloss mich, in dieser Position für hundert Jahre in Samadhi zu sitzen. Entsprechend dem Gesetz, dass man erblickt, woran man sehr lange denkt, materialisierten sich meine Fantasiewünsche und breiteten sich vor meinen Augen aus. Die hundert Jahre vergingen wie im Nu, denn wenn das eigene Gemüt vollkommen konzentriert ist, nimmt man die Zeit nicht mehr wahr.

Als diese Periode endete, begann mein Gemüt sich zu erweitern und auszubreiten. Sämtliche Kobolde von „ich" und „du" krochen auf mich zu, zusammen mit der Lebenskraft, die sich in mir zu regen begann. Im selben Augenblick entstanden Wünsche in meinem Herzen und ich konnte nicht sagen, woher und wie sie kamen!

RÂMA fragte: VI.2:57

Oh Weiser, wie kam es, dass der Ich-Sinn sogar im Falle der Person, die im nirvana verankert ist, auftauchen konnte?

VASISHTHA antwortete:

Der Körper kann ohne den Ich-Sinn nicht existieren, und dies gilt unabhängig davon, ob einer ein Wissender ist oder nicht. Was am Leben erhalten werden muss, bedarf einer Grundlage und kann ohne sie nicht existieren. Es gibt da jedoch einen entscheidenden Unterschied, den ich dir nun erläutern werde.

Der kleine Knabe genannt „Unwissenheit" hat diesen Kobold genannt „Ich-Sinn" erschaffen, der in uns zu existieren scheint und nicht erkannt wird. Diese Unwissenheit ist eine Nicht-Wesenheit, da sie bei Ergründung als nicht-existierend erkannt wird; Dunkelheit existiert nicht, wenn man sie mit einer Lampe sucht. Sobald man nach diesem Kobold namens Unwissenheit Ausschau hält, ist er unauffindbar. In der Abwesenheit der Ergründung jedoch und so lange man an ihn glaubt und sich von ihm beeinflussen lässt, breitet er sich aus und setzt sich fest. Diese Welt wird von dieser Unwissenheit erschaffen, die nur für den Unwissenden real ist; sie ist aber nicht real. Dieses (unendliche Bewusstsein oder Brahman) ist jenseits des Gemüts und der Sinne und kann daher nicht die Samenursache für die Existenz von etwas sein, was das Objekt des Gemüts und der Sinne ist. Wie kann es einen Keimling geben, wenn kein Same existiert?

In diesem unendlichen Bewusstsein ist das, was als das erschaffene Universum erscheint, eine bloße Fantasie. Dieses Bewusstsein allein nennt man Ishvara oder Gott und auch diese Schöpfung. Es ist wie eine eigene Traumschöpfung, was für jedermann eine Alltagserfahrung ist. Weil der Träumer ein bewusstes Wesen ist, scheinen die Traumobjekte eine eigene Intelligenz und ein eigenes Gemüt zu besitzen. Auf dieselbe Weise scheint diese Nicht-Schöpfung namens Universum unabhängiges Sein und eigene Intelligenz zu besitzen – als ob es erschaffen worden wäre. Aber da existiert keine Schöpfung als solche – das eine Brahman existiert als Brahman. Welche Idee auch immer in diesem Brahman auftaucht, wird von Brahman wie ein

Objekt der Erfahrung erfahren. Dieses Brahman selbst bildet sich ein, dass all dies „Schöpfung" ist. Aber der Erfahrende, das Erfahren und die Erfahrung ist eines und unteilbar. Und genau so sind Brahman, die Idee der Schöpfung sowie die Schöpfung selbst nichts als Brahman. Wie kann dann der Ich-Sinn oder die falsche Idee des „ich" auftauchen?

So habe ich dir nun also erklärt, wie man dieses Gespenst des Ich-Sinns, das bei rechtem Verstehen verschwindet, zu Fall bringt. Der Ich-Sinn wurde von mir klar und auf die rechte Weise erkannt. Und selbst wenn er auch jetzt noch in mir aufzutauchen scheint, so ist er doch wirkungslos wie gemaltes Feuer. So bin ich den Ich-Sinn losgeworden. Ich existiere im Raum, als wäre ich außerhalb davon und in der Schöpfung so, als wäre ich außerhalb von ihr. Weder gehöre ich zum Ich-Sinn, noch gehört dieser zu mir oder existiert in mir. In meiner Sichtweise bin ich nicht noch gibt es da andere – alles ist und nichts ist.

VI.2: VASISHTHA fuhr fort:

58,59 Die Geschichte vom Felsen, die ich dir nun erzählen werde, oh Rāma, wird gänzlich klar machen, wie es innerhalb eines Felsens tausende von Schöpfungen gibt. Auch in diesem physischen Raum gibt es zahllose Schöpfungen. Tatsächlich existieren in jedem Element oder Objekt zahllose Kreaturen. Jedoch existieren sie alle nicht als reale Substanzen oder Wesenheiten, sondern nur in diesem unteilbaren, unendlichen Bewusstsein. Von Beginn an wurde nichts je geschaffen. Brahman allein existiert als Brahman, als Raum, Luft, Feuer, Wasser, Erde, Berge usw. Zwischen Brahman und der Schöpfung gibt es keine Getrenntheit oder Dualität, denn dies sind nur Worte ohne Bedeutung. Sogar „Einheit" und „Dualität" sind nur bedeutungslose Worte. Das, was diese Ideen von Einheit und Dualität erschafft, erschafft auch die Ideen von Brahman und der Schöpfung. Wenn diese Ideen aufgehört haben, gibt es da einen großen inneren Frieden, selbst wenn man noch tätig ist. Alles ist nirvana. Die wahrgenommene Schöpfung ist wie der Himmel (leer, obgleich scheinbar mit Form und Farbe). Gewahre das gesamte Universum wie aus dir, mir, Bergen, Göttern und Dämonen usw. zusammengesetzt, so wie du auch die Schöpfungen und Ereignisse eines Traums wahrnimmst.

Die Welt im Felsen

Nachdem ich einhundert Jahre im Samadhi verblieben war, kehrte ich ins Körperbewusstsein zurück und vernahm ein Seufzen. Ich lauschte und versuchte herauszufinden, was es sein könnte. Ich befand mich weit, weit weg im Weltall und fragte mich daher, wie mir hier eine Person oder auch nur eine Biene so nahe sein konnte? Außerdem konnte ich niemanden sehen. Ich entschloss mich, die Sache näher zu untersuchen. Ich vertiefte mich erneut im Samadhi. Ich brachte Gemüt und Sinne zur Ruhe. Ich verschmolz mit dem unendlichen Bewusstsein. Ich sah in diesem Bewusstsein das Spiegelbild von zahllosen Universen. Ich konnte überall hingehen und alles betrachten. Ich sah zahllose Schöpfungen, die voneinander nicht das Geringste wussten. Einige traten gerade ins Dasein, während andere im Begriff waren unterzugehen. Alle besaßen verschiedene, abschirmende Atmosphären um sich herum (fünf bis zu sechsunddreißig solcher Atmosphären). In jedem fanden sich andere Elemente, die wiederum von verschiedenen Wesen in verschiedenen Stadien der Evolution mit unterschiedlichen Naturen und Kulturen bewohnt waren. Manche trugen weitere Universen in sich, während andere Kreaturen enthielten, deren Existenz du nicht einmal für möglich halten würdest. In einigen gab es eine anscheinend natürliche Ordnung, während andere sich in gänzlicher Unordnung befanden. Manche kannten kein Licht und hatten daher auch kein Zeitempfinden.

All dies war die Frucht des einen, unteilbaren Bewusstseins. Wie und wann sie aufgetaucht sind, ist unmöglich festzustellen. Nur eines ist gewiss – sie sind die Schöpfungen der Unwissenheit. In dieser Schöpfung sind die Götter und Dämonen so zahlreich wie Moskitos. Ob man diese Universen nun als die Schöpfungen des höchsten Schöpfers oder als falsche Ideen erachtet, so ist es doch gewiss, dass sie das unendliche Bewusstsein sind, nicht-verschieden und nicht unabhängig von diesem. Sie ruhen wie leblose Realitäten in den Beschreibungen der Schriften. Auf diese Weise gewahrte ich all diese unendlichen Schöpfungen.

VASISHTHA fuhr fort: VI.2:60

Schließlich richtete sich meine Aufmerksamkeit auf die Ursache des Seufzens. Ich sah eine Frau, die strahlte und alle Himmelsrichtungen erleuchtete. Sie war in höchstem Maße kultiviert. Sie kam freundlich auf mich zu und sprach mit süßer Stimme: „Oh Weiser, du hast wahrhaftig das Böse wie die Lust, den Zorn und die Gier überwunden. Dein Gemüt ist völlig frei und unangehaftet. Ich grüße dich und verehre dich.“ Da ich nun wusste, woher der Seufzer kam, entschloss ich mich weiterzugehen, da ich mit dieser Frau nichts zu tun hatte.

Ich sah dann viele Universen, deren Vielfalt meine Neugier erweckte. Ich wollte mehr und mehr von dem Glanz dieser Schöpfungen sehen. Nach einiger Zeit gab ich diese Idee auf, da ich wusste, dass es nur Illusion ist, und ich verblieb im unendlichen Bewusstsein. Unverzüglich verschwanden alle diese Wahrnehmungen von Vielfalt. Es gab da nur noch reines Bewusstsein und nichts sonst. Dies ist die Wahrheit – alles andere ist Einbildung, Vorstellung, Verblendung oder illusorische Wahrnehmung.

Weil die gesamte Schöpfung von dieser Unwissenheit oder Verblendung eingehüllt ist, wissen die Bewohner einer Schöpfung oder eines Universums oder einer bestimmten Welt nichts von der Existenz der anderen. Diese verschiedenen Welten sind der Ideen oder Schöpfungen anderer nicht gewahr – so wie die im selben Raum schlafenden Leute die Schlachtrufe nicht wahrnehmen, die sich in den Träumen der anderen abspielen. Ich sah in diesen Universen tausende von Brahmās, Vishnus und Rudras. Alle befanden sich im Bewusstsein, waren Bewusstsein, und Bewusstsein allein ist all dieses – daher sah ich all dieses nur als Bewusstsein und nichts anderes.

Rāma, wenn du etwas betrachtest und sagst: „Dies ist so und so", leuchtet nur Bewusstsein als „so und so", wobei in Wahrheit dieses Bewusstsein allein als es selbst existiert; Namen und Formen dagegen existieren da nicht. Nur dieser Raum oder diese Ebene des Bewusstseins existiert überall und immer, und das nennt man dann die Welt. Die Wahrnehmung von Objekten hier (was wir dann als das Wissen über dieses Objekt bezeichnen) ist die einzige Unwissenheit oder Täuschung. Ich erkannte ferner, dass Raum oder die Ebene des Bewusstseins allein existiert. Mit erleuchteter Intelligenz erfuhr ich außerdem die letztgültige Wahrheit über all dieses – nämlich dass alles reines, unteilbares, unendliches Bewusstsein ist. Aufgrund der Beharrlichkeit der wahrgenommenen Vielfalt sah ich darin zahllose Vasishthas, zahllose Zeitalter und Weltzyklen und viele Äonen, in denen Rāma wirkte. All dies kommt zum Vorschein, wenn die Wahrnehmung von Vielfalt entsteht. Sobald aber die Realisation der Wahrheit auftaucht, wird alles als reines, unteilbares, unendliches Bewusstsein gesehen. Im Unendlichen gibt es natürlich weder Namen noch Formen, auf die man sich als „dies ist die Welt oder die Schöpfung" beziehen könnte. Brahman allein existiert als Brahman.

VI.2: VASISHTHA fuhr fort:

60,61 Brahman ist eins, und all dies sind Erscheinungen, die im Licht von Brahman manifest werden, ohne dass dieses die Absicht dazu hegt. Aufgrund dessen taucht dann die großartige Vielfalt der Erfahrungen auf. Zum Beispiel mag es dann in manchen Universen heißes Mondlicht und kühles Sonnenlicht, gute Sicht in der Dunkelheit und Blindheit im Tageslicht, Gutes das zerstört und Böses das erschafft, gesundmachende Gifte und tödlichen Nektar geben. Dies geschieht entsprechend der Ideen, die im Bewusstsein auftauchen. In manchen Universen gibt es keine Frauen und daher keine Sexualität, während in anderen herzlose Leute leben. In manchen Universen besitzen die Leute nicht ein einziges Sinnesorgan. In anderen existieren nur ein oder zwei der Naturelemente, und doch werden sie von Lebewesen bewohnt, die sich an die dort herrschenden Bedingungen angepasst haben.

All dies taucht als Bewusstsein im Bewusstsein durch Bewusstsein auf – genannt wird dies dann das Gemüt.

RÂMA fragte:

Wie konnte überhaupt die Idee einer nächsten Schöpfung entstehen, wenn doch alles am Ende des Weltzyklus und während der kosmischen Auflösung Befreiung erlangt:

VASISHTHA fuhr fort:

Oh Rãma, Brahman ist eine unbeschreibbare Masse kosmischen Bewusstseins. Die Schöpfung ist sein eigentliches Herz und deshalb nicht verschieden von ihm. Sie wird auf mysteriöse, nicht reale Weise als Schöpfung wahrgenommen. Wenn die Schöpfung falsch ist, wie kann man behaupten, dass sie eines Tages wieder vergehen wird? Auch die kosmische Auflösung usw. sind sozusagen nur Glieder von Brahman. Solche Einteilungen tauchen nur in der Unwissenheit auf. Folglich stirbt und vergeht weder etwas zu irgendeinem Zeitpunkt, noch tritt irgendetwas ins Dasein. Die höchste Wahrheit oder Bewusstsein ist unzerstörbar durch Waffen, Feuer, Wind und Wasser. Sie wird nicht von denen realisiert, die nichts von ihr wissen. Das Universum, welches das Herz dieser Wahrheit ist, ist wie diese – weder wurde es geboren, noch wird es vergehen. Die Erfahrung seiner Existenz oder Nicht-Existenz taucht zusammen mit dem Erscheinen und Aufhören der entsprechenden Idee auf. Daher sind Worte wie „Weltzyklus", „kosmische Auflösung" usw. nur Klänge ohne Substanz. Das Gespenst erscheint und verschwindet nur im Herzen desjenigen, der an es glaubt. Was als Geburt, Tod, Schmerz, Vergnügen, Form und Formlosigkeit gesehen wird, sind nur die Glieder des einen Wesens. Unter ihnen gibt es keinerlei Getrenntheit, so wie es zwischen den verschiedenen Teilen eines Baumes keine Getrenntheit geben kann. Wenn diese Wahrheit nicht erkannt wird, taucht diese scheinbare Getrenntheit auf. In Brahman gibt es weder Wissen noch Unwissenheit – es ist jenseits von Bindung und Befreiung. Diese Erkenntnis ist Befreiung.

RÂMA fragte: VI.2:62

Hast du all dieses von dem Ort aus gesehen, an dem du dich befandest, oder bist du umhergeschweift?

VASISHTHA erwiderte:

Ich hatte bereits das unendliche Bewusstsein erlangt. In diesem gibt es kein Kommen und Gehen. Weder blieb ich an diesem einen Ort noch schweifte ich umher. Ich war Zeuge von all dem innerhalb des Selbst, welches die Form dessen angenommen hatte, was ich als Zeuge wahrnahm. So wie du deinen Körper von Kopf bis Fuß sogar mit geschlossenen Augen zu sehen vermagst, so sah ich alles mit dem Auge des Bewusstseins. Es ist wie ein Traum: Was auch immer in dem Traum erfahren wird, ist reiner Raum (Dimension) des Bewusstseins. Ich gewahre all dieses auch jetzt, weil ich erleuchtet bin. Ich bin eins mit all den erleuchteten Wesen, ich kenne sie als mein eigenes Selbst ohne die Getrenntheit von Subjekt, Objekt und Beobachtung, da nur das eine Bewusstsein als Unteilbares existiert.

Als Antwort auf die Frage betreffend die Dame antwortete VASISHTHA:

Auch sie stand mit einem Raumkörper zusammen mit mir im Raum. Ich hatte sie zuvor nicht bemerkt. Obgleich sie einen Raumkörper besaß, konnte sie mit mir, der ich ebenfalls einen Raumkörper besaß, auf kultivierte Weise und mit angenehmer Redeweise kommunizieren, wie wenn man im Traum mit jemand anderem spricht. Wie kannst du dich der Existenz der inneren Sinne vergewissern? Ähnlich diesen hatten wir Körper. Wahr ist dies in meinem Fall, in ihrem, in deinem und allen sonstigen. So wie man im Traum Kriege erlebt, so erfahren die Menschen die Ereignisse in dieser Schöpfung als etwas Reales. Alle Vergleiche jedoch sind unangemessen – Wahrheit ist jenseits der Worte. Wenn man gefragt wird: „Wie siehst du einen Traum?“ kann man nur antworten: „So wie du ihn siehst“. All dies dient nur deinem Verständnis. Die Wahrheit besteht darin, dass dieses Universum wie auch alles von dir im Traum gesehene nichts als Brahman ist.

Einen wesentlichen Unterschied zwischen dem Traumzustand und dieser sichtbaren Schöpfung gibt es nicht. Die Erfahrung, die unmittelbar dem Wachzustand vorausgeht, wird Traum genannt; die Erfahrung oder Wahrnehmung, die zu Beginn der Welterschaffung aufsteigt, wird Wachzustand genannt. Die Erfahrung der Existenz der Welt ist ein langer Traum oder eine Leerheit. Sie ist reines Bewusstsein, weil sie in der ewiglichen Wirklichkeit wurzelt. Du bist der Zeuge oder Beobachter deines eigenen Traums – ebenso ist das unendliche Bewusstsein der Beobachter dieses langen Traums namens Schöpfung. So wie der Beobachter und das Beobachtete Bewusstsein sind, so ist auch das in der Mitte befindliche (die Beobachtung) das reine, unteilbare und unmodifizierte Brahman. Da dies der Fall ist, wie kann die Schöpfung als solide, substanziell oder materiell erachtet werden? Sogar der Traum verkörperter (formhafter) Wesen wie du ist immateriell. Wie kann dann der lange Traum des unendlichen Bewusstseins, das keine Form besitzt, Form haben? Daher gibt es allein das unerschaffene Brahman.

VI.2:63 RÂMA fragte:

Oh Weiser, wie konnte die formlose Frau Worte sprechen?

VASISHTHA erwiderte:

Natürlich vermögen diejenigen, die mit einem Raumkörper versehen sind, keine hörbaren Töne von sich zu geben. Wenn dies möglich wäre, würden andere, die neben dir schlafen, die Gespräche in deinem Traum hören. Es ist daher klar, dass alles in einem Traum gesehene eine Illusion ist, die auf reinem Bewusstsein basiert. Was im Wachzustand erfahren wird, ist wiederum nicht gänzlich verschieden von der Traumerfahrung. Es ist nichts als ein Spiel des Bewusstseins – in diesem Bewusstsein auftauchende Ideen scheinen in eine solide Realität gekleidet zu sein.

Die Samen der vergangenen Erfahrungen liegen im Bewusstsein und daraus sprießen neue Erfahrungen, die manchmal identisch mit vergangenen Erfahrungen und manchmal auch andersartig sind. Die Welten, die so aus diesen Samen hervorgehen, sind einander nicht gewahr. Im Verlaufe des Lebens in diesen Traumwelten werden die Dämonen von Göttern getötet und verbleiben dann in ihrem eigenen Traumzustand. Da sie nicht erleuchtet sind, erlangen sie keine Befreiung. Da sie nicht nicht-fühlend sind, werden sie nicht nicht-fühlend, sondern behalten ihr Gewahrsein. Daher leben sie in einem Raumkörper in einer Traumwelt. Dies ist auch bei den sogenannten menschlichen Wesen der Fall. Ihre Welt, ihr Leben und ihre Mentalität sind wie die unseren und umgekehrt. Wir existieren als ihre Traumobjekte. Sie betrachten ihre Mitmenschen wie reale Wesen, obgleich auch diese nur Traumobjekte sind. Auf dieselbe Weise sind sämtliche Objekte, die in meinen Träumen erscheinen, für mich real.

Wegen der eigentlichen Natur des unendlichen Bewusstseins scheinen diese Traumschöpfungen auch im Wachzustand zu existieren. Ihre Realität ist selbstverständlich Brahman, die einzige Realität. Alles existiert überall und immer als das unteilbare, reine Bewusstsein; aber es ist nichts, und deshalb wird nichts zerstört. Im ewigen Raum (Dimension) des unendlichen Bewusstsein, im unendlichen Spiel des Unendlichen, gibt es unendliche Gemüter und in diesen unendliche Welten. In jeder einzelnen befinden sich Kontinente und Berge, Dörfer und Städte, bewohnt von Menschen, die ihre eigene Zeit und Lebensspanne haben. Wenn diese Jivas das Ende der Lebensspanne erreichen, existieren sie, sofern sie nicht erleuchtet sind, im unendlichen Raum fort und erschaffen ihre eigenen Traumwelten. Innerhalb von diesen befinden sich wiederum andere Leute mit Gemütern; in diesen Gemütern sind wiederum weitere Welten, in denen sich noch mehr Leute befinden usw., ad infinitum.

Diese illusorische Erscheinung hat keinen Anfang und kein Ende – sie ist Brahman und nichts als Brahman. Oh Rāma, in all diesen verschiedenen Objekten gibt es nichts als reines Bewusstsein. Dieses Universum ist nichts als Bewusstsein. Wie kann man dann sagen, dass es da Welten gäbe, die scheinbar in den Gemütern der Unwissenden existieren?

Von Vasishtha danach gefragt, wer sie sei, antwortete die HIMMELSBEWOHNERIN: VI.2:64

Oh Weiser, in diesem ungeheuren Universum, in einer Ecke, ist diese Welt, in der du lebst. Jenseits der Grenzen dieses Universums sind Berge, die als die Lokâloka-Berge bekannt sind. In dieser Region herrschen alle Arten von klimatischen Bedingungen und Kombinationen und Verwandlungsformen der Elemente. (Die Beschreibung im Text dazu ist ausführlich und sehr interessant.) Irgendwo darin leben nur menschliche Wesen, während woanders nur Götter leben. Es gibt darin Kobolde als auch äußerst langlebige Wesen. Es existieren darin hell erleuchtete Orte und andere, wo dichte Finsternis herrscht, fruchtbare Äcker und Wüsten, dicht bewohnte und unbewohnte Gebiete.

Ich wohne in einem massiven Felsen, der an den nordwestlichen Hängen der genannten Bergkette liegt. Schicksalhaft bin ich an ein Leben im Herzen dieses Felsens gebunden. Darin lebe ich seit zahllosen Äonen. Meinem Gemahl ist es ebenfalls bestimmt, dort zu leben. Bis heute waren wir aufgrund unserer intensiven Wünsche (kâma) und unserer großen Anhänglichkeit füreinander nicht fähig, Befreiung zu erlangen. Ähnlich ist auch das Schicksal unserer Verwandten.

Mein Gemahl, der in dieser Bindung leben muss, ist von Geburt ein Brahmane. Er stammt aus alter Zeit. Er verlässt niemals seinen Sitzplatz, obwohl er dort schon seit zahllosen Jahrhunderten sitzt. Er lebte von Geburt an im Zölibat (er ist ein brahmachari), ist gelehrt und träge. Er lebt in der Abgeschiedenheit, da er niemals durch Verlangen nach Vergnügen erregt wird. Als seine Frau führe ich ein elendes Leben, und doch vermag ich nicht, einen einzigen Moment lang ohne ihn zu sein.

Ich werde dir nun erzählen, wie ich seine Frau wurde. Als er jung war, war er innerlich teilweise erwacht. Er wünschte sich eine Frau, die ihm bei seiner spirituellen Suche behilflich sei. Aus diesem Wunsch heraus wurde ich geboren – ein mentales Wesen, das seine mentale Frau werden sollte. So wuchs ich zu einer jungen Frau heran. Ich begann mich am Hören guter Musik zu erfreuen und vergnügte mich auf verschiedenste Art und Weise.

Ich unterstütze nicht nur meinen Gemahl, sondern auch die drei Welten, die in ihm existieren. Obwohl ich heranreifte und mein Körper in Schönheit und Jugend erblühte, verblieb mein Gemahl über lange Zeiträume hinweg im Zustand des Tiefschlafs oder war mit religiösen Aktivitäten befasst. Er vollzieht unsere Ehe nicht, obwohl es mich die ganze Zeit über so sehr nach dem Vollzug verlangt. Ich brenne vor Verlangen. Meine Dienerinnen tun ihr Bestes, um mein Leiden zu erleichtern, aber all ihre Bemühungen vergrößern nur meine Pein. Brennend vor Verlangen vergieße ich unaufhörlich Tränen. Oh Weiser, es gibt hier herrliche Blumen und kühlen Schnee überall, aber da ich in der Hitze des Verlangens brenne, erfahre ich sie nur wie nutzlose Asche. Wenn ich in meinem Bett liege, bedeckt mit Blüten und Girlanden zu meiner Freude und zu meinem Genuss, dann erfahre ich trotzdem nur Leere und Trockenheit; meine Jugend wird verschwendet.

VI.2:65 Die HIMMELSBEWOHNERIN fuhr fort:

Nach einer sehr langen Zeit wurden aus der Anhänglichkeit und Zuneigung, die ich für meinen Gemahl empfand, Nicht-Anhaftung und Leidenschaftslosigkeit. Mein Gemahl war alt geworden und interessierte sich nur noch für die Abgeschiedenheit. Er war ohne jede Anhaftungen und besaß keinerlei Geschmack an sinnlichen Vergnügungen; immer blieb er still. Welchen Sinn hat ein solches Leben für mich? Ich betrachte, eine Kindwitwe zu sein, den Tod und die Krankheit oder sogar das schlimmste Unglück als besser als die Gegenwart eines Ehemannes, dessen Herz nicht nach dem meinen verlangt. Gewiss ist doch dies der größte Segen und die schönste Blüte des Lebens einer Frau, wenn sie einen Mann findet, der sich des Lebens erfreut und ein angenehmes und liebevolles Verhalten besitzt.

Eine Frau, deren Mann sich des Lebens nicht erfreut, ist frustriert. Der unkultivierte Intellekt ist zerstörerisch. Reichtum, der in die Hände schlechter Menschen fällt, bedeutet Unheil. Wenn die eigene Scham durch eine Prostituierte ausgelöscht ist, entsteht großer Schaden. Eine wahre Ehefrau folgt ihrem Ehemann. Wahrer Reichtum sucht gute Menschen. Wahre Intelligenz ist liebevoll und unbegrenzt, edel und mit Gleichmut ausgestattet.

Wenn Ehemann und Ehefrau sich lieben, dann können weder körperliche noch gemütsmäßige Krankheiten, weder Schwierigkeiten noch natürliche Katastrophen ihr Gemüt beeinflussen. Für die Frau, deren Gemahl einen schlechten Charakter hat oder die keinen Gemahl hat, sind die Lustgärten der Welt wie brennender Sand. Eine Frau kann alles in dieser Welt aus dem einen oder anderen Grunde aufgeben, aber sie kann nicht ihren Gemahl aufgeben.

Du siehst also selbst, oh Weiser, welches Leid ich in all den Jahren ertragen musste. Nun aber habe ich die Leidenschaftslosigkeit kultiviert. Jetzt habe ich nur noch den einen Wunsch – eine Unterweisung von dir, um nirvana zu erlangen. Der Tod wird von demjenigen dem Leben vorgezogen, dessen Wünsche hier unerfüllt geblieben sind, dessen Herz unruhig ist und der langsam dem Tode entgegengeht. Auch meinen Gemahl verlangt es nach nirvana. Er strebt danach, das Gemüt mit Hilfe des Gemüts zu beherrschen. Hoher Herr, erwecke doch bitte in uns beiden die Selbsterkenntnis durch deine Worte der höchsten Weisheit.

Weil mein Gemahl kein Interesse an mir hat, habe ich die Leidenschaftslosigkeit entwickelt. Die mentale Konditionierung wurde schwächer und ich praktizierte Yoga, wodurch ich Kontrolle über den Äther erlangte, so dass ich mich in demselben bewegen kann. Dann habe ich eine Konzentrationspraxis geübt, die mich mit den vollkommenen Wesen zusammenbringen sollte. Alle diese Bemühungen haben Früchte getragen.

Als ich aus meiner eigenen Welt floh, sah ich auf den Lokāloka-Bergen einen Felsen, den ich dort noch nie gesehen hatte. Zuvor hatten mein Gemahl und ich nicht den Wunsch, ihn zu sehen. Jetzt verlangt es uns beide nach der Erlangung der Selbsterkenntnis. Ich bitte dich darum, uns diese Gnade zu gewähren, denn heilige Männer lehnen eine solche Bitte niemals ab. Ich habe schon viele vollkommene Wesen gesehen, aber noch niemanden wie dich. Ich nehme Zuflucht zu deinen Füßen – schick mich nicht weg.

Als sie von Vasishtha danach gefragt wurde, wie sie denn in dem Felsen gelebt habe, antwortete die HIMMELSBEWOHNERIN: VI.2:

Oh Weiser, diese unsere Welt innerhalb dieses Felsens ist nicht anders als deine Welt hier 66,67
draußen! Auch in unserer Welt gibt es Himmel und Hölle, Götter und Dämonen, Sonne und Mond, Sterne und Firmament, bewegliche und unbewegliche Kreaturen, Hügel und Meere und die Staubpartikel, die man die Lebewesen nennt. Komm, segne diesen Felsen mit deinem Besuch: Weise sind doch immer an Wundern interessiert! (Dieser Planet ist auch nur ein Kieselstein in diesem ungeheuren Universum! S.V.))

VASISHTHA fuhr fort:

In ihrer Begleitung durchquerte ich dann also den unendlichen Raum und erreichte Lokâloka, wo ich den Felsen erblickte. Ich konnte erkennen, dass es nur ein Felsen war und keinerlei Welten in ihm waren. Ich fragte sie: Wo ist deine Welt mit all ihren Göttern und Dämonen, Bergen und Ozeanen – diese Welt, die du so anschaulich geschildert hast?

Die HIMMELSBEWOHNERIN erwiderte:

Wahrhaftig vermag ich nun, oh Weiser, zu erkennen, dass alles, was ich zuvor in diesem Felsen sah, in Wirklichkeit nur in mir selbst ist. Durch die wiederholte Projektion dieser Vision und indem ich sie im Felsen erfuhr, dachte ich, ich sähe all das – nun, da ich dies nicht mehr erfahre, ist auch diese Vision verschwunden. In dir hat das Empfinden der Dualität schon vor langer Zeit aufgehört; folglich hast du keine falschen Ideen mehr. Sogar in mir wurde nun diese langandauernde Illusion durch richtige Wahrnehmung vertrieben – ich sehe diese Welt nun nicht mehr deutlich. Da die gegenwärtige Realisation der Wahrheit so viel stärker als die Illusionen der Vergangenheit ist, sind die letzteren verblasst.

Oh Weiser, dies ist der einzige Pfad zur Erlösung: Man sollte sich gänzlich dem einen wünschenswerten Ziel widmen, man sollte in der rechten Bemühung zum Erlangen dieses Zieles unterwiesen werden und sich selbst wieder und wieder um die rechte Handlung bemühen. Mit Hilfe rechter Bemühung (abhyāsa) wird die Unwissenheit zerstreut und der Unwissende schließlich erleuchtet. Durch rechte Bemühung geschieht es, dass sogar bittere Dinge schmackhaft werden. Durch wiederholte Praxis geschieht es, dass Fremde Freunde werden; und falls ein enger Verwandter von einem getrennt wird, dann verliert sich diese Beziehung, wenn man nicht mehr daran denkt. Es geschieht durch Wiederholung, dass der subtile Körper zum physischen Körper wird. Durch andauernde Bemühung wird das Unmögliche möglich. Falsche Beziehungen wurden durch beständige Bemühung geschmiedet und sollen energisch abgewiesen werden durch ebenso beständige Bemühung bis zum Ende des Lebens. Durch ständige Bemühung bringt man das gewünschte Objekt näher zu sich heran. Diese Bemühung schließlich befähigt einen dazu, es mühelos und ohne Hindernisse zu erreichen.

Die beständige und wiederholte Bemühung wird abhyāsa genannt. Das allein ist das höchste Ziel des Menschen (purushartha), und einen anderen Weg gibt es nicht. Nur durch feste und entschlossene Eigenbemühung und durch eigene, direkte Erfahrung wird Vollkommenheit erlangt – nicht durch irgendwelche anderen Mittel. Durch abhyāsa wird man überall in dieser Welt gänzlich furchtlos.

(Die Beschreibung des Kapitels 66 der Welt im Felsen ist ausführlich und sehr interessant.)

VI.2:68 VASISHTHA fuhr fort:

Als die Himmelsbewohnerin so gesprochen hatte, setzte ich mich in die Lotosposition und befand mich alsbald im Samadhi oder tiefer Kontemplation. Ich gab alle materiellen und physischen Konzepte auf und hielt an der Vision des reinen Bewusstseins fest. Ich wurde sozusagen das unendliche Bewusstsein und erlangte die kosmische Vision, welche von allergrößter Reinheit ist.

Aufgrund dieser Erkenntnis der Wahrheit hörte die Illusion von Materiellem und Physischem in mir auf. An ihre Stelle trat das große Bewusstsein, welches weder entsteht noch vergeht. Es gab da ein Gewahrsein, in dem ich weder Raum noch den Felsen sah, sondern nur noch das Unendliche. Was auch immer zuvor gesehen wurde, war das eine Selbst. Ich realisierte, dass das Selbst allein alles Gesehene und Erfahrene ist. Was mir wie ein Felsen vorgekommen war, war nun nichts anderes als (der Raum des) unendlichen Bewusstsein (chidakasha).

Der Mensch ist nur das Traumobjekt anderer Menschen – er träumt sich selbst als einen Menschen. Im Verlaufe der Zeit jedoch werden sogar die Opfer der allerschlimmsten Form von Verblendung erleuchtet (erweckt), da es nichts anderes als die Wahrheit oder Brahman gibt, was ewiglich ist. Daher erkannte ich das, was ich zuvor als Felsen gesehen hatte, als eine einzige Masse reinen Bewusstseins. Es gibt nichts wie Erde oder Materie.

Das Selbst der Elemente oder der Wesen ist der Körper Brahmans. Dieses Konzept wird jetzt als eine Idee oder Einbildung gesehen. Der kosmische subtile Körper erscheint aufgrund des Auftauchens dieser Idee. Die zuerst auftauchende Idee oder der Gedanke wird zum Körper des Jiva. Dieser falsche Gedanke (d.h. der Ich-Gedanke) glaubt nun, dass das Gemüt eine offensichtliche Realität sei. Ohne Grund und ohne Zweck tauchen die Ideen auf, die das Gemüt als offensichtliche Realität (pratyaksha) betrachten – so wird das Bewusstsein etwas anderes als es ist. Was man jetzt als offensichtliche Realität bezeichnet (den Körper usw.) ist offensichtliche Unwirklichkeit. Paradoxerweise ist das Offensichtliche unwirklich und das Unwirkliche offensichtlich. Eben darin besteht die Macht der Illusion.

Der subtile Körper gehört zu den ersten unter diesen offensichtlichen Wahrheiten. Die Wahrheit ist allgegenwärtig und Materie nur eine Illusion, obwohl sie erfahren wird. Dies verhält sich so, wie die „Schmuckstück-haftigkeit" von Gold die illusorische Erscheinung von Gold ist, obgleich Menschen darauf zeigen und sagen, dass es ein Schmuckstück sei. Der subtile kosmische Körper (ātivāhika) ist nicht materiell. Aufgrund des Nicht-Verstehens gerät der Jiva unter den Einfluss der Illusion – welche Narrheit! Der materielle oder physische Körper wird bei Ergründung nicht gefunden, während der subtile Körper in den zwei Welten (in dieser und der nächsten) unverändert weiterexistiert.

VASISHTHA fuhr fort:

Der grobe physische Körper existiert im ātivāhika oder im subtilen Körper so wie Wasser in einer Luftspiegelung existiert. Aufgrund der fehlerhaften Wahrnehmung des Körpers wird dieser physische Körper als eine solide Wesenheit akzeptiert – so wie man einen Pfahl für einen Mann hält. Wie rätselhaft und machtvoll ist doch diese Illusion, die das Irreale als real und das Reale als irreal erscheinen lässt! Diese Illusion existiert nur aufgrund des Nicht-Verstehens der Wahrheit.

Aktivität und Verhalten der Wesen in dieser Welt werden überwiegend durch die Sichtweise der Yogis und in kleinerem Ausmaß durch die Wahrnehmung des Gemüts bestimmt. Diese beiden mögen daher als wahr akzeptiert werden. Wer jedoch das erstere verwirft und sich an die Realität der Materie klammert, versucht, seinen Durst mit Wasser in einer Luftspiegelung zu löschen.

Die vergänglichen Freuden sind Leiden. Wahrhafte Freude ist unmodifiziert, anfangslos und endlos. Erforsche daher die Wahrheit mit Hilfe der direkten Erfahrung, gewahre die uranfängliche Wahrheit durch direkte Erfahrung. Wer diese Erfahrung zurückweist und hinter illusorischen „Realitäten" herrennt, ist ein Dummkopf.

Der subtile immaterielle Körper allein ist wirklich, und die Wahrnehmung des materiellen oder physischen Körpers in ihm ist unwirklich und illusorisch. Wie kann der letztere als real erfahren werden, wenn er doch bloß ideenmäßig existiert und niemals erschaffen wurde? Wenn man erkannt hat, dass das Offensichtliche illusorisch und irreal ist, was kann dann noch als real akzeptiert werden? Wie kann das als real akzeptiert werden, was aufgrund von etwas existiert, das selbst irreal ist?

Wenn der erste und vornehmste Beweis (pratyaksha oder direkte Erfahrung) dies erbringt, welchen Wert hat dann eine bloße Schlussfolgerung?

Man sagt daher, dass die durch diese Methoden (direkte Sinneserfahrung, Schlussfolgern und wissenschaftliche Forschung) erwiesene Realität des objektiven Universums falsch und irreal sei. Dualität und Vielfalt sind falsch – das unendliche Bewusstsein allein ist real. So wie ein im Traum gesehenes Objekt irreal ist, so ist das von uns als Felsen wahrgenommene Objekt irreal, denn es ist nichts als reines Bewusstsein. Erkenne, dass dieser Berg, dieser Raum, die Welt und das „Ich" alle nur das eine, unendliche, unteilbare Bewusstsein sind.

Derjenige, der erleuchtet ist, vermag dies zu erkennen, aber nicht der Unerleuchtete. Aufgrund des falschen Empfindens von „ich bin unerleuchtet" wird diese Unwissenheit bezüglich der Realität wieder und wieder erhärtet. Wer die Realisierung der direkten Erfahrung des Höchsten Herrn, der unteilbares, unendliches Bewusstsein ist, abweist und sich an andere Formen der Erfahrung klammert, ist gewiss töricht. Was haben wir mit solchen Menschen zu schaffen?

VI.2:69 VASISHTHA fuhr fort:

Dann trat die Himmelsbewohnerin in die Welt innerhalb des Felsens ein. Ich begleitete sie. Sie wandte sich dorthin, wo der Schöpfer dieser Welten seinen Aufenthaltsort hatte und setzte sich vor ihm nieder. Sie sagte zu mir: „Oh Weiser, dies ist mein Gemahl. Er hat mich als seine Frau erschaffen. Und doch hat er die Ehe nie vollzogen. Nun sind wir beide gealtert. Ich bin jetzt leidenschaftslos geworden. Nie wird er in seiner Meditation gestört. Bitte erleuchte uns beide bezüglich der Wurzelursache dieses Samsara, auf dass wir frei von ihr werden." Nachdem sie so gesprochen hatte, „erweckte" sie ihren Gemahl, den Schöpfer, zum gewöhnlichen Bewusstsein und sprach ihn an: „Hoher Herr, gewahre diesen Weisen hier, der zu uns gekommen ist. Er ist unser Gast. Er ist der Sohn des Schöpfers einer anderen Welt. Es ist unsere Pflicht als Haushälter, unsere Gäste zu ehren und willkommen zu heißen."

Der Schöpfer der anderen Welt (des Felsens) öffnete die Augen. Er wurde seiner eigenen „Glieder" gewahr. Sofort erschienen vor ihm verschiedene Wesen – Götter, Dämonen, Menschen usw. Er erblickte mich und auch seine Frau, die vor ihm saß. Er begrüßte mich und bat mich, auf einem juwelengeschmückten Sitz Platz zu nehmen. Ich erwiderte den Gruß und nahm auf diesem Sitz Platz. Es ertönte himmlische Musik, und es wurden Hymnen gesungen. Wir begrüßten einander respektvoll.

Dann fragte ich den zweiten Brahmā: „Hoher Herr, diese Himmelsbewohnerin hat mich hierher gebracht und bat mich, euch beide zu unterweisen, damit ihr erleuchtet werdet. Ist dies richtig und zutreffend? Denn du bist der Höchste Herr all dieser Wesen und der Meister höchster Weisheit. Sie wird nicht von Wünschen überwältigt. Wie geschah es, dass du sie als deine Frau erschaffen hast und, falls dies den Tatsachen entspricht, weshalb hast du sie nie beachtet und nicht die Ehe vollzogen?"

DER SCHÖPFER IM FELSEN erwiderte:

Oh Weiser, höre mich an, und ich werde dir alles erzählen, wie es geschehen ist. Es gibt da nur ein einziges Bewusstsein, das ungeboren und still ist. In ihm taucht eine winzige Bewegung auf, eine Vibration oder eine Welle. Das ist, was ich bin. Ich bin essenziell reiner Raum. Ich ruhe im Selbst. Da ich ohne jede Ursache und Stofflichkeit erschienen bin, werde ich als Selbst-geboren bezeichnet. Ich wurde weder erschaffen, noch sehe ich etwas. Was man hier als dich und mich sehen und als diesen Dialog zwischen uns wahrnehmen kann, ist wie zwei Wellen, die im Ozean auf einander treffen und einen Laut erzeugen. Wir sind wie die Wellen des Ozeans – nicht verschieden vom Ozean des unendlichen Bewusstseins. Wir sind nur Ideen, die darin spontan auftauchen. Diese Dame hier, die davon verschieden zu sein scheint, wurde tatsächlich niemals erschaffen, sie trat niemals ins Dasein; sie ist nur eine Idee, ein Konzept, eine Gedankenwelle oder eine psychologische Konditionierung. Dieser Körper wurde aus einer Spur des Ich-Sinns gemacht, der in mir existiert, und sie ist sozusagen die Gottheit, die über den Ich-Sinn herrscht. Sie ist deshalb weder meine Frau, noch wurde sie als solche erschaffen.

DER BRAHMĀ DER ANDEREN WELT fuhr fort: VI.2:70

Jetzt wünsche ich in die Ebene oder den Raum des unendlichen Bewusstseins einzugehen. Daher habe ich diese Auflösung manifestiert, die die kosmische Auflösung anzeigt. Und daher entstand in uns die Leidenschaftslosigkeit. Wenn ich das kosmische Gemüt aufgebe und in das unendliche Bewusstsein eintauche, ist die Zerstörung sämtlicher Vasanas (Ideen usw.) gewiss. Und daher ist auch diese Frau hier (die ein verkörpertes Vasana ist) leidenschaftslos geworden und folgt mir.

Der Weltzyklus ist nun zu Ende, und damit ist auch das Ende der Götter gekommen. Gleichzeitig ist dies der Moment der kosmischen Auflösung. Es ist das Ende meiner eigenen Konditionierung (Vasana) und die vollkommene Umwandlung des Körpers in Raum. Aus diesem Grunde werden diese Vasanas nun verderben. Der Wunsch nach Befreiung taucht ohne ersichtlichen Grund in den Vasanas auf – auf diese Weise gehen die Vasanas ihrer Zerstörung entgegen. Sie hat die Praxis der Meditation usw. gepflegt, jedoch noch nicht das Selbst realisiert. Dann erblickte sie plötzlich die Welt, in der du (der erleuchtete Weise) lebst.

Zu diesem Zeitpunkt erblickte sie sogar den Eckstein meiner Schöpfung. Dieser Eckstein kann nur dann wahrgenommen werden, wenn das Gemüt bereit ist, die Wahrnehmung der Vielfalt abzulegen, aber nicht vorher. Wie in diesem Felsen hier gibt es zahllose Welten innerhalb von anderen Welten, und in diesen zu allen Zeiten Objekte und Elemente. Ihr Erscheinen als „die „Welt" ist natürlich eine Illusion, denn sie ist reines Bewusstsein. Diese illusorische Vision der „Welt" verschwindet, sobald man ihre wahre Natur begriffen hat. In den Augen anderer Menschen jedoch existiert sie weiter.

Durch die Praxis der Konzentration und Meditation usw. vermochte sie (d.h. die Vasana) leidenschaftslos zu werden. Anschließend suchte sie dich auf, um Selbsterkenntnis zu erlangen.

Somit ist es nur die Macht des unendlichen Bewusstseins, die hier als die unpassierbare illusorische Kraft oder Māyā existiert. Diese Macht ist anfangslos, endlos und unverderblich. Zeit, Raum, Materie, Bewegung, Gemüt und Intellekt usw. sind nur Teile des Bewusstseins, wie die Teile eines Felsens. Allein das unendliche Bewusstsein existiert als der Felsen des Bewusstseins – seine Glieder sind die Welten. Diese Masse Bewusstsein denkt sich selbst als die Welt. Obgleich es anfangslos und endlos ist, denkt es, dass es einen Anfang und ein Ende hat. Und so scheint es auch zu werden. Diese Masse Bewusstsein ist formlos und nimmt doch die Form eines Felsens an. Es gibt hier keine Flüsse. Es gibt hier kein sich drehendes Rad noch Materie, die ständigen Wandlungen und Umformungen unterzogen wird. All dies sind nur Erscheinungen innerhalb des Raumes oder der Ebene des unendlichen Bewusstseins (cidambaram). Im kosmischen Raum scheint ein Raum namens Haus und ein weiterer namens Topf zu existieren (obgleich Raum gewiss unteilbar ist und die Existenz des Raumes im Haus den unendlichen Raum nicht verringert). Auf dieselbe Weise scheinen auch alle diese „Welten" im Unendlichen zu existieren, das selbst unteilbar ist und dadurch keine Verkleinerung erfährt.

VI.2:71 VASISHTHA fuhr fort:

Nachdem er so gesprochen hatte, trat der Schöpfer (dieser Welt im Felsen) in den tiefen und letzten Zustand der Meditation ein. Er äußerte: „OM", und kontemplierte den letzten Teil der Intonation. Sein Gemüt war vollkommen still. Er blieb wie ein gemaltes Bild. Auch Vasana (die Verkörperung der psychologischen Konditionierung in der Form der Dame) folgte dem Schöpfer und versank in tiefer Meditation. Sie erlangte schließlich die Form des Raumes. Ich vertiefte mich ebenfalls in Meditation und wurde Zeuge von all dem, da ich zum allgegenwärtigen, unendlichen Bewusstsein geworden war.

Als die Ideen im kosmischen Gemüt des Schöpfers abzusterben begannen, begann im selben Moment die Erde mitsamt ihren Bergen, Kontinenten und Ozeanen zu verschwinden. Gräser und Bäume hörten auf zu sein. Die Erde ist eines der Glieder der kosmischen Person, des Schöpfers. Sobald ihr die kosmische Person ihr Gewahrsein entzieht, hört die Erde auf zu sein – so wie unser Gewahrsein aus einem gelähmten Glied zurückgezogen wird und es dann abstirbt. Gleichzeitig wurde die Erde von zahlreichen Naturkatastrophen betroffen. Übeltäter wurden vom Feuer verbrannt und fielen in die Hölle. Die Erde verlor all ihren Liebreiz und ihre Fruchtbarkeit. Die Frauen wurden unmoralisch und die Männer verloren ihre Selbstachtung. Ein dichter Sandsturm erhob sich und verdunkelte die Sonne. Die Menschen wurden von den Gegensatzpaaren gequält, denen sie sich in ihrer Torheit unterworfen fühlten. Die Menschheit wurde aufgrund von Überschwemmungen und Hungersnöten, Kriegen und Seuchen dezimiert. Durch die zahlreichen Leiden wurden die Menschen unzivilisiert und unkultiviert. Da all diese schrecklichen Dinge so unerwartet geschahen, starben die edlen Menschen der Erde schnell, und es gab da ein großes Ach und Weh überall. Das Wasser wurde knapp und die Leute begannen große Brunnen zu graben. Männer und Frauen vermischten sich unkontrolliert und die soziale Ordnung brach zusammen. Jedermann lebte vom Handeln. Die

Frauen verdienten ihren Lebensunterhaltung durch Zurschaustellung ihrer schönen Haare. Die Könige folgten dem Grundsatz: „Macht ist Recht!“ Überall gab es Rechtlosigkeit. Die herrschenden Schichten waren dem Trunk ergeben. Sie belästigten und quälten die gebildeten und die heiligen Männer. Die Menschen nahmen nun andere Lebensführungen und Glaubensvorstellungen an, die gänzlich unnatürlich waren. Die Gebildeten wurden die Opfer von Gewalt und Aggression. Tempel wurden ausgeraubt. Sogar die Heiligen gaben aus Faulheit die Ausübung der heiligen Riten auf. Die Städte wurden von Feuern niedergebrannt, die wie Regenschauer vom Himmel fielen. Die Jahreszeiten wurden unzuverlässig. So erreichte das Erdelement seinen Untergang, da der Schöpfer selbst im unendlichen Bewusstsein untergetaucht war.

VASISHTHA fuhr fort:

Als dann das Erdelement im unendlichen Bewusstsein absorbiert und seine Begrenzung transzendiert hatte, wandte sich als nächstes das Wasserelement in Richtung seiner Auflösung. Die Gewässer erhoben sich, überfluteten die Ufer und ihre natürlichen Grenzen. Die Ozeane flossen in allen Richtungen über. Unter schrecklichem Getöse schlugen die Wellen gegen die Wälder und vernichteten sie. Mächtige Wellen vermischten sich mit den Wolken am Himmel, und es entstand eine einzige Masse von Wasser. Sämtliche Berge versanken unter dem Wasser. Die Geschöpfe des Wassers gerieten in Panik und stürzten Hals über Kopf in einem vergeblichen Fluchtversuch davon. Als die Wogen die Berghöhlen zerstörten, rannten die Löwen heraus, töteten andere Wesen und wurden schließlich selbst getötet. Der durch all diese Geschehnisse entstandene Tumult erreichte sogar die Region der Sonne.

Es war, als hätten die Ozeane die Reiche der Götter selbst überflutet und besetzt. Wegen der Zerstörung der Wälder und Berge durch die Flutwellen sah es aus, als wäre der gesamte Raum ein riesiger Haufen von Wäldern und Bergen. Die großen Berge wurden in den Wassern des Ozeans aufgelöst. Manchmal sah es aus, als würden die Berge ihre Zähne zeigen und lachen, da durch die Flutwellen die kostbaren Edel- und Halbedelsteine aus dem Erdinnern hervorgespült und auf den Berghängen abgelagert wurden.

Sogar die Himmelskörper schienen von all dem betroffen zu sein. Die Berge der Erde stürzten tosend auf einige hernieder. Sogar die Feuer der kosmischen Zerstörung schienen sich vor ihrer Auslöschung durch die enormen Flutwellen zu fürchten. Irgendwann gab es einen schrecklichen Krieg zwischen den Erdelefanten und den Seeelefanten! Als in ihm so viele irdische Dinge ertrunken waren, begann der ganze endlose Ozean mit einer übernatürlichen Strahlkraft zu leuchten.

Dann sah es so aus, als würde der Raum selbst in die Wasser der kosmischen Auflösung stürzen. Das Firmament mit all seinem Licht und seinen kostbaren Juwelen fiel in die Fluten.

Feuerflammen breiteten sich in alle Richtungen aus und verzehrten alles, was im Raum existierte. Da der Schöpfer die Realisation seiner Schöpfung zurückgezogen hatte, wurden die Dämonen und andere solche Wesen losgelassen, um nach Belieben Zerstörung und Schaden anzurichten. Sämtliche Götter (Indra usw.), die als Gottheiten über die natürlichen Elemente herrschten und die natürliche Ordnung aufrecht hielten, wurden von den Dämonen überwältigt. Es gab ein großes Chaos. Sogar die Wohnstätten Shivas usw. wurden erschüttert und gestört. Sterne und Planeten kollidierten miteinander, und da war eine große, kosmische Zerstörung.

VI.2:72 VASISHTHA fuhr fort:

Als der Schöpfer Brahmā sein Prana (die Lebenskräfte) zurückgezogen hatte, gab die sich im Raum bewegende Luft ihre natürliche Tätigkeit der Bewegung auf. Wie konnten jetzt die Elemente und die Lebewesen am Leben bleiben? Sobald daher die Kraft, die alle himmlischen Körper trug, verschwunden war, stürzten die Sterne wie Blüten vom Baum aus ihren Umlaufbahnen. Auch die Satelliten, die den Weltraum durchquerten, lösten sich auf, da das Zeit-Raum-Kontinuum verschwand. Sogar die Pfade der Siddhas oder vollkommenen Wesen wurden ausgelöscht. Wie Baumwollflocken begannen die Siddhas im Raum zu fallen. Sogar Indra (das Haupt der Götter) und sein Himmel stürzten und lösten sich auf.

RÂMA fragte:

Bewusstsein ist rein und die kosmische Person ist nur eine Idee. Wie konnte es geschehen, dass diese kosmische Person oder Brahmā Glieder wie Erde, Himmel und Unterwelten erwarb?

VASISHTHA fuhr fort:

Zu Beginn, oh Rāma, gab es nur reines Bewusstsein, von dem man nicht sagen konnte, ob es existiert oder nicht existiert. In sich selbst wurde es seiner selbst als ein Objekt des Gewahrseins bewusst. Ohne seine Position als das Subjekt aufzugeben, schien es nun gleichzeitig zum Objekt zu werden. Das ist der Jiva, aus dem das Gemüt usw. auftauchte. Jedoch ist all dies nicht-verschieden vom reinen Bewusstsein.

Sobald das Gemüt, welches ebenfalls nur reines Bewusstsein ist, denkt: „Ich bin Raum", dann erfährt es Raum, obgleich Raum gänzlich inexistent ist. Das Selbst oder das reine Bewusstsein ist leer und immateriell. So lange es die Vorstellung des physischen Universums gibt, erfährt das Bewusstsein es als real. Wenn es aber will, beendet es diese Schöpfung, welche dann aufhört. Vasana oder psychologische Konditionierung, die die Ideen und die verschiedenen Erfahrungen entstehen lässt, hört auf, sobald die Vision der Wahrheit oder das Verstehen der Realität entsteht. Dann gibt es Egolosigkeit und folglich Einssein, und danach verbleibt nur noch moksha oder Befreiung.

Darin besteht die Natur Brahmās. So existiert die Welt als der Körper von Brahmā, der kosmischen Person. Die Vorstellung, welche in dieser kosmischen Person auftaucht, wird zu diesem Universum. Dieses wiederum ist reine Leerheit, denn tatsächlich gibt es weder etwas wie die Welt noch das, was man als „du" oder „ich" bezeichnet. Was ist im reinen Bewusstsein die Welt, wie und durch wen ist sie mit welchen Stoffen oder zusammenwirkenden Ursachen erschaffen? Das Universum erscheint, aber es ist nicht mehr als ein illusorisches Gebilde.

Weder ist es eins mit dem unendlichen Bewusstsein noch verschieden davon. Es gibt weder Einheit noch Vielheit. Unendliches, unteilbares Bewusstsein allein ist die Wirklichkeit. Lebe daher frei von aller Konditionierung und handle spontan und angemessen in jeder Situation.

RÂMA fragte: VI.2:73

Hoher Herr, ich habe alles, was du mir bis jetzt mitgeteilt hast, in Gänze verstanden. Jedoch werde ich nie müde, deinen Unterweisungen zuzuhören, denn sie sind wie der Nektar der Un¬sterblichkeit. Bitte beschreibe daher die Erfahrung der Schöpfung noch einmal!

VASISHTHA fuhr fort:

Während der sogenannten kosmischen Auflösung wird alles, was bis dahin ins Dasein getreten ist, aufgelöst. Es verbleibt nur das Ewige. Dieses wiederum ist jenseits jeder Beschreibung. Im Vergleich mit einem Senfsamen ist der Berg Meru gigantisch – ebenso ist im Vergleich mit diesem ewigen unendlichen Bewusstsein der unendliche Raum nur wie ein Senfsamen. Im Vergleich mit dem größten aller Berge ist ein subatomares Teilchen winzig – ebenso fiele auch der Vergleich mit diesem ganzen Universum und dem ewigen unendlichen Bewusstsein aus. Während der kosmischen Auflösung, sobald alle Welterscheinungen aufgehört haben, ist sich das ewige unendliche Bewusstsein trotzdem immer noch jedes einzelnen winzigen subatomaren Teilchens im Raum bewusst. Es sieht sie (obgleich sie irreal sind) wie in einem Traum und stellt sich vor, es sei „Brahman". Es versteht sogar sich selbst als das unendliche Bewusstsein. Indem es sich selbst als das atomare Teilchen des unendlichen Bewusstseins vorstellt, existiert es als das Subjekt und scheint nun andere atomare Teilchen, die zu Objekten werden, wahrzunehmen. Dies geschieht gleich wie bei jemandem, der sich selbst tot sieht im Traum. Bewusstsein scheint sich also selbst in das Subjekt und Objekt zu teilen, ohne dabei jemals seine eigene Unteilbarkeit aufzugeben.

In diesem Moment tauchen spontan die folgenden Prinzipien auf: Zeit, Raum, Tätigkeit, Materie, der Seher (Subjekt), Sehen und das Gesehene (Objekt). Jedoch tauchen diejenigen Kräfte nicht auf, die diese Prinzipien normalerweise bremsen oder behindern. Wo das Bewusstseinspartikel strahlt, dort manifestiert sich auch Raum. Wenn dies geschieht, gibt es die Zeit. Die Art und Weise, in der dies geschieht, wird dann zur Tätigkeit. Was immer als existierend erfahren wird, wird sodann zu Materie. Der Erfahrende wird zum Subjekt und das Erfahren oder das Sehen dieser Materie ist die Sicht. Das, was für dieses Sehen oder Erfahren verantwortlich ist, wird zum Objekt. So treten alle diese Dinge scheinbar ins Dasein, obgleich sie sämtlich falsch sind. Raum allein erscheint im Raum ohne eine bestimmte Geordnetheit bezüglich Reihenfolge oder Prinzipien.

Ähnlich dem obigen wird der Stoff, in dem Bewusstsein leuchtet, als Körper bezeichnet. Das, durch welches dieser sieht, ist das Auge. Ebenso ist es bezüglich der anderen Sinne usw. Der Zustand, in dem dieses Bewusstsein ohne Namen und Form leuchtet, wird tanmātra (reines Element) genannt, das nur Raum oder Leerheit ist. Dieses Strahlen des atomaren Teilchens des Bewusstseins selbst wird dann gröber und zum Körper, so wie wir ihn kennen. In diesem tauchen die fünf Sinne auf. Das, was sich all dessen bewusst ist, wird buddhi oder Intelligenz genannt. Zusammen mit dem Denken taucht das Gemüt auf, in welchem der Ich-Sinn wurzelt.

VASISHTHA fuhr fort:

Indem das Teilchen des Bewusstseins sich im Raum bewegt, tut es „dort", was es früher „hier" getan hat. Auf diese Weise entstehen dann sowohl die Abfolge der Zeiten als auch die räumlichen Trennungen wie „oberhalb", „unterhalb" und die Himmelsrichtungen. Obwohl das Teilchen nur Raum oder Leerheit ist, wird es scheinbar zu Zeit, Raum, Tätigkeit, Materie und das Verstehen der Bedeutung von Wörtern usw. So tritt dann der subtile Leib (ātivāhika) ins Dasein. Dieser kondensiert sich schließlich durch das wiederholte Gewahrsein seiner selbst zu dem materiellen Körper.

Das Bewusstsein verkörpert sich, obwohl es in Wahrheit wie Raum ist und nicht in irgendetwas enthalten sein kann. In ihm tauchen die Ideen von „Kopf" und „Fuß" auf, die es sodann als wirklich existierende Organe wahrnimmt. Dasselbe geschieht mit den restlichen Gliedern des physischen Körpers. Dasselbe Bewusstsein betrachtet sich selbst als seiend und nicht-seiend, als nehmend und zurückweisend, als Ordnung und alles andere. Es betrachtet alle diese Ideen als eine Realität. Auf dieselbe Weise wird es zu Brahmā dem Schöpfer, auf dieselbe Weise erlangt es (den Status) von Hari oder Vishnu, auf dieselbe Weise wird es (oder scheint es) zu Rudra oder Shiva zu werden, auf dieselbe Weise scheint es sogar zu einem Wurm zu werden. In Wahrheit jedoch ist es niemals zu irgendetwas von all dem geworden – es ist, was es ist, nämliche reine Leerheit in Leerheit, Bewusstsein in Bewusstsein.

Das ist der Same aller Körper in den drei Welten. Es ist sogar der Same von Samsara (Weltillusion), welche das Tor zur Befreiung verriegelt. Dies ist die Ursache von allem und dirigiert Zeit und Tätigkeit. Dies ist die erste Person, die, obgleich ungeboren, geboren zu sein scheint. Sie besitzt keinen materiellen oder physischen Körper und kann daher nicht ergriffen werden. So wie ein Mann, der im Traum mit einem Löwen kämpft und schreit, obwohl er tatsächlich still und schlafend ist, so befindet sich das unendliche Bewusstsein, welches all diese Ideen hat, in sich selbst im Frieden und in der Stille. Das Universum, das sich in alle Himmelsrichtungen viele Milliarden Kilometer erstreckt, existiert im winzigsten, subatomaren Teilchen, und die drei Welten existieren in einer Haarsträhne (im Vergleich mit dem unendlichen Bewusstsein).

Sogar Brahmā der Schöpfer existiert innerhalb eines Atoms, obwohl er dieses Universum regiert, welches so unvorstellbar groß und auch sein Körper ist. Tatsächlich nimmt er überhaupt keinen Raum ein – so wie die in einem Traum gesehenen Berge. Die kosmische Person wird svayambhū Brahmā (selbst-geborener Schöpfer) und auch virat (kosmische Person) genannt, aber in Wahrheit, oh Rāma, ist sie nichts als reines Bewusstsein. Weil dieses Bewusstsein sich der Bewegung bewusst wird, erfährt es die Bewegung oder die Lebenskraft. Dies ist Prana und apâna, dessen wirbelnde Bewegungen im Universum als Wind bezeichnet werden und was das eigentliche Herz des Universums ist. Die Aussonderungen sozusagen dieses

Prana nennt man vâta oder Wind, pitta oder Hitze und sleshma oder Feuchtigkeit (die drei Stoffe des Körpers) und ihre kosmischen Gegenstücke Wind, Sonne und Mond.

VASISHTHA fuhr fort: VI.2:74

Die kosmische Person (virat) besitzt zwei Körper: Der edlere ist reines Bewusstsein ohne Anfang, Ende oder Mitte, während der zweite Körper diese Welt ist. Aufgrund dessen ist diese Person in der Lage, die Welt (wie ein Ei) von außen zu betrachten (wie es die Henne tut). Sie teilt das Ei in zwei, nämlich den oberen Teil, den sie das Firmament oder den Himmel nennt, und den unteren Teil, den sie die Erde nennt. Der obere Teil ist der Kopf von virat, der untere Teil seine Füße und die Mitte (die Atmosphäre) sein Rücken oder sein Hinterteil. Der obere Teil wird als der blaue und leere Himmel wahrgenommen, da er so weit entfernt ist.

Das Firmament ist der Gaumen von virat und die Sterne sind die Blutstropfen. Die „Luftteilchen", die im Körper kreisen, sind Götter, Dämonen und Menschen. Die Bakterien und Viren im Körper sind die Gespenster und Kobolde. Die Öffnungen des Körpers stellen weitere Welten dar. Seine Lenden sind die Ozeane. Die Nadis sind die Flüsse und der Kontinent genannt Jambudvipa ist sein Herz. Der leere Raum ist sein Magen. Die Berge sind seine Leber und seine Milz. Die Wolken sind sein Fleisch. Sonne und Mond sind seine Augen. Die Welt Brahmâs ist sein Antlitz. Soma ist seine Energie. Die Schneeberge sind sein Schleim, das unterirdische Feuer ist seine Galle und die Winde sind sein Prana und apâna. Sämtliche Bäume und auch die Schlangen sind seine Haare.

Da er selbst das kosmische Gemüt ist, hat er kein Gemüt. Da das unendliche Selbst allein die Erfahrung zu sein scheint, die nichts als reines Bewusstsein ist, gibt es keinen von ihm getrennten Erfahrenden. Auf dieselbe Weise gibt es in ihm keine indriyas oder Sinne, da er der Erfahrende in allen Sinnen ist. Daher sind die Unterscheidungen zwischen den Sinnen nur Ideen. Das Konzept, dass die indriyas (Sinne) zum Gemüt dieselbe Beziehung haben wie die Glieder zum Körper, ist ein Irrtum; eine derartige Unterscheidung existiert nicht – Körper und Glieder sind eine Einheit.

Von ihm geht jede Tätigkeit in dieser Welt aus. Aufgrund von ihm wird diese Welt als wirklich gesehen – hört er auf zu sein, dann hört auch diese Welt auf zu sein. Die Welt (Schöpfung), Brahmâ der Schöpfer und virat (die kosmische Person) sind nur Redeweisen – es sind nur Ideen, die im reinen, unendlichen Bewusstsein auftauchen.

RÂMA fragte:

Wie kann diese kosmische Person dann in diesem Körper existieren, wenn sie nur ideenhaft existiert?

VASISHTHA erwiderte: VI.2:75

Genau wie du in deinem Herzen existierst, wenn du meditierst. So wie der Jiva in allen Körpern existiert und die Reflektion im Spiegel, so existiert die kosmische Person in ihrem kosmischen Körper. Obschon sie scheinbar all diese Glieder hat, gibt es keine Teile in ihr, und sie existiert wie ein Felsen, vollkommen und ungeteilt, reines unendliches Bewusstsein.

Als Brahmā der Schöpfer so meditierte, schaute ich umher. Ich sah eine Sonne, die in jeder Himmelsrichtung aufging. Während ich dieses außergewöhnliche Phänomen betrachtete, stieg unmittelbar aus dem Innern der Erde, wie ein unterirdisches Feuer, eine weitere Sonne auf. Insgesamt waren es elf und drei Satellitensonnen, wie die drei Augen von Lord Shiva, die zusammen eine zwölfte Sonne bildeten. Mit all diesen Sonnen wurde es sehr heiß. Daher verließ ich diesen Ort und ging an einen anderen, weit entfernt gelegenen. Das gesamte Firmament war vom Licht all dieser Sonnen entflammt. Überall hörte man Lärm wie „kat kat" und „cat cat".

Überall wurden die Lebewesen von der Hitze verbrannt. Nicht einmal die Wasserlebewesen waren davon verschont. Die Zerstörung war kolossal und komplett. Berge fielen auf brennende Städte und pulverisierten sie. Die Leute klagten und heulten laut. Andere (Yogis), die ihre Lebenskraft durch die Krone ihres Hauptes leiten konnten, erlangten so Unsterblichkeit. Die Erde wurde von Feuer verzehrt, das von unten und von oben kam.

Die gesamte Welt mit allen Wesen darin wurde von den Flammen des Feuers, die den Augen Rudras entsprangen, in Brand gesetzt. Überall gab es ein Getöse wie „bumm bumm bumm" und es sah aus, als ob Dämoninnen einander spielerisch mit Feuerströmen bewarfen. Meteore fielen auf die Berggipfel und begannen den Tanz von Tod und Vernichtung. Das der Erde entsteigende Feuer schien die Erde mit dem Himmel und dem gesamten Universum zu verbinden. Sogar der Sumeru-Berg, bestehend aus massivem Gold, begann zu schmelzen. Die schneebedeckten Gipfel des Himālaya schmolzen. Allein der Malaya-Berg blieb unversehrt. Wie das Herz eines edlen Mannes, der trotz seines eigenen Leidens immer noch um die Wohlfahrt aller besorgt ist, stand dieser Berg und verstrahlte Freude und Frieden – so wie Sandelholz seinen Duft demjenigen schenkt, der es verbrennt.

Es gab nur zwei Objekte, die unberührt blieben, nämlich der alles durchdringende Raum, der nicht zerstört werden konnte, und reines Gold, das ebenfalls nicht vernichtet wurde. Ich glaube daher, dass nur sattva (Reinheit) gut und wünschenswert ist, nicht aber rajas (Aktivität oder Unreinheit) und tamas (Trägheit, Stumpfheit).

Als dann alles zerstört war, blieb nicht einmal mehr Asche übrig. Wenn Unwissenheit und ihre Folgen vom Feuer der Weisheit des Weisen vernichtet werden, so bleibt nichts als absolute Reinheit ohne die „Asche" der vergangenen Unwissenheit zurück. Eine Zeitlang konnten die Feuer den Kailāsa, die Heimstatt von Lord Rudra, nicht erreichen. Aber dann richtete er seinen glühenden Blick darauf, und auch er begann zu brennen.

Nichts blieb übrig. Zukünftige Generationen konnten sich nur wundern: „Vielleicht gab es früher einmal eine Welt, ein Universum, eine Schöpfung?"

VI.2:76 VASISHTHA fuhr fort:

Schließlich entstand der furchtbare Wind der Auflösung, der so gewaltig blies, dass die Berge und Ozeane erschüttert und aufgewühlt wurden und ihre Natur aufgaben. Sogar die Unterwelt schien in etwas hineinzustürzen, was tief unter ihr lag. Die gesamte Schöpfung dörrte aus und verlor ihre Essenz.

Danach tauchte wie ein wütender Dämon eine enorm große Wolke auf, die schreckenerregende Geräusche hervorbrachte. Diese klangen wie das Krachen, welches entstand, als Brahmā der Schöpfer das goldene Ei zerbrach, welches das erschaffene Universum erscheinen ließ. Dieses Krachen zusammen mit dem Getöse der zerfallenden Welten und Ozeane erfüllte die Herzen aller mit Angst. Es erfüllte das ganze Universum und vereinte die Erde mit dem Himmel und der Unterwelt. Ohne Zweifel war dies das Dröhnen der kosmischen Auflösung.

Ich vernahm dieses Geräusch von der Wolke und ich fragte mich: „Wie konnte diese Wolke Seite an Seite mit den Feuern der kosmischen Auflösung existieren?“ Ich schaute in alle Himmelsrichtungen. Rings um mich erblickte ich Schauer aus Blitzen und Donnerkeilen. In ein und demselben Moment erlebte ich Kälte von oben und etwas sehr heißes und brennendes von unten. Die Wolke befand sich so hoch oben, dass sie weder sichtbar war noch vom Feuer erreicht werden konnte.

Nachdem das Feuer die Welten verzehrt hatte, bestand es nur noch aus Funken, die mit einer außerordentlichen Strahlkraft leuchteten. Die Wasser der Ozeane nahmen nur noch einen sehr kleinen Teil in einer Ecke dieser Wolke ein. Es sah aus, als wären alle Ozeane in den Himmel aufgestiegen. Die zwölf Sonnen wurden zu Wirbeln innerhalb dieser Wolke, während die Wasserlebewesen zu Blitzen wurden, welche in der Wolke hin und her schossen.

Dann kam der Regen. Jeder Regentropfen war wie ein Donnerschlag. Diese Regentropfen erfüllten den gesamten Raum. Sie fielen mit solcher Wucht, dass sie alles zerstörten, was vom Universum noch übriggeblieben war. Der ganze Himmel war eine einzige Masse Wasser. Der Regen löschte die Feuer aus und erreichte den Erdboden.

Die Wasser dieses außergewöhnlichen und übernatürlichen Regens vermischten sich mit den immer noch brennenden Feuern. Sie konnten sich weder vernichten noch besiegen, und so waren sie ungeeignete Gegner (weil ihre ebenbürtige Tapferkeit diesen Konflikt endlos und ergebnislos machte). Beide besaßen enorme Kraft und Stärke. Ihr Zusammenprall war daher furchterregend.

VASISHTHA fuhr fort: VI.2:77

Inzwischen war die gesamte Atmosphäre von der Asche der Zerstörung erfüllt. Diese Asche wurde von schrecklichen Winden umhergewirbelt. Überall erzeugte der niederstürzende Regen schreckenerregenden Lärm, der wie die Siegesschreie der Dämonen der Auflösung klang. Die Winde trugen die verbrannten Trümmer der zerstörten Städte Indras (des Himmelsgottes) und anderer Gottheiten davon.

So waren die drei Elemente – Feuer, Wasser und Wind – völlig außer Rand und Band, ohne jede Kontrolle, Ordnung oder Harmonie, und es sah aus, als würden sie einander bekämpfen. Der Tumult und der Lärm dieses Chaos waren ohrenbetäubend. Der strömende Regen löschte die Feuer aus und tönte wie „cham cham cham“. Die mächtigen Flüsse, die die Berge hinabflossen, rissen andere Berge, ganze Kontinente und Städte mit sich. Die Planeten und Sterne des Himmels stürzten aus ihren Umlaufbahnen. Die großen Flutwellen rissen überall die Berge nieder, und der Wind blies sie davon.

Überall herrschte völlige Finsternis, da die Strahlen der Sonne durch Regen und schwarzblaue Wolken verhüllt waren. Die Erdoberfläche hatte sich vollständig aufgelöst, und daher begannen auch die Berge auseinander zu fallen. Die Flutwellen nahmen diese Berge mit sich und schleuderten sie gegen die Wolken. Es war, als würden die drei Welten laut weinen und jammern.

Die Götter und die Dämonen waren alle dieser grauenerregenden Situation hilflos ausgeliefert, und doch gingen sie sich in nicht endender Feindschaft immer noch an die Kehle.

Lediglich die vitalen Winde oder das Prana, welches über den Zerfall der materiellen und physischen Körper herrscht, unterstützten den Zerfall all dieser Objekte und wehten sie hin und her. Zur selben Zeit war der gesamte Himmel mit fliegenden Städten, Dämonen, Feuer, Schlangen und Sonnen erfüllt, die wie ebenso viele Fliegen und Moskitos aussahen.

Sogar die Götter, die über die Himmelsrichtungen herrschten, waren der Zerstörung anheimgegeben, weshalb in den Himmelsrichtungen ein Durcheinander herrschte. Überall lagerte der Staub der zerstörten Schöpfung. Das gesamte Universum war mit den Trümmern der „Tempel“ erfüllt, welche aus kostbaren Steinen und farbigen Metallen bestanden. Es war schwierig, das Universum zu sehen.

Nun von allen Schleiern der Schöpfung befreit, blieb allein das übrig, was nach der totalen Vernichtung dessen, was man Schöpfung nennt, zurückbleibt (Wahrheit oder Gott). Wieder einmal war da die Fülle, die Fülle, die nach der Vernichtung der verschiedenen Lebewesen sichtbar wird; die Fülle, die unverändert und allezeit anwesend war. Inzwischen waren die kosmischen Feuer der Vernichtung vollständig vom Regen, der aus den kosmischen Wolken niederströmte, ausgelöscht worden.

VI.2: VASISHTHA fuhr fort:

78,79 Es gab keinen Raum mehr. Die Himmelsrichtungen waren fort. Es gab kein „unten“ und kein „oben“. Es gab weder Elemente noch eine Schöpfung. Da war nichts außer grenzenlosem Ozean.

Unterdessen erblickte ich Brahmaloka so, wie die Sonne bei ihrem Aufgang die Erde erblickt. Dort sah ich Brahmā den Schöpfer wie einen unerschütterlichen Berg in Samadhi oder Meditation sitzen, umgeben von den pradhāna oder den ersten Prinzipien, den Göttern, den Weisen, den Himmelsbewohnern und den Siddhas, die ebenfalls wie leblos in tiefer Meditation saßen. Auch die zwölf Sonnen erreichten diesen Ort und fingen an zu meditieren.

Nach kurzer Zeit sah ich Brahmā und alle anderen dann so, wie man beim Aufwachen seine eigenen Traumobjekte sieht. Ich sah sie nicht als die Materialisation von Traumobjekten, sondern als ebenso viele Manifestationen mentaler Konditionierung.

Ich erkannte schließlich, dass all diese Götter usw. ebenfalls reine Leerheit waren. Ohne ihren Platz zu verlassen, waren sie außer Sichtweite verschwunden. Ich erkannte, dass sie wie

Brahmā der Schöpfer nach dem Aufgeben von Namen und Form nirvana erlangt hatten. Als die Vasana oder die selbstbegrenzende Konditionierung in ihnen aufgehört hatte, wurden sie unsichtbar. Dieser Körper ist reine Leerheit und existiert nur aufgrund der Vasana oder der mentalen Konditionierung. Hört die letztere auf, wird auch der Körper nicht mehr gesehen oder erfahren, wie ein Traumobjekt beim Erwachen. Auf dieselbe Weise wird weder der subtile (ātivāhika) noch der grobe (ādhibhautika) Körper nicht einmal im Wachzustand mehr gesehen, wenn die mentale Konditionierung aufhört. Das Beispiel des Traumzustandes wird hier deshalb genannt, weil ihn jedermann erlebt. Wer aber seine eigene Erfahrung leugnet, dem sollte man in großem Bogen aus dem Weg gehen; wer kann einen Menschen aufwecken, der vorgibt zu schlafen?

Es wird behauptet, dass wenn der Körper aufhört, der die Träume verursacht, dass dann auch die Träume aufhören, und ohne den Körper gäbe es auch kein Leben in der jenseitigen Welt. Dann gibt es gewiss auch keine Schöpfung! Wenn behauptet wird, dass die Welt niemals zu dem geworden sei, was sie nicht ist, dann existiert sie auch jetzt nicht. Wenn behauptet wird, dass Bewusstsein nur eine Absonderung des Körpers usw. sei, dann werden die Lehren der Schriften gänzlich sinnlos. Und falls du dich gegen ihre Autorität wendest, was soll dann Autorität überhaupt? Wenn du akzeptierst, dass die Täuschung so lange existiert, wie der Körper existiert, dann wird die Täuschung zu einer Realität. Wenn das Bewusstsein zufällig im Körper erscheint, warum sollte dieses Bewusstsein seine unendliche Natur nicht realisieren?

Wie auch immer – wessen auch immer Bewusstsein in sich selbst gewahr wird, das erfährt es auch (unabhängig davon, ob man dieses nun real oder irreal nennt). Daher kennt sich die Selbst-Natur an allererster Stelle als Bewusstsein aufgrund ihrer eigenen, inhärenten Bewegung. Dann erfährt es aufgrund der mentalen Konditionierung (Vasana) irreführende Wahrnehmungen. Konditioniertes Gewahrsein ist Bindung – gibt es dagegen kein Gewahrsein von Konditionierung (oder konditioniertes Gewahrsein), dann ist dies nirvana.

VASISHTHA fuhr fort: VI.2:80

Als dann alle Götter und auch die zwölf Sonnen eins mit Brahmā geworden waren, begannen diese Sonnen, die Welt von Brahmā dem Schöpfer zu verbrennen, wie sie dies schon mit der Erde getan hatten. Nachdem sie die Welt des Schöpfers verbrannt und sich dann wie Brahmā in tiefer Meditation befanden, erlangten sie nirvana, wie eine Lampe ohne Brennstoff. Nun war alles in dichte Finsternis gehüllt.

Unterdessen bemerkte ich eine furchterregende Gestalt. Sie war wie die verkörperte Auflösung des Universums, wie verkörperte Finsternis. Und doch erstrahlte sie in einem eigenen Glanz. Sie besaß fünf Gesichter, zehn Arme und drei Augen. In der Hand trug sie einen Dreizack. Sie bewegte sich im Raum ihres eigenen Seins. Dunkel war sie wie eine regenschwere Wolke. Es sah aus, als wäre sie dem kosmischen Ozean entstiegen und selbst die Verkörperung dieses kosmischen Ozeans. Sie sah aus wie ein geflügelter Berg. Wegen des Dreizacks und ihrer drei Augen hielt ich diese Gestalt für Rudra und verbeugte mich aus großer Ferne vor ihr.

RÂMA fragte:

Wer ist dieser Rudra und was ist die Bedeutung seiner fünf Gesichter, zehn Hände usw.?

VASISHTHA fuhr fort:

Oh Rāma, man nennt ihn Rudra und er ist der Ich-Sinn. Er stört das Gleichgewicht. Seine Gestalt ist reiner Raum oder Leerheit. Er hat die Form von Raum und daher auch dieselbe Farbe wie Raum. Da er reines, unteilbares (wie Raum) Bewusstsein ist, nennt man ihn das Raum-Selbst (akasha-atma). Da er das Selbst von allem und allgegenwärtig ist, nennt man ihn das große Selbst oder das höchste Selbst. Die fünf Sinne (des Wissens) sind seine Gesichter. Die fünf Handlungsorgane und ihre fünf Felder sind seine zehn Arme.

Nur wenn das unendliche Bewusstsein seiner selbst gewahr wird, manifestiert sich diese Gestalt. Noch einmal: Diese Gestalt als Rudra ist sozusagen nur ein winziges Partikel des unendlichen Bewusstseins und existiert als solches nicht in Wirklichkeit. Die Gestalt ist nur eine illusorische Wahrnehmung.

Er existiert als die Entfaltung oder Bewegung in chidakasha (unendliches Bewusstsein) und als die Luft sowohl im Raum der Schöpfung als auch in den Lebewesen (als der Lebensatem). Wenn dann im Laufe der Zeit all diese Bewegung an ihr Ende gelangt, erlangt er das vollkommene Gleichgewicht. Die drei Gunas (sattva, rajas und tamas), die drei Zeitperioden (Vergangenheit, Gegenwart und Zukunft), die drei inneren Instrumente (chitta, buddhi und ahamkara), die drei Aspekte von AUM und die drei Veden bilden die drei Augen von Rudra. Die Dreiheit beinhaltet, dass er in seinen Händen die drei Welten trägt. Da er durch sattva oder Güte erlangt wird und seine eigentliche Existenz zum Guten aller ist, wird er auch Shiva genannt. Wenn er den Zustand des höchsten Friedens erlangt, wird er Krishna genannt. Er ist es, der (als kalpanā, Vorstellungskraft) das gesamte Universum erschafft. Er trinkt den Ozean des kosmischen Seins und erlangt den höchsten Frieden.

VASISHTHA fuhr fort:

Schließlich sah ich, wie dieser Rudra mit der Geschwindigkeit der Lebenskraft oder Prana den kosmischen Ozean zu trinken begann. Die Wasser des kosmischen Ozeans ergossen sich in seinen Mund, in dem ein großes grimmiges Feuer brannte. Dieser Rudra oder Ich-Sinn existiert im Innern des Ozeans (oder der Erde) als Feuer. Am Ende des Weltzyklus trinkt er dann den Ozean. Wahrhaftig ist dieser Ich-Sinn alles zu allen Zeiten!

Zu dieser Zeit gab es in diesem reinen und unbegrenzten Raum nur vier Dinge: 1. Den schwarzfarbigen Rudra, der ohne Boden unter den Füßen und bewegungslos dastand, 2. Die ziemlich schlammige Erde als Heimstatt aller Welten, von der Unterwelt bis zum Himmel, 3. Der obere Teil der Schöpfung, der weit, weit entfernt und außer Sicht war, und 4. In diesen überall das reine Brahman oder unendliche Bewusstsein – alle verschiedenen Teile der Schöpfung durchdringend. Nichts sonst existierte.

RÂMA fragte:

Was ist die Heimstatt Brahmās des Schöpfers, welche sind ihre Schleier und wie existiert sie?

VASISHTHA erwiderte:

Die Heimstatt von Brahmā (das Zentrum der Erdregion) wird von Wassern bedeckt, die das Zehnfache der Ausdehnung der Erdregion betragen. Auf ähnliche Weise ist die Region des Feuers zehnmal so groß wie die Wasserregion. Die Region der Luft jenseits davon ist wiederum zehnmal so groß wie die Feuerregion. Die Ätherregion schließlich beträgt das Zehnfache der Ausdehnung der Luftregion. Jenseits davon befindet sich der unbegrenzte Raum des Brahma-akasha.

RÂMA fragte:

Oh Weiser, wer hält diese Schöpfung von unten und von oben?

VASISHTHA fuhr fort:

Die Erde usw. wird durch den großen Körper von brahma-anda (dem goldenen Ei oder der kosmischen Person) in ihrer Position gehalten.

RÂMA fragte weiter:

Oh Hoher Herr, bitte teile mir mit, von was brahma-anda getragen wird.

VASISHTHA erwiderte:

Oh Rāma, dieses wird durch niemanden getragen, ob du dies nun als fallend oder nichtfallend betrachtest. Denn dieses Universum hat keine Form, keinen Körper und keine Materialität, obschon es eine Form zu haben scheint. Was genau meinen wir, wenn wir von „es fällt" oder „wird getragen" sprechen? Was immer als Idee im unendlichen Bewusstsein auftaucht – dementsprechend verbleibt dieses dann. Diese Schöpfung ist nichts als die Traumstadt des unendlichen Bewusstseins. Wird sie als „fallend" gedacht, dann scheint sie die ganze Zeit zu fallen, und wenn sie als im Raum existierend gedacht wird, steht und bewegt sie sich im Raum. Denkt man an sie als unbewegt, dann steht sie still, und denkt man sie sich als zerstört, dann erscheint sie als zerstört.

VASISHTHA fuhr fort: VI.2:81

Plötzlich sah ich, wie Rudra wie trunken im Raum zu tanzen begann. Es war, als hätten die Wasser der kosmischen Auflösung Gestalt angenommen und in dieser Gestalt zu tanzen begonnen. Aber seht doch! Als ich dem Tanz Rudras zuschaute, bemerkte ich einen Schatten hinter ihm. Ich fragte mich, wie ohne Sonne ein Schatten existieren kann? Während ich noch über dieses Phänomen nachdachte, trat dieser (weibliche) Schatten vor Rudra hin und begann ebenfalls zu tanzen.

Sie besaß drei Augen. Sie war schwarz. Sie war dünn. Aber sie war riesig. Aus ihrem Mund kam Feuer. Sie sah wie die weibliche Verkörperung der dunklen Nacht oder des grenzenlosen Raumes aus. Ihre Arme erstreckten sich bis in die fernsten Regionen des unendlichen Raumes. Sie war so dünn, dass ihre Nerven bloßlagen, und es schien, als hätte jemand sie mit eben diesen Nerven zusammengebunden, sodass sie wegen ihrer extremen Dünne und Riesenhaftigkeit nicht auseinanderfiel. Sie trug eine Girlande aus den Köpfen der Götter, Sonnen und Dämonen. Sie trug Ohrringe aus Schlangen.

Nun hatte sie einen Arm und im nächsten Moment viele Arme, die sie auf dem Tanzboden umherwirbelte. Nun hatte sie einen Mund und im nächsten Moment viele Münder, und wieder etwas später überhaupt keinen mehr. Jetzt hatte sie einen Fuß, im nächsten Moment viele und dann wieder war sie ohne Füße. Aus all dem schlussfolgerte ich, dass sie Kālarātri sein musste (die Nacht des Todes). Die Heiligen nennen sie auch Kali oder Bhagavatī.

Sie besaß drei Augen wie Feuerschlünde. Sie hatte hohe Backenknochen und ein Kinn. Sie trug ein Halsband aus Sternen, die durch Luft zusammengehalten wurden. Mit ihren mächtigen Armen, deren Hände funkelnde und strahlende Nägel besaßen, erfüllte sie die Himmelsrichtungen. Ihr Atmen war so machtvoll, dass die größten Berge davon hinweggefegt werden konnten.

Während des Tanzes schien ihr Körper enorm anzuschwellen. Während ich ihrem Tanz zuschaute, fertigte sie spielerisch aus Bergen eine Girlande für sich selbst. In den drei Teilen ihres Körpers (oberer, unterer und mittlerer) spiegelten sich die drei Welten. Städte, Wälder, Berge usw. wurden zu ebenso vielen Blumen, die sie sich als Girlande um den Körper wand.

In ihren Gliedern befanden sich Städte und Dörfer, die Jahreszeiten, die drei Welten, die Monate und Tag und Nacht. Dharma und Adharma wurden zu ihren Ohrringen. Die Veden waren ihre Brüste, die mit der Milch der höchsten Erkenntnis gefüllt waren. In ihren Händen hielt sie viele verschiedene Waffen. Die Haare ihres Körpers waren aus den vierzehn verschiedenen Wesenheiten wie den Göttern und allen anderen, gebildet. Alle diese Wesen mit ihren Städten und Dörfern tanzten zusammen mit ihr, entzückt von dem Gedanken an ihre eigene Wiedergeburt. Das gesamte Universum befand sich wegen ihres Tanzes in beständiger Bewegung – von einem anderen Gesichtspunkt aus wiederum befand sich alles natürlich fest in der Göttin verankert.

Das ganze Universum spiegelte sich auf ihrem Körper wie in einem Spiegel wieder. Noch während ich zuschaute, erschien und verschwand es, erschien und verschwand es.

VASISHTHA fuhr fort:

Was war dieser Tanz? Der Sternenhimmel drehte sich um sich selbst, die Berge drehten sich um sich selbst, und die Götter und Dämonen drehten sich um sich selbst – wie umherfliegende Moskitos. Der umherwirbelnde Himmelsraum sah aus wie ein flatterndes Kleid. Es war herrlich zu sehen, wie die riesigen Bäume (der Kalpa-Baum), welche nur Haare auf ihrem Körper waren, sich während ihres Tanzes drehten. Sie stiegen sozusagen zwischen Himmel und Erde auf und nieder.

Sonne und Mond, Tag und Nacht wurden sozusagen im Tanz von ihren Fingernägeln reflektiert. Die riesigen Berge wie die Himālayas, der Berg Meru usw. tanzten ebenfalls voller Entzücken. Es schien, als würde eine weitere kosmische Auflösung stattfinden.

Die Göttin trug die heilige, aus drei Strängen gedrehte Schnur, die alle Arten von Wohlstand, von vollkommener Erkenntnis und von Opfer darstellte.

Obgleich es schien, dass alles sich um sich selbst drehte, geschah in Wirklichkeit überhaupt nichts. Die Luft, die durch ihre Nüstern ein- und ausströmte, ertönte laut wie „ghum ghum". Durch die Bewegung der zahllosen Arme der Göttin wurde die Luft des Raumes aufgewirbelt. Vom bloßen Beobachten all dieser Vorgänge ermüdeten meine Augen (und auch mein Gemüt) und wurden verwirrt. Sobald die Spiegelbilder auf ihrem Körper durch ihr Tanzen in Bewegung gerieten, begannen die Berge einzustürzen, die Götter und Himmelsbewohner zu fallen und ihre Paläste einzubrechen.

Sämtliche unbeweglichen Objekte wurden in ihrem Körper zu beweglichen Objekten. Noch erstaunlicher war, dass die Ozeane auf den Berggipfeln und die Berge im leeren Raum tanzten. Der Raum tanzte unterhalb der Erdregion, während die Kontinente mit blühenden Gärten und Städten in der Umlaufbahn der Sonne tanzten. All dies zusammen trieb sozusagen wie Stroh im Spiegel der Göttin hin und her. Fische schwammen in der Luftspiegelung, und Städte tauchten im Raum auf, der auch alle Berge zu enthalten schien. Der Himmel und die Wolken der kosmischen Auflösung ruhten auf den Bergen, die heruntergefallen waren.

Im Körper Kālarātris fanden sich Tag und Nacht, Schöpfung und Auflösung, Reinheit und Unreinheit. Obwohl sämtliche Götter usw. durch ihren Tanz umher taumelten, waren sie scheinbar ruhig aufgrund der Ruhe des unendlichen Bewusstseins. In ihrem (der Göttin) Bewusstsein befand sich natürliche Erkenntnis. Durch ihren Tanz erschuf und zerstörte sie in jedem Moment die Universen – so wie ein kleiner Junge seine Aufmerksamkeit von Moment zu Moment anderen Dingen zuwendet. Jetzt ist sie nahe, im nächsten Moment fern, jetzt ist sie unendlich klein und im nächsten Moment kosmisch groß. Eben darin besteht die Manifestation ihrer kosmischen, schöpferischen Kraft. Sie tanzt und hält dabei die Hörner des Büffels, der das Reittier des Todesgottes ist, begleitet von Lärm wie „dimbam dimbam paca paca jhamya". Sie trägt eine Girlande aus Schädeln und auf ihrem Kopf eine Pfauenfeder. Sie verneigt sich vor Rudra, dem Gott der Auflösung. Möge er dich beschützen.

RÂMA fragte: VI.2:82

Hoher Herr, wenn alles zerstört worden ist – wie konnte sie dann tanzen, und mit wem? Und wie konnte sie alle diese Girlanden und alles andere haben?

VASISHTHA erwiderte:

Oh Rāma, weder war dies weiblich noch männlich, noch tanzten sie überhaupt. Weder besaßen sie eine solche Natur noch eine solche Gestalt. Nur das ewige, unendliche Bewusstsein, welches die erste Ursache und die Ursache aller Ursachen ist, existiert – als unendlicher Friede und alles durch seine bloße Anwesenheit durchdringend. Der Höchste Herr (Shivam) ist dies. Der Höchste Herr selbst erschien als die Gestalt von Bhairava, als das gesamte Universum zu existieren aufgehört hatte; jedoch war er in Wahrheit so formlos wie der unendliche Raum. Es wäre nicht richtig anzunehmen, dass das unendliche Bewusstsein, welches aufgrund seiner eingeborenen Natur in all seinem Glanz manifest geworden ist, plötzlich ohne dies wäre; denn auch Gold kann niemals ohne eine Form existieren.

Wie kann Bewusstsein existieren und dabei seine Natur als Bewusstsein aufgeben? Kann man irgendwo Gold ohne eine Form erblicken? Wie kann irgendetwas existieren, ohne seine eingeborene Natur zum Ausdruck zu bringen? Kann Zucker seine Süße verlieren? Wenn es seine Süße verloren hat, dann ist es nicht länger Zuckerrohr und sein Saft ist nicht süß.

Wenn Bewusstsein die Bewusstheit verliert, ist es nicht länger Bewusstsein. Alles muss das sein, was es ist und kann nichts anderes sein. Daher ist das unendliche Bewusstsein immer reines Sein und erfährt keinerlei Verkleinerung. Es leuchtet durch sein eigenes Licht; weder hat es einen Anfang noch eine Mitte noch ein Ende und ist allmächtig. Es erscheint am Ende eines Weltzyklus als Raum und die Erdregion usw. und erlebt dann scheinbar all diese Naturkatastrophen und kosmischen Zerstörungen, obwohl in Wirklichkeit nichts dergleichen passiert.

Geburt, Tod, Māyā, Täuschung, Blindheit, Nicht-Substantialität, Substantialität, Weisheit, Bindung, Befreiung, Gut und Böse, Momente und Ewigkeiten, Erkenntnis und Unwissenheit, verkörperte und entkörperte Zustände, Stetigkeit und Unstetigkeit, du und ich und andere, Wahrheit und Falschheit, Klugheit und Dummheit, die Ideen über die Zeit, Raum, die Tätigkeiten und die Materie, die Formen, die Sicht und die damit in Verbindung stehenden Gedankenbewegungen, die aus dem Intellekt und den Sinnen entspringenden Handlungen sowie die fünf Elemente, die alles durchdringen – all dies ist nichts als reines Bewusstsein, das ohne seine Natur aufzugeben als all dies erscheint – so wie Raum in Stücke aufgeteilt zu sein scheint, obwohl dies nicht so ist. Dieses unendliche Bewusstsein allein ist Lord Shiva, Hari, Brahmā, der Mond und die Sonne, Indra und Varuna, Yama, Kubera und das Feuer. Der Erleuchtete jedoch sieht keinerlei Vielfalt, sondern immer nur das eine unendliche Bewusstsein.

VI.2:83 VASISHTHA fuhr fort:

Die kosmische Form, die ich dir als Lord Shiva beschrieben habe, war reines Bewusstsein und es war Rudra, der Tänzer. Es war weder eine Gestalt noch war es Formlosigkeit. In dieser Masse von Bewusstsein wurde all dies als eine Erfahrung empfunden. Ich nahm nur diesen Raum (Ebene) wahr, der höchster Friede war, und ich erfuhr ihn so, wie ich es beschrieben habe. Niemand sah es auf die gleiche Weise.

Was als das Ende des Weltzyklus, als Rudra und Bhairavi, beschrieben wurde, war eine rein illusorische Erscheinung – erfahren wurden sie in diesen Gestalten allein durch mich. Nur die Masse Bewusstsein existiert. Sobald sie als eine bestimmte Gestalt (Bhairava) wahrgenommen wird, wird sie in dieser Gestalt gesehen und scheint diese dann auch anzunehmen. Das Verstehen eines Wortes und seiner Bedeutung (Objekt) ist ohne Bewusstsein nicht möglich. Aufgrund der wiederholten Anwendung solchen Verstehens geschieht es, dass du das durch den Ausdruck bezeichnete Objekt als zunehmend real empfindest. Weder gab es jemals eine Bhairavi noch einen Bhairava (Kālarātri und Rudra) noch überhaupt die kosmische Auflösung – all diese waren illusorische Erscheinungen. Die einzige Realität ist das unendliche Bewusstsein. So habe ich dir also die Bedeutung von Rudras Gestalt und Gestaltlosigkeit beschrieben. Nun werde ich dir die Bedeutung des Tanzes erläutern.

Bewusstsein ist niemals ohne Bewegung innerhalb von sich selbst. Ohne diese Bewegung würde es „unwirklich" werden. Aufgrund der Bewegtheit innerhalb von sich selbst erschien Bewusstsein daher als Rudra. Bewegtheit ist die eigentliche Natur des Bewusstseins und daher untrennbar davon. Diese Bewegung des Bewusstseins in sich selbst wurde als der Tanz von Lord Rudra erfahren. Diese Bewegung war reine Bewegung. Sie wurde von mir aufgrund meiner eigenen psychologischen Konditionierung als Tanz von Lord Rudra empfunden. Daher war der Tanz von Lord Rudra die Bewegung innerhalb des reinen Bewusstseins.

RÂMA fragte:

Wie wird Bewusstsein überhaupt allem gewahr und wessen wird es gewahr, wenn doch während der kosmischen Auflösung alles Unwirkliche aufgelöst wird?

VASISHTHA fuhr fort:

Natürlich nimmt das Bewusstsein nicht etwas anderes wahr. Was hier als das Objekt der Beobachtung bezeichnet wird, ist allein eine Bezugnahme auf die eigentliche Natur dieses Bewusstseins. So wie die Städte usw. eines Traumes alle innerhalb des Bewusstseins des Träumers liegen, so wird sich das Bewusstsein seiner eigenen Bewegung im Moment des Beginns der Bewegung bewusst. Und so entstehen in ihm die Ideen eines Moments, eines Alters, eines Weltzyklus usw. wie auch die Ideen des „ich" und „du" usw. Daher gibt es da weder eine Dualität noch eine Einheit noch eine Leerheit; weder Bewusstsein (als Subjekt) noch Unbewusstheit. Da ist nur reine Stille und noch nicht einmal dies. Das unendliche Bewusstsein allein existiert.

VASISHTHA fuhr fort: VI.2:84

Die Ebene (Raum) des Bewusstseins selbst nennt man Bhairava oder Shiva. Untrennbar und nicht-verschieden von diesem ist seine dynamische Energie, die das Gemüt ist. Luft wird durch seine Bewegtheit gesehen (erfahren), Feuer wird durch seine Hitze erkannt, das reine Bewusstsein ist rein und still und wird als Shiva gekannt. Dieser Shiva ist jenseits jeder Beschreibung. Es ist die dynamische Energie des höchsten Herrn, die sozusagen alle seine Wünsche erfüllt und die Wünsche als Visionen auftauchen lässt. Diese Energie oder Macht oder Māyā ist Bewusstsein. „Sie" ist eine lebendige Kraft und daher wird sie auch Jiva genannt. Weil diese Schöpfungs-Manifestation dem unendlichen Bewusstsein natürlich ist, wird sie als prakriti oder Natur bezeichnet. Weil sie die Ursache aller gesehenen und erfahrenen Dinge ist, nennt man sie kriyā oder Tätigkeit.

Weil sie großen Zorn gegenüber dem Bösen entfaltet, nennt man sie Chandika. Da sie die Farbe des blauen Lotos hat, nennt man sie utpalā. Als Jayā wird sie bezeichnet, weil sie stets siegreich ist. Als Siddhā wird sie bezeichnet, weil in ihr Vollkommenheit ruht. Jayā ist gleichzeitig auch Jayantī wie auch vijayā, was alles „Sieg" bedeutet. Da sie unbesiegbar ist, wird sie auch parājitā genannt. Als Durgā ist sie bekannt, weil ihre Gestalt oder wahre Natur jenseits unseres Begreifens ist. Sie wird Umā genannt, weil sie die eigentliche Essenz der heiligen Silbe OM ist. Sie wird Gāyatrī genannt, weil ihre Namen von allen gesungen werden. Sie wird Sāvitrī genannt, weil sie die Schöpferin von allem ist. Sie ist die Erweiterung der eigenen Sichtweise aller Dinge und wird daher auch Sarasvatī genannt. Weil sie von weißer (gelber oder roter) Farbe ist, wird sie Gaurī genannt. Weil sie als Lichtstrahl im Schläfer und im Erleuchteten als die subtile innere Vibration, hervorgerufen durch den Klang OM, existiert, wird sie indukalā (Mondstrahl) genannt.

Da sie und Shiva Raum oder Äther als ihre wahre Gestalt haben, sind ihre Körper von blauer Farbe. Raum ist ihr Fleisch, ihre Knochen und alles andere. Sie existieren als Raum im Raum. Ihr Tanz mit den verschiedenen Gesten usw. symbolisiert die Schöpfung, den Niedergang derselben und den Tod aller Lebewesen. Sie wird mit Gliedern wahrgenommen, weil sie durch die Bewegungen ihrer Energie die Welten erschafft. Diese Kali stattet sozusagen alle Dinge mit ihren Eigenschaften aus mit Hilfe der ihren Gliedern innewohnenden Kraft. Jedoch kann niemand irgendwie ihre Glieder wahrnehmen oder ihre wahre Natur zu beschreiben. So wie wir die Bewegung im Raum als Luft wahrnehmen, so wird die dynamische Energie des Bewusstseins durch die Tätigkeit oder Bewegung erfahren, die in diesem Bewusstsein stattfindet. Aber Bewegung oder Tätigkeit kann nicht als Eigenschaft des Bewusstseins bezeichnet werden, da es weder Qualitäten noch Eigenschaften besitzt – Bewusstsein ist gänzlich rein und still und jenseits aller Beschreibungen. Die Vorstellung von Bewegung im Bewusstsein ist Unwissenheit.

VASISHTHA fuhr fort:

Wenn diese dynamische Energie des Bewusstseins an jedem Ort ruht, wie sie ist (ohne dabei zu etwas anderem zu werden), wird sie als Lord Shiva bezeichnet. Das bedeutet also, dass das Ding in sich selbst Lord Shiva ist. Was dann folgt, sind die Glieder dieser dynamischen Energie des Bewusstseins, die alle als Ideen innerhalb von ihr erzeugt worden sind: Alle diese erschaffenen Welten, die Erde mit ihren Kontinenten und Ozeanen, den Wäldern und den Bergen, den Schriften, den verschiedenen Formen der heiligen Riten, den Kriegen, in denen die verschiedensten Waffen verwendet werden, und als alle vierzehn Welten.

RÂMA fragte:

Oh Weiser, sind diese Dinge, die man als die Glieder des Körpers dieser dynamischen Energie bezeichnet, real oder falsch?

VASISHTHA erwiderte:

Oh Rāma, alle diese sind real, denn alle sind durch das Wirken dieser dynamischen Energie des Bewusstseins hervorgebracht worden und werden durch Bewusstsein erfahren. So wie ein Spiegel ein wirkliches Objekt reflektiert, das sich außerhalb befindet, so reflektiert das Bewusstsein innerhalb von sich das, was innerhalb von ihm ist, und folglich ist dieses real. Sogar die eingebildeten Städte oder die illusorische Erscheinung der Stadt taucht nur im Bewusstsein auf – gleich ob diese Erscheinung nun aufgrund beständiger Kontemplation oder der Reinheit des Bewusstseins auftaucht. Diese Schöpfung ist real, ob sie nun als Reflexion, als Traumobjekt oder als Fantasie betrachtet wird, denn sie gründet auf der Wahrheit, die das Selbst ist – das ist meine Überzeugung. Falls du nun einwendest: „Aber diese eingebildeten

Schöpfungen haben keinerlei Nutzen für mich", so bedenke bitte, welchen Nutzen jene haben, die in ein fernes Land gegangen sind. Sie sind aber für die Bewohner des Dorfes, zu dem sie gewandert sind, von Nutzen. So ist es mit allem.

Was auch immer hier existiert und lebt, ist für das Selbst real, aber nicht für einen, der es nicht wahrnimmt und seiner nicht gewahr ist. Daher sind alle diese Schöpfungen und Kreaturen, die im Feld der Energie des Bewusstseins existieren, wahr für das wahrnehmende Selbst und irreal für den Nicht-Wahrnehmenden. All die Ideen und Träume, die in Vergangenheit, Gegenwart und Zukunft existieren, sind sämtliche real, denn das Selbst ist das Selbst von allem, und dieses ist real. Alle diese werden von denjenigen, die den entsprechenden Bewusstseinszustand erlangt haben, erfahren; so wie jemand in ein fernes Land wandert und die Landschaften dort erblickt. Jedoch ändern die Bewegung der Bewusstseinsenergien niemals die Wahrheit, so wie ein Schlafender, der ungestört an einen anderen Ort gebracht wird, keine Unterbrechung seiner Träume erfährt. Sobald erkannt wird, dass die Wahrnehmung der drei Welten nur eine unwirkliche Fantasievorstellung ist, gibt es keine Fragen mehr betreffend ihre Unterbrechung oder etwas anderes.

VASISHTHA fuhr fort: VI.2:85

Eine eingebildete Stadt ist Einbildung – keine Stadt! Auch die Schöpfung ist nur die Vorstellung, die in der Energie des unendlichen Bewusstseins auftaucht. Oder die Vorstellung, die auf diese Weise auftaucht, ist die Schöpfung.

Kālarātri ist für den Höchsten Herrn das, was die Bewegung für die Luft ist. So wie Luft sich im leeren Raum bewegt, als hätte sie eine Gestalt, so bewegt sie sich im unendlichen Bewusstsein und führt dabei sozusagen den Willen oder den Wunsch des Höchsten Herrn aus. Sobald es keine solche Bewegung der Energie gibt, existiert allein der Höchste Herr.

Während sie so im Raum tanzt, kommt sie zufällig (wie die Krähe und die Kokosnuss) in Kontakt mit dem Höchsten Herrn. Im Moment dieses Kontaktes wird sie plötzlich schwach, dünn und durchsichtig. Sie gibt ihre kosmische Gestalt auf und wird ein Berg, anschließend eine kleine Stadt und dann ein herrlicher Baum. Schließlich wird sie wie Raum und zu guter Letzt zur Gestalt des Höchsten Herrn selbst – so wie ein Fluss in den Ozean mündet. Dann strahlt der Höchste Herr als Einer ohne ein Zweites.

RÂMA fragte:

Teile mir doch bitte mit, heiliger Herr, weshalb die göttliche Mutter schließlich still wird?

VASISHTHA fuhr fort:

Oh Rāma, dies ist die dynamische Energie des Bewusstseins, die man prakriti, jaganmāyā usw. nennt. Sie ist unverfälscht. Das was höher als diese Energie ist, ist Bewusstsein selbst, welches das wahre Selbst des Bewusstseins ist, höchster Friede. Diese dynamische Energie wirkt und bewegt sich so lange, wie es das Momentum der Wünsche des Höchsten Herrn gibt. Man könnte sagen, dass sie tanzt, solange sie den Herrn nicht sieht.

Da Bewusstsein und Energie untrennbar eines sind, gelangt die Energie in Kontakt (oder wird gewahr) mit dem Höchsten Herrn und wird der Höchste Herr selbst. Sobald prakriti den Höchsten Herrn berührt, gibt sie ihre Prakriti-schaft (den Zustand, Bewegung zu sein) auf. Sie wird eins mit dem Höchsten Herrn wie ein Fluss eins wird mit dem Ozean. Die Bewegung von Energie ist nur das Ergebnis einer Idee, die im Bewusstsein auftaucht, und die Energie kehrt auf natürliche Weise ins Bewusstsein zurück – so wie man von einem Schatten sagen könnte, dass er in die Person zurückkehrt, sobald er aufhört zu sein. Ein heiliger Mann mag in der Gesellschaft von Dieben leben, bis er die Wahrheit hört – danach wird er diese Gesellschaft meiden. Bewusstsein schwelgt in der Dualität, bis es sein eigenes Selbst sieht. Die Energie des Bewusstseins tanzt, bis sie den Glanz des nirvana wahrnimmt. Sobald sie Bewusstsein erblickt, wird sie zu reinem Bewusstsein.

Man wandert in diesem Samsara mit Geburt und Tod nur so lange umher, bis man das Höchste erkannt hat. Sobald man es erblickt hat, verschmilzt man unverzüglich mit dem Höchsten. Wer gibt freiwillig das wieder auf, was ihn von allem Gram erlöst?

VI.2:86 VASISHTHA erwiderte:

Ich werde dir nun mitteilen, oh Rāma, wer es war, der im kosmischen Raum mit scheinbarer Gestalt stand, diese abwarf und die totale Stillheit erlangte.

Dieser Rudra stand dort und beobachtete die Getrenntheit im Bewusstsein, die man die Schöpfung nennt. Innerhalb eines Augenblicks „schluckte er sozusagen die Getrenntheit". Dann stand Rudra allein da, eins mit dem Raum, als ob er selbst Raum wäre. In wenigen Minuten wurde er so leicht wie eine Wolke, während sein Umfang sehr schnell abnahm. Mit meiner göttlichen Sicht sah ich, dass er schon kleiner als ein Atom geworden war. Innerhalb eines Augenblicks war er unsichtbar. Er wurde zu höchstem Frieden. Er wurde eins mit dem absoluten Brahman oder reinen Bewusstsein.

So also, oh Rāma, erblickte ich in diesem Felsen die Schöpfung, Erhaltung und Auflösung des Universums. Verwundert war ich vom Anblick dieser illusorischen Wahrnehmung. Ich betrachtete erneut den Felsen und erschaute alle Arten von Schöpfungen und Kreaturen darin – wie die Glieder von Kālarātri. Gesehen wird all dies nur mit den Augen der erweckten Intelligenz oder dem göttlichen Auge, welches alles überall und immer so sieht, wie es ist. Betrachtet man den Felsen mit den fleischlichen Augen aus der Entfernung, dann sieht man nur den Felsen, jedoch keine Schöpfung usw.

Nach all dem wandte ich mein inneres Auge einem anderen Teil desselben Felsens zu. Noch einmal sah ich eine ganze Schöpfung entstehen und alles andere. In jedem einzelnen Teil des Felsens sah ich eine ganze Schöpfung. Ebenso sah ich unzählige Schöpfungen in den vielen Felsen, die auf dem Berg herumlagen.

In manchen dieser Schöpfungen hatte Brahmā gerade mit dem Erschaffen begonnen, während in anderen die Götter dem Gemüt des Schöpfers entsprangen. Wieder andere waren von menschlichen Wesen bevölkert, während in einigen keine Götter und in andern keine Dämonen lebten. In einigen herrschte satyayuga (das goldene Zeitalter) und in anderen kaliyuga (das eiserne Zeitalter). In manchen Schöpfungen hatten die Menschen Alter und Tod besiegt und in anderen waren alle Menschen erleuchtet, da ihrer Rechtschaffenheit keinerlei Hindernisse in den Weg gelegt wurden. So erblickte ich also den Zustand des Universums in Vergangenheit, Gegenwart und Zukunft. In manchen Teilen erblickte ich dichte Finsternis und Unwissenheit, in anderen sah ich Rāma gegen Ravana kämpfen, während in wieder anderen Ravana Sītā entführte. Manche wurden von den Göttern und andere von den Dämonen regiert.

RÂMA fragte:

Hoher Herr, sage mir doch bitte, ob ich vor dieser Inkarnation schon als Rāma existiert habe?

VASISHTHA fuhr fort:

Du und ich, wir wurden beide wieder und wieder geboren, oh Rāma. Natürlich sind vom Standpunkt der absoluten Wirklichkeit aus weder du noch ich noch diese Welt jemals ins Dasein gekommen. All dies ist nur wie Wellen auf dem Ozean. Ihr anscheinendes Auftauchen und Verschwinden ist illusorischer Wahrnehmung und getäuschtem Verstehen zuzuschreiben.

VASISHTHA fuhr fort: VI.2:87

Nachdem ich so eine Zeitlang über das unendliche Bewusstsein nachgedacht hatte, erkannte ich plötzlich, dass all diese Schöpfungen sich in mir selbst befanden; in meinem eigenen Körper – wie der Baum sich im Samen befindet. Wenn man die Augen im Schlafe schließt, betritt man eine innere Welt, die durch eine innere Schau erschaffen wird. Wacht man dann auf, betritt die Schau des Menschen die Welt des Wachzustandes. Auf dieselbe Weise wird die Schöpfung erfahren, indem man im eigenen Herzen in sie hineingeht.

Nachdem ich die Erscheinung dieser Schöpfung im reinen Raum erblickt hatte, betrat ich andere Teile meiner selbst, da ich begierig war, weitere Aspekte der Schöpfung kennenzulernen. Sobald ich daher das Licht meiner inneren Intelligenz auf diesen „Raum" gerichtet hatte, begann in diesem die Erfahrung dieses Raumes aufzutauchen. Oh Rāma, sobald du im Wach- oder Schlafzustand das Bewusstsein in deinem eigenen Selbst betrittst, weißt du, dass es eine einzige Masse Bewusstsein ist. Zu Beginn ist da nichts als dieser reine Raum oder Leerheit. In diesem taucht die Idee „Ich bin" auf. Die Verfestigung dieser Idee nennt man buddhi oder Intellekt, und die Verfestigung dessen das Gemüt. Dieses erfährt dann das reine Element des Klangs und auch die anderen Elemente, die tanmātras. Aus diesen Erfahrungen entstehen die verschiedenen Sinne.

Manche behaupten, dass es in dieser Schöpfung eine Art von Ordnung gibt, während andere erklären, dass es diese nicht gibt. Und doch ist es nicht möglich, die Natur und die Eigenschaften der geschaffenen Objekte zu verändern, welche sie aufgrund einer entsprechenden Vorstellung erhalten haben, die ganz zu Beginn im unendlichen Bewusstsein aufgetaucht ist.

Während ich die Schöpfung betrachtete, nahm ich eine atomare Gestalt an. Ich realisierte mich selbst als einen Lichtstrahl. Indem ich allein darüber nachzudenken begann, wurde ich grobe Masse. Und darin lagen dann alle Möglichkeiten der Sinneserfahrungen.

Ich begann zu sehen. Die Organe, mit denen ich sah, wurden zu den Augen. Was ich sah, wurde zum Anblick (Objekt). Die Frucht dieser Erfahrung war die Sicht. „Wann" ich all dies sah, wurde zu Zeit (Dauer). Die Art und Weise, in der ich sah, wurde zur Methode des Sehens. „Wo auch immer" ich sah, wurde zu Raum. Durch Überzeugung entstand daraus die Ordnung der Schöpfung.

Als so das Bewusstsein sozusagen „die Augen geöffnet hatte" oder seiner eigenen eingeborenen Möglichkeiten oder Potentialitäten bewusst geworden war, tauchten die tanmātras (reine Elemente) auf. Anschließend traten all die Sinne, die in Tat und Wahrheit reiner Raum oder Leerheit sind, ins Dasein.

Und so dachte ich: „Lass mich etwas hören". Daraus entstanden der Klang und die Organe des Hörens. Schließlich entstanden der Berührungssinn, der Geschmackssinn und der Geruchssinn usw. Obwohl all dies in mir aufzutauchen schien, geschah tatsächlich überhaupt nichts.

VASISHTHA fuhr fort:

Als dann die fünf Elemente und die fünf Sinne ins Dasein getreten waren, tauchte in mir auf unwiderstehliche Weise gleichzeitig das diesen Dingen entsprechende Wissen und die Erfahrung auf. Sie waren ohne „Form" (Substantialität) und illusorisch. Als ich dann alle diese Ideen und Erfahrungen überdachte, wurde dieser Zustand meines Seins zu dem, was für Menschen wie dich Ich-heit oder Ich-Sinn genannt wird. Wenn diese Idee des Ich-Sinns gröber wird, nennt man sie buddhi oder Intellekt, und wenn dieses gröber wird, nennt man es das Gemüt. Obwohl ich reines Bewusstsein bin, scheine ich tatsächlich einen subtilen Körper (ātivāhika) und ein antarkarana (inneres Organ bestehend aus Gemüt, Intellekt usw.) erworben zu haben.

Ich bin subtiler und noch leerer als die Luft. Daher widersetze ich mich niemals dem Entstehen von irgendetwas. Da ich aber seit einer beträchtlichen Zeit in dieser eingebildeten Existenz bin, stellst du dir vor, dass ich einen Körper habe. Es geschieht aufgrund dieser in dir wohnenden Idee, dass ich diesen Klang erzeuge, den man Reden nennt. Du hörst ihn, wie eine schlafende Person Klänge in ihren Träumen hört. Der erste Klang, den ein Kind von sich gibt, ist OM. OM wurde daher der erste unter allen. Danach hast du alles, was ich wie im Traum von mir gegeben habe, als meine Rede erachtet.

Ich bin das absolute Brahman. Ich bin mir selbst genug. Ich bin der Schöpfer dieser Schöpfung und der Lehrer von allen. All dies habe ich durch meine eigenen Gedanken und Ideen erschaffen. So existiere ich, bin aber in Wahrheit ungeboren. Dieses Universum habe ich gesehen – jenseits davon habe ich nichts gesehen. Jedoch ist all dies, was ich gesehen habe, nichts als reine Leerheit. All dies ist nichts als reines Erfahren. Nichts (die Erde usw.) existiert oder ist jemals geworden. Nichts existiert außerhalb. Alles befindet sich im Bewusstsein – alles ist Bewusstsein. Es gibt keine Welt in Brahman, doch Brahman erfährt eine Welt. Diese Wahrnehmung ist keine Realität oder Tatsache, sondern nur eine Idee.

Gesehen werden kann diese Wahrheit nicht mit den physischen Augen, die lediglich materielle Objekte wahrnehmen können. Sobald du mit deinen subtilen (ātivāhika) Augen siehst, wirst du die Schöpfung so wahrnehmen, wie sie ist – als Wahrheit, als reines Brahman-nirvana.

Als ich den Raum erfuhr, wusste ich, was Erde ist. Ich wurde zu Erde. In dieser Erde erfuhr ich die Existenz der zahllosen Universen, ohne dabei jemals das Gewahrsein aufzugeben, selbst das unendliche Bewusstsein zu sein. Ich erblickte die erstaunlichsten irdischen Phänomene und Ereignisse auf dieser Erde (innerhalb von mir). Tatsächlich erfuhr ich sogar, wie die Bauern „mich" (die Erde) pflügten. Ich erfuhr die brennende Hitze der Sonne und die kühlen Schauer des Regens. Ich wurde zu dem fürchterlichen Raum, in dem die Lokāloka-Berge (die Grenzen der Welt) existieren, und ich erfuhr die Taten und Regungen der zahllosen Lebewesen. Zahllose verschiedenste Wesen – Götter, Dämonen, Menschen, Tiere und Würmer – erfüllten mich. Angefüllt war ich von den Bergen, Wäldern usw., die auf der Erde existierten.

VASISHTHA fuhr fort: VI.2:

Während ich in diesem Erd-Bewusstsein verweilte, erlebte ich die Erfahrungen der Erde 88,89
mit all ihren Flüssen usw. Hier erlebte ich das Weinen und Klagen derjenigen, die ihre Lieben und Nahestehenden verloren hatten, dort erlebte ich die Freuden tanzender Mädchen, da waren die Schreie der Hungernden, dort die Freude der Wohlhabenden, und da waren auch Dürren und Erdbeben, Krieg und Zerstörung, herrliche Vögel und Seen, leidende Würmer, blühende Wälder, meditierende Weise. Oh Rāma, in diesem meinem Erd-Körper fand all dies statt!

RÂMA fragte:

Als du auf diese Weise mit der Kontemplation der Erde (pārthiva-dharana) befasst warst, war die Erde real oder nur mental?

VASISHTHA erwiderte:

Wahrhaftig war sie mental und ich selber wurde zur Erde. Und wahrhaftig war dies weder mental, noch wurde ich tatsächlich zu Erde. Getrennt vom Gemüt gibt es keine Erde. Ob du nun etwas als real oder irreal erachtest – es ist nichts als mentale Tätigkeit. Ich bin nichts als reines, unendliches Bewusstsein und die Idee, die in diesem auftaucht, nennt man sankalpa oder Denken oder Imagination. Diese Bewegung ist das Gemüt, ist die Erde, ist die Welt und ist der Schöpfer – diese Welt taucht im Raum aufgrund eben dieser Idee auf, so wie eine eingebildete Stadt am Himmel auftaucht.

Was ich als die Erde erfuhr, war nur eine einfache Idee und daher rein mental. Durchdrungen wird sie vom Gemüt und aufgrund des beständigen Darandenkens (dharana) verharrt sie als wäre sie die Erde. Die Ebene der Erde ist mental – es ist die Idee, die im Bewusstsein auftaucht, und es ist ansonsten leer. Sobald diese Idee eine Zeitlang beständig ist, gibt sie ihren scheinbaren mentalen Zustand auf und wird dann scheinbar zu dieser festen, materiellen, harten und widerstandsfähigen Erde.

Von diesem Gesichtspunkt aus existiert die Erde nicht. Jedoch wurde sie seit Beginn der Schöpfung als solide, materielle Existenz betrachtet. So wie das Traumobjekt nichts anderes als das Bewusstsein des Träumers ist, so ist diese Welterscheinung nichts anderes als reines Bewusstsein. Die Idee, die im Bewusstsein auftaucht, ist reines Bewusstsein und nichts anderes. Daher gibt es auch keine Idee als solche und weder ein Selbst noch eine Welt. Wird es so gesehen, existiert die Welt überhaupt nicht; wenn es nicht sorgfältig beobachtet wird, dann scheint die Welt zu entstehen.

So wie ein Kristall ohne eigene Absicht Farben reflektiert, so reflektiert das unendliche Bewusstsein das gesamte Universum. Die Welt ist folglich weder mental noch materiell. Sie ist reines Bewusstsein, das als diese Erde erscheint. Es ist nur die von den zahllosen Wesen in den drei Welten gehegte Idee, die zu dieser angeblichen Realität oder Substanz der „Erde" geworden ist. „Ich bin all dies, und all das ist in all diesem." Mit dieser Erkenntnis sah ich alles.

VI.2:90 VASISHTHA fuhr fort:

So erfuhr ich in meinem Herzen diese Erd-Ebene. Obwohl alles, was ich sah und erfuhr, in meinem Herzen war, sah es gleichzeitig so aus, als wäre es von mir verschieden, als wäre da eine Subjekt/Objekt-Beziehung. Dies geschah, weil das Universum überall ist, weil Brahman überall ist und die Leerheit überall ist. Die Erd-Ebene existiert überall (und ist in Wahrheit nichts); aber sie ist reines Bewusstsein. Wie eine Traumstadt wurde es tatsächlich niemals erschaffen.

Weder gibt es eine Vielfalt noch eine Nicht-Vielfalt. Weder gibt es Sein noch Nicht-Sein. Da gibt es ferner kein „Ich". Wie kann man behaupten, dass es etwas gibt? Obwohl diese Schöpfung erfahren wird, existiert sie in Wahrheit nicht – oder wenn sie existiert, dann ist es Brahman allein das existiert. Wenn sie wie eine Traumstadt ist, wie kann man ihre Existenz bestätigen oder verleugnen?

So wie ich durch die Kontemplation der Erde (Erd-dharana, prithvi-dharana) die Ebene der Erde erfuhr, so erfuhr ich durch die Kontemplation des Wassers (Wasser-dharana) die Ebene des Wassers. Durch die Kontemplation des Wassers wurde ich zu Wasser – obwohl ich nicht leblos war, wurde ich zu etwas leblosem. Lange Zeit hindurch wohnte ich in den Tiefen des Ozeans und machte dabei verschiedene, entsprechende Geräusche. Ich bewohnte die Körper von Pflanzen und Schlingpflanzen und machte in ihnen meine eigenen Kanäle. Ich betrat die Körper der verschiedenen Lebewesen durch ihren Mund und vermischte mich mit den vitalen Winden in ihren Körpern. Ruhelos floss ich die Flussbetten hinab und legte an den Dämmen Ruhepausen ein. Indem ich als Dampf aufstieg, gelangte ich als Wolke in die Himmelsregionen. Dort ruhte ich einige Zeit bei meinem Freund, dem Blitz, aus.

Ich bewohnte alle Lebewesen als das Wasserelement, so wie das unendliche Bewusstsein in allen Wesen wohnt. Indem ich Verbindung mit den Geschmacksnerven der Zunge aufnahm, erfuhr ich die verschiedenen Aromen – ganz gewiss ist diese Erfahrung reine Erkenntnis! Der Geschmack wurde weder von mir noch vom Körper noch von jemand anderem erfahren. Die Erfahrung geschah im Innern als das Objekt des Erfahrens – und als solches war sie falsch.

Als die Blüten erblühten, kam ich als Tau hinab und kostete, was die Bienen nach ihrem Besuch noch an Süße übriggelassen hatten. In den vierzehn Klassen der Lebewesen wohnte ich als das Gewahrsein des Geschmacks –Bewusstsein, aber als Unbewusstheit erscheinend. Indem ich die Gestalt der Wassertröpfchen und der Sprühgischt annahm, genoss ich das Reisen mit dem Wind und wanderte von einem Ort zum nächsten. In diesem Zustand als Wasser hatte ich vielfältige und sehr interessante Erfahrungen. Ich sah hunderte von Welten entstehen und wieder verschwinden. Ob diese Welt nun Gestalt hat oder nicht – sie ist reines Bewusstsein und immaterielle Leerheit. Oh Rāma, du bist nichts, aber du bist nicht nicht-existent. Du bist reines und höchstes Bewusstsein.

VASISHTHA fuhr fort: VI.2:92

Schließlich wurde ich durch die Kontemplation des Feuerelements (teja-dharana) zum Feuerelement. Feuer oder Licht ist überwiegend sattva und daher stets leuchtend. Es zerstreut die Dunkelheit, wie der König durch seine Anwesenheit die Diebe in die Flucht treibt. Ich erkannte das Elend der Finsternis, die alle guten Eigenschaften zerstört, denn ich wurde zum Licht, in dem alles gesehen wird. Licht gewährt allem Gestalt – so wie der Vater seinem Sprössling Gestalt schenkt. In der Unterwelt gibt es sehr wenig Licht und daher größere Dunkelheit. Im Himmel wiederum gibt es nur Licht – immer. Licht ist die Sonne, die den Lotos der Tätigkeit erblühen lässt.

Ich wurde zur Prachtfarbe (suvarna) im Gold usw. Ich wurde zu Vitalität und Tapferkeit im Manne, und in den Juwelen funkelte ich als ihr Feuer. In den Regenwolken wurde ich zum Licht ihrer Blitze, in den leidenschaftlichen Frauen zum Zwinkern ihrer Augen, und ich wurde die Kraft der Löwen. Selber wurde ich der Hass in den Göttern auf die Dämonen und in den Dämonen der Hass auf die Götter. Ich wurde zur vitalen Essenz aller Wesen. Ich erfuhr das Dasein als Sonne, Mond, Sterne, Edelsteine, Feuer (einschließlich des Feuers der kosmischen Auflösung), Blitz und Lampe. Als ich zu Feuer wurde, war die glühende Asche meine Zähne, der Rauch mein Haar und der Brennstoff meine Nahrung. In der Werkstatt des Schmieds war ich das Feuer, welches das Eisen rotglühend machte, und wenn es gehämmert wurde, versprühte ich mich in einem Funkenregen.

RÂMA fragte:

Oh Weiser, warst du, nachdem du zum Feuerelement wurdest, glücklich oder unglücklich?

VASISHTHA erwiderte:

So wie eine schlafende Person für eine Zeitlang nicht fühlend wird, obwohl sie ein fühlendes Wesen ist, so wird das Bewusstsein zu einem leblosen Objekt. Sobald es sich selbst als die Elemente (Erde usw.) denkt, denkt es sich selbst als nicht-fühlend. In Wahrheit jedoch gibt es im Bewusstsein keine solche Trennung zwischen Subjekt und Objekt.

Was ich daher in den Zuständen als Erde, Wasser und Feuer erfuhr, erfuhr ich als nichts anderes als Brahman. Wäre ich wirklich leblos geworden, wie hätte ich die Erfahrung, die Erde usw. zu sein, machen können? Die fühlende Person denkt: „ich schlafe!" und scheint dann nicht-fühlend zu sein. Erwacht man dann zur Wahrheit seiner selbst, verschwindet die Materialität des Körpers. Mit Hilfe des subtilen (ātivāhika) Körpers ist die Person dann in der Lage, in alles an jedem beliebigen Ort zu gehen. Dieser subtile Körper ist selbst nichts anderes als reine Intelligenz. Wenn man mit Hilfe dieser Intelligenz aus eigenem Wunsch einen anderen Zustand erfährt, erleidet man offensichtlich weder Unglücklichsein noch Kummer.

So wie die in einem Traum wahrgenommene Welt von der Finsternis der Unwissenheit eingehüllt und daher irreal ist, so verhält es sich auch mit den anderen Elementen, die man erfährt. Wenn man sich einen Fluss aus Funken vorstellt und ihn berührt, erfährt man keinerlei Schmerz. So verhielt es sich mit meinen Erfahrungen der Elemente.

VASISHTHA fuhr fort:

Schließlich wurde ich durch vāyu-dharana (Kontemplation meiner selbst als der Wind) zum Luftelement. Ich lehrte die Gräser, Blätter, Kletterpflanzen und das Stroh die Kunst des Tanzens. Indem ich Kühle wehte, machte ich mich zum Freund der jungen Damen. Gleichzeitig war ich wegen meiner Hitzewellen, Wirbelstürmen und Tornados weit und breit gefürchtet. In den Lustgärten verbreitete ich süße Düfte, in den Höllen versprühte ich Feuerfunken. Meine Geschwindigkeit war so groß, dass die Leute Gemüt und Wind als Geschwister ansahen. Ich floss mit den Wassern der heiligen Ganga dahin und hätte vielleicht Langeweile empfunden, wenn ich nicht die Müden und Erschöpften hätte erquicken können, was mich glücklich machte. Den Raum unterstützte ich durch Weitertragen der Klangwellen und so wurde ich der teure Freund des Raumes. Ich bewohnte die vitalen Organe aller Wesen. Ich kannte die Geheimnisse des Feuers und wurde so der Freund des Feuers. Als Lebensatem betrieb ich die Körpermaschinen aller verkörperten (lebenden) Wesen. So wurde ich zur selben Zeit ihr Freund und ihr Feind.

Obwohl ich mich vor aller Augen befand, konnte ich doch von niemandem gesehen werden. Während der kosmischen Auflösung vermochte ich ungeheure Berge zu heben und nach Belieben umher zu wirbeln. Als Luft führte ich sechs Funktionen aus: Mengen von etwas ansammeln, austrocknen, aufrechterhalten und unterstützen, vibrieren oder Bewegung verursachen, Duft verbreiten und kühlen. Ich erfüllte die Aufgabe des Erbauens und Zerstörens von Körpern.

Während ich das Element Luft war, nahm ich innerhalb jedes einzelnen Moleküls der Luft ein ganzes Universum wahr. In jedem dieser Universen erblickte ich alle Elemente usw. wie sie in diesem Universum sind. Sie stellten keine realen Gegebenheiten dar, sondern waren bloß Ideen, die in der kosmischen Leerheit oder im unendlichen Raum auftauchten.

In diesen Welten gab es ebenfalls Götter und Planeten, Berge und Ozeane sowie die illusorischen Wahrnehmungen von Geburt, Alter und Tod. Ich durchwanderte all diese Reiche zur

Zufriedenheit meines Herzens. Zahllose Wesen wie Himmelsbewohner und Weise ruhten auf meinem Körper wie ebenso viele Fliegen und Moskitos. Wenn ich sie verließ, erlangten sie ihre verschiedenen Gestalten und Farben. Wenn ich sie berührte, erfuhren sie immense Freude, jedoch konnten sie mich nicht sehen.

Obschon die Unterwelten meine Füße, die Erde meine Eingeweide und die Himmel mein Kopf waren, gab ich nicht für einen Moment meine subatomare Natur auf. Überall und immer gab es nur mich und ich vollbrachte alles. Ich war das Selbst von allem. Ich war alles. Und doch war ich reine Leerheit. Ich erfuhr das Sein und das Nicht-Sein, den formlosen Zustand und die Form, während ich all dessen gleichzeitig gewahr und nicht gewahr blieb. Es gibt da noch zahllose Universen wie dasjenige, welches ich erfahren habe. So wie ein Mensch in seinem Traum von zahllosen Objekten träumt, so erfuhr ich innerhalb jedes Atoms Universen und weitere Universen in den Atomen dieser Universen. Ich wurde zu all diesen Universen und obgleich ich das Selbst von allem war und all dieses durchdrang, umhüllte ich es doch nicht. Dies sind nur Worte wie „es gibt Hitze im Feuer" („Hitze im Feuer" bezeichnet eine Tatsache, aber es werden drei Worte gebraucht).

Die Geschichte vom Weisen aus dem Weltraum

VASISHTHA fuhr fort: VI.2:93

Nach all diesen Ereignissen ging ich zu meiner Einsiedelei im Weltraum zurück. Ich suchte meinen physischen Körper – er war nicht dort. Ich fand aber einen betagten Weisen in dieser Einsiedelei sitzend. Er saß in tiefer Meditation in der Lotosposition. Sein Antlitz strahlte und war wunderschön, da er von Frieden und Seligkeit erfüllt war. Seine Lotos-ähnlichen Hände hatte er vor dem Nabel zusammengelegt – auch sie leuchteten. Seine Augen waren geschlossen, und ganz offensichtlich befand er sich jenseits des Körperbewusstseins. Da ich meinen eigenen Körper nicht sah, sondern nur denjenigen des meditierenden Weisen, überlegte ich wie folgt:

Gewiss ist dies ein großer und vollkommener Weiser. Wie ich wird er in dem Wunsch nach völliger Abgeschiedenheit hierhergekommen sein. Er hat die Abgeschiedenheit gesucht und hat diese Einsiedelei im Weltraum entdeckt. Vielleicht hat er auf meine Rückkehr gewartet und als ich so lange nicht kam, hat er diesen Körper hinausgeworfen und damit begonnen, diese Einsiedelei zu bewohnen. Ich werde in meine eigene Sphäre zurückkehren.

Als ich so nachdachte und nicht mehr wünschte, in dieser Einsiedelei zu bleiben, verschwand die Einsiedelei und mit ihr der Weise. Sobald die eigenen Gedanken (Ideen oder Konzepte) aufhören, hört auch das auf, was diese Gedanken hervorgerufen hat. Als mein Wunsch nach der Einsiedelei verschwand, verschwand sie. Die Einsiedelei fiel wie ein Raumschiff. Der Weise fiel auch. Und ich ging mit ihm zusammen auf die Erdebene hinab. Der Weise landete dort in demselben Zustand und derselben Position, in der er sich in der Einsiedelei befunden hatte; aufgrund der Vereinigung von Prana und apāna hatte er die Schwerkraft überwunden. Er erwachte nicht aus seiner Meditation. Sein Körper war so stark wie ein Fels und so leicht wie eine Baumwollflocke.

Um ihn ins normale Körperbewusstsein zurückzuholen, nahm ich die Gestalt einer dicken Wolke an, aus der es regnete und donnerte. Daraufhin erlangte er sein Körperbewusstsein zurück. Ich fragte ihn: „Wo bist du, oh Weiser? Was tust du? Wer bist du? Obwohl du aus so großer Höhe gefallen bist, nimmst du es gar nicht wahr – wie kommt dies?"

Nachdem der Weise die Vergangenheit kurz überdacht hatte, sprach er: „Nun habe ich dich erkannt, oh du Heiliger. Ich grüße dich. Vergib mir bitte, dass ich dich nicht schon früher begrüßt habe. Die Natur der Weisen ist großmütig und nachsichtig. Oh Weiser – ich bin eine lange, lange Zeit in den Reichen der Götter umhergewandert. Ich bin diesen Samsara müde. Wenn doch all dies hier reines Bewusstsein ist, was nennen wir dann Sinnesvergnügen? Und so wohne ich im Raum, frei von mentaler Ablenkung und Anziehung. Keine einzige dieser Sinneserfahrungen ist real und unabhängig vom Bewusstsein. Die Objekte des Vergnügens sind Quellen des Giftes, die sexuellen Lüste sind Täuschung, die Süße beraubt den Genießer des Süßen – wer von all dem überwältigt wird, geht gewiss zu Grunde! Das Leben ist kurz. Es ist angefüllt mit Zerstreuungen. Nur durch Zufall erlebt man hier ab und zu etwas Glück. Nichts ist hier dauerhaft oder verlässlich. Wie der Topf auf dem Rad des Töpfers wird dieser Körper in diesem Leben ohne Ende gedreht und gedreht. Überall lauern machtvolle Diebe (die Sinnesobjekte). Daher muss ich wachsam bleiben."

DER WEISE fuhr fort:

„'Dies ist heute passiert', ‚das ist mein' und ‚dies gehört ihm' – indem die Menschen sich fortwährend mit solchen Gedanken befassen, vergessen sie das Vergehen der Zeit. Viel haben wir gegessen und getrunken, viel sind wir auf dieser Erde gewandert, viele Schmerzen und Vergnügen haben wir erfahren. Was bleibt davon übrig? Wie erlangen wir den höchsten Frieden? Sämtliche Bäume sind nur Holz, sämtliche Lebewesen nur Fleisch, die ganze Erde nichts als Lehm – alles ist daher von Schmerz und Vergänglichkeit befleckt. Wo kann ich meine Zuflucht finden?

Wer ist hier mein Beschützer? Es sind dies weder Wohlstand noch Freunde noch Verwandte noch Bekannte (oder Vergnügen), denn all diese sind selbst Opfer der Zeit. Wem kann ich vertrauen, wenn ich doch sehe, wie alle schon morgen oder übermorgen sterben?

Sogar die durch Vorschriften und Gebote geleiteten religiösen Riten lassen einen Menschen in dieses Samsara stürzen, wie Wasser von einem höher gelegenen zu einem niedriger gelegenen Punkt fließt. Sie verwirren und bringen einen durcheinander. Das Unwirkliche scheint durch beständiges Daran-denken real zu werden. Da das Unwirkliche jedoch irreal ist, bleibt es irreal, auch wenn es real erscheint. Die Menschen sind getäuscht und rennen hinter den Objekten des Vergnügens her wie ein Fluss schnell seiner Selbstzerstörung im Meer entgegenfließt. Das unwissende Gemüt eilt den Sinnesvergnügen nach wie der Pfeil, der von der Sehne schnellt und keinen Sinn für Gut und Böse hat.

Vergnügen ist in Wahrheit entsetzlicher Schmerz, Wohlstand ist Unglück, sinnliche Freuden sind schlimme Krankheiten und der Wunsch nach Vergnügen ist widerlich. Unglück ist in Wahrheit großer Segen. Dem Glück folgt schnell das Unglück. Das Leben endet mit dem Tod. Ah – seht nur diese Macht der Māyā! Die Sinnesfreuden sind schlimmer als die giftigste Schlange, da jene uns schon durch bloße Berührung auf der Stelle töten. Weil Wohlstand usw. Illusionen hervorrufen, sind sie schlimmer als Gift. Es ist wahr, dass das Vergnügen erfreulich und Überfluss herrlich sind, und doch läuft uns das Leben davon und lässt alle diese Freuden bedeutungslos werden. Vergnügen und Wohlstand sind dem Anschein nach erfreulich, erzeugen aber am Ende nur Unglücklichsein und Kummer.

Mit fortschreitendem Alter werden die Haare grau und die Zähne wie auch alles andere (die Organe, die Vitalität usw.) nehmen ab – nur das Verlangen hört niemals auf. Kindheit und Jugend haben eine Gemeinsamkeit – beide gehen rasch vorüber. Das Leben verebbt wie ein strömender Fluss und die Vergangenheit ist unwiederbringlich.

Nach langer Zeit habe ich Egolosigkeit erlangt. Ich bin nicht länger interessiert an den himmlischen Freuden. Wie dich, oh Weiser, verlangte es mich nach einem abgeschiedenen Ort. So entdeckte ich diese Einsiedelei im Weltraum. Ich wusste nicht, dass es deine Einsiedelei war und du eines Tages zurückkehren würdest. Ich habe nicht daran gedacht. Erst jetzt ist es mir bewusst geworden. Nur indem man das Bewusstsein auf solche Tatbestände richtet, wird man ihrer mit dem Auge der inneren Intelligenz gewahr und kennt die Vergangenheit, die Gegenwart und die Zukunft – nicht früher. Mit dieser Natur des Gemüts müssen sogar die Götter rechnen.“

VASISHTHA fuhr fort: VI.2:94

Ich sagte zu dem Weisen: „Nachdem ich deine Geschichte vernommen habe, denke ich, dass du auch weiterhin die Einsiedelei im Weltraum bewohnen sollst. Erhebe dich und lass uns in der Welt der vollkommenen Wesen (Siddhas) leben. Es ist gut für uns beide, in der eigenen Umgebung zu leben, die keine mentalen Störungen verursacht.“

Daraufhin erhoben wir uns in den Raum und verabschiedeten uns voneinander. Er ging dorthin, wo er seiner Meinung nach am besten hinpasste, während ich ebenfalls meines Weges ging.

RÂMA fragte:

Hoher Herr, mit welchem Körper bist du in der Welt der Siddhas umhergestreift, da doch dein eigener Körper sich aufgelöst hatte?

VASISHTHA erwiderte:

Als ich in die Stadt Indras, des Königs der Götter, ging, besaß ich einen Körper aus reinem Raum. Daher erkannte mich niemand. Man konnte mich weder berühren noch festhalten. Ich war wie ein Gedanke und ohne jede Materialität, jedoch mit einer Gestalt aus reinem Wunsch (sankalpa) ausgestattet. Vergleichbar ist dies mit der Traumerfahrung, in dem Traumkörper aus nicht-materieller Substanz erzeugt werden. Wer dies als unmöglich ansieht, leugnet die Erfahrung des Traumes und ist, da es die offensichtliche Erfahrung aller ist, nicht ernst zu nehmen. Ich konnte andere wahrnehmen, insbesondere diejenigen, die einen materiellen Körper besaßen, obwohl diese mich nicht sehen konnten.

RÂMA fragte erneut:

Aber wie konnte dieser Weise dich dann überhaupt sehen?

VASISHTHA erwiderte:

Oh Rāma. Leute wie wir besitzen die Macht, unsere Wünsche zu materialisieren und zu realisieren. Es geschieht nichts für uns, was wir nicht wünschen! Nur Menschen, die in weltlichen Aktivitäten ertrunken sind, vergessen im Bruchteil einer Sekunde die Tatsache, dass sie einen subtilen (ātivāhika) Körper besitzen. Sobald ich entschieden hatte: „Möge dieser Weise mich sehen“, da erblickte er mich auch. Menschen, in denen die Wahrnehmung von Getrenntheit tief verwurzelt ist, verfügen nicht über die Macht zur Realisierung ihrer Wünsche. Wer jedoch wie dieser Weise die Wahrnehmung von Getrenntheit vermindert hat, kann seine

Wünsche realisieren. Auch für die Siddhas oder die Vollkommenen gilt, dass derjenige mit mehr psychischer Transparenz erfolgreicher in seinen Bestrebungen ist.

Um auf meine Geschichte zurückzukommen: Ich streifte in den himmlischen Regionen wie ein Geist umher.

RÂMA fragte:

Hoher Herr, existieren Geister? Wie sehen sie aus und was tun sie?

VASISHTHA fuhr fort:

Oh Rāma, Geister existieren sehr wohl in dieser Welt. Ich werde dir nun erzählen, wie sie sind und was sie tun. Ganz gewiss ist der kein würdiger Lehrer, der zu einem Thema keine Auskunft geben kann.

VASISHTHA fuhr fort:

Manche Geister (pisaca) besitzen einen ätherischen Körper, der aber Hände und Füße besitzt, und sie können Menschen wie dich sehen. Andere besitzen schreckenerregende schattenhafte Gestalten; sie überwältigen die Körper menschlicher Wesen und beeinflussen ihr Gemüt. Einige töten oder verletzen Menschen. Einige sind wie Nebel oder Rauch und andere wiederum haben traumartige Körper. Manche verfügen über Leiber, die nur aus Luft gemacht sind. Andere wiederum haben Körper, die nur aus der Illusion des Wahrnehmenden bestehen. Weder kann man sie erfassen noch können sie andere erfassen. Sie empfinden Hitze und Kälte, Vergnügen und Schmerzen. Jedoch können sie weder essen, trinken noch etwas nehmen. Sie haben Wünsche, Hass, Furcht, Ärger, Gier und erleben Täuschungen. Sie können gebannt und unter Kontrolle gebracht werden durch Mantras, Drogen, Bußen, Wohltätigkeit, Mut und Rechtschaffenheit. Gesehen und erfasst werden sie auch, wenn man in sattva ruht. Dies kann auch geschehen durch den Gebrauch von magischen Symbolen (Mandalas) und Zauberformeln (Mantras) als auch durch Verehrung, die man zu einem bestimmten Zeitpunkt und an einem bestimmten Ort ausübt.

Manche Geister besitzen eine göttliche Natur und erscheinen als Götter. Einige sind wie Menschen und andere wie Schlangen. Einige sind wie Hunde und Schakale und leben in Dörfern und Wäldern oder in toten Brunnen, Straßengräben und an anderen unreinen Orten. Ich werde dir nun etwas über ihren Ursprung erzählen.

In dem einen unendlichen Bewusstsein entsteht eine Idee, die zum Jiva wird und, indem sie sich immer weiter verdichtet, entsteht der Ich-Sinn oder das Gemüt (welches später zu Brahmā dem Schöpfer wird). All diese und auch die ganze Welt taucht auf und existiert als eine Idee und ist daher unwirklich. Diese Dinge werden als real erfahren so, wie man auch die eigenen Ideen als real empfindet. In diesem Sinne sind sämtliche Götter und anderen Wesen darin real. In Wirklichkeit jedoch gibt es da weder ein Feld noch einen Samen noch einen Bauern noch den Baum (den man als die Schöpfung oder Welt bezeichnet). Und doch existieren in dieser Idee des Feldes der Schöpfung alle diese Wesen. Die Strahlendsten unter ihnen sind die Götter, die Unfertigen sind die Menschen; diejenigen, in denen ein dichter Schleier der

Unreinheit existiert, sind Würmer und ähnliche Kreaturen; diejenigen, die fruchtlos sind, leer und körperlos (asarira), werden Geister oder Pisacas genannt. Die Unterscheidungsmerkmale entstehen nicht aufgrund der Laune oder dem Gutdünken des Schöpfers Brahmā, sondern auf Wunsch dieser Wesen. Was immer sie zu werden wünschen, dazu werden sie. In Wahrheit sind sie jedoch alle nichts als Bewusstsein, das als die subtilen (ātivāhika) Körper erscheint. Aufgrund der andauernden Selbsttäuschung geschieht es, dass sie physische oder materielle Form zu haben scheinen.

Auch die Geister existieren in ihren eigenen Formen und tun, was sie entsprechend ihrer eigenen Natur zu tun haben und machen verschiedene Erfahrungen. Sie sehen einander und kommunizieren miteinander wie im Traum. Einige von ihnen kommunizieren nicht, wie die Traumobjekte im Traum einer Person. Wie Geister gibt es außerdem auch noch Kobolde und entkörperte Wesen. Die Geister erschaffen ihre eigene Sphäre bestehend aus der Finsternis der Unwissenheit, die nicht einmal von den Strahlen der Sonne durchdrungen werden kann. Sie gedeihen in der Finsternis der Unwissenheit und scheuen das Licht der Erkenntnis.

VASISHTHA fuhr fort: VI.2:95

Wie ich schon sagte, streifte ich im Himmel umher wie ein Geist. Niemand vermochte mich zu sehen. Obgleich sie unter meiner Kontrolle waren, hatte niemand Kontrolle über mich. Eines Tages sagte ich mir: „Ich kann meine Wünsche realisieren. Möge ich ab jetzt von den Göttern gesehen werden.“ Unverzüglich ging mein Wunsch in Erfüllung. Sie konnten mich sehen.

Als die Götter mich in ihrer Mitte bemerkten, entwickelten sie verschiedene Vorstellungen über mein Erscheinen. Da sie meine Identität nicht kannten, nahmen sie an, dass ich von der Erde heraufgekommen sei. Sie nannten mich daher Pārthiva (Erde) Vasishtha. Manche dachten, ich wäre auf den Strahlen der Sonne herabgekommen und wurde von diesen Taijasa (Licht) Vasishtha genannt. Diejenigen, die mich vom Wind her geweht glaubten, gaben mir den Namen Vāta (Luft) Vasishtha. Diejenigen, die mich als aus den Wassern aufgetaucht glaubten, nannten mich Vāri (Wasser) Vasishtha.

Im Verlaufe der Zeit nahm ich einen physischen oder materiellen Körper an. Für mich selbst lag zwischen dem subtilen und dem physischen Körper keinerlei Unterschied, denn beide waren in Wirklichkeit reines Bewusstsein. Auch hier funktioniere ich im Rahmen dieses Diskurses in und durch die Hilfe des physischen Körpers. Ein Jivanmukta (ein zu seinen Lebzeiten befreiter Weiser) ist wahrhaftig Brahman und verfügt über einen ätherischen Körper. Auf dieselbe Weise ist auch derjenige, der ein körperloser Weiser ist, Brahman. In mir gibt es keine andere Wahrnehmung als die von Brahman. Daher hört diese Realisierung von Brahman auch nicht auf, wenn ich mit verschiedenen Tätigkeiten befasst bin. So wie für den Träumer die ungeborenen und körperlosen Traumobjekte wirklich sind, so ist für mich diese Welt real und materiell. Und auch all diese Schöpfungen und Welten leuchten als reale und materielle Gegebenheiten, obwohl sie doch niemals erschaffen worden sind.

Aufgrund des wiederkehrenden Empfindens des ätherischen Vasishtha, das im Gemüt von euch allen und auch in mir auftaucht, scheine ich hier zu sitzen. In Wahrheit jedoch ist all dies reine Leerheit. All dies sind nur Ideen, die im Gemüt des Schöpfers aufgetaucht sind. Ideen wie „ich" und „du" sind deshalb so fest in eurem Bewusstsein verankert, weil ihr sie noch nicht sorgfältig untersucht habt. Werden sie untersucht und in ihrer wahren Natur verstanden, verschwinden sie sehr schnell. Wenn die Wahrheit erkannt wird, verschwinden alle diese Szenerien der vermeintlichen Schöpfung – wie die Luftspiegelung von Wasser zu existieren aufhört, sobald ihre wahre Natur verstanden wird. *

Durch bloßes Studium des Maharamayana (Yoga Vasishtha) wird die Wirklichkeit erkannt – Schwierigkeiten in dieser Frage tauchen nicht mehr auf. Wer jedoch nicht an der Befreiung interessiert ist, ist kein Mensch, sondern ein Wurm. Man sollte die Seligkeit der Befreiung und den unvermeidlich mit der Unwissenheit einhergehenden Kummer sorgfältig studieren. Durch das Studium des Maharamayana erlangt man den höchsten Frieden. Befreiung sorgt für die „innere Kühle" (Frieden) des Gemüts, während die Bindung psychologische Verwirrung (psychologische Seelenbrände) bereitet. Aber auch nachdem man dies erkannt hat, strebt man immer noch nicht nach der Befreiung. Wie töricht sind doch die Menschen! Solche Menschen werden wahrhaftig vom Wunsch nach sinnlicher Belohnung überwältigt. Durch das Studium dieser Schrift vermögen jedoch auch sie schließlich, den Wunsch nach der Befreiung zu kultivieren.

(Die Versammlung löste sich auf – der siebzehnte Tag ging zu Ende).

VI.2:96 VASISHTHA fuhr fort:

Ich habe die Geschichte vom Felsen erzählt, welche dir hilft, die Wahrheit klar zu realisieren. Nichts existiert zu irgendeiner Zeit irgendwo – es ist stets nur das Brahman, welches allein als eine Masse von Brahman ohne jede wie auch immer geartete Getrenntheit existiert. Brahman ist eine Masse von Bewusstsein. Es ist keinerlei Wandel unterworfen. Das kosmische Wesen ist in diesem Bewusstsein nur ein Traumobjekt – unabhängig davon, ob dieses subtil oder grob ist. Folglich gibt es weder einen Schöpfer Brahma noch die Schöpfung, sondern nur ungeteiltes Bewusstsein. Die im Traum wahrgenommene Vielfalt erzeugt keine Vielfalt im Träumer. Ebenso erzeugt die Idee einer Schöpfung keine Trennung im Bewusstsein. Bewusstsein allein existiert – nicht die Schöpfung. Der geträumte Berg des Träumers ist kein Berg. Das unendliche Bewusstsein (chidakasha) ist Ich, es ist die drei Welten, es ist purusha (das kosmische Wesen) und es ist du.

Ohne dieses chidakasha ist der Körper nur ein Leichnam. Dieses unendliche Bewusstsein kann weder erschlagen noch verbrannt werden, noch hört es jemals auf. Daher stirbt hier weder jemand, noch wird jemand geboren. Das Bewusstsein ist die Person. Falls man behauptet, dass die Person stirbt und mit ihr auch das Bewusstsein, käme dies der Behauptung gleich, dass beim Tod des Sohnes auch der Vater stirbt. Falls das Bewusstsein stirbt, dann stirbt alles, und die Welt wird leer. Oh Rāma, bis jetzt war dieses Bewusstsein weder irgendwo und in irgendjemandem tot, noch war diese Schöpfung jemals eine Leerheit; daher ist klar, dass das innerste Sein jedes Wesens, welches reines Bewusstsein ist, wandellos ist. Sobald dies erkannt ist, werden Geburt und Tod gegenstandslos.

Wenn man erkennt: „Ich bin reines Bewusstsein", dann wird man sorglos gegenüber Leben und Tod, Vergnügen und Schmerz. Schande über den Elenden, in dem diese Verwirklichung noch nicht stattgefunden hat (oder die ihn wieder verlassen hat)! Wer erkennt: „Ich bin reines Erfahren oder Bewusstsein", ist unberührt in allen Notlagen, und er wird weder von mentaler Verwirrung noch von psychologischer Krankheit ergriffen. Wer empfindet: „Ich bin der Körper", verscherzt sich die Kraft und die Weisheit; wer erkennt: „Ich bin reines Bewusstsein", erlangt sie. Dieser Letztere ist dann Gier, Täuschung oder Stolz nicht mehr unterworfen. Oh weh – wie töricht sind doch diejenigen, die jammern: „Wir werden sterben!", sobald sie an den Tod des Körpers denken! Wer dagegen in der Erkenntnis „Ich bin Bewusstsein" ruht, empfindet den Schlag der schrecklichsten Waffe wie die Berührung einer Blume.

Wenn Bewusstsein sterben kann, dann sterben die Leute die ganze Zeit. Sage mir doch bitte, wie es kommt, dass du noch nicht tot bist? Nichts stirbt. Bewusstsein allein hegt die Zwillingsideen von „Ich lebe" und „Ich bin tot". Das Bewusstsein sieht oder wird des Samsara (Welterscheinung) gewahr, und Bewusstsein sieht oder wird der Befreiung gewahr. Es wird des Vergnügens und des Schmerzes gewahr, ohne dabei jemals seine wahre Natur aufzugeben. Im Zustand der Unwissenheit über sich selbst verwickelt es sich in Illusion, während es sich in einem Zustand der Selbsterkenntnis von der Illusion befreit. Und doch ist Bewusstsein niemals entstanden oder vergangen. Es gibt kein Ding wie „Realität", und es gibt nicht so etwas wie Unwissenheit oder Falschheit. Was auch immer von jemandem wahrgenommen wird, existiert genau so.

VASISHTHA fuhr fort: VI.2:97

Da die Welt der Traum des höchsten Selbst und alles von Brahman durchdrungen ist, wird sie als Brahman erfahren. Die Welterscheinung oder Illusion wird wahrgenommen – das höchste Bewusstsein jedoch bleibt ungesehen. Daher mag man die Illusion als eine reale Einbildung des Selbst erachten. Von einem anderen Blickwinkel her ist diese Welterscheinung eine Illusion, auch wenn die Realität des unendlichen Bewusstseins unbegreiflich bleibt. So entsteht dann die Idee einer völligen Leere oder śūnya; dies ist auch real. Das unendliche Bewusstsein (oder die höchste Person, die darin auftaucht) ist unberührt von Tätigkeit, denn die Welt entspringt einer unmanifestierten Ursache (der Natur). Auch diese Sichtweise ist begründet, weil sie als solche erfahren wird. Andere sagen, dass Brahman in einem Zustand der Unwissenheit als die Welt erscheint (so wie ein Seil in der Dunkelheit als Schlange erscheint). Auch dies gründet auf direkter Erfahrung und ist daher als real anzusehen. Die Theorie, dass das gesamte Universum ein Konglomerat von Atomen sei, ist ebenfalls akzeptabel, denn diese Erkenntnis oder dieses Verständnis ist das Ergebnis einer ordnungsgemäßen Ergründung.

Es gibt manche, die meinen, dass die Welt das sei, was man in ihr sieht, und dass dieses Prinzip auch für „die andere Welt" gilt; die Welt ist daher weder real noch irreal, weil die Realität gänzlich subjektiv ist. Andere wiederum behaupten, dass die äußere Welt als einziges real sei und es eine andere Realität nicht gäbe. Auch sie geben der Wahrheit insofern Ausdruck, als sie nicht beschreiben können, was jenseits der Erfahrung ihrer eigenen und der Sinne anderer liegt. Auch diejenigen haben Recht, die erklären, dass alles sich im ständigen Wandel befindet, weil die Macht, die diesen ständigen Wandel hervorruft, allmächtig ist. Der Glaube, dass der Jiva im Körper wohnt wie der in einem Käfig gefangene Spatz und im Tode aus diesem in ein anderes Reich davonfliegt, was ein auch von Ausländern gehegter Glaube ist, ist akzeptabel, weil er in ihren eigenen Ländern und Gemeinschaften akzeptiert wird. Heilige betrachten alles mit demselben Blick – sie kennen die Realität und wissen, dass sie das Selbst von allem ist.

Es gibt welche, die versichern, dass sich die Natur selbst ohne einen intelligenten Schöpfer manifestiert, weil in der Natur viele unerwünschte und nicht-intelligente Ereignisse stattfinden (wie etwa Naturkatastrophen). Auch eine solche Sichtweise ist begründet. Auf der anderen Seite haben aber auch diejenigen recht, die von der Existenz eines universellen Schöpfers, der alles bewirkt, ausgehen, denn sie finden ihr Gemüt erfüllt von dieser universellen Macht. Auch diejenigen haben recht, die sagen, dass diese Welt ebenso wie die „andere Welt" real sei. In ihren Augen sind Pilgerfahrten, Rituale usw. sinnvoll. Die Idee, dass alles leer oder śūnya sei, stimmt, weil sie das Ergebnis einer ausgedehnten Erforschung ist. Das unendliche Bewusstsein ist wie der reinste Kristall – jede Idee oder Vorstellung wird reflektiert. Die Wissenden haben verstanden, dass dieses unendliche Bewusstsein weder eine Leere noch eine Nicht-Leere ist – es ist allmächtig, aber es ist nicht, was gesehen oder erkannt wird. Was auch immer die Überzeugung eines Menschen sein mag – wenn er fest bei dieser Überzeugung bleibt, wird er gewiss dasselbe Ziel erreichen (dieselbe Frucht erlangen), solange er mit diesen Ideen oder Erkenntnissen nicht auf kindische Art und Weise zu spielen beginnt. Man soll die Wahrheit in der Gemeinschaft der Wissenden ergründen und dann ohne Abstriche oder Abweichungen fest in seiner eigenen Verwirklichung verankert bleiben.

VASISHTHA fuhr fort:

Es gibt immer wieder Menschen, die im Hinblick auf das Wissen der Schriften und auch im Hinblick auf rechtes Betragen weise sind. Ihre Gesellschaft sollte man suchen. Natürlich gibt es viele, die viel über die Schriften reden. Jedoch ist derjenige der Beste unter ihnen, der das Wohl und die Freude aller im Sinne hat und dessen Betragen unanfechtbar ist. Alle Menschen suchen ihr eigenes Wohl, von einer unwiderstehlichen Kraft getrieben, so wie Wasser stets abwärts fließt. Man soll diese Tatsache anerkennen und Zuflucht zur Gemeinschaft mit den Weisen nehmen.

RÂMA fragte:

Diese Welt wächst wie eine Schlingpflanze auf dem Baum des Höchsten Seins. Wo in ihr befinden sich diejenigen, die nach der gründlichen Erforschung von Vergangenheit und Zukunft die letztgültige Wahrheit erblickt haben?

VASISHTHA erwiderte:

In jeder menschlichen Gemeinschaft gibt es eine Anzahl weiser Menschen, deren inneres Licht (oder Gnade) dieser Welt Licht gibt. In diesem Samsara rennen alle Menschen nur auf und ab wie Strohhalme, die im Meer treiben. Da sie das Selbst vergessen haben, werden die Bewohner der Himmel im Feuer des Vergnügens verzehrt. Die getäuschten Dämonen werden durch ihre Feinde, die Götter, vernichtet und von Narayana in die Hölle geschleudert. Die himmlischen Musikanten (ghandarvas) atmen nicht einmal einen Hauch des Duftes (gandha) der Weisheit – sie verlieren sich im Genuss ihrer eigenen Musik usw. Die Himmelsbewohner, die man vidyādharas nennt, respektieren die Weisen nicht – voll von Eitelkeit sind sie, weil sie die Befürworter (ādhāra) der Bildung (vidyā) sind. Die Halbgötter, die man Yakshas nennt, betrachten sich selbst als unsterblich und stellen ihre Geschicklichkeit vor alten und gebrechlichen Menschen zur Schau. Die Dämonen, die man Rakshasas nennt, leben in der Täuschung. Die Geister (Pisacas) wollen nichts anderes als Leute belästigen. Die Bewohner der Unterwelten, die man Nagas nennt, sind träge und dumm. Die Dämonen, unter dem Namen Asuras bekannt, sind wie Würmer, die in Löchern in der Erde leben. Wie können sie irgendwelche Weisheit erlangen?

Sogar die menschlichen Wesen sind engstirnig und kleingläubig und nur an den Banalitäten des Alltags interessiert. Die meiste Zeit ihres Lebens verbringen sie damit, ihre schlimmen Wünsche zu verwirklichen. Sie kommen niemals mit irgendetwas in Kontakt, was gut oder weise ist. Durch ihre Eitelkeiten und Bestrebungen werden sie mehr und mehr vom Pfad der Rechtschaffenheit und Weisheit abgelenkt. Die Klasse der Leute, die man Yoginī nennt (damit sind die Praktizierenden der „schwarzen" Magie gemeint), sind in die Grube des schlechten Benehmens gefallen und trinken und essen wie unkultivierte Menschen.

Aber immer noch gibt es befreite Wesen unter den Göttern (Vishnu, Brahmā, Rudra usw.), unter den Führern (wie Kasyapa, Nārada, Sanatkumāra), unter den Dämonen (Hiranyaksha, Bali, Prahlāda usw.), unter den Rakshasas (wie Vibhishana, Prahasta, Indarajit), unter den Nagas (Takshaka usw.), wie auch auf anderen Ebenen. Sogar unter den menschlichen Wesen gibt es Befreite, obwohl sie extrem selten sind. Es gibt Millionen von Wesen, aber ein einziger Befreiter ist sehr schwer zu finden.

VASISHTHA fuhr fort: VI.2:98

Die Feinde der Heiligen wie die Gier, die Täuschung usw. sind im Falle der weisen Menschen, die leidenschaftslos sind und im Höchsten ruhen, sehr geschwächt. Sie sind weder überschwänglich noch zornig, sie mischen sich nicht in Dinge ein noch nehmen sie etwas weg. Sie stören andere Menschen nicht und werden durch andere nicht gestört. Die weisen Menschen sind weder Atheisten noch einer speziellen Glaubensrichtung verpflichtet. Sie befassen sich nicht mit quälenden Praktiken, auch wenn diese von den Schriften vorgeschrieben werden.

Ihr Verhalten und ihre Handlungen sind vom gesunden Menschenverstand geleitet und von Liebe erfüllt, sie sind sanft und teilnahmsvoll.

Sie erfreuen das Herz aller. Sie zeigen den weisen Pfad auf und entscheiden spontan und schnell, was das Beste ist. Sie befassen sich mit allerhand äußeren Handlungen und sind doch innerlich kühl und still. Sie lieben es, die Bedeutung der Schriften zu erforschen. Sie wissen, wer wer ist (wer eine reife oder unreife Person ist). Sie wissen, was anzunehmen und was abzulehnen ist. Ihre Handlungen sind der Situation angemessen.

Sie vermeiden verbotene Handlungen. Sie erfreuen sich guter Gesellschaft. Sie verehren mit den Blumen der Weisheit jeden, der ihre Gesellschaft und ihre Lehren sucht. Sie berauben die Menschen ihrer Sorgen und ihres Kummers. Sie sind freundlich und sanft, aber wenn die Herrschenden dieser Erde ungerecht und unterdrückerisch werden, dann rütteln sie sie auf wie ein Erdbeben einen Berg erschüttert. Sie ermutigen die Mutlosen und vergrößern die Freude der Freudigen. Sie zügeln das unwissende und törichte Betragen der Menschen.

Für denjenigen, der von Notlagen und mentaler Verwirrung, von Prüfungen und Drangsalen aller Art verfolgt wird, sind die Heiligen die einzige Zuflucht. Bei ihnen soll man den Frieden suchen, nachdem man sie zuvor an den oben beschriebenen Merkmalen erkannt hat. Dieser Ozean von Samsara kann ohne die Hilfe der Heiligen nicht überquert werden. Man soll nicht passiv sein und fatalistisch die Dinge so hinnehmen, wie sie geschehen. Auch wenn man nicht alle der beschriebenen Qualitäten, sondern nur eine einzige von ihnen findet, soll man Zuflucht bei diesem heiligen Mann suchen und sämtliche anderen Mängel übersehen. Man soll Übung darin erwerben, bei anderen sowohl das Gute wie auch die Mängel zu erkennen und dann danach streben, die Gesellschaft der Guten und Weisen zu erlangen. Auch wenn eine gute Person Mängel hat, soll man ihr dienen und dadurch üble Neigungen vermeiden. Wenn man schlechte Neigungen nicht überwindet, wird sogar der gute Mensch böse. Das habe ich beobachtet. Es ist in der Tat ein großes Unglück für die gesamte Gesellschaft, wenn ein guter Mensch aufgrund der Umstände schlecht wird.

So soll man sämtliche anderen Tätigkeiten aufgeben und den Heiligen ergeben sein. Ein echtes Hindernis dafür existiert nicht – nur dadurch kann einem Menschen das Beste aus beiden Welten zugutekommen. Von den Heiligen soll man sich nie weit entfernen, denn ihre bloße Nähe fördert überall das Gute.

VI.2:99 RÂMA fragte:

Wir menschliche Wesen verfügen über verschiedene Methoden zur Überwindung der Sorgen. Wie steht es mit den Würmern und Fliegen oder den Bäumen?

VASISHTHA erwiderte:

Alle Wesen ruhen entsprechend ihrer Natur auf die ihnen angemessene Weise im Bewusstsein. Auch sie besitzen ihre spezifischen Verlangen und Begierden. In unserem Fall stehen der Erfüllung unserer Wünsche nur wenige Hindernisse entgegen, während die Schwierigkeiten in ihrem Fall enorm sind. So wie die kosmische Person (virat) strebt, so tun es auch die Würmer und Fliegen. Ein kleiner Junge droht mit seiner zusammengeballten Faust – wie eindrucksvoll tritt doch die Eitelkeit auf! Vögel werden geboren und sterben im leeren Raum. Sogar eine Ameise muss essen und sich um ihre Familie kümmern. Sogar die winzige Fliege, die flink durch die Stube fliegt, ist in ihrer Würde dem Geier Garuda gleich, der hoch oben in der Luft schwebt. Den Menschen wie den Würmern sind Ideen wie „ich bin dies", „dies ist mein" gemeinsam; mit all den erhabenen Implikationen solcher Ideen.

So wie wir nach den Mitteln des Lebensunterhalts streben, so streben auch die Würmer danach. Auch sie lieben das Leben. Einem Sklaven bedeutet ein neues Land nicht viel – daher nehmen auch Kühe und andere Tiere nur wenig Anteil am Zuhause ihres Besitzers. Auch sie haben ihre Vergnügen und Leiden, aber sie sind ohne das Empfinden von „mein" und „dein". Sogar ein Samenkorn oder ein junger Keimling erleben einen gewissen Schmerz (oder Gewahrsein), wenn sie von einem Wurm gebissen werden, so wie ein schlafender Mann sich von einem Floh gestört fühlt. Sowohl Indra (König der Götter) als auch der Wurm erfahren Anziehung, Abneigung, Furcht, Begierde nach Nahrung und Geschlechtlichkeit, Freud und Leid und die durch Geburt und Tod verursachte Pein. Der einzige Unterschied besteht im Verständnis der Bedeutung von Worten, der Natur der Elemente und im Erwarten künftiger Ereignisse.

Bäume, die sozusagen schlafen, wie auch die unbeweglichen Objekte wie Felsen usw., existieren in der ungebrochenen Erfahrung des unendlichen Bewusstseins. In ihnen existiert keinerlei Wahrnehmung einer Getrenntheit. All dies ist das reine, unendliche Bewusstsein, welches sich in den Felsen für schlafend hält, wie es schon in der Schöpfung davor gewesen ist. Daher bleibst du, wie du bist, und ich bleibe, wie ich bin. Im Höchsten Selbst oder Bewusstsein existiert weder Freude noch Leid. Nur die Unwissenheit ist die Ursache all dieser Illusion. Wird die Unwissenheit jedoch durch Verstehen zerstreut, dann verschwindet alles zuvor Gesehene in ein Nicht-Dinghaftes. Sobald die Wahrheit über diesen Weltentraum erkannt ist, hört er auf. Was ist dann hier noch wünschenswert oder erstrebenswert? Wenn die Welle ausgerollt ist, ist das Wasser nicht zerstört. Wenn der Körper zerstört wird, verbleibt das Bewusstsein unverändert.

Nur die unwissende Person besteht auf ihren Ideen betreffend die Welt und erfährt diese dann auch als real. Das rechte Verstehen dieser Wahrheit öffnet die Tür zur Selbsterkenntnis. So wie ein Objekt im Spiegel gespiegelt wird, so erscheint diese Welt in Brahman. Obwohl die Reflexion im Spiegel zu sein scheint, ist sie nicht dort. Auf dieselbe Weise ist die Welt nicht da, obwohl sie erscheint. Sie scheint Wirkungen zu erzeugen, obwohl sie selbst irreal ist, so wie es für denjenigen, der vom Geschlechtsverkehr träumt, eine Entladung von Energie gibt. Nur der unwissende Mensch weiß, weshalb er die Welt für real hält!

RÂMA fragte: VI.2:100

Es gibt Leute, oh Weiser, die finden, man solle deshalb bis zum Ende glücklich leben, weil der Tod unvermeidlich sei und nichts sonst überlebt, wenn dieser Körper zu Asche verbrannt wird. Wie entkommen solche Leute den Sorgen des Samsara?

VASISHTHA erwiderte:

Woran die innere Intelligenz fest glaubt, das wird von ihr erfahren, als wäre es offensichtlich geworden. Bewusstsein ist universal und unteilbar – es ist eines und es ist gleichzeitig vieles. Bevor das Konzept der Schöpfung aufgetaucht ist, existierte überhaupt nichts – daher ist nichts wirklich wahr. Diejenigen sind gewiss unwissend, die diese Realität nicht sehen, wie sie in den Schriften dargelegt wird. Für uns sind sie so gut wie tot. Diejenigen dagegen, die realisiert haben, dass alles reines Bewusstsein (Brahman) ist, brauchen unsere Unterweisungen nicht.

Was auch immer als real im „Körper" des Bewusstseins auftaucht, wird auch als real erfahren. Jeder ist aus Dem gemacht – ob es da nun einen realen physischen Körper gibt oder nicht. Wenn behauptet wird, dass die (Sinnes)Erfahrungen allein das Bewusstsein seien, dann wird man mit Sicherheit leiden, denn man ist sein ganzes Leben lang an widersprüchliche Erfahrungen gefesselt. Wenn man aber erkennt, dass diese Welt nur eine Idee ist, die im Bewusstsein auftaucht, dann hören die Vielfalt oder die Widersprüchlichkeit und damit auch die widersprüchlichen Erfahrungen auf. So wie schwebende Staubpartikel den Raum nicht beeinträchtigen, so berühren Freude und Leid nicht denjenigen, der in der Erkenntnis des einen unteilbaren, unendlichen Bewusstseins verankert ist.

Wir nehmen keinen Körper oder eine Persönlichkeit oder auch nur einen Jiva wahr – all dies ist nichts als reines Bewusstsein. Welche Idee auch immer in ihm auftaucht, die wird dann als solche erfahren. Unabhängig davon, ob das Bewusstsein als real oder irreal betrachtet wird, es erfährt die Existenz des Körpers. Ob man das Bewusstsein nun als real oder irreal betrachtet – die Person wird zu dem. Was dieses Bewusstsein als real erachtet, ist gewiss real (oder das Bewusstsein ist real wie die Person oder das Selbst). (Das heißt, dass sogar der Materialist nicht die Existenz der Person leugnet und folglich auch nicht die Existenz von Bewusstsein leugnen kann.) Diese Doktrin bestätigt die Lehren sämtlicher Schriften.

Wenn dieses Verständnis umnebelt ist, entstehen die verdrehten Doktrinen; wird das Missverständnis dagegen beseitigt, werden die köstlichsten Früchte geerntet. Aber ein unvollkommenes Verständnis beseitigt es nicht. Falls man meint, dass dieses rechte Verständnis nach der Selbsterkenntnis wieder umwölkt werden kann, dann besteht gewiss keine Hoffnung, den Kummer loszuwerden. Wird Bewusstsein als real erkannt, dann wird es für den Weisen zum Zufluchtsort. Wird es als irreal erachtet, dann wird es leblos wie ein Stein. Wenn dieses unendliche Bewusstsein sozusagen „schläft", dann taucht die Erfahrung der Objekte auf und diese Welt tritt ins Dasein. Wer daher diese Welt und die Sinneserfahrungen allein als real betrachtet, ist leblos und „schlafend".

RÂMA fragte:

Es gibt diejenigen, oh Weiser, die denken, dass dieses grenzenlose Universum überall und auf allen Seiten existiert. Sie können es nicht als eine Masse von Bewusstsein sehen. Sie sehen es so, wie man es gewöhnlich sieht, und können nicht erkennen, dass es sich beständig wandelt und seiner Zerstörung entgegengeht. Welche Methode hilft hier, um die mentale Verwirrung zu überwinden?

VASISHTHA erwiderte:

Vor der Beantwortung dieser Frage sollte man zuvor eine andere stellen: Empfindet diese Person, dass die Materie als Materie unzerstörbar und der Körper unsterblich sei? Wenn dies so ist, dann gibt es auch keinen Grund zu Kummer. Wenn jedoch der Körper aus verschiedenen Dingen zusammengesetzt ist, dann wird er auch gewiss verderben.

Wenn man weiß, dass das Selbst reines Bewusstsein ist (und nicht der physische Körper), dann gibt es für ihn, wenn er stirbt, auch kein Samsara (Welterscheinung) in seinem Bewusstsein. Sollte das Verständnis dagegen nicht durch Klarheit oder die Schriften gereinigt sein, dann werden in ihm Stützpunkte für Samsara zurückbleiben. Falls man denkt, dass es so etwas wie Bewusstsein nicht gibt, dann erfährt man einen Zustand der Leblosigkeit. Man mag annehmen, dass nur die Erfahrung im verkörperten Zustand real sei. Wenn man fest in dieser Überzeugung verharrt, glaubt man, dass der Tod das endgültige Ende aller Sorgen ist. Jedoch geschieht dies nur aufgrund fehlerhafter Erfahrung.

Diejenigen, die an die Nicht-Existenz von Bewusstsein glauben, werden beim Aufgeben des Körpers zu leblosen Substanzen und versinken daher unvermeidlich in der undurchdringlichen Finsternis der Unwissenheit. Diejenigen andererseits, die glauben, dass der Welt eine relative Existenz zukommt (wie in einem Traum), erfahren diese Weltillusion auch weiterhin.

Ob man diese Welt als eine dauerhafte Realität oder ein wandelhaftes Phänomen betrachtet – die Erfahrung von Freud und Leid bleibt dieselbe. Diejenigen, die die Welt für eine sich wandelnde, aber rein materielle Substanz (ohne Bewusstsein) halten, sind kindisch. Halte dich von ihnen fern! Diejenigen, die erkennen, dass die Körper im Bewusstsein existieren, sind weise – wir verneigen uns vor ihnen! Diejenigen, die denken, dass im Körper Intelligenz ist, sind unwissend.

Es ist reines Bewusstsein mit dem Jiva als seinem Körper, welches in diesem kosmischen Raum auf und nieder geht. Was auch immer der Jiva in sich selbst denkt, das erfährt er. So wie Wolken verschiedene Muster am Himmel bilden und Wellen auf der Oberfläche des Meeres auftauchen, so erscheinen diese Welten im unendlichen Bewusstsein. Die Traumstadt ist nur das Gemüt des Träumers und benötigt nicht einmal die zusammenwirkenden Ursachen (wie Baumaterial), um errichtet zu werden. Ebenso ist auch das Universum – es ist reines Bewusstsein und nichts anderes. Diejenigen, die dies zu erkennen vermögen, werden frei von Illusion, von Anhaftung (Abhängigkeit) und von mentaler Qual, während sie weiterhin spontan und angemessen handeln, in allen Situationen, die im Strom des Lebens entstehen.

VASISHTHA fuhr fort: VI.2:101

Jeder ist immer nur reines Bewusstsein und nichts anderes. Was kann es außer diesem Bewusstsein noch geben? Wenn Bewusstsein allein existiert – was gibt es dann noch zu gewinnen und zu verlieren? Wenn es nichts anderes gibt, dann werden rāga (Anziehung oder

Zuneigung) und dvesha (Abweisung oder Abneigung) gleichermaßen bedeutungslos.

Bewusstsein allein sind diese menschlichen Wesen, Götter, nāga (Bewohner der Unterwelt), Berge und sich bewegenden Objekte. Ich bin reines Bewusstsein – und das bist du auch. Wir werden im Verlaufe der Zeit sterben, aber Bewusstsein wird niemals sterben. Bewusstsein hat kein Objekt, dessen es gewahr werden könnte – alles Reden über Einheit und Vielfalt ist daher bedeutungslos.

Sogar die Materialisten (diejenigen, die an die Realität der physischen Welt glauben) zollen diesem Bewusstsein ihren Tribut, indem sie nicht das Selbst verleugnen, die Intelligenz oder das Bewusstsein, welches sie denken und sagen lässt, was sie denken und sagen. Dieses Bewusstsein wird von einigen Brahman genannt und jñānam (Selbsterkenntnis), sunya (Leere), die Macht der Illusion, purusha (das Selbst), chidakasha (Raum oder Ebene des Bewusstseins), Shiva, Selbst (ātman) usw. von anderen. Alle diese Beschreibungen sind Bewusstsein, da es Bewusstsein allein ist, das sich selbst so nennt (d.h. die Intelligenz in den verschiedenen Personen, die unterschiedliche Sichtweisen vertreten).

Mögen meine Glieder entweder pulverisiert oder so machtvoll werden wie der Berg Meru! Was geht verloren und was wird gewonnen (was hat zugenommen), wenn ich erkenne, dass ich reines Bewusstsein bin? Mein Großvater und andere sind tot, aber Bewusstsein ist nicht tot. Bewusstsein ist ungeboren und stirbt nicht. Es ist wie Raum. Wie kann der Himmel sterben? So wie die Welt durch die Finsternis der Nacht aus der Sicht verschwindet (zerstört wird) und erneut bei Anbruch der Dämmerung gesehen (erschaffen) wird, so sind auch Geburt und Tod. Man sollte den Tod daher als ein freudevolles Ereignis betrachten, denn man wandert nun von einem Körper in einen anderen. Nur Toren trauern bei solch freudigen Ereignissen. Und wenn du glaubst, dass du nicht wieder in einem anderen Körper geboren wirst, gibt es keinen Grund zur Trauer, denn der Tod setzt der Krankheit von Geburt und Tod ein Ende. Daher frohlockt oder trauert der weise Mensch weder im Leben noch im Tode. Auch wenn jemand aufgrund seiner bösen Taten den Tod fürchten sollte, ist dies unbegründet, denn dann wird diese Person in der nächsten Welt so wie in dieser leiden müssen. Weshalb jammerst du dann: „Oh weh, ich sterbe, ich sterbe, ich sterbe!“ anstatt aus Freude auszurufen: „Ich werde sein, ich werde sein, ich werde sein“? Sogar dies sind nur bedeutungslose Worte, wenn du realisierst, dass unendliches Bewusstsein allein existiert. Raum existiert im Raum. Was ist die Bedeutung von Worten wie „Geburt“ und „Tod“? Wisse, dass du reines Bewusstsein bist und iss, trink und lebe ohne den Sinn von „ich“ und „mein“. Du bist wie der Himmel. Wie können in dir Begierden auftauchen? Der weise Mensch erfreut sich dessen, was rein ist und ungesucht zu ihm kommt, wie es im Fluss des Lebens angeschwemmt wird. Sollten im Fluss des Lebens oder durch die Umstände unreine Dinge zu ihm kommen, dann sorgt sich der weise Mensch nicht um sie, wie im Tiefschlaf.

VI.2:102 RÂMA fragte:

Was wird jemand, der die höchste Wahrheit realisiert hat?

VASISHTHA erwiderte:

Für eine solche Person werden sogar die Steine zu Freunden und die Bäume in den Wäldern zu Verwandten, und wenn er in der Mitte der Wälder lebt, dann werden die Tiere zu seiner Familie. Ein Königreich ist in seinen Augen wertlos, Notlagen werden für ihn zu großen Glücksfällen. Auch wenn er in einem Königreich lebt, frohlockt (feiert) er über seine Missgeschicke. Disharmonie wird zu Harmonie, Leid zu großer Freude, und auch falls er mit intensiver Tätigkeit befasst sein sollte, erfährt er tiefe Stille. Wachend befindet er sich im Tiefschlaf, lebend ist er bereits so gut wie tot. Er tut alles und tut in Wahrheit überhaupt nichts. Er genießt, ohne das Vergnügen zu kosten. Er ist der teure Freund aller. Er ist frei vom Bedauern für andere, aber voller Mitgefühl. Ohne etwas zu wollen sieht er für andere wie jemand aus, der etwas will. Er ist nur noch an der rechtschaffenen Ausführung seiner Handlungen interessiert.

In den entsprechenden Situationen sieht er glücklich oder unglücklich aus. Er gibt nicht auf, was natürlich ist und spielt in diesem Drama des Lebens die ihm zukommende Rolle. Er trauert mit den Trauernden und frohlockt mit den Glücklichen, ohne in seinem Herzen befleckt zu werden.

RÂMA fragte:

Es gibt jedoch einige schlaue, aber unwissende Menschen, die vorgeben, in diesem Zustand zu sein (sie halten sich an die Regeln der Keuschheit wie ein Pferd, ohne den richtigen Geist). Wie unterscheidet man das Wahre vom Falschen?

VASISHTHA erwiderte:

Ob sie nun wahr oder falsch ist – eine solche Natur sollte gepriesen werden. Die wahrhaft Weisen leben so, als hätten sie wie andere Menschen Begierden. Sie lachen mit den Narren, sind aber selbst weise. Niemand vermag ihren inneren Frieden und ihren erleuchteten Zustand zu erkennen. Nur die Weisen erkennen Weise. Die wahren Weisen stellen ihre Weisheit weder zur Schau noch sind sie begierig darauf, die Bewunderung der Menge zu erlangen. Die Menge stellt in den Augen der Weisen eine Störung dar. „Ich wünsche mir, dass alle meine Großartigkeit erkennen mögen, damit man mich verehrt" – solche Gedanken tauchen in den Köpfen der eitlen Menschen auf, nicht aber in den Weisen.

Kräfte wie Levitation usw. werden sogar von unwissenden Menschen durch Mantras, Drogen usw. erworben. Wer sich entsprechend bemüht, vermag diese Kräfte zu erlangen, ob er nun erleuchtet ist oder nicht. Es ist das Ego, welches Anstrengungen unternimmt und Kräfte erwirbt. Diese Kräfte verstärken dann die Vasanas oder die mentale Konditionierung. Der Erleuchtete jedoch ist an diesen Dingen nicht interessiert. Er erachtet die Welt als weniger als einen Grashalm. Der Erleuchtete lebt ein nicht-willentliches Leben, indem er sich auf spontane Weise mit angemessener Handlung befasst. Sogar die himmlischen Lustgärten verschaffen einem nicht das Glück, wie es die Weisheit des erleuchteten Menschen gibt. Der Weise betrachtet Hitze und Kälte, wenn sie seinen Körper treffen, so, als würden sie jemand anderem passieren. Er lebt nur für das Wohl anderer mit einem Herzen erfüllt von Mitgefühl für alle Wesen. Er mag in einer Höhle, einer Einsiedelei oder einem Palast leben oder ständig auf Wanderschaft sein. Er mag ein Lehrer oder ein Schüler sein. Er mag über psychische Kräfte verfügen oder für immer im Samadhi sein.

VI.2:103 VASISHTHA fuhr fort:

Nur das unendliche Bewusstsein leuchtet als diese Welterscheinung. Wie könnte es jemals zugrunde gehen? Da ist keine Möglichkeit für die Existenz von etwas anderem als Bewusstsein. Wenn der Körper verdirbt, verdirbt doch nicht das Bewusstsein. Wenn man sagt, dass das Bewusstsein zusammen mit dem Körper aufhört, dann ist dies nur Anlass zur Freude, weil damit auch Samsara und der Kummer aufhört! Sagt man dagegen, dass dieses Bewusstsein so lange wie der Körper existiert, dann kann man nicht erklären, weshalb der tote Körper nicht mehr bewusst ist. Alle diese Argumente sind daher ungültig. Das unendliche Bewusstsein allein ist real – was immer auch dieses zu erfahren wünscht, erfährt es als seiend, da es für die Realisation von Ideen keinerlei Hindernis gibt. Die Welt wurde niemals erschaffen – was ist, IST nur das unendliche Bewusstsein.

Es ist dieses Bewusstsein, welches seine unendlichen Möglichkeiten zu erfahren wünscht. Es kennt sich selbst, indem es seiner selbst gewahr ist; es ist unwissend, indem es seiner selbst nicht gewahr ist. Folglich sind sogar Erkenntnis und Unwissenheit reines Bewusstsein und in Wahrheit gibt es keinerlei Getrenntheit. Man sollte sich deshalb ernsthaft mit der Verwirklichung des Selbst befassen, denn die Selbsterkenntnis schenkt einem das Beste aus beiden Welten.

Gib alle Arten mentaler Erregung auf und widme jeden Augenblick deines Lebens dem Studium und der Ergründung dieser Schrift. Gewiss erlangt man, wonach man strebt – wer dies vernachlässigt, wird es ebenso gewiss verlieren. Das Gemüt fließt in Richtung Weisheit oder Unwissenheit – je nachdem, wohin es gelenkt wird. Außer mit dieser Schrift kann niemand das Höchste erreichen – jetzt nicht und nicht in Zukunft. Für die vollkommene Verwirklichung dieser höchsten Wahrheit sollte man daher eifrig und nachdrücklich nur diese Schrift studieren. Diese Schrift ist für dich von größerem Wert als alle Wohltaten deines Vaters und deiner Mutter und aller deiner Freunde zusammengenommen.

Die schreckliche Krankheit namens Samsara oder Bindung an die weltliche Existenz wird durch nichts anderes als die Selbsterkenntnis geheilt. Es ist jammerschade, wenn du deine Zeit verschwendest und tatenlos die Stunde deines Todes erwartest. Törichte Menschen, die Wohlstand und Ruhm hinterher rennen, verpfänden ihr Leben, um diese Dinge zu erlangen und zu bewahren. Weshalb verbringen sie ihre Lebenszeit nicht damit, die Schriften zu ergründen und Unsterblichkeit zu erlangen? Es geschieht durch die Selbsterkenntnis, dass man das Unglück vernichten und das Elend mit den Wurzeln ausreißen kann.

Es geschieht zu deinem Besten, dass ich Tag und Nacht laut schreie und die Wahrheit verkünde. Höre zu und realisiere das Selbst mit Hilfe des Selbst. Wenn du es nicht jetzt schaffst, dir diese schauerliche Krankheit vom Hals zu schaffen – was willst du dann nach dem Tode tun? Da ist keine Schrift wie diese, die dir beim Erlangen der Selbsterkenntnis helfen kann. Lass sie scheinen wie eine Lampe, lass sie dich erwecken und unterweisen wie ein Vater und lass sie dir Freude bereiten wie eine Frau. In dieser Schrift ist nichts Neues enthalten. Die Wahrheit wird jedoch auf angenehme Weise mit einer Anzahl von Geschichten dargelegt. In dieser Schrift besteht das Entscheidende in der Darlegung der Wahrheit – wer diese Wahrheit verkündet oder die Schrift verfasst hat, ist nicht wichtig.

VASISHTHA fuhr fort:

Man sollte sich nicht mit denjenigen zusammen tun, die diese Schrift aufgrund von Unwissenheit oder Torheit bekritteln und herabsetzen. Ich weiß, was ich bin, und ich weiß, wer ihr alle seid. Ich bin nichts als euer eigenes Bewusstsein, das hier sitzt, um euch zu unterweisen. Weder bin ich ein Mensch noch ein Himmelsbewohner noch ein Gott. Ich bin hier als die Frucht eurer Verdienste. Tatsächlich bin ich weder das eine noch das andere.

Hier in dieser Welt sollte man das passende Heilmittel für diese als Samsara (Weltillusion) bekannte Krankheit finden. Solange man nicht das Desinteresse an der objektiven und materiellen Existenz dieser Welt kultiviert, kann der Glaube an oder die Idee ihrer Existenz nicht geschwächt werden. Ein anderes Mittel, das Selbst von der Unreinheit der Selbstbegrenzung zu befreien, gibt es nicht. Der einzige Weg besteht in der Schwächung der Vasana (Selbstbegrenzung oder Konditionierung oder die Idee von der Existenz der Welt). Wenn ein solches Objekt existiert, dann ist die Idee von seiner Existenz natürlich, aber im Lichte der Ergründung existiert das Objekt nicht, auch wenn es zu existieren scheint.

Die scheinbare Existenz der Welt hat keine reale Ursache – wie kann dann die Wirkung von etwas Unwirklichem anders als unwirklich sein? Wie kann eine nicht-materielle (spirituelle) Ursache eine materielle Wirkung hervorbringen? Wie kann in reinem Bewusstsein Materie eher auftauchen als dass ein Schatten in der Sonne existiert? Es ist nicht richtig zu behaupten, dass die Welt eine reine und zufällige Zusammensetzung von Atomen sei, denn diese sind tatsächlich nur tote Substanzen. Die Weltschöpfung ist nicht das Ergebnis der Unwissenheit, denn weshalb – gesetzt den Fall, sie wäre das Resultat intelligenten Handelns – sollte sich ein intelligentes Wesen wie ein Wahnsinniger mit solch nichtiger Tätigkeit befassen? Daher ist klar, dass die Welt eine Erscheinung, aber keine reale Existenz ist. Wir scheinen alle in reiner Leerheit zu existieren – wie die Objekte in einem Traum. Die Welt ist nichts als reines Bewusstsein – einen Unterschied zwischen beiden gibt es nicht; das Eine wird wie „Luft" und „Bewegung im Raum" einfach nur auf zwei verschiedene Arten ausgedrückt. Das unendliche Bewusstsein plus Erscheinung wird die Welt genannt; die Welt minus Gestalt (Erscheinung) ist das unendliche Bewusstsein (Erscheinung ist illusorisch und Illusion existiert als solche nicht). So wie Bewusstsein Träume im Träumer hervorbringt, so erzeugt es im Wachzustand die Welt – beide sind aus demselben Stoff gebildet. Wo ist dann die Realität sogar von Brahmas Körper? Dieser entstand im Bewusstsein als das allererste Traumobjekt.

Brahman allein existiert und noch nicht einmal die kosmische Person. Jedoch wird all dies als real erfahren über einen beträchtlichen Zeitraum hinweg. Aber das Irreale bleibt irreal, auch wenn es für eine lange Zeit von allen erfahren wird. Vom Schöpfer Brahmā bis hinunter zu einer Säule ist die Erscheinung der Materialität so unwirklich wie die in einem Traum gesehenen Objekte. Diese Objekte besitzen den Anschein einer Form, so wie die Objekte in einem Traum den Anschein einer Form haben. Sage mir daher bitte: Was ist materielle Existenz und was sind die Objekte dieser Welterscheinung? Wo sind sie? Was sind sie? Was ist Einheit? Was ist Vielfalt? Was bin ich? Was sind diese Ideen bezüglich der Objekte der Existenz? Was sind Ideen und Vasanas oder Selbstbegrenzung oder psychologische Konditionierung, die für das Fortdauern der Weltexistenz verantwortlich sind? Wo befinden sie sich? Sie sind nicht! Realisiere dies und ruhe dann im Zustand von nirvana.

VI.2: VASISHTHA fuhr fort:

104,105 Es ist die subtile Klangschwingung, die Raum bildet, und es ist die subtile Berührungsschwingung, die Luft bildet. Ihre Reibung erzeugt Hitze oder das Feuerelement. Wenn sich das Feuer legt, gibt es Wasser. Kommen alle diese zusammen, dann entsteht Erde. All dies bleibt jedoch ein Spiel einfacher Schwingungen, die formlos sind. Wie entsteht dann Form? Nachdem man darüber eine beträchtliche Zeit nachgedacht hat, kommt man zu dem Ergebnis, dass es das Bewusstsein ist, welches Form entstehen lässt. Weshalb diese Wahrheit nicht gleich von Anfang verstehen und annehmen?

Weder die groben Elemente noch die Formen existieren in Wirklichkeit – sie tauchen auf, wie sie im Traum auftauchen. So wie Formen in Träumen erscheinen, so erscheinen sie auch im Wachzustand. Wird dieses realisiert, dann ist es Befreiung. Ob der Körper weiter existiert oder aufhört – es gibt keinen Kummer mehr.

Weder im Wachzustand noch im Traum gibt es eine wirkliche Welt. Bewusstsein erfährt sich selbst als solche und diese Erfahrung wird als Welt bezeichnet. So wie die in einem Traum gesehene Welt „nichts" ist, so ist die im Wachzustand gesehene Welt „nichts". So wie die Traumerfahrungen eines Mannes der neben ihm schlafenden Person nicht bekannt sind, so ist die Erfahrung eines Menschen von dieser Welt unbekannt für andere.

Im Traum scheint die unfruchtbare Frau einen Sohn zu haben – im Wachen dann scheint das unmögliche Wirklichkeit geworden zu sein. Das Unwirkliche erscheint als wirklich. Etwas, was nicht wirklich erfahren wurde, erscheint wie eine reale Erfahrung – so wie man sein eigenes Begräbnis im Traum sieht. Wenn einer davon träumt, in eine Grube zu fallen, dann wird sein Bett zu eben dieser Grube. Im blendenden Licht sieht man überhaupt nichts (es ist dasselbe wie Dunkelheit).

Der Träumer stirbt im Traum und verlässt seine Traumverwandten. Aber dann erwacht er und ist befreit vom Traumleben und -tod. Auf dieselbe Weise stirbt man hier, nachdem man eine lange Zeit Freude und Leid erfahren hat. Der Träumer erwacht und macht nun eine neue Traumerfahrung, die man die Welt nennt. Nachdem er diese Welt erfahren hat, wandert er weiter zu einer anderen. Während des Träumens erkennt der Träumer nicht, dass der frühere Traum unwirklich (geträumt) war. So erinnert man sich nicht an sein früheres Leben, sondern hält nur das gegenwärtige Leben für wirklich. Vom Träumer sagt man, dass er „erwacht", wenn sein Schlaf beendet ist. Auf dieselbe Weise erwacht die Person, die in dieser Welt lebt und stirbt, an einem anderen Ort wieder. Die Unterscheidung zwischen Traum und Wachen ist folglich rein willkürlich und akademisch. Beide wurzeln in der alleinigen Wirklichkeit des unendlichen Bewusstseins.

Alle die bewegten und unbewegten Dinge sind nichts als reines Bewusstsein. Sobald in ihm die illusorische Idee der Getrenntheit auftaucht, wird das Bewusstsein als Welt gesehen. Ein Topf ist nichts als Ton – ohne Ton gibt es keinen Topf. Sämtliche Objekte sind reines Bewusstsein – ohne Bewusstsein wird nichts wahrgenommen. Wasser ist flüssig – ohne seine Eigenschaft als Flüssigkeit ist es kein Wasser (was ist dehydriertes Wasser?). Genau so ist Bewusstsein. Alles hier ist reines Bewusstsein – ohne reines Bewusstsein ist nichts.

VASISHTHA fuhr fort: VI.2:106

Aus Gründen der Zweckmäßigkeit wurden ein und demselben Ding zwei Namen gegeben – die beiden (Wachen und Träumen) sind ein und dasselbe, wie zwei Gläser Wasser. Was beiden gemeinsam ist, ist ihr gemeinsames Substrat, nämlich reines Bewusstsein.

Die Haltung oder die Natur eines Baumes, der durch seine Wurzeln Nahrung aufnimmt und so existiert, besteht aus reinem Bewusstsein. Wenn man seine Wünsche beiseitegelegt hat und sich das Gemüt in vollkommenem Frieden befindet, ist das Ergebnis reines Bewusstsein. Bei einem gesunden Menschen, dessen Gemüt frei von objektiven Wahrnehmungen ist und den der Schlaf noch nicht überwältigt hat, ist das Ergebnis reines Bewusstsein. Die Natur, die in Gras und Schlinggewächsen existiert, welche zu den natürlichen Jahreszeiten wachsen, ohne Empfinden von „mein", ist reines Bewusstsein. Die Natur desjenigen, der ohne Konzepte und Vorstellungen, aber nicht tot ist, und dessen Wesen klar und rein ist wie der Winterhimmel, ist reines Bewusstsein. Das reine Wesen von Holz und Stein, die sich seit ihrer Erschaffung nicht verändert haben, wie auch das Gemüt reiner Wesen ist reines Bewusstsein. Das ist reines Bewusstsein (chidakasha), in dem sämtliche Dinge existieren, aus dem heraus sie entstehen, welches alles ist und welches alles in allem ist.

Wenn der Schlaf aufgehört hat, kommt die Welterscheinung zum Vorschein; hört diese auf, dann ist da reines Bewusstsein (chidambaram). Das „nichts", welches verbleibt, nachdem alles als „nicht dies, nicht dies" negiert wurde, ist reines Bewusstsein (chidambaram). Das gesamte Universum ist nichts als reines Bewusstsein, wie es war und wie es ist. Auch wenn es Konzepte und die Wahrnehmung von Formen und Ideen gibt, so existiert als einziges immer nur Bewusstsein.

Wisse dies, und sei frei von Konditionierung, während du die Objekte der Sinne gewahrst, so wie ein schlafender Mann innerlich „wach" ist. Indem du innerlich so still wie ein Felsen bist, sprich, gehe, trink, gib und nimm. Diese Welt ist niemals erschaffen worden, denn sie hat keinerlei Ursache und ohne Ursache kann keine Wirkung entstehen. Bewusstsein bleibt daher nichts als Bewusstsein – ohne den geringsten Wandel. Wenn die Erfahrung seiner eigenen unendlichen Möglichkeiten sich fortsetzt, erscheint sie als diese Welt. Daher wurde diese objektive Welt niemals erschaffen; sie existiert nicht und wird auch niemals entstehen. Sie wird auch niemals zugrunde gehen, denn wie kann Nichtsein zugrunde gehen? Was hier zu sein scheint, ist die Reflexion des Bewusstseins innerhalb von sich selbst. Da es jedoch keinerlei Dualität gibt, gibt es weder eine Reflexion noch eine Erscheinung. Wer weiß, ob das, „was ist", real oder irreal ist? Wer weiß, weshalb und wie ein Mann träumt oder was seine Träume wirklich sind, außer dass sie sein eigenes Bewusstsein sind? Der Schöpfer und alle diese Dinge sind nichts als reines Bewusstsein. Sobald dies erkannt ist, wird es als Brahman gekannt; wird es dagegen nicht realisiert, dann nennt man es Illusion, Māyā, Unwissenheit und die Welt. Es ist nur dieses Bewusstsein, welches sich selbst kennt als „ich bin dieser Berg", „ich bin Rudra", „ich bin der Ozean" und „ich bin die kosmische Person"; genau wie ein Mensch, der träumend glaubt, dass alles wirklich in seinem Traum existiert. Alle externen Objekte werden im Spiegel des eigenen Bewusstseins reflektiert, was im Zuge der Ergründung unverzüglich erkannt wird. Sobald auf diese Weise ergründet wird, realisiert man die wahre Natur der Objekte als reines Bewusstsein.

Die Geschichte von Vipascit

VASISHTHA fuhr fort: VI.2:

Das gesamte Universum ist reines Bewusstsein; aber als ein Objekt ist es eine leblose 107,108
Erscheinung. Daher ist alles, obwohl es lebt, wie tot. Und auch du und ich sind wie tot, obwohl wir leben. Wenn wir die Idee der Welt in der Welt und die Ich-Du-Idee in uns selbst aufgeben, befassen wir uns mit der der Situation angemessenen Handlung und tun hier, was nötig ist. Weshalb? Weshalb taucht diese Welterscheinung überhaupt auf? Es gibt keinen Grund dafür, so wenig wie es einen Grund oder eine Motivation gibt für das Spiel eines Kindes. Man soll daher sein Leben nicht mit der nutzlosen Suche nach Wissen betreffend Materie und Gemüt verschwenden, denn wer Gold sucht, muss dazu nicht den Himmel fegen.

Höre dir nun die folgende Geschichte an: In diesem Universum, auf diesem Kontinent namens Jambudvipa gab es eine berühmte Stadt namens Tatam, die vom König Vipascit (wörtl. weise, gelehrt) regiert wurde. Sein Glanz war unbeschreiblich. Sogar die Hofpoeten hatten ihre sämtlichen Talente erschöpft, ohne jedoch der Beschreibung seiner Tugenden gerecht zu werden. Aber sie liebten und genossen seine Gesellschaft. Der König wiederum war ihnen herzlich zugetan und gab ihnen täglich großzügige Geschenke. Er verehrte die Brahmanen (die Priester) wie auch das Feuer, dem er täglich huldigte.

Er hatte vier Minister, die sein Königreich an seinen vier Grenzen gut bewachten. Dank ihrer Weisheit und Tapferkeit war der König siegreich und unüberwindlich. Eines Tages besuchte ihn ein weiser Mann aus dem Osten. Er gebrauchte gegenüber dem König harsche und unerfreuliche Worte.

Er sprach: „Oh König, du hast dich selbst mit Händen und Füßen an diese Erde gefesselt. Höre nun, was ich dir zu sagen habe und entscheide dann, was zu tun ist. Dein Minister, der die östliche Seite deiner Stadt beschützt, ist tot. Derjenige, der die südliche bewacht, versuchte, auch die östliche Seite zu verteidigen, wurde jedoch vom Feind überwältigt. Auch er ist tot. Als der Minister, der den Westen bewachte, zur südlichen Seite eilte, wurde er vom Feind abgefangen und getötet."

Während er so sprach, eilte ein anderer Mann in den Palast und kündigte an, dass der den Norden bewachende Minister am Palasttor sei. Der König alarmierte seine Armee und befahl, den Minister hereinzubringen. Der Minister trat ein und grüßte den König. Er sah mitgenommen aus und sein Atem ging mühsam. Aufgrund seiner Schwäche hatte der Feind ihn überwältigen können. Er sagte zum König: „Oh Herr, alle anderen drei Minister sind in die Welt der Toten gegangen, um dieses Reich für dich zu erobern. Nur du vermagst jetzt noch, den Feind niederzustrecken."

In der Zwischenzeit kam noch ein Mann und berichtete: „Herr, die Stadt ist vollständig vom Gegner eingekreist worden. Ihre Waffen sind überall zu sehen. Sie sind wie Dämonen äußerst mächtig. Ihre Rüstungen glänzen so wie Euer Ruhm. Ihre Armeen sind in perfekter Schlachtordnung aufgereiht. Sie sind zornig und ihre Schlachtrufe erklingen schreckenerregend. Der Befehlshaber dieser Armee hat mich geschickt, um dir diese Neuigkeiten zu berichten. Tue nun, was zu tun ist."

Nachdem er diese Nachricht überbracht hatte, ging der Mann fort. In der Armee des Königs bereiteten sich nun alle auf die Schlacht vor und erhoben ihre Arme und Waffen.

VI.2: VASISHTHA fuhr fort:

109,110 In der Zwischenzeit hatten sich sämtliche Minister um den König versammelt. Sie rieten ihm wie folgt: „Herr, wir haben die Lage betreffend unseren Feind gründlich untersucht. Wir sind zum Schluss gekommen, dass in diesem Fall die üblichen drei friedlichen Wege zur Verhandlung mit dem Feind unangebracht sind und nur noch der vierte Weg – Bestrafung oder Gewalt – übrig bleibt. Wir haben bisher weder Freundschaft noch Bündnis mit diesen Feinden gesucht, und daher sind diese Wege versperrt. Es gibt Feinde, welche für friedliche Verhandlungen nicht zugänglich sind: Sünder, Barbaren, Fremdlinge, diejenigen, die stark vereint sind, wie auch diejenigen, die unsere Schwächen sehr gut kennen. Lasst uns daher nicht säumen! Befehlt die Generalmobilmachung und die Vorbereitung eines totalen Krieges."

Der König erteilte die nötigen Befehle und sandte die Minister auf das Schlachtfeld, nachdem er ihnen mitgeteilt hatte, dass er nach der üblichen Verehrung des heiligen Feuers zu ihnen stoßen werde. Dann nahm er sein Bad und ging zum heiligen Feuer, um ihm zu huldigen. Er betete: „Oh Herr, bisher habe ich alle meine Feinde mühelos bezwungen und dieses sich weithin erstreckende Reich durch Ausübung meiner Hoheit über viele Inseln und Kontinente regiert. Ich herrschte über viele Menschen einschließlich Dämonen. Aber vielleicht bin ich jetzt alt geworden. Deshalb hielten meine Feinde diesen Zeitpunkt für günstig, um in mein Gebiet einzudringen. Herr, so wie ich bisher diesem heiligen Feuer seine verschiedenen Opfergaben habe zukommen lassen, so biete ich heute meinen eigenen Kopf als Opfergabe an. Ich bete, dass diesem Feuer vier mächtige Wesen entsteigen mögen, wie die vier Arme von Lord Nârâyana!"

Nachdem der König so gesprochen hatte, hieb er mit äußerster Unbekümmertheit seinen eigenen Kopf ab, der zusammen mit dem Rest des Körpers ins Feuer stürzte. Aus diesem Feuer tauchte dann der König als vier strahlende Krieger, ausgestattet mit außergewöhnlichem Glanz und Kampfkraft sowie den besten und mächtigsten Waffen aller Art, wieder auf. Es war unbestreitbar, dass diese Krieger durch keine kriegerischen Mittel, seien dies nun Raketen, Mantras, Drogen usw., besiegt werden konnten.

Zur selben Zeit rückten die gegnerischen Kräfte weiter vor. Es entbrannte eine schreckliche Schlacht. Der Himmel war mit Rauch und Raketen bedeckt. Schwerter blitzten und Revolver feuerten unablässig – der Anblick war schauerlich. Es entstanden Ströme von Blut, in denen sogar die Kriegselefanten dahintrieben. Ab und zu kollidierten zwei Raketen in der Luft und tauchten den Himmel in das blendende Licht ihrer Explosionen. Im Herzen und Gemüt aller Krieger gab es nur einen einzigen Gedanken: „Ich muss den Feind vernichten, sonst wird er mich vernichten." Der Krieg ließ auch die guten und edlen Qualitäten in den Menschen zum Vorschein kommen, die bis dahin unsichtbar gewesen waren. Aber es geschahen auch viele wüste Gräueltaten. Hie und da töteten Krieger sogar Flüchtlinge und plünderten, wo und was immer sie konnten.

Die Menschen, die nicht an der Schlacht beteiligt waren (die Nicht-Kombattanten), flohen. Das Schlachtfeld war erfüllt von Kriegern, für die alle Unterschiede zwischen Leben und Tod aufgehört hatten.

VASISHTHA fuhr fort: VI.2:

Der König in seinen vier Gestalten bewegte sich in die vier Richtungen des Schlachtfeldes. 111,112
Er erkannte, dass seine Armee gegenüber der gut vorbereiteten und gut ausgestatteten Armee des Feindes unterlegen war. Er dachte nach: „Der Weise Agastya trank den Ozean aus. Ich werde nun ein weiterer Agastya werden und diesen Ozean aus feindlichen Kräften trockenlegen." Er dachte an die Waffe der Windrakete, die unverzüglich erschien. Er verneigte sich und schickte ein Gebet für seine Untertanen zum Himmel. Dann sandte er die Windrakete in Richtung der gegnerischen Kräfte. Sofort gab es überall fliegende Massen von Raketen und Waffen. Die Winde, die nun bliesen, waren wie die Winde der kosmischen Auflösung. Schon sehr bald waren die Feindeskräfte vernichtet. Die Windrakete verursachte außerdem strömenden Regen, brausende Windböen und dichte, finstere Wolken.

Die verschiedenen Abteilungen der feindlichen Armee flohen in verschiedene Richtungen. Die Cedi-Armee (aus dem Land der Perlen und Schlangen) floh in eine südliche Richtung. Die Pārsis gingen in einem Wald namens Vanjula zugrunde. Die Soldaten von Darada versteckten sich in Höhlen. Die Krieger von Dasarna, die sich in einen nahegelegenen Wald geflüchtet hatten, wurden von Löwen getötet. Die Krieger des Saka-Territoriums fürchteten sich vor den eisernen Raketen und rannten vor Furcht zitternd davon. Die Kräfte von Tungana (deren Farbe golden war) wurden von Räubern ihrer Kleider beraubt und schließlich von Dämonen gefressen.

Die Überlebenden der feindlichen Streitkräfte verbargen sich in den Bergen namens Sahya-adri und ruhten dort sieben Tage lang aus. Ihre Wunden wurden von Himmelsbewohnerinnen (vidhyādhara-Frauen) gepflegt, die aus einem Territorium namens Gāndhāra stammten. Die Krieger aus Huna, Cina und Kirata hatten durch die Raketen des Königs Vipascit entsetzliche Entstellungen erlitten. Sogar die Bäume erschraken vor der Macht des Königs und standen auch nach dem Krieg eine sehr lange Zeit lang wie erstarrt.

Die Luftwaffe des Vidura-Territoriums wurde von den starken Winden erfasst und in die Seen geschleudert. Die Infanterie vermochte aufgrund des starken Regens nichts mehr zu sehen und konnte nicht einmal mehr laufen. Die Hunas, die in den Norden geflüchtet waren, gerieten in Treibsand und kamen um. Die Sakas, die in den Osten geflohen waren, wurden vom König gefangengenommen, einen Tag lang festgehalten und dann freigelassen.

Die Soldaten des Mandra-Territoriums erkletterten den Mahendra-Berg in der Hoffnung auf Zuflucht. Sie schleppten sich mühselig höher und höher hinauf und brachen dann in der Nähe einer Einsiedelei von Weisen zusammen, die sie mit Essen und Trinken usw. versorgten. Ursprünglich waren sie den Berg hinaufgeklettert, um dem Tode auf dem Schlachtfeld zu entgehen und um Nahrung zu erbitten. Nun erhielten sie aus der Höhle der Götter zwei Dinge, nämlich unverzüglichen Schutz und Sicherheit sowie die Gesellschaft der Weisen, die den dauerhaften Frieden sicherstellt. Manchmal folgt durch zufällige Umstände (wie bei der Krähe und der Kokosnuss) dem Bösen das Gute auf dem Fuße. Die Dasarna-Soldaten nahmen versehentlich Gift zu sich und starben. Die Haihaya-Soldaten aßen zufälligerweise ein Heilkraut, das sie in Himmelsbewohner mit der Fähigkeit des Fliegens verwandelte.

VI.2:113, VASISHTHA fuhr fort:

114,115 Die vier Könige (die in Wirklichkeit Vipascit waren) hatten während der Verfolgung ihrer fliehenden Feinde eine lange, lange Strecke zurückgelegt. Angetrieben vom innewohnenden Bewusstsein, das allmächtig ist, begannen sie nun mit einem Unternehmen, das die Eroberung der Welt namens digvijaya zum Ziel hatte. Eine beträchtliche Zeit lang wurden sie noch von ihren eigenen Streitkräften begleitet. Während sie ihren Marsch ohne Ruhepause und Erholung fortsetzten, wurden diese Streitkräfte wie auch die des Feindes, den sie verfolgten, schwächer und schwächer und kamen schließlich um. Auch die Raketen der Könige verloren ihre Wirksamkeit wie Feuer, das ohne Brennstoff langsam verlöscht.

Die vier Könige, die in alle vier Himmelsrichtungen gingen, begegneten ungeheuren Ozeanen. Die Raketen, die noch übrig geblieben waren, fielen in den Schlamm, der durch die starken Regenfälle entstanden war, und funktionierten nicht mehr. Die vier Brüder nahmen die riesigen Ozeane mit großem Erstaunen wahr (es folgt eine höchst poetische Beschreibung des Ozeans).

Die Minister des Königs, die ihn auf dieser Expedition begleitet hatten, wiesen die Könige auf die verschiedenen herrlichen Sehenswürdigkeiten hin – die Wälder, die Bäume, die Ozeane, die Berge, die Wolken und auch die verschiedenen dort lebenden Bergstämme. (Auch hier gibt es im Text eine poetische Beschreibung all dieser Dinge. Es gibt außerdem einen Vergleich des Gegenteils.) So wie Brahman, obgleich einer, in der Vielfalt als geteilt erscheint und – obwohl unendlich – er diese endliche und verderbliche Welt erschaffen zu haben scheint, so erschien auch dieser Ozean, obwohl einer, als geteilt in mehrere Ozeane und schien gleichzeitig aus ewigen als auch vergänglichen Wellen zu bestehen.

Die Minister wiesen auf weitere Ozeane hin und sprachen: „Herr, hier auf diesem Ozean ruht Lord Nārada. Hier in diesem anderen Ozean verstecken sich seine Feinde, die Dämonen. In jenem Ozean liegen Berge verborgen. In einem anderen Ozean wiederum befindet sich das kosmische Feuer, bestehend aus unvorstellbarer Hitze, zusammen mit den Wolken der kosmischen Auflösung. Wie wunderbar ist es, dass dieser Ozean so ungeheuer groß und so fest gestaltet ist und so viele Lasten zu tragen vermag. Schaut euch den Mond an. Wenn er am östlichen Himmel auftaucht, verstrahlt er sein sanftes Licht in alle Richtungen, bringt Segen für alle Wesen und erlöst sie von ihrer Furcht vor Finsternis und Nacht. Aber sogar dieser Mond ist mit dunklen Flecken besudelt. Wenn es sogar mit den Himmelskörpern so steht – was können wir in dieser Welt als ein unbeflecktes Objekt bezeichnen, was können wir in dieser Welt wohl gut und vorzüglich nennen, was von Zeit oder Schicksal nicht im nächsten Augenblick getrübt wird? Ganz gewiss gibt es nichts dergleichen auf der Erde."

DIE MINISTER UND ANDERE sprachen: VI.2:116

Gewahre, oh König, die Herrscher über die Grenzen der Erde, wie sie in ihre Schlachten vertieft sind. Die himmlischen Nymphen steuern die Luftfahrzeuge, die die in der Schlacht gefallenen Edlen fortbringen. Dies betrachtet man als die besten Ziele, die in diesem Leben zu erreichen sind: ein Leben in Gesundheit und Reichtum, das nicht das Missfallen der Gesellschaft hervorruft, und dass man sich auch für andere an gerechten Kriegen beteiligt. Wer jemanden tötet, der ihn angegriffen hat, und dabei die moralischen Regeln gerechter Kriegsführung nicht verletzt, ist ein Held und geht in den Himmel.

Gewahre den Himmel, oh König, an dem die mächtigen Götter und Dämonen in Gestalt der Sterne erscheinen und der gleichzeitig der Raum ist, in dem sich die riesigen Planeten und Sterne wie Sonne und Mond bewegen. Die Toren erachten all dies als leeren Raum. Trotz all dem Kreisen dieser Sterne und Planeten, trotz all der Schlachten zwischen Göttern (Licht) und Dämonen (Finsternis) wurde dieser Raum noch nie besudelt oder verschmutzt oder in irgendeiner anderen Hinsicht verändert.

Oh Raum! Obwohl du in deinem Schosse die Sonne und sogar Lord Nârâyana und sein gesamtes Gefolge trägst, hast du doch niemals die in dir wohnende Dunkelheit aufgegeben. In der Tat ist dies ein großes Rätsel. Und doch erachten wir den Raum als weise und erleuchtet, denn er ist unberührt von den Mängeln und Fehlern der Welten, die ihn ihm treiben.

Oh Raum! Während des Tages erstrahlst du. Zur Zeit der Dämmerung und bei Anbruch der Nacht erglühst du purpurrot. Zur Nachtzeit bist du dunkel. Du bist ohne Materialität. Weder hältst du noch trägst du die Lasten irgendeines Stoffes. Daher wirst du als Māyā gesehen. Niemand, nicht einmal die Gebildeten und die Weisen, vermögen dich und deine wahre Natur genau zu verstehen. Oh Raum, du besitzt nichts, aber erlangst doch alles. In dir selbst bist du reine Leerheit und bewirkst doch, dass alles in dir wächst und erhaben ist.

Im Raum gibt es weder Städte noch Dörfer, weder Wälder noch Gärten, weder Bäume noch Schatten, und doch durchkreist ihn die Sonne jeden Tag aufs Neue. Wahrlich, die Edlen erfüllen ohne Versäumnis ihre Pflicht, wie schwierig und verdrießlich diese auch immer sein mag.

Obwohl scheinbar untätig, regelt der Raum das Wachstum der Pflanzen und Bäume, indem er übermäßiges Wachstum verhindert. Wie könnte dieser Raum, in dem die unendlichen Universen geboren werden und in dem sie sich wieder auflösen, als leer bezeichnet werden? Etwas ist falsch mit den Gelehrten.

VI.2: DIE MINISTER UND ANDERE fuhren fort:

117-121 (Die nächsten Kapitel sind ebenfalls angefüllt mit dichterischen und künstlerischen Beschreibungen der Phänomene der Natur, der Flora und Fauna sowie mit interessanten spirituellen Vergleichen, für die beispielhaft die folgenden beiden wiedergegeben werden.)

Oh Herr, gewahre den Kranich. Wie fleißig und emsig ist er im Erjagen und Verspeisen der Fische. Verruchte Menschen sehen im natürlichen Verhalten des Kranichs eine Rechtfertigung ihres eigenen bösartigen Grundsatzes, dass man andere zum Erreichen der eigenen selbstsüchtigen Ziele vernichten dürfe.

Schau dir den Pfau an. Er stillt seinen Durst mit reinstem Regenwasser. Niemals trinkt er verschmutztes Wasser aus den Gräben und Kanälen. Aber beständig verehrt er die Wolken und den Regen, der aus ihnen fällt und empfindet dadurch Zufriedenheit. Wenn das Herz der Verehrung der Heiligen ergeben ist, werden sogar unerfreuliche Ereignisse erfreulich.

Oh König, gewahre das junge Paar dort, welches miteinander spricht und sich erfreut. Der junge Mann, völlig verliebt in seine Gefährtin, hat sie gerade nach einer langen Zeit der Trennung wiedergetroffen. Er sagt zu ihr:

„Geliebte, höre, was mir an einem Tag während unserer Trennung geschehen ist. Ich betrachtete die Wolken und betete zu den Wolken, dass sie dir eine Nachricht von mir überbringen mögen. So groß war mein Verlangen nach dir, dass ich ohnmächtig wurde. Mein Atem hielt an. Meine Erinnerung setzte aus. Mein Körper wurde kalt und starr wie ein Holzklotz. Wer kann das Unglück beschreiben, welches denjenigen überfällt, der von der Geliebten getrennt ist?

Reisende, die vorüberkamen und alles beobachtet hatten, hielten mich für tot und trafen Vorbereitungen für die Verbrennung des entseelten Körpers. Ich wurde auf den Verbrennungsplatz gebracht. Sie legten mich auf den Scheiterhaufen und zündeten ihn an. In wenigen Augenblicken erfuhr ich nun alle möglichen Arten von seltsamen Empfindungen, Gefühlen und Visionen. Ich fühlte, wie ich in ein Loch im Boden fiel. Beschützt wurde ich dabei von der Rüstung deiner Liebe und der Kontemplation deiner Gestalt. Ich erfreute mich in meinem Herzen deiner Gesellschaft. Ich erinnerte mich noch des kleinsten Details unserer amourösen Begegnung, in der wir uns einander selbstvergessen hingaben. Währenddessen erblickte ich rund um mich herum Flammen."

Als sie dies vernahm, wurde das Mädchen ohnmächtig. Ihr Liebhaber brachte sie wieder zu sich und setzte seine Erzählung fort:

„Ich rief sofort: 'Feuer! Feuer!' und erwachte aus meiner Ohnmacht. Die Leute, die den Scheiterhaufen umstanden, glaubten, dass ich vom Tode auferstanden sei und waren begeistert. Sie sangen und tanzten. Alle kehrten wir nach Hause zurück."

VASISHTHA fuhr fort:

Nachdem er sich all dies angehört hatte, verehrte der vierfache Vipascit das Feuer. Der Feuergott erschien. Sie beteten zu ihm: „Wir wünschen dieses aus den fünf Elementen gebildete Universum in seiner Gänze zu betrachten. Gewähre uns diesen Wunsch und sorge bitte dafür, dass wir nicht sterben, bevor wir nicht alles erblickt haben – soweit dies mit dem physischen Körper und darüber hinaus mit dem Verstand möglich ist.“ Der Feuergott gewährte diesen Wunsch und verschwand.

RÂMA fragte: VI.2:124

Hoher Herr, wie kam es, dass der vierfache Vipascit, der nur eine einzige Person mit einem einzigen Bewusstsein war, trotzdem in seiner vierfachen Gestalt verschiedene Wünsche hegen konnte?

VASISHTHA erwiderte:

Obgleich Bewusstsein eines, nondual und allgegenwärtig ist, scheint es vielfältig zu sein, wie das Gemüt einer schlafenden (träumenden) Person. So wie ein Spiegel verschiedene Objekte in sich spiegelt, weil er rein ist, so reflektiert Bewusstsein, das absolut rein ist, alles in sich selbst. Auch wenn Spiegel aus demselben Metall gemacht sind, so reflektieren sie wechselseitig und ad infinitum verschiedene Objekte. Ähnlich reflektiert auch Bewusstsein innerhalb von sich selbst alles, was vor ihm erscheint.

So kommt es, dass das Viele als Eines erscheint, aber gleichzeitig verschieden und nicht-verschieden (Eins) ist; denn es ist weder vielfältig noch nicht-vielfältig, es ist verschieden und es ist eines. Was daher in einem der vier Vipascit auftauchte, wurde in seinem Bewusstsein reflektiert und von ihm entsprechend erfahren. Yogis vermögen, obwohl sie scheinbar an einem Ort bleiben, überall und in den drei Perioden der Zeit Tätigkeiten auszuüben und zu erfahren. Wasser, das stets eins und alles durchdringend ist, tut verschiedene Dinge zur selben Zeit und scheint verschiedenste Erfahrungen zu machen. Der eine Vishnu mit seinen vier Armen oder vier Körpern führt die verschiedenen Handlungen zum Schutz der Welt aus. Ein Wesen (Tier) mit vielen Armen trägt etwas mit einigen seiner Arme und mit den anderen tötet es. Es geschah auf diese Weise, dass die Könige namens Vipascit gleichzeitig mit den verschiedensten Tätigkeiten befasst waren.

Sie schliefen auf unterschiedliche Weise auf ihren Lagern aus Gras auf der Erde. Sie lebten und vergnügten sich auf verschiedenen Kontinenten. Sie ergingen sich in vielen Wäldern. Sie durchwanderten die Wüsten. Sie wohnten auf den Gipfeln der Berge und in den Tiefen der Ozeane. Sie verbargen sich manchmal in den Höhlen der Berge. Sie vergnügten sich in den Meeren und im Wind, auf den Wellen wie auch am Ufer und in den Städten.

Der Vipascit, der nach Osten ging, schlief sieben Jahre lang an den Hängen des Sonnenaufgang-Berges des Kontinents namens Saka, denn er war von den dort lebenden Himmelsbewohnern verzaubert worden; nachdem er vom Wasser im dortigen Felsen getrunken hatte, wurde er selbst wie ein Stein. Derjenige Vipascit, der nach Westen in Richtung des Sonnenuntergang-Berges auf demselben Kontinent ging, wurde das Opfer der Betörungen einer Nymphe, die ihn einen ganzen Monat lang bezauberte. Derjenige Vipascit, der nach Osten gegangen war, verweilte einige Zeit inkognito in den Gelbwurzwäldern. Durch den Zauber eines

Himmelsbewohners lebte er dort zehn Tage lang als Löwe. Weitere zehn Jahre lang lebte er dann, verhext von einem Kobold, als Frosch. Der Vipascit, der nach Norden ging, wohnte einhundert Jahre in einem toten Brunnen in den Nīlagiri-Bergen (blaue Berge) auf dem Saka-Kontinent. Derjenige, der nach Westen ging, erlernte die Methode, ein Himmelsbewohner zu werden, und lebte danach vierzehn Jahre lang als ein solcher (vidyādhara).

VI.2:125 VASISHTHA fuhr fort:

Der König, der nach Osten ging und dort vom Wasser, das er trank, verhext wurde, wurde von dem König, der nach Westen gegangen war, errettet. Als der nach Westen gegangene König ein Felsen geworden war, errettete ihn der nach Süden gegangene König durch die Einnahme von Fleisch usw. Als der nach Westen gegangene König durch einen weiblichen Kobold, der die Gestalt einer Kuh hatte, in einen Bullen verwandelt worden war, war es der nach Süden gewanderte König, der ihn erneut aus seiner misslichen Lage befreite. Als sich der nach Süden gegangene König in einen Himmelsbewohner verwandelte, wurde er aufgrund der Fürbitte des nach Westen gewanderten Königs von einem anderen Himmelsbewohner befreit. Als der nach Osten gegangene König in einen Löwen verwandelt wurde, rettete ihn derjenige, der nach Westen gewandert war.

RÂMA fragte:

Aber wie vermochten diese Yogis all diese verschiedenen Handlungen in den drei Perioden der Zeit auszuführen? Bitte kläre mich darüber auf.

VASISHTHA fuhr fort:

Was auch immer die Erklärungen sind, die die unerleuchteten Menschen für diese Ereignisse ersinnen – lass sie sein. Höre aber die Erläuterungen der erleuchteten Menschen dazu an.

In der Sicht der Wissenden gibt es nichts anderes als das reine und unendliche Bewusstsein, während das objektive Universum gänzlich und völlig inexistent ist. Da gibt es weder eine Schöpfung noch das Gegenteil davon. Wer für immer in diesem reinen und unendlichen Bewusstsein ruht, ist der allgegenwärtige und allmächtige Höchste Herr; Er ist alles und das Selbst von allen und zu allen Zeiten. Sage mir, wer Ihn wie, wo und wann beherrschen kann? Der Allgegenwärtige erstrahlt nach Seinem Willen wann und wo Er will, denn Er ist das Selbst von allem. Was ist im Selbst von allem nicht enthalten? Daher erstrahlt Er wie, wann und wo es Ihm beliebt, in der Vergangenheit, in der Zukunft oder in der Gegenwart und in einem groben oder subtilen Feld, in dem die Tätigkeiten stattfinden. Ohne jemals Seine Realität als reines Bewusstsein aufzugeben, ist Er nah und fern tätig und erschafft die großen Zeitepochen oder ein Augenzwinkern. All dieses findet im Selbst statt, aber die Erscheinungen sind Māyā (illusorisch). Er selbst ist ungeboren und unerschaffen und kann weder beherrscht noch gehindert werden. Was IST, ist, wie es ist. Was auch immer IST, ist eine Masse von Bewusstsein, und dies sind die drei Welten. Es ist das Selbst der Welt, es ist die Gestalt der Welt, die aufgrund der Polarisation von Subjekt und Objekt zum Vorschein gekommen ist. Wer hat diesen Seher von allem erschaffen – wie und wann?

Für Bewusstsein ist nichts unmöglich. Das Bewusstsein Vipascits wurde erweckt, hatte aber noch nicht den höchsten Zustand erlangt. Daher hat es sich, obwohl es eines war, überall als alles manifestiert. In einem Zustand, der weder als erwacht noch als nicht-erwacht bezeichnet werden kann, sind alle diese Dinge möglich. Solange die höchste Wahrheit nicht realisiert ist, sind Materialisationen dieser Art möglich. Wenn ein solch teilweises Erwachen vorliegt, geschieht es, dass einer sich psychischer Kräfte erfreut. So erfuhren also die vier Vipascits jeder die Zustände der anderen.

RÂMA fragte:

Wenn Vipascit eine erleuchtete Person war, wie konnte er sich dann selbst für einen Löwen usw. halten?

VASISHTHA erwiderte:

Meine Beschreibung dieser Könige als erwacht oder erleuchtet war lediglich eine Redeweise – tatsächlich war Vipascit überhaupt nicht erleuchtet. Die vier Vipascits waren weder erleuchtet noch unwissend – sie befanden sich in einem Zwischenzustand. Man bemerkt bei solchen Personen zwar die Zeichen der Erleuchtung, aber auch die Zeichen der Unwissenheit und Bindung. Sie sind „halb erwacht". Was Vipascit erlangt hatte, hat er durch Kontemplation erlangt, aber nicht, weil er den höchsten Zustand erlangt hat. Alle diese siddhis oder psychischen Kräfte können durch solche Kontemplation erworben werden.

In denen, die den höchsten Zustand erreicht haben, gibt es keine Unwissenheit oder Täuschung mehr. Wie können sie irrigen Sichtweisen unterliegen und Falsches sehen? Die Yogis, die die Kontemplation praktizieren und durch Gnade oder Wunscherfüllung die verschiedenen psychischen Mächte erwerben, sind der Unwissenheit unterlegen, wie in ihnen zu sehen ist. Sie kontemplieren nicht die Wahrheit, sondern etwas, das von der Realität verschieden ist.

Es gibt da noch etwas: Sogar im Fall der befreiten Weisen, die noch leben, gibt es während ihrer alltäglichen Tätigkeiten eine Wahrnehmung von Materialität. Moksha oder Befreiung ist auch ein Zustand des Gemüts. Die natürlichen Funktionen des Körpers folgen diesem und hören nicht auf. Wer von der Unwissenheit oder dem Gemüt befreit ist, wird nie wieder durch das Gemüt gebunden – so wenig wie eine vom Baum gefallene Frucht wieder mit dem Baum verbunden werden kann. Auch im Fall der befreiten Person arbeitet der Körper auf seine natürliche Weise weiter. Das Bewusstsein dieses Menschen ist jedoch gefestigt und wird durch die Zustände des physischen Körpers nicht mehr in Mitleidenschaft gezogen.

Die durch Kontemplation usw. erlangten Kräfte können von anderen wahrgenommen werden, während der Zustand der Befreiung, den jemand erlangt, von anderen nicht wahrgenommen werden kann – so wie der Geschmack von Honig nur von einem selbst gekostet werden kann. Wenn jemand, der den Zustand der Bindung und auch Freude und Leid erfahren hat, von all diesem befreit ist, spricht man von ihm als einem Befreiten. Er wird als eine befreite Person angesehen, dessen inneres Bewusstsein kühl und friedlich ist; aber der ist in

Bindung, dessen Herz und Gemüt verwirrt und unruhig sind; Bindung und Befreiung werden in den physischen Funktionen nicht bemerkt.

Unabhängig davon, ob der Körper in tausend Stücke geschnitten oder zum Herrscher gekrönt wird, der Befreite ist befreit, sogar wenn er zu weinen oder zu lachen scheint. In seinem Innern ist er weder erfreut, noch ist er niedergeschlagen. Er erfährt weder Glück noch Unglück, obwohl er inmitten all dieser Erfahrungen zu leben scheint. Er ist nicht tot, auch wenn er tot ist, er klagt nicht, auch wenn er klagt, er lacht nicht, auch wenn er lacht – so ist ein Befreiter! Frei ist er von Anziehung und Abstoßung, auch wenn er angezogen oder abgestoßen wird. Er wird zornig, obschon er nicht zornig ist; er ist nicht getäuscht, auch wenn er getäuscht ist.

VASISHTHA fuhr fort:

In dem Befreiten tauchen Ideen wie „dies ist Glücklichsein" oder „dies ist Unglücklichsein" nicht auf. Sobald sie die Wahrheit realisiert haben, dass es weder „eine Welt" noch „das Selbst" gibt und dass das Eine das Alles ist, werden Worte wie „Glücklichsein" und „Unglücklichsein" bedeutungslos. Ihr Kummer ist oberflächlich, denn sie sind frei von Kummer.

Man sagt, dass Lord Shiva einen der fünf Köpfe von Lord Brahmā abgerissen habe. Brahmā hätte leicht einen neuen nachwachsen lassen können, um ihn zu ersetzen. Er tat es aber nicht, weil er wusste: „Wenn diese ganze Schöpfung illusorisch ist – was soll ich mit einem weiteren Kopf tun?" Er hatte durch Tun nichts zu gewinnen und durch Unterlassen nichts zu verlieren. Was auch immer geschehen mag – so soll es geschehen; warum sollte es anders sein?

Lord Shiva hat als eine Hälfte seines Körpers seine Gemahlin, obgleich er die Macht besitzt, sogar den Gott der Liebe zu verbrennen. Er besitzt die Macht, alle Anhaftungen und Zuneigungen fallen zu lassen, verzichtet aber darauf und tut, als hinge er an seiner Gemahlin. Weder gewinnt er etwas durch Anhaftung, noch gewinnt er etwas durch Nicht-Anhaftung. Lasst es sein, wie es ist!

Auf dieselbe Weise befasst sich Lord Vishnu mit verschiedenen Tätigkeiten und inspiriert andere, sich ebenfalls mit solchen Tätigkeiten zu befassen. So „stirbt" er und „tötet" andere, wird geboren und wächst, bleibt aber die ganze Zeit über gänzlich frei von allem. Leicht könnte er sich von all diesem zurückziehen – aber was wird dadurch gewonnen? Lasst alles so sein, wie es ist! Das ist die Haltung derjenigen, die in der Realisierung des unendlichen Bewusstseins leben.

Auch die Sonne, der Mond und das Feuer gehen ihren natürlichen Tätigkeiten nach, obgleich sie alle befreite Wesen (Jivanmukta) sind. Auch die Lehrer der Götter (Brihaspati) und der Dämonen (Sukra) sind Jivanmuktas, obgleich sie die Rollen der Anführer gegnerischer Mächte spielen und einander wie unwissende Menschen bekämpfen. König Janaka ist ebenfalls ein befreiter königlicher Weiser und doch führt er fürchterliche Kriege. Es gibt weitere königliche Weise, die sich mit ihren königlichen Pflichten beschäftigten und doch innerlich frei von Bindung sind. Während sie ihren weltlichen Aufgaben nachkommen, benehmen sich die Erleuchteten wie unwissende Leute. Die Unterscheidung zwischen Bindung und Befreiung liegt im Zustand des eigenen Bewusstseins, welches im Falle von Bindung konditioniert und im Falle von Befreiung unkonditioniert ist. Sogar mehrere der Dämonen wie Bali, Prahlāda, Namuci, Vritra, Andhaka und Mura und andere haben Befreiung erlangt. Das erleuchtete Bewusstsein ist vom Auf- und Abflauen von Vorlieben und Abneigungen der mentalen Tätigkeiten und des überbewussten Bewusstseins unbetroffen. Für denjenigen, der fest im unkonditionierten und unendlichen Bewusstsein verankert ist, verschwinden diese Unterscheidungen. Die Vielfalt, die die Menschen in dieser Schöpfung hier erfahren, ist nur eine Erscheinung, wie die Farben des Regenbogens.

Die Welt scheint in Beziehung zum unendlichen Bewusstsein zu sein, so wie die Räumlichkeit (Leere oder Distanz) in Beziehung zum Raum zu sein scheint.

VASISHTHA fuhr fort: VI.2:126

Höre dir nun an, wie es den vier Vipascits ergangen ist. Einer von ihnen wurde von einem Elefanten getötet. Der zweite wurde von einigen Himmelsbewohnern (Yakshas) entführt, die ihn in loderndes Feuer warfen, wo er starb. Der dritte wurde von den Himmelsbewohnern namens vidyādharas in den Himmel gebracht. Weil Vipascit sich dort nicht vor dem König (Indra) verbeugte, verfluchte ihn dieser und verbrannte ihn zu Asche. Der vierte schließlich wurde von einem Krokodil getötet.

Indem sie in ihren subtilen Körpern verblieben, betrachteten diese vier ihre eigene Geschichte, die in ihren Gemütern aufgrund subtiler Eindrücke gespeichert war. Im Raum ihres eigenen Bewusstseins sahen sie das gesamte Universum mit all seinen Ozeanen und Bergen, Städten und Dörfern, Sonnen und Monden und Sternen und Wolken. Sie sahen sogar ihre eigenen Körper in ihrem ursprünglichen Zustand. Ausgestattet mit den subtilen (ātivāhika) Körpern sahen sie nun im Raum vor sich ihre eigenen physischen Körper. Aufgrund der Eindrücke oder Erinnerungen ihrer früheren Lebenszeit erblickten sie sich als eingekleidet in diese materiellen Leiber, um so die Großartigkeit der Welt zu bezeugen. Um die Ausmaße der Erde erfassen zu können, durchwanderten sie fremde Reiche.

Der westliche Vipascit durchquerte mehrere Kontinente und sieben Meere und hatte schließlich das Glück, Lord Vishnu zu treffen. Von diesem empfing Vipascit die höchste Weisheit und blieb sodann fünf Jahre lang in Samadhi. Danach gab er seinen physischen Körper auf und erlangte nirvana.

Der östliche Vipascit hielt sich nahe der Strahlen des Mondes auf und kontemplierte unaufhörlich den Mond – daher erreichte er das Reich des Mondes.

Der südliche Vipascit vernichtete seine sämtlichen Feinde und regiert sogar noch heute das Land, weil er seine Erinnerungen oder seine Überzeugungen niemals verloren hatte.

Der nördliche Vipascit wurde von einem Krokodil gefressen, in dessen Leib er tausend und ein Jahr lang lebte. Als dieses Krokodil schließlich starb, kam er aus dessen Körper als ein anderes Krokodil heraus. Dann durchschwamm er Ozeane und Eismeere von unvorstellbaren Ausmaßen und erreichte schließlich den See der Götter, den man Suvarna nennt. Dort starb er. Weil er in einem der Reiche der Götter starb, wurde dieser Vipascit zu einem Gott, so wie ein inmitten von glühenden Kohlen liegendes Stück Holz unverzüglich zu Feuer wird.

Dieser letzte Vipascit erreichte die Grenzen dieser Erde, die man die Lokāloka-Berge nennt, an die er sich aus der Zeit seiner früheren Leben noch erinnerte. Diese Berge sind mehrere tausend Meilen hoch. Ihre eine Flanke ist beleuchtet, die andere aber nicht. Von dort aus erblickte er die Erde usw. so, als wären es ferne Sterne. Anschließend ging er auf die Seite der Berge, die auf ewig in Dunkelheit gehüllt war. Jenseits davon befindet sich die große Leere, in der es keine Erde, keine Wesen und nichts Bewegliches oder Unbewegliches gibt. In ihr existiert nicht einmal die Möglichkeit einer Schöpfung.

VI.2:127 RÂMA fragte:

Hoher Herr, bitte teile mir mit, wie existiert diese Erde, wie dreht sich das Himmelszelt um sich selbst und wie existieren die Lokāloka-Berge?

VASISHTHA erwiderte:

So wie ein kleines Kind sich ein Spielzeug im leeren Raum vorstellt und dann denkt, es sei dort, so entsteht im unendlichen Bewusstsein die Vorstellung der Existenz dieser Erde. Jemand, dessen Sicht fehlerhaft ist, sieht kleine Bällchen aus „Haar" im Raum, die dort überhaupt nicht existieren. Auf dieselbe Weise tauchen Ideen wie „die Existenz der Erde" im unendlichen Bewusstsein auf, und zwar in dem Moment, den man die Schöpfung nennt. Eine Stadt, die im Gemüt des Tagträumers existiert, benötigt keinerlei Stützen (denn die Einbildung ist ihre Stütze). Ebenso benötigt auch diese Welt als Stütze nur die Erfahrung des unendlichen Bewusstseins.

Was auch immer im Bewusstsein erscheint und wie auch immer und für wie lange es erscheint – so existiert es dann scheinbar in diesem Bewusstsein für eben diese Zeitdauer aufgrund der dem Bewusstsein eingeborenen Kräfte. Deshalb, so wie in den Augen eines Menschen mit einem Augenschaden „Haarbälle" im Raum zu schweben scheinen, so existiert dann diese Erde usw. im Bewusstsein. Falls das Bewusstsein zum Zeitpunkt der Schöpfung Wasser als bergauf fließend und Feuer als abwärts lodernd „gesehen" hätte, dann würden diese Elemente sich sogar heute noch so verhalten. Weil dieses Bewusstsein jedoch „gesehen" hat, wie diese Erde im Raum fällt, fällt diese auch heute noch, und weil das Bewusstsein entsprechend dazu im Verhältnis zur Erde zu „steigen" scheint, ist diese Dualität oder verschiedene Bewegungsart entstanden.

Die Lokāloka-Berge bilden die Grenzen des Erdreiches. Jenseits davon befindet sich das große Loch im Weltall, das mit totaler Finsternis erfüllt ist, obgleich darin hie und da etwas existiert. Weil sich das Himmelszelt in beträchtlicher Entfernung befindet, scheint es an manchen Orten etwas Licht und an anderen etwas Finsternis zu geben. Diese Sterne sind sehr weit von den Lokāloka-Bergen entfernt. Das gesamte Himmelszelt mit Ausnahme des Polarsterns dreht sich dauernd um seine eigene Achse. Jedoch ist all dies nicht verschieden von der Idee, wie sie im reinen Bewusstsein entsteht.

Jenseits der Welten oder des Erdreiches, dessen Grenzen die Lokāloka-Berge bilden, erscheint das Himmelszelt in gewisser Weise wie die Haut einer Frucht. Jedoch ist all dies nur eine feste Überzeugung, die im unendlichen Bewusstsein aufgetaucht ist – man sollte diese Welten nicht für Realitäten halten.

Jenseits dieses Himmelszeltes gibt es eine weitere Sphäre, die zweimal so groß ist. Auch diese ist teils beleuchtet und teils in Finsternis getaucht. All dies ist sozusagen in zwei Schädeldächer eingeschlossen; eines ist oben und das andere unten, und dazwischen ist Raum. Dieses Universum, welches ein kosmischer Kreis ist, wird von den Sonnen und Sternen erleuchtet. Was ist hier „oben" und was ist „unten"? Aufsteigen, niederfallen, sich bewegen oder stillstehen sind nichts als Ideen, die im Bewusstsein auftauchen. Nichts von all dem existiert in Wahrheit.

VASISHTHA fuhr fort: VI.2:128

Die Beschreibung des Universums, die ich dir geliefert habe, ist die Frucht direkter Erfahrung – nicht abgeleitetes Raten. Außer diesem gibt es noch andere Universen, von denen ich noch nicht gesprochen habe. Welchen Zweck hat die Untersuchung dieser Welt und anderer, die wie ein Traum sind! Weise Männer verschwenden nicht ihre Zeit damit, über nutzlose Dinge zu sprechen.

Die nördlichste Extremität ist der Berg Meru, die südlichste sind die Lokāloka-Berge. Die Bewohner der verschiedenen Ebenen des Bewusstseins und der unterschiedlichen Welten erfahren jeweils die Materialisation dieser Welten und keine anderen.

Ich hatte dir von den Schädeldächern des Universums erzählt. Jenseits von diesen ist das gesamte Universum von Gewässern umgeben, die das Zehnfache im Ausmaß betragen. Jenseits dessen befindet sich eine weitere Umhüllung, dieses Mal aus Feuer, die das Zehnfache der vorherigen beträgt. Jenseits dessen befinden sich die Wind-Umhüllung und das Reich des Raumes, die jede das Zehnfache der jeweiligen Umhüllung davor betragen.

Jenseits dessen liegt der unendliche Raum – dieser ist weder erleuchtet noch finster. Es ist voll von reinem Bewusstsein. Er ist anfangslos, mitte-los und endlos. In diesem entstehen an verschiedenen Orten zahllose Millionen von Universen wieder und wieder und lösen sich wieder und wieder in ihm auf. In diesem unendlichen Raum gibt es kein Wesen, das eine Idee dieser Universen hegt; sie existieren in Form und Gestaltung und Art, wie sie eben existieren.

Höre dir nun die Geschichte des Königs Vipascit, der sich auf dem Gipfel des Lokāloka-Berges befand. Nachdem er gestorben war, sah er wie sein Körper von einem riesigen Geier verzehrt wurde. In seinem Bewusstsein tauchte weder die Idee eines anderen physischen Körpers auf, noch erlangte er die Erleuchtung. Daher wünschte er sich weiterhin zu betätigen. Für rein mentale Aktivität wird ein physischer Körper nicht benötigt. Für Illusion, Traum, Tagträumen und Halluzinationen erschafft das Gemüt sein eigenes Feld, welches als der subtile

Körper (ātivāhika) bekannt ist. Nur wenn dieser vergessen oder aufgegeben wird, erscheint der physische Körper. Wenn man durch rechte Ergründung die Unwirklichkeit des physischen Körpers realisiert, taucht der subtile (ātivāhika) Körper wieder auf.

Ergründe daher die Natur des ātivāhika-Körpers bis hin zu der Erkenntnis, dass das unendliche Bewusstsein allein die Wahrheit darstellt. Die Realisierung von „Wo sind Dualität, wo ist Hass oder Liebe? All dies ist der reine Shiva – anfangslos und endlos" ist Erleuchtung.

Vipascit befand sich noch im subtilen Körper, unerleuchtet. Wie ein Fötus im Mutterleib war er von Dunkelheit eingehüllt. Er erfuhr schließlich das Reich der Erde, das Reich des Wassers, das Reich der Feuers und das Reich des Raumes. Dann begann er die Natur seines eigenen subtilen Körpers zu untersuchen und fragte sich: „Was erhält mich, da ich doch reines Bewusstsein bin?" Er betrat den unendlichen Raum des Brahmā und erblickte dort alles. Da er jedoch die illusorische Natur der Unwissenheit nicht ergründet hatte, befindet er sich immer noch darin; trotz der Tatsache, dass sie nicht wirklich existiert und nur Brahman allein ist.

VI.2:129 VASISHTHA fuhr fort:

Auch einer der anderen Vipascits erlangte denselben Zustand nach langen Wanderungen von Kontinent zu Kontinent und nach Erreichen des unendlichen Raumes von Brahmā, in dem er Millionen von Universen erblickte. Dort lebt er noch heute. Und ein weiterer Vipascit wurde das Opfer seiner eigenen mentalen Konditionierung und wurde, nachdem er seinen Körper zurückgelassen hatte, zu einem Reh und lebt auf einem Berg.

RÂMA fragte:

Hoher Herr, als die Vasana (mentale Konditionierung) des Königs Vipascit nur eine war, wie kam es dann, dass sie sich vervielfältigte und zu den verschiedenen Ergebnissen in den vier Vipascits führte?

VASISHTHA erwiderte:

Die Vasanas der Wesen werden durch wiederholtes Darandenken und Wiederholung ihrer Wirkungen entweder dicht oder flüchtig. Sie sind außerdem dem Einfluss von Zeit, Ort und Aktivität unterworfen. Wenn sie „flüchtig" werden, verwandeln sie sich in etwas anderes; sind sie dagegen tief verwurzelt, verwandeln sie sich nicht. Auf der einen Seite sind da Zeit, Ort und Aktivität (die Wiederholung der aus den Vasanas geborenen Gewohnheiten) – auf der anderen Seite ist es das Vasana (mentale Konditionierung) selbst. Beide (Umstände und das Vasana selbst) üben eine wechselseitige Wirkung aufeinander aus. Das Stärkere gewinnt. So wurden diese vier Vipascits in alle Himmelsrichtungen gezogen, obgleich sie zu Beginn mit denselben Vasanas ausgestattet waren: Zwei von ihnen wurden im Netz der Unwissenheit gefangen, einer wurde befreit und der andere wurde zu einem Reh.

Sogar jetzt sind diese beiden, die sich im Netz der Unwissenheit verfangen haben, immer noch nicht fähig, sich aus ihrer Lage zu befreien. Die Unwissenheit ist sozusagen auch unendlich, weil ihr keinerlei reale Existenz zukommt. Entwickelt man jedoch das innere Licht und ergründet mit Hilfe dieses Lichtes die Unwissenheit, dann verschwindet sie in einem Augenblick.

Der Vipascit, der von einem Land zum anderen und von einer Welt zur nächsten wanderte, sah eine illusorische Schöpfung. Er erblickte eine illusorische Welt, die in Wahrheit nichts als Brahman war. Irgendwie kam er dann mit einem heiligen Mann in Kontakt. Mit seiner Hilfe realisierte Vipascit die Wahrheit über die illusorische Natur der Welt und erkannte unverzüglich das unendliche Bewusstsein oder Brahman. Genau in diesem Moment hörte seine Unwissenheit (wie auch sein Körper) auf zu existieren.

So habe ich dir also, oh Rāma, die Geschichte von Vipascit erzählt. Diese Unwissenheit ist so unendlich wie Brahman unendlich ist, denn die Unwissenheit besitzt keinerlei von Brahman getrennte unabhängige Existenz. Es ist das unendliche Bewusstsein allein, welches hier und da und ab und zu all die zahllosen Universen und Welten erblickt. Wird diese Wahrheit nicht realisiert, nennt man dies Unwissenheit; wird sie dagegen erkannt, dann wird das gleiche Bewusstsein als Brahman bezeichnet. Eine Trennung zwischen beiden gibt es nicht, denn diese Trennung ist unwirkliche Unwissenheit, die in Wahrheit Brahman selbst ist. Die Trennung scheint im Bewusstsein aufzutauchen und ist daher nicht verschieden vom Bewusstsein. Folglich ist Brahman allein die Welterscheinung und die Trennung ist Bewusstsein.

RÂMA fragte:

Wie konnte es kommen, dass Vipascit das von Brahmā dem Schöpfer geschaffene Schädeldach des Universums nicht zu erreichen vermochte?

VASISHTHA erwiderte:

Im selben Moment, als er ins Dasein trat, zerteilte Brahmā der Schöpfer den Raum mit seinen beiden Armen. Was dabei nach oben gedrückt wurde, wurde immer weiter nach oben gedrückt, und was nach unten gedrückt wurde, wurde immer weiter nach unten gedrückt. Sämtliche erschaffenen Elemente ruhen in dem Zwischenraum und werden von diesen beiden Extremitäten gehalten. Das, was sich zwischen diesen beiden befindet, ist Raum, der grenzenlos und wie von blauer Farbe erscheint. Wasser und andere ähnliche Elemente berühren diesen Raum nicht, und tatsächlich befinden sie sich auch gar nicht in ihm (da der Raum von ihnen unabhängig ist und dort existiert, wo man sich die Existenz von Wasser, Luft usw. nur denkt). Alle diese Elemente sind bloß Ideen, die in weiteren Ideen aufgetaucht sind.

Vipascit ging diesen Weg, um das Ausmaß der Unwissenheit zu ermessen, und begann, das Himmelszelt zu erforschen. Brahman ist unendlich – daher ist auch die Unwissenheit über Brahman unendlich. Die Unwissenheit existiert so lange, wie Brahman nicht realisiert ist. Wenn Brahman realisiert ist, wird gesehen, dass Unwissenheit nicht existiert. Jedoch wie weit Vipascit auch ging – immer noch hatte er die Reiche der Unwissenheit nicht durchschritten.

Von den anderen erlangte der eine die Befreiung, ein anderer wurde ein Reh, und ein weiterer wanderte ebenfalls in der Unwissenheit umher. Die beiden, die so die fernen Welten durchwanderten, sind in unserem Bewusstsein nicht sichtbar. Derjenige jedoch, der ein Reh geworden ist, befindet sich im Feld unseres Verstehens. Diese Welt, in der Vipascit als Reh lebt (nachdem er die fernen Welten durchwandert hatte), ist diese Welt hier, die in einer der fernen Ecken des unendlichen Raums des Bewusstseins ist.

RÂMA fragte:

Hoher Herr, Vipascit lebte höchstpersönlich in dieser Welt und verließ sie. Wie kam er dann als Reh in diese Welt zurück?

VASISHTHA erwiderte:

So wie jemand, der Glieder besitzt, diese stets kennt, so kenne ich alles, was in Brahman existiert, weil Brahman mein eigenes Selbst ist. Die Vergangenheit kennt die Zukunft nicht und umgekehrt – Bewusstsein jedoch, das durch die Zeit nicht gespalten ist, ist sich all dessen bewusst. In diesem Bewusstsein befindet sich alles immer „hier", obgleich die gewöhnliche Wahrnehmung die Dinge weit entfernt wähnen mag. Ich sah daher die Welt, in der Vipascit umherwanderte, und ich vermochte zu sehen, wie er in dieser Welt hier zu einem Reh wurde. Ich weiß sogar, wo sich dieses Tier in diesem Moment befindet, oh Rāma. Es ist das Reh, das dir als Geschenk vom König des Trigartha überreicht wurde.

VASISHTHA sprach:

Als der Weise Vasishtha dies gesagt hatte, waren Rāma und die Versammlung von Staunen ergriffen. Rāma veranlasste einige Jungen, das Reh herbeizubringen. Als die Versammlung das Tier erblickte, war sie verblüfft. Alle riefen aus: „Wahrhaftig ist diese Māyā (Illusion) grenzenlos und unendlich!"

VI.2:130 RÂMA fragte:

Oh Weiser – wie, durch wen und mit welchen Mitteln kann dieses Geschöpf aus seiner unglücklichen Existenz befreit werden?

VASISHTHA erwiderte:

Der Weg aus diesem Unglück besteht in dem, was die ursprüngliche Ursache des Unglücks war. Kein anderer Weg wäre der richtige und würde nicht zu Glück, Wohlfahrt oder gewünschten Ergebnissen führen. Der König Vipascit verehrte das Feuer, und sobald dieses Reh ins Feuer geht, wird es seinen früheren Zustand wiedererlangen, so wie Gold seinen Glanz wiedererlangt, wenn es im Feuer gereinigt wird. Seht – ich werde nun dieses Reh veranlassen, ins Feuer zu gehen!

VALMIKI sprach:

Nachdem er so gesprochen hatte, trank der Weise Vasishtha etwas Wasser aus seinem heiligen Wassergefäß und erzeugte in der Mitte der Versammlungshalle ein Feuer – ohne Brennmaterial. Dieses brannte sodann hell ohne Funken und ohne Rauch. Die Versammlung zog sich aus der Mitte der Halle zurück. Das Reh erfreute sich offensichtlich am Anblick des Feuers. In seinem Entzücken begann es zu springen und zu tollen. Vasishtha befand sich in einem Zustand tiefer Kontemplation und segnete das Tier, damit es von seinen früheren sündigen Neigungen frei werden möge. Dann betete er zum Feuergott: „Im Erinnern an seine frühere Existenzform, oh Feuer, gib bitte diesem Reh seine alte Gestalt als König Vipascit zurück!“

Im selben Moment, da der Weise diese Worte sprach, stürzte sich das Reh mit großer Freude in die Flammen. Es blieb einige Minuten lang still im lodernden Feuer, während die Versammlung ihm zuschaute. Nach und nach verwandelte sich dann seine Gestalt in die eines menschlichen Wesens. Diese war strahlend und stattlich anzusehen. Als dieses Wesen aus dem Feuer auftauchte, verschwand das Feuer. Alle riefen wie mit einer Stimme: „Oh, was für ein Strahlen (bhā) diese Person doch besitzt! Wie die Sonne leuchtet (bhāsa) sie. Gewiss wird er als Bhasa berühmt werden.“ Daher wurde diese Person künftig Bhāsa genannt.

Mit Hilfe tiefer Kontemplation realisierte Bhāsa in einem Augenblick alles, was in seinen früheren Inkarnationen geschehen war.

In der Zwischenzeit hatten sich die Überraschung und Verblüffung und die Gespräche in der Versammlung gelegt, und es war wieder Stille eingetreten. Bhāsa erhob sich, ging zum Weisen Vasishtha und verneigte sich vor ihm. Der Weise segnete ihn, indem er sprach: „Möge die Unwissenheit, in deren Bann du dich so lange abgemüht hast, dich für immer verlassen.“ Bhāsa grüßte Rāma und pries ihn.

Danach hieß der König DASHARATHA Bhāsa willkommen und sprach: „Willkommen, oh König. Nimm hier Platz. Du bist in diesem Samsara weit und für eine sehr lange Zeit gewandert. Nun ruhe dich hier aus.“ Bhāsa nahm seinen Platz unter den Weisen in der Versammlung ein. König DASHARATHA fuhr fort: „Oh weh! Wie ein angebundener Elefant musste sich dieser König Vipascit zahllosen Prüfungen und Drangsalen unterziehen! Wie groß ist doch das Unheil, welches aus unvollkommener Sichtweise der Wirklichkeit und pervertiertem Verständnis der Wahrheit entsteht. Obgleich essenziell unwirklich und inexistent, ist die Macht dieser Illusion verblüffend, die im unendlichen Bewusstsein all diese vielfältigen Welten und zahllosen Erfahrungen zu erschaffen vermag.“

VISHVAMITRA sprach: VI.2:131

Wie er, oh König, gibt es die vielen, vielen Menschen, die in diesem Samsara umherwandern, da sie das beste Wissen oder die Erleuchtung nicht gewinnen. Es gibt da einen König, der in diesem Samsara die ganzen letzten einemillionsiebenhunderttausend Jahre gewandert ist. Diese unwissenden Menschen sind an der Erforschung der Natur weltlicher Objekte interessiert – immer wieder geraten sie in den Bann des Samsara, ohne sich davon abzuwenden.

Diese Schöpfung existiert im unendlichen Raum als bloße Idee im Verstand des Schöpfers Brahmā. So wie kleine Ameisen sich auf der Oberfläche eines Spielballes hin und her bewegen, so bewegen sich die Menschen auf der Oberfläche dieses Planeten. Im Raum gibt es weder ein „unten“ noch ein „oben“. Die Richtung, in die die Objekte fallen, wird „unten“ genannt, und diejenige, in die die Vögel aufsteigen, wird „oben“ genannt.

Es gibt hier in dieser Welt einen Ort namens Vatadhana und in diesem Königreich drei Prinzen. Sie fassten eines Tages den Entschluss, die Grenzen dieser Erde zu erforschen und alles zu ergründen, was sich auf ihr befand. Einige Zeit erforschten sie die Objekte der festen Erde und dann einige Zeit die Objekte der Ozeane. Sie wurden wieder und wieder geboren und setzten jedes Mal ihr Ziel der Ergründung und des vollständigen Wissens über diese Erde fort. Jedoch vermochten sie die „Enden“ dieser Welt niemals zu erreichen, weil sie die ganze Zeit über, wie die Ameisen auf dem Spielball, einfach nur von einem Teil der Erde zum andern wanderten. Sie wandern sogar noch heute auf dieser Erde umher.

Daher gibt es kein Ende der Illusion in diesem Samsara. Da diese Illusion als eine Idee im unendlichen Bewusstsein auftaucht, nimmt sie sogar selbst den Anschein der Unendlichkeit an. Die Essenz (Realität oder Substanz) dieser Vorstellung ist das höchste Brahman und umgekehrt. Beide sind reines Bewusstsein, und einen Unterschied oder eine Getrenntheit im Bewusstsein gibt es nicht, so wie es auch keinen Unterschied zwischen Raum und Leere gibt. Die Strömungen und Wirbel, die auf der Oberfläche von Wasser sichtbar werden, sind nichts als Wasser. Wie sollte es etwas anderes als Bewusstsein geben, da doch nichts als Bewusstsein möglich ist? Das unendliche Bewusstsein allein ist es, welches durch sich selbst als diese Welt scheint, ohne eine Absicht dazu zu hegen. Wo auch immer und in welcher Gestalt das unendliche Bewusstsein zu erscheinen wünscht, es tut dies und erfährt so seine eigene Natur in dieser gewünschten Form, so lange es dies wünscht.

Innerhalb des winzigsten Atoms des unendlichen Bewusstseins existiert die Möglichkeit sämtlicher Erfahrungen – so wie es Steine und Felsen innerhalb des Berges gibt. Alle diese Erfahrungen existieren und erfahren fortwährend und überall alle ihre eigenen, spezifischen Modi der Erfahrung. In Wahrheit jedoch existieren sie natürlich nicht als Erfahrungen, sondern ausschließlich als unendliches Bewusstsein. Es sind diese mannigfaltigen Erfahrungen, die kollektiv die Welt genannt werden, die wiederum eine strahlende Erscheinung des Brahman ist. Es ist in der Tat ein großes Wunder, dass dieses unendliche Bewusstsein, ohne seine eigene Realität jemals aufzugeben, von sich selbst als „Ich bin ein Jiva“ denken kann! Nun aber, oh König Bhāsa, erzähle uns von deinen vergangenen Erfahrungen.

BHĀSA sprach:

Ich sah so viele Dinge und ich wanderte so weit, ohne dabei zu ermüden. Ich erfuhr viele Dinge auf vielfältige Art und Weise. An all dieses erinnere ich mich. Ich erfuhr zahlreiche Freuden und Leiden in vielen Körpern über lange Zeiträume hinweg und an weit auseinanderliegenden Orten innerhalb dieses grenzenlosen Raumes. Ich erlangte aufgrund von Segen und Fluch verschiedene Körper und sah in all diesen Verkörperungen zahllose Objekte und Szenerien. Ich war selbst fest entschlossen, all dies zu sehen und zu erfahren. Dies war übrigens auch der anfängliche Segen, den ich mir vom Feuergott erbeten hatte. Obwohl ich daher auf verschiedenen Ebenen verschiedene Körper angenommen hatte, verfolgte ich immer noch das Ziel dieser ursprünglichen Motivation, ein gründliches Wissen über diese Welt zu erhalten.

Eintausend Jahre lang lebte ich als Baum. Ich hatte in dieser Zeit viele Leiden zu ertragen. Mein Gemüt war vollkommen in mir selbst zentriert, und ich erzeugte ohne jede mentale

Aktivität Blüten und Früchte. Einhundert Jahre lang war ich ein Reh auf dem Berg Meru. Ich war von goldener Farbe. Ich lebte von Gras und liebte Musik. Ich war sehr klein und daher nicht gewalttätig. Fünfzig Jahre lang war ich ein Śarabha (ein achtfüßiges Tier – stärker als ein Löwe). Danach wurde ich ein vidyādhara-Himmelsbewohner. Danach wurde ich der Sohn eines Schwans, der das Reittier für den Schöpfer Brahmā war. Als Schwan lebte ich sodann eintausendfünfhundert Jahre lang. Weitere hundert Jahre lang lauschte ich der göttlichen Musik der himmlischen Diener Lord Nârâyanas (Vishnu). Schließlich wurde ich ein Schakal und lebte in einem Wald. Ein riesiger Elefant verwüstete das Gebüsch, in dem ich wohnte. Während ich im Sterben lag, sah ich, wie dieser Elefant von einem Löwen getötet wurde. Danach wurde ich eine Nymphe in einer anderen Welt und lebte dort aufgrund eines Fluches durch einen Weisen allein eine halbe Epoche lang. Daraufhin lebte ich einhundert Jahre lang als ein Valmika-Vogel. Als unser Nest zusammen mit dem Baum, in dem wir es errichtet hatten, zerstört wurde, verlor ich meine Gefährtin und lebte anschließend für den Rest meines Lebens allein an einem weit entfernten Ort. Dann wurde ich zu einem Asketen, da ich in der Zwischenzeit ein beträchtliches Ausmaß an Leidenschaftslosigkeit gewonnen hatte.

Ich sah viele faszinierende Dinge. Ich erblickte eine Welt, die gänzlich aus Wasser gemacht war. Dann wieder erblickte ich eine Frau, in deren Körper die drei Welten wie in einem Spiegel reflektiert wurden. Als ich sie fragte, wer sie sei, erwiderte sie: „Ich bin reines Bewusstsein und sämtliche Welten sind meine Gliedmaßen. So wie ich in dir Verblüffung hervorgerufen habe, so sind auch alle diese Dinge. Bis du nicht alles mit derselben Verblüffung und Verwunderung zu betrachten vermagst, kannst du die wahre Natur der Dinge nicht kennen. Alle Welten sind deine eigenen Glieder. Ich höre sie alle, wie jemand im Traum Klänge und Worte hört." Ich sah, wie zahllose Wesen in dieser Frau erschienen und sich wieder in ihr auflösten. Dann wieder erblickte ich eine ungewöhnlich aussehende Wolke, die furchterregende Töne von aufeinandertreffenden Raketen erzeugte und aus der es Waffen zur Erde hernieder regnete. Ich sah noch weitere Wunder: Die ganze Erde war in Finsternis gehüllt und ganze Siedlungen flogen davon in eine weit entfernte Welt. Ich erblickte euer Dorf in einer anderen Welt. Dann wieder sah ich, wie alle Wesen von derselben Natur waren. Ich sah eine Welt ohne Sonne, Mond und Sterne und trotzdem herrschte keinerlei Finsternis, denn sämtliche Bewohner strahlten und waren erleuchtet… Es gibt wohl keine Welt, die ich nicht gesehen habe; nichts, was ich nicht erfahren habe.

BHĀSA fuhr fort: VI.2:132

Einmal schlief ich mit einer himmlischen Nymphe in einem Garten. Plötzlich erwachte ich und sah, wie ich wie ein Grashalm einen Fluss hinuntertrieb. Überrascht fragte ich die Nymphe: „Was ist das?" Sie erklärte mir: „Ganz in der Nähe gibt es einen Mondstein-Berg. Sobald der Mond aufgeht, schwillt die Quelle in diesem Berg an und wird zur Flut. Wegen der großen Wonne, welche ich durch dich erlebte, vergaß ich, dich zu warnen."

Nachdem sie so gesprochen hatte, nahm die Nymphe mich mit und flog einfach in den Raum hinaus. Sieben Jahre lang lebte ich dann mit ihr auf dem Gipfel des Berges namens Mandara.

Danach wanderte ich in anderen Welten umher, in denen Leute lebten, die von innen heraus leuchteten. Ich traf auf eine Welt, die keinerlei Himmelsrichtungen wie Osten und Westen, keine Tage und Nächte, keine Schriften und Debatten, keine Unterscheidungen zwischen Göttern und Dämonen kannte. Schließlich wurde ich zu einem Himmelsbewohner mit dem Namen Amarasoma und lebte vierzehn Jahre lang als Asket.

Immer noch ausgestattet mit dem Segen, den mir der Feuergott gewährt hatte, vermochte ich mich im Raum mit unwahrscheinlicher Geschwindigkeit zu bewegen. Irgendwo fiel ich dann in einen großen Ozean und irgendwo anders erlebte ich das Fallen im leeren Raum. Das Durchqueeren der Atmosphäre war meine einzige Beschäftigung. Ich ermüdete schließlich und schlief eine sehr, sehr lange Zeit.

Während ich schlief, kam ich in die Welt der Träume. Auch dort erfuhr ich die verschiedensten Welten und Objekte und in mir entstand eine große Ruhelosigkeit. Was auch immer meine Augen erblickten – ohne Verzug befand ich mich an jenem Ort. Von diesem Ort aus erblickte ich neue Dinge und war unverzüglich dort, ohne Rücksicht auf Entfernungen.

So verbrachte ich, von einer Welt zur nächsten mit großer Geschwindigkeit wandernd, viele Jahre. Jedoch hatte ich immer noch nicht das Ende der Manifestationen der Unwissenheit, die man „das objektive Universum" nennt, erreicht, denn es war eine Illusion, die sich selbst irgendwann fest in meinem Herzen verankert hatte wie die Furcht eines Kindes vor einem Gespenst. Wie sehr ich auch durch intensive Ergründung realisiere „Dies ist nicht real", „das ist nicht real", so hört das Empfinden von „dies ist" doch nicht auf! In jedem Augenblick entstehen und vergehen neue Erfahrungen von Vergnügen und Schmerz wie der fließende Lauf eines Stromes.

Ich erinnere mich außerdem an einen riesigen Berggipfel, der durch sein eigenes Licht erglänzte, obwohl es da weder Sonne noch Mond gab. Er war so herrlich, dass er sogar das Herz derjenigen Weisen bezauberte, die ein Leben in der Abgeschiedenheit lieben.

VI.2:133 VIPASCIT (BHĀSA) fuhr fort:

Ich werde nun ein anderes, großes Wunder beschreiben, das ich in einer anderen Welt erlebt habe. Es gibt da eine leuchtende Welt im großen Weltraum, die sich jenseits eurer Reichweite befindet. Diese Welt ist so verschieden von dieser hier wie eine Traumwelt von der Welt des Wachzustandes verschieden ist. Während ich diese Welt auf der Suche nach den Grenzen des objektiven Universums durchwanderte, bemerkte ich einen gigantischen Schatten, der die gesamte dortige Erde einhüllte. Als ich meine Augen zum Himmel erhob, um die mögliche Ursache dieses riesigen Schattens festzustellen, erblickte ich ein riesengroßes Ding, das die Gestalt eines Menschen hatte, die im Weltraum fällt und offenbar im Begriff war, auf die Welt, in der ich war, herniederzustürzen. Sie war so riesig, dass sie sogar die Sonne verdeckte und so den ganzen Planeten in totale Finsternis hüllte.

Während ich diese Gestalt noch mit Verwunderung und Entsetzen betrachtete, fiel sie auf die Erde nieder. Ich fühlte, dass mein Ende gekommen war, und aus Angst stürzte ich mich ins Feuer. Ich hatte den Feuergott sehr viele Inkarnationen lang verehrt, und er versicherte: „Fürchte dich nicht!“ Ich betete zum Feuergott um Schutz. Der Feuergott befahl mir, sein eigenes Fahrzeug zu besteigen und sagte: „Lass uns beide zur Welt des Feuers gehen.“ Anschließend machte der Feuergott ein kleines Loch in den gigantischen Körper, der auf die Erde gefallen war, und beide entkamen wir dann in den Weltraum.

Erst von dort aus vermochten wir die kolossalen Ausmaße dieses Körpers zu erkennen, der auf den Planeten niedergestürzt war. Durch seinen Fall hatte er sämtliche Ozeane aufgerührt und alle Städte, Siedlungen und Wälder zerstört. Er hatte den Fluss der Gewässer angehalten. Überall hörte man Klagen und Jammern. Die Erde stöhnte unter seinem Gewicht. Orkane und Sturzregen traten auf, die an die kosmische Auflösung denken ließen. Die Gipfel der Himâlayas waren in die Unterwelt gefallen. Die Sonne fiel auf die Erde. Die gesamte Erdoberfläche war verwüstet. Die Himmelsbewohner, die die Himmel durchkreuzten, erblickten diesen gewaltigen Körper und glaubten, er sei eine neu erschaffene Erde oder die andere Hälfte des Universums oder vielleicht sogar ein Teil des Raums, der von seinem ursprünglichen Standort abgebrochen war!

Als ich jedoch genau hinschaute, konnte ich erkennen, dass er aus Fleisch gemacht war und die Erde nicht groß genug war, um auch nur ein einziges Glied dieses Körpers zu bedecken. Nachdem ich dies geschaut hatte, wandte ich mich an meine Schutzgottheit, den Feuergott, und fragte ihn: „Hoher Herr, was ist das?“

Der Feuergott erwiderte: „Kind, warte, bis die durch den Sturz dieses Körpers entstandenen Turbulenzen sich gelegt haben. Danach werde ich dir alles über ihn erzählen.“

Dann war der Raum um die Erde herum mit Weisen, Siddhas und Himmelsbewohnern, den Manen und den Göttern erfüllt, die alle ätherische Körper besaßen. Sie neigten ihre Köpfe und richteten an die göttliche Mutter Kâlarâtri ein Gebet: „Möge die göttliche Mutter, die mit einem schwarzen Leib ausgestattet ist, die das gesamte Universum verzehrt, die den Kopf Brahmās auf der Spitze ihres Schwertes balanciert, die einen Gürtel mit den Köpfen der Götter und Dämonen trägt und die absolut rein ist, uns beschützen.“

VIPASCIT (BHĀSA) fuhr fort: VI.2:134

Als Antwort auf die Gebete der Weisen und Siddhas erschien die göttliche Mutter am Himmel. Sie war „trocken“ und blutlos. Begleitet wurde sie von zahllosen Kobolden und anderen Geistern. Sie war mehrere tausend Meilen hoch. Sie war im höchsten Wesen verankert. Sie saß auf dem toten Körper.

Die Götter sprachen zu ihr: „Oh göttliche Mutter, dies ist unsere Opfergabe für dich. Wir beten darum, dass du und deine dienstbaren Geister sie schnellstmöglichst verzehren mögen.“ Kaum hatten die Götter dies ausgesprochen, begann die göttliche Mutter mit Hilfe ihrer Prana-Shakti (Lebenskraft) das Lebensblut des Leichnams aufzusaugen. Als dieses Blut in ihren Mund floss, begann sich ihr dünner Körper mit Blut zu füllen und ihr Bauch dehnte sich aus. Sie begann zu tanzen. Die Götter, die auf den Lokāloka-Bergen (den Grenzen des Erdreiches) saßen, beobachteten diesen Tanz. Die Kobolde begannen, das Fleisch des Leichnams zu vertilgen. In der Tat war der Zustand der Welt zu dieser Zeit mitleiderregend.

Die Berge der Erde waren verschwunden. Das Firmament schien wie in rotes Tuch gekleidet. Als die göttliche Mutter im Rausch ihres Tanzes ihre göttlichen Waffen in allen Himmelsrichtungen herumwirbelte, wurden die restlichen noch verbliebenen Städte und Siedlungen der Erde zerstört und nur noch die Erinnerung an sie blieb erhalten. Die gesamte Erde war nun von den Kobolden und den dienstbaren Geistern, die das Gefolge der göttlichen Mutter bildeten, bewohnt. Als sie diese gänzliche Zerstörung erblickten, waren die auf den Lokāloka-Bergen sitzenden Götter bestürzt.

RÂMA fragte Vasishtha:

Wie konnten die Lokāloka-Berge noch sichtbar sein, da der Körper doch die gesamte Erde bedeckte?

VASISHTHA erwiderte:

Diese Berge ragten hinter den Schultern des Leichnams hervor. Die bestürzten Götter dachten folgendermaßen nach: „Oh weh, oh weh – wo ist die Erde, wo sind die Ozeane, was ist mit den Menschen und den Bergen geschehen? Wo ist der Malaya-Berg mit all seinen Sandelholzwäldern und zahlreichen Blumengärten? Oh weh, sogar der blütenweiße Schnee des Himālaya ist jetzt schmutzig und schlammig. Oh weh, der Milchozean (die Heimstatt von Lord Vishnu), der wunscherfüllende Baum, sämtliche anderen Ozeane (voll geronnener Milch, Wein und Honig) und die Berge voller Kokospalmen sind fort. Oh weh, der Kontinent Kraunca mit seinen herrlichen Bergen, der Kontinent Puskara (in dem der Schwan, der das Fahrzeug für Brahmā den Schöpfer ist, in einem See voller Lotos lebte und in dessen Berghöhlen sich die Himmelsbewohner zu ergötzen pflegten), der Kontinent Gomedha, umgeben von einem Frischwasserozean, und der Kontinent Śāka, dessen Gedenken verheißungsvoll ist, wurden alle zerstört. Sämtliche Gärten und Wälder sind fort. Wo sollen die müden und Erholung suchenden Menschen nun ruhen? Wann werden wir wieder die Süße des Zuckers und die kleinen Zuckerfiguren kosten können, da alle Zuckerrohrfelder vernichtet wurden? Oh weh, der Jambudvipa, der die Stütze aller anderen Kontinente war, wurde ebenfalls zerstört. Oh weh, wohin ist die gute Erde verschwunden?“

Die Geschichte vom Jäger und dem Reh

VASISHTHA (oder BHĀSA) fuhren fort: VI.2:

Die Götter besprachen sich untereinander wie folgt: „Die Kobolde haben das Fleisch und 135,136 das Blut dieses Leichnams gegessen und getrunken, und daher vermag man nun die Erde wieder zu sehen. Aus den Knochen dieses Kadavers sind die neuen Berge geworden." Nachdem die Götter so gesprochen hatten, begannen die gesättigten Kobolde im Raum zu tanzen. Die Götter bemerkten, dass auf der Erde noch etwas Blut zurückgeblieben war. Sie füllten damit die Ozeane und verwandelten das Blut mit Hilfe ihrer Willenskraft in Wein. Die Kobolde tranken von diesem Wein und tanzten daraufhin weiter – sogar heute noch! Da die neue Erde aus dem Fleisch (meda) des Leichnams gemacht war, wurde sie fortan „medinī" (Erde) genannt. Auf diese Weise wurden die Erde und ihre Bewohner neuerlich ins Dasein gebracht. Der Schöpfer erschuf eine neue Menschheit.

(BHĀSA sprach:) Dann fragte ich den Feuergott: Wer war diese Person vor ihrem Tod? Der FEUERGOTT erzählte mir daraufhin die folgende Geschichte:

Höre! Es gibt da unendlichen Raum, voll von reinem Bewusstsein. In ihm treiben die zahllosen Welten wie ebenso viele Atome. In ihm tauchte eine mit Selbst-Gewahrsein ausgestattete kosmische Person auf. Diese Person erfährt ihr eigenes Licht so, wie du ein Objekt im Traum siehst. Aus diesen verschiedenen Erfahrungen entstehen dann die Sinne und die dazugehörigen Organe, die zusammen den Körper bilden. Diese Sinne nehmen sodann ihre eigenen Sinnesgegenstände wahr, die die Welt werden.

In dieser Welt entstand dann eine Person namens Asura (Dämon). Er war stolz auf seine Macht. Einmal zerstörte er die Einsiedelei eines Weisen, der ihn daraufhin folgendermaßen verfluchte: „Du hast dies getan, weil du stolz auf deinen gigantischen Körper bist. Du wirst nun sterben und zu einem Moskito werden." Im Feuer dieses Fluches wurde der Asura zu Asche verbrannt. Er wurde zu einer entkörperten Persönlichkeit, so wie das Gemüt einer nicht bewussten Person. Er wurde eins mit dem physischen Raum. Schließlich vereinigte er sich in diesem Raum mit dem Wind. Dieser Wind ist die Lebenskraft (Prana). Der Asura erwachte nun als ein Lebewesen und verlangte nach Energie, Wasser usw. Indem er erneut mit den fünf Elementen (den tanmātras) und einem Partikel des unendlichen Bewusstseins ausgestattet war, begann er wie ein individuelles Lebewesen zu vibrieren. Daraufhin entstand in ihm Selbst-Gewahrsein – wie ein Same unter günstigen Umständen als Keimling zu sprießen beginnt. In diesem Selbst-Gewahrsein lebte der Fluch des Weisen und daher die Idee, ein Moskito zu sein. Daher wurde er ein Moskito.

(Als Antwort auf Râmas Frage sprach Vasishtha: „Von Brahmā abwärts bis hin zu einem Grashalm sind sämtliche Wesen zwei Arten der Geburt unterworfen: Die erste ist Brahmās Schöpfung selbst und die andere eine illusorische. Diejenige Schöpfung, die spontan im

Gemüt des Schöpfers auftaucht und die man zuvor noch nicht erfahren hat, ist die Schöpfung Brahmās, aber nicht diejenige, die man „Geburt aus dem Mutterleib" nennt. Was dann aufgrund latenter Täuschung als diese illusorische Geburt entsteht, ist aus der Subjekt/Objekt-Beziehung heraus geboren worden.")

Der Moskito wohnte inzwischen glücklich zusammen mit seiner Gefährtin auf einem Grashalm. Dieses Gras wurde dann von einem Reh verzehrt. Weil der Moskito sterbend das Reh angeschaut hatte, wurde er zu einem Reh. Das Reh wurde von einem Jäger getötet und daher in seiner nächsten Geburt als Jäger wiedergeboren. Während dieser Jäger den Wald durchstreifte, hatte er das Glück, auf einen Weisen zu treffen, der ihn mit den folgenden Worten spirituell erweckte: „Weshalb lebst du dieses grausame Leben als Jäger? Gib dieses sündige Leben auf und bemühe dich um das Erlangen von nirvana."

VI.2:137 DER JÄGER sprach:

Sei es so, oh Weiser. Aber teile mir bitte mit, wie man das Leiden überwinden kann, ohne dabei zu „harten" oder „weichen" Praktiken greifen zu müssen.

DER WEISE erwiderte:

Lege jetzt sofort diesen Bogen und die Pfeile beiseite. Bleibe hier und führe das Leben der Stille, frei von Sorgen.

VASISHTHA fuhr fort:

Der Jäger tat so, ohne zu zögern. Innerhalb von Tagen erlangte er die Weisheit der Schriften, so wie eine Blume als Duft in den Körper eines Menschen gelangt. Eines Tages fragte er den Weisen: „Wie kommt es, oh Weiser, dass der Traum, der doch im Innern stattfindet, sich außen abzuspielen scheint?"

DER WEISE erwiderte:

Eben diese Frage ist auch am Anfang in meinem Innern aufgetaucht. Um eine Antwort auf diese Frage zu finden, praktizierte ich die Konzentration. Ich saß in der Lotosposition und verblieb als reines Bewusstsein. Ich sammelte alle Strahlen meines Gemüts, die sich über die tausend Dinge verstreut hatten, und zentrierte sie alle in meinem Herzen. Zusammen mit der Lebenskraft „hauchte" ich das Gemüt aus dem Körper aus. Dieses Prana betrat dann ein Lebewesen, das vor mir erschien. Dieses Wesen „inhalierte" dieses Prana und empfing es in seinem eigenen Herzen.

Dann betrat ich das Herz dieses Wesens. Durch meinen eigenen Intellekt gebunden, folgte ich diesem bis ins Innere dieses Wesens. Ich sah, dass im Innern dieser Person zahllose Kanäle waren, die alle aussahen, als wären sie außerhalb. Das Wesen war außerdem angefüllt mit unterschiedlichen Organen und Eingeweiden wie Leber, Milz usw., so wie ein Haus angefüllt mit Möbeln ist. Es war warm im Innern. Eine kühle Brise, die von außerhalb dieses Körpers kam und in ihn eintrat, hielt ihn am Leben und machte ihn bewusst. Die Kanäle übertrugen die Essenz der Nahrung. Es war sehr finster im Innern, wie in der Hölle. Der Fluss der Lebenskraft entlang der genannten Kanäle schwankte in Übereinstimmung mit den physischen

Ungleichgewichten, die den Fluss der Lebenskraft bestimmten. In einem Kanal, der einem Lotosstängel glich, strömte eine strahlende, feurige Kraft, die das ferne Geräusch eines Windes, der durch eine enge Röhre streicht, hervorrief. Die Kraft war mit verschiedenen Objekten angefüllt. Zusammengehalten wurden sie durch die Luftbewegungen. Dieser Kanal war manchmal angenehm und manchmal erregt. Es tönte, als würden himmlische Musiker irgendwo unterhalb des Bereiches der Zunge singen, und woanders war es, als wäre da eine sehr erlesene Musik.

Ich betrat das Herz des Wesens. In diesem Herzen erreichte ich das Prinzip des Lichts. In ihm fand ich die drei Welten gespiegelt. Es ist das Licht der drei Welten. Es ist die eigentliche Essenz aller Dinge. Der Jiva ist dort. Der Jiva durchdringt zwar den gesamten Körper, jedoch ist dieser „ojas" (inneres Licht) sein eigentlicher Sitz. Er wird auf allen Seiten durch die Lebenskraft geschützt. Ich betrat ihn so wie Wasser einen irdenen Topf durchdringt. Indem ich dann dort saß, vermochte ich das gesamte Universum so zu sehen wie durch mein eigenes „ojas".

DER WEISE fuhr fort:

Auch in dieser Traumwelt gab es eine Sonne, Berge und Ozeane wie auch Götter und Dämonen und Menschen. Es gab da Städte und Wälder, Zeiteinteilungen und Himmelsrichtungen. Die Traumerscheinungen wirkten dauerhaft und beständig – als wären sie gleich nach meinem Aufwachen aufgetaucht. Ich fragte mich: „Wie kann es sein, dass ich diesen Traum wahrnehme, obwohl ich nicht schlafe?" Nach einer langen Ergründung realisierte ich: „Gewiss ist dies die göttliche Gestalt der Wahrheit des Bewusstseins. Was auch immer dieses Bewusstsein in sich selbst manifestiert, ist dann diese sogenannte Welt." Wo auch immer dieser Same des Bewusstseins sozusagen seine eigene Gestalt wahrnimmt, sieht es die Welt, ohne dabei jemals seine eigene Realität als unendliches Bewusstsein aufzugeben.

Ich habe nun erkannt, dass diese Welt, die man ein Traumobjekt nennt, die Wahrnehmung dieses unendlichen Bewusstseins ist. Die Manifestation (das Leuchten) dieses Bewusstseins wird sowohl die Wachwelt als auch die Traumwelt genannt. Es ist ein Bewusstsein – eine Getrenntheit gibt es darin nicht. Traum ist Traum im Verhältnis zum Wachzustand, während der Traum der Wachzustand im Verhältnis zum Traum selbst ist. Der Traum ist nicht vom Wachzustand verschieden; der Wachzustand ist daher von zweifacher Natur.

Eine Person ist nichts als Bewusstsein. Auch wenn hundert Körper verderben, das Bewusstsein verdirbt nicht. Bewusstsein ist wie Raum, aber es existiert als wäre es der Körper. Das Unendliche erscheint wie geteilt in unendlich viele Objekte mit und ohne Form. Dies ist so, weil innerhalb des unendlichen Bewusstseins zahllose Partikel der Erfahrungen leuchten. Wenn sich der Jiva von der Erfahrung der äußeren Welten abwendet und sich den inneren Welten im Herzen zuwendet, taucht der Traum auf. Sobald der Jiva ein veräußerlichtes Bewusstsein hat, gibt es den Wachzustand. Wenn derselbe Jiva seinen Blick auf sich selbst richtet, taucht der Traum auf. Es ist der Jiva selbst, der sich als der Raum, die Erde, der Wind, die

Berge und die Ozeane ausbreitet – ob diese nun außen oder innen gesehen werden. Sobald diese Wahrheit realisiert wird, ist man frei von den Vasanas oder mentaler Konditionierung.

Dann fragte ich mich selbst: „Was ist der Schlaf?" Ich begann, den Schlaf zu erforschen. Wenn man denkt: „Was habe ich mit diesen Objekten der Welt zu tun? Lass mich eine Zeit lang in völligem Frieden ruhen", kommt der Schlaf. So wie es in ein und demselben Körper lebende und nicht lebende Dinge gibt (wie Nägel, Haare usw.), so ist der Schlaf gleichzeitig durch Leben und Leblosigkeit gekennzeichnet. „Lass mich in Frieden ruhen" – wenn diese Idee im eigenen Gemüt vorherrscht, entsteht der Schlaf. Geschehen kann dies sogar im Wachzustand.

Dann begann ich den Zustand von turīya (dem vierten) zu ergründen. Wenn man fest in turīya verankert ist, hört die Welterscheinung aufgrund vollkommener Erleuchtung auf. Dann existiert diese Welt nur noch so, wie sie ist – nichts hört auf zu sein. Wegen der Existenz von turīya existieren Wachen, Träumen und Schlaf so, wie sie sind. Die Erkenntnis, dass „diese Welt niemals erschaffen worden ist, weil es keine Ursache für ihr Auftauchen gibt" und dass „Brahman allein als diese Welt leuchtet", ist turīya.

VI.2:138 DER WEISE fuhr fort:

Dann wollte ich eins werden mit dem Bewusstsein dieses Wesens. Als ich das „ojas" dieses Wesens verließ, um in das Bewusstsein einzutreten, wurden meine eigenen Sinne unverzüglich erweckt. Jedoch hielt ich sie sofort zurück und betrat zuerst das Bewusstsein. Als ich es betrat, erfuhr ich zur selben Zeit zwei Welten. Alles erschien doppelt. Da die zwei erfahrenden Intelligenzen ähnlich waren, erschien auch die Dualität ähnlich und wie Wasser und Milch gut vermischt.

Innerhalb eines Augenblicks zog ich mit Hilfe meines Bewusstseins das Bewusstsein des anderen Wesens in mich. Unverzüglich verschmolzen die „zwei Welten" zu einer einzigen – so wie jemand nach der Heilung seiner Fehlsichtigkeit, die ihn doppelte Monde erblicken ließ, jetzt nur noch einen Mond sieht. Meine eigene Weisheit hatte ich nicht aufgegeben, jedoch war meine Gedankenform schwach geworden und hatte die Gedankenform des anderen Wesens angenommen. Daher begann ich, die Welt nun so wie dieses Wesen zu erfahren.

Nach einiger Zeit legte sich das Wesen zum Schlaf nieder. Er sammelte die Strahlen seines Gemüts. So wie eine Schildkröte ihre Glieder in sich selbst zurückzieht, so wurden seine Sinne zusammen mit ihren Funktionen in sein eigenes Herz zurückgezogen. Seine Sinnesorgane wurden wie tot oder wie gemalte Bilder. Ich befand mich innerhalb des Wesens, folgte dem Pfad seines Gemüts und betrat sein Herz. Einen Moment lang erfreute ich mich des Glückes des Schlafes, indem ich alle Wahrnehmung äußerer Objekte völlig aufgegeben hatte und in das „ojas" eingetreten war. Alle Kanäle innerhalb des Wesens waren aufgrund seiner Müdigkeit verstopft und verdichtet. Wegen der genossenen Nahrung und Getränke strömte die Lebenskraft nur langsam durch seine Nüstern. Die Lebenskraft wendet sich ihrer eigenen Quelle innerhalb des Herzens zu und erleichtert dadurch das Gemüt von der Empfindung der Materialität (oder macht das Gemüt bedeutungslos), denn es ist natürlicherweise sein eigenes

Objekt. Das Selbst ist nun sein eigenes Objekt – und es gibt keine andere veräußerlichende Aktivität mehr. Daher leuchtet es in sich als es selbst.

RÂMA fragte:

Das Gemüt vermag nur aufgrund der Lebenskraft zu denken und besitzt in sich selbst keinerlei eigene Substanz. Was ist es dann in sich selbst?

VASISHTHA erwiderte:

Obwohl der Körper als real erfahren wird, existiert er in Wahrheit nicht. Das Gemüt ist so real wie der im Traum erblickte Berg. Da in Abwesenheit jedweder Ursache kein „Objekt" jemals erschaffen wurde, existiert das Gemüt (chitta) überhaupt nicht. All dies ist Brahman und da Brahman alles ist, existiert die Welt so, wie sie ist. Sogar Körper und Gemüt usw. sind nichts als Brahman, aber so wie die Wissenden dies sehen, können und sollen wir es nicht beschreiben.

Das eine unteilbare Bewusstsein nimmt sich selbst als sein eigenes Objekt wahr, was man dann als das Gemüt bezeichnet. Sobald darin die Idee von Bewegung auftaucht, manifestiert sich diese Idee als Prana oder Lebenskraft. Prana lässt die Erfahrungen der Sinne entstehen, woraufhin die Welt erscheint.

VASISHTHA fuhr fort: VI.2:139

Das Gemüt (chitta) ist der Schöpfer der Welten mitsamt allem, was darin real, irreal oder eine Mischung davon ist. Prana (Lebenskraft) wurde vom Gemüt geschaffen mit Hilfe der Idee: „Das Prana ist meine Bewegung; ich soll nicht ohne Prana oder Lebenskraft sein. Daher soll es mein Ziel sein. Auch wenn ich eine Zeitlang ohne Prana sein sollte, soll ich gleich wieder mit Prana sein". Im Moment, in dem dieses Prana sich mit dem Gemüt vereinigt, erblickt es die illusorische Welt. Aufgrund der festen Idee: „Ich soll niemals wieder ohne die Lebenskraft und den Körper sein", erlangt es sodann seine wahre Natur als reines Bewusstsein nicht mehr.

Es erfährt Leid, weil es aufgrund von Zweifel von einer Seite zur anderen schwingt. Dies hört erst durch Selbsterkenntnis auf. Nichts anderes als die Selbsterkenntnis vermag die falsche Idee „Ich bin dies" zu beseitigen. Selbsterkenntnis taucht außerdem durch nichts anderes als durch Ergründung der Mittel zur Befreiung auf. Ergründe daher mit all deinen Kräften die Mittel der Befreiung.

Das Gemüt hegt beständig die Idee, dass „die Lebenskraft mein eigenes Leben ist". Deshalb ruht das Gemüt im Prana. Wenn der Körper in einem Zustand des Wohlbefindens ist, funktioniert das Gemüt recht gut; wenn aber kein Wohlbefinden da ist, dann sieht das Gemüt nichts anderes als die physische Störung. Wenn das Prana (Lebenskraft) stark mit seiner eigenen kraftvollen Bewegung beschäftigt ist, ist es in seine eigene Bewegung absorbiert und unfähig, sich um Selbsterkenntnis zu bemühen.

Die Beziehung zwischen dem Gemüt und dem Prana ist daher wie diejenige von Fahrer und Fahrzeug. Dies war von Anfang an die vom unendlichen Bewusstsein gehegte Vorstellung, und diese Beziehung hat sich bis heute erhalten. Wer nicht erleuchtet ist, vermag dies nicht zu transzendieren. Die unwissende Person hält weiterhin an ihren unerschütterlichen Überzeugungen bezüglich von Zeit, Raum, Materie, Gemüt, Prana und Körper fest. Wenn Gemüt und Prana harmonisch zusammenarbeiten, geht die Person verschiedenen Aktivitäten nach. Sobald es eine Störung gibt, gibt es Disharmonie. Sind beide friedlich, ist da Schlaf. Wenn die Nadis (Energiekanäle) durch Nahrung usw. verstopft sind und Trägheit herrscht, wird auch die Bewegung des Prana träge und der Schlaf kommt. Aber auch wenn die Nadis nicht durch Nahrung usw. verstopft sind, aber Schwäche oder Müdigkeit entstanden ist, kann sich das Prana nicht mehr ungehindert bewegen – und man schläft ein. Wenn die Nadis selbst aus irgendwelchen Gründen weich und schwächlich geworden und mit allen möglichen Unreinheiten beladen sind und das Prana daher mit außerordentlichen Aktivitäten beschäftigt ist, kommt es ebenfalls zum Schlaf.

DER WEISE sprach:

Als die Dunkelheit hereinbrach, fiel die Person, deren Herz ich betreten hatte, in tiefen Schlaf. Auch ich erfreute mich dieses Schlafs. Dann, als die von der Person gegessene Nahrung verdaut und die Nadis wieder rein waren, begann sich die Lebenskraft lebhaft zu regen und den Schlaf aufzulösen.

DER WEISE fuhr fort:

Als der Schlaf sich aufzulösen begann, erblickte ich die Welt mit ihrer Sonne usw., als wäre sie im Herzen aufgetaucht. Ich sah alles da, wo ich gerade war. Jedoch wurde diese Welt von der Sturmflut der kosmischen Auflösung heimgesucht. Mich selbst sah ich zusammen mit meiner Braut in einem Haus sitzen. Die Sturmflut trug uns beide fort, zusammen mit dem ganzen Haus usw., welches der Flut zu trotzen schien, als wollte es am Leben bleiben. Schon bald brach dieses Haus, in dem ich saß und welches von der Flut davongetrieben wurde, in tausend Stücke. Ich sprang ins Wasser. Ich hatte meine Familie und meine Freunde vergessen und dachte nur noch an die Rettung meines eigenen Lebens. Manchmal ging ich unter und manchmal schwamm ich an der Oberfläche. Als ich einen Halt für die Füße an einem Felsen fand und eine Weile ausruhen wollte, kam eine riesige Welle und spülte mich erneut in die Flut. Es gab kein einziges Leiden, das mir in dieser Zeit erspart geblieben wäre; allen Arten schmerzhafter Erfahrungen war ich ausgesetzt.

Da erinnerte ich mich – weil ich in einem Zustand äußerster Verzweiflung, aber dennoch völlig wach und bewusst war – an die Erfahrung eines früheren Lebens in einem Zustand von Samadhi. Damals war ich ein Asket. Ich war in eine andere Person eingegangen und war begierig, den Traumzustand zu beobachten. Ich wusste, dass ich nur eine Illusion sah. Gleichzeitig nahm ich die gegenwärtigen Erfahrungen wahr, und obwohl ich von der Flut davongespült wurde, erlebte ich Freude.

Während ich die Flut und die durch sie verursachte Zerstörung betrachtete, dachte ich wie folgt nach: „Was vermag Schicksal nicht zu tun? Sogar der dreiäugige Gott wird von dieser Flut zerschmettert. Sämtliche Götter und Dämonen werden in der Flut umhergeschleudert. Die turmhohen Wellen schlagen sogar an den Thron von Brahmā, dem Schöpfer. Diese Wellen sehen wie Elefanten aus, sind so mächtig wie Löwen und scheinen im Himmel wie Wolken zu treiben. Sogar die Beschützer dieser Erde stürzen zusammen mit ihren Palästen und Fahrzeugen in diese Flut und ertrinken darin. Die Götter und die Dämonen schwimmen gemeinsam in dieser Flut und halten sich aneinander fest. Wegen der fallenden Städte und treibenden Paläste scheinen die Wasser der Flut wie solide Mauern zu sein. Sogar die Sonne wurde von dieser Flut überwältigt und in die Unterwelt getrieben. Nur die Wissenden (die Weisen der Selbsterkenntnis) erfahren überhaupt keinen Kummer – sie sehen ihre Körper den Strom hinuntertreiben, ohne die falsche Idee: „Ich bin dieser Körper". Hilflose Frauen ertrinken. In dieser Flut der kosmischen Auflösung, in der sämtliche Wesen vom Tod verzehrt werden – wer kann durch wen errettet werden? Das gesamte Universum scheint jetzt nichts als ein unendlicher Ozean zu sein. Wo sind alle diese Götter, die von Indra angeführt wurden?"

DER JÄGER fragte: VI.2:140

Tauchen Halluzinationen dieser Art denn sogar in den Großen wie dir auf, oh Weiser? Hat die Praxis der Meditation diesem kein Ende gesetzt?

DER WEISE erwiderte:

Am Ende des Weltzyklus hört alles auf. Einige Dinge gelangen nach und nach an ein Ende, während andere abrupt aufhören. Noch einmal: Was geschehen soll, wird unvermeidlich geschehen. Darüber hinaus sind durch das Erscheinen von Unglück die Kraft, die Intelligenz und die Vitalität (Strahlen) alle immer und überall nachteilig betroffen, sogar im Falle der Großen. Außerdem war das, was ich beschrieben hatte, nichts als ein Traum. Was ist in einem Traum unmöglich oder unvereinbar?

Und doch ist es wichtig, dass ich dir diese Traumerfahrung erzähle. Ich werde dir nun die Wahrheit offenbaren.

Während ich also diese große Flut der kosmischen Auflösung beobachtete, gelangte ich zu einem Berggipfel. Ich kletterte auf diesen Gipfel. Im nächsten Moment verwandelte sich plötzlich die gesamte Szenerie. Ich wusste nicht, weshalb und wie die Flutwasser mit einem Male verschwanden. Die gesamte Erde war nun eine einzige Masse Schlamm, in dem die Götter wie auch Indra und Tiere wie die Elefanten bis zum Hals versanken. Dann wurde ich von Müdigkeit und Schlaf überwältigt.

Anschließend war, obwohl ich in meinem eigenen „ojas" blieb, immer noch die psychologische Konditionierung der früheren Erfahrungen in mir. Nachdem ich nach dem Aufwachen eine Art doppeltes Bewusstsein erfahren hatte, sah ich den Berggipfel im Herzen der anderen Person. Am zweiten Tag sah ich dort den Sonnenaufgang. Danach stiegen alle anderen Objekte dieser Welt auf.

Ich versuchte nun alles zu vergessen und wendete mich wieder meinen alltäglichen Aktivitäten in dieser Welt zu. Ich sagte mir: „Ich bin sechzehn Jahre alt, dies sind meine Eltern usw."

Dann erblickte ich ein Dorf und darin eine Einsiedelei. Ich begann in dieser Einsiedelei zu leben, die mir immer realer vorkam, während die Erinnerung an die früheren Erfahrungen zu schwinden begann. Ich betrachtete den Körper als meine einzige Hoffnung. Die Weisheit hatte sich weit, weit von mir entfernt. In den Vasanas oder der mentalen Konditionierung bestand nun die Essenz meines Wesens und ich war dem Erwerb von Wohlstand ergeben. Ich erfüllte alle meine gesellschaftlichen und religiösen Pflichten. Ich wusste, was zu tun und was zu unterlassen war.

Eines Tages kam ein Weiser als Gast zu mir. Ich sorgte gut für ihn. In der Nacht erzählte er mir eine Geschichte. Er beschrieb das grenzenlose Universum in allen Einzelheiten und schloss seine Erzählung mit der Erklärung, dass all dies das unendliche Bewusstsein sei. Nun war meine innere Intelligenz plötzlich erweckt. Sogleich erinnerte ich mich an die gesamte Vergangenheit, wie ich den Körper eines Anderen betreten hatte usw. Ich glaubte, dass die andere Person die kosmische Person gewesen war und versuchte, sie zu verlassen. Indem ich eins mit ihr wurde, konnte ich sie verlassen. Daraufhin sah ich vor mir sofort meinen eigenen, in der Lotosposition sitzenden Körper auftauchen, und zwar in einer Einsiedelei, bedient von Schülern. Laut diesen Schülern war, seit ich in den Samadhi gegangen war, nur eine einzige Stunde vergangen. Die Person, deren Herz ich betreten hatte, war auch ein Reisender gewesen, der schlief. Ich erzählte dies niemandem und betrat rasch das Herz dieser schlafenden Person ein weiteres Mal. In diesem Herz war die kosmische Auflösung an ein Ende gelangt. Das Dorf, in dem ich mit meinen Verwandten gelebt hatte, war verschwunden. Alles war von den Feuern der kosmischen Auflösung in Brand gesetzt worden. Ich praktizierte die Wind-Kontemplation und wanderte darin umher.

VI.2: DER WEISE fuhr fort:

141,142 Obwohl ich ringsum von diesen schreckenerregenden Feuern umgeben war, fühlte ich mich überhaupt nicht bedroht. Wenn man weiß, dass der Traum nur ein Traum ist, ist man sogar vom Feuer unberührt. Während ich die Natur dieses Feuers untersuchte und währenddessen aufgrund des Wissens, dass ich einen Traum vor mir hatte, unberührt von ihm blieb, tauchte eine entsetzliche Hitzewelle auf. In dem daraus entstehenden tollen Wirbel begannen alle Dinge umherzufliegen und zu Asche zu verbrennen. Es war wie ein Tanz der völligen Zerstörung.

Ich begann mich zu fragen: Schließlich ist dies alles nur ein Traum, der von mir geträumt wird, der ich im Herzen von jemand anderem sitze. Weshalb sollte ich das Beobachten all des Leidens fortsetzen und nicht besser aus all dem herauskommen?

DER JÄGER fragte:

Du hast das Herz dieser Person betreten, um herauszufinden, was der Traum ist. Weshalb hast du dann entschieden, wieder herauszukommen? Hast du demnach die Wahrheit herausgefunden?

DER WEISE erwiderte:

Zunächst möchte ich festhalten, dass die Schöpfung für ihr Dasein keinerlei Ursache hat. Daher besitzen weder Worte wie „Schöpfung" noch Objekte wie „Schöpfung" eine reale Substanz. Sie existieren nicht. Jedoch ist diese Unwissenheit oder Unwirklichkeit ebenfalls eine im Bewusstsein oder der Wirklichkeit auftauchende Idee – im Bewusstsein oder der Realität liegt das, was (als Schöpfung) existiert, auf der Hand. Ich kann dir von der Wahrheit nur aus der Sicht eines Menschen sprechen, in dem Unwissenheit und Torheit zu Ende sind; was vom Gesichtspunkt des Unwissenden und Toren aus wahr ist, vermag ich nicht zu sagen. Die Wahrheit ist: All dies ist reines Bewusstsein, welches alles durchdringt.

Wo ist der Körper, wo ist das Herz, was ist Traum, wo sind Wasser und Flut usw., wo sind Erwachen und das Aufhören des Erwachens, wo sind Geburt und Tod? Es gibt nur reines Bewusstsein. In Gegenwart dieses Bewusstseins erscheint sogar der winzigste und subtilste Raum makrokosmisch. Auf spontane Weise „denkt" dieses Bewusstsein einen Augenblick lang etwas und die Idee der Welt erscheint, obgleich es immer noch reiner Raum ist. Wie im Traum legt auch hier das Bewusstsein lediglich unterschiedliche Masken an; Städte usw. gibt es da nicht, da die Welt reines Bewusstsein ist. Für uns gibt es keine Erscheinung, nichts Reales oder Irreales, keinen Raum, sondern nur das eine formlose, anfangslose, endlose, nonduale unendliche Bewusstsein. Träume entstehen ohne jede Ursache – nichts als das reine Bewusstsein des Erfahrenden existiert (ohne ein unabhängiges Objekt). Auch hier besteht keinerlei Ursache – es gibt daher weder ein Subjekt noch ein Objekt. Was als einziges existiert, ist das reine Bewusstsein oder was auch immer es sein mag – aber es ist reines Erfahren, das nondual und jenseits jeder Beschreibung ist.

Zeit ist gleichzeitig Existenz und Zerstörung – ihr Same ist selbst all das, was aus ihm von den Blumen bis zu den Früchten auftaucht. Ebenso ist auch Brahman all dies. Bewusstsein erstrahlt immer rein. So wie während des Träumens der Traum die Qualität des Wachens besitzt, so ist die Natur des Wachens selbst nichts anderes als die Natur des Traums. Sobald alle mentalen Aktivitäten aufgehört haben, bist du das, was ist.

DER JÄGER sprach:

Hoher Herr, wer ist vom vergangenen Karma betroffen und wer nicht?

DER WEISE erwiderte:

Diejenigen, die gleich zu Beginn der Schöpfung ins Dasein kommen – wie Brahmā der Schöpfer – besitzen weder Geburt noch Tod. Sie besitzen kein Empfinden von Dualität, kein Samsara und keinerlei Ideen: Ihr Bewusstsein ist rein. Ohnehin hat gleich zu Beginn der Schöpfung niemand irgendein Karma, denn davor hat ja nur das absolute und unendliche Brahman existiert. Zu Beginn der Schöpfung war es daher Brahman, das die Schöpfung manifestierte. So wie sich Brahmā der Schöpfer und alle anderen zu Beginn der Schöpfung manifestierten, so manifestierten sich dann auch die zahllosen Jivas. Diejenigen jedoch, die sich als verschieden von Brahman empfinden, betrachten sich selbst als unwissend und nehmen

Dualität wahr. In ihrem Fall tauchen Geburt und Tod aus ihnen selbst heraus auf, weil diese Wesen sich an das Unwirkliche halten. Diejenigen dagegen, die sich (wie Brahmā, Vishnu und Shiva usw.) nicht als verschieden von Brahman sehen, erfahren keinerlei Karma.

Das unendliche Bewusstsein ist absolut rein. Brahman ruht in sich selbst. Jedoch entsteht in ihm die winzige Idee des Jiva. Wo diese Idee vom Jiva auftaucht, dort taucht auch die Unwissenheit auf, und das wird von demselben Bewusstsein als Schöpfung betrachtet. Von selbst erwacht das Bewusstsein zu seiner eigenen, wahren Natur und realisiert, dass es Brahman ist und auch schon immer gewesen ist.

Wasser nimmt von selbst die Form des Strudels an – Brahman nimmt ebenso von selbst die Erscheinungsform dieser Schöpfung an. Diese Schöpfung ist das manifeste Brahman – weder ist sie ein Traum noch die Realität des Wachzustandes. Was ist in diesem Fall Karma, wem kommt es zu und wie viele verschiedene Arten gibt es? In Wahrheit gibt es kein Karma, keine Unwissenheit, keine Schöpfung – alle diese Ideen tauchen nur aufgrund der eigenen Erfahrung auf.

Brahman allein erstrahlt als die Schöpfung, die individuellen Seelen, Karma, Geburt und ähnliche Ideen. Da er der Höchste Herr ist, erfährt er diese Ideen so, als wären sie wahr. Zu Beginn der Schöpfung ist der Jiva keinerlei Karma unterworfen; danach jedoch verwickelt er sich in das Karma aufgrund seiner Ideen. Was ist der Körper oder die Persönlichkeit eines Strudels? Worin besteht dessen Karma? Er ist Wasser und nichts anderes – ebenso ist alles Brahman.

Die in einem Traum erblickten Personen besitzen kein Karma. Auch der Jiva, der zu Beginn der Schöpfung auftaucht, besitzt kein Karma, weil er reines Bewusstsein ist. Die Idee des Karma taucht erst auf, wenn man fest an der Idee der Wirklichkeit der Welt festhält. Dann beginnen diese Jiva hier umherzuwandern – gefesselt durch das Karma. Sobald realisiert wird, dass diese Schöpfung selbst Nicht-Schöpfung ist und Brahman allein existiert – wo ist dann Karma? Wessen ist dieses Karma und wer gehört zu diesem Karma? Karma existiert nur in der Unwissenheit – sobald die rechte Erkenntnis auftaucht, hört die Bindung durch Karma auf.

VI.2:143 DER WEISE fuhr fort:

Der pandita (der Selbsterkenntnis erlangt hat) ist wie die Sonne, der den Lotos von Dharma, Karma und Erkenntnissen erblühen lässt. Verglichen mit der Weisheit eines Weisen der Selbsterkenntnis ist sogar der Status eines Königs der Götter nur wertloses Stroh. Sobald die Selbsterkenntnis erscheint, schwindet die illusorische Wahrnehmung der Welt und die Erkenntnis Brahmans als die einzige Wirklichkeit taucht auf; so wie im Licht, das die Dunkelheit vertreibt, die Girlande, welche mit einer Schlange verwechselt wurde, als Girlande erstrahlt.

Die im Traum erblickten Leute haben keine Eltern – ebenso hat dieser Welttraum keine Ursache. Die Traum-Leute besitzen kein früheres Karma, das ihre gegenwärtige Geburt verursacht hat. Die scheinbar realen Menschen in dieser Traumwelt besitzen ebenfalls kein Karma.

So wie der Jiva hier Träume wahrnimmt und erlebt, so fantasiert und erlebt er entsprechend seiner eigenen mentalen Konditionierung (Vasana) auch frühere Leben und Karmas als real.

Zu Beginn der Schöpfung und am Ende der Existenz des Körpers erfährt der Jiva einen traumartigen Zustand. Was auch immer er erfährt, scheint zu sein und ist real und irreal. Im Traum kommt es zu Kontakten mit „anderen" Objekten, obgleich es diese nicht gibt. Auf diese Weise sind Erfahrungen mit den Objekten des Wachzustandes möglich, obgleich auch sie irreal sind. „Wachen" und „träumen" sind zwei Worte, die die Bewegung innerhalb des Bewusstseins bezeichnen, die zu Gewahrsein führt. Dieses Gewahrsein oder Erfahrung, die zu Beginn der Schöpfung (sargādi) und am Ende des Lebenszyklus des Körpers (dehānta) auftaucht – dieses Gewahrsein oder diese Erfahrung existiert weiterhin, bis sie aufhört zu sein (oder bis Befreiung erlangt wird), und dies nennt man Schöpfung.

Einen Unterschied zwischen Bewusstsein und dem Gewahrsein von Objekten, die entweder im Wachzustand oder im Traum gesehen werden, gibt es nicht, so wie es auch keinen Unterschied zwischen Wind und Bewegung gibt. Brahman allein scheint zu entstehen und zu vergehen oder zu sterben und Objekte zu erfahren; aber es ist nichts als reines Bewusstsein, das keinerlei Wandel unterworfen und für immer im Frieden und rein ist. Was auch immer dieses unendliche Bewusstsein oder diese kosmische Person in sich selbst wahrnimmt, wird gleichzeitig zu Ursache und Wirkung. Diese Schöpfung ist im Herzen dieses unendlichen Bewusstseins, wie der Traum in deinem Herzen ist – als Ursache und Wirkung.

Auf welche Art und Weise dies auch immer zu Beginn der Schöpfung aufgetaucht ist, als das hat es sich als seine eigene natürliche Ordnung, als Zeit, Raum usw. bis heute fortgesetzt. Welche Eigenschaften auch immer die Schöpfung damals erworben hat – diese haben sich seitdem fortgepflanzt. Als erstes entstand da eine Idee oder ein Empfinden oder ein Konzept im Bewusstsein, und dann folgte die sogenannte Schöpfung – doch ist all dies nichts als das erstaunliche Blendwerk des Bewusstseins! Der unermessliche Raum scheint von blauer Farbe zu sein – das unermessliche Bewusstsein scheint als diese Schöpfung zu existieren.

DER JÄGER sprach:

Wie erlangt man nach der Aufgabe dieses Körpers einen anderen Körper, um damit Vergnügen und Schmerz zu erfahren? Worin besteht die kausale Ursache und was sind die zusammenwirkenden Ursachen?

DER WEISE erwiderte:

Dharma (Tugend), Adharma (Sünde), Vasana (latente Neigungen oder mentale Konditionierung), das aktive Selbst und der Jiva – all dies sind Synonyme für Ideen ohne eine dazugehörige Realität. Bewusstsein hegt all diese Ideen im Raum (auf der Ebene) des Bewusstseins. Das Selbst erfährt die Körperidee, weil es reines Bewusstsein ist, völlig unabhängig vom Körper. Obgleich die Körperidee unwirklich ist, wird sie wie eine Realität erfahren, gleich wie ein Traumobjekt. Für die gestorbene Person erstrahlt die „andere Welt" als eine Idee in ihrem eigenen Bewusstsein. Da sie sie einige Zeit lang erblickt, hält sie sie für real.

Wenn man behauptet, dass die verstorbene Person durch jemanden geboren wird, wie kann dann die letztere sich an ihre vergangene Inkarnation erinnern? Der Tote wird nicht wiedergeboren – jedoch erfährt er aufgrund seiner eigenen mentalen Konditionierung in seinem eigenen Bewusstsein die Idee „Ich bin hier in diesen Umständen usw." Sobald diese Erfahrung einige Zeit anhält und Wurzeln schlägt, erlangt sie die Gewissheit der Realität. Das Selbst, welches reiner Raum ist (Leerheit), erblickt innerhalb dieses Raums einen Traum. Es erinnert sich dann wieder und wieder an diesen Traum und lässt dadurch die Wiedergeburten und weitere Welten entstehen. Dann glaubt es, dass diese Welt und diese Geburt real sind und beginnt, in dieser Welt als Jiva tätig zu sein.

Auf diese Weise gibt es Millionen und Abermillionen von Welten. Wird deren Wahrheit klar verstanden, sind sie nichts als reines Bewusstsein oder Brahman, während sie andernfalls als Weltschöpfung erscheinen. Sie sind nichts und gehören zu niemandem. Sie wurden niemals wirklich erschaffen. Jeder Jiva erfährt jede einzelne dieser Welten als „dies ist die Welt". Eben diese wechselseitige Beziehung verleiht dieser Illusion den Eindruck der Realität. Wenn die Wahrheit dieser Welten verstanden ist, werden sie als unerschaffene Realitäten erkannt. Was real für den Weisen ist, ist für den Unwissenden eine undurchdringliche Illusion. Was unwirklich für den Weisen ist, ist für den Unwissenden eine auf der Hand liegende Wahrheit.

Was auch immer das unendliche Bewusstsein erfährt, scheint jetzt und hier zu existieren; solche Erfahrungen sind daher wirklich in Beziehung zum jeweiligen Erfahrenden. Da sie jedoch sämtlich (der Erfahrende und die Erfahrungen) reines Bewusstsein sind, gibt es nichts, von dem man als „das andere" oder als Dualität sprechen kann. Wenn im unendlichen Bewusstsein die Idee „dies ist dies" auftaucht, erstrahlt dieses „dies ist dies" als solches. Wird es jedoch als „dies ist dies" gesehen, dann wird es natürlich irreal! Wenn es die Erfahrung des Bewusstseins ist, dann ist sie nicht-verschieden vom Bewusstsein; nur im inexistenten Zustand der Unwissenheit wird die Erfahrung als etwas Unabhängiges erfahren. Daher hat die Selbsterkenntnis keinerlei Objekt, das man kennen kann. Erkenntnis, die zum Gekannten wird, wird zum Selbst, dass sich selbst kennt.

DER WEISE fuhr fort:

Wie gründlich wir auch immer forschen und schauen – etwas anderes als Realität vermögen wir nicht zu erblicken. Was die Unwissenden und Toren sehen, wissen wir nicht. In der erleuchteten Sichtweise des Weisen ist all dies hier reines, unteilbares Bewusstsein, das in den Augen des Unwissenden als die zahllosen, getrennten Objekte (fühlende und nicht-fühlende) erscheint. Das eine reine Bewusstsein erscheint als die verschiedenen Traumobjekte im Traum. Alle diese Millionen von Objekten, die im Traum auftauchen, werden im Tiefschlaf wieder eins. In ähnlicher Weise, wenn diese Traumwelt ins unendliche Bewusstsein eintritt, wird dies Schöpfung genannt. Wenn diese dann in den Zustand, der dem des Tiefschlafs entspricht, eintaucht, wird dies die kosmische Auflösung genannt. Dies ist gesunder Menschenverstand!

Das eine unteilbare Bewusstsein wird sowohl zu den vielfältigen Objekten und auch die unendlich vielen Individuen; es wird in sich selbst sowohl die Leere als auch die Materie – wie in einem Traum. All diese Vielfalt ist nichts als Erfahren. Sie ist rein. Sie erstrahlt auf die Art, in der sie wahrgenommen wird. Sie kann nicht beseitigt werden. Dieses Bewusstsein allein wird zu Beginn der Schöpfung zu Feuer usw., um diese Traumwelt hervorzurufen. Es ist reines Erfahren allein, das als die Erde usw. erstrahlt, obwohl da in Wahrheit nichts als Raum oder Leere ist, was als die erschaffene Welt erstrahlt. Dieses Gewahrsein oder Erfahren scheint manchmal unüberwindlich und manchmal der Zerstörung ausgeliefert zu sein. Tatsächlich kann nichts ihm ein Ende setzen, da reines Erfahren immer übrig bleiben wird, nachdem sämtliche anderen Dinge an ihr Ende gelangt sind. Es ist, wie wenn du von Ost nach West gehst – du kennst nun den Osten wie den Westen, obwohl die Erfahrung des Kennens dieselbe bleibt! Was auch immer du vorsätzlich eine längere Zeit hindurch denkst, erfährst du dann auch. Oder ruhe einfach im Frieden und erfahre dann diesen Frieden. Du gehst von Ost nach West und nun kennst du diese. Ein anderer geht nicht, sondern bleibt am Ort und kennt diese trotzdem. Das unendliche Bewusstsein, welches unbewegt ist, bleibt dasselbe, ob es nun erfahren oder nur gedacht wird. Beide Erfahrungen tauchen auf und beide Erfahrungen hören auf. Sobald der Wunsch „ich sollte von Süden nach Norden gehen" auftaucht, tauchen diese beiden im unbewegten Bewusstsein auf. Taucht ein solcher Wunsch dagegen nicht auf, dann existieren die Himmelsrichtungen „Nord" und „Süd" nicht. Sobald das Bewusstsein denkt: „Ich will eine Stadt im Himmel sein" oder „Ich will ein Tier auf der Erde sein", treten diese beiden in Erscheinung. Hören solche Ideen auf, hören auch die Erscheinungen auf. Für andere ist diese Welt irgendetwas anders.

Ob der Körper nun sterblich oder unsterblich ist – die Wahrheit besteht darin, dass Samsara und Jiva wie ein Traum sind. Sogar unter den Fremden gibt es viele Leute, die sich an Ereignisse aus ihren früheren Leben erinnern. Gewiss „starben" diese nicht. Daher ist das unendliche Bewusstsein, welches als all dieses hier erscheint, todlos, wandellos und ewiglich. Das unbewegte Bewusstsein bleibt immer – ganz gleich was für Ideen in ihm hier und da auftauchen. Was ist Wahrheit und was ist falsch? Lasst uns daher die Körper, Handlungen, Sorgen oder Vergnügen so erfahren, wann und wie sie auftauchen, oder lasst uns all dies aufgeben. In all dem liegt überhaupt kein Sinn. Lasst es doch „so" oder „so" oder sogar überhaupt nicht sein – gebt diese Täuschungen auf und seid erleuchtet.

DER WEISE fuhr fort: VI.2:144

Alles, was existiert, und alles, was nicht existiert, ist Traumerlebnissen gleich. Da dies die Wahrheit ist – was ist dann Bindung und wer ist befreit? Die Wolkenformationen am Himmel zeigen unablässig sich wandelnde Gestaltungen und Muster. Auf dieselbe Weise wandelt sich auch diese Welterscheinung ständig. Aufgrund von Unwissenheit erscheint sie als solide und unveränderlich. Es gibt in diesem unendlichen Raum zahllose Welten, so wie wir hier unsere eigene Welt haben; die Welt der einen Person kann nicht von einem anderen erfahren werden.

Die Maßstäbe und Erfahrungen von Fröschen, die in einem Brunnen, einem See oder im Meer leben, unterscheiden sich voneinander. Sie haben nicht dieselbe Erkenntnis. Leute, die gemeinsam in einem Haus schlafen, erfahren unterschiedliche Träume, in denen sie das Leben sozusagen in verschiedenen Welten erleben. Auf dieselbe Weise erfahren die Menschen im selben (Welt)Raum verschiedene Welten, während andere vielleicht gar keine erfahren. All dies ist nichts als das mysteriöse und tatkräftige Wirken des unendlichen Bewusstseins.

Das Bewusstsein besitzt die eingeborene Fähigkeit, an etwas festzuhalten. Eine so festgehaltene Idee wird samskara genannt. Wenn jedoch realisiert wird, dass die Idee nur im Bewusstsein reflektiert ist, sieht man, dass es kein samskara unabhängig vom Bewusstsein gibt. Im Traum gibt es keine vorherige Erfahrung, sondern nur die Erfahrung der Objekte, wie sie zur Zeit ihrer Erfahrung erlebt werden. Man mag sogar im Traum den eigenen Tod wie auch Objekte erfahren, die wie zuvor gesehene erscheinen.

Diese Schöpfung war nur das Spiegelbild im unteilbaren Bewusstsein ganz am Anfang. Folglich war es von diesem Bewusstsein nicht verschieden. Brahman (das unendliche Bewusstsein) allein erstrahlt als diese Welt, welche nicht etwas Neues ist. Die Ursache selbst ist die Wirkung. Die Ursache existierte vor der Wirkung und wird auch nach dem Aufhören der Wirkung noch da sein. Da die Ursache „wirksam tätig" (samyak karoti) ist im Hervorbringen der Wirkung, ist sie selbst ein samskara.

Das, was vor dem Auftauchen des Traums existierte, aber als das erstrahlt, was zuvor gesehen wurde, wird als samskara bezeichnet. Es gibt keinen anderen externen Faktor außer samskara (üblicherweise übersetzt mit „latente Eindrücke aufgrund vergangener Erfahrungen und Handlungen"). Sichtbare und unsichtbare Dinge existieren im Bewusstsein, das in seinem eigenen Licht leuchtet und alle diese Dinge erfährt, als wären sie bereits einmal gesehen worden. Im Traum tauchen die im Wachzustand erzeugten samskaras auf. Aber im Wachzustand selbst werden sie dann neu erzeugt. Diejenigen, die die Wahrheit kennen, erklären, dass sie in einem Zustand erzeugt wurden, der wohl als der Wachzustand erscheint, dies aber tatsächlich nicht ist. So wie in der Luft spontan Bewegung entsteht, so entstehen auch im Bewusstsein Ideen – es ist nicht nötig, dass samskaras sie erzeugen. Sobald die Erfahrung von tausenden von Dingen im Bewusstsein auftaucht, wird dies als die Schöpfung bezeichnet. Und wenn die Erfahrung von diesen tausenden von Dingen im Bewusstsein aufhört, wird dies als die kosmische Auflösung bezeichnet. Auf diese Weise bringt das reine Bewusstsein (chidakasha) diese Vielfalt mit all ihren Namen und Formen ins Dasein, ohne je seine Unteilbarkeit aufzugeben– so wie du in deinem Traum eine Welt erschaffst.

DER WEISE fuhr fort:

Die Wahrnehmung oder die Erfahrung von „der Welt" existiert innerhalb des atomischen Partikels des unendlichen Bewusstseins. So wie die Reflexion in einem Spiegel nur der Spiegel ist, so ist sie auch nicht verschieden vom unendlichen Bewusstsein. Dieses unendliche Bewusstsein ist anfangslos und endlos – das allein ist die sogenannte Schöpfung. Wo immer dieses Bewusstsein erstrahlt, existiert auch diese Schöpfung, die davon so wenig verschieden ist, wie ein Körper nicht von den Gliedern verschieden ist. Du und ich sind Bewusstsein, die gesamte Welt ist Bewusstsein – durch diese Realisation wird die Schöpfung als integraler Teil des Bewusstseins gesehen und ist selbst folglich unerschaffen. Folglich bin ich dieses atomische Partikel des Bewusstseins und als solches unendlich und allgegenwärtig. Daher sehe ich alles, wo immer ich mich auch befinde, von eben jenem Ort aus. Ich bin ein Partikel des Bewusstseins, aber eins mit dem unendlichen Bewusstsein aufgrund der Verwirklichung dieser Wahrheit – so wie Wasser dasselbe wie Wasser ist.

Durch Eintreten in das „ojas“ erfuhr ich daher die drei Welten. All dieses geschah innerhalb, und innerhalb von dem sah ich auch die drei Welten – nicht außerhalb. Ob man dies nun Traum oder Wachen nennt, innen oder außen – all dies befindet sich innerhalb des unendlichen Bewusstseins.

DER JÄGER fragte:

Wenn diese Schöpfung ursachelos ist, wie wird sie dann? Wenn sie eine Ursache hat, was ist die Ursache der Traumschöpfung?

DER WEISE erwiderte:

Am Anfang hatte die Schöpfung überhaupt keine Ursache. Da die Objekte dieser Schöpfung keine Ursache kannten, gab es auch keine widersprüchliche Verschiedenheit von Objekten. Das eine absolute Brahman allein strahlte als all dies – es wird durch Worte wie „Schöpfung“ usw. bezeichnet. Diese ursachelose Schöpfung ist Brahman, aber sie erscheint als Teil von etwas, was keine Teile hat, als etwas Geteiltes im Unteilbaren, als Form im Formlosen. Weil sie reines Bewusstsein ist, scheint sie verschiedene Formen anzunehmen wie die bewegten und die unbewegten Objekte. Und als Götter und Weise erschafft und erhält sie eine ganze Weltordnung mit all ihren Geboten und Verboten. Existenz, Nicht-Existenz, Grobes und Subtiles usw. berühren in gar keiner Weise das allgegenwärtige Bewusstsein.

Von da an jedoch entstanden keine Wirkungen mehr ohne eine Ursache. Die Weltordnung und ihr Herr (Brahman) wirken aufeinander so wie ein Arm den anderen zurückhält, obgleich beide derselben Person gehören.

Diese Schöpfung entstand also ohne Wunsch und ohne psychologische Verursachung. Die Weltordnung (niyati) existiert innerhalb von Brahman – Brahman existiert nicht ohne niyati. Daher hat diese Schöpfung eine Ursache, jedoch nur in Beziehung zu demjenigen, dessen Schöpfung sie ist und so lange die Schöpfung in Beziehung zu diesem andauert. Der Unwissende glaubt, dass Brahman als diese Schöpfung ohne eine Ursache erstrahlt oder erscheint; und es ist auch der Unwissende, der in diesem Netz von Ursache-Wirkung-Beziehungen oder der irrigen Idee, dass Kausalität ein unverletzbares Gesetz sei, gefangen ist. Die Schöpfung findet als zufälliges Ereignis statt – die reife Kokosnuss fällt in demselben Moment, in dem eine Krähe auf der Palme landet. Niyati bestimmt dann, „dies ist dies“ und „das ist das“.

VI.2:145 DER WEISE fuhr fort:

Der Jiva kennt und erfährt die äußere Welt mit den äußeren Sinnen und die innere Traumwelt mit den inneren Sinnen. Sobald die Sinne mit den Erfahrungen der äußeren Welt beschäftigt sind, wird das Feld der inneren Ideenhaftigkeit vage und undeutlich. Wenden sich die Sinne jedoch nach innen, dann erfährt der Jiva die Welt in sich mit der größten Klarheit. In dieser Welterscheinung gibt es zu keinem Zeitpunkt irgendwelche Widersprüche – alles ist so, wie man es sieht. Wenn die Augen daher nach außen gerichtet sind, erfährt der Jiva die Welt als wäre sie außerhalb im unendlichen Bewusstsein. Jiva nennt man das Aggregat der Sinne des Hörens, Berührens (Haut), Sehens (Augen), Geruches (Nase), Geschmackes (Zunge) und Wunsches. Der Jiva selbst ist reines Bewusstsein, das mit Lebenskraft ausgestattet ist. Dieser Jiva existiert daher in allem überall als alle Dinge und erfährt deshalb alle Dinge überall.

Wenn der Jiva („ojas" oder die vitale Essenz) mit „Schleim" (sleshma oder kapha, einer der drei Körpersäfte, die die vitale Essenz des Körpers ausmachen) angefüllt ist, sieht er deren Wirkungen sofort. Er „sieht", wie er sich selbst aus dem Milchozean erhebt; er sieht den Mond im Himmel schweben; er sieht die Seen und Lotosse, Gärten und Blumen, Feiern und Feste, auf denen die Frauen singen und tanzen, Festessen mit vielen Gerichten und Getränken, Flüsse, die in den Ozean fließen, riesige, weißgestrichene Paläste, Felder bedeckt mit frischem Schnee, Parks mit darin ruhenden Rehen sowie Bergketten.

Ist der Jiva dann von „Galle" (pitta, ein weiterer Körpersaft) erfüllt, erfährt er ihre Wirkungen auf der Stelle. Er „sieht" dann wunderschöne Flammen, die ein Schwitzen der Nerven erzeugen und schwarzen Rauch in den Himmel ausstoßen, der diesen verfinstert; er sieht Sonnen, die blendend in ihrer Strahlkraft und glühend in ihrer Hitze sind; er sieht Ozeane und den Nebel, der ihnen entsteigt; er sieht unpassierbare Wälder, Luftspiegelungen mit darin schwimmenden Schwänen; er sieht sich selbst voll Angst und bedeckt mit heißem Staub die Straßen entlang rennen; er sieht, wie die Erde durch Hitze und Trockenheit ausdörrt. Was auch immer die Augen sehen – sie sehen nur Feuer; sogar die Wolken regnen Feuer und alles erstrahlt aufgrund dieses allgegenwärtigen Feuers.

Wenn der Jiva mit „Wind" (vāta, ein weiterer Körpersaft) erfüllt ist, erfährt er die folgenden Wirkungen: Er sieht die Welt wie neu, er sieht sich selbst und sogar die Felsen und Berge umherfliegen, alles dreht sich und rotiert; er sieht fliegende Engel und Himmelsbewohner; die Erde und alles darauf und darin bebt; er sieht sich selbst, wie er in einen toten Brunnen fällt oder in eine schreckliche Notlage gerät oder in gefährlicher Lage zuoberst auf einem riesigen Baum oder Berggipfel.

DER WEISE fuhr fort:

Wenn der Jiva mit vāta, pitta und sleshma angefüllt ist (Wind, Galle und Schleim), gerät er unter den Einfluss des Windes und erfährt Qualen. Er sieht ein Niederstürzen von Bergen und Felsen und hört schreckenerregende Laute, die durch das Umherwirbeln der Bäume in den Eingeweiden der Erde entstehen. Ganze Urwälder mitsamt den darin lebenden Tieren werden umhergeschleudert. Alle Bäume brennen und aus den Berghöhlen hallen die Geräusche der Brände. Er beobachtet, wie die Berge zusammenstoßen. Er sieht, wie die Ozeane aufsteigen, um den gesamten Himmel zu erfüllen und ganze Wälder und sogar Wolken fortgetragen und in die Regionen von Brahmā dem Schöpfer emporgehoben werden. Der ganze Himmel scheint aufgrund all dieses Treibens und Reibens darin völlig rein und leergefegt zu sein. Die drei Welten scheinen mit den Schlachtrufen von Soldaten und Kriegern erfüllt zu sein.

Wenn der Jiva dann durch diesen furchterregenden Anblick entsetzt und erregt ist, verliert er das Bewusstsein. Wie ein in der Erde begrabener Wurm, wie ein in einem Stein verborgener Frosch, wie ein Fötus in der Gebärmutter, wie der Same innerhalb der Frucht, wie der noch ungeborene Keimling des Samens, wie ein Atom in einem Molekül und wie das noch nicht herausgehauene Bildnis im Marmorblock ruht er dann in sich selbst – ungestört von der Bewegung des Prana, da es an seinem Ruheort keinerlei „Löcher" oder Ausgänge gibt. Er tritt in den Tiefschlaf ein, der wie das Schlafen im Innern eines Felsens oder eines toten Brunnens ist.

Sobald mentale Bemühung dann eine Öffnung in diesen Ruheplatz schlägt, erlangt er Wissen über die Welt der Träume, da er durch die Bewegung der Lebenskraft oder Prana ihrer gewahr geworden ist. Sobald diese Lebenskraft sich von einem Nadi (Nervenkanal) zum anderen bewegt, entsteht eine Vision, wie wenn es von Bergen regnet. Falls es zuviel von dieser durch vāta, pitta und Sleshma verursachten Bewegung gibt, treten zahllose solche Erfahrungen auf. Ist die Bewegung geringer, sind die Erfahrungen geringer.

Was auch immer der Jiva aufgrund von vāta, pitta und Sleshma in sich selbst erfährt (im Traum usw.), erfährt er auch außen, wo dann seine Handlungsorgane (Arme, Beine usw.) angemessen funktionieren. Wenn er im Innern und im Außen gestört oder beunruhigt ist, erfährt der Jiva wenig Unruhe, sofern vāta, pitta und kapha (Sleshma) sich nur leicht bewegen, und er erfährt einen Zustand des Gleichgewichts, sofern sie sich im Gleichgewicht befinden. Der Jiva erfährt die folgenden Dinge im Außen, sobald die drei Körpersäfte gestört oder erregt sind: Brennen, Ertrinken, Fliegen in der Luft, Ruhen auf Bergen und Felsen, die Hölle, Aufsteigen in den und Niederfallen aus dem Himmel, Halluzinationen wie Ertrinken auf einem Spielfeld, Sonnenschein um Mitternacht, eine Perversion des Verstandes, die darin besteht, dass Vertraute als Fremde und Feinde als Freunde erscheinen. Bei geschlossenen Augen wird all dies innerhalb von einem selbst wahrgenommen, während es bei offenen Augen im Außen gesehen wird. Alle diese Illusionen aber werden durch das gestörte Gleichgewicht der drei Körpersäfte erzeugt. Wenn diese sich im Zustand des Gleichgewichts befinden, sieht der in ihm ruhende Jiva die ganze Welt so, wie sie wirklich IST, d.h. als nicht verschieden von Brahman.

DER WEISE fuhr fort: VI.2:146

Während ich mich im „ojas" der anderen Person befand, trafen plötzlich die Vorboten der kosmischen Auflösung ein. Der Himmel begann Berge zu regnen. Ich sah dies alles, während ich innerhalb des „ojas" der anderen Person saß. Tatsächlich wurde diese Illusion von Bergen, die aus einem finsteren Himmel herabregneten, durch Teile der Nahrung, die in den Kanälen ihres Körpers kreisten, hervorgerufen; diese Finsternis war die Finsternis ihres eigenen, tiefen Schlafes. Auch ich fiel in den Tiefschlaf.

Als ich aus dem Schlaf erwachte, erfuhr ich den Traumzustand. Innerhalb desselben „ojas" erblickte ich einen mächtigen Ozean, der mir wie ich selbst vorkam. Was auch immer in diesem „ojas" erschien, welches das Feld der Erfahrung war, sah ich ohne Verzerrung oder Entstellung, da mein Bewusstsein unbewegt und stetig war. Bewusstsein breitet sich überall und rundherum aus; in ihm taucht die Welterscheinung auf; die Welterscheinung kommt aus dem Tiefschlaf so wie ein Kind aus dem Schoss der Mutter kommt.

DER JÄGER sprach:

Du sagst, dass die Welterscheinung aus dem Tiefschlaf kommt. Bitte sage mir, was man im Tiefschlaf erfährt.

DER WEISE fuhr fort:

Dualistische Ausdrucksweisen wie „wurde geboren", „erscheint" und „taucht als die Welt auf" sind nur Worte und gänzlich bedeutungslos. Ich werde dir nun sagen, was „geboren" (jāta) wirklich bedeutet. Die Essenz dieses Ausdrucks besteht in der Bedeutung von „ins Sein treten", wobei sich dieses „Sein" auf die ewig existierende Wirklichkeit bezieht. Auch das Wort „Schöpfung" (sarga) hat dieselbe Bedeutung und bezieht sich auf „Existenz" (die Struktur der Wörter „jāyate" und „sarga" wird hier entsprechend der Sanskrit-Grammatik erläutert. „Jani" ist gleichzusetzen mit „prādurbhāva", wobei der wichtige Teil des letzten Worts „bhuh" ist, was „Sein" bedeutet).

Für uns Erleuchtete gibt es keine Schöpfung, keinen Tod und kein Aufhören von etwas – alles ist auf ewig ungeboren und friedvoll. Brahman ist reines Sein. Auch die Welt ist reines Sein. Wen können dann Gebote und Verbote betreffen? Die Māyā genannte illusorische Macht allein ist das Thema der Diskussion und Argumentation um das „es ist" und „es ist nicht" herum. Dispute dieser Art werden daher von den unwissenden Leuten auf Brahman oder das unendliche Bewusstsein ausgedehnt.

Für diejenigen, die die Wahrheit oder den höchsten Zustand kennen, existieren die Zustände von Wachen, Träumen und Schlafen überhaupt nicht. Was ist, ist wie es ist. Die Traumwelt wie auch überhaupt die Welt, die man in der eigenen Einbildung sieht, ist nicht wirklich, obwohl sie für die Zeit ihres Dasein als solche erfahren wird. Sie existierte auch zu Beginn dieser Weltschöpfung nicht oder trat irgendwie ins Dasein. Wenn somit die Welt als reines Bewusstsein realisiert wird, ist sie kein Objekt der Wahrnehmung; deshalb gibt es weder ein Subjekt oder einen Beobachter, noch eine Erfahrung oder einen Erfahrenden.

VI.2:147 DER WEISE fuhr fort:

Als ich aus dem Tiefschlaf erwachte, entstand diese Welt in meinem Traum wie aus einem Ozean, wie eine Statue aus einem Stein, wie Blüten auf einem Baum, wie die Erinnerung im Gemüt und wie die Wellen auf dem Ozean. Es war, als fielen sie aus dem Himmel, als stiegen sie aus dem Erdinnern, als erblühten sie im Herzen, als würden sie wie Weizen dem Acker entsprießen, als wäre der Vorhang, der sie verhüllte, gelüftet worden, als kämen sie aus einem Tempel. Von wo ist diese Welt gekommen? Niemand weiß es. Gewiss ist sie das im Steinblock namens unendliches Bewusstsein verborgene Bildnis. Sie ist wie die eingebildete Stadt bestehend aus Mauern, die reiner Raum oder Leere sind. Sie ist das Kunststück des Taschenspielers namens Unwissenheit. Obgleich sie wie eine solide Realität erscheint, ist sie in ihrem Wesen ohne Zeit und Raum. Obgleich sie vielfältig zu sein scheint, ist sie nondual – vielfältig und ein Nichts zu ein und derselben Zeit. Gewiss kann sie nur mit einem Schloss am Himmel verglichen werden, da sie sogar im Wachzustand gesehen und erfahren wird.

Obwohl sie niemals erschaffen wurde, existiert sie so, als wäre sie erschaffen worden. Sie ist reines Bewusstsein. Sie scheint die Eigenschaften von Zeit, Raum, Materie, Aktivität, Schöpfung und Zerstörung zu besitzen. Sie verfügt über Götter, Dämonen, Menschen und vielfältige andere Formen von Leben. Es gibt in ihr Flüsse, Berge, Wälder, Himmel und Sterne.

Ich betrachtete dieses „Feld der Beobachtung". Gleichzeitig gewahrte ich da zusammen mit den Häusern all meiner Verwandten ein Haus, welches ich schon zuvor gesehen hatte, und dazu auch noch alles andere, wie es früher gewesen war. All dies war durch die latenten Vasanas oder psychologischen Neigungen in das Feld der Beobachtung hineingezogen worden. Aufgrund der Vasana begann ich sofort, meine Verwandten usw. zu begrüßen und zu umarmen, denn ich hatte vorübergehend die Erkenntnis ihrer illusorischen Existenz verloren.

So wie ein Spiegel alle vor ihn gestellten Objekte reflektiert, so nimmt das Bewusstsein die Form dessen an, was ihm dargeboten wird. Hat man jedoch realisiert, dass alles das reine, unendliche Bewusstsein ist, dann ist man von der anscheinenden Dualität nicht länger betroffen. Man verbleibt frei, allein und unberührt. Wer niemals die Erkenntnis des Einsseins verliert, wird von diesem Kobold namens „Wahrnehmung von Vielfalt oder Getrenntheit" nicht mehr verfolgt. Diejenigen, die durch die Gemeinschaft mit den Heiligen und das Studiums der Schriften diese Erkenntnis gewonnen haben, verlieren sie nicht wieder. Damals jedoch war mein Verständnis noch nicht klar und ungetrübt, und folglich wurde ich von den Konzepten von Verwandtschaft u.ä. heimgesucht. Heute jedoch vermag nichts mehr in der Welt mein Verstehen zu erschüttern oder meine Realisation zu umwölken. Auch dein Gemüt, oh Jäger, ist noch nicht stetig genug, denn du hast noch nicht Satsang genossen, die Gemeinschaft mit den Heiligen.

DER JÄGER sprach:

Wahr ist dies, oh Weiser. Es ist genau, wie du sagst. Daher gibt es auch, obwohl ich deinen erleuchtenden Worten gelauscht habe, immer noch Zweifel in mir: „Kann dies alles wirklich die Wahrheit sein?" Oh weh, was für eine Tragödie ist das doch! Sogar wenn diese Unwissenheit ganz offenbar geworden ist, ist es immer noch schwer, sie loszulassen.

DER JÄGER fragte: VI.2:148

Ich trage einen großen Zweifel in mir, oh Weiser: Wie können Traumobjekte gleichzeitig als real und irreal betrachtet werden?

DER WEISE erwiderte:

Im Traum gibt es den Anschein von Zeit, Raum, Tätigkeit und Materialität. Dieser Anschein tritt aufgrund der Ideen auf, die rein zufällig (Koinzidenz) im Bewusstsein auftauchen. Daher erstrahlt dieser Anschein im Traum wie eine Realität. Halluzinationen, die mit Hilfe von Edelsteinen (Zauberstab?), Mantras und Drogen erzeugt werden, sind manchmal real und manchmal gänzlich illusorisch. Wenn man im Traum eine reale Substanzialität erfährt, ist dies allein dank der Koinzidenz. Wenn eine feste Überzeugung im Bewusstsein auftaucht, materialisiert sie sich auf diese Weise, weil Bewusstsein diese Macht der Materialisation besitzt. Wenn diese Materialisation durch eine andere Macht gemindert werden kann, wie können wir dann behaupten, dass die im Bewusstsein auftauchende Idee fest ist?

Es gibt weder innen noch außen eine Materialität außer der Materialisierung des „Wunsches" oder der Idee des unendlichen Bewusstseins. Sobald die Idee „dies ist ein Traum" auftaucht, wird dieser Traum zu einer Realität. Gibt es dann die Idee eines Zweifels, nimmt der Traum die Gestalt des Zweifels an und wird irreal. Es ist möglich, dass der Träumer beim Träumen Erfahrungen macht, die mit dem Traum nicht in Zusammenhang stehen. Er schreibt diese dennoch dem Traum zu. Daher ist die im Bewusstsein auftauchende Welterscheinung früher oder später aufgrund schierer Koinzidenz Wandlungen unterworfen.

Die Idee der Schöpfung kommt ganz am Anfang im Bewusstsein zum Vorschein und materialisiert sich. Diese Materialisation ist reines Bewusstsein. Abgesehen davon ist alles andere entweder real oder irreal, geordnet oder ungeordnet. In den Augen der Unwissenden erscheinen Träume daher manchmal als wahr und manchmal als unwahr – in den Augen des Erleuchteten dagegen sind sie weder real noch irreal. Die Welterscheinung ist eine Erscheinung, die im Bewusstsein auftaucht; hier verbietet allein schon das Wort „Erscheinung" alle diese Erscheinung betreffenden ernsthaften Ergründungsversuche.

Man schläft nach dem Traum und man schläft nach dem Wachzustand. Wachen und Träumen sind folglich nicht verschieden voneinander. Nur das „leblose" Objekt des Bewusstseins wird als Wachen, Träumen und Schlafen erachtet – all dies sind nur Worte ohne reale Bedeutung. In diesem Lang-Traum gibt es weder Ordnung noch Unordnung. Was auch immer im Traum auftaucht, ist so – wie die Bewegung in der Luft, denn in Abwesenheit des Verursachungsprinzips wird die Ordnung irrelevant. Ebenso ist auch die gesamte Schöpfung ohne definitive Verursachung – was ein Objekt zu sein scheint, das ist es auch, und eben darin besteht die Weltordnung. Träume sind manchmal real und manchmal irreal und daher keinem festen Prinzip oder einer Ordnung unterworfen. Sie sind pure Koinzidenz. Die Visionen, die aufgrund von Magie, Mantras oder Drogen auftauchen, existieren ebenso im Wachzustand. Das unkonditionierte, reine Bewusstsein wird nicht durch die Wach-, Traum- und Tiefschlafzustände konditioniert und ist daher stets als einziges real.

VI.2:149 DER WEISE fuhr fort:

Als ich, während ich mich im Herzen der anderen Person befand, meine eigenen

Verwandten usw. erblickte, vergaß ich für einen Moment, dass diese nur die Erzeugnisse meiner eigenen Ideen waren. Ich lebte mit ihnen dann sechzehn Jahre. Eines Tages kam ein großer Asket zu meinem Haus. Ich diente ihm mit Liebe und Ergebenheit. Ich ergriff die Gelegenheit, ihm die folgende Frage zu stellen: „In dieser Welt erfahren die Menschen, wie man sagt, die guten und bösen Resultate ihrer guten und bösen Taten. Ist dies in allen Fällen die Wahrheit?"

Der Asket zeigte sich von dieser Frage überrascht.

DER ASKET erwiderte:

Bitte sage mir, was ist in dir, was das Gute vom Bösen unterscheidet? Wer bist du, wo bist du, wer bin ich, was ist diese Welt? All dies ist nichts als ein Traum. Ich bin dein Traumobjekt und du bist mein Traumobjekt. Das Objekt besitzt in Wahrheit keinerlei Gestalt. Wenn das Bewusstsein sich selbst jedoch eine Gestalt zuschreibt, nimmt es diese auch an. Die Idee: „all dies hat eine Ursache „, lässt die kausalen Beziehungen auftauchen; die Idee: „es gibt keine Ursachen", sieht keine Kausalität.

Wir alle leben im Herzen eines makrokosmischen Wesens, welches von uns allen als ein solches betrachtet wird. Ebenso wird es weitere makrokosmische Wesen für andere geben. Dieses makrokosmische Wesen ist die Ursache der Erfahrungen von Vergnügen und Schmerzen sowie für die unterschiedlichen Arten der Tätigkeiten. Sobald das „ojas" dieses makrokosmischen Wesens gestört ist, gerät es in Erregung. Die Wirkung davon wird von uns allen, die sich in seinem Herzen befinden, erfahren. Dann erfahren wir Naturkatastrophen, die in dem Moment aufhören, in dem dieses Herz den Gleichmut wiedererlangt. Dieses makrokosmische Wesen ist daher die Wirklichkeit dieser speziellen Schöpfung. Wenn manche Menschen zufällig böse Taten begehen, sind wir alle von den Folgen betroffen.

Das Bewusstsein erlegt demjenigen, dessen Handlungen aus seiner eigenen persönlichen Wahrnehmung („ich tat dies") entstanden sind, die Folgen dieser Handlungen auf. Ist das Bewusstsein von einer solchen Wahrnehmung befreit, haben die Handlungen keine Früchte mehr. Welche Idee wo auch immer und in welchem Ausmaß auftaucht, diese trägt dann Früchte, ob da nun eine korrespondierende Ursache war oder nicht. Wie im Traum wird die Wirkung einer Handlung nicht durch eine endgültige Ursache bestimmt. Manchmal hat die Traumerfahrung eine Ursache – manchmal wiederum nicht. All dies sind einfach nur Zufälle. Die Erfahrung des Wachzustandes scheint einer definitiven Kausalität zu unterliegen – in Wahrheit jedoch ist schon diese Idee ein Traum und nichts anderes. All dies ist eine bloße Erscheinung im unendlichen Bewusstsein.

Was ist die Ursache der Unwissenheit, der Schöpfung, der Schöpfung von Brahmā dem Schöpfer? Was ist die ursprüngliche Ursache von Feuer, Luft, Wasser oder Raum? Weshalb sterben die Leute und erlangen einen subtilen Leib? All dies hat überhaupt keine Ursache – all dies geschieht seit Urzeiten. Nach einem gewissen Zeitraum haben diese Ideen oder Erscheinungsformen eine Materialität angenommen. Alle jemals im Bewusstsein aufgetauchten Ideen bestehen bis heute als solche fort. Jedoch kann das Bewusstsein dies durch neue Bemühung verändern.

VI.2:150 DER WEISE fuhr fort:

Nachdem ich so von dem Asketen unterwiesen worden war, war ich unverzüglich erleuchtet. Ich wollte mit ihm zusammenbleiben. Auf meine Bitte hin begann er dann, bei mir zu wohnen. Dieser Asket sitzt jetzt direkt neben dir.

DER JÄGER war überrascht und sprach:

Es ist wunderbar und seltsam, oh Weiser, dass das, was als Traum angesehen wurde, sich im Wachzustand materialisiert zu haben scheint. Wie kommt es, dass dieser heilige Mann, der dir im Traum erschienen ist, nun sogar im Wachzustand Wirklichkeit ist?

DER WEISE erwiderte:

Übereile nichts. Ich werde dir alles erklären. Nachdem ich die Ausführungen dieses heiligen Mannes angehört hatte, überlegte ich folgendermaßen: „Oh weh, aufgrund meines Verlangens nach Sinnesvergnügen und nach den Objekten dieses Vergnügens bin ich von meinem Weg abgekommen, obgleich ich doch ein weiser Mann war. Obwohl die Idee „ich bin dies" illusorisch und unwirklich ist, lässt sie doch tausende von seltsamen Begebenheiten entstehen. Auch wenn ich all dies als unwirklich erachte und mir sage: „ich bin nicht", IST all dieses doch immer noch. Was soll ich nun tun? Ich erblicke in mir den Samen der Getrenntheit – sofort werde ich diesem entsagen! Lass diese Illusion oder Unwissenheit bleiben – da es nur eine nichtige Erscheinung ist, habe ich nichts damit zu tun. Jetzt habe ich die Täuschung abgewiesen. Sogar der Weise, der mich gelehrt hat, ist nur Illusion. Ich bin das unendliche und absolute Brahman, und das ist er auch; alle relativen Formen sind nur wie vorüberziehende Wolken."

Nachdem ich zu dieser Erkenntnis gekommen war, sprach ich zu dem Asketen: „Oh Weiser, ich werde dich nun verlassen, um nach meinem eigenen und nach dem Körper, den ich zu ergründen begonnen hatte, zu schauen." Als er dies vernommen hatte, begann er zu lächeln: „Wo sind denn diese Körper? Sie sind jetzt weit, weit weg. Falls du dir darüber jedoch selbst Gewissheit verschaffen möchtest, dann geh nur." Ich bat ihn: „Bitte bleibe hier, bis ich zurückkehre." Dann bestieg ich ein ätherisches Fahrzeug und flog sehr weit und für eine sehr lange Zeit. Und trotzdem vermochte ich keinerlei Ausgang aus dem Herzen der Person, in der ich mich befand, zu entdecken. Ich war niedergeschlagen. Ich erkannte, dass ich an dieses Haus gebunden war. Ich kehrte daher zurück und fragte den Asketen: „Bitte kläre mich darüber auf, was all dies hier ist. Wo sind der Körper, in den ich eingetreten war und derjenige, der der meine war? Wie kommt es, dass ich keinen Ausgang finden konnte?"

Der Asket erwiderte: „Du wirst alles verstehen, sobald du es im eigenen inneren Licht erblickst. Du bist nicht diese unbedeutende Persönlichkeit – du bist die makrokosmische Person selbst. Irgendwann hast du dich dazu entschlossen, das Herz eines Wesens zu betreten, um einen Traum zu erfahren. Das, was du betreten hast, ist diese Schöpfung. Während du in diesem Körper weiterhin geträumt hast, entstand ein großes Feuer, das den Wald innerhalb des Körpers, den du betreten hast, verzehrte. Dieses Feuer hat sowohl deinen wie auch den Körper der Person, deren Herz du betreten hast, vernichtet."

(Als Antwort auf die Frage des Jägers erwiderte der Weise:) Die Ursache des Feuers war nur die Bewegung der Gedanken im Bewusstsein – so wie die Ursache für die Erscheinung der Welt die Bewegung von Gedanken im unendlichen Bewusstsein und die Bewegung von Gedanken im Bewusstsein von Brahmā dem Schöpfer ist.

DER ASKET fuhr fort: VI.2:

Als dann während eures Schlafes eure beiden Körper vom großen Feuer zerstört wurden, 151,152
hast du weiterhin als bloßes Bewusstsein vibriert. Da der Körper zum „ojas" gehört und die beiden Körper zusammen mit den „ojas" zerstört worden sind, konntest du keinen Ausgang mehr finden. Da du die beiden Körper nicht finden konntest, existierst du nun in dieser „Welt". So hat sich also dein Traum zu einer Realität des Wachzustandes materialisiert. Wir alle hier sind deine Traumobjekte. Du selbst bist unser Traumobjekt. Das, in dem all dies geschieht, ist das reine Bewusstsein (chidakasha), welches immer und überall existiert. Du warst auch früher ein Traumobjekt. Da du jedoch die Überzeugung gewonnen hattest, dass dies die Welt des Wachzustandes sei, wurdest du zu einem Familienmann mit einer Familie und Verwandten usw. Damit habe ich dir nun alles mitgeteilt, was geschehen ist.

DER WEISE sprach:

Wenn dies die Natur des Traumes ist, dann kommt er mir aber sehr real vor.

DER ASKET erwiderte:

Wenn das Reale ins Dasein zu treten vermag, ist es auch möglich, anderes für real zu halten. Wenn die Realität des ersteren zweifelhaft ist, wie kann man die Realität des letzteren bestätigen! Andererseits ist sogar die ursprüngliche Schöpfung wie ein Traum. Sie ist nur eine illusorische Erscheinung. Zwar enthält sie keine Erde mit allem darin, erscheint aber so, als hätte sie eine Erde usw. Oh Lehrer des Jägers! Die ursprüngliche traumartige Schöpfung der Welt und auch der Traum, den wir jetzt erfahren, sind beide irreal. Der gegenwärtige Traum enthält Objekte, die früher gesehen worden sind, und die traumartige Schöpfung taucht im Raum auf, als wäre sie zuvor schon gesehen worden. Weshalb sagst du daher so zögernd und zweifelnd: „Der Traum kommt mir real vor"? Wenn du diese Welt doch als etwas Reales erfährst, wie entstehen Zweifel bezüglich ihrer Realität?"

DER WEISE sprach (zum Jäger):

Ich unterbrach die Erklärungen des Asketen und fragte ihn: „Wie und weshalb beziehst du dich auf mich als den Lehrer des Jägers?"

DER ASKET erwiderte:

Höre, ich werde dir nun erzählen, was in der Zukunft geschehen wird. Ich bin ein Asket mit einer langen Praxis der Askese. Du bist eine rechtschaffene Person. Wenn du daher diese Wahrheit hörst, wirst du glücklich sein. Du und ich – wir werden hier bleiben. Ich werde dich nicht verlassen.

Nach einigen Jahren wird es hier eine große Hungersnot geben. Durch sie werden alle deine Verwandten umkommen. All die lasterhaften Könige werden Krieg gegeneinander führen und dabei alles vernichten. Wir selbst werden jedoch kein Leid empfinden, da wir die Wahrheit kennen und unangehaftet (frei) sind. Wir werden hier am Fuße eines Baumes weiterleben. Im Verlaufe der Zeit wird ein sehr schöner Wald heranwachsen. Dieser Wald wird den Lustgärten gleichen, die es in Fülle in den Himmeln gibt.

VI.2: DER WEISE fuhr fort:

153,154 Der Asket sagte: „Wir beide werden dann in jenem Wald eine lange Zeit unseren Askesepraktiken nachgehen. Eines Tages wird ein Jäger auf der Suche nach Wild in den Wald kommen. Diesen wirst du dann mit deinen Geschichten und Gesprächen erleuchten. Auch er wird der Welt entsagen und sich in dem nämlichen Wald Askesepraktiken widmen. Er wird dir auf der Suche nach Selbsterkenntnis Fragen nach den Träumen stellen. Du selber wirst Gespräche über Selbsterkenntnis mit ihm führen. So wirst du zu seinem Guru, und das ist der Grund, weshalb ich dich den Guru des Jägers nannte. Ich habe dir damit alles über mich selbst und dich und deine zukünftigen Erlebnisse erzählt."

Ich war erstaunt, all dies zu vernehmen. Der Asket blieb auch weiterhin im Hause und ich fuhr fort, ihn hingebungsvoll zu verehren und ihm zu dienen. Ich blieb hier wie ein Berg, und machte verschiedene Erfahrungen. Weder wünschte ich mir den Tod, noch wünschte ich zu leben. Ich bin was ich bin – frei von aller mentalen Erregung.

Schließlich begann ich die Natur der objektiven Welt zu erforschen. Ich fragte mich, was die Ursache dieser Welt ist, was die Welt ist und wer ihrer gewahr ist. Gewiss existiert nur dieses eine unendliche Bewusstsein. Das Firmament, die Erde, die Luft und der Raum, die Berge, Flüsse und die Himmelsrichtungen sind nichts anderes als dasselbe unteilbare (raumartige) Bewusstsein. Alle diese Dinge existieren als Ideen in diesem Bewusstsein. Daher gibt es in diesem keinerlei Getrenntheit oder Widersprüchlichkeit. Weder sind dies hier Berge noch ist dies die Erde noch der Weltraum. Dies ist ebenfalls kein „ich". All dieses sind bloße Erscheinungen, die im reinen Bewusstsein auftauchen.

Was ist die Ursache der Erscheinung dieses Körpers, da doch nichts ohne Ursache auftauchen kann? Wenn man sagt, dies sei eine Täuschung, worin besteht dann die Ursache dieser Täuschung? Wer sieht diese Täuschung und wer denkt darüber nach? Derjenige, in dessen Herzen ich als der Erfahrende gelebt habe, wurde zusammen mit mir zu Asche verbrannt. Folglich existiere ich in reinem Bewusstsein, das frei von Tätigkeit, vom Täter und den Instrumenten des Tuns ist. Was existiert, ist nicht einmal die Erscheinung des unendlichen Bewusstseins, sondern nur reines Bewusstsein als solches. Wie kann dieses zu einer Erscheinung werden? Wer ist der Seher dieser Erscheinung?

Ich lebe also in dieser objektiven Welt ohne jede mentale Unruhe; ohne Halt oder Abhängigkeit und ohne Eitelkeit. Ich tue, was im passenden Moment zu tun ist, während ich in Wahrheit nichts tue. Was geschieht, geschieht. Der Himmel, die Erde, der Wind usw. sind nichts als das eine Selbst; sämtliche Elemente sind der Körper des Bewusstseins. Ich bin im Frieden und frei von Verboten und Geboten und ohne jede Getrenntheit zwischen innen und außen. Während ich so lebte, trafst du zufällig auf mich. Daher habe ich dir alles über Träume, über uns und über diese Schöpfung erzählt. Sei nun mit diesem Wissen im Frieden. Nirvana wird von selbst kommen oder es geschieht gar nichts.

DER JÄGER sprach:

In diesem Fall werden wir wohl alle unwirklich werden!

DER WEISE fuhr fort:

Wahr ist, dass alle diese Wesen sich gegenseitig als real ansehen. So wie sie einander wahrnehmen, so erfahren sie einander auch. Du hast dies alles nun gehört, ruhst aber immer noch nicht in der Wahrheit. Nur durch beständige Praxis wird diese Wahrheit vollständig gefestigt.

DER FEUERGOTT sprach: VI.2:155

Nachdem er die Unterweisungen des Weisen angehört hatte, blieb der Jäger wie ein gemaltes Bild in eben diesem Wald sitzen. Da er sich jedoch nicht mit der beständigen Praxis der Unterweisungen befasst hatte, war sein Herz noch nicht im höchsten Zustand verankert. Stattdessen wurde er wie die Schaumkronen der Wellen auf und ab getragen oder wie auf einem Karussell umhergedreht. Er fühlte sich hilflos – als würde er von einem Krokodil angegriffen und wüsste nicht, wie sich verteidigen. Er war voller Zweifel. Ständig fragte er sich: „Ist dies jetzt nirvana?" oder „vielleicht ist dies nicht nirvana – vielleicht ist etwas anderes nirvana". Er dachte: „Die Unterweisung dieses Weisen ist noch nicht tief in meinem Herzen verwurzelt, weil diese Welterscheinung in der Unwissenheit aufgetaucht ist. Ich sollte mich daher von ihr entfernen. Ich sollte durch die Ausübung von Entsagungspraktiken einen subtilen Leib erlangen und mich damit weit, weit weg an einen Ort begeben, wo nicht einmal der Raum existiert." Damit bewies er, dass er noch gänzlich unwissend war und die Lehren des Weisen, die nicht assimiliert und nicht in ihm lebendig wurden, sich für ihn als nutzlos erwiesen.

Er gab die Jagd auf. Vom Weisen begleitet, begann er mit intensiven Bußübungen. Er nahm die Lebensgewohnheiten der Asketen an und setzte seine Entsagungspraktiken viele tausend Jahre lang fort. Eines Tages stellte er dem Weisen die folgende Frage erneut: „Wie kann ich jemals im Selbst ruhen?"

DER WEISE erwiderte:

Die Weisheiten, die ich dir mitgeteilt habe, haben wie schwach glimmendes Feuer, das schlafend in einem abgestorbenen Baumstumpf wohnt, nur wenig in deinem Herzen Fuß gefasst. Das Feuer war nicht fähig, die Unwissenheit zu verbrennen und zu vernichten. Du bist nicht im Höchsten Herrn verankert, weil du die Unterweisung nicht assimiliert hast und diese nicht lebendig in dir geworden ist. Wenn du die Unterweisung assimilierst und sie lebendig wird, wirst du gewiss im Höchsten Herrn ruhen. Ich werde dir nun von den künftigen Ereignissen erzählen. Höre bitte zu.

Ohne Zweifel verlangst du nach Selbsterkenntnis, aber du hast noch keinen Halt in vernünftiger Weisheit gefunden. Daher schwingst du wie ein Pendel hin und her. Du möchtest gern aus dieser Welterscheinung heraus, und zu diesem Zweck willst du das Ausmaß dieser Welterscheinung kennen. Deshalb praktizierst du Bußübungen. Du wirst diese Bußübungen noch mehrere Weltzyklen lang fortsetzen. Dann wird der Höchste Herr vor dir erscheinen, erfreut von deiner Buße. Du wirst ihn um die folgende Gunst bitten:

„Höchster Herr, ich verstehe, dass dieses ganze Universum der Unwissenheit entsprungen ist. Ich vermag die reine und transparente Erkenntnis des Selbst nicht zu erlangen. Was ist das Ende dieser Welterscheinung und was befindet sich jenseits davon? Um eine Antwort auf diese Frage zu finden, bitte ich dich, mir die folgenden Gnadenerweise zu schenken:

Veranlasse, dass ich erst dann sterbe, wenn ich dies wünsche. Möge mein Körper frei von allen Krankheiten sein. Möge mir die Schnelligkeit von Garuda verliehen werden. Möge ich fähig sein, den Raum ohne Hindernis zu durchqueren. Möge mein Körper eine Meile pro Stunde wachsen, so dass ich bald größer als diese Welt sein werde. Auf diese Weise werde ich das Ausmaß dieser Schöpfung ermessen können."

Der Höchste Herr erwies ihm diese Gnaden und verschwand aus seiner Sicht.

DER WEISE fuhr fort:

Nachdem dich der Höchste Herr verlassen haben wird, wirst du deine Bußübungen fortsetzen. Dein Körper wird zu einem Skelett abmagern, aber dann aufgrund der Gnade strahlen. Du wirst dich vor mir verbeugen und schon bald wird dein Körper göttlich werden. Er wird schneller als Garuda „umherfliegen", ständig an Größe zunehmen und in sich Himmelskörper enthalten. In diesem ständig größer werdenden Körper wirst du die zahllosen Universen wie ebenso viele Wellen auf dem Ozean sehen. So wie zu Beginn alle diese Universen im unendlichen Bewusstsein aufgetaucht sind, so werden zu diesem Zeitpunkt diese Universen in die Sphäre deines Sichtfeldes gelangen. Dann wirst du erkennen, wie all dieses in der Sichtweise des Unwissenden unwirklich und vielfältig, aber für den Erleuchteten real und unteilbar ist.

Du wirst eine sehr, sehr lange Zeit damit verbringen, dem Auftauchen und Untergehen dieser zahllosen Universen zuzuschauen. Du wirst voll Bewunderung für diese unendliche Intelligenz sein. Du wirst dir deines eigenen Körpers bewusst werden und dir sagen: „Was ist dieser jämmerliche Körper schon – so riesengroß und schwer? Er hat enorme Dimensionen angenommen, da ich mit ihm den gesamten Raum erfülle. Was soll ich nun damit anfangen? Ich weiß es selbst nicht! Es kommt mir so vor, als wäre diese Unwissenheit (und die Welterscheinung) wahrhaftig unermesslich. Ohne eine direkte Erkenntnis des Brahman kann sie nicht ermessen werden. Ich werde diesen Körper aufgeben, der völlig nutzlos geworden ist. Dieser mein Körper ist zwar riesig, aber damit kann ich nicht die Gemeinschaft mit den erleuchteten Weisen erlangen."

Nachdem du dich so entschieden hast, wirst du deinen Körper aufgeben. Dein nur noch mit der Lebenskraft (Prana) versehener Jiva wird noch subtiler als Luft werden. Der Körper, vom Jiva aufgegeben, wird (kleiner geworden) fallen und durch sein schieres Gewicht und seine Größe die Erde usw. zerschmettern. Die Göttin namens „Trockenheit“ wird diesen Körper verzehren und so die Erde reinigen. Damit habe ich dir erzählt, was die Zukunft für dich bereithält.

DER JÄGER fragte: VI.2:156

Hoher Herr, wie schreckenerregend sind die Qualen, die ich ohne jeden Gewinn ertragen muss. Gibt es ein Mittel, mit dem dieses Schicksal abgewendet werden kann?

DER WEISE sprach:

Was unvermeidlich ist, kann von niemandem zu irgendeiner Zeit abgewendet werden. Keine Mühe ist groß genug, um dies abzuwenden. Der rechte Arm ist der rechte und der linke der linke – niemand vermag diese Tatsache aufzuheben. Kopf und Fuß können sich nicht gegenseitig ersetzen. Was ist, ist. Sogar die Wissenschaft der Astrologie vermag nur das vorherzusagen, was kommen wird, aber nicht abzuwenden, was unvermeidbar geschehen wird. Und doch leben die Weisen der Selbsterkenntnis wie im Tiefschlaf in dieser Welt. Sie erfahren die Ergebnisse der vergangenen Handlungen, erlauben jedoch dem inneren Bewusstsein nicht, pervertiert zu werden – auch nicht, wenn der Körper verbrannt wird. Sie überwinden sämtliche Karmas.

DER JÄGER fragte: Hoher Herr, bitte teile mir mit, was mit mir danach geschehen wird.

DER WEISE erwiderte:

Dein Jiva wird dann die gesamte Welt so gewahren, wie du die Welt in deinen Träumen gewahrst. Dann wird er sich selbst für einen König halten. Er wird glauben: „Ich bin der König Sindhu, der weithin respektiert wird. Mein Vater hatte sich in den Wald zurückgezogen. Daraufhin wurde ich mit nur acht Jahren König. Jenseits der Grenzen meines Königreiches gibt es ein anderes, das von dem mächtigen König Viduratha regiert wird, der schwer zu überwinden ist. Bis heute habe ich dieses Königreich während mehr als hundert Jahren regiert und alle königlichen Freuden genossen. Oh weh, nun wird mein Königreich von König Viduratha erobert.“ Aufgrund dieses Gedankens wird eine hitzige Schlacht zwischen dir und dem König Viduratha entbrennen. Du wirst Viduratha töten. Danach wirst du zum König der gesamten Welt werden. Umgeben von Ministern wirst du die folgenden Gespräche führen:

Der MINISTER wird folgendes zu dir sagen: Es ist ein Wunder, oh König, dass du diesen König Viduratha überwinden konntest. DU wirst dann antworten: Ich bin reich und mächtig – weshalb erachtest du es als ein Wunder, dass ich Viduratha überwinden konnte?

Der MINISTER wird antworten: Er hat eine Frau namens Līlâ, die aufgrund ihrer Askese und Hingabe die Göttin Sarasvatī günstig stimmen konnte. Die Göttin hat Līlâ als Tochter adoptiert und alle ihre Gebete erhört. Es wäre für sie nicht schwer gewesen, dich zu vernichten. DU wirst sagen: In diesem Fall war es in der Tat ein großes Wunder, dass ich Viduratha bezwingen konnte. Sage mir, weshalb Viduratha mich nicht mit Hilfe der Göttin zu besiegen versucht hat?

Der MINISTER wird sagen: Er hatte um Befreiung von Bindung und Samsara gebeten und aufgrund dessen danach verlangt, von dir getötet zu werden. DU wirst antworten: Weshalb sollte ich in diesem Fall nicht die Göttin verehren und um Befreiung bitten?

Der MINISTER wird sagen: Sie ist die Weisheit, die in aller Herzen leuchtet. Da sie die Essenz (rasa) des Geistes in allen ist, wird sie Sarasvatī genannt. Sie verleiht allen unverzüglich alles, worum sie bitten, weil sie das Selbst aller ist. Daher erfährt man die Früchte seines eigenen Gebetes. Du hast nicht um Befreiung gebeten, sondern um die Vernichtung deines Feindes.

DU wirst sagen: Weshalb habe ich nicht um Befreiung gebeten? Du sagtest, dass sie in meinem eigenen Herzen wohne – weshalb hat sie mich nicht dazu inspiriert, um Befreiung zu bitten? Der MINISTER wird sagen: Dies geschah nicht, weil in deinem Herzen die unreine Gewohnheit des Wunsches nach der Vernichtung deiner Feinde wohnte. Daher hast du nicht um Befreiung, sondern um Vernichtung der Feinde gebeten. Was immer das chitta (Gemüt, Herz) ist, das ist ein Wesen – dies ist sogar die Erfahrung von Kindern. Was man im eigenen Herzen weiß und was man wieder und wieder in seinem Herzen erfährt, das wird zu einer Gewohnheit und materialisiert sich, sei es nun gut oder nicht gut.

VI.2:157 DER WEISE fuhr fort:

DU wirst sagen: Was habe ich in meiner früheren Geburt getan, dass ich einer solch üblen Gewohnheit unterlag? Der MINISTER wird sagen: Ich werde dir dieses Geheimnis enthüllen. Es gibt da etwas, was ohne Anfang und ohne Ende existiert, als das „ich" und das „du" usw. und das Brahman genannt wird. Dieses Brahman wurde zu seinem eigenen Objekt des Gewahrseins und folglich zum Jiva und dann zum Gemüt. Dieser subtile psychologische oder ätherische Körper verdichtete sich schließlich zu einem physischen Körper. Er ist nichts als das Gemüt, welches keinerlei Form besitzt, aber so existiert, als hätte es eine solche (nämlich den Körper). Das Gemüt allein ist diese Welt – einen Unterschied zwischen den beiden gibt es nicht. In Brahman tauchte ursprünglich nur Sattva (die reinste Form des Gemüts) auf, das nun extrem dicht und trübe (tâmasa-tâmasa)geworden ist.

DU wirst sagen: Worin besteht dieses tâmasa-tâmasa und wie konnte es in diesem höchsten Zustand auftauchen? Der MINISTER wird sagen: Die Lebewesen hier haben verschiedene Gliedmaßen. Auch das subtile Selbst oder Bewusstsein besitzt sozusagen Gliedmaßen, nämlich den subtilen, ätherischen Leib. Dieser hält sich selbst für einen groben Körper bestehend aus physischen Elementen wie beispielsweise Erde. Er ist in dieser Welterscheinung, die in demselben Bewusstsein wie in einem Traum auftaucht, mit Hilfe seiner Vorstellungen tätig. Du selbst hast in deinem eigenen ätherischen Körper die Idee: „Dies ist die finsterste Finsternis", woraufhin diese Idee dann geboren wird. Alle diese Vielfalten existieren in Brahman, obgleich dieses absolut rein ist.

Die erste Idee, die in Brahman auftaucht, sobald es zum Jiva wird, wird von buddhi (Intelligenz) als vollkommene Reinheit (sâtvika-sâtvika) erfahren. Wenn diese in den Lebensstrom eintritt und mit edlen Qualitäten ausgestattet ist, wird sie als reine sâtvika-Geburt bezeichnet. Die Geburt, die im Lebensstrom auftaucht und dazu bestimmt ist, die verschiedenen Vergnügen zu erfahren, sich dabei aber in Richtung Befreiung bewegt, wird râjasa-râsaja genannt. Wenn diese Geburt im Lebensstrom auftaucht und keinerlei edle Qualitäten besitzt, wird sie einfaches râjasa genannt. Wenn sich das Lebewesen dann sehr lange Zeit hindurch im Lebensstrom aufgehalten und sich gerade erst in die Richtung der Befreiung gewendet hat, spricht man von tâmasa-tâmasa. Die gewöhnliche Geburt, die das Ergebnis mehrerer aufeinanderfolgender Geburten ist, die sich um Befreiung bemüht haben, wird einfaches tâmasa genannt.

Es gibt daher in diesem Sinne zahlreiche Klassifikationen von Geburten. Du selber wurdest in der Klasse tâmasa-tâmasa geboren. Du hast wie auch ich bereits viele Geburten erlebt. Ich kenne diese, du jedoch nicht. Indem du in all diesen Geburten umhergewandert bist, hast du viel Zeit verschwendet. Weil du so stark konditioniert warst, vermochtest du dich nicht selbst zu befreien.

DU wirst sagen: Wie kann ich nun die Wirkungen dieser vergangenen Leben überwinden? Der MINISTER wird sagen: Es gibt nichts, was einer, der ohne mentale Unruhe ist, nicht erreichen kann. Die bösen Taten von gestern werden durch die edlen Taten von heute in gute Handlungen verwandelt. Strebe daher danach, gut zu sein und tue Gutes. Man strebt nach dem, was man zu erlangen wünscht – gewiss wird man sein Ziel dann auch erreichen.

Nachdem König Sindhu so vom Minister beraten worden ist, wird er unverzüglich seinem Königtum entsagen und sich in einen Wald zurückziehen. Er wird Zuflucht zu den Füßen der Heiligen nehmen. Aufgrund ihrer Gemeinschaft wird er dann die höchste Weisheit erlangen und befreit werden.

DER FEUERGOTT fuhr fort: VI.2:

Der Jäger hörte all dies von dem Weisen und war von Staunen erfüllt. Der Jäger und der 158,159
Weise setzten ihre Entsagungspraktiken fort. Etwas später erlangte der Weise nirvana und gab seinen Körper auf. Nach einer sehr langen Zeit erschien Brahmā der Schöpfer vor dem Jäger, um diesem seine Gunst zu erweisen. Der Jäger konnte den natürlichen Zwang seiner eigenen mentalen Konditionierung nicht abwenden, obwohl er sich der Prophezeiung des Weisen erinnerte. Aus diesem Grunde bat er um eben die Gunsterweise, die sich aus seiner Konditionierung ergaben.

Und so begann sich der Körper des Jägers auszudehnen und kosmische Proportionen anzunehmen. Als er trotz all dieser Möglichkeiten die Grenzen der Unwissenheit immer noch nicht auszuloten vermochte, wurde er bestürzt und beunruhigt. Er gab mit Hilfe des mysteriösen Vorgangs des Aufhörens des Prana seinen Körper auf, der daraufhin im Raum fiel. Er selbst verblieb im Raum und betrachtete sich selbst als König Sindhu.

Der Körper tauchte oberhalb einer gewissen Welterscheinung in diesem Universum auf und besaß die Gestalt eines Haarballes. Er war groß genug, um die gesamte Erde bedecken zu können.

Oh Vipascit – so habe ich dir nun die Identität dieses Körpers beschrieben. Diese Welterscheinung, auf die der Körper niedergestürzt ist, ist unsere Welt, so wie sie uns erscheint. Nach dem Verzehr des Blutes dieses Körpers schwoll der ausgetrocknete Leib der Göttin an. Sie wurde dann als Chandika bekannt. Das Fleisch dieses Körpers wurde zum Erdelement. Im Verlaufe der Zeit nahm die Welt ihre gegenwärtige Gestalt als die Erde an. Aufs Neue wurde die Erde von Lebewesen bevölkert und mit Wäldern, Dörfern und Städten bedeckt.

Die Erde ist nun wieder solide und fest. Oh guter Mann – gehe nun, wohin es dir beliebt. Von Indra, dem Oberhaupt der Götter, der mit meiner Hilfe einen heiligen Ritus ausführen möchte, wurde ich in das Königreich der Himmel eingeladen. Dahin werde ich mich begeben.

BHĀSA (VIPASCIT) sagte:

Nachdem er so gesprochen hatte, entschwand der Feuergott. Ich ging dann meiner Wege und meinen Aufgaben nach, zusammen mit aller psychologischen Konditionierung in meinem Gemüt.

Wieder erblickte ich im unendlichen Raum die zahllosen Welten und Universen. Einige von ihnen waren wie Sonnenschirme, andere wie Tiere, manche waren voller Bäume, andere voller Felsen. Jedoch hatte ich das Ende der Unwissenheit, ihre Grenze, noch nicht erlangt, und daher war ich entmutigt und niedergeschlagen. Ich entschied mich daher, Bußübungen auszuüben. Indra sah dies und sprach zu mir: „Oh Vipascit, im Raum haben du und ich den Leib eines Rehs. Aufgrund der illusorischen Vorstellung eines Himmels, die sich zuvor in mir befand, wandere ich im Himmel umher.“ Nachdem ich dies vernommen hatte, sagte ich zu Indra: „Oh König des Himmels, ich bin diesen Samsara leid. Sei gnädig und erlöse mich rasch von diesem Samsara.“

INDRA sprach zu Vipascit:

Dein Bewusstsein wandert noch bei den Rehen umher. Daher sehe ich, dass eine Geburt als ein Reh unvermeidlich ist. Als Reh wirst du zu dieser großen Versammlung kommen, wo du deine eigene Geschichte erfahren und dadurch erweckt wirst. Wenn du dann in das Feuer der Weisheit eintrittst, wirst du menschliche Gestalt und auch das spirituelle Aufblühen in deinem Herzen erlangen. Dann wirst du fähig sein, die Unwissenheit aufzugeben und wie unbewegter Wind den äußersten Frieden wiederzugewinnen.

VIPASCIT (BHĀSA) sagte:

Nachdem Indra so gesprochen hatte, entstand das Bewusstsein „ich bin ein Reh“ in mir. Seit diesem Zeitpunkt bin ich in den Wäldern als Reh umhergewandert. Als ein Jäger mich einmal zu verfolgen begann, lief ich davon. Er fing mich jedoch ein und nahm mich mit nach Hause. Dort hielt er mich einige Tage fest und brachte mich dann als Haustier zu dir. Damit habe ich dir nun meine Geschichte erzählt, oh Rāma, die ganz klar die illusorische Natur dieses Samsara verbildlicht. Wahrhaft grenzenlos ist diese Unwissenheit, die ihre zahllosen Zweige in alle Richtungen erstreckt. Sie kann nur durch die Selbsterkenntnis ans Ende gelangen.

RÂMA fragte:

Wie war es dir möglich, dich für andere sichtbar zu machen, als deine Gestalt in deinem sankalpa auftauchte?

VIPASCIT (BHĀSA) fuhr fort:

Einmal, als Indra den Himmel durchquerte und voller Stolz auf ein erfolgreich durchgeführtes heiliges Ritual war, stieß er versehentlich den Körper des Weisen Durvāsa an, der meditierte. Der Weise verfluchte ihn: „Oh Indra, diese Erde, die du aufsuchst, wird schon bald zu einem Nichts werden. Weil du mich gestoßen hast in dem Glauben, ich sei tot, wirst du bald auf eben diese Erde niedergehen und dort so lange als ein Reh leben, wie Vipascit dort als Reh lebt."

So wurden wir zu Rehen, die von andern gesehen werden konnten. Natürlich ist ein im eigenen Verstand auftauchendes Objekt so unwirklich wie das Objekt, das in jemand anderem auftaucht. Noch einmal: Da Brahman, das unendliche Bewusstsein, all dies ist und fähig ist, alles zu bewirken, was ist für es und in ihm unmöglich? Aufgrund seiner Allmacht kann es geschehen, dass zwei eingebildete Objekte einander gewahren oder einander nicht gewahren. Wo es Schatten gibt, gibt es auch Licht, der Schatten entsteht aufgrund des Lichts. Im unendlichen Bewusstsein existiert die grenzenlose Unwissenheit – daher ist alles in ihm möglich. Seltsam und wunderbar ist diese Māyā, die verblüfft und die Täuschung im Verstand hervorruft, in der These und Antithese einträchtig nebeneinander ohne Konflikt oder Widerspruch existieren. Darin besteht die Wahrheit über Brahman, das die Unwissenheit in sich selbst erfährt, als etwas, was einen Anfang und als etwas, was keinen Anfang hatte.

Wie sollte es dem unendlichen Bewusstsein möglich sein, nach der Periode der kosmischen Auflösung die drei Welten neuerlich zu erschaffen, wenn diese nicht bloße Materialisationen von Ideen waren, die im unendlichen Bewusstsein erschienen sind? Folglich ist klar, dass diese Schöpfung nicht mehr als eine Bewegung innerhalb des unendlichen Bewusstseins und das Auftauchen der latent in diesem liegenden Erscheinung ist.

VIPASCIT (BHĀSA) fuhr fort:

Der Weise weiß, dass vom Gesichtspunkt der reinen Weisheit aus alle Dinge sofort und richtig verstanden werden – anders ist dies nicht möglich. Diese Welterscheinung ist das Ergebnis des unendlichen Bewusstseins, welches die Idee „ich bin unwissend" hat (so entsteht sogar die Unwissenheit nur aufgrund des unendlichen Bewusstseins).

Niemand stirbt hier, und niemand wird geboren – beide Ideen tauchen im Bewusstsein auf und geben den Anschein, als seien Geburt und Tod etwas Reales. Falls der Tod das letztgültige und wahrheitsgemäße Ende bedeuten sollte, dann wäre er in der Tat ein höchst willkommenes und glückliches Ereignis! Aber wenn jemand, der gestorben ist, wieder gesehen werden kann, dann war er gewiss die ganze Zeit über am Leben. Folglich gibt es keinen Tod und deshalb auch keine Geburt. Beide Ereignisse erscheinen aufgrund der Bewegung im Bewusstsein als real und wären andernfalls irreal. Wenn man sie für real hält, sind sie auch real; nimmt man sie dagegen für irreal, sind sie irreal. Dies bedeutet, dass allein das Denken real ist. Sage mir doch, ob es Leben ohne Bewusstsein geben kann? In diesem reinen Bewusstsein gibt es weder Kummer noch Tod; wer also erfährt Kummer und wer stirbt? Was der Strudel für das Wasser ist, ist der Körper für die höchste Wahrheit. Die Erscheinung wird von der Realität durchdrungen, während die Erscheinung nur eine Erscheinung ist ohne eigene Substanzialität. Es gibt da keine Getrenntheit, Unterschiede oder Widersprüche zwischen den beiden. Und doch scheint das unendliche Bewusstsein diese Schöpfung voller Widersprüchlichkeit zu sein – in der Tat ist dies ein großes Wunder!

Erkenne, dass diese Welterscheinung mit all ihren Widersprüchen nicht mehr als eine inexistente Erscheinung ist. Nur dieses unendliche und unteilbare Bewusstsein existiert als das eine Ding hier und als ein anderes Ding anderswo. Es gibt daher weder Vielfalt noch Einheit. Weder gibt es da eine Widersprüchlichkeit noch eine Nicht-Widersprüchlichkeit. Diejenigen, die die Wahrheit kennen, realisieren, dass dies weder real noch irreal ist – sie betrachten die Wahrheit daher als vollkommene Stille. Was man hier als das objektive Universum sieht, ist in Wahrheit das Höchste Brahman. Nur dieses Brahman ist es, welches verschiedene Vorstellungen hat, die sich dann hier als die verschiedenen Objekte manifestieren. Jedoch gibt es in dem, was diese Vorstellungen hat, keinerlei Getrenntheit – Getrenntheit ist daher unwirklich.

Jeder Zoll des Raumes ist mit den Schöpfungen „toter" Jivas angefüllt. Diese Welten sind zahllos. Sie sind unsichtbar. Alle existieren miteinander, ohne Widerspruch oder Konflikt. Sie sehen sich gegenseitig nicht. Alle diese Objekte der Wahrnehmung sind nichts als reiner Raum. Bewusstsein allein ist der Wahrnehmer oder Beobachter von allem; Bewusstsein sieht diese Objekte im Raum so, wie man Objekte im Traum sieht. Auch wenn dieses Bewusstsein völlig erwacht und erleuchtet ist, hält die Erscheinung seines Objekts an, wie die Finsternis bis zur Morgendämmerung anhält. Aber ob die Welterscheinung nun real oder irreal ist – wenn die Wahrheit realisiert wird, gibt es da großen Frieden. So wie Wogen und Schaum auf der Oberfläche des Ozeans auftauchen, eine Zeitlang zu existieren scheinen und sich dann in der nächsten Minute wieder mit dem Ozean vermischen, so erscheint diese Welt in Brahman und hört als solche im nächsten Moment wieder auf, denn nur Brahman ist real.

VI.2:160 VALMIKI sagte:

Der König Dasharatha traf die angemessenen Vorkehrungen für die Versorgung von Vipascit. Inzwischen war ein weiterer Tag zu Ende gegangen. Am nächsten Tag trafen die Teilnehmer der Versammlung erneut zusammen und

DER WEISE fuhr fort:

Gewiss ist das hier Gesehene keine Unwissenheit. Das war der Grund, weshalb Vipascit ihre Grenzen oder ihr Ausmaß nicht feststellen konnte. Die Unwissenheit bleibt nur so lange Unwissenheit, wie sie als solche nicht recht verstanden wird. Wenn ihre Realität erkannt ist, wird ebenfalls erkannt, dass es da niemals „Wasser in der Luftspiegelung" gegeben hat. Du selbst hast all dies mit deinen eigenen Augen gesehen und mit deinen eigenen Ohren von den Lippen dieses Vipascit (oder Bhāsa) vernommen. Auch er wird wie ihr alle hier erleuchtet werden, wenn er unseren Diskurs hört.

Wenn Brahman am Gewahrsein der Unwissenheit festhält, erscheint diese Unwissenheit als wirklich. Aufgrund dieser Täuschung erscheint dann das Unwirkliche als wirklich. Sobald erkannt wird, dass diese Unwissenheit Brahman ist, wird sie gleichzeitig als nicht verschieden von Brahman erkannt – und diese Trennung verschwindet.

Diese Unwissenheit lässt die faszinierendsten Objekte auftauchen, obgleich sie in sich selbst ein Nichts ist. Wer sich aufmacht, die Grenzen der Träume zu erkunden, stellt schon bald fest, dass sie keine Grenzen haben. Wer sich aufmacht, um die Grenzen dieser in der Unwissenheit auftauchenden Welterscheinung zu erkunden, entdeckt schon bald, dass auch sie keine hat. Die Objekte, die sich aufgrund von im Bewusstsein auftauchenden Ideen materialisiert haben und vom Wahrnehmenden dieser Ideen aufgegeben wurden, nur um daraufhin neue Ideen zu gestalten, existieren im Raum als die Welten der Siddhas – die nichts voneinander wissen. Diese Welten haben verschiedene Naturen und werden von den unterschiedlichsten Kreaturen bewohnt. Da es jedoch nichts anderes als Brahman gibt, sind alle diese ebenfalls von Brahman erfüllt. Gleich zu Beginn der Schöpfung gab es keinerlei Ursache und daher auch überhaupt keine Schöpfung. Das unendliche Bewusstsein ersann unendliche Vorstellungen, die sich dort materialisierten, wo sie auftauchten. Was ist daran erstaunlich? Sogar jetzt seid ihr und alle anderen die Erscheinungen, wie sie aufgrund der Existenz intensiver Vorstellungen, die mit einer enormen Kraft der Konzentration ausgestattet waren, erzeugt worden sind.

Wer zwei Dinge (wie diese Welt und den Himmel) als real erachtet, erlangt beide. Manche Siddhas betrachten auch die Hölle als real, die dann auch als real erscheint. Was von einer Person nachdrücklich als existierend gedacht wird, wird von dieser dann auch physisch erfahren, denn der Körper ist nichts anderes als das Gemüt. Der Jiva gibt beim Verlassen des Körpers einen bestimmten Zustand auf und hegt dann weitere Ideen über einen anderen Zustand. Falls diese Idee gut ist, erfährt er eine gute Welt; ist sie böse, erfährt er eine böse Welt. Wenn er sich die Welt der Siddhas denkt, erfährt er diese; hat er unreine Gedanken, dann erfährt er unverzüglich die Hölle.

In der Hölle erfährt der Jiva verschiedene Leiden und Qualen; er wird von Pfeilen durchbohrt, oder Steine zertrümmern seine Brust, er umarmt eine rotglühende Säule, er wird bei lebendigem Leibe verbrannt, er isst aus Hunger Leichen, er schwimmt in Strömen von Blut und Eiter und hat das Gefühl von: „Üble Taten haben zu diesen bösen Erfahrungen geführt".

RÂMA fragte: VI.2:161

In der gerade vernommenen Geschichte haben wir gehört, wie der Weise und der Jäger verschiedene Erfahrungen durchlebt haben. Ist es die eigentliche Natur der Dinge, die diese Erlebnisse bestimmt, oder gibt es noch einen anderen Grund dafür?

VASISHTHA erwiderte:

Diese Strudel von Erscheinungen tauchen von selbst die ganze Zeit über im Ozean des unendlichen Bewusstseins auf. Eine Gruppe dieser strudelartigen Erscheinungen mag einem unveränderlich vorkommen, bis dann eine andere auftaucht und sie verdrängt. Manche dieser Erscheinungen wirken dauerhaft, weil es sie schon lange gibt, während andere nur temporär sind. Jedoch wie der Luft Bewegung eigentümlich ist, so gering sie auch sein mag, so existiert auch im unendlichen Bewusstsein stets diese Erscheinung. Der Erleuchtete nennt sie reines Bewusstsein, der Unwissende nennt sie die Welt. Sie ist weder real noch irreal – wie soll man sie nennen? Dieses Universum ist die Bewegung des Gewahrseins im unendlichen Bewusstsein oder im Höchsten Herrn. Für ihn sind sowohl Hoffnung als auch Hoffnungslosigkeit bedeutungslos. Oh Ihr Weisen – seid, was ihr seid!

Das unendliche Bewusstsein selbst betrachtet die Bewegung, die in ihm auftaucht, als die Welt – wo ist die Erde (und andere ähnliche Elemente) darin? Es ist das Licht des unendlichen Bewusstseins, welches strahlt – ein anderes Licht gibt es nicht. Brahman allein ruht auf ewig in Brahman, und es ist dieses Selbstgewahrsein, welches dann Unwissenheit genannt wird! Der gesamte Raum ist erfüllt von der Fülle des Bewusstseins, was man dann Schöpfung nennt. Es gibt in dieser weder Widerspruch noch Dualität.

Wenn allein dieses unendliche Bewusstsein existiert, was kann dann je zu Ende gehen? So wie die im Traum erfahrene Welt nicht existiert, so existiert diese Welt, obwohl sie wahrgenommen wird, nicht als eine materielle Wesenheit. So wie nur das eigene Bewusstsein als der Traum erstrahlt, so erstrahlt dasselbe Bewusstsein im Wachzustand als die objektive Welt. Daher gibt es keinerlei Unterschied zwischen Traum und Wachzustand. Wenn einer aus dem Traum erwacht, denkt er: „Dies hier ist so, aber nicht so wie das, was ich im Traum gesehen habe", und er denkt dies sogar noch nach dem Tod: „Dies hier ist so, aber nicht so wie das, was ich vor dem Tod gesehen habe". Der Traum mag kurz und das Leben lang gewesen sein, aber die Erfahrung des Augenblicks ist in beiden dieselbe. So wie man zu Lebzeiten hunderte von Träumen hat, so erlebt man, bis man nirvana erlangt hat, hunderte von Wachzuständen. So wie sich manche Leute an ihre Träume erinnern, so erinnern sich manche an ihre vergangenen Leben.

Wenn es also keinerlei Unterschied zwischen den beiden gibt, kann man auch nicht wissen, was die Welt und was die Unwissenheit ist. Wenn Unwissenheit nicht existiert – was ist Bindung? Ich bitte euch, legt nicht denjenigen in Fesseln, der auf ewig frei ist! Es gibt nichts „anderes" als das eine reine, formlose Bewusstsein. Obwohl diese Welterscheinung in jenem Bewusstsein existiert, wird es doch in keiner Weise durch diese gebunden, und daher gibt es auch keine Befreiung. Im Bewusstsein gibt es keine Unwissenheit und es gibt keine Ideen im reinen Bewusstsein. Raum allein ist Raum. Das, was sogar im Tiefschlaf „gewahr" ist, ist als einziges im Traum wie auch im Wachzustand gewahr, und dies ist das reine Bewusstsein. Es ist dieses Bewusstsein allein, welches für das Gewahrsein von Vielfalt verantwortlich ist. Die Schöpfung ist selbst das Höchste Brahman – es ist gleichzeitig die Einheit und die Vielfalt.

VASISHTHA fuhr fort: VI.2:162

Diese Welt existiert mit all ihren Objekten als die eigentliche Bedeutung der Materialisation des unendlichen Bewusstseins – daher sind die Form, ihr Wahrnehmen und die sie betreffenden Gedanken alle zusammen nur dasselbe reine Bewusstsein und nichts anderes. Die Vielfalt der Traumobjekte ist Traum – nicht Vielfalt. Ebenso ist die Vielfalt, die während des Wachzustandes im unendlichen Raum gesehen wird, der unendliche Raum (Bewusstsein) – Vielfalt gibt es da nicht. Es ist das unteilbare Bewusstsein, welches den Anschein der Vielfalt angenommen hat.

Diese Realität des Bewusstseins wird vom Weisen und vom Unwissenden verschieden erfahren. Daher spricht man davon, dass diese Schöpfung gleichzeitig real und irreal sei. Da die beiden Gesichtspunkte einander diametral entgegengesetzt sind, ist es für den einen unmöglich zu sehen, was der andere sieht – er kann dem andern nicht verständlich machen, was er sieht. Die Schöpfung ist das, was man sieht und dessen man gewahr ist, und das liegt innerhalb von einem selbst. Wenn diese innere Erfahrung andauert, spricht man von der andauernden Schöpfung; wandelt sie sich, spricht man von der sich wandelnden Schöpfung.

Im Traum sind die Objekte wirklich immateriell und subtil und werden doch wie solide Substanzen betrachtet. Ebenso sind auch die Objekte in dieser Schöpfung in Wahrheit subtil und nicht sichtbar, erscheinen aber als solide und wahrnehmbar. Dies ist auch für den Körper so: Zwar ist er als solcher eine Täuschung und inexistent, wird aber wie ein Geist als eine Realität heraufbeschworen. Sogar die psychologischen und physikalischen Bedingungen sind nur Erscheinung wie etwa der Klang, den man hört, oder wie der Wind, der bläst (der gehört wird, obwohl er überhaupt nicht da ist).

Was auch immer hier wahrgenommen oder als existierend gedacht wird, ist nichts als reines Bewusstsein. Es hat niemals einen Grund gegeben, weshalb etwas anderes hätte ins Dasein treten sollen. Deshalb realisiere: „Ich bin im Frieden, ich bin wie der unendliche Raum". Gib die Idee auf, dass du der Jiva bist. Wer sich so nicht selbst erlösen kann, hat kein anderes Mittel, denn man ist sein eigener Freund, und man ist sein eigener Feind. Setze alles daran, dich noch in deinen jungen Jahren mit Hilfe des reinen und rechten Verstehens oder buddhi zu befreien. Tue es jetzt gleich. Was hoffst du zu erreichen, wenn du alt und senil bist? Alter ist selbst eine Last – mehr als das vermagst du nicht zu schultern. Kindheit und Alter sind nutzlos – nur die Jugend ist die rechte Zeit. Wenn du ein Weiser sein willst, dann lebe wie ein solcher! Nachdem man sich nun einmal in diesem Samsara befindet, in dem das Leben so unbeständig ist, sollte man sich mit Hilfe der heiligen Schriften und der Heiligen bemühen, sich selbst emporzuarbeiten.

Wenn die Wahrheit erkannt ist, hört dieses Universum auf, dich zu quälen, obwohl es weiterhin gesehen wird und voll Ruhelosigkeit ist.

RÂMA fragte: VI.2:163

Ohne die völlige Beherrschung der Sinne hört die Unwissenheit nicht auf. Bitte sage mir, wie man die Beherrschung der Sinne erlangt?

VASISHTHA fuhr fort:

Ich werde dir nun beschreiben, wie man leicht und nur durch Eigenbemühung die Kontrolle der Sinne erlangt. Das Selbst (oder die individuelle Persönlichkeit) ist wahrhaftig nichts als reines Bewusstsein – aufgrund seines Selbstgewahrseins wird es dann zum Jiva. Was auch immer der Jiva denkt, dazu wird er dann unverzüglich. Daher sollen alle Versuche, die Kontrolle über das Selbst oder die Sinne zu erlangen, im Hinblick auf dieses Selbstgewahrsein unternommen werden. Das Gemüt (chitta) ist der Befehlshaber, während die Sinne seine bewaffneten Streitkräfte sind. Die Kontrolle des Gemüts bedeutet daher gleichzeitig das Erlangen der Kontrolle (oder den Sieg) über die Sinne. Wenn man lederne Schuhe trägt, scheint die gesamte Welt mit Leder bedeckt zu sein!

Sobald das eigene Gewahrsein ins Herz erhoben wird und fest im reinen Bewusstsein lebt, wird das Gemüt auf natürliche und mühelose Weise still. Durch andere Mittel wie Askese, Pilgerreisen oder rituelle Handlungen wird es nicht still. Wenn so das Selbst der Erfahrung gewahr wird, hinterlässt die Erfahrung keine Eindrücke oder Erinnerungen mehr im Bewusstsein und wird sozusagen sofort „vergessen". Sogar der Versuch, dies zu tun, bringt einen näher zum höchsten Zustand der Selbsterkenntnis.

Sei fest verwurzelt in dem zufriedenen Zustand, in dem du nur das als das Deine anerkennst, welches du dank deiner eigenen angemessenen Handlungen erhältst. Der ist ein Mensch, der sich selbst besiegt hat, der im Frieden und in der Zufriedenheit ruht und dabei tut, was zu tun ist, und vermeidet, was zu vermeiden ist. Dessen Gemüt ist ruhig, und er hat seine Freude an der Selbstbeobachtung und Selbstkontrolle und ist nicht an äußeren Geschehnissen und Wahrnehmungen interessiert. Wenn man sein eigenes Gewahrsein in diesem Sinne in sich selbst konzentriert, gibt das Gemüt seine gewohnheitsmäßige Ruhelosigkeit auf und bewegt sich in Richtung der Weisheit. Der weise Mensch erlangt den Sieg über die Sinne und ertrinkt nicht in den Wellen der Vasanas oder mentalen Konditionierung. Er sieht die Welt so, wie sie ist. Schließlich hört die Illusion des Samsara oder der Welterscheinung auf, und damit endet alles Leid.

Wenn man realisiert, dass es nur das reine Bewusstsein ist (welches sich jenseits des Denkens befindet und daher niemals zum Objekt der Wahrnehmung oder des Erfahrens werden kann), welches als diese Welt erscheint, was ist dann Bindung und was ist Befreiung? Dehydriertes Wasser fließt nicht und ursachelose Erfahrung erzeugt keinerlei psychologische Getrenntheit. Erfahrung ist wie leerer Raum, der die verschiedenen Gestaltungen von „ich" und „du" usw. annimmt und scheinbar dort eine Vielfalt erzeugt, wo keine sein kann. Das, was diesen gesamten Raum erfüllt, ist reines Bewusstsein, neben dem nichts anderes existiert.

VASISHTHA fuhr fort:

Wenn man die direkte Erfahrung der Wahrheit hat: „Ich bin weder der Täter noch die Tat noch das Tatinstrument, sondern reines Bewusstsein – die Welt ist etwas Undefinierbares", dann weiß man, dass da Selbst-Gewahrsein ist. Die Welt erscheint als etwas, was sie nicht ist –

deshalb ist die Selbsterkenntnis, die die Welt enthüllt, die höchste Wahrheit.

Im Falle eines Wesens mit mehreren Gliedern ist dieses ein einheitliches Wesen mit mehreren Gliedern. Ebenso ist Brahman das eine Sein mit zahllosen Gliedern, die man Jiva usw. nennt. Das Objekt ist nur eine Erscheinung – Bewusstsein ist unendlicher Friede, der auf ewig unverändert existiert. Diese zu erforschen, als wären sie verschieden, ist nutzlos. Im Unendlichen gibt es unendliche Ideen, die man dann „Unwissenheit" nennt; eine andere Unwissenheit gibt es nicht.

Der Jiva wandert zwischen den Zuständen des Wachens und Träumens und wiederum des Träumens und Wachens hin und her und ist doch selbst das Konstante, ob er nun wacht oder träumt. Die zwei Zustände des Tiefschlafs und des turīya (der vierte Zustand) bilden die Realität, die den beiden Zuständen von Wachen und Träumen zugrunde liegt. Die beiden letzten Zustände sind identisch, wobei es faktisch allein der turīya ist, der alle anderen Zustände als solche kennt. Für den Erleuchteten sind Wachen, Träumen und Tiefschlaf selbst nichts anderes als der turīya, denn im turīya existiert keinerlei Unwissenheit. Deshalb, auch wenn in ihm Vielfalt zu sein scheint, ist er nondual. Nur die kindischen und unwissenden Leute schwatzen über Dualität und Nondualität – der Erleuchtete lacht über all dies. Und doch ist es ohne eine solche Debatte, die von Dualität und Nondualität ausgeht, nicht möglich, das eigene Bewusstsein von der Unwissenheit zu reinigen. Es ge¬schieht nur aus diesem Grund, dass ich all diese Themen behandelt habe, als dein treuer Freund.

Weise Menschen sprechen untereinander beständig über diese Wahrheit und erleuchten sich damit gegenseitig. Indem sie diese Wahrheit immer wieder bedenken, gewinnen sie die Erleuchtung (buddhi-yoga), mit deren Hilfe sie den höchsten Zustand erlangen (Hinweis: Diese beiden Verse gleichen der Bhagavad Gita mit der bedeutsamen Abwandlung im zweiten Vers, der den Eindruck vermittelt, dass Erleuchtung geschieht, sobald der Schüler dafür bereit ist).

Der höchste Zustand wird nicht ohne Bemühung erlangt. Um dir dabei zu helfen, einen klaren Begriff der Wahrheit zu bekommen, habe ich diese Dinge daher wiederholt und mit unterschiedlichen Verbildlichungen erläutert. Sogar eine unwissende Person erlangt die Erleuchtung, sobald sie diese wieder und wieder dargelegte Wahrheit kostet. Wer diese Wahrheiten einmal liest und dann denkt: „Ich weiß dies alles und brauche nichts mehr zu wissen", ist wahrhaftig ein Dummkopf. Die Erkenntnis, die durch das Studium dieser Schrift erlangt wird, wird nicht durch das Studium einer anderen Schrift erlangt. Diese Schrift verleiht dir sowohl gutes, tüchtiges Handeln als auch vollkommene Weisheit

VASISHTHA fuhr fort: VI.2:

Im unendlichen Bewusstsein (das mit dem Sonnenball verglichen werden kann) gibt es 164,165
zahllose Lichtteilchen, die jivas genannt werden. Wenn man von ihnen sagt: „Sie sind darin", werden sie als seine (des unendlichen Bewusstseins) Teile betrachtet, während es in Wahrheit keinerlei solche Teile hat. Das Viele gibt seine Vielfalt auf, wenn es die Erleuchtung erlangt.

Wird das Viele aber als das Eine beschrieben, dann ist es zu nichts anderem geworden als es schon immer gewesen ist. Es ist unter allen Umständen und in allen Zuständen stets dasselbe. Es ist der Inhalt des Bewusstseins oder Gewahrseins des Weisen. Das allein ist – nichts anderes hat jemals existiert. Es ist nur aufgrund dieses Bewusstseins, dass der Unwissende das Objekt seiner eigenen Unwissenheit wahrnimmt. Wir kennen das „ich" oder „du" oder auch das Objekt nicht, welches der Unwissende in seiner Unwissenheit wahrnimmt. Im Erleuchteten tauchen die Empfindungen von „ich bin erleuchtet", „er ist unwissend" und „dies ist die Wahrheit" nicht auf. Was hier die Schöpfung genannt wird, wurde weder erschaffen, noch trat es je ins Dasein. Diese Welt ist Brahman, die so ist, wie sie hier ist. Daher existieren hier keine unwissenden Leute oder Wesen. Es gibt hier nichts als den unendlichen Raum, in dem Ideen wie „dies ist Brahma der Schöpfer" usw. treiben.

Das Bewusstsein, welches im Wachzustand existiert, wird im Traumzustand zum Traum. Das Traumbewusstsein, welches im Traum gewahr ist, erlangt im Traum den Zustand von Wachheit. Der Traumzustand geht in den Wachzustand über – und der Wachzustand gibt den Traum auf und erwacht. Sobald der Wachzustand in den Traumzustand kommt, wacht der Träumer auf. Der Träumer erachtet den Wachzustand als Traum – für ihn ist das Bewusstsein des Traums der wahre Wachzustand. Ganz gewiss ist für den Träumer der Traum sein wahrer Wachzustand, nicht der andere Wachzustand.

In Beziehung zum Wachzustand erscheint der Traumzustand als kurzlebig. Auf dieselbe Weise erscheint auch dem Träumer der Wachzustand als kurz. Zwischen beiden besteht nicht der geringste Unterschied; keiner ist real. Sobald das Gewahrsein aufhört, hören auch Wachen und Träumen auf. Dann ist da Leere. Der lebende Mensch erfährt weder im Traum noch im Wachen „die andere Welt", solange nicht das Bewusstsein des Todes auftaucht. So wie Träume im Bewusstsein erscheinen und die drei Welten erschaffen, so erscheint auch die Welt im Wachzustand. So wie die Traumschöpfung reine Leerheit ist, so ist auch die Welt des Wachzustands leer mit Ausnahme des unendlichen Bewusstseins, in dem allein all diese Erscheinungen auftauchen. Die Welt ist die Illusion, die im Bewusstsein aufgrund seiner eingeborenen Kräfte zum Vorschein kommt. Bewusstsein allein erstrahlt als Wasser, Erde, Raum und Mauern. Es gibt in ihm nichts, was man greifen oder festhalten kann.

VI.2:166 VASISHTHA fuhr fort:

Das Selbst oder das unendliche Bewusstsein ist die offensichtlichste Wahrheit, die keiner Worte wie „Selbst" oder „Erkenntnis" bedarf und von diesen unabhängig ist. Direkt vom Anfang der ursprünglichen Schöpfung an existiert nur dieses unendliche Bewusstsein, welches in sich die Idee der Schöpfung barg. Weise und Gelehrte haben erklärt, dass die Selbsterkenntnis frei von Ideenbildungen und von Wissen über materielle Objekte ist. Aber all dies ist nichts als das Selbst. Niemals hat es hier eine Kenntnis (eine Kategorie) namens Nicht-Wissen gegeben. Wissen und Nicht-Wissen (Unwissenheit) sind zwei Konzepte, denen keinerlei Realität zugrunde liegt. Was sollte da zu wissen und nicht zu wissen sein? Die Erkenntnis dessen, was ist, die Erkenntnis, dass dieses dies ist, und die Erkenntnis, dass dies unwirklich ist – all dies taucht im Bewusstsein auf. Die Erkenntnis des Selbst, die Erkenntnis des Unwirklichen, die Abwesenheit von Erkenntnis, die Erkenntnis, dass die Wahrheit anders als die Erscheinung ist – all dieses ist nur das Spiel des unendlichen Bewusstseins und bloße Manifestation oder Erweiterung der Selbsterkenntnis.

Die Tatsache der Selbsterkenntnis existiert sogar dann, wenn der Begriff „Selbsterkenntnis" fallengelassen wird. Selbsterkenntnis allein ist. Lass mich dies veranschaulichen: Es gibt da einen mächtigen Felsen, der riesig ist und dessen Flanken der blaue Himmel bildet. Er hat keine Verbindungen, weil er keine Trennungen hat. Er ist absolut solide und ungeteilt. Er ist unvergänglich. Er ist unvergleichlich und einzigartig. Sein Ursprung liegt im Dunkeln. Sein Inneres ist nicht-materiell, aber fest. In ihm befinden sich zahllose Eindrücke oder Bilder, die ihm selbst als Jiva bekannt sind. Er ist fühlend und nicht-fühlend.

Niemand vermag, diesen Felsen aufzubrechen. Und doch befinden sich in ihm alle diese Eindrücke, die man Götter, Dämonen und Menschen nennt, mit und ohne Gestalt. Ich habe diese Eindrücke, wie sie in dem Felsen existieren, gesehen. Wenn du möchtest, kannst du sie ebenfalls sehen.

RÂMA fragte: Wie konntest du das Innere dieses Felsens sehen, wenn er unteilbar ist?

VASISHTHA sagte:

In der Tat vermag niemand, ihn aufzubrechen. Da ich selbst mich jedoch als ein Eindruck in ihm befinde, kann ich auch alles andere sehen.

Was ich dir gerade beschrieben habe, ist die höchste Realität, das Selbst. Wir sind in diesem unteilbaren unendlichen Bewusstsein enthalten. Dieser Raum hier, der Wind und die anderen Elemente, alle diese Handlungen und Aktivitäten, alle diese Bedingungen und das Zeitempfinden, all diese sind Glieder dieses Wesens. Erde, Wasser, Feuer, Luft, Raum, Gemüt, buddhi und der Ich-Sinn sind alle Glieder dieses Höchsten Selbst. Was gibt es da anderes als dieses unendliche Bewusstsein? Die Objekte dieser Welt sind nichts als reines Gewahrsein oder Erfahren, das selbst eine Masse reinen Bewusstseins ist.

VASISHTHA fuhr fort: VI.2:167

Selbsterkenntnis, Nicht-Kenntnis oder Kenntnis des Unwirklichen usw. sind Worte und Gesichtspunkte. In den Augen des Wissenden sind sie gänzlich unwirklich. All dieses taucht im reinen Bewusstsein auf, das klar in mir zu sehen ist. „Dies ist das Selbst" und „dies ist Erkenntnis" sind sicherlich falsche Ideen, die innerhalb des Bewusstseins auftauchen, aber sie sind nicht real. Gib die Worte auf und verbleibe in der Wahrheit verankert, auf die diese Worte hindeuten.

Obwohl in ihm zahllose Aktivitäten stattfinden, ist es gänzlich still und ruhig. Obgleich es mit zahllosen Superlativen beschrieben wird, bleibt es unbewegt. Obgleich es beständig in Bewegung ist, ist es so unerschütterlich wie ein Felsen. Obgleich es die eigentliche Substanz der fünf Elemente ist, ist es wie Raum unberührt von diesen. Obgleich es die Heimstatt aller

Objekte ist, verbleibt es reines Bewusstsein. Obgleich es wie eine Traumstadt sichtbar ist, verbleibt es unsichtbares Bewusstsein.

RÂMA sprach:

So wie Erinnerung an der Wurzel der Wahrnehmung in den Wach- und Traumzuständen liegt, so lässt auch nur die Erinnerung das Empfinden entstehen, dass die äußeren Objekte real sind.

VASISHTHA fuhr fort:

Der Anschein der vielfältigen Objekte des Universums taucht im unendlichen Bewusstsein dann auf, wenn dieses seiner selbst gewahr wird – dies geschieht per Zufall (d.h. die reife Kokosnuss fällt, wenn eine Krähe auf der Palme landet). Wann immer und wo immer dieses Bewusstsein sich selbst auf welche Weise auch immer ersinnt, erscheint es dann und dort auch so, ohne jede Ursache. Ideen wie „dies ist Wachen", „dies ist Traum", „dies ist Schlaf" und „dies ist turīya" tauchen im Bewusstsein auf, weil sie Bewusstsein sind. Tatsächlich gibt es da weder Traum noch Wachen noch Schlaf noch turīya noch irgendetwas jenseits davon – alles ist nur reine Stille und Ruhe. Man mag auch sagen, dass all dies nur ein ewiges Wachen oder Träumen oder ein ewiger Tiefschlaf oder ein ewiger turīya sei. Oder man mag sagen, dass man nicht wisse, was all dieses ist, weil alles so erfahren wird, wie man darüber denkt.

Seine Manifestation und Nicht-Manifestation – Erkenntnis und Unwissenheit – sind zwei inhärente Zustände wie die Bewegtheit oder Nicht-Bewegtheit der Luft. Es gibt daher weder einen Unterschied in den Zuständen des Wachens usw. noch ist da irgendetwas, was man als Erinnerung oder Wunsch bezeichnen könnte. All dies sind begrenzte Sichtweisen. Wo sind Objektivität und Erinnerung, wenn es doch nur die innere Erfahrung ist, die als externes Objekt erstrahlt? Erinnerung kann nur aus der Erfahrung kommen, während Erfahrung nur möglich ist, wenn das Objekt real ist. Die ideengebundene Erscheinung des unendlichen Bewusstseins nennt man zu einem späteren Zeitpunkt Erde usw. Lasst dieses Bewusstsein erstrahlen wie es ihm beliebt – es ist weder real noch irreal, weder etwas noch nichts. Es wohnt selbst im Herzen als die Idee von einem Objekt, das im Außen wahrgenommen wird. Was ist „innen" und „außen"? Betrachte es als OM und ruhe im Frieden.

VI.2:168 VASISHTHA fuhr fort:

So wie ein Baum ohne jede mentale Aktivität und Willen (Absicht) verschiedene herrliche Äste hervorbringt, so lässt das ungeborene und unerschaffene unendliche Bewusstsein die vielfältige und farbenprächtige Welterscheinung (Schöpfung) erscheinen. Es ist wie Raum, der Raum entstehen lässt. So wie der Ozean ohne mentale Tätigkeit oder Absicht Wellen hervorbringt, so lässt das Bewusstsein absichtslos alle Arten von Erfahrungen entstehen, da es der Höchste Herr von allem ist. All diesen Erfahrungen verleiht dasselbe Bewusstsein dann verschiedene „Namen" wie „Gemüt", „buddhi", „Ich-Sinn" usw. Ohne jede mentale Tätigkeit und Absicht lässt das unendliche Bewusstsein in sich selbst die Idee eines Objekts mitsamt der Aneinanderreihung von buddhi usw. zum Vorschein kommen. Sogar die Weltordnung (niyati), die die fundamentalen Eigenschaften jedes Objekts bestimmt, taucht im unendlichen Bewusstsein ohne jeden Vorsatz und ohne mentale Aktivität auf.

Außerdem ist all dies Eines: Der Baum beinhaltet den Stamm, die Äste, die Blätter und die Blüten – Unterscheidungen sind rein verbal. Auf dieselbe Weise beinhaltet das unendliche Bewusstsein alles – Unterscheidungen sind rein verbal. Falls du immer noch fragst: „Weshalb gibt es dann diese nutzlose Erfahrung von Objekten?“, dann erinnere dich, dass all dies nur ein langer Traum ist. Wer sucht sein Heil im Nicht-Existierenden oder in unauffindbaren Dingen? So wie wir in unserem Verstand Bilder wie „dies ist ein Baum“ geformt haben, so existieren im unendlichen Bewusstsein Bilder des Raums usw. So wie Raum (Entfernung) untrennbar eins mit Raum und Bewegung untrennbar eins mit der Luft ist, so verhält es sich auch mit buddhi (Intelligenz) usw. und dem Höchsten Sein oder dem unendlichen Bewusstsein. Diese Schöpfung ist vom unendlichen Bewusstsein nicht verschieden.

Die Schöpfung taucht wie in einem Traum gleich zu Beginn im unendlichen Bewusstsein auf. Diese Erscheinung hat außerdem keine Ursache. Wie kann sie dann etwas anderes als das unendliche Bewusstsein sein? Dies verhält sich analog zum täglich und universell von uns allen erfahrenen Traum, und daher sollten wir dies ergründen. Was ist die Essenz oder die Realität des Traums mit Ausnahme der reinen Intelligenz oder des Bewusstseins, welches ihn erschafft und in dem er existiert?

Diese Schöpfung taucht nicht als „Erinnerung“ im unendlichen Bewusstsein auf. Sie taucht ohne jeden Grund und ohne jede Ursache im Bewusstsein auf (es ist eine Koinzidenz wie bei der reifen Kokosnuss, die beim Landen einer Krähe fällt) – Träumen und Konzeptualisierung usw. folgen erst später. Wenn diese Schöpfung einmal ohne jede Ursache im unendlichen Bewusstsein zum Vorschein gekommen ist, folgt als nächstes ihre „Existenz“. Obwohl daher diese Schöpfung erschaffen worden zu sein scheint, wurde sie jedoch nicht erschaffen, und wenn sie nicht erschaffen wurde, kann sie gewiss auch nicht existieren.

Im reinen Raum des unendlichen Bewusstseins existieren alle diese zahllosen Welterscheinungen. Sie treten ins Dasein und lösen sich wieder auf, obgleich alle essenziell leer (Sunya) sind. Sie beeinflussen sich wechselseitig und erschaffen so diese Welterscheinung, obgleich sie essenziell leer (Sunya) sind. Diese Schöpfung ist leer – die Leere aber wächst und hört als solche auch wieder auf („leer“, weil sie ohne Idee eines „Selbst“ ist).

VASISHTHA fuhr fort:

Die Schöpfung des Universums und ihre Auflösung sind nur illusorische Vorstellungen, die im Bewusstsein auftauchen. Wenn die Idee der Schöpfung längere Zeit hindurch aufrechterhalten wird, wird sie für real gehalten. Die objektive Erscheinung des Universums taucht spontan im kosmischen Wesen auf – so wie ein Traum nach einer Zeit des Tiefschlafs auftaucht. Nur Bewusstsein erstrahlt als dieses Universum, welches daher sein Körper ist. Anschließend lässt das Bewusstsein in sich selbst die Ideen der Erinnerung und der psychologischen Kategorien, der Erde und der anderen Elemente entstehen.

RÂMA fragte:

Hoher Herr, Erinnerungen sind Eindrücke, die in buddhi zurückgeblieben sind. Wie kann irgendetwas ins Dasein treten oder wie können überhaupt Ideen erscheinen, falls solche Eindrücke und daher auch die Erinnerung abwesend sind?

VASISHTHA erwiderte:

Ich werde deinen Zweifel sofort beseitigen, oh Rāma, und die Nondualität wieder herstellen. Diese Welterscheinung ist wie eine Figur, die noch nicht aus dem Holz des Baumes herausgeschnitzt worden ist. Erst wenn eine Figur aus einem Baum herausgeschnitzt worden ist, kann sie Figur genannt werden. Da das unendliche Bewusstsein jedoch nondual ist, findet dies nicht statt. Im leblosen und nicht-fühlenden Holz taucht die Figur erst auf, nachdem sie vollständig herausgeschnitzt worden ist. Da Bewusstsein jedoch voll Bewusstsein ist, erstrahlt die Welterscheinung innerhalb ihrer selbst. Tatsächlich hört dieses Bewusstsein nie auf, Bewusstsein zu sein, noch wird die Welt aus ihm herausgeschnitzt – und doch erstrahlt es als diese Welt.

Zu Beginn der Schöpfung hat das Bewusstsein, angefüllt mit den Ideen aller Möglichkeiten, diese Ideen manifestiert. Weil auch diese Ideen mit Bewusstsein ausgestattet sind, erscheinen sie real, wie in einem Traum. Im Herzensraum lässt das Bewusstsein verschiedene Ideen entstehen wie: „Dies ist die Idee des Brahman, das selbst die Idee des reinen Bewusstseins ist", „dies ist die Idee des Jiva", „dies ist der Ich-Sinn, buddhi, das Gemüt, Zeit und Raum", „ich bin so und so", „dies ist Aktivität", „dies sind die Elemente", „dies sind die Sinne", „dies ist der subtile Körper (puryashtaka) und das der grobe, physische Körper", „ich bin Brahmā der Schöpfer, ich bin Shiva, ich bin Vishnu, ich bin die Sonne", „dies ist innen und dies außen", „dies ist die Schöpfung und dies die Welt" – all diese Ideen tauchen im Bewusstsein auf. Es gibt da weder physikalische noch materielle Substanzen, da sind weder Erinnerung noch Dualität.

Ohne Ursache taucht diese Welterscheinung im Bewusstsein auf. Sie wird vom Bewusstsein innerhalb seiner selbst erfahren. Es ist das Bewusstsein, welches sich selbst für die Welt hält und diese erfährt. Daher gibt es da weder Erinnerung, Traum oder Zeit usw., die darin involviert wären. Das, was in sich selbst eine Masse von Bewusstsein ist, erscheint im Außen als die Welt; aber es gibt weder ein Außen noch ein Innen und keine andere Realität als nur die Höchste Wirklichkeit. So real wie das unendliche Brahman ist, so real ist auch dieses gesehene objektive Universum.

VI.2:169 VASISHTHA fuhr fort:

Für wen Freude keine Freude und Kummer kein Kummer ist, der ist befreit. Wessen Herz auch während der Erfahrung von Vergnügen nicht erregt ist, der ist befreit. Derjenige ist befreit, der sich am reinen Bewusstsein erfreut und auch an der objektiven Welt.

RÂMA fragte:

Gewiss muss der Befreite, der kein Vergnügen am Vergnügen und keinen Kummer am Kummer zu empfinden vermag, empfindungslos und träge sein.

VASISHTHA fuhr fort:

Das Gewahrsein dieses Menschen ist völlig im Bewusstsein absorbiert. Er erfährt daher keinerlei Vergnügen, außer er macht einen Versuch dazu. Man sagt von ihm, dass er im Bewusstsein ruht. Seine Zweifel sind zu Ende, und seine Verbindung mit den Objekten der Welt ist mit dem Duft der Weisheit getränkt. Die Welt hat für ihn ihren „Geschmack" verloren, obgleich er nach wie vor in ihr tätig ist und von Moment zu Moment tut, was nötig ist.

Aufgrund der Tatsache, dass die Befreiten im Selbst oder Bewusstsein ruhen, erscheinen sie wie schlafend, obwohl sie tätig sind. Sie sind nicht empfindungslos oder träge. Sie werden nicht wegen ihrer Empfindungslosigkeit als „Schlafende" betrachtet, sondern weil sie diese Welterscheinung wie einen langen Traum verstehen. Sie ruhen in dieser Wahrheit oder im höchsten Frieden, der für die Unwissenden so finster wie die Nacht ist – daher nennt man sie Schlafende, aber sie sind nicht empfindungslos. Da sie an der Welt des Unwissenden nicht interessiert sind, betrachtet man sie als Schlafende in der Welt. Sie erfreuen sich alle Zeit am Selbst und sind daher nicht empfindungslos. Sie haben sich über allen Kummer erhoben.

Nachdem der Jiva diesen Samsara durchwandert und alle Arten von Freuden und Leiden erfahren hat, begegnet er schließlich einem heiligen Mann, der ihm hilft, diesen Ozean des Samsara zu überqueren. Auch ohne Bett schläft er nun in großem Frieden. Obgleich er hier mit intensiver Tätigkeit befasst ist, erfreut er sich des Friedens wie im Tiefschlaf. Dies ist ein großes Wunder! Dieser „Schlaf" kann durch nichts gestört werden. Derjenige ist wahrhaftig trunken, der diese „Welt" nicht sieht, obwohl seine Augen weit offen sind. Er genießt den Segen des Tiefschlafs. Er hat die Idee der Welt aus seinem Herzen vertrieben und die Fülle erlangt. Er hat den Nektar in vollen Zügen getrunken und befindet sich im Frieden. Sein Entzücken ist unabhängig von Vergnügen. Er hat sich von der Gier abgewendet. Er weiß, dass sich in jedem Atom ein Universum befindet. Er ist mit verschiedenen, intensiven Tätigkeiten befasst, obgleich er überhaupt nichts tut. Er ist sich bewusst, dass diese Welterscheinung dieselbe Realität besitzt wie der Traum und ist aufgrund dessen im Frieden und in der Seligkeit des Tiefschlafs. Sein Bewusstsein ist noch ausgedehnter als der unendliche Raum. Durch höchste Eigenbemühung hat er die Selbsterkenntnis gewonnen und lebt fortan so, als sähe er im reinen Raum einen langen Traum. Er ist voll erwacht und erleuchtet, obgleich es scheint, dass er schläft; er erfreut sich des größten Entzückens, obwohl er wie schlafend erscheint. Er hat den höchsten Zustand erreicht.

RÂMA fragte: VI.2:170

Hoher Herr, wer ist der Freund des weisen Menschen, mit wem erfreut er sich, was sind seine Freuden oder Entzücken und auf welche Weise genießt er diese Freuden?

VASISHTHA erwiderte:

Der Freund des weisen Menschen, oh Rāma, ist seine eigene Tat, die spontan in ihm auftaucht und in der es keine Getrenntheit und keinen Konflikt gibt. Wie ein Vater ermutigt sie ihn und erfüllt ihn mit Enthusiasmus. Wie eine Ehefrau prüft sie ihn, zügelt ihn und leitet ihn. Sie verlässt ihn nicht einmal in den Zeiten schlimmster Not. Sie ist frei von Zweifel. Sie fördert den Geist der Entsagung. Da sie Ärger und Hass auf diese zurückwirft, ist sie wie der Genuss von Nektar in vollen Zügen. Sie ist sein Freund und Helfer in den dichten Wäldern der Schwierigkeiten und Probleme. Sie ist die Schatztruhe, welche den kostbaren Edelstein des Glaubens enthält. Sie errettet ihn vom Übel und ist wie ein Vater stets um sein Wohlergehen besorgt.

Sie (die eigene Tat) führt ihm alle Arten von Entzücken zu. In allen Arten von Situationen und Umständen sorgt sie für die Gesundheit seines Körpers. Sie zeigt ihm: „Dies sollte getan werden" und „dies sollte nicht getan werden". Sie bringt wünschenswerte Objekte und Erfahrungen und wendet unerwünschte Objekte und Erfahrungen ab. Sie macht, dass die Rede sanft und erfreulich ist, und sie sorgt dafür, dass auch das eigene Betragen sanft und liebevoll, hilfreich, bewundernswert, frei von selbstsüchtigen Wünschen oder Leidenschaften und förderlich für das hohe Ziel der Selbsterkenntnis ist. Sie ist gänzlich dem Schutz der Guten und der allgemeinen Gemeinschaft ergeben. Sie verhindert Krankheiten des Körpers und des Gemüts. Sie vergrößert das Glück der gelehrten Menschen, indem sie mit ihnen heilsame Diskussionen führt. Im Falle von Ebenbürtigen ist der Eindruck einer Dualität rein äußerlich. Welcher auch der Stand im eigenen Lebens sein mag – sie (die eigene Tat) ist der Selbst-Aufopferung, der Wohltätigkeit, der Entsagung und der Wallfahrt ergeben. Sie stellt durch die großzügige Verteilung von Nahrung und Getränken die heilsamen Verbindungen mit dem Sohn, der Frau, den Brahmanen, den Dienern und Verwandten her. Der weise Mensch erfreut sich von Natur aus der Gesellschaft eines solchen Busenfreundes und dessen Gemahlin, und dieser Freund ist die eigene Tat.

Dieser Freund (die eigene Tat) hat Söhne, die man Baden (Reinheit des Körpers), Wohltätigkeit, Entsagung und Meditation nennt. Auch sie sorgen sich um die Wohlfahrt und das Glück aller Wesen. Der Geist des Glücklichseins (oder das freudige Gemüt) ist seine Frau, die natürlich und mühelos auf alle Segen herabregnen lässt. Ihr Name lautet samatâ (Gleichmut oder Ausgeglichenheit des Gemüts). Sie ermutigt ihren Gemahl (die natürliche Handlung) zu rechter oder angemessener Handlung.

Sie hat eine ständige Begleiterin an ihrer Seite, die man maitrī (Freundlichkeit) nennt.

Der weise Mensch, der die Gesellschaft dieses besten aller Freunde zusammen mit dessen Frau und weiteren Begleitern genießt, hat keinen Grund, in Freuden und Vergnügen himmelhoch zu jauchzen oder in unerfreulichen Situationen zu Tode betrübt zu sein. Er hasst nicht, noch wird er zornig. Er erfreut sich in allen Umständen des Zustandes von nirvana, während er beständig tätig ist in dieser Welt. Er schweigt bei nutzloser Argumentation, er ist taub für müßiges Reden, er ist wie ein Leichnam bei unrechtmäßigem Handeln, er ist dagegen äußerst lebendig bei rechtschaffenen Handlungen, er kann das Glückverheißende brillant darlegen, und er enthüllt innerhalb eines Augenblicks die größten Wahrheiten.

All dies ist für den weisen Menschen natürlich. Er muss sich nicht anstrengen, um diese Qualitäten zu erwerben.

VASISHTHA fuhr fort: VI.2:171

Nur das unendliche Bewusstsein erstrahlt als diese Welt hier. In Wirklichkeit jedoch gibt es weder eine Welt noch eine Leere noch überhaupt Bewusstsein. Nur soviel kann gesagt werden: Was man die Welt nennt, ist nicht das. Weil sie subtiler als sogar der Raum ist, erscheint sie als etwas anderes als sie ist.

Zwischen „diesem" und „jenem" befindet sich der Körper des Bewusstseins und dieser Körper wird als Objekt der Wahrnehmung erfahren. Jedoch hat eine solche Schöpfung keinerlei Ursache – folglich gibt es auch keinen Grund für ihr Auftauchen. Wie kann man sagen, dass sie jetzt existiert? Daher liegt keinerlei Rechtfertigung dafür vor, von der Existenz eines äußeren Universums auszugehen – nicht einmal von einem Atom dieser Existenz! Falls hier etwas als das äußere Universum gesehen wird, dann ist dies ganz gewiss das unendliche Bewusstsein selbst. So wie eine schlafende Person in die Traumerfahrung hineinwandert, ohne dabei ihren Schlaf aufzugeben, so lässt auch dieses Bewusstsein, welches rein und unteilbar ist, in sich selbst die Idee des objektiven Universums auftauchen, ohne dabei jemals seine eigene, essenzielle Natur als Bewusstsein aufzugeben. Folglich gibt es keinerlei Materialität wie etwa die Erde usw. Die letztgültige Wahrheit ist, dass nur das eine unendliche Brahman als all dieses erstrahlt, unabhängig von dem Empfinden, dass man Formen oder auch keine Formen sieht. So wie der Träumer beim Aufwachen die Traumberge als reine Leerheit erkennt, so werden alle diese Formen als inexistent erkannt, sobald man erleuchtet ist.

Diese Welt ist für die Erleuchteten das unteilbare und Höchste Brahman. Obgleich wir sehr intelligent sind, wissen wir nicht, was Nicht-Erleuchtung (Unwissenheit) ist! Zwischen „diesem" und „jenem" befindet sich die Masse des Bewusstseins, welches die essenzielle Natur aller Wesen ist. Dies ist der höchste Zustand des Selbst. Zwischen „diesem" und „jenem" befindet sich dieser unendliche Raum, welcher die Masse des Bewusstseins ist, in dem alles fest gegründet ist. Was auch immer diese Masse des Bewusstseins ist, ist allein all dies hier, und zwar wirklich und unwirklich zu ein und derselben Zeit. Form, Wahrnehmung und auch die dazugehörigen Konzepte, wie sie im Gemüt auftauchen, sind alle reines Bewusstsein wie Wellen auf dem Meer sind. Zwischen „diesem" und „jenem" befindet sich das unendliche Bewusstsein – wird dies ohne jeden Abstrich und ohne jede Veränderung als solches erkannt, dann wird gesehen, dass nur es ist und es keine Welt gibt. Dann werden sogar Anziehung und Abstoßung, Existenz und Nicht-Existenz zu seinen eigenen Gliedern, ohne die wahre Natur dieses Bewusstseins im geringsten zu beeinträchtigen. Zwischen beiden „Enden" ist das reine Bewusstsein, während die „Enden" nur Konzepte sind und nicht unabhängig von der Wirklichkeit, die die Mitte darstellt, existieren; darin besteht die essenzielle Natur des unendlichen Selbst oder Bewusstseins. Ein anderer Name für dieses Bewusstsein, welches zwischen „diesem" und „jenem" existiert, lautet „Welt".

Ganz von Anfang an kam diese Schöpfung überhaupt nicht ins Dasein. Zu meinen, dass diese Welt als solche existiert, ist reine Fiktion. Es ist bedauernswert und eine Tragödie, dass die Leute behaupten, dass diese Welt existiert (obwohl dies nicht stimmt) und das Höchste Brahman nicht existiert (obwohl nur es existiert).

VASISHTHA fuhr fort:

Wo kann ich das finden, was nicht Brahman oder das unendliche Bewusstsein ist? Oh weh, die Welt ist ein seltsamer Ort, wo die Menschen diese unwirkliche Welt (das Objekt der Wahrnehmung) als wirklich erachten. Und doch erreichen auch sie dasselbe Brahman. Das Strahlen eines kostbaren Edelsteins ist weder dessen Schöpfung noch ist es unabhängig vom Edelstein, und auf dieselbe Weise ist die Welterscheinung nicht verschieden vom Selbst, das reines Bewusstsein ist. In diesem höchsten Zustand des Bewusstseins erstrahlt die Sonne – die Sonne ist vom Selbst nicht verschieden. Jedoch vermögen weder die Sonne noch der Mond das Selbst zu beleuchten oder zu enthüllen. Es geschieht durch die diesem Bewusstsein eingeborenen Kräfte, dass die Sonne und der Mond selber erstrahlen und die Wahrnehmungsobjekte enthüllen.

Dieses Bewusstsein hat Form und hat keine Form – all dies sind nur Worte und sinnlose Konzepte. Die Partikel des Lichtes, die die Strahlen der Sonne ausmachen, sind selbst die Strahlen der Sonne und nicht von dieser verschieden. Daher ist es korrekt zu behaupten, dass sie gleichzeitig scheinen und nicht scheinen. Ebenso ist es richtig zu sagen, dass die Sonne und der Mond scheinen, und es ist gleichzeitig richtig zu sagen, dass sie nicht scheinen. Wie kann man behaupten, dass sie nicht scheinen, da doch die Sonne und alle anderen Leuchtkörper aufgrund des unendlichen Bewusstseins scheinen?

Dieser höchste Zustand ist jenseits aller Konzepte; sogar der Konzepte von „Masse von Bewusstsein" und „Leere". Er ist leer von allem und doch gleichzeitig voll von allem. Daher existiert die Erde usw., während andererseits wiederum nichts darin existiert. Obgleich es unendlich viele Jivas in ihm gibt, existieren sie doch nicht als Jivas unabhängig vom Bewusstsein. „Etwas", „nichts" usw. sind nur Konzepte, die weit entfernt von der Realität oder dem unendlichen Bewusstsein sind.

Das reine Bewusstsein, welches nondual, ewiglich und allgegenwärtig ist, existiert und wird „Welt" genannt. Sobald man all diese Objektivität entfernt, bleibt von der Welt der Vielfalt nichts als die Wahrheit zurück. Es ist dieses Bewusstsein selbst, welches sich als die unendlichen Erfahrungen manifestiert. Der Wachzustand des Bewusstseins steht mit turīya (dem transzendentalen Zustand) in exakt derselben Verbindung wie der Traumzustand mit dem Tiefschlaf. Für die erleuchtete Person jedoch sind alle diese Zustände nur der eine turīya-Zustand des Bewusstseins.

Die Theorien betreffend die Erschaffung oder Umwandlung des Selbst oder Bewusstseins in Materie sind Ausdrucksweisen, wie sie von Lehrern zur Unterweisung ihrer Schüler gebraucht werden – sie enthalten kein Jota Wahrheit. Wenn man den Traum als Traum erkennt, freut man sich. Wird dies dagegen nicht erkannt, dann ist man unglücklich, wenn man von einem unglücklichen Ereignis träumt. Der erleuchtete Weise lebt in einem Zustand der Verwirklichung der Wahrheit, während er nebenbei mit den verschiedenen Tätigkeiten befasst ist. In der Vielfalt erfährt er die Einheit – er freut sich sogar in unerfreulichen Situationen. Obgleich er in dieser Welt lebt, ist er nicht in ihr. Was gibt es für eine erleuchtete Person hier noch zu gewinnen? So wie Eis stets kühl ist, lebt der Weise ein natürliches Leben, indem er alles selbstverständlich tut, ohne etwas erreichen oder abwenden zu wollen. Das Charakteristikum des unwissenden Menschen besteht darin, nach etwas anderem zu streben, als er in Wahrheit ist.

VASISHTHA fuhr fort: VI.2:172

Der Schöpfer ist nichts als das Gemüt, ohne die geringste Spur von Materialität.

Er besitzt daher weder einen Körper noch Sinne noch Vasana noch mentale Konditionierung. Da er am Ende des letzten Weltzyklus die Befreiung erlangt hat, existiert in ihm keinerlei Erinnerung. Wenn es keinerlei Erinnerung an etwas gibt, gibt es auch keine Ursache für eine Wiederverkörperung. Auch wenn eine Erinnerung im Schöpfer möglich wäre, so wäre sie ohne Materie, wie eine Traumstadt. Dies wird aber nur zur argumentativen Verdeutlichung gesagt; in den Befreiten ist Erinnerung unmöglich.

RÂMA fragte:

Hoher Herr, bitte sage mir, weshalb es in ihnen keine Erinnerung gibt und wie die Gunas (die Bausteine der Schöpfung) in Abwesenheit der Erinnerung auftauchen können.

VASISHTHA fuhr fort:

Erinnerung entsteht nur in Beziehung zum objektiven Universum und sorgt für die Abfolge von Ursache und Wirkung. Wie und wo kann eine Erinnerung auftauchen oder existieren, wenn das Objekt der Wahrnehmung selbst inexistent ist? Da die Wahrheit darin besteht, dass all dies Brahman oder das unendliche Bewusstsein ist, gibt es keinerlei Raum für Erinnerung.

Das Denken an die Objekte, die in den Lebewesen auftauchen, wird smriti (Erinnerung) genannt. Natürlich sind solche Objekte inexistent. Wie kann dann smriti existieren? Da das unendliche Bewusstsein jedoch die Wirklichkeit in allen Wesen ist, ist ein solches Denken dem Bewusstsein sozusagen eingeboren, und daher habe ich mich hier auf smriti bezogen. Jedoch ist dies lediglich vom Gesichtspunkt des gewöhnlichen, unwissenden Menschen aus gesagt. Genug davon! Auch diese natürliche Bewegung, die im Bewusstsein erscheint, wird smriti genannt. Wenn diese Bewegung wiederholt auftritt, wird sie im Außen als Materie wahrgenommen. Was auch immer das Bewusstsein aufgrund seiner eigenen Natur erfährt, nennt man smriti. Alle diese Erfahrungen tauchen aus eigenem Antrieb im unendlichen Bewusstsein auf, als seine eigenen Glieder und ohne jede kausale Verknüpfung (wie eine reife Kokosnuss zufällig beim Landen einer Krähe fällt). Genannt werden sie Erinnerungen. Dies ist die Wahrheit betreffend alle Geschehnisse, sogar wenn diese scheinbar einer kausalen Bedingung zugeschrieben werden können.

Weshalb sollten wir diese ganz zufälligen Erinnerungen ergründen wollen, nachdem wir erkannt haben, dass die Objekte der Wahrnehmung, auf die sie sich beziehen, selber inexistent sind? Nur in den Augen des Unwissenden existieren sie. Ich lege hier die Mittel der Befreiung nicht zum Nutzen solcher unwissenden Leute dar. Diese Darlegungen sind nur für diejenigen gedacht, die erwacht sind, aber diesbezüglich noch Zweifel hegen. Man sollte sich niemals mit unwissenden Leuten zusammentun, die die Wahrheit nicht verstehen können. Wenn etwas vom Bewusstsein auch nur ansatzweise erfahren wurde und diese Erfahrung anschließend wiederholt wird, entsteht ein mentaler Eindruck (samskara). Auf diese Weise wird die Welterscheinung erschaffen. Aber all dies ist vom unendlichen Bewusstsein durchdrungen. Da gibt es weder eine Form noch eine Erinnerung, die damit in Verbindung stehen. Wenn Dualität selbst inexistent ist, kann es gewiss auch keine Bindung geben.

VI.2:173 RÂMA fragte:

Wie identifiziert sich das allgegenwärtige Bewusstsein selbst mit dem Körper? Wie identifiziert das Bewusstsein sich selbst mit Steinen und Holz?

VASISHTHA erwiderte:

So wie das verkörperte Wesen sich selbst mit seiner Hand identifiziert, so identifiziert sich das unendliche Bewusstsein selbst mit dem Körper. Auf dieselbe Weise, wie sich der Körper selbst mit den Fingernägeln und Haaren identifiziert, so identifiziert sich das allgegenwärtige Selbst mit Steinen, Holz usw. So wie nur reines Bewusstsein im Traum zu Steinen und Holz wird, so tauchen diese Ideen gleich zu Beginn der Schöpfung im unendlichen Bewusstsein auf. So wie es im Körper eines Individuums fühlende und nicht-fühlende Teile gibt, so scheint es im kosmischen Körper des unendlichen Bewusstseins fühlende und nicht-fühlende Objekte zu geben, während es in Wahrheit keine Formen gibt. Sobald all dies klar gesehen wird, hören diese Dinge auf – so wie ein Traum im Moment des Erwachens des Schläfers verschwindet. All dieses ist reines Bewusstsein – es gibt da weder einen Seher noch ein Objekt der Wahrnehmung.

In diesem unendlichen Bewusstsein mögen tausende von Weltzyklen entstehen und vergehen, und doch sind sie alle so wenig verschieden vom unendlichen Bewusstsein wie Wellen vom Ozean. „Ich bin keine Welle, ich bin der Ozean" – wenn die Wahrheit klar erkannt ist, hört alles Wellen-sein auf. Die Welterscheinung steht zu Brahman in derselben Beziehung wie die Wellen zum Ozean. Die Existenz und Nicht-Existenz dieser Welterscheinung sind die zwei Arten, auf die sich Brahmans eingeborene Energie manifestiert.

Die Erfahrung, die im Bewusstsein wie in einem Traum auftaucht, nennt man Gemüt oder Brahmā den Schöpfer, den Großvater aller Schöpfung. Dieses Wesen ist namenlos, formlos und unwandelbar. In ihm tauchen alle diese Ideen von „ich" und „du" usw. auf. Sie sind jedoch nicht verschieden vom Schöpfer. Das reine Bewusstsein, in dem alle diese Ideen zum Vorschein kommen, ist der Ur-Großvater sämtlicher Kreaturen. So wie die auf dem Meere steigenden und fallenden Wellen nichts als Meer und nicht verschieden davon sind, so sind alle diese Schöpfungen und Auflösungen nicht verschieden vom kosmischen Bewusstsein.

Die im unendlichen Bewusstsein auftretende Bewegung der Energie nennt man die kosmische Person, die mit einem Magnetfeld und Gravitationskraft ausgestattet ist. In ihr taucht diese Schöpfung wie ein Traum auf. Die Schöpfung ist ein Traum. Der Wachzustand ist ein Traum. Obwohl diese Schöpfung oder Welterscheinung scheinbar wahrgenommen und erfahren wird, ist sie in Wahrheit die Verwirklichung der in uns auftauchenden Ideen – und nur sie existieren als die kosmische Persönlichkeit. Bewusstsein selbst erfährt die Ideen, die wieder und wieder in ihm auftauchen. Es ist diese kosmische Person, die durchdrungen und erfüllt von Bewusstsein ist, die als all diese Traumobjekte erscheint. So wie der Schauspieler, der sich im Traum auf der Bühne spielen sieht und sein Publikum unterhält, so wird sich dieses Bewusstsein der eigenen Erfahrung dieser Welterscheinung bewusst.

VASISHTHA fuhr fort: VI.2:174

Nur das Bewusstsein leuchtet vom Beginn der Schöpfung an als dieses Universum. Die drei Welten sind daher nicht verschieden von Brahman. Brahman ist wie der Ozean – in ihm sind die Schöpfungen wie die Wellen und das Erfahren ist das Wasser. Auch danach (nach der Schöpfung) wird es reine, unkonditionierte Seligkeit geben. Wo sind Dualität, Nondualität und alles andere? Tiefschlaf und Träumen sind alternierende Zustände, die während des Schlafes auftauchen. Ebenso sind Erscheinung und Verschwinden dieser Schöpfung alternierende Ereignisse im unendlichen Bewusstsein.

Wenn der Weise erkennt, dass diese Welt wie eine Traumstadt ist, ruhen seine Hoffnungen nicht länger auf ihr. Der Tagträumer träumt ausgiebig von seinen zahlreichen Erwartungen und Zukunftsvisionen. Obwohl solchen Tagträumen eine gewisse Realität zuzukommen scheint, sind sie doch inexistent. Wenn du jedoch nach einer anderen Erklärung für diese Welterscheinung suchst, weshalb akzeptierst du dann nicht die Möglichkeit der Täuschung oder der Illusionen und Halluzinationen?

Die Praxis der Kontemplation, die das Gemüt daran hindert, sich irgendwelchen Modifikationen auszusetzen, ist nichts als eine erlesene Form von Trägheit. Wenn aber solche Modifikationen im Gemüt existieren, ist es zum Sitz von Vielfalt oder Samsara geworden. Durch solche Kontemplation kann der Zustand des Gleichmuts nicht erlangt werden. Wenn behauptet wird, dass Befreiung erlangt werden kann, indem das Gemüt gewaltsam an allen Modifikationen gehindert wird, weshalb wird sie dann nicht im Schlaf erlangt? Nur wenn man erkennt, dass es überhaupt keine Schöpfung gibt, kommt die wahre Selbsterkenntnis, die zur Befreiung führt. Diese Befreiung ist niemals endend, unendlich und unkonditioniert, wahrlich nirvikalpa samadhana (Samadhi). In ihr verbleibt man fest verwurzelt in der Selbsterkenntnis ohne die geringste Erregung. Genannt wird sie außerdem auch ewiger Schlaf, turīya, nirvana und moksha.

Dhyāna oder Kontemplation oder Meditation ist vollkommenes Erwachen oder Erleuchtung. Vollkommenes Erwachen ist, wenn man realisiert, dass das objektive Universum nicht existiert. Dies hat weder einen Zustand zur Folge, der einer Trägheit oder Tiefschlaf oder nirvikalpa Samadhi oder savikalpa Samadhi ähnelt noch einen Zustand, der unwirklich ist und auf Einbildung beruht. In diesem Zustand existiert das Universum so wie es ist, aber es ist gleichzeitig aufgelöst. Es gibt in ihm keinerlei Konzepte von Einheit und Vielfalt oder deren Mischung und deren Nicht-Existenz. Es gibt in ihm den höchsten Frieden.

Das vollkommene Erwachen wird durch das sorgfältige und beständige tägliche und nächtliche Studium dieser Schrift erlangt, nicht aber durch Pilgerfahrten und Wohltätigkeit, nicht durch den Erwerb von Wissen, nicht durch die Praxis der Meditation oder von Yoga, nicht durch Askese (Bußübungen) und auch nicht durch religiöse Rituale. Keine dieser Methoden setzt der Illusion ein Ende – sie bahnen lediglich den Weg zum Himmel und zu ähnlichen Belohnungen, aber nicht zur Befreiung. Die Täuschung endet nur dann, wenn die Selbsterkenntnis dämmert in jemandem, der diese Schrift sorgfältig studiert und ergründet hat.

VI.2:175 VASISHTHA fuhr fort:

Weder diese Welt noch die andere entstanden am Anfang in diesem unendlichen Bewusstsein. Im Bewusstsein tauchte eine unwirkliche, eingebildete Erfahrung auf – wie die Erfahrung des Umarmens einer Frau im Traum. Im Traum existiert nur der Träumer – ebenso existiert in der unwirklichen Erfahrung nur das unendliche Bewusstsein. In diesem Bewusstsein, welches auf immer rein ist, taucht das auf, was als die Welt erscheint. Wie kann Unreinheit im reinen Bewusstsein auftauchen? Diese Erfahrung ist auch rein. Es ist die Traumstadt oder die Traumschöpfung. Es ist die Welt, denn ganz zu Beginn der Schöpfung gab es keine Erde usw. Durch die Bewegung von Energie im unendlichen Bewusstsein geschah es, dass die Erde und die physikalischen Elemente, das Gemüt und die anderen psychologischen Kategorien erzeugt wurden, die selbst nichts anderes als Ideen im Bewusstsein sind. Diese Bewegung von Energie ist wie die Bewegung, die der Luft eigentümlich ist, die ohne mentale Aktivität oder Absicht stattfindet.

Bewusstsein erscheint im Bewusstsein als dessen eigener Körper oder Materialisation. Das Gemüt selbst wird wie im Traum zu den Objekten der Wahrnehmung. Keine andere Ursache ist möglich. Daher existiert keine Dualität und es gibt keinerlei Vielfalt im Bewusstsein. Das Höchste Brahman ist frei von allen Formen – wenn es eine Form zu haben scheint, wird es zu dieser Welterscheinung. Es existiert ewiglich. So wie während des Traumes in einem die Vielfalt auftaucht, so scheint diese Welterscheinung in dem einen unendlichen Brahman aufzutauchen.

Das Gemüt selbst ist Brahmā der Schöpfer. Es ist das wahre Herz dieser Schöpfung und es tut alles und zerstört alles. Wenn man all dies gründlich erforscht, sieht man klar, dass nur das reine Bewusstsein und nichts anderes existiert. Es befindet sich jenseits jeder Beschreibung. Am Ende der Ergründung bleibt als einziges vollkommenes Schweigen. Obgleich mit sämtlichen Tätigkeiten befasst, bleibt es unberührt wie Raum – als wäre es stumm. Daher erlangt der Erleuchtete die Erkenntnis des Unendlichen und bleibt daraufhin gänzlich still. Er ist der beste unter den Menschen.

Brahmā der Schöpfer bringt diese Welterscheinung ohne die geringste Absicht hervor. Mit „geschlossenen Augen“ ist das unendliche Bewusstsein es selbst – mit „offenen Augen“ ist es die Welt. In beiden Zuständen jedoch bleibt das unendliche Bewusstsein stets es selbst. Folglich ist es „ist“ und „ist nicht“, real und irreal zur selben Zeit. Diese beiden Zustände wechseln einander kontinuierlich ab – niemals ist der eine ohne den anderen. Daher kenne die Wahrheit so, wie sie ist, als höchsten Frieden und wisse, dass sie ungeborener und unsterblicher Raum ist. Wisse auch, dass die Welterscheinung so ist, obgleich sie manchmal auch nicht so ist. Das objektive Universum ist nie aufgetaucht, noch hört es auf, obgleich es scheinbar jetzt erfahren wird. Es ist ein mysteriöses Produkt der Energie oder Macht des unendlichen Bewusstseins.

Was auch immer wann und wo erfahren wird – sei es nun real oder irreal – scheint unverzüglich zu existieren. Keine andere Anschauung ist angemessen.

VASISHTHA fuhr fort:

Das erfährt man als wirklich und offenbar, worüber man ständig nachsinnt, was beständig das eigene Gemüt beschäftigt und dem man mit ganzer Kraft ergeben ist. Wenn das Gemüt mit dem Bewusstsein von Brahman gesättigt ist, wird es Das, denn das Gemüt wird zu dem, was es am meisten liebt. Wenn das Gemüt in der höchsten Realität, dem unendlichen Bewusstsein ruht, dann handelt man automatisch richtig und ist nicht länger an selbstsüchtiger Tätigkeit interessiert.

Wenn dieses objektive Universum nicht existiert oder wenn man seine Existenz weder verifizieren noch leugnen kann, dann ist es auch nicht möglich zu entscheiden, wer der Täter der Handlungen und der Genießende der Erfahrungen ist. Was man gemeinhin Brahmā den Schöpfer oder buddhi oder erwachte Intelligenz nennt, ist selbst nur das unendliche Bewusstsein, welches absolut rein ist. Der Friede am Himmel ist reine Leerheit. Die Erscheinung von Dualität in all diesem ist illusorisch und nicht-existent. Vielfalt ist daher ein bedeutungsloses Konzept. So wie man nach dem Tiefschlaf in den Traumzustand wechselt, so bewegt sich ein und dasselbe unendliche Bewusstsein vom Zustand absoluter Stillheit zum Zustand des Erschaffens – es gibt in ihm weder Dualität noch Einheit. Das unendliche Bewusstsein nimmt diese Schöpfung innerhalb des Raumes seines eigenen Bewusstseins wahr.

So wie es in den Träumen keinerlei logische Abfolge oder Ordnung oder eine kausale Beziehung gibt, so gibt es in dieser Welterscheinung keinerlei definitive kausale Verknüpfung oder Abfolge, obgleich genau dieser Eindruck entsteht. Im Traum gibt es keine Getrenntheit und es gibt auch keine solche in den Objekten der Wahrnehmung. Ein und dasselbe Brahman oder unendliche Bewusstsein erscheint vor deinen Augen als dieses Universum, als die Schöpfung. Im Traum findet weder ein Wiedererkennen der im Traum gesehenen Objekte statt, noch gibt es da samskaras (mentale Eindrücke), noch überhaupt Erinnerung, da der Träumer nicht „ich habe dies früher schon gesehen“ denkt. Ähnlich gibt es auch im Wachzustand, wenn diese drei Faktoren weggelassen werden, nur das unendliche Bewusstsein, welches der unwissende Mensch als Erinnerung identifiziert.

Im Höchsten Sein scheinen Bejahung und Verneinung, Gebote und Verbote zu existieren, obwohl sie in Wahrheit darin nicht existieren. Ein schwindeliger Mann glaubt, dass sich die Welt um ihn herum dreht, während der Schwindel in ihm selbst stattfindet. Auch wenn jemand weiß und erkannt hat, dass das objektive Universum Täuschung oder Illusion ist, verschwindet dieses nicht, außer durch nachdrückliche und lange Praxis. Diese Illusion hört daher nur durch das hingebungsvolle Studium dieser Schrift auf – einen anderen Weg gibt es nicht. Durch Selbsterkenntnis oder Erleuchtung geschieht es, dass diese drei (Gemüt, die Objekte der Wahrnehmung und der Körper) einen befriedeten Zustand der Ausgeglichenheit erlangen – aber nicht sonst; denn diese drei entstehen aus der Unwissenheit. Diese Unwissenheit wird durch bloßes Studium dieser Schrift zerstreut. Man sollte jeden Tag wenigstens einen kleinen Teil dieser Schrift studieren. Ihre Schönheit liegt auch darin, dass der Leser niemals mit seiner Ratlosigkeit alleingelassen wird – falls etwas nicht sofort klar sein sollte, so macht das weitere Studium das Verständnis fester. Diese Schrift zerstreut die Täuschung und versetzt dich in die Lage zu realisieren, dass das alltägliche Leben selbst der höchste Zustand ist.

Daher sollte man täglich wenigstens einen kleinen Teil dieser Schrift studieren. Falls aber jemand meint, dass diese Schrift nicht autoritativ und menschlichen Ursprungs ist, dann kann er immer noch seine Zuflucht zu einer anderen Schrift nehmen, die sich mit der Selbsterkenntnis und der endgültigen Befreiung befasst. Aber man soll seine Lebenszeit nicht unnütz verschwenden.

VI.2:176 RÂMA fragte:

Weshalb unterrichtest du mich in der Natur des Universums, wenn doch alle diese zahllosen Universen unablässig im unendlichen Bewusstsein auftauchen und sich darin wieder auflösen?

VASISHTHA erwiderte:

Auf diese Weise hast du das Verständnis erlangt, dass die Welt ein langer Traum ist. Du hast das Verständnis der Beziehung zwischen einem Wort und seiner Bedeutung oder dem durch es bezeichneten Objekt erlangt. Daher waren alle diese Erörterungen der Welterscheinung und der eingebildeten Schöpfung durchaus nicht überflüssig. Veranschaulichung ist der beste Weg, um die spirituelle Wahrheit nahezubringen, die den Menschen befähigt, das Wort und das mit ihm in Verbindung stehende Konzept zu erfassen. Nur diese wird dann auch zu einer lebendigen Wahrheit, die den Menschen im Alltag zu leiten vermag. Wenn du alles weißt, was du wissen musst und die Erkenntnis der drei Perioden der Zeit (Vergangenheit, Gegenwart, Zukunft) erlangt hast, wirst du diese Wahrheit selbst schauen können.

In jedem Atom dieses Seins gibt es zahllose Universen – wer kann sie zählen? In diesem Zusammenhang erinnere ich mich an eine Geschichte, die mein Vater Brahmā der Schöpfer mir einst erzählte. Ich werde sie dir nun wiedererzählen – bitte höre sie dir an. Ich fragte meinen Vater Brahmā damals: „Was ist diese Welterscheinung und wo existiert sie?"

BRAHMĀ sprach:

All dies hier, was als das Universum erscheint, oh Weiser, ist nichts als das unendliche Bewusstsein, Brahman. Der Weise kennt es als das reine sattva (die unkonditionierte Intelligenz), das unendlich ist, während der Unwissende es als das materielle Universum betrachtet. Ich werde diese Wahrheit mit der folgenden Erzählung betreffend dieses Brahmānda (das kosmische Ei) erläutern.

Es gibt in diesem grenzenlosen Raum hier das unendliche Selbst, welches nicht verschieden vom Raum ist. Dieses Selbst nahm sich selbst in sich selbst als einen Jiva wahr, als ein konditioniertes und lebendiges Wesen. Ohne jemals seine eigene, essenzielle Natur als unendlicher Raum aufzugeben, betrachtete es sich selbst als „ich bin“ oder den Ich-Sinn, obwohl da noch Raum für den Körper (des Jiva) war. Dieses „ich bin“ erweiterte sich zu „ich bin buddhi oder Intellekt“ und daraufhin betrachtete es sich selbst als buddhi, die festlegt, was „dies“ und „das“ ist, dabei jedoch grundsätzlich der Illusion der konditionierten Wahrnehmung folgt. Danach unterhielt es in sich selbst die Idee: „Ich bin das Gemüt“, und verwickelte sich in die Ideen oder in das vielschichtige und verdrehte Denken.

Dieses Gemüt hatte anschließend die Idee der fünf Sinne, die, obwohl formlos, grob und materiell zu sein scheinen, wie im Traum erblickte Berge. Das Gemüt glaubte als nächstes, einen Körper zu besitzen, bestehend aus den drei Welten mit einer Vielzahl von Kreaturen und allen Arten von Beziehungen, die angeblich zwischen diesen existierten, und die alle der Zeit unterworfen waren.

Auf diese Weise erblickte es alles so, wie man die verschiedenen Objekte in einem Spiegel erblickt. Was es erblickte, war bezaubernd und farbenprächtig. In jedem subatomaren Partikel existieren solche Universen. Die Unwissenheit betrachtet all dies mit dem Auge der Unwissenheit und hält es für eine grenzenlose Schöpfung, aber sobald es als Brahman erkannt wird, wird es das reine Brahman. Auch wenn man all dies tatsächlich sieht, wird doch nichts gesehen, da alles nur ein Traum ist. Wer ist hier der Wahrnehmende, was wird wahrgenommen und wie kann es Dualität im unendlichen Sein geben?

RÂMA fragte: VI.2:177

Die Welterscheinung taucht im unendlichen Bewusstsein ohne die kleinste Ursache dafür auf. Wenn dies die Wahrheit ist, weshalb setzen sich dann diese unverursachten Ereignisse nicht bis heute als solche fort?

VASISHTHA erwiderte:

Jede Vorstellung, die man hat, die erfährt man als wahr. In Brahman existieren sowohl Verursachung als auch Ursachelosigkeit, da Brahman allmächtig ist. Im Falle eines Lebewesens sehen wir, dass der intelligente Körper gleichzeitig auch nichtfühlende Haare und Nägel hat. Wenn man etwas anderes als Brahman erfährt, dann ist es sicher wegen einer irrigen Ursache. Wie kann es aber Ursachen und Resultate geben, wenn nur das unendliche Bewusstsein überall erstrahlt?

RÂMA fragte:

Für den Unwissenden gibt es jedoch eine kausale Abfolge. Was ist unverursacht in ihm und wie existiert es?

VASISHTHA erwiderte:

Für den Erleuchteten existiert kein Unwissender. Weshalb sollen wir unsere Zeit damit verschwenden, über das Inexistente zu sprechen?

Es gibt Dinge, die verursacht sind, während andere wiederum keinerlei Ursache haben. Alles hängt von dem eigenen Gesichtspunkt ab – nur was man als gültig erachtet, wird auch als gültig akzeptiert. Diese Schöpfung hat überhaupt keine Ursache. Der Glaube, dass die Welt von Gott usw. erschaffen worden ist, ist nur ein Spiel mit Worten. Es gibt nichts, was diese Wahrheit beweist, wie auch der Traum nichts beweist.

Wenn die Schöpfung als ein Traum nicht klar verstanden wird, entsteht eine große Illusion. Wird sie dagegen richtig verstanden, verschwindet die Illusion. Alle spekulativen Erörterungen im Zusammenhang mit dieser Schöpfung sind nichts als Unwissenheit und Torheit. Ist Feuer die „Ursache" für die Hitze, die doch seine Natur ist? Die Bestandteile des Körpers sind in der Tat formlose ätherische Substanzen – folglich hat der physische Körper keine reale Ursache. Außerdem, was kann die Ursache des Körpers sein, der das nicht existierende Universum erfährt?

All dies ist die Natur der Natur (wie immer diese auch beschaffen sein mag), auch wenn man eine Ursache unterstellt. Sogar das hier verwendete Wort „Natur" ist nur eine Redeweise. Alle diese Objekte und deren vermeintliche Ursachen sind daher nur Illusionen, die im Gemüt des Unwissenden auftauchen. Die Weisen wissen, dass sämtliche Wirkungen aus Ursachen entstehen. Wenn man träumt, ausgeraubt zu werden, und wenn man weiß, dass es nur ein Traum ist, gibt es keine Sorge – sobald die Wahrheit realisiert wird, ist das Leben frei von Sorge.

Die Wahrheit ist sicherlich, dass dieses Universum niemals erschaffen worden ist, da die Schöpfung selbst überhaupt keine Ursache hat. Sie trat ins Dasein und existiert wie ein Traumobjekt im unendlichen Bewusstsein. Sie ist Brahman allein und erstrahlt in Brahman. So wie Schlaf und Traum zwei Aspekte des Schlafes sind, so sind diese Schöpfung und die Auflösung des Universums die zwei Aspekte des einen unteilbaren Bewusstseins.

VI.2:178 RÂMA fragte:

Hoher Herr, es gibt Substanzen in dieser Welt, die teilbar und andere, die unteilbar sind. Die teilbaren kollidieren miteinander, während die unteilbaren nicht miteinander kollidieren. Wir sehen den Mond, unsere Augen treffen ihn sozusagen, ohne ihn zu teilen oder auch nur zu berühren… Ich stelle diese Frage vom Gesichtspunkt der unerweckten Person. Wer regelt das Einatmen und Ausatmen des Lebensatems im Körper? Der Körper ist solide und bietet Widerstand – was ist diese Kraft, die subtil ist und keinen Widerstand in sich selbst hat, aber doch fähig ist, den Körper zu bewegen? Wenn das, was subtil und nicht-widerstehend ist, auf solide und widerstehende Substanzen einzuwirken vermag, weshalb kann man dann nicht durch die Kraft der Gedanken Berge versetzen?

VASISHTHA sagte:

Der Lebensatem betritt und verlässt den Körper während des Ein- und Ausatmens, wenn sich die subtile Nervenkraft, die im Herzen ruht, wie der Blasebalg des Schmieds ausdehnt und zusammenzieht.

RÂMA fragte:

Im Falle des Blasebalgs ist es der Schmied, der sie handhabt. Was ist es, das die Nadi im Herzen auf ähnliche Weise kontrahieren und expandieren lässt?

VASISHTHA sagte:

So wie der Schmied in dieser Welt den Blasebalg sich ausdehnen und zusammenziehen macht, so gibt es ein inneres Bewusstsein, das alle inneren Organe im Körper arbeiten lässt. Aufgrund davon geschieht es, dass alles in dieser Welt lebt und funktioniert.

RÂMA fragte erneut:

Jedoch sind der Körper und alle seine Bestandteile solide – wie kann das subtile Bewusstsein sie dann bewegen? Es gibt ja keinen Kontakt zwischen dem Soliden und dem Subtilen.

VASISHTHA sagte:

Höre diese Unterweisung an, die den ganzen Baum des Zweifels entwurzelt. In dieser Welt existiert nichts Solides und Widerstrebendes. Alle Dinge sind überall für alle Zeiten subtil und nicht-widerstrebend. All dieses ist reines Bewusstsein, das die scheinbar soliden Substanzen so erfährt wie man Traumobjekte erfährt. Erde, Wasser, Wind, Raum, die Berge und Ozeane usw. sind alle nur subtiles Bewusstsein. So sind auch das Gemüt und alle anderen inneren Instrumente. In diesem Zusammenhang erzähle ich dir nun eine alte Legende. Ich habe sie bereits in einem anderen Zusammenhang erzählt. Wenn du sie hörst, wirst du erkennen, dass alles, was du hier siehst, reines Bewusstsein und nichts anderes ist.

VASISHTHA fuhr fort:

Es lebte einmal ein Brahmane namens Indu. Er hatte zehn Söhne. Im Verlaufe der Zeit starb Indu. Seine Frau folgte ihm sehr bald in die andere Welt. Die Söhne führten das Begräbnisritual aus. An den Geschäften der Welt waren sie nicht interessiert. Sie begannen darüber nachzudenken, welches die beste Form der Kontemplation wäre, die sie zu einem Leben wie die Götter befähigen würde.

Um ihr Ziel zu verwirklichen, gingen sie in den Wald und befassten sich mit intensiver Kontemplation und Bußübung. Sie waren wie Statuen oder gemalte Bilder. Ihre Körper verwelkten und was verblieb, wurde von Aasfressern verzehrt. Sie waren in die Kontemplation von „ich bin Brahmā der Schöpfer“, „ich bin die Welt“ und „ich bin diese gesamte Schöpfung“ versunken. Da die Gemüter der zehn ohne Verkörperung und gesättigt von ihrer starken Kontemplation waren, wurden diese Gemüter zu dem, was sie kontemplierten. So wurden ihre Gedanken zu dem, was wir hier als diese Schöpfung sehen.

Dieses Universum ist reines Bewusstsein. Sogar die Erde, die Berge usw. sind reines Bewusstsein. So wie die Gemüter der Söhne Indus sich hier als das Universum manifestiert haben, so erscheint diese Schöpfung hier als die Idee des Universums oder der Schöpfung, wie sie in Brahmā dem Schöpfer aufgetaucht ist. Daher sind alle diese Elemente, die Erde und die Berge nichts als reines Bewusstsein.

Der Töpfer des Bewusstseins hat mit der Hilfe der Töpferscheibe seines eigenen Körpers (Bewusstsein) und mit dem Ton, der ebenfalls sein eigener Körper ist, diese Schöpfung geformt. Wenn somit alle diese Kreaturen und Substanzen nicht Bewusstsein sind – was sind sie dann? Diese Schöpfung steht zum Bewusstsein in derselben Beziehung wie das Strahlen zum Juwel. All dies ist wahrhaftig Brahman – dies ist gewiss und unbestreitbar.

Wenn und sobald diese Wahrheit klar gesehen wird, gibt es unverzüglich ein Ende des Kummers. Wird diese Wahrheit dagegen nicht erkannt, wird der Kummer fest und nachhaltig. Die Schlechten und die Unwissenden sehen diese Wahrheit nicht. In ihren Augen ist dieser Samsara eine solide Realität – sie erkennen die Wahrheit nicht. Es gibt keine Formen. Es gibt weder Existenz noch Nicht-Existenz, weder Geburt noch Tod. Es gibt nichts, was man Realität und nichts, was man Nicht-Realität nennen kann. Das Höchste, das absoluter Friede ist, nimmt diese Schöpfung in sich selbst wahr und sie ist nicht unabhängig von Brahman, dem unendlichen Bewusstsein. Weshalb sollen wir dann die falsche Vorstellung einer unabhängigen Manifestation hegen? In seiner nicht befreiten Gestalt hat es tausende von Augen und Gliedern – in seiner befreiten Gestalt ist es Alles, Friede und Stille. Aber genug von all diesen Beschreibungen!

VI.2:179 VASISHTHA fuhr fort:

Alle drei Welten sind nichts als reines Bewusstsein; sie sind das unkonditionierte Gemüt (sattva). Die Elemente und die Kreaturen, die der Unwissende in dieser Welt erblickt, existieren überhaupt nicht. Wo ist angesichts dieser Wahrheit der solide Körper usw.? Was auch immer hier wahrgenommen wird, ist wahrhaftig nicht solide, sondern extrem subtiles Bewusstsein. Nur Bewusstsein existiert in Bewusstsein – Friede ruht im Frieden – Raum existiert in Raum – nur Weisheit existiert in der Weisheit.

Wo ist der Körper und wo sind die Glieder, wo sind die inneren Organe und das Skelett? Wisse, dass dieser Körper reines Bewusstsein ist wie Raum – es ist subtil und sieht doch solide aus. Die Arme sind Bewusstsein und ebenso verhält es sich mit dem Kopf und sämtlichen Sinnen. All dieses ist subtil – da gibt es nichts, was solide zu nennen wäre. Diese Welt scheint im unendlichen Raum oder Brahman wie ein Traum aufzutauchen. Wegen der eigenen Natur des unendlichen Bewusstseins scheint es als diese Schöpfung zu existieren. Daher ist es weder verursacht noch unverursacht. Natürlich gibt es ohne eine Ursache keine Wirkung. Was auch immer man mit Hilfe seines eigenen Bewusstseins ersinnt, wird dann von einem selbst so gesehen. Wie in einem Traum sämtliche Dinge überall auf jede nur denkbare Art und Weise auftauchen, so taucht die Welt im Wachzustand überall auf jede nur denkbare Art und Weise auf.

So wie die Söhne Indus durch die Macht ihrer Kontemplation zum Universum wurden, so wurde das Eine zum Vielen. Das Viele wird Eines, so wie die Ergebenen von Lord Vishnu eins mit ihm wurden. Flüsse gibt es viele, aber der Ozean ist einer. Die Zeit ist eins, auch wenn man die Jahreszeiten und die Jahre mit verschiedenen Namen benennt. Dieser Körper ist ebenfalls reines Bewusstsein und existiert wie ein Traumobjekt im Bewusstsein. Wie ein Traumobjekt ist er formlos, obgleich seine Gestalt offensichtlich als Realität erfahren wird.

Der eine Schlaf wird zu einer Zeit als Traumerfahrung und zu einer anderen als tiefer traumloser Schlaf erlebt, und doch ist der Schlaf nur einer und unteilbar. Ebenso ist das Bewusstsein eines, ob es in ihm nun ein Gewahrsein von Objekten gibt oder nicht. Was daher als die Welt erfahren wird, ist nichts als reines Bewusstsein. Der Seher (der Erfahrende), das Objekt (die Erfahrung) und der Akt des Sehens (das Erfahren) sind alle das eine Bewusstsein, welches wahrhaftig unteilbar ist. Die Erscheinung der Welt in diesem Bewusstsein als etwas anderes als Bewusstsein ist eine Illusion; sie hört auf, wenn man die Wahrheit realisiert, so wie ein Albtraum einen nicht länger verfolgt, wenn man die Wahrheit des Albtraums erkannt hat. Es sind die unendlichen Möglichkeiten des einen unendlichen Bewusstseins, die hier als die unendlichen Objekte der Schöpfung auftauchen.

Die Geschichte von Kundadanta

RÂMA sagte: VI.2:180

Hoher Herr, als ich mich einmal im Haus meines Lehrers aufhielt, betrat jemand den Raum. Er war eine äußerst strahlende Erscheinung. Er kam gerade vom Hof des Königs Videha. Er grüßte die versammelten Heiligen, und auch wir Schüler grüßten ihn angemessen. Nachdem er sich auf seinem Sitz niedergelassen und ein wenig ausgeruht hatte, fragte ich ihn: „Heiliger, du scheinst ermüdet wie von einer langen Reise. Woher kommst du?"

DER BRAHMANE erwiderte:

Ja, du hast recht: Ich suche etwas und bin müde, weil ich mich so sehr angestrengt habe, es zu erlangen. Ich werde dir nun mitteilen, weshalb ich hier bin. Ich bin ein Brahmane aus dem Land Videha. Ich werde Kundadanta genannt. Ich verlor das Interesse an den weltlichen Angelegenheiten und suchte die Gesellschaft der Heiligen und Asketen. Ich habe eine sehr lange Zeit auf dem Śrī-Berg gelebt und bin dort Bußübungen nachgegangen.

Eines Tages sah ich auf diesem Berg etwas Seltsames: Ein Asket baumelte an einem Ast, an den er mit den Füßen gebunden war. Ich grüßte ihn und ging näher zu ihm hin. Ich dachte: „Dieser Asket muss lebendig sein, da sein Körper auf die Wechsel der klimatischen Umstände reagiert." Ich blieb dort einige Tage, diente ihm und gewann sein Vertrauen. Eines Tages fragte ich ihn: „Was ist das Ziel deiner Bußübungen?" Der Asket erwiderte: „Verkörperte Wesen haben viele interessante Ziele im Leben." Ich bestand auf einer Antwort.

DER ASKET sagte:

Ich wurde in der Stadt Mathurâ geboren und bin dort auch aufgewachsen. Ich erwarb das Wissen der Schriften. Ich hörte: „Der König erfreut sich aller Arten von Vergnügen." Dieses Ziel begann mich zu inspirieren. Ich entschloss mich, zum Herrscher der ganzen Welt zu werden. Daher kam ich hierher und habe mich die letzten zwölf Jahre über mit Bußübungen befasst. Damit habe ich deine Frage beantwortet, und du kannst jetzt deiner Wege gehen. Ich werde meine Bußübungen fortsetzen.

DER BRAHMANE fuhr fort:

Ich bat ihn, für die Dauer seiner Bußübungen meine Dienste anzunehmen. Im Moment, als ich dies sagte, schloss er seine Augen und wurde wie tot. Von diesem Tag an blieb ich sechs Monate an diesem Ort und diente ihm. Eines Tages erschien ein Wesen, so strahlend wie die Sonne. Ich verehrte ihn gebührlich, während der Asket ihm mental huldigte. Dieses strahlende Wesen sprach zu dem Asketen: „Oh Asket, beende diese Askese. Ich werde dir dann den Wunsch deiner Wahl erfüllen. Du wirst zum Herrscher der gesamten Welt werden, siebentausend Jahre lang als solcher regieren und diese Zeit über diesen deinen Körper behalten." Nach dem das Wesen diese Gunst verliehen hatte, verschwand es. Nachdem es gegangen war, sagte ich zu dem Asketen: „Nun da du die Gunst deiner Wahl erlangt hast, kannst du diese Bußübungen beenden und zu deinen üblichen Pflichten zurückkehren." Der Asket akzeptierte dies. Ich durchschnitt das Seil, welches seine Füße an den Baum band. Dann gingen wir beide nach Mathurâ.

VI.2:181 DER BRAHMANE KUNDANTA fuhr fort:

Auf dem Weg nach Mathurâ verbrachten wir einige Zeit in einem Dorf namens Rodha und zwei Tage in einer Stadt namens Salim. Am dritten Tag erreichten wir einen Wald. Dort verließ der Asket die gewohnte Straße und sagte zu mir: „Lass uns zum Gaurī Ashram gehen, der nahebei liegt. Dort leben meine sieben Brüder. Wir sind acht Brüder. Obwohl wir als Individuen geboren wurden, sind wir alle in demselben Bewusstsein vereint und haben alle dasselbe Ziel vor Augen, nach dem wir streben. Deswegen sind auch sie mit Bußübungen befasst. Ich bin zusammen mit ihnen hierhergekommen und habe gleich am Anfang diesen Wald erblickt, in dem sich der Gaurī Ashram befindet. Komm, lass uns zum Ashram gehen, der einen von allen Sünden reinigt. Sogar die Gemüter und Herzen der Gelehrten und der Wissenden sind vom Wunsche beseelt, Heilige zu besuchen. Daher sollten wir den Besuch dieser Einsiedelei als einen großen Segen betrachten."

Als wir in die Nähe des Ashram kamen, sahen wir nichts als nackte Erde, als ob eine große Überschwemmung die Einsiedelei fortgeschwemmt hätte. Es gab keinen Baum, keine Einsiedelei, kein menschliches Wesen, keinen Weisen – gar nichts. Wir riefen beide aus: „Oh weh, was ist mit diesem Ort geschehen?" Wir gingen durch die Umgebung und fanden einen alleinstehenden Baum. Als wir uns diesem Baum näherten, sahen wir unter ihm einen alten Asketen sitzen, der offenbar tief in Samadhi versunken war. Wir setzen uns in seine Nähe und warteten eine beträchtliche Zeit. Er erhob sich jedoch nicht aus seiner Meditation. Dann ging ich zu ihm hin und schrie so laut ich konnte: „Oh Weiser, erhebe dich aus deiner Meditation." Da öffnete der Weise seine Augen und äußerte die folgenden Worte mit einer Stimme, die dem Brüllen eines Löwen ähnelte: „Ihr Heiligen, wer seid ihr? Was ist mit dem Gaurī Ashram geschehen, der sich hier befand? Oder hat mich etwa jemand an diesen trostlosen Ort gebracht? Was ist die gegenwärtige Epoche?" Wir waren verwirrt. Ich sagte zu ihm: „Du weißt gewiss alles, oh Weiser. Daher vermagst nur du deine eigenen Fragen zu beantworten. Weshalb versuchst du nicht, alle bisherigen Geschehnisse im Licht deiner eigenen Yogischen Vision zu betrachten?"

Nachdem ich so gesprochen hatte, ging der Weise erneut in tiefe Meditation. Mit Hilfe seiner inneren, psychischen Kräfte erfuhr er alles, was bisher geschehen war.

Der Weise blieb eine Zeitlang still und sagte dann zu uns: „Ihr Heiligen! Hört euch diese erstaunliche Erzählung an."

DER WEISE sagte:

Ihr seht diesen Baum hier. Aufgrund meiner Gegenwart hier ist er prachtvoll erblüht. Aus unbekannten Gründen verbrachte die Göttin des Lernens und der Sprache hier zehn Jahre und wurde währenddessen von den verschiedenen Jahreszeiten verehrt. Dieser Ort wurde zu einem dichten Urwald, der später als Gauri-vana (Gauri-Wald) bekannt wurde. In diesem Wald pflegten sich sogar die Göttinnen und die Frauen der Siddhas oder der vollkommenen Weisen zu vergnügen. Sogar die Götter suchten diesen Ort auf, um zu Füßen der Göttin ihre Verehrung zu erweisen.

DER WEISE fuhr fort: VI.2:182

Nachdem sie zehn Jahre hier verbracht hatte, kehrte Gauri an die linke Seite ihres Gemahls Lord Shiva zurück. Da sie diesen Baum berührt hatte, alterte er nicht mehr. Nach einer Zeit wurde der Wald zu einem gewöhnlichen Wald, der von den Menschen der Umgebung für ihre Zwecke genutzt wurde. Zu dieser Zeit war ich der König von Malaya. Ich entsagte dem Königreich und kam hierher, um Bußübungen zu praktizieren. Hier trat ich in tiefe Meditation ein. Einige Zeit später kamt ihr acht Brüder dann auch hierher. Nachdem wir hier einige Zeit verbracht hatten, gingst du fort zum Śrī-Berg, ein anderer zum Kraunca-Berg, ein anderer nach Kasi und wieder ein anderer in die Himalayas. Die verbliebenen vier setzten hier ihre Bußübungen fort. Jeder von ihnen wollte zum Herrscher der gesamten Erde werden. Alle erlangten sie die entsprechenden Gunstbeweise der Götter. Nachdem sie sich lange genug der Früchte ihrer Bußübungen erfreut hatten, kehrten alle außer dir nach Hause zurück. Ich selbst habe diesen Platz nie verlassen. Die Leute hielten mich und diesen Baum in großer Verehrung. Ich bin hier seit sehr langer Zeit. All dieses konnte ich mit Hilfe meiner Yogischen Kräfte sehen. Nun kehre auch du heim zu deiner Familie."

(Als Erwiderung auf Kundadantas Frage: „ Es gibt nur eine Erde – wie kann sie von acht Leuten gleichzeitig regiert werden?" sagte der Weise) „Dies ist nicht die einzige rätselhafte Sache, es gibt da noch andere! Tatsächlich werden alle diese acht Brüder nach der Aufgabe ihrer physischen Körper die Erde innerhalb ihres eigenen Hauses regieren. Sie werden außerdem ihre (acht) Frauen stets bei sich als ihre Sterne behalten… Denn diese ihre Frauen versanken in untröstlicher Trauer, als ihre Gatten zum Zweck der Bußübungen ihr Zuhause verließen – Frauen können die Trennung von ihren Ehegatten nicht ertragen. Auch diese Frauen nahmen dann intensive Bußübungen auf. Dies erfreute die Göttin Parvati, die ihnen daraufhin eine Gunst gewährte. Sie sprachen: „So wie du deinen Herrn liebst, so lieben wir unsere Gatten. Bitte gewähre ihnen die Unsterblichkeit!" Die Göttin wies jedoch darauf hin, dass dies gegen die natürliche Ordnung verstößt. Sie forderte sie auf, sich eine andere Gunst zu erbitten. Die Frauen baten: „Auch wenn unsere Gatten sterben und ihre Körper abwerfen, sollen sie doch unser Zuhause nie auch nur für einen Moment verlassen." Die Göttin gewährte diese Gunst und noch eine weitere, nämlich dass ihre Gatten die Erde regieren sollten. Bald danach kehrten die sieben Brüder nach Hause zurück. Heute wird auch der achte zurückkehren.

In dieser Geschichte gibt es noch etwas Wunderbares. Als die acht Brüder in den Wald zur Praxis der Bußübungen fortgegangen waren, begaben sich die trauernden Eltern begleitet von den Frauen der acht Brüder auf eine Pilgerfahrt. Auf ihrem Weg begegnete ihnen ein kleingewachsener, aschebeschmierter Asket von rötlicher Hautfarbe, der sich auf dem Weg nach einem heiligen Ort namens Kalapagrama befand. Sie verehrten ihn nicht, sondern begegneten ihm mit Argwohn. Der Asket, der in Wahrheit Durvasa war, wurde zornig und verfluchte sie: „Ihr werdet den Preis eures Hochmuts bezahlen. Eure Söhne und eure Schwiegertöchter werden zwar Gunstbeweise von den Göttern erlangen, doch werden diese in ihr Gegenteil ausschlagen!" Sie erkannten ihren Fehler und beeilten sich, die Vergebung des Asketen zu erlangen. Dieser jedoch verschwand, noch bevor sie ihn erreichen konnten.

VI.2:183 KUNDADANTA sprach:

Oh Weiser, es gibt nur eine Erde – wie können diese sieben Herrscher der Erde denn gleichzeitig regieren? Wie kann jemand zum Herrscher der Erde werden, der sein Haus niemals verlässt? Welches Schicksal erwartet eine Person, die gleichzeitig Segen (Gunstbeweise) und Fluch, welche einander widersprechen, empfangen hat?

DER WEISE sprach zum Asketen:

Du wirst selbst sehen, wie alles dieses möglich wird!

Du wirst schon bald nach Hause zurückkehren und wieder mit deiner Familie vereint sein. Im Verlaufe der Zeit werdet ihr alle sterben. Eure Körper werden von euren Verwandten verbrannt. Ihr alle werdet eine kurze Zeit lang getrennt und wie im Tiefschlaf im Raum des Bewusstseins verweilen. In der Zwischenzeit werden sich eure sämtlichen Karmas (die Gunstbeweise und die Flüche) um euch herum versammeln. Die Gunstbeweise wie auch die Flüche werden eine eigene Gestalt annehmen. Die Gunstbeweise werden einen erfreulichen Ausdruck und lotosgleiche Hände, vier Arme und einen Streitkolben haben. Die Flüche werden grimmig dreinblicken, schwarz, zweiarmig und dreiäugig sein und einen Dreizack haben.

Die Gunstbeweise werden zu den Flüchen sagen: „Verschwindet, ihr Flüche – unsere Zeit ist gekommen und ihr könnt sie nicht übertreten." Die Flüche werden zu den Gunstbeweisen sagen: „Verschwindet, ihr Gunstbeweise –es ist unsere Zeit, und niemand vermag dem zuwider zu handeln."

Die Gunstbeweise werden sagen: „Ihr wurdet von dem Weisen gemacht, aber wir wurden von der Sonne gemacht." Die Flüche werden erwidern: „In der Tat wurdet ihr von der Sonne erschaffen, aber wir sind aus einem Teil von Lord Rudra selbst geboren worden, der sogar den Devas und Göttern überlegen ist; der Weise ist ein Teil oder ein Glied von Lord Rudra." So antwortend, werden die Flüche ihren Dreizack zum Kampf erheben.

Daraufhin werden die Gunstbeweise erwidern: „Oh ihr Flüche, betrachtet nur all das Böse, welches aus eurem Hader hier erwächst. Gebt eure feindselige Haltung auf und lasst uns gemeinsam darüber befinden, was hier am besten zu tun ist. Eventuell müssen wir uns für eine Entscheidung an Brahmā den Schöpfer wenden. Weshalb nicht gleich zu ihm gehen?" Die Flüche werden zustimmen, denn wahrhaftig schlägt nur ein Narr einen weisen Rat in den Wind. Alle zusammen werden sich zu Brahmā begeben und ihn über den Disput informieren. Brahmā wird dann zu ihnen sagen: „Derjenige von euch, der die Wahrheit in sich trägt, wird den Disput gewinnen. Schaut daher nach innen und findet heraus, was sich innen befindet."

Daraufhin werden die Flüche sagen: „Wir sind besiegt, oh Höchster Herr, denn in uns gibt es nichts von Wert. Wir alle, oh Höchster Herr, sowohl die Gunstbeweise wie auch die Flüche, sind tatsächlich reines Bewusstsein – wir besitzen nicht einmal einen Körper."

DER WEISE fuhr fort:

Die Flüche werden dann noch erklären: „Das Bewusstsein, welches die Gunst gewährt durch den Geber der Gunst, lässt den Empfänger der Gunst denken: „Ich habe die Gunst empfangen." Dasselbe Bewusstsein erfährt dann die entsprechende Verkörperung und die Früchte der Gunstbeweise. Das Gewähren der Gunstbeweise durch diejenigen, die sie gewähren, als auch das Empfangen der Gunstbeweise durch diejenigen, die sie erbittet haben, setzen sich daher in ihrer beider Bewusstsein fest und bilden so einen Teil ihrer Essenz. Auf diese Weise werden sie für uns unüberwindlich. Das Reine besiegt stets das Unreine. Nur falls die Gunstbeweise und die Flüche ebenbürtig sind, erzeugen sie gemischte Ergebnisse wie mit Wasser vermischte Milch. Diese Ergebnisse werden von der Person wie in einem Traum erfahren. Höchster Herr, erlaube uns zu gehen." Die Flüche werden sich dann zurückziehen.

Es wird eine neue Situation entstehen. Jetzt werden die Gunstbeweise, die dazu führen sollten, dass die Jivas der Brüder niemals das Haus verlassen sollen, sich in einen Fluch verwandeln und den Gunstbeweis bezüglich der Herrschaft über die gesamte Erde anfechten. Der letztere wird sich zur Entscheidung der Lage an Brahmā den Schöpfer wenden. Brahmā wird sagen: „Obgleich beide Gunstbeweise, oberflächlich betrachtet, miteinander zu kollidieren scheinen, sind tatsächlich beide von ihnen bereits in Erfüllung gegangen. Denn die acht Brüder existieren nun in ihrem eigenen Haus und sind doch, seit sie ihren physischen Körper verlassen haben, gleichzeitig auch die Herrscher der gesamten Welt."

Sämtliche Gunstbeweise werden nun Brahmā ihre Zweifel vortragen: „Wir haben gehört, dass es nur eine Erde gibt. Wie ist es den acht Brüdern dann möglich, die Erde zu regieren und trotzdem in ihren Häusern zu verweilen?" Brahmā wird erwidern: „Eure Welt und unsere Welt sind reine Leere und existieren in einem subatomaren Teilchen, wie ein Traumobjekt innerhalb von einem selbst erfahren wird. Was ist denn so erstaunlich an den acht Brüdern, die in ihren eigenen Häusern die Existenz mehrerer Welten erfahren?

Gleich nach dem Tode wird diese Welt als genau das erfahren, was sie ist: als eine dichte Leere innerhalb des eigenen Gemüts. Schon in einem einzigen Atom erstrahlt die gesamte Erde – um wie viel mehr in einem Haus. Was auch immer ist, ist das unendliche Bewusstsein – etwas, was man die Erde nennen könnte, gibt es nicht." Nachdem Brahmā so gesprochen haben wird, werden sich die Gunstbeweise vor ihm verneigen und wieder ihre subtile Existenzform annehmen, nachdem sie zuvor ihre falschen Vorstellungen über eine physische Existenzform aufgegeben haben.

Sofort werden dann die acht Brüder, die sich gegenseitig nicht kennen, zu den Herrschern der Erde werden. Der eine wird Ujjaini, ein anderer Śākadvīpa, ein anderer Kusadvīpa, ein anderer Sālmālidvīpa regieren und sich beim Spiel im Wasser mit Himmelsbewohnern erfreuen. Ein anderer wird Krauncadvīpa und wieder ein anderer Gomedadvīpa regieren. Der letzte wird Puskaradvīpa regieren. So werden also beide Gunstbeweise erfüllt werden.

VI.2:184 KUNDADANTA fragte:

Wie können in einem Haus acht Erdbälle existieren?

DER WEISE erwiderte:

Das unendliche Bewusstsein ist allgegenwärtig und erstrahlt überall auf jede Weise. Das Selbst nimmt die Welt innerhalb von sich selbst wahr.

KUNDADANTA fragte erneut:

In dem einen Höchsten Herrn, der das unendliche Bewusstsein ist, wie existiert die Vielfalt, als wäre sie real?

DER WEISE sprach:

Es gibt nur ein unendliches Bewusstsein, das höchster Friede ist, während es Vielfalt überhaupt nicht gibt, obwohl sie als solche erfahren werden mag. Die Vielfalt, die scheinbar existiert, ist wie Traum und Tiefschlaf illusionär und falsch. Obgleich es da Bewegung zu geben scheint, gibt es keine – die Berge sind keine Berge. Wie in einem Traum existiert nur die Natur des Selbst als all dies. Aber sogar diese Natur existiert nicht und daher existieren auch die verschiedenen Objekte nicht. Nur das, was das unendliche Bewusstsein sich einmal vorgestellt hat, existiert immer noch so, wie es war. Nicht einmal diese Vorstellungen sind real, denn nur das unendliche Bewusstsein existiert, wie es schon immer existiert hat.

Nur das höchste Wesen existiert in den Blumen, Blättern, Früchten, Säulen, Bäumen überall und in allem als alles und als „das andere". Die beiden Ausdrücke wie „das höchste Wesen" und „das Universum" sind Synonyme. Sobald diese Wahrheit durch das Studium der Schriften, die von der Selbsterkenntnis handeln, realisiert wird, ist da Befreiung. Der Inhalt oder die Realität der Ideen und Gedanken ist Brahman oder das unendliche Bewusstsein, welches selbst der Inhalt oder die Realität der Welterscheinung ist. Daher ist die Welt Brahman. Beschreibungen und was jenseits aller Beschreibung ist, Gebote und Verbote, Existenz und Nicht-Existenz, Stille und Nicht-Stille, Jiva und das Selbst – all dies ist Brahman und nur die Realität scheint eine irreale Erscheinungsform angenommen zu haben. Was ist Aktivität und was ist Entsagung und alles andere, wenn doch all dies hier nur Brahman ist? Wie in einem Schlaf sowohl der Schlaf wie auch tausend Träume auftauchen, so tauchen in dem einen unteilbaren Bewusstsein die zahllosen Erscheinungen auf. Alle diese sind essenziell reines Bewusstsein, das extrem subtil ist. Obwohl sie sichtbar zu sein scheinen, sind sie in Wahrheit unsichtbar. Das gesamte Universum (einschließlich von Rudra, Vishnu und Brahmā) ist wie ein Traum.

In diesem einzigen Ozean des Bewusstseins taucht all diese Vielfalt mit all ihren Freuden und Leiden auf. So wie jemand mit einer Fehlsichtigkeit seltsame Objekte am Himmel sieht, so nehmen die unwissenden Menschen die Welt wahr. Die Ideen, die in Brahmā dem Schöpfer (namens Weltordnung) auftauchen, bringen all dieses hervor und erhalten es am Leben.

KUNDADANTA sagte: VI.2:

Die Erinnerung taucht auf, wenn im eigenen Bewusstsein eine vergangene Erfahrung auftaucht. 184,185 Wessen Erinnerung hat sich zu Beginn dieser Schöpfung zu dieser Schöpfung erweitert?

DER WEISE erwiderte:

Alles wird gesehen und erfahren, obwohl es zuvor noch niemals gesehen oder erfahren worden ist – wie wenn man vom eigenen Tod träumt. Zu einer Erinnerung wird das, was man wiederholt in der Form von „dies habe ich schon früher gesehen" denkt. Das eingebildete Objekt erscheint im Raum des eigenen Bewusstseins und man vermag nicht zu sagen, ob es real oder irreal ist. Nur durch die Gnade (oder die Macht) des Bewusstseins werden Träume und ähnliches überhaupt erfahren. Wie ist es dann für dieses reine Bewusstsein unmöglich, die Welterscheinung wie eine wiederbelebte Erinnerung hervortreten zu lassen? So wie man am Ende des Tiefschlafs zu träumen beginnt, so erscheinen im unendlichen Bewusstsein die drei Welten. Was man die Welt nennt, ist reine Leere. Was ist und in was es ist und von woher es ist – das, was alles ist, existiert überall und immer.

Erhebe dich nun und tue, was zu tun ist. Ich werde meine Kontemplation fortsetzen, denn ohne Kontemplation kann Kummer entstehen.

KUNDADANTA sprach:

Nachdem er so gesprochen hatte, schloss der Weise sofort seine Augen und versank in tiefer Meditation. Sein Lebensatem und sein Gemüt hatten aufgehört sich zu bewegen, und daher saß er nun still wie ein gemaltes Bild. Wir versuchten, ihn anzusprechen, aber er hörte uns nicht. Wir waren unglücklich darüber, ihn verloren zu haben. Schließlich gingen wir doch von dort fort und kamen langsam zurück zum Haus.

Im Verlaufe der Zeit verstarben sieben Brüder. Nur mein Freund, der achte Bruder, lebte noch. Auch er verschied später. Ich fühlte mich von Gram überwältigt. Ich begab mich deshalb ein weiteres Mal zu dem Weisen am Fuße des Kadamba-Baumes. Ich wartete darauf, dass er mich bemerken würde. Nach drei Monaten öffnete er seine Augen. Als Antwort auf meine Gebete sagte er zu mir: „Ich bin Samadhi oder der Kontemplation ergeben. Ich will dies keinen Moment lang aufgeben. So lange du die Wahrheit nicht immer und immer wieder vernommen und darüber immer und immer wieder meditiert hast, wird sie dir nicht restlos klar werden. Daher werde ich dir nun sagen, was du tun sollst: Gehe nach Ayodhya. Dort gibt es einen König namens Dasharatha. Sein Sohn heißt Rāma. Sein Guru Vasishtha führt Diskurse über die Mittel der Befreiung. Höre dir diese an. Dann wirst du den höchsten Frieden erlangen." Nachdem er so gesprochen hatte, trat er erneut in Samadhi ein. So bin ich an diesen Ort gekommen, um mit dir zusammen zu sein.

RĀMA sagte:

Dieser Kundadanta sitzt hier neben mir und hat andächtig diesem Diskurs über die Mittel der Befreiung gelauscht. Heute ist er daher von allen Zweifeln befreit.

VASISHTHA fragte Kundadanta:

Sage uns, was du im Verlaufe dieses Diskurses gelernt hast.

VI.2: KUNDADANTA erwiderte:

185,186 Nur das Besiegen des Gemüts führt zur Zerstörung aller Zweifel. Ich habe eine Erkenntnis erlangt, in der es keine Widersprüche gibt. All meine Vorbehalte haben sich gelegt. Ich bin fest im höchsten Zustand verankert. Ich habe dies von dir erfahren: Nur das unendliche Selbst oder Bewusstsein existiert im unendlichen Raum als diese Welt. Alles existiert überall in allem als alles und für alle Zeit. Das gesamte Universum existiert in einem Senfsamen; wird die Realität jedoch erkannt, dann existiert das Universum nicht in einem Senfsamen. Das Universum existiert in einem Haus, aber das Haus selbst ist reine Leere. Es ist nur Brahman oder das unendliche Bewusstsein, welches als all dies erscheint und als all dies erfahren wird.

VASISHTHA fuhr fort:

Es ist wunderbar, dass dieser große Mann nun die Erleuchtung erfahren hat. Er hat vollkommen erkannt, dass das gesamte Universum Brahman ist.

Nur aufgrund von Täuschung geschieht es, dass Brahman als die Welt gesehen wird. Doch ist diese Täuschung selbst Brahman, der höchster und unendlicher Friede ist. Was auch immer ist, wo, wann und wie, das ist dann dort und auf diese Weise. Was auch immer das unendliche Bewusstsein von sich selbst denkt, als das erscheint es. Das gesamte Universum (brahmanda) existiert in einem Atom des unendlichen Bewusstseins – daher ist ein Atom selbst das Universum. Das unendliche Bewusstsein ist unteilbar. Wenn dies erkannt wird, hören Bindungen von Geburt usw. auf, und das ist Befreiung. Sei, was du bist – frei von aller Pein.

Du bist das Objekt der Wahrnehmung; du bist der Seher. Du bist Bewusstsein und du bist Unbewusstheit. Du bist etwas und du bist nichts. Denn Brahman ruht in sich selbst. Es gibt nicht zwei Dinge wie Brahman und das objektive Universum – sie sind eins wie Raum und Leere. Ein intelligenter, bewusster Mensch, wenn er schläft, scheint leblos und nicht-fühlend zu sein. Auf dieselbe Weise scheint das unendliche Bewusstsein die leblosen Objekte in dieser Schöpfung zu sein. Das unendliche Bewusstsein wird später die fühlenden Objekte, so wie der schlafende Mensch zu träumen beginnt. Dies setzt sich so lange fort, bis die Person die Befreiung erlangt und realisiert, dass diese Welterscheinung ein langer Traum gewesen ist. Es geschieht aufgrund des dem unendlichen Bewusstsein eingeborenen Gewahrseins, dass es sich selbst für ein nicht-fühlendes und unbewegliches Wesen hält. Aufgrund desselben Gewahrseins hält es sich dann wiederum für ein fühlendes und bewegliches Wesen. So wie ein und dieselbe Person fühlende und scheinbar leblose Körperteile hat, so bilden all die fühlenden und nicht-fühlenden Objekte dieser Schöpfung zusammen den Körper des unendlichen Bewusstseins.

VASISHTHA fuhr fort:

Ganz am Anfang der Schöpfung sind im unendlichen Bewusstsein traumartige Gestaltungen aller Art erschienen und bestehen bis heute als diese Schöpfung fort. Bewusstsein jedoch ist unteilbar und extrem subtil – es gibt daher in ihm keinerlei Vielfalt, auch jetzt nicht. Schöpfung, Existenz und Auflösung sind in der Sichtweise von Erleuchteten wie uns inexistent. Obgleich das unendliche Bewusstsein unteilbar ist, erfährt es in sich selbst die zwei Zustände von Bindung und Befreiung, wobei die traumartige Erfahrung der Vielfalt Bindung und der schlafähnliche Zustand Befreiung genannt wird. Allein das unendliche Bewusstsein sieht: „Dies ist die Schöpfung", „dies ist die Auflösung", „dies ist Wachen" und „dies ist Träumen". Das unendliche Bewusstsein kann man mit dem homogenen Tiefschlafzustand vergleichen, während der mit einem Traum vergleichbare Teil das Gemüt darstellt. Dieses Gemüt betrachtet als Jiva sich selbst als Gott, Dämon usw., befreit aber auch alle Wesen wieder von dieser Vielfalt. Sobald dies realisiert wird, ist die Homogenität des traumlosen Schlafes hergestellt und dies wird von denen, die sich um die Befreiung bemühen, als Befreiung angesehen.

Nur das Gemüt ist all dies: Mensch, Gott, Dämon, Bäume und Berge, Kobolde, Vögel und Würmer. Nur es selbst wird zu der hier wahrgenommenen unendlichen Vielfalt, die von Brahmā dem Schöpfer bis zur Säule reicht. Es ist das Gemüt, welches den Raum über uns wahrnimmt. Das Gemüt ist die dynamische und aggressive Form des unendlichen Bewusstseins. Wenn daher die Idee des Universums im unendlichen Bewusstsein auftaucht, denken wir, dass es das Gemüt ist, welches alles hervorgebracht hat. Nur das Gemüt ist der Jiva. Es ist ohne Anfang und ohne Ende. Es ist wie Raum, der in Töpfen und Krügen enthalten zu sein scheint, ohne durch sie begrenzt zu werden. Er nimmt Körper an und gibt sie wieder auf. Realisiert es jedoch seine eigene wahre Natur, dann hört die irreführende Idee der physischen Verkörperung auf.

Das Gemüt ist wie das winzigste Teilchen eines Atoms. Das Gemüt ist die Persönlichkeit oder der Jiva. Die Welt oder die Schöpfung existiert daher in der Person oder dem Jiva. Alle in dieser Welt wahrgenommenen Objekte sind nichts als das Gemüt selbst – so wie die Traumobjekte nichts als das Gemüt selbst sind. Noch einmal: Die Person oder Jiva ist auch nichts anderes als das Gemüt. Daher ist klar, dass die Welterscheinung und das Selbst nicht verschieden voneinander sind.

Alle Substanzen, die in diesem Universum wahrgenommen werden, sind tatsächlich reines Bewusstsein. Was abgesehen von diesem Bewusstsein wahrgenommen wird, ist wie ein Traum; nur eine Idee oder ein Gedanke wie etwa das Schmuckstückhafte des Goldes.

Diese Vorstellung der Schöpfung, die im unendlichen Bewusstsein erscheint, wird das Universum genannt. Dieses Phänomen wurde verschiedentlich als sankalpa (Gedanke oder Idee) usw. beschrieben.

VASISHTHA fuhr fort:

Im Verlaufe der Zeit taucht durch die konstante Praxis von vicara oder Ergründung und des Gleichmuts im weisen Menschen (oder bei dem von Geburt an reinen Wesen) die vollkommene Erkenntnis auf, die ihn befähigt, in allem die Realität zu sehen. Daraufhin erlangt diese buddhi oder erweckte Intelligenz ihre Natur als reines Bewusstsein, frei von aller Dualität, zurück. Das unendliche Bewusstsein ist ohne Körper und nicht verschleiert; sein einziger

Körper ist sein Gewahrsein und seine Fähigkeit, alle Dinge zu erleuchten. Dadurch geschieht es, dass das Bewusstsein alles, woran es als existierend denkt, als Ergebnis seiner eigenen Gedanken wahrnimmt. Dieses gesamte Universum ist eine Idee, die im unendlichen Bewusstsein auftaucht. Auch das Selbst ist fähig dazu, in sich selbst verschiedene Gedanken auftauchen zu lassen und dann die Materialisation dieser Gedanken zu erfahren. Daher werden auch Gunstbeweise und Flüche als im Bewusstsein erscheinende Gedanken erfahren, aber sie sind von diesem nicht verschieden. So lange der Schleier der Unwissenheit noch nicht beseitigt ist und man immer noch verschiedenen Gedanken über Dualität und Vielfalt nachhängt, sind die von einer solchen Person gewährten Gunstbeweise wirkungslos.

RĀMA fragte:

Auf welche Weise verleiht eine unerleuchtete, aber rechtschaffene Person eine Gunst?

VASISHTHA fuhr fort:

Was auch immer Brahmā der Schöpfer zu Beginn der Schöpfung verfügt hat, das existiert auch heute noch. Brahmā ist nicht verschieden von Brahman, dem unendlichen Bewusstsein. Es war Brahmā, der durch seine eigene Gedankenkraft die Maßstäbe der Rechtschaffenheit, die Wohltätigkeit, die Entsagung, die edlen Eigenschaften, die Veden und weitere Schriften und die fünf großen Elemente ins Dasein gerufen hat. Er hat darüber hinaus verfügt, dass die Äußerungen (Gunstbeweise usw.) von Asketen und Wissenden Realität werden mögen. Es war Brahmā, der auch die Natur sämtlicher Substanzen hier festgelegt hat. So wie wir im Traum zu unseren eigenen Traumobjekten werden, so wird das Bewusstsein, obgleich real und bewusst, zu der unwirklichen Welterscheinung mit all ihren fühlenden und nicht-fühlenden Objekten. Die unwirkliche Welterscheinung wird dann später aufgrund beständig wiederholter Affirmation und der Überzeugung ihrer Wirklichkeit als eine Realität betrachtet. Wer sich Tagträumereien hingibt, vermag sogar Steinskulpturen wie reale Tänzer tanzen zu sehen. Ebenso wird diese Welterscheinung, die in Brahman auftaucht, als eine Realität erdacht.

Der Seher und das Gesehene sind nicht verschieden voneinander – Bewusstsein ist sich seiner selbst als Bewusstsein bewusst. Daher sieht es all das, was es zu sehen wünscht. Ich bin das unendliche Brahman, das die kosmische Person ist, deren Körper die Welt ist. Folglich sind die Welt und Brahman nicht verschieden voneinander. So wie ein bewusstes Wesen sich gelegentlich in einem unbewussten Zustand befinden mag, so existiert sogar das höchste Wesen oder das unendliche Bewusstsein als die anscheinend leblose Welt. Im Traum gibt es „Licht“ und im Tiefschlaf gibt es Finsternis, obwohl beides in ein und demselben Schlaf stattfindet. Auf dieselbe Weise scheinen Licht und Finsternis in dem einen, unendlichen Bewusstsein zu existieren.

VI.2:187 RĀMA fragte:

Wie funktioniert in dieser Welterscheinung mit aller ihrer verblüffenden Vielfalt die kosmische Ordnung (niyati)? Wie kommt es, dass von allen Himmelskörpern die Sonne so heiß ist, und wer hat verfügt, dass die Tage manchmal länger und dann wiederum kürzer sind?

VASISHTHA fuhr fort:

Die kosmische Ordnung erscheint und existiert im höchsten Wesen oder dem unendlichen Bewusstsein aufgrund von schierer Koinzidenz (wie die reife Kokosnuss zufällig beim Landen einer Krähe darauf herabfällt). Die Art und Weise, wie sie existiert, nennt man das Universum. Wegen der Unendlichkeit und der Allmacht des Bewusstseins wird diese kosmische Ordnung als erfüllt von Intelligenz gesehen. Was dann als solches existiert, nennt man die kosmische Ordnung, niyati.

Eine momentane Bewegung innerhalb des Bewusstseins wird von diesem betrachtet als: „Dies ist die Schöpfung". Gibt es dann eine weitere momentane Bewegung von Energie im Bewusstsein, betrachtet dieses es als: „Dies ist eine Epoche". Weitere Bewegungen von dieser Art der Energie im Bewusstsein werden als Zeit, Tätigkeit, Raum, Substanz usw. bezeichnet. Sogar die Form, das Sehen und der Gedanke betreffend all dies sind nur Bewegungen von Energie, die aus eigenem Antrieb im Bewusstsein, das formlos ist, auftaucht. Was auch immer so auftaucht, nennt man die Eigenschaften der betreffenden Substanz und dies wurde dann als die kosmische Ordnung bekannt.

In ihrem Wesen sind ein Augenblick und eine Epoche ähnliche Bewegungen der Energie im unendlichen Bewusstsein. Beide entstehen auf natürliche Weise im Bewusstsein und werden daher als Natur oder kosmische Ordnung betrachtet. So tauchen in dem einen Bewusstsein zahllose Substanzen mit ihren jeweils spezifischen Eigenschaften auf. Die Erde beispielsweise ist mit Festigkeit und Solidität ausgestattet und ist in der Lage, lebende Wesen zu erhalten, und das ist ihre Eigenschaft in der kosmischen Ordnung. Dasselbe gilt für die fünf Elemente usw. einschließlich der Sonne. Ihre Eigenschaften tauchen als entsprechende Bewegung von Energie im Bewusstsein auf und werden dann zur kosmischen Ordnung. Das Himmelszelt dreht sich wie ein Rad, und auch das wiederum aufgrund der Bewegung der Energie, die im Bewusstsein auftaucht. Es gibt darin mehr oder weniger strahlende Sterne, während andere überhaupt nicht leuchten. In dieser Welterscheinung sind die Eigenschaften der verschiedenen Objekte selbst verschieden. In Wirklichkeit jedoch wurden sie alle nicht als diese Objekte erschaffen. Nur das unendliche Bewusstsein erscheint als all dies. Die Art und Weise, in der diese Dinge so lange zu existieren scheinen, wie sie existieren, nennt man die Natur oder die kosmische Ordnung, niyati.

VASISHTHA fuhr fort:

Im unendlichen Raum ist das Wurzelelement des Klanges verborgen wie der Keimling im Samen. Daraus haben die närrischen Leute dann Theorien über eine materielle Schöpfung gesponnen zur Unterhaltung anderer närrischer Leute. Nichts ist jemals ins Dasein getreten, noch hört irgendetwas auf zu sein; was ist, existiert als solches fest verankert im höchsten Frieden wie das Innere eines Felsens. So wie es beim Lebewesen mit Gliedmaßen und Organen die beständige und endlose Erneuerung aller Zellen (Atome) der Organe gibt, so gibt es kein Ende der Universen im höchsten Wesen.

Das unendliche Bewusstsein wird sich eines Teils seines eigenen Seins bewusst, woraufhin das Gewahrsein darin auftaucht. Diesem folgt die Vorstellung einer Beziehung, das Wort dafür und das entsprechende Objekt. Da dieses Gewahrsein die Fähigkeit hat zur Beobachtung und Ergründung dessen, was es beobachtet, wird es als Bewusstsein erkannt.

Aus dieser Masse von Bewusstheit tauchen der Jiva und alles andere auf. Auf dieser Stufe ist er jedoch in Ermangelung der Unwissenheit noch nicht individualisiert. Sobald jedoch die Unwissenheit in ihm auftaucht, wendet er sich dem Samsara zu. Angefüllt ist er mit den ungeborenen Elementen. Auf dieser Stufe kommen der Ich-Sinn oder die Individualisierung zusammen mit dem Empfinden von Zeit zum Vorschein. Dies ist der vitale Faktor bezüglich der Existenz der Welt.

Das Bewusstsein selbst wird auf diese Weise individualisiert. In ihm taucht der Gedanke des Wurzelelements des Raums auf. Mit diesem zusammen erscheint dessen Beziehung, das betreffende Wort (der Name) und die Bedeutung (das Objekt). Später entstehen aus diesem die anderen Elemente und die vierzehn Welten.

Das Bewusstsein entwickelt schließlich den Gedanken von Bewegung. Diese Bewegung ist Luft mit den dazugehörigen Aktivitäten des Berührungssinns und des Lebens aller Wesen. Ähnlich ist es mit dem Licht, welches im Bewusstsein als das Wurzelelement der Form erstrahlt und allen Wesen ihre Form verleiht. Die Erfahrung des Sehens ist Licht, die Erfahrung der Berührung ist der Berührungssinn, die Erfahrung des Hörens ist der Gehörsinn. Ebenso tauchen die Wurzelelemente für Geschmack und Geruch auf. Obgleich als unabhängige Substanzen irreal, erscheinen sie wie im Traum als real. Alle diese verbinden sich später miteinander und erzeugen dadurch die groben Formen usw. Sie sind keine realen Wesenheiten, sondern nur Materialisationen der Vorstellungen oder Ideen, die im unendlichen Bewusstsein auftauchen.

Das, was Formen sehen lässt, nennt man Auge; das, was Töne hören lässt, nennt man Ohr; das, was Berührung erfahren macht, nennt man Haut; das, was Geschmack erfahrbar macht, nennt man Zunge; das, was Geruch erfahrbar macht, nennt man Nase (oder anstelle der Organe den entsprechenden inneren Sinn). Aufgrund der räumlichen und zeitlichen Begrenzungen bindet sich der Jiva in die kosmische Ordnung ein und wird dann unfähig, alles auf einmal zu erfahren.

VI.2:188 VASISHTHA fuhr fort:

Der Ausdruck: „Am Anfang“, der so verwendet wird, als gäbe es tatsächlich einen Anfang oder auch nur den Gedanken an eine Schöpfung, dient nur dem Zweck der Unterweisung und ist nicht die Wahrheit. Der Gedanke, der im Bewusstsein auftaucht, aber als solcher nicht vom Bewusstsein selbst verschieden ist, wird als Jiva bezeichnet, sobald er nach außen wandert, um Objekte wahrzunehmen.

Dieser Gedanke oder dieses Konzept hat verschiedene Namen und Beschreibungen. Da Bewusstsein durch ihn zu einer lebenden Wesenheit geworden ist, nennt man ihn Jiva. Da er sich des Objekts bewusst ist, wird er Bewusstsein (cit) genannt. Da er sämtliche Dinge in „dies ist dies“ einordnet, nennt man ihn buddhi (klassifizierende Intelligenz). Da er Konzepte und Wahrnehmungen ersinnt, nennt man ihn Gemüt (manas). Weil er sich selbst als „ich bin“ versteht, nennt man ihn Ich-Sinn (ahamkara). Weil er reich an Bewusstsein ist, nennt man ihn chitta (Psyche). Weil er ein Netzwerk fester Ideen webt, nennt man ihn puryashtaka. Weil er zu Beginn der Schöpfung auftaucht, nennt man ihn prakriti (Natur). Weil er nicht bekannt ist (d.h. weil er aufhört), sobald man Befreiung erlangt, nennt man ihn Unwissenheit (avidyā). Alle diese Beschreibungen gründen auf der Existenz des subtilen (ātivāhika) Körpers. Obgleich hiermit die illusorische Welterscheinung in Worte gefasst wurde, existiert sie als solche nicht.

Der ātivāhika-Körper ist nur subtile Leere. Er taucht nicht auf und muss nicht aufhören. Und doch existieren im Feld des unendlichen Bewusstseins die zahllosen Universen weiter. Der subtile mentale Körper reflektiert das Universum so wie ein Spiegel ein sich davor befindliches Objekt reflektiert.

Am Ende der Periode, die der kosmischen Auflösung folgt, denkt das höchste Wesen an den subtilen (ātivāhika) Körper, der dann im unendlichen Bewusstsein auftaucht. Dieser subtile Körper hält sich selbst für Brahmā, Virāt, Vishnu usw. Als was sich dieser subtile Körper identifiziert, als das scheint er dann zu existieren. Obwohl alle diese verschiedenen Wesenheiten erschaffen zu sein scheinen, sind sie nur eine optische Täuschung. Nichts wurde jemals erschaffen. Alles ist reine Leere, die alles durchdringt. Nur das anfangslose Brahman existiert. Aufgrund der Tatsache jedoch, dass dieser kosmische subtile Körper den Gedanken entwickelt hat, er erführe diese Vielfalt, scheint sie dann auch zu einer unwidersprochenen Wahrheit zu werden.

In diesem ātivāhika (subtilen Körper) entstehen die Gedanken oder Konzepte der physischen Körper und ihrer entsprechenden Teile, die Ideen von Geburt, Aktivität usw., die Konzepte von Zeit, Raum, Abfolge usw. wie auch die Konzepte vom Altern, Tod, von Tugenden und Mängeln, Erkenntnis usw. Nachdem der subtile Körper selber diese Konzepte heraufbeschworen hat, erfährt er das aus den fünf Elementen zusammengesetzte objektive Universum so, als würde es in Wirklichkeit existieren. Und doch ist all dies reine Illusion; wie Traumobjekte und Traumerfahrungen.

VASISHTHA fuhr fort: VI.2:189

Der kosmische subtile (ātivāhika)-Körper, der durch schiere Koinzidenz (wie beim Fallen der reifen Kokosnuss beim Landen einer Krähe darauf) als der Schöpfer Brahmā aufgetaucht ist, existiert aufgrund der eingeborenen Natur des Bewusstseins weiter. Er ist selbst das Universum. Der Seher, das Gesehene und der Akt des Sehens sind sämtlich unwirklich. Oder wenn man sie als real betrachtet, sogar dann sind sie immer noch Brahman, und nur Brahman ist real.

Der kosmische, subtile Körper entsteht aus eigenem Antrieb und wird dann selbst durch beständiges Daran-denken zu einer soliden Substanz – so wie ein Traum, wenn er länger und länger wird, als real erscheint. Auf diese Weise entsteht sogar die Materialität oder Substantialität aus eigenem Antrieb aus dem subtilen (ātivāhika)-Körper. „Ich bin dies", „ich bin das" – so erscheinen dann die Ideen, die in diesem Körper auftauchen, als Berge und die verschiedenen Himmelsrichtungen, während sie samt und sonders nur Täuschung oder optische Illusionen sind. Sobald der ātivāhika-Körper vom Schöpfer Brahmā als materiell oder aus physischen Substanzen bestehend gedacht wird, entsteht diese Materialität.

Das Bewusstsein hält sich selbst für Brahmā den Schöpfer. Dann denkt es: „Das ist der Körper" und „dies ist der Unterhalt für den Körper", womit es eine Beziehung zwischen dem Körper und seinem Unterhalt schafft, die dann zur Bindung wird. Sobald es in unwirklichen Phänomenen die Idee von Realität gibt, entsteht Bindung. Wenn viele dieser Ideen auftauchen, tritt die Vielfalt ins Dasein.

Diese Person gibt dann Töne von sich, gestikuliert und teilt alles für sie Mitteilenswerte mit. Sie singt die Mantras der Veden, nachdem sie OM intoniert hat. Schon bald befasst sie sich dann mit Hilfe all dieser Dinge mit den verschiedensten Tätigkeiten. Die Person hat die Natur des Gemüts und erfährt, was immer sie ersinnt. Es kann nicht schwierig für jemanden sein, seine eigene Natur und das, was aufgrund dieser Natur in ihm erschienen ist, zu sehen. Wenn die Person in sich selbst die Idee der Welt wahrnimmt, wird diese bald zu einer soliden Realität. Obgleich dieses physikalische und materielle Universum nichts als ein langer Traum oder Zauberkunststück ist, erstrahlt es im subtilen Körper oder in Brahmā dem Schöpfer wie etwas Wahres.

Es ist klar, dass das physikalische oder materielle Universum nirgendwo und zu keinem Zeitpunkt existiert. Der subtile Körper selbst erscheint aufgrund der Idee von Solidität, wie sie wiederholt in ihm auftaucht, als der solide Körper. Seine eigentliche Quelle ist unwirklich. Die einzige Realität in all diesem ist Brahman. Es gibt hier nichts anderes als Brahman.

VI.2:190 VASISHTHA fuhr fort: Sobald Erkenntnis zum Objekt des Erkennens geworden ist, wird es Bindung genannt. Befreiung ist, wenn die Erkenntnis aufhört, ein Objekt des Erkennens zu sein.

RĀMA fragte: Wie gelangt die feste Überzeugung davon, dass Erkenntnis das Objekt des Erkennens ist, an ein Ende?

VASISHTHA sprach: Bei vollständigem Erwachen endet die Stumpfheit der Intelligenz. Dann tritt die Befreiung, die formlos, friedvoll und real ist, ins Dasein.

RĀMA sagte: Was ist dieses vollkommene Erwachen, das vollkommene Erkenntnis ist und ein Lebewesen von der Bindung befreit?

VASISHTHA sagte: Erkenntnis hat kein Objekt, das sie kennen könnte. Erkenntnis ist unabhängig und ewig, sie ist jenseits von Beschreibung und Definition. Wenn diese Wahrheit direkt realisiert wird, gibt es vollkommene Erkenntnis.

RĀMA sagte: Worin besteht diese Getrenntheit, die zwischen der Erkenntnis und dem Objekt der Erkenntnis auftaucht? In welchem Sinne verwenden wir das Wort „Erkenntnis"?

VASISHTHA sagte: Vollständiges Erwachen oder Erleuchtung ist jñāna oder Erkenntnis. Seine Kontemplation ist der Weg zu solchem Erwachen. In Wirklichkeit gibt es keine Getrenntheit zwischen Erkenntnis und dem Objekt des Erkennens.

RĀMA sagte: Wenn sich dies so verhält, wie konnte dann überhaupt diese irreführende Sichtweise von Erkenntnis und dem Objekt der Erkenntnis auftauchen und sich fest verankern?

VASISHTHA sagte: Die Getrenntheit entsteht aufgrund des irrigen Glaubens, dass es noch etwas anderes als die Erkenntnis gibt, etwas außerhalb dieser selbst. Tatsächlich gibt es da weder innen noch außen etwas.

RĀMA sagte: All dies scheint so offensichtlich zu sein – ich, du, usw. und alle diese Elemente und die verschiedenen Wesen, die wir mit Gewissheit erfahren. Wie kann man zugeben, dass sie nicht existierten?

VASISHTHA sagte: Die kosmische Person oder Virāt und der Kosmos usw. sind ganz am Anfang der Schöpfung tatsächlich nie ins Dasein getreten. Daher hat es zu keinem Zeitpunkt ein wie auch immer geartetes „Objekt des Sehens" gegeben.

RĀMA sagte: Diese Welt war, ist und wird sein; sie wird alltäglich erfahren. Wie kann man behaupten, sie sei niemals erschaffen worden?

VASISHTHA erwiderte: Diese Welterscheinung ist so unwirklich wie die folgenden Dinge, obwohl sie als real erscheinen: Die Traumobjekte, das Wasser in der Luftspiegelung, der zweite Mond des Fehlsichtigen und die Luftschlösser.

RĀMA fragte: Wie kann man behaupten, dass „ich", „du" usw. zu Beginn der Schöpfung überhaupt nicht entstanden sind?

VASISHTHA erwiderte: Eine Wirkung entsteht aus einer Ursache, nicht aber anders herum. Während der kosmischen Auflösung, die der angenommenen Schöpfung vorausgegangen ist, gab es den höchsten Frieden, in dem es keinerlei Ursache für das Entstehen eines Universums gab.

RĀMA sagte: Auch während der kosmischen Auflösung verbleibt gewiss das ungeborene und ewige Wesen unberührt. Weshalb kann dieses nicht als die Ursache dieser Schöpfung betrachtet werden?

VASISHTHA erwiderte: In der Wirkung findet sich stets nur das, was auch in der Ursache ist. Etwas Unwirkliches kann im Wirklichen nicht existieren. Ein Stück Tuch kann nicht mit Hilfe eines Kruges produziert werden.

RĀMA sagte: Vielleicht existiert diese ganze Schöpfung während der kosmischen Auflösung in einem subtilen Zustand in Brahman dem unendlichen Bewusstsein, und es ist vielleicht nur dieses, das sich selbst während der nächsten Schöpfung manifestiert.

VASISHTHA erwiderte: Wer hat die Wahrheit einer solchen Annahme je erfahren? Weshalb also an solche Spekulationen glauben?

RĀMA sagte: Gewiss haben die Wissenden in diesem Zustand die Erfahrung gewonnen, dass es da reines und unendliches Bewusstsein gibt. Natürlich gab es keinen Raum. Die „reale" und materielle Welt kann offenkundig nicht aus der Leere entstehen.

VASISHTHA sagte: Falls dies so wäre, dann wären die drei Welten gewiss nichts als reines Bewusstsein. Für denjenigen, dessen Körper reines Bewusstsein ist, gibt es weder Geburt noch Tod.

RĀMA fragte: Dann sage mir bitte, wie diese Weltillusion überhaupt in Erscheinung treten konnte?

VASISHTHA erwiderte: In der Abwesenheit von Ursache und Wirkung gibt es weder Sein noch Nicht-Sein. Wie taucht dann also dieses „Objekt der Wahrnehmung" auf? Es tauchte gar nicht auf – das Selbst denkt an sich selbst und erfährt sich selbst dann als ein Objekt der Wahrnehmung. All dies ist nur Bewusstsein und nichts anderes.

RĀMA fragte: Das leblose „Objekt der Wahrnehmung" denkt! Der Höchste Herr, der der Seher von allem ist, wird zum Objekt. Wie ist dies möglich? Ist es dem Holz möglich, Feuer zu verbrennen?

VASISHTHA erwiderte: Der Seher wird nicht zum Objekt der Wahrnehmung, weil das letztere überhaupt nicht existiert. Der Seher ist stets nur diese eine Masse Bewusstsein.

RĀMA fragte: Das unendliche Bewusstsein nimmt in sich selbst Bewusstsein als ein Objekt wahr, wodurch die Welterscheinung ins Dasein tritt. Wie entsteht daraus das Objekt?

VASISHTHA erwiderte: Da die Ursache fehlt, taucht das Objekt überhaupt nicht auf. Daher ist das Bewusstsein auf immer frei und auf ewig unbeschreibbar und undefinierbar.

RĀMA fragte: Wenn dies so ist, wie entstehen dann der Ich-Sinn und die anderen Kategorien? Wie erfährt man die Welt?

VASISHTHA erwiderte: Da die Ursache fehlt, taucht keines dieser Dinge jemals auf. Wo ist das Objekt der Wahrnehmung? All diese sogenannten Objekte sind nur Illusionen der Wahrnehmung.

RĀMA fragte: Wie kann in diesem reinen Bewusstsein, das ohne Bewegung und daher ohne Gewahrsein eines Objekts ist, die Illusion entstehen?

VASISHTHA erwiderte: Oh Rāma, auch die Illusion gibt es nicht, weil die Ursache fehlt. All dies (ich, du und alles andere) ist der eine, unendliche Friede.

RĀMA fragte: Hoher Herr, ich bin verblüfft und weiß nicht mehr, was noch zu fragen wäre. Ich bin vollkommen erweckt oder erleuchtet – was soll ich jetzt fragen?

VASISHTHA erwiderte: Da die Ursache von all diesem fehlt, befasse dich nicht länger mit Fragen nach den Ursachen („weshalb"). Dann wirst du leicht in der höchsten, unbeschreibbaren Realität ruhen.

RĀMA fragte: Ich akzeptiere, dass es aufgrund einer fehlenden Ursache niemals eine Schöpfung gegeben hat. Aber für wen entsteht diese Verwirrung bezüglich der Erkenntnis und ihres Objekts eigentlich?

VASISHTHA erwiderte: Da die Ursache fehlt und da außerdem der eine, unendliche

Friede allein existiert, gibt es auch keine Illusion. Du ruhst noch nicht im Frieden, weil du die Wahrheit noch nicht oft genug kontempliert hast.

RĀMA fragte: Wie entsteht Kontemplation und was ist keine Kontemplation? Wir sind schon wieder in derselben Falle gefangen!

VASISHTHA erwiderte: Tatsächlich gibt es im Unendlichen überhaupt keine Illusion. Weil Bewusstsein unendlich ist und nie abnimmt, taucht in ihm dieses Konzept der wiederholten Kontemplation über diese Wahrheit auf.

RĀMA fragte: Falls all dies der eine, unendliche Friede ist, worin besteht dann die Bedeutung der Worte „Lehrer" und „Schüler" und wie ist diese Dualität überhaupt entstanden?

VASISHTHA erwiderte: „Lehrer" und „Schüler" sind beide Brahman, die in Brahman existieren. Für den Erleuchteten gibt es weder Bindung noch Befreiung.

RĀMA fragte: Wenn die Vielfalt von Zeit, Raum, Materie, Energie und alles andere nicht existiert, wie ist dann das Konzept der Einheit dieser Vielfalt entstanden?

VASISHTHA erwiderte: Die Vielfalt von Zeit, Raum, Materie, Energie (Tätigkeit) und Erfahren existiert nur in der nicht-existierenden Unwissenheit. Ein davon unabhängiges Konzept gibt es nicht.

RĀMA fragte: Wenn die Dualität von „Lehrer" und „Schüler" falsch ist, was ist dann Erwachen oder Erleuchtung?

VASISHTHA erwiderte: Erwachen wird durch Erwachen erlangt und danach wird das Konzept des „Erwachens" klar verstanden. Natürlich ist all das nur für Leute wie dich verständlich, nicht aber für uns.

RĀMA fragte: Wenn also die Erleuchtung selbst auf den Ich-Sinn bezogen ist, wird sie zu etwas anderem als Erleuchtung. Wie kann eine solche Getrenntheit im reinen, unteilbaren Bewusstsein erscheinen?

VASISHTHA erwiderte: Der Licht des Erleuchteten selbst ist das Selbst-Gewahrsein. Die scheinbare Getrenntheit oder Dualität ist wie der Wind und seine Bewegung.

RĀMA sagte: Wenn das die Wahrheit ist, ist es dann nicht möglich, die Existenz der Vielfalt (der Kenner, das Kennen und das Objekt des Kennens) zu akzeptieren, gemäß der Analogie, dass der Ozean und Wellen nicht verschieden sind.

VASISHTHA erwiderte: Wenn dies akzeptiert wird, dann ist Getrenntheit kein Fehler, obgleich die Wahrheit darin besteht, dass die Realität das eine unteilbare Bewusstsein ist.

RĀMA sagte: Hoher Herr, in wem taucht der Ich-Sinn auf, und wer erfährt diese Welterscheinung oder Illusion?

VASISHTHA erwiderte: Nur die Überzeugung von der Realität des Objekts der Erfahrung führt zur Bindung. Es genügt zu wissen, dass das Objekt nicht existiert. Da Bewusstsein alles ist, gibt es weder Bindung noch Befreiung.

RĀMA sagte: Eine Lampe beleuchtet Objekte, die daraufhin sichtbar werden. Erleuchtet auch das Bewusstsein äußere Objekte, die real sind?

VASISHTHA erwiderte: Die äußere Welt hat keine Ursache für ihre Schöpfung. Eine Wirkung taucht ohne Ursache nicht auf. Daher handelt es sich um eine illusorische Wahrnehmung.

RĀMA sagte: Ob man ihn nun als real oder irreal erachtet – ein Albtraum verursacht Pein, so lange er andauert. Ebenso steht es mit der Welterscheinung. Wie können wir dies überwinden?

VASISHTHA erwiderte: So wie der Albtraum und die durch ihn verursachte Pein beim Aufwachen aufhören, so hört der durch die Wahrnehmung der Weltillusion verursachte Kummer auf, sobald man von dieser Illusion erwacht und sich beständig der Anhaftung und des Anklammerns an die Objekte der Welt enthält.

RĀMA fragte: Wie erlangt man das Objekt, das einen glücklich macht? Wie gelangt außerdem die vermeintliche Solidität der Objekte dieses Weltraums an ihr Ende?

VASISHTHA erwiderte: Durch Erforschung des „davor" und des „danach" hört die Solidität der Substanzen auf. Durch die Kontemplation der Wahrheit, dass dies sogar für den Traum zutreffend ist, hört der Glaube an die Grobheit dieser Substanzen auf.

RĀMA fragte: Was sieht man, wenn dieser Glaube geschwächt ist? Wie hört diese Weltillusion in jemandes Sicht auf?

VASISHTHA erwiderte: In seiner Sicht besitzt die unwirkliche Welterscheinung den Charakter eines Schlosses in der Luft oder eines Gemäldes, das vom Regen ausgewaschen wurde. Sein Gemüt ist daher frei von Vasana oder psychologischer Konditionierung.

RĀMA fragte: Was geschieht danach mit ihm?

VASISHTHA erwiderte: Die Welterscheinung, die als bloße Idee existiert, verblasst. Und bald ist er vollkommen frei von den Begrenzungen und der Konditionierung.

RĀMA fragte: Gewiss hat seine Konditionierung im Verlaufe der Zeit aufgrund der viele Leben lang andauernden Wiederbelebung und Vertiefung tiefe Wurzeln geschlagen. Wie kann sie aufhören?

VASISHTHA erwiderte: Durch die Erkenntnis der Wahrheit, dass sämtliche Objekte und Substanzen im Selbst oder unendlichen Bewusstsein als verdrehte Ideen existieren, gelangt sein Anhaften an jene Substanzen (und umgekehrt) an ein Ende. Das Rad des Samsara dreht sich langsamer und stoppt irgendwann.

RĀMA fragte: Was geschieht danach und wie erlangt er den Frieden?

VASISHTHA erwiderte: Wenn so die Illusion der Solidität der Objekte aufgehört hat und sogar die Bemühungen zur Auflösung dieser Illusion an ein Ende gelangt sind, hört jedes Vertrauen in die Welt auf.

RĀMA fragte: Weshalb verursacht das Aufhören dieser Welterscheinung, die als Idee sogar im Gemüt eines Kindes existiert, keine Schmerzen?

VASISHTHA erwiderte: Wie können Schmerzen entstehen, wenn ein nicht existierendes Objekt aufgegeben wird? So lange es Gedanken, Ideen, Konzepte und Wahrnehmungen im

Verstand gibt, sollte man sich mit der Ergründung ihrer Natur befassen.

RĀMA fragte: Was ist das Gemüt (chittam), wie ergründet man dessen Natur und worin besteht die Frucht einer solchen Ergründung?

VASISHTHA erwiderte: Bewusstsein wird seiner selbst als ein Objekt gewahr und dies wird chittam (Gemüt) genannt. Die Ergründung besteht in der Ergründung seiner Aktivität. Dadurch gelangt die mentale Konditionierung an ein Ende.

RĀMA fragte: Wie ist es für dieses chittam möglich, unkonditioniert zu werden, damit nirvana erlangt werden kann?

VASISHTHA erwiderte: Ein Objekt oder eine mentale Konditionierung ist keine Realität. Daher ist auch chittam keine reale Wesenheit.

RĀMA sagte: Und doch erfahren wir ihre Existenz!

VASISHTHA erwiderte: Die Welt ist nicht das, als was sie in den Augen der Unwissenden erscheint. Das, was real ist in den Augen der Erleuchteten, ist unbeschreiblich.

RĀMA sagte: Was ist die Sicht der Unwissenden? Und weshalb ist die Sicht der Erleuchteten unbeschreiblich?

VASISHTHA erwiderte: Der Unwissende nimmt die Welt so wahr, als ob sie einen Anfang und ein Ende hätte. Der Erleuchtete sieht sie wiederum überhaupt nicht, da sie niemals erschaffen wurde und daher auch nicht existiert.

RĀMA sagte: Wie kommt es dann aber, dass wir ihre Existenz erfahren?

VASISHTHA erwiderte: Sie wird so wie ein Objekt im Traum erfahren, das in Wahrheit nicht existiert.

RĀMA fragte: Dann geschieht es wohl aufgrund der vorherigen Erfahrungen im Wachzustand, dass das Traumobjekt erfahren wird.

VASISHTHA sagte: Beziehen sich denn diese beiden Erfahrungen auf dasselbe Objekt?

RĀMA fragte: Aufgrund der durch den Wachzustand im Gemüt entstandenen Eindrücke erscheinen nur solche Erfahrungen im Traum.

VASISHTHA erwiderte: Wie kommt es dann, dass das Haus, das im Schlaf zerstört wurde, am nächsten Morgen immer noch steht?

RĀMA sagte: Natürlich ist die Realität des Wachzustandes während des Traumes nicht real. Was erscheint, ist Bewusstsein (Brahman). Wie kann aber etwas, was es zuvor nicht gegeben hat, ins Dasein treten?

VASISHTHA erwiderte: Es ist reines Bewusstsein, das zu allen Zeiten so erstrahlt, als wäre all das schon erfahren worden, unabhängig davon, ob dies auch tatsächlich der Fall ist.

RĀMA fragte: Hoher Herr, wie wird man diese Illusion los?

VASISHTHA erwiderte: Ergründe: „Wie kann es den Anschein haben, dass dieser Samsara existiert, wenn es doch keine Ursache für sein Dasein gibt?"

RĀMA sagte: Das Gemüt (chittam) ist die Grundlage für die Traumobjekte, die daher nichts anderes als das Gemüt sind. Genauso verhält es sich auch mit der Welt.

VASISHTHA sagte: Das Gemüt ist nicht verschieden von der Masse reinen Bewusstseins. Es gibt nichts anderes.

RĀMA sagte: So wie der Körper nicht verschieden von den Gliedern ist, aus denen er besteht, so ist das Universum nicht verschieden von Brahman.

VASISHTHA sagte: Daher wurde die Welt also überhaupt nicht erschaffen. Sie ist das ewige Brahman.

RĀMA sagte: Ich erkenne, dass die Illusion der Schöpfung und Auflösung der Welt reiner Zufall ist, der von den illusorischen Ideen des „ich bin der Täter" und „ich erfahre" begleitet wird.

VI.2:191 RĀMA sagte:

Hoher Herr, diese Welt ist zu allen Zeiten und auf jede Weise von der höchsten Realität erfüllt und daher entsteht sie nicht und vergeht auch nicht. Die Welterscheinung ist eine Illusion – ob sie nun als eine Illusion betrachtet wird oder nicht, so ist sie doch in Wahrheit nur Brahman.

VASISHTHA sagte: Brahman erstrahlt in sich selbst durch Zufall (wie eine reife Kokosnuss fällt beim Landen einer Krähe), und das wird durch sich selbst und in sich selbst als diese Schöpfung gekannt.

RĀMA sagte:

Hoher Herr, sage mir, wie das Licht des unendlichen Bewusstseins erstrahlen kann, bevor die Schöpfung beginnt und nachdem sie aufgelöst worden ist, und wie es zugleich mit einer Getrenntheit darin erstrahlen kann?

VASISHTHA sagte:

Gewahre das Licht des unendlichen Bewusstseins innerhalb von dir selbst durch dein Selbst. Licht wird nur in Beziehung zu etwas anderem erfahren. Da es von Anfang an keine Getrenntheit oder Dualität gab, erfahre dieses Licht innerhalb von dir selbst. Dieses Licht selbst ist der Seher, das Sehen und das Gesehene (Objekt). Dieses Licht des Bewusstseins selbst erstrahlt zu Beginn der Schöpfung als diese Schöpfung. Das eine Bewusstsein leuchtet als die Drei (das Subjekt, das Objekt und die Erfahrung) und erscheint zu Beginn der Schöpfung als die Schöpfung. Darin besteht seine Natur, nämlich dass es durch sich selbst leuchtet.

Darin besteht auch die Erfahrung von Träumen und Tagträumen oder Halluzinationen, nämlich dass das Licht des Bewusstseins auch in diesen leuchtet. Was als die Welt im Raum erstrahlt, ohne Anfang und ohne Ende, ist dieses Licht des Bewusstseins. Die Emanation seines Lichtes erstrahlt als diese Universen.

Dieses Licht des Bewusstseins leuchtet auf natürliche Weise in uns, den Erleuchteten, ohne jede Getrenntheit in Subjekt und Objekt. Zu Beginn der Schöpfung jedoch gab es weder Subjekt noch Objekt – daraus ist dann später wie die fälschliche Wahrnehmung eines Mannes in einem Baumstamm diese aus der Unwissenheit geborene Getrenntheit hervorgegangen. Da es jedoch keinerlei Ursache für diese Getrenntheit gegeben hat, ist deutlich geworden, dass sogar jetzt nur das Licht des Bewusstseins als all dies hier leuchtet.

Es gibt weder einen Wachzustand noch einen Traumzustand noch einen Tiefschlafzustand. Überall gibt es nur Brahman, das seit Beginn der Schöpfung an erstrahlt. Dieses Brahman erachtet dieses Universum als seinen eigenen Körper – was als die Welt gekannt wird, ist von Brahman nicht verschieden.

RĀMA sagte: VI.2:192

Oh weh, wie lange Zeit hindurch haben wir doch, ohne die Realität zu kennen, in Täuschung diesen unendlichen Raum durchwandert. Diese Illusion der Welterscheinung schwindet, sobald man erweckt und erleuchtet ist. Dann erkennt man, dass sie niemals war, nicht ist und niemals sein wird. All dies ist reines Bewusstsein und höchster Friede – es existiert als das Unendliche.

All dies ist in der Tat das höchste Bewusstsein, welches uns als Samsara erscheint, weil wir seine wahre Natur noch nicht richtig verstanden haben. Es ist das höchste Wesen selbst, welches als das Objekt solcher Aussagen wie: „Dies ist verschieden", „es leuchtet wie dieses", „dies sind die Welten" und „dies sind Berge" erscheint.

Zu Beginn der Schöpfung und mit dem Anfang des eigenen Lebens in der anderen Welt wie auch zu Beginn eines Traumes oder einer Träumerei gibt es nur Bewusstsein, das als sein eigenes Objekt auftaucht. Wie könnte es da ein Anderes geben? Sobald es die Idee: „Ich bin im Himmel oder ich bin in der Hölle" gibt, erfährt man dies als eine Tatsache.

Da ist kein Seher, kein Objekt, keine Schöpfung, keine Welt und nicht einmal Bewusstsein; da sind weder Wachen noch Träumen noch Schlaf. Was zu sein scheint, ist ebenfalls irreal. Wenn man ergründet: „Wie konnte diese illusorische Wahrnehmung der Nicht-Realität ins Dasein treten?", dann ist diese Ergründung unrichtig, denn wie kann eine Illusion zu einer Realität werden? Im Bewusstsein, das unanfechtbar ist, kann keine Illusion auftauchen. Was daher als eine Illusion erscheint, ist ebenfalls Bewusstsein.

Die illusorische Wahrnehmung entsteht wie der eigene Tod im Traum aufgrund von Missverständnis. Ergründet man die Natur der Realität, hört der Traum auf. Es ist hier wie mit der Furcht vor Gespenstern im Verstand des kleinen Jungen – sie wird tiefverwurzelt, sobald da keine Ergründung ist, und sie hört auf, sobald Ergründung geschieht.

Daher ist die Fragestellung: „Wie konnte das Unwirkliche ins Dasein treten" unrichtig – nur die Ergründung betreffend die Realität, nicht jedoch der Irrealität, ist sinnvoll. Was bei der Ergründung nicht realisiert werden kann, ist irreal, und falls es als real erfahren wird, ist diese Erfahrung eine Täuschung. Wenn ein Ding auch nach intensiver und langwieriger Forschung nicht entdeckt werden kann, muss es gewiss wie der Sohn der unfruchtbaren Frau inexistent sein.

Dann kann aber das Unwirkliche auch nicht zu irgendeiner Zeit existieren. Daher ist all dies hier ohne alle Schleier von der Masse des Bewusstseins durchdrungen und gesättigt. Was als die Welt erstrahlt, ist nur das höchste Wesen – nur das höchste Wesen existiert als das höchste Wesen. Es gibt da weder Licht noch Dunkelheit. Das höchste Wesen allein existiert als das, was existiert.

VI.2: RĀMA sagte:

193-194 Nur diese Realität, die anfangslos und endlos ist und welche sogar Götter und Weise nicht kennen – nur diese Realität erstrahlt. Was ist „Welt“ und was ist „Objekt“? Genug von diesen verwirrenden Debatten über Einheit und Vielfalt. Das, was schon zu Beginn war, dieser Friede ist wandellos. So wie es Raum (Entfernung) im Raum gibt, so gibt es diese Schöpfung in Brahman, dem unendlichen Bewusstsein. Sobald diese Erkenntnis im Jiva auftaucht, legt sich dieser Kobold namens Samsara zur Ruhe, obschon er immer noch zu existieren scheint. Sobald die Sonne der Unwissenheit untergegangen ist, hört die Hitze der Sorgen auf und das Tageslicht namens „Überzeugung von der Realität des Samsara“ gelangt an ein Ende. Von der Unwissenheit befreit, geht der Wissende verschiedenen Tätigkeiten nach, als Teil seines Lebensschicksals bestehend aus Geburt, Tod und Altern usw. Er existiert weiterhin, obgleich er in Wahrheit nicht existiert.

Es gibt hier weder Unwissenheit noch Täuschung, weder Kummer noch Vergnügen. Erkenntnis und Unwissenheit, Vergnügen und Schmerz sind nur Brahman allein. Im Licht der Erkenntnis wird es als Brahman realisiert – in der Abwesenheit der Erkenntnis gibt es nichts, was man als Nicht-Brahman bezeichnen könnte. Ich bin erleuchtet, und alle meine irrigen Gedanken sind zur Ruhe gekommen. Ich lebe im Frieden und im Gleichmut. Ich bin Das, und ich betrachte diese Welt nun als reine Leerheit. Vor der Erleuchtung war Brahman, aber als Unwissenheit betreffend das Selbst; nun ist dasselbe Brahman da als Selbsterkenntnis. Als Erkenntnis oder als Unwissenheit, als Gekanntes oder Ungekanntes – nur Brahman ist da zu allen Zeiten, so wie der Himmel einer ist, obwohl er leer ist; er ist ungeteilt und er ist blau.

Ich bin nirvana. Ich bin von allen Zweifeln befreit. Ich bin frei. Ich bin die Seligkeit selbst. Ich bin wie ich bin, als das Unendliche. Ich bin alles zu allen Zeiten oder ich bin nichts und im Frieden. Ich bin die eine Realität und ich bin nicht. Wunderbar ist doch dieser höchste Friede. Was zu gewinnen ist, wurde gewonnen. Die Wahrnehmung der Objekte wurde aufgegeben. Die Morgendämmerung der wahren Erleuchtung geschah und diese wird nie wieder untergehen. Die erleuchtete Intelligenz erfährt alles, als das was es ist. Zahllose Universen erscheinen und verschwinden die ganze Zeit über im unendlichen Bewusstsein. Manche werden von einigen gesehen und andere nicht. Wer kann sie zählen? Die Unterscheidung zwischen den Organen und dem Organismus ist willkürlich und rein verbal. Ebenso verhält es sich auch mit Brahman und dem Universum. Das erstere allein ist, aber das letztere nicht. Sobald dies realisiert wird, hört das Verlangen auf, und es herrscht höchster Friede, der nirvana ist.

Diese Erleuchtung wird nicht durch buddhi oder den Intellekt herbeigeführt. Sie wird auch nicht durch die Unterdrückung des Intellekts erzielt. Erleuchtung ist ihrer selbst nicht gewahr, da sie kein Objekt des Gewahrseins ist.

RĀMA fuhr fort:

Das Erwachen oder die Erleuchtung geschieht durch sich selbst, so wie das Strahlen der Sonne zur Mittagszeit. Sämtliches Verlangen und alle Wünsche gelangen im erleuchteten

Menschen an ein Ende. Nirvana taucht in ihm auf, ohne dass er es wünscht. Er ist für immer in Meditation, er ist stets in seiner eigenen wirklichen Natur verankert und sucht daher nach nichts und weist nichts zurück. Wie eine Lampe, in deren Licht sämtliche Tätigkeiten stattfinden und an denen die Lampe selbst nicht interessiert ist, lebt und handelt er und ist dabei frei von jeder Willentlichkeit.

Nur das unendliche Bewusstsein existiert – es manifestiert sich als die Schöpfung und wird dann Brahmā genannt. Wer dies zu sehen vermag, ruht im Frieden. Alle Objekte dieses Universums sind tatsächlich nicht von diesem unendlichen Bewusstsein verschieden. Jenseits davon ruhen die Wissenden im unendlichen Bewusstsein; aber das ist gänzlich unbeschreiblich und undefinierbar. Sogar Ausdrücke wie „nur das allein ist" sind unangemessen und irreführend.

Samsara ist voller Sorgen – nirvana dagegen ist vollkommen kühl. Das letztere ist die Realität, das erstere nicht. Wie die noch nicht geschnitzten Figuren im Holz existieren, so existiert Samsara im unendlichen Bewusstsein, das unteilbar ist, aber von den verschiedenen Wesen verschieden erfahren wird, von denen jedes einzelne aus diesem Bewusstsein sozusagen das herausschnitzt, was es sich wünscht, seien dies nun Vergnügen oder die Befreiung. Jedoch sind alle diese ihrem Wesen nach die Wirklichkeit selbst – so wie die geschnitzten Figuren ihrem Wesen nach nicht verschieden vom Holz sind. Das im Traum gesehene Leben oder der Tod von Verwandten hat auf den, der aus dem Schlaf erwacht, keinerlei Auswirkung – ebenso sind die Erleuchteten unberührt von der Welterscheinung.

Wenn all dies als das eine unendliche Bewusstsein gesehen wird, gibt es keinen Raum mehr für Täuschung. Das Verlangen hört auf. Das Aufhören des Verlangens verstärkt wiederum das Erwachen oder die Erleuchtung, und diese verstärkt wiederum das Aufhören des Verlangens. Dieses Aufhören des Verlangens ist das Gütesiegel der Erleuchtung. Wenn dieses Aufhören des Verlangens nicht stattfindet, gibt es keine Erleuchtung, sondern nur Gelehrtheit, was nichts anderes als Unwissenheit oder Lasterhaftigkeit ist. Wenn diese beiden einander nicht fördern, sind sie beide offensichtlich inexistent und abwesend. Das vollkommene Aufhören des Verlangens, geboren aus vollkommener Erleuchtung, ist Erleuchtung selbst. Wenn dies erlangt wird, erfährt man keinen Kummer mehr, auch wenn man weiterlebt.

Für denjenigen, der in seinem eigenen Selbst ruht und sich im Selbst erfreut, dessen Verlangen aufgehört hat und dessen Ich-Sinn abwesend ist, wird das Leben nicht-willentlich und daher vollkommene Reinheit. Nur einer in Millionen jedoch ist fähig, diesen unkonditionierten Zustand reines Seins zu erlangen.

VASISHTHA sagte: VI.2:195

Bravo, oh Rāma du bist erleuchtet! Deine Worte besitzen die Kraft der Erleuchtung. Die hier scheinbar existierende Unwirklichkeit verschwindet, wenn sie nicht mehr wahrgenommen oder wenn nicht mehr an sie gedacht wird. Dieser höchste Friede ist nirvana, und das ist die höchste Wahrheit. Dieser Zustand, in dem der Erleuchtete existiert, als würde er im Innern eines Felsens leben – ob er nun allein und in Ruhe oder mit verschiedenen Tätigkeiten befasst ist – ist der Zustand der Reinheit und das ist Befreiung. Wir leben in diesem Zustand, oh Rāma, obwohl wir beständig tätig sind. Ruhe auch du in diesem Zustand und setze deine normalen Tätigkeiten fort.

Nun, oh Rāma, sage mir, auf welche Weise du diese Welt, die als so real erscheint, als inexistent erkennst.

RĀMA erwiderte:

Diese Welt wurde von Anfang an nicht erschaffen. Wie kann man dann jetzt von ihrer Existenz ausgehen? Sie hat keine Ursache – wie kann es eine Wirkung ohne eine Ursache geben? Wandel beinhaltet das Aufhören eines Zustandes und das Auftauchen des nächsten Zustandes. In der wandellosen Realität ist dies unmöglich. Wenn man diese Welt als eine illusorische Erscheinung betrachtet, die eingebildeterweise in Brahman existiert, dann ist sie eine Illusion. Im Traum wird ein Augenblick wie ein ganzes Leben erfahren – auf dieselbe Weise wird die Zeit in dieser Welterscheinung zusammen mit der Sonne und dem Mond, auf denen die Zeit basiert, erfahren.

Im unendlichen Bewusstsein gibt es diese Idee der Schöpfung zusammen mit allen ihren Folgeerscheinungen wie Zeit, Raum usw. Diese Nicht-Wesenheit scheint zu wirken, was ebenfalls falsch ist. Das zufällige Auftauchen dieser Idee scheint anzudauern und sich zu vertiefen.

Oder man muss sie als real betrachten. Wie kann das Falsche aber auch nur scheinbar existieren? Oder vielleicht gibt es auch nichts Reales und nichts Irreales. Was ist, ist. Das was ist, ist so klar wie der Himmel, so voll wie das Innere eines Felsens, so still und friedvoll wie ein Stein und unendlich. Solcherart ist die Schöpfung. Denn diese Schöpfung existiert im reinen, unendlichen Bewusstsein, das die Wirklichkeit sämtlicher Gedanken und Konzepte ist, die zusammen sozusagen den subtilen Körper des unendlichen Bewusstseins bilden. Das reine Erfahren oder das Gewahrsein, welches in diesem Körper auftaucht, wird die Schöpfung genannt. Daher ist diese Schöpfung selbst Brahman.

Im höchsten Wesen selbst existiert das „andere" (die Schöpfung) – das letztere gehört zum ersteren und ist von diesem nicht verschieden. Daher ist dieses selbst der höchste Friede. Es gibt da weder eine Schöpfung noch eine Bewegung noch eine Aktivität. Sobald der Traum als Traum realisiert wird, verschwindet die falsche Idee. Das Gewahrsein lässt sein Objekt (die Welt) fallen und ruht im unendlichen Bewusstsein.

VASISHTHA fragte:

Weshalb sollten wir nicht davon ausgehen, dass Brahman die Ursache der Schöpfung ist, so wie der Same die Ursache für den Keimling ist?

RĀMA erwiderte:

Der Keimling im Samen wird als Keimling nicht gesehen, sondern nur als Same. Daher ist er nur Same. Auf dieselbe Weise existiert diese Welt in Brahman; sie ist nur Brahman und nicht die Welt; Brahman ist keinerlei Wandel unterworfen. Da Brahman wandellos und formlos ist, kann man unmöglich akzeptieren, dass es die Welt, die wandelhaft und mit Form versehen ist, entstehen lässt. Zu behaupten, dass diese Schöpfung im unteilbaren Brahman liegt wie der Edelstein im Schmuckkästchen, ist nur Geplapper. Auch die Theorie, das höchste Brahman sei die Grundlage des Universums, welches eine Form hat, ist nicht akzeptabel, da das Formhafte verderben muss. Das Konzept, dass diese Welt nichts als ein sich materialisierendes Traumobjekt sei, ist ebenfalls zu verwerfen, denn Traumobjekte werden von einem selbst erfahren. Wach- und Traumrealitäten gehören zwei verschiedenen Ebenen an, denn dieselbe Person, von deren Tod man geträumt hat, wird beim Erwachen wieder gesehen. Daher wird die Welt nicht einmal als ein Traumobjekt erschaffen. So wie das Traumobjekt nur Bewusstsein ist, so ist alles als die Welt wahrgenommene nur das eine unendliche Bewusstsein.

Es gibt weder etwas wie „real", „irreal", „Erfahrender" oder „Erfahrung", noch werden diese Dinge erfahren. Was auch immer ist, ist als solches unbeschreiblich. Im unendlichen Bewusstsein verschwinden alle diese Unterscheidungen zwischen „Sein" und „Nicht-Sein". Brahman existiert als Brahman in Brahman so, wie der Raum im Raum als Raum existiert. Was man als die Schöpfung kennt, ist nur das unteilbare Brahman. So wie der einmal gesäte Same zu sprießen beginnt, so wird aus der Bewegung in Brahman etwas Beschreibbares. Sämtliche Wesen im Universum sind in meinen Augen erleuchtet. Für diejenigen, die diese Welt für real halten, erscheint sie als real; für diejenigen, die Selbsterkenntnis besitzen, ist sie eine falsche Erscheinung. In Wahrheit ist nur Brahman allein.

Für die diejenigen, die die Wirklichkeit kennen, ist alles, was existiert (sowohl das Fühlende und das Leblose als auch das Bewegliche und das Unbewegliche) reine Leere. Ich bin Leere, du bist Leere, das Universum ist reine Leere. Ich verneige mich vor dem Besten aller Menschen, der wie grenzenloser Raum ist, der Kenntnis wie grenzenloser Raum besitzt und der ohne Subjekt-Objekt-Beziehung (Kenner und Kennbares) ist. Du hast alle in den Schriften beschriebenen Zustände transzendiert und bist im höchsten, nondualen Bewusstsein verankert.

Diese höchste Wahrheit wird nur in totaler Stille erlangt, nicht aber durch Logik, Debatte und Argumentation.

RĀMA sagte: VI.2:

So also, oh Weiser, ist deutlich geworden, dass die Selbsterkenntnis jenseits der Wortspiele 196,197
ist. Wie kann sie mit Hilfe der einander widersprechenden Aussagen der Schriften erlangt werden? Wenn sie so nicht erlangt werden kann – worin besteht dann der Nutzen der Schriften? Bitte sage mir, ob sich die Selbsterkenntnis aus den Anweisungen des Lehrers und dem Studium der Schriften ergibt.

VASISHTHA sprach:

Es ist wahr, oh Rāma, dass das Studium der Schriften nicht die Ursache für das Erlangen der Selbsterkenntnis ist. Die Schriften setzen sich aus verschiedenen Aussagen zusammen – das höchste Wesen dagegen ist unbeschreiblich. Jedoch möchte ich dir nun erklären, auf welche Weise das Studium der Schriften mit der Selbsterkenntnis verknüpft werden kann.

Die Einwohner eines gewissen Dorfes wurden während langer Zeit vom Unglück verfolgt. Sie hungerten und starben. Bedrückt durch Armut und Elend suchten sie nach Wegen und Mitteln, um ihren Lebensunterhalt zu verdienen. Sie entschieden, in den nahe gelegenen Wald zu gehen, um Feuerholz zu sammeln und zu verkaufen und so den Lebensunterhalt zu verdienen.

Von Tag zu Tag verdienten sie sich so ihr Leben. In diesem Wald fanden sie auch Edelsteine, die manchmal versteckt und manchmal offen zutage lagen. Von den Menschen, die in den Wald nach Feuerholz gingen, fanden einige diese kostbaren Steine, andere hervorragendes Sandelholz, andere fanden Früchte, aber andere hatten auch da kein Glück und fanden nichts außer nutzlosem Feuerholz. Diejenigen, die die Edelsteine gefunden hatten, waren sofort von Armut und Sorgen befreit.

Als alle so mit dem Sammeln von Feuerholz und dem Verdienst des Lebensunterhalts beschäftigt waren, fanden sie eines Tages den Stein der Weisen (der alle Wünsche erfüllt). Mit seiner Hilfe erhielten sie alles, was sie brauchten und wünschten und lebten für immer glücklich und zufrieden. Sie hatten nach Feuerholz gesucht, aber dabei tatsächlich den überaus kostbaren Stein der Weisen gefunden.

Die Dorfbewohner in dieser Geschichte stehen für die Menschen der Erde. Ihre Armut ist die schlimmste Art von Armut, denn es ist die Unwissenheit, die die Quelle allen Kummers ist. Der Wald der Geschichte steht für den spirituellen Lehrer und die Schriften. In den Wald gingen sie auf der Suche nach der Befriedigung ihrer Bedürfnisse – auf dieselbe Art nehmen die Menschen zur Befriedigung ihrer Bedürfnisse die Hilfe der Lehrer und der Schriften in Anspruch. Im Laufe der Zeit erlangen sie mit Hilfe der Anweisungen der Lehrer und der Schriften etwas weitaus Kostbareres als das ursprünglich verlangte. Diejenigen, die nach Feuerholz gesucht hatten, bekamen den Stein der Weisen. Menschen, die ihre Zuflucht zu den Schriften nehmen und sich dadurch die Erfüllung ihrer Hoffnungen versprechen, erlangen die höchste Wahrheit.

VASISHTHA fuhr fort:

Manche Menschen treibt die Neugierde oder der Zweifel („Was kann das Studium der Schriften wohl bewirken?") zum Studium der Schriften, während andere in ihnen den Schlüssel zu Reichtum und Vergnügen zu finden hoffen. Wieder andere nehmen das Studium der Schriften aus anderen Beweggründen auf. So wie die Dorfbewohner auf der Suche nach Feuerholz den Stein der Weisen fanden, so finden diejenigen Menschen, die die Schriften aus den unterschiedlichsten Erwägungen heraus studieren, die höchste Wahrheit. Bei all diesen Bemühungen werden die Menschen von den Heiligen angeleitet, die sich der Wohlfahrt der Menschheit verpflichtet fühlen. Die Menschen erkennen, dass die Heiligen die Schriften nicht für andere Zwecke als nur das Erlangen des höchsten, spirituellen Ziels verwenden. Durch sie inspiriert, beginnen Menschen, die Schriften zu studieren.

So wie manche Dorfbewohner Sandelholz usw. im Wald gefunden haben, so erlangen auch manche von denen, die die Schriften studieren, entweder Vergnügen, Wohlstand oder

Anleitung zu rechter Lebensführung. Nur diese drei werden in den Schriften dargelegt, während die Erkenntnis des Brahman jenseits jeder Beschreibung ist und daher in den Unterweisungen der Schriften nicht gefunden wird.

Die direkte Erkenntnis der höchsten Wahrheit wird weder durch das Studium der Schriften noch durch das Anhören der Unterweisungen des Lehrers noch durch die Verehrung der Götter erlangt. Denn sie ist jenseits von all dem. Ich werde dir nun aber sagen, weshalb diese, obwohl nicht die eigentlichen Mittel, trotzdem als Mittel zur Erlangung der Selbst-Verwirklichung betrachtet werden. Durch die Praxis der Anweisungen der Schriften wird das Gemüt rein und transparent und dann kann man – ohne es überhaupt zu wünschen – die höchste Wahrheit sehen. Die Schriften unterstützen den sātvika-Teil der Unwissenheit, der in der Reinheit des Gemüts besteht. Diese Reinheit zerstört den tāmasischen (trägen) Teil der Unwissenheit.

Nur durch ihr Erscheinen am Himmel spiegelt sich die Sonne im Ozean, ohne dass beide von ihnen die Absicht dazu hegen. Ebenso wird durch das simple Zusammentreffen von Schrift und Sucher die Wahrheit im letzteren reflektiert. Ein Kind mit schmutzigen Händen greift in den Schlamm und reibt seine Hände und wäscht sie dadurch – dadurch werden die Hände sauber. Auf dieselbe Weise reinigen die Schriften das Gemüt und das reine Gemüt reflektiert die Wahrheit.

Überall im Himmel gibt es Licht, aber nur durch das Zusammentreffen mit einem reflektierenden Objekt gibt es Beleuchtung. Auf dieselbe Weise gibt es Erleuchtung, wenn die Schriften (oder der Guru) mit dem Sucher zusammentreffen. Daher wird die höchste Wahrheit realisiert, sobald man mit Hilfe der Worte des Lehrers, Satsang (Gemeinschaft mit Heiligen), Selbstbeherrschung und Geisteskontrolle über die wahre Bedeutung der Schriften nachdenkt.

VASISHTHA fuhr fort: VI.2:198

Noch einmal werde ich dir etwas mitteilen, oh Rāma, bitte leihe mir dein Ohr. Durch wiederholtes Anhören der Wahrheit wird sogar die unwissende Person erweckt.

Zu Beginn habe ich das sthiti prakaranam dargelegt, in dem die Wahrheit betreffend die Schöpfung dieses Universums enthüllt wurde. Danach habe ich das upasānti prakaranam dargelegt, in dem die Mittel zur Überwindung dieser Weltillusion behandelt wurden. Nachdem man von dieser Weltillusion frei geworden ist, sollte man hier ohne mentale Erregung und Qual leben. Man sollte in dieser Welt leben im Zustand des Gleichmuts, der sämtliche Segnungen verleiht und selbst die höchste Form der spirituellen Tröstung darstellt, der der größte Reichtum ist und das eigene Glück fördert. Der Gleichmut lässt die Reinheit wachsen. Aus dem Gleichmut ergeben sich all die anderen edlen Qualitäten. Gleichmut kann mit keinem Segen und keinem Wohlstand in der Welt verglichen werden. Er setzt allem Kummer ein Ende. Selten sind die Seelen, die im Gleichmut verankert sind und für die alle Freunde sind.

Für denjenigen, der im Gleichmut verankert ist, bedeuten die Sorgen Glück und der Tod neues Leben. Wer kann die Größe desjenigen ermessen, der ohne Jubel und Niedergeschlagenheit lebt; der tut, was getan werden muss und wie es getan werden muss; der das, was zu sehen ist, als das sieht, was es ist. In einen solchen Menschen, der ein natürliches Leben führt, haben Freunde und Verwandte, Feinde und Könige das allergrößte Vertrauen. Durch solch eine natürliche Lebensweise wird niemand verletzt, auch wenn er zornig werden sollte. Die Menschen applaudieren dem, was er tut oder was er isst sogar dann, wenn er andere überwältigt oder zurechtweist: denn er ist im Gleichmut verankert. Sie applaudieren dem, was er jetzt tut oder in der Vergangenheit getan hat, ob dies nun gut oder nicht so gut gewesen ist.

Diejenigen, die im Gleichmut verankert sind, erleben keinerlei Verzweiflung, ob sie nun dem Glück oder großem Unglück ausgesetzt sind.

(Es folgen knappe Hinweise auf einige große Männer, die sich gern für das Wohl der anderen aufopferten und selbst in den schlimmsten Notlagen unberührt blieben: König Śibi, der König, dessen Frau in seiner Gegenwart beleidigt wurde; Yudhisthira, der König von Trigarta, König Janaka, der König von Sālva, Sauvirā, Kandapa, der Dämon des Kadampa-Waldes, Jada Bharata, der edle Jäger; der Weise Kapardana. Zwei Faktoren sind wichtig: 1. Diese Beispiele des Gleichmuts entstammen unterschiedlichen Lebensläufen, 2. historisch gesehen sind viele von ihnen nach Ramas Zeit.)

Alle diese haben den Gleichmut erlangt und wurden daraufhin sogar von den Göttern verehrt, obgleich unter ihnen nicht nur Könige, sondern auch gewöhnliche Menschen waren. Daher sollte man in allen Umständen des Lebens – im Erfreulichen und Unerfreulichen, in Ehre und in Schande – den Gleichmut erlangen.

VI.2:199 RĀMA fragte:

Weshalb haben diese Weisen, die ständig in der Seligkeit der Selbsterkenntnis waren, nicht sämtlichen Aktivitäten entsagt?

VASISHTHA erwiderte:

Sie hatten alle Gedanken an: „Dies ist wünschenswert" und „dies ist nicht wünschenswert" aufgegeben. In ihrem Fall wurden daher das Aufgeben von Tätigkeiten wie auch die Tätigkeit selbst bedeutungslos. Daher taten sie, was zu tun war so, wie es zu tun war.

Rāma, so lange es Leben gibt, lebt und arbeitet und bewegt sich der Körper. Dies soll so weitergehen, weshalb sollte man etwas anderes wünschen? Weshalb nicht einfach das Richtige tun, sobald es irgendwann etwas zu tun gibt? Was man mit einem reinen und klaren Verstand tut, der im Gleichmut ruht, ist recht und angemessen und niemals mangelhaft. Unter uns, oh Rāma, gibt es viele, die in fehlerhafte Tätigkeiten involviert waren, ohne dabei ihre Weisheit oder Klarsicht aufgegeben zu haben.

Es gibt manche Befreite, die als Haushälter leben, dabei aber ohne jede Anhaftung sind. Dann gibt es die königlichen Weisen, die wie du ihre königlichen Pflichten ohne Anhaftung und ohne Erregtheit ausüben. Wieder andere üben die von den Schriften vorgegebenen Pflichten und Riten aus. Andere sind Gott und der Meditation und ihren eigenen Pflichten ergeben. Dann gibt es wieder solche, die im Innern alles aufgegeben haben, aber wie scheinbar

Unwissende leben und mit allerhand Tätigkeiten befasst sind. Es gibt solche, die in dichten Urwäldern leben und in tiefe Meditation versunken sind. Es gibt andere, die an heiligen Orten leben. Es gibt solche, die in fernen Ländern umherziehen, um so alle ihre Zu- und Abneigungen vollständig loszuwerden. Manche wandern ständig von Ort zu Ort.

Einige haben ihre natürlichen Pflichten aufgegeben, während andere ihnen ergeben sind. Manche benehmen sich wie weise Männer und andere wie Verrückte. Manche sind Menschen, andere dagegen Götter oder Dämonen.

Es gibt in dieser Welt die vollständig Erleuchteten, die unerleuchteten und die Halb-Erleuchteten, wobei die letzteren die rechten Handlungen auch aufgegeben haben und daher weder hier noch dort sind. Das Waldleben ist für die Befreiung nicht Bedingung, man muss auch nicht in seinem Heimatland wohnen oder ein asketisches Leben führen noch die Tätigkeiten aufgeben. Die Befreiung wird von demjenigen erlangt, dessen Natur gänzlich frei und unangehaftet ist. Wessen Gemüt frei und unangehaftet ist, verwickelt sich nicht wieder im Samsara. Oh Rāma, du bist selbst der höchste Zustand. Bleibe was du bist, frei von Zu- und Abneigungen und sei verankert in der höchsten Wahrheit. Es gibt in diesem Brahman keine Unreinheiten, Wandel, Schleier, Verlangen oder Aversionen. Mehr gibt es darüber nicht zu sagen.

VALMIKI sprach: VI.2:200

Nachdem er so seinen Diskurs über nirvana abgeschlossen hatte, blieb der Weise Vasishtha stumm. Sämtliche Teilnehmer der Versammlung waren nun im höchsten (nirvikalpa) Samadhi oder der Kontemplation versunken. Die vielen Himmel erklangen vom Jubel der versammelten Weisen und Heiligen. Die Himmelswesen ließen ihre Trommeln und andere Instrumente ertönen. Es regnete Blumen.

DIE SIDDHAS (die Vollkommenen) sprachen:

Seit dem Beginn dieser Epoche sind uns schon viele Diskurse über die Mittel der Befreiung zu Ohren gekommen, aber noch keiner wie dieser. Sogar die Tiere und die Kinder werden erleuchtet, wenn sie die Worte des Weisen hören.

DER KÖNIG DAŚARATHA sprach:

Hoher Herr, in dieser Welt gibt es nichts, womit du angemessen verehrt werden kannst. Höre jedoch mein Gebet und sei nicht beleidigt. Ich bete dich an und verehre dich durch mich selbst, meine Familie und die von mir erworbenen Verdienste wie auch all die guten Taten, die ich hier und in der anderen Welt getan habe. All diese sind dein, oh hoher Herr. Wir nehmen nun deine Befehle entgegen.

VASISHTHA sprach:

Wir sind mit der Verehrung zufrieden, oh König. Für mich ist dies genug. Nur du weißt, wie die Welt zu regieren ist.

RĀMA sagte:

Hoher Herr, was kann ich dir anbieten? Ich falle dir zu Füßen!

Nach ihm verehrten auch die Brüder den Weisen. Dann verehrten die Könige und alle anderen, die von weither gekommen waren, um den Weisen anzuhören, diesen mit Blumen. Vasishtha wurde buchstäblich mit Blumen bedeckt.

Nachdem all dies beendet war, sprach VASISHTHA:

Oh ihr Weisen, bitte sagt mir, ob es in diesem Diskurs Mängel, Unzulänglichkeiten oder falsche Unterweisung gegeben hat?

Die VERSAMMELTEN WEISEN erklärten:

In deinem Diskurs, oh hoher Herr, gab es nicht den kleinsten Misston. Er war immer von der höchsten Wahrheit durchdrungen. Du hast den Schleier der Sünde gelüftet, der unsere Gemüter und Herzen bedeckte. Unser Herzenslotos ist voll erblüht. Wir verehren dich – du bist unser Guru.

Nachdem sie so gesprochen hatten, riefen sie mit einer Stimme aus: „Verehrung! Verehrung! Verehrung sei dir!" Wieder ließen sie Blumen auf ihn herabregnen. Die versammelten Weisen priesen auch König Dasharatha, der die Versammlung einberufen hatte. Sie priesen Rāma. Sie grüßten Rāma und seine drei Brüder. Sie priesen die Weisen Vasishtha und Vishvāmitra. Denn nur durch die Gnade von all diesen konnten sie dem erlesenen Diskurs von Vasishtha lauschen, der die Täuschung unverzüglich zerstreut.

So verehrten sie alle wieder und wieder den Weisen Vasishtha.

VI.2: Schließlich fragte VASISHTHA Rāma:

201,202 Oh Rāma, was willst du noch von mir wissen? Wie nimmst du diese Welterscheinung nun wahr? Wie ist deine innere Erfahrung?

RĀMA erwiderte:

Durch deine Gnade habe ich die höchste Reinheit erlangt und sämtliche Unreinheiten wurden weggespült. Alle meine Missverständnisse und Täuschungen sind verschwunden. Meine Fesseln wurden gesprengt. Mein Verstand ist nun klar wie ein Kristall. Mein Gemüt verlangt nicht nach weiteren Instruktionen.

Ich habe mit nichts etwas zu tun – weder mit Instruktionen noch mit irgendwelchen Objekten, weder mit Verwandten noch Schriften und nicht einmal mit der Entsagung. Ich gewahre die Welt als das reine, unendliche, unteilbare Bewusstsein. Die Welt ist wie eine Leere, die im selben Moment verschwindet, in dem die Illusion aufhört. Ich werde tun, was auch immer du wünschest, dass ich tue. Ich werde leben und das tun, was ich zu tun habe oder zu tun wünsche, ohne Frohlocken oder Niedergeschlagenheit, denn meine Täuschung ist verschwunden. Auch wenn diese Schöpfung etwas anderes wird oder die Winde der kosmischen Auflösung toben oder dieses Land zu Wohlstand gelangt – ich bin in der Selbsterkenntnis verankert. Ich bin im Frieden. Meine Sicht ist klar. Mein wahrer Zustand kann nur schwer gesehen und verstanden werden. Ich bin frei von Hoffnungen und Wünschen. Ich werde leben und regieren wie die anderen Könige, ob diese nun erleuchtet oder unwissend sind, ohne alle mentale Erregung und mit ausgeglichener Sicht. So lange dieser Körper lebt, werde ich dieses

Königreich regieren, mit reiner Sicht und ohne Zweifel betreffend die Natur dieses Samsara – so wie ein Kind mit Spielen beschäftigt ist.

VASISHTHA sprach:

Bravo, oh Rāma, du hast wahrhaftig den höchsten Zustand jenseits von Freude und Leid erlangt und alles transzendiert, was in dieser und der nächsten Welt vorkommt. Erfülle nun die Wünsche des Weisen Vishvāmitra und regiere das Königreich.

Nachdem die Versammlung erneut ihren Jubel zum Ausdruck gebracht hatte, sagte RĀMA:

Hoher Herr, du hast unsere Herzen gereinigt wie das Feuer Gold reinigt. Diejenigen, die ihre Körper als alles betrachtet hatten, sehen nun das gesamte Universum als das Selbst an.

Ich habe die Fülle des Seins erlangt. Ich bin von allen Zweifeln befreit. Ich bin voll ewiger, ungetrübter Seligkeit. Ich frohlocke in meinem eigenen Herzen, das durch die nektargleichen Worte der höchsten Wahrheit gereinigt worden ist. Durch deine Gnade habe ich den Zustand erreicht, in dem die gesamte Welt als die ewige, unsterbliche und unendliche Wirklichkeit erscheint.

VASISHTHA sprach zu Rāma; VI.2:

Oh Rāma, du hast nun alles gehört, was wert ist zu hören und weißt nun alles, was wert ist 203,204
zu wissen. Was ich dir gesagt habe und was du den Schriften entnommen hast, bringe nun durch deine eigene direkte Erfahrung in den Zustand der Harmonie.

Noch einmal werde ich dir die höchste Wahrheit darlegen: Der Spiegel strahlt mit umso größerer Klarheit, je mehr er gereinigt und poliert wird. Alle Dinge hier sind das Maß des eigenen Gewahrseins oder der eigenen Erfahrung. Sämtliche Klänge sind wie die Klänge fließenden Wassers. Alles hier Gesehene ist die illusorische Erscheinung des unendlichen Bewusstseins. Diese Welt ist wie ein Traum aufgetaucht. Was man die Realität des Wachzustands nennt, ist ein Traum und ist nicht verschieden vom Bewusstsein, das die einzige Wirklichkeit ist. Daher ist die Welt wahrlich ohne Form.

Sage mir, oh Rāma, wie die Erde und alles andere in dieser Traumstadt erscheinen? Wer hat dies alles ausgearbeitet, worin besteht ihre wahre Natur und worin ihre Funktion?

RĀMA sagte:

Nur das Selbst oder das unendliche Bewusstsein ist die Wirklichkeit von all diesem hier – von der Erde, den Bergen usw. Das Selbst ist wie Raum, formlos und ohne Grundlage. Alles hier wurde überhaupt nicht erschaffen. Diese Idee, die im Bewusstsein auftaucht, ist das Gemüt, und das Gemüt allein existiert als all dies.

Zeit, Raum und alles andere sind Erscheinungen des Bewusstseins. Auch die Berge sind nichts als Bewusstsein. Alle Elemente sind Bewusstsein. Es ist das Bewusstsein allein, welches die Essenz der Eigenschaften aller Elemente wie die Festigkeit der Erde, die Flüssigkeit des Wassers usw. ist. In Wahrheit jedoch existieren die Erde und die anderen Elemente überhaupt nicht, denn nur das unendliche Bewusstsein existiert. Aufgrund der Flüssigkeit des Wassers lässt der Ozean die Wellen und die Strömungen entstehen, und dank der unendlichen Möglichkeiten des Bewusstseins kann es als verschieden und vielfach erscheinen. Sobald in ihm die Idee der Solidität und der Härte auftaucht, wird es zum Berg – und so verhält es sich auch mit allen anderen Objekten. Bewusstsein wird niemals dem geringsten Wandel unterworfen. Die Ideen von „ich", „du" usw. tauchen darin ohne jede Ursache und ohne einen Grund auf; sie sind nicht verschieden vom Bewusstsein.

Das Gemüt, buddhi, der Ich-Sinn, die fünf Elemente und diese ganze Welterscheinung existieren im unendlichen Bewusstsein, ohne von diesem verschieden zu sein. Nichts wurde jemals erschaffen – nichts geht verloren.

VI.2:205 RĀMA fragte:

Wenn also das unendliche Bewusstsein alles ist und die Welt nur ein Traum, wie erscheint dann dieses Bewusstsein im wachen Traumzustand als verkörpert?

VASISHTHA erwiderte:

Was auch immer man im Traum oder Wachzustand erblickt, hat keine andere Grundlage als Raum. Es ist aus Raum geboren und besitzt selbst die Natur von Raum (Leere). Raum ist nichts anderes als das unendliche, höchste Bewusstsein. Nichts, nicht einmal dieser Körper, wurde jemals erschaffen und daher existiert nichts. Das unendliche Bewusstsein erfährt die Existenz von all diesem wie in einem Traum. Diese Erfahrung existiert im Bewusstsein wie eine solide Schöpfung. Die Vielfalt, die aufgrund der grenzenlosen Möglichkeiten im unendlichen Bewusstsein auftaucht, lässt dann scheinbar die Vielfalt der verschiedenen Kreaturen entstehen.

RĀMA fragte:

Du hast davon gesprochen, dass da zahllose Schöpfungen seien. Du sagtest ferner, dass sie von verschiedenen Wesen bewohnt sind mit verschiedenen Eigenschaften und Funktionen. Bitte sage mir, wie unter all diesen diese Schöpfung hier existiert.

VASISHTHA erwiderte:

Wenn der Lehrer das darlegt, was zuvor weder erfahren noch gesehen noch jemals gehört wurde, bedient er sich entsprechender Illustrationen, die das Erfassen und Erschließen der Wahrheit erleichtern. Du kennst jedoch jetzt die Natur dieses Universum.

Nur das eine, unendliche Brahman existiert ohne einen Anfang und ohne ein Ende – ohne Form und ohne Wandel. Im unendlichen Raum, der von Brahman durchdrungen ist, existiert dieses Universum als nicht verschieden von Brahman. Das Universum ist ebenfalls anfangslos und endlos. Dieses Universum ist das, was das unendliche Bewusstsein als sich selbst betrachtet und was es in sich selbst erfährt. Das unendliche Bewusstsein betrachtet diese Erfahrung als das Universum. Folglich ist dieses unwirklich wie das Traumobjekt des Träumenden.

Weder sind die Berge hart noch die Gewässer flüssig. Als was, wie und wo sich das unendliche Bewusstsein selbst sieht, das erscheint dann auch so. Ein Berg taucht in einem Traum auf und existiert dann als ein Nichts im Nichts – mit dem Universum verhält es sich ebenso, denn es ist der Traum des unendlichen Universums. Brahman allein existiert jederzeit als Brahman – nichts wird jemals erschaffen oder zerstört. In Brahman gibt es weder Vielfalt noch Nicht-Vielfalt. In ihm sind sämtliche Konzepte wie Einheit, Vielfalt, Wahrheit, Falschheit usw. bedeutungslos.

VASISHTHA sagte: VI.2:206

Das was ohne jede Ursache zu existieren scheint, ist nicht – folglich ist als einziges nur Das (die Realität).

Ich werde dir nun für die Vertiefung deines Verständnisses von einer interessanten Frage erzählen, dir mir einmal gestellt wurde. Es gibt eine Insel namens Kusadvipa. Darauf befand sich eine Stadt namens Ilāvatī. Sie wurde von dem König Prajnapti regiert. Einmal traf ich mit ihm zusammen. Nachdem er mich verehrt hatte, stellte er mir die folgende Frage:

„Was waren der Grund und die Ursache für die Schöpfung des Universums, nachdem das gesamte sichtbare Universum aufgelöst worden ist? Was ist dieses Universum? Einige Teile sind immer von der Finsternis verhüllt, während es anderswo von Würmern bewohnt wird. Wie tauchen diese die Welt konstituierenden Elemente auf und wie wurden das Gemüt, buddhi usw. erschaffen? Wer ist der Schöpfer von all diesem und wer nimmt es wahr? Wer hält es aufrecht?

Offensichtlich gibt es keine endgültige Auflösung des Universums. Jedes Lebewesen erfährt das, was es wahrnimmt. Was ist dann unzerstörbar und was ist real? Wenn jemand hier stirbt und der Körper kremiert wird, wer erzeugt dann einen Körper für ihn in der Hölle, um dort die nötigen Erfahrungen zu machen? Gewiss weder Tugend (Dharma) noch Untugend (Adharma), da diese subtil und formlos sind. Aber die Behauptung, dass „die andere Welt" nicht existiert, erscheint gleichermaßen irrig, denn dies widerspricht den Aussagen der Schriften.

Es ist absurd zu behaupten, dass jemand, der formlos ist, Erfahrungen wie etwa Bestrafungen erleiden kann. Sage mir auch, wie die Substanzen hier dem Wandel unterworfen sind. Worin besteht der Nutzen der Schriften, die von Geboten und Verboten handeln? Was meint die Schriftstelle, dass zuerst das Unwirkliche existierte und dass es später wirklich wurde? Wenn Brahmā der Schöpfer der Leere entsprungen ist, weshalb hat dann die Leere nicht noch irgendwo weitere Schöpfer entstehen lassen? Wie haben die Kräuter usw. ihre Eigenschaften und ihre Natur erhalten? An einem heiligen Ort leben zur selben Zeit zwei Leute, von denen einer ein Freund und der andere ein Feind von jemandem ist. Der Freund betet für ein langes Leben und der Feind für einen frühen Tod. Wessen Gebete werden erfüllt? Falls tausend Menschen wünschen: „ Ich möchte ein Mond am Firmament sein", weshalb kann es dann nicht tausende von Monden geben, die zur selben Zeit scheinen? Falls tausend Männer meditieren und dafür beten, dass sie alle eine bestimmte Frau als Ehegattin erhalten und zur gleichen Zeit diese Frau meditiert und betet, dass sie Jungfrau bleibt – worin besteht dann das Ergebnis?

Wie erfahren die Verstorbenen in Abwesenheit ihrer Körper die Früchte der Begräbnisse und der nachfolgenden Rituale?“

VI.2:207 VASISHTHA sagte:

Oh König, höre zu. Ich werde deine Fragen auf eine Weise beantworten, die alle deine Zweifel zerstreut.

Sämtliche Dinge in dieser Welt sind auf immer unwirklich, aber gleichzeitig auch real, weil das Bewusstsein ihr Inhalt und die einzige Realität ist. Was dieses Bewusstsein als „dies ist so und so“ festlegt, wird dann auch so, ob es nun real oder irreal ist. Darin besteht die Natur des Bewusstseins.

Dieses Bewusstsein stellt sich einen Körper vor und wird daraufhin dieses Körpers gewahr. Es ist das Selbst-Gewahrsein, welches sich des Körpers gewahr wird – nicht umgekehrt. Zu Beginn der Schöpfung gab es nichts anderes – nur Bewusstsein war da. Die Welterscheinung tauchte daher in diesem Bewusstsein wie ein Traum auf. Wie auch immer sich das Bewusstsein die Welt vorstellte, dazu und nur dazu wurde sie. Was sonst ist diese Welt? Da die Welt nichts anderes als Bewusstsein oder Brahman ist, wird sie so von den Schriften beschrieben.

Jedoch gründen die törichten und unwissenden Menschen wie der Frosch in dem toten Brunnen ihr Verständnis auf den Erfahrungen des Augenblicks und werden so aufgrund ihres falschen Verständnisses zu dem irreführenden Glauben geführt, dass nur der Körper die Quelle von Erfahrung und Gewahrsein sei. Mit diesen Leuten haben wir nichts zu schaffen. Ein Mensch, der sich als unfähig erweist, Zweifel zu zerstreuen, muss als unwissend betrachtet werden, wie klug er auch immer sein mag. Wenn Selbst-Gewahrsein ein Charakteristikum des physischen Körpers ist, warum empfindet der Leichnam dann nichts?

Die Wahrheit lautet anders herum: Es ist das Bewusstsein Brahmans, des unendlichen Bewusstseins, welches als dieses Universum erscheint wie Traumobjekte in deinem Bewusstsein auftauchen. Brahman ist das unendliche Bewusstsein und ersinnt die Traumstadt, welche virāt oder die kosmische Person ist. Diese kosmische Person ist der Schöpfer Brahmā und auch reines Bewusstsein, obgleich man sie als das Universum bezeichnet.

Was auch immer in dieser Traumstadt von Brahmā dem Schöpfer ersonnen wird, wird hier auf dieselbe Art und Weise erfahren. Der Körper verfügt daher über zwei Zustände, nämlich den lebendigen und den toten. Auf dieselbe Weise erscheint und verschwindet diese Schöpfung. Sie hat keine andere Ursache als Brahman, da es nichts anderes als Brahman gibt. Ob der Körper existiert oder nicht existiert, dieses Bewusstsein erfährt stets und überall das, dessen es sich gewahr ist – vor und nach dem „Tod“. Nur Bewusstsein ersinnt die andere Welt“ und erfährt sie dann als solche.

Diese illusionären Erfahrungen hören nicht auf, bis man seine Zuflucht zu den rechten Mitteln der Befreiung nimmt und das Erwachen erlangt, sodass die mentale Konditionierung aufhört und das Bewusstsein unkonditioniert wird.

VASISHTHA fuhr fort: VI.2:208

Was und wann auch immer das unendliche Bewusstsein ersinnt, das erfährt es auch. Auch Gunstbeweise und Flüche beziehen ihre Macht aus dem unendlichen Bewusstsein. Es geschieht dank der entsprechenden Vorstellung im Bewusstsein, dass Gebote und Verbote ihre Autorität und ihre Macht erlangen.

Weil das verkörperte Wesen in dieser Welt nicht begreifen konnte, was vor dem Anfang der Schöpfung existierte, wurde gesagt, dass zuvor nur das Nicht-Sein existierte. Existenz und Nicht-Existenz, Schöpfung und Auflösung sind wie Öffnen und Schließen der Augen des unendlichen Bewusstseins. Die eigentliche Natur des unendlichen Bewusstseins besteht darin, dass unaufhörlich Schöpfungen auftauchen und wieder verschwinden – so wie du in deinen Tagträumereien mentale Bilder in einem Augenblick erschaffst und wieder verschwinden lässt. Und doch sind all dies nur mentale Bilder, die im unendlichen Bewusstsein auftauchen; es selber tut überhaupt nichts.

Da das unendliche Bewusstsein überall zu allen Zeiten ist, gibt es in ihm keine Barrieren; es kann jederzeit und an jedem Ort Bilder entstehen lassen. Gebote und Verbote existieren nur für die Erhaltung der sozialen Strukturen. Aber da sie alle im Bewusstsein verankert sind, können sie Resultate erzeugen, auch wenn jemand aus dieser Welt abgegangen ist.

Brahman tritt weder ins Sein, noch hört es auf zu sein. Sobald jedoch in ihm die Subjekt-Objekt-Beziehung auftaucht, spricht man davon, dass es ins Sein getreten ist; und das Objekt wird Schöpfung genannt. Wenn Brahman diese Beziehung aufgibt und in sich selbst als es selbst verweilt, spricht man davon, dass Brahman als unendlicher Raum und höchster Friede existiert. Diese beiden (die Existenz und die Nicht-Existenz der Beziehung) sind natürlich für Brahman – wie Bewegtheit und Unbewegtheit natürlich sind für den Wind.

Altern, Tod usw. und auch die Unterteilungen der Zeit tauchen im unendlichen Bewusstsein wieder und wieder auf, so wie in deinen Tagträumen immer wieder Bilder auftauchen. Auf dieselbe Weise sind auch die Kräuter, die Heilpflanzen und die verschiedenen Objekte in den drei Welten entstanden. Nur das eine unendliche Bewusstsein erscheint als diese unendliche Vielfalt aufgrund der unendlichen (bewussten) Bilder, die in ihm auftauchen. Jedoch, in und als all dieses ist es immer nur das eine Brahman, welches erstrahlt.

VASISHTHA sprach: VI.2:209

Du hast den Fall des Freundes und des Feindes erwähnt, die an dem heiligen Ort für einander widersprechende Ziele gebetet haben. All dieses wurde vom unendlichen Bewusstsein von Anfang an festgelegt. Die Heiligkeit der Orte und das Betragen, welches Verdienste erwirbt, befähigt einen dazu, diese Verdienste an diesen Orten zu erwerben. Durch die Verdienste eines heiligen Ortes werden die Lasten eines Sünders erleichtert oder eliminiert. Ist das Gewicht einer Sünde viel leichter als die Stärke eines Verdienstes, dann wird die Sünde gewiss völlig gelöscht. Sind beide von gleicher Stärke, dann ist es möglich, dass im Bewusstsein sogar zwei Körper auftauchen, um Verdienst und Mängel auszuarbeiten.

Die Wirkungen von Verdienst und Tadel hängen davon ab, welche Ideen im unendlichen Bewusstsein auftauchen und darin existieren. Ich, du und all dies hier wird von den Bildern regiert, die im unendlichen Bewusstsein vorherrschen, ob diese nun Verdienste oder Tadel betreffen.

Der sterbende Mann denkt, dass er stirbt und andere wegen ihm weinen. Ebenso tauchen die Ideen von Tod und Verbrennung usw. in den anderen auf, die dann wegen des toten Verwandten wehklagen. Der sterbende Mann sieht die Welt, wie sie in ihm auftaucht. Die anderen jedoch (wie der Feind, der für seinen Tod gebetet hat) denken, dass er tot ist, während andere (wie der Freund, der für sein Wohlergehen gebetet hat) glauben, dass er die Unsterblichkeit erlangt hat. Daher werden beide Gebete erfüllt. Die drei Welten sind die illusorischen Produkte der Täuschung – aber es gibt in ihnen keine Getrenntheit oder Widersprüche. Was ist in einer Illusion unmöglich?

DER KÖNIG sprach:

Wie können formlose Verdienste und Tadel einen Körper erscheinen lassen?

VASISHTHA erwiderte:

Dieses Universum ist Brahmans Traumstadt – was ist darin unmöglich? In einem Traum oder während des Tagträumens wird man zum Millionär. Auf dieselbe Weise, wenn das unendliche Bewusstsein zu träumen beginnt, wird man tausend (zu einer Armee). Und die tausend werden dann wieder, wie im Tiefschlaf, einer. Daher ist es nicht möglich zu behaupten, dass hier irgendetwas unmöglich ist, noch dass hier etwas geschieht! Was man erfährt, ist, wie man es erfährt – die Wissenden sehen daher in all dem keine Widersprüche oder Unmöglichkeiten. Diskussionen darüber, was möglich und was unmöglich sei, sind nur sinnvoll, wenn sie sich auf eine Realität beziehen. Da die Welterscheinung jedoch eine Illusion oder ein langer Traum ist, sind diese Diskussionen sinnlos. In einer Traumerfahrung ist der einzige Prüfstein die „Erfahrung", denn was immer erfahren wird, gilt als real. Was hier existiert, ist in Übereinstimmung mit dem Bild, welches im unendlichen Bewusstsein auftaucht.

VI.2:210 VASISHTHA fuhr fort:

Nun werde ich dir erklären, weshalb keine hundert Monde am Firmament erscheinen, obwohl hundert Leute kontempliert und gebetet haben: „Ich möchte ein Mond sein". Alle hundert erscheinen nicht an diesem bestimmten Firmament noch gehen sie in einen bestimmten Mond ein. Eine Person kann nicht die Traumstadt einer anderen betreten. Jede verfügt über ihre eigene Traumwelt, und es ist dann in dieser Traumwelt, dass die Person zum Mond wird. Ebenso verhält es sich mit den vielen Männern, die dafür gebetet haben, dass alle eine bestimmte Frau zum Weibe erhalten mögen. Die Frucht dieser Gebete wird im Bewusstsein jedes einzelnen mit der jeweils spezifischen Erfahrung so reflektiert, als wäre sie real. Gewiss ist all dies völlige Einbildung – und was ist in der Einbildung unmöglich?

So erfährt man auch in der anderen Welt die Früchte der eigenen Wohltätigkeit usw. Solche Wohltätigkeit hat im eigenen Bewusstsein ein bestimmtes Bild geformt, während sich das Bewusstsein daraufhin vorstellt, dass es in der anderen Welt die Früchte dieser Wohltätigkeit erntet. Dies ist auch die Sichtweise der weisen Männer.

DER KÖNIG fragte: Hoher Herr, wie erscheint der Körper überhaupt?

VASISHTHA erwiderte:

Was du den Körper nennst, existiert in den Augen der Weisen überhaupt nicht. Er ist Brahman und nichts anderes. Das Wort „Traum" wird ebenfalls nur zur Veranschaulichung der Wahrheit über das Illusorische der Welterscheinung verwendet – einen „Traum" gibt es im unendlichen Bewusstsein nicht. Es gibt weder einen Körper noch einen Traum darin. Es gibt weder den Wachzustand noch den Traum noch den Schlaf. Was auch immer ist, ist Leere, es ist OM. Genug von diesen Beschreibungen.

Zwischen „diesem" und „jenem" befindet sich der Körper des Bewusstseins, der Einheit und Vielfalt ist. Die Fülle (Unendlichkeit) erweitert sich zu Unendlichkeit, und dann existiert nur die Unendlichkeit als die Welt. Sie scheint zu sein, ist aber nicht das, als was sie erscheint. Wo auch immer das Bewusstsein Schöpfung ersinnt, dort scheint dann Schöpfung zu existieren. Das unteilbare Bewusstsein existiert überall und all das ist auch diese Schöpfung. All dies hier ist das ewig friedvolle Brahman oder unendliche Bewusstsein, welches auch die Schöpfung genannt wird.

Es kann nicht anders sein. Alles andere ist Unwissenheit und Perversion. Dies ist die Erfahrung aller in der Welt, dies wird von den Schriften und den Veden verkündet. Wenn diese Wahrheit realisiert wird, wird die Realisation selbst zu Brahman und dieses gesamte Universum wird als nicht verschieden von Brahman erkannt. Meine Sichtweise befindet sich daher in Übereinstimmung mit der Erfahrung und den Erklärungen der Schriften. Sie führt hier und jetzt zur Befreiung und ist daher die beste und angemessenste. Sobald die Wahrheit über Samsara klar verstanden ist, taucht die Erkenntnis auf: „Ich bin diese drei Welten", und das ist Befreiung. Das sichtbare Universum bleibt wie es ist, hört aber auf, ein Objekt des Bewusstseins zu sein; es verschmilzt mit dem unendlichen Bewusstsein.

RÂMA fragte: VI.2:211

Was sind diese Siddhas (die Vollkommenen), die sādhyas (himmlische Wesen), was ist yama (der Tod), was ist Brahmā der Schöpfer, was sind die vidyādharas und die divaukasas (Himmelsbewohner) und worin bestehen deren Welten?

VASISHTHA sagte:

Alle Nächte und Tage erblickst du vor und hinter und über dir die Welten dieser Siddhas und der anderen. Du siehst sie, wenn du sie sehen willst; andernfalls siehst du sie nicht. Wer die Kunst des Sehens dieser Welten nicht praktiziert, betrachtet sie als weit entfernt. Auch diese Welten sind subtil und übersinnlich (übernatürlich); der ganze Raum ist von ihnen erfüllt.

Genau wie diese Welt illusorisch und eingebildet ist, so sind auch die Welten der Siddhas und Himmelsbewohner. Durch ihre psychischen Kräfte wurden diese Welten gefestigt. So kannst auch du die Welt deiner eigenen Einbildung durch intensive Kontemplation stabilisieren. Die Siddhas oder Vollkommenen haben so ihre Welt fest gemacht, während andere dies schwierig finden. Dieses Universum ist erfüllt vom unendlichen Bewusstsein und dieses Universum ist das, was das unendliche Bewusstsein als Bild in sich hegt.

Das Universum ist nicht aus oder durch irgendetwas entstanden – zu Beginn der Schöpfung hat keine solche Ursache existiert. Es ist das, was als Vorstellung oder Bild im Bewusstsein erscheint. In der eigenen Fantasie tauchen Berge auf, die es in Wirklichkeit nicht gibt. So ist auch die Natur der Welterscheinung. Deshalb leben die Wissenden hier so, als wären sie wandernde Bäume.

All diese Universen erscheinen in Brahman als nicht verschieden davon, so wie Wellen im Ozean nicht verschieden von diesem sind. Obgleich dieses Universum schon seit sehr langer Zeit zu existieren und eine funktionierende Realität zu sein scheint, ist es doch nichts als reine Leere und nicht wirklicher als eine eingebildete Stadt. Sie existiert nicht, obwohl die Menschen ihre Existenz erfahren; so wie man seinen eigenen Tod im Traum sieht. Das Unwirkliche erscheint als wirklich. Die Realität und die Irrealität der Welt sind zwei Aspekte des höchsten Wesens. Auch das Konzept des höchsten Wesens ist nur ein Konzept, nicht die Wahrheit. Lass alles so sein, oder lass die Wahrheit anders sein. Weshalb soll man verwirrt und bestürzt sein? Gib die Jagd nach den Früchten der Handlungen auf. Du bist erleuchtet. Gib dich nicht sinnlosen Zielen hin.

VI.2:212 VASISHTHA fuhr fort:

Brahman betrachtet sich selbst als unendlicher Raum, weil Brahman unendliches Bewusstsein ist. Der unendliche Raum selbst ist die kosmische Person, in der diese Welt existiert. Und doch ist all dies nicht verschieden von Brahman – und daher ist alles Brahman! Die Welterscheinung ist andererseits eine Illusion, obwohl sie als eine Realität gesehen wird, so wie Wasser in einer Luftspiegelung unwirklich und illusorisch ist, obgleich es zu existieren scheint.

RÂMA fragte:

Bitte sage mir, wann Brahman sich selbst nicht als das sieht.

VASISHTHA sagte:

In Brahman, dem unendlichen Bewusstsein, existiert das Bild der Schöpfung sogar jetzt noch. Es ist aber wahr, dass, obwohl Schöpfung und Nicht-Schöpfung überall und zu allen Zeiten in Brahman existieren, sie nicht unabhängig von ihm existieren. Von einem anderen Gesichtspunkt aus betrachtet, existieren sie daher überhaupt nicht. Brahman kennt sich nicht als Objekt. Die Schöpfung ist folglich ohne Anfang und Ende und das ist Brahman.

Wenn du noch nicht erleuchtet bist und ein Erwachen aufgrund des bloßen Lauschens auf diese Worte erfährst, erfährst du eine scheinbare Dualität oder Vielfalt in dem, was in Wahrheit nonduales Brahman ist. Nichts existiert hier, und daher gibt es auch keine Konzepte von Objekten. Es gibt da nichts anderes als das Selbst, und das Selbst ersinnt keine

Objekte. Was als die drei Welten erscheint, erscheint immer, aber es ist nur das höchste, friedvolle Brahman, in dem es keinerlei Vielfalt gibt. Nur so lange du noch nicht voll erleuchtet bist, erfährst du die scheinbare Vielfalt. Wenn du voll erleuchtet bist, brauchst du weder Schriften noch Unterweisungen und erfährst keine Dualität oder Verschiedenheit, die auf dem Gedanken des „ich" beruht.

RÂMA fragte:

Was geschieht, wenn die Idee des „ich" im Höchsten entsteht?

VASISHTHA erwiderte:

Wenn die „Ich"-Idee im Bewusstsein auftaucht, taucht das Konzept des unendlichen Raumes mit ihr zusammen auf. Daraus ergibt sich dann dieses Zeit-Raum-Kontinuum, und daraus ergeben sich Getrenntheit und Vielfalt. Dann entstehen aufgrund dessen Gedanken wie „ich bin hier", was bedeutet: „Ich bin nicht dort". Wenn alle diese aufgetaucht sind, wird das „ich" sowohl der subtilen Wurzelelemente gewahr, aus der die Welterscheinung entsteht, als auch der Welterscheinung selbst. So entsteht aus Brahman, dem unendlichen Bewusstsein, anscheinend etwas, was nicht Brahman ist. Jedoch ist dies nur scheinbar und keineswegs real – in Wahrheit existiert nur das unendliche Brahman.

VASISHTHA fuhr fort: VI.2:213

So wie du mich heute befragt hast, oh Râma, so hast du mich bereits in einer früheren Epoche befragt. Zu der Zeit warst du mein Schüler und ich dein Guru. Ich erinnere mich noch genau an den damaligen Dialog und werde ihn dir wiederholen.

DER SCHÜLER fragte: Bitte sage mir, hoher Herr, am Ende des Weltzyklus, was ist es, das verdirbt, und was ist es, das dauert und nicht verdirbt.

Der LEHRER sagte: Mein Sohn, was immer gesehen wird (die Objekte der Wahrnehmung), verdirbt, so wie die Traumwelt verdirbt, sobald du in den Tiefschlaf übergehst. Alle diese Welten mit ihren Bergen und ihren Himmelsrichtungen verderben gänzlich; ebenso die Zeit und die Tätigkeiten und die Weltordnung. Sämtliche Wesen verderben und sogar der Raum verschwindet, weil es niemanden gibt, der noch an Raum denkt oder der im Raum denkt. Sogar Götter wie Brahmâ der Schöpfer, Vishnu der Erhalter und Rudra der Erlöser hören auf zu sein und existieren nicht einmal mehr dem Namen nach. Was bleibt übrig? Nur das unendliche Bewusstsein, obwohl auch dies nur ein Rückschluss auf eine frühere Erfahrung ist.

Der SCHÜLER sagte: Es wird gesagt, dass das Unwirkliche nicht ins Dasein tritt und das Wirkliche kein Nicht-Sein hat. Wie ist dies zu verstehen, und wie verdirbt das, was wir sehen?

Der LEHRER sagte: Mein Sohn, dieses vermag nicht zu verderben und daher sagt man: „Es wird nicht gesehen". Man sagt, dass das Unwirkliche kein Sein und das Wirkliche kein Nicht-Sein hat. Was nicht überall und jederzeit existiert, ist bereits Nicht-Sein. Wie verdirbt es also? Was ist an dem in der Luftspiegelung gesehenen Wasser dauerhaft und was ist dauerhaft in einer Illusion? Was auch immer hier im Universum gesehen wird, ist eine Illusion, und weshalb soll eine Illusion nicht aufhören? So wie Träume beim Erwachen an ein Ende gelangen und beim Schlafengehen der Wachzustand an ein Ende gelangt, so kommt auch diese Welterscheinung an ihr Ende. Wenn man aufwacht, wohin geht die Traumstadt? Genau so weiß man auch nicht, wohin die Welterscheinung gegangen ist.

Der SCHÜLER fragte: Weshalb scheint all dies zu sein, und weshalb hört diese Erscheinung dann auf zu sein?

Der LEHRER erwiderte: Es ist das unendliche Bewusstsein selbst, welches als all dies erscheint, denn unabhängig von ihm gibt es keine Welt. Auch wenn das Bewusstsein als all dies erscheint, so verliert es doch in keinem Augenblick seine eigene wahre Natur oder Identität. Sowohl Erscheinung als auch Nicht-Erscheinung sind Aspekte des Bewusstseins. Wenn beispielsweise deine Gestalt im Wasser reflektiert wird, so ist die Reflexion nur temporär, während es deine eigene Gestalt nicht ist. Träumen und traumloser Schlaf sind Aspekte des einen Schlafes – so sind auch Schöpfung und Auflösung Aspekte von Brahman.

Der SCHÜLER sagte: In einem Traum gibt es jemand anderes als den Träumer (reines Bewusstsein nämlich, das nicht in den Träumer und den Traum geteilt ist). Ist es nicht möglich, dass es auf eben diese Weise jemand anderes als den Wahrnehmer der Weltillusion geben kann?

Der LEHRER sagte: So ist es auch. Daher ist seine wahre Natur oder Gestalt nicht die Welterscheinung. Bewusstsein allein ist und beleuchtet alles, was ist, aber die Erscheinung wird von jemand anderem erfahren. Daher ist es die Synthese aller Widersprüche. Es beleuchtet nichts und es kann nicht einmal gesagt werden, dass es Existenz sei. Es ist die Erscheinung im unendlichen Bewusstsein. Wie kann daher „real" oder „irreal" im Beobachter sein?

Falls man meint, es sei überall als alles immer zu sehen, kann man ebenso gut sagen, dass es nicht überall als alles immer gesehen wird. Es ist immer die Realität und die Nicht-Realität. Es ist das unendliche Bewusstsein. Es verdirbt nicht und das andere (die Welterscheinung) verdirbt ebenfalls nicht. Einen großen Kummer gibt es nur dann, wenn die Realität des unendlichen Bewusstseins mit seinen beiden Aspekten von Schöpfung und Auflösung nicht erkannt wird; wird sie aber erkannt, dann ist da großer Friede.

Der Höchste Herr oder das unendliche Bewusstsein allein ist der Krug, der Berg, das Tuch, der Baum, das Gras, das Feuer, das Bewegliche und das Unbewegliche – alles. Der Höchste Herr ist, was ist und was nicht ist; die Leere, die Tätigkeit, die Zeit, der Raum und die Erde, die Existenz und ihre Zerstörung, das Gute und das Böse. Es gibt nichts, was das unendliche Bewusstsein nicht ist. Es ist alles überall und immer – es ist nichts irgendwo und irgendwann.

Ein Grashalm ist der Täter und der Genießende; ein Krug ist sowohl der Täter als auch der Genießende; ein Stück Tuch ist der Täter und der Genießende; das Sehen ist sowohl der Täter als auch der Genießende; der Berg ist sowohl der Täter als auch der Genießende; der Mensch ist der Täter und der Genießende – alle sind der Höchste Herr selbst. In allen diesen Dingen ist der Höchste Herr selbst der Täter und der Genießende oder der Erfahrende, denn alles ist Brahman, der anfangslos und endlos ist und alles bestimmt. Daher sind sogar Schöpfung und Auflösung Aspekte des einen Höchsten Herrn oder des unendlichen Bewusstseins. Allein das Bewusstsein ist sowohl der Täter als auch der Erfahrende von allem in allem. Daher ist niemand hier der Täter und der Erfahrende von etwas, oder der Höchste Herr ist der Täter und der Erfahrende von allem. Daher ist es möglich, dass alles (Gebote und Verbote) im Höchsten Herrn existiert und in Wahrheit nicht existiert. All dies ist all das, wie es von jedem erfahren wird.

So hatte ich dich aufgeklärt, oh Rāma. Damit habe ich dir alles, was wert ist zu wissen, mitgeteilt. Verweile in dieser Realität, im Zustand der Erleuchtung. Sei frei im nirvana und regiere das Königreich gerecht.

VALMIKI sagte: VI.2:214

Als der Weise Vasishtha seine Unterweisung abgeschlossen hatte, ertönte himmlische Musik und es regnete Blumen. Jeder in der Versammlung verehrte den Weisen mit Blumen.

Dann sprach König DASHARAHTA: Wir haben vollkommene Erkenntnis erlangt. Wir ruhen im höchsten Zustand. Unsere Gemüter und Herzen sind durch die erleuchtenden Unterweisungen des Weisen von allen Täuschungen und Illusionen, Ideen und Verdrehtheiten gereinigt.

RÂMA sagte: Durch deine Gnade, oh hoher Herr, ist meine Täuschung verschwunden und ich habe den höchsten Zustand erlangt. Ich bin vollendet mit einer vollkommen klaren Intelligenz. Ich bin von allen Zweifeln befreit. Ich ruhe in meinem eigenen natürlichen Zustand als Brahman oder in der Erkenntnis des nirvana. Ich werde tun, wie du gesagt hast. Es gibt durch Tun oder Nicht-Tun nichts mehr für mich zu gewinnen. Ich habe weder Freunde noch Feinde. Wie kann man all dies realisieren außer durch deine Gnade? Wie kann ein kleiner Junge den Ozean ohne Brücke oder Boot überqueren?

LAKSHMANA sagte: Durch die Verdienste, die wir in früheren Geburten erworben haben, konnten wir dem Weisen zuhören und so von allen Zweifeln befreit werden.

VISHVAMITRA sagte: Es ist, als hätten wir in tausend geheiligten Gangas (Flüssen) gebadet.

NĀRADA sprach: Wir haben gehört, was wir weder im Himmel noch auf der Erde je vernommen haben. Und so sind wir vollkommen gereinigt.

SHATRUGHNA sagte: Ich habe höchsten Frieden und Seligkeit erlangt.

Nachdem alle gesprochen hatten, sagte der Weise Vasishtha zum König: „Am Ende der Rezitation der Schriften sollten die Weisen verehrt werden. Erfülle daher die Wünsche der Brahmanen. Du wirst die Früchte dieses heiligen Unternehmens ernten.“ Der König lud daraufhin zehntausend Brahmanen aus allen Teilen des Landes ein. Er verehrte sie. Er gab ihnen Nahrung. Er überschüttete sie mit Geschenken. Später verehrte er die Bürger, die Diener, die Armen und die Krüppel.

Danach gab es in der Hauptstadt ein großes Fest mit Musikkonzerten, Tanzaufführungen und Rezitationen der Veden und anderer Schriften. Sämtliche Künstler wurden mit Essen und Getränken versorgt und erhielten üppige Geschenke an Kleidern und Edelsteinen.

Der erleuchtete König Dasharatha feierte den erfolgreichen Abschluss der Unterweisung des Weisen Vasishtha eine ganze Woche lang mit den vielfältigsten Unterhaltungen und religiösen Ritualen.

VALMIKI sprach:

Oh Bharadvāja, so erlangten also Râma und andere die höchste Erkenntnis und den Zustand jenseits des Kummers. Erwirb auch du diese Haltung und lebe, frei vom Zweifel, als befreiter Weiser. Wahrlich, indem du diese Schrift vernommen hast, bist du bereits befreit, du bist ein Jivanmukta. Sogar ein kleiner Junge, der dies hört, erlangt die Selbsterkenntnis. Auch die Unwissenden, in deren Herzen die durch Verlangen geknüpften Bande stark und fest sind, erheben sich durch das Studium dieser Schrift, die von der Befreiung handelt, über den Zustand der Getrenntheit; so wie junge Burschen reife Männer (Nicht-Junge) werden. Sie werden sich nie wieder im Samsara verlieren.

Auch diejenigen, die diese Schrift rezitieren, ohne ihre Bedeutung zu verstehen, die sie in ein Buch abschreiben, die andere dazu veranlassen, sie zu lesen oder die sie kommentieren, erwerben große Verdienste und erfreuen sich eines Lebens im Himmel. In der dritten Geburt erlangen sie schließlich die Befreiung.

VALMIKI sagte zu König Aristanemi: So habe ich dir also kundgetan, was Vasishtha Rāma gelehrt hat. Durch diesen Pfad wirst du die Wahrheit erlangen.

Der KÖNIG sprach:

Hoher Herr, durch deine Gnade habe ich Samsara überquert. (Zum Boten der Götter sprach der KÖNIG:) Du bist mir ein treuer Freund gewesen. Du magst nun gehen. Ich werde die Wahrheit kontemplieren, die ich hier vernommen habe.

Der BOTE sprach zum Himmelsbewohner:

Es war außerordentlich erregend für mich, all dies anhören zu dürfen. Ich werde mich nun zu Indras Reich begeben.

Der HIMMELSBEWOHNER sagte:

Ich bin wahrhaftig gesegnet, dies von dir zu hören, oh Bote der Götter. Du kannst nun zu Indra gehen.

AGNIVESYA sagte zu Kārunya:

So blieb dann der Himmelsbewohner in Kontemplation versunken. Hast du alles gut gehört?

KÂRUNYA sprach:

Gewiss. Meine Täuschung ist verschwunden. Ich werde nun ein nicht-willentliches Leben der spontanen Aktivität leben.

AGASTI sprach zu Sutīkshna:

Auf diese Weise instruierte Agnivesya seinen Sohn Kārunya. Zweifle nicht an dieser Unterweisung, denn wer daran zweifelt, verdirbt.

SUTIKSHNA sprach:

Meine Unwissenheit wurde vertrieben und die Lampe der Erkenntnis entzündet. Ich erkenne, dass alle Objekte dieser Welt wie die Wellen im Ozean im unendlichen Bewusstsein existieren. Daher werde ich ein Leben spontaner, nicht-willentlicher Aktivität führen. Ich bin wahrhaftig gesegnet. Ich verneige mich vor dir, denn der Schüler soll seinem Guru durch Worte, Gedanken und Taten dienen und ihn lieben. Hoher Herr, durch deine Gnade habe ich diesen Ozean des Samsara durchquert. Ich verneige mich vor dem Höchsten Wesen, durch dessen Kontemplation man realisiert, dass alles hier wahrhaftig Brahman, das unendliche Bewusstsein, ist. Ich verneige mich vor dem göttlichen Lehrer Vasishtha.

OM TAT SAT ~ ENDE

Im Yoga Vidya Verlag erschienen:

Sivananda - ein moderner Heiliger

Enge Schüler von Swami Sivananda beschreiben sehr anschaulich die wichtigsten Lebensabschnitte Swami Sivanandas, wie er den spirituellen Weg gegangen ist, systematisch an sich gearbeitet hat und mit viel Disziplin, Weisheit und Hingabe zur höchsten Verwirklichung gekommen ist. Das Buch zeigt dir pragmatisch und methodisch den Weg, den du selbst gehen kannst, um dieses Ziel zu erreichen. Es versetzt dich in die unmittelbare Gegenwart eines großen, selbstverwirklichten Meisters.

372 Seiten, Paperback, 16,80 €, ISBN 978-3-931854-63-8

Autobiographie

von Swami Sivananda

Hier schreibt der große indische Weise Swami Sivananda, wie er vom Normalbewusstsein zum Gottesbewußtsein gekommen ist, so als wäre es die selbstverständlichste Sache der Welt, zur Erfahrung der Einheit zu gelangen. Und gerade diese Selbstverständlichkeit ist es, die Swami Sivananda immer am Herzen gelegen ist - das Geburtsrecht eines jeden Menschen, seine wahre Natur zu entdecken und auszudrücken. Und diese Natur ist göttlich - nach seiner Erfahrung wie auch nach der aller Mystiker verschiedenster Traditionen. Dies ist kein Buch, das man schnell wieder zur Seite legen kann.

196 Seiten, Paperback, 9,80 €, ISBN 978-3-931854-24-9

Inspirierende Geschichten

von Swami Sivananda

Das Geschichtenerzählen ist eine der ältesten menschlichen Traditionen. Was Nahrungmittel für den physischen Körper sind, sind Geschichten für den menschlichen Geist und die menschliche Seele. Geschichten regen die Phantasie an, helfen Menschen dabei, eigene innere Bilder wahrzunehmen, öffnen das Herz und bieten neue Denkanstöße.

232 Seiten, Paperback, 10,80 €, ISBN 978-3-931854-53-9

Sivananda Yoga

von Swami Venkatesananda

Swami Venkatesananda, ein enger Schüler Swami Sivanandas, der viele Jahre bei seinem Lehrer lebte, beschreibt in diesem Buch sehr schön, klar und humorvoll, wie spirituelles Wachstum unter der Führung eines selbstverwirklichten Lehrers möglich ist. In vielen kleinen Geschichten, die er selbst oder andere Schüler mit seinem Lehrer erlebt haben, vermittelt er den Lesern, wie man zur Selbstverwirklichung kommt und wie man Sivananda Yoga Tag für Tag üben und praktizieren kann.

176 Seiten, Paperback, 9,80 €, ISBN 978-3-931854-51-5

Japa Yoga

von Swami Sivananda

Dieses Buch beschreibt in leicht verständlicher Sprache die tantrische Theorie von Klang und Mantra, mit wertvollen Hinweisen für den Gebrauch von Mantras. Die Auflistung von früher nur in mündlicher Überlieferung weitergegebenen Mantras ist selbst in Indien einmalig. Wertvolle Ratschläge zu allen Aspekten des spirituellen Lebens runden das Bild ab.

199 Seiten, Paperback, 9,80 €, ISBN 978-3-931854-25-6

Göttliches Elixier

von Swami Sivananda

Es besteht aus kurzen, prägnanten, bedeutungsschwangeren Sätzen, fast wie Sutras (Aphorismen). Jeder der Sätze eignet sich als Einleitung einer Meditation oder auch als Meditationsthema. „Göttliches Elixier" ist auch wunderbar, um morgens seinen Tag zu beginnen. Jeder Satz ist wie ein Schluck „göttliches Elixier", welches den Tag transformiert. Wir wünschen dir viel Herzensöffnung und tiefe Erkenntnisse mit diesem „Zaubertrank" aus der Feder des großen Meisters.

41 Seiten, Paperback, 6,80 €, ISBN 978-3-931854-52-2

Götter und Göttinnen im Hinduismus

von Swami Sivananda

Die Vielfalt der indischen Götterwelt ist faszinierend und verwirrend zugleich. Letztlich sind alle Götter Aspekte des einen Absoluten, der höchsten Wahrheit, der allumfassenden kosmischen Energie oder Weltenseele. In diesem Buch beschreibt Swami Sivananda einige der wichtigsten Aspekte der indischen Mythologie, ihre Symbolik und tiefe Bedeutung, sowie traditionelle Riten. Ein Buch, das unsere Fantasie anregt, ein besseres Verständnis der indischen Mythologie schenkt und uns im Herzen berühren kann – denn letztlich bekommen wir Zugang zur höchsten Wirklichkeit über das Herz.

145 Seiten, Paperback, 9,50 €, ISBN 978-3-931854-66-9

Feste und Fastentage im Hinduismus

von Swami Sivananda

Die reichhaltige Mythenwelt des Hinduismus wird leicht nachvollziehbar erschlossen. Es ist für Liebhaber von Geschichten, Märchen und Mythen gleichermaßen interessant wie für den Indienreisenden, der seine Erläuterungen zu hinduistischen Gebräuchen und Symbolik findet, wie sie in keinem Reiseführer stehen. Wer sich mit Yoga beschäftigt, findet hier den Bhakti Yoga Aspekt in Form von Ritualen, Gelübden, Vorsätzen, Mantrarezitation usw.

169 Seiten, Paperback, 9,80 €, ISBN 978-3-931854-33-1

Shrimad Bhagavad Gita - Zwiesprache mit der Ewigkeit

von Swami Sivananda

Shrimad Bhagavad Gita - die erhabene, zeitlos gültige Unterweisung Lord Krishnas über die Kunst des richtigen Lebens und Handelns in der Welt, der wahren Natur des Menschen und seiner Beziehung zu Gott. Shri Krishna zeigt den Pfad, der zur Höchsten Wirklichkeit führt, durch die Wege des selbstlosen Handelns (Karma Yoga), der Liebe und Hingabe an das Göttliche (Bhakti Yoga) und dem Weg der Erkenntnis (Jnana Yoga). Die Bhagavad Gita gilt als die Essenz der Vedischen Weisheit Indiens. Sie ist als eine der bedeutendsten klassischen Werke der religiösen Weltliteratur als authentische Quelle der ewigen Wahrheit geschätzt und anerkannt.

423 Seiten, Hardcover, gebunden, 26,90 €, ISBN 978-3-922477-06-8

Sadhana

von Swami Sivananda

Sadhana ist das Sanskritwort für spirituelle Übungen mit dem Ziel des Bewußtseins der allumfassenden Einheit, der Verwirklichung des Selbst. Dieses umfassende Werk des großen Heiligen und Meisters Swami Sivananda ist ein bedeutendes Buch sowohl über die Philosophie des Yoga-Weges als auch über die zu praktizierenden Techniken aus allen Bereichen des Yoga. Der Leser erhält wertvolle Erklärungen und Informationen über den Weg zur Selbstverwirklichung und ebenso praktische und effektive Übungsanleitungen.

516 Seiten, Hardcover, gebunden, 25,50 €, ISBN 978-3-922477-07-5

Göttliche Erkenntnis

von Swami Sivananda

Dieses Buch, Göttliche Erkenntnis, ist in seiner englischen Ausgabe Bliss Divine eine der populärsten Schriften Swami Sivanandas. Es ist eine Sammlung von alphabetisch geordneten Auszügen aus seinen zahlreichen Büchern. Es ist in vorzüglicher Weise geeignet, dem Suchenden Hilfe auf seinem Weg zu geben. Sowohl der Anfänger als auch der Fortgeschrittene finden Inspiration und wertvolle Anleitung. Viele Menschen benutzen es auch als tägliche Inspiration, um einen Leitgedanken für den Tag zu bekommen.

393 Seiten, Hardcover, gebunden., 24,50 €, ISBN 978-3-922477-00-6

Die Kraft der Gedanken

von Swami Sivananda

Es ist ein Werk immerwährenden Interesses und von vielseitiger Nützlichkeit für die Selbsterforschung, Selbsterkenntnis, Aneignung von Charakterstärke und Erfolg im Leben.

Hier wird nicht nur die Intelligenz gefördert, sondern darüber hinaus eine tiefgreifende Erkenntnis verliehen, die es uns ermöglicht, den menschlichen Willen für Erhebendes und Aufbauendes einzusetzen.

161 Seiten, Hardcover, gebunden, 19,80 €, ISBN 978-3-922477-94-5

YOGA

Sivananda Yoga Zentrum

Aktualisierte Neuausgabe des anerkannten Klassikers:
Alles Wissenswerte über Yoga klar und leicht verständlich, mit zahlreichen anschaulichen Abbildungen und vielen Anregungen für Anfänger und Fortgeschrittene.
Finden Sie zu einem neuen Körpergefühl • Bleiben Sie ein Leben lang jung und fit • Ernähren Sie sich bewusst und gesund • Tanken Sie beim Atmen neue Energie • Verbessern Sie Kondition und Gesundheit • Entspannen Sie in der Schwangerschaft • Bauen Sie Alltagsstress ab • Steigern Sie Ihre Konzentrationsfähigkeit • Finden Sie innere Ruhe und Frieden.
Das neue Yoga-Buch entstand unter Anleitung von Swami Vishnu-devananda, dem Begründer der internationalen Sivananda Yoga Zentren.

189 Seiten, Softcover, 24,50 €, ISBN 978-3-922477-40-2

Einführung in Yoga

Sivananda Yoga Zentrum

Die Sivananda Yoga Zentren haben in über 30-jähriger Erfahrung im Yoga-Einführungsunterricht ein umfassendes Basisprogramm entwickelt. Es enthält sämtliche Aspekte, die für Anfänger wichtig sind. Aber auch erfahrenere Yogis werden hier viele inspirierende und wissenswerte Aspekte für sich entdecken. In 8 Lektionen praktizieren Sie Schritt für Schritt die 12 Grundstellungen. Jede Lektion enthält eine in sich ausgewogene Yogastunde, in der Sie mit tiefer Entspannung neue Energien schöpfen können. Neben detaillierten Praxis-Anweisungen finden Sie eine ganze Palette zusätzlicher Informationen zu Aufwärmübungen, Atemübungen, Variationen der Grundstellungen sowie vereinfachte Übungsansätze bei Bewegungseinschränkungen.

158 Seiten, Softcover, 22,50 €, ISBN 978-3-922477-10-5

Bhaja Govindam

Adi Shankara

Bhaja Govindam bedeutet wörtlich »Suche und verehre Gott« und bildet den sich stets wiederholenden Refrain einer Hymne der Entsagung, die vor vielen Jahrhunderten von dem berühmten indischen Vedanta-Philosophen Shankara verfaßt wurde.
Shankara gilt als Reformator vedischen Wissens, der Indien in einer Zeit zunehmender geistiger Spaltung wieder das Wissen um die Einheit des individuellen Selbst mit der kosmischen Allseele gab.
Jeder der 31 Verse erinnert den Leser daran, über allem weltlichen Wissen und den Ablenkungen des Lebens nicht die Suche nach Vereinigung mit seinem Ursprung zu vergessen. Die Hymne wird ergänzt von einigen Ausführungen und Anekdoten über das Leben und Werk Adi Shankaras.

46 Seiten, Paperback, 7,50 €, ISBN 978-3-922477-31-0

Karma und Reinkarnation

von Sukadev Bretz

In dem neuen Buch von Sukadev werden die wichtigsten Fragen des Lebens gestellt: Gibt es ein Leben nach dem Tod? Wie sieht das Leben nach dem Tod aus? Was kann ich tun, wenn ich selbst oder jemand anders stirbt? Viele praktische Tipps dazu machen dieses Buch durch die Einfachheit der Maßnahmen sehr wertvoll. Der 2. Teil des Buches behandelt das Thema Karma: Warum geschieht, was geschieht? Warum gibt es Leiden und offensichtliche Ungerechtigkeiten? Der praktische Standpunkt des Autors klärt die Fragen: Wie kann ein Aspirant aus den Erfahrungen des Lebens lernen? Wie kann man ein ethisches und mitfühlendes Leben führen? Wie kann man uneigennützige Liebe in den Alltag bringen? Fundiertes Wissen angereichert mit persönlichen Beispielen und Erfahrungen.

163 Seiten, Hardcover, gebunden, 19,50 €, ISBN: 978-3-922477-91-4

Kirtan

Mantras und Liedertexte zum Singen. Eine wunderschöne, freudevolle Methode zur Erweiterung des Bewusstseins, zur Erlangung des Gefühls der Einheit mit dem Kosmischen. Dieses Buch kann Dir eine wertvolle Hilfe beim Mantra-Singen sein. Hier findest Du die Texte der meisten Mantras und Liedern, die wir in unserem Yoga-Center während des Satsangs, der Seminare oder während der Yoga-Ferien singen.

128 Seiten, Paperback, 4,90 €, ISBN 978-3-931854-22-5

Kirtan Notenhefte

Diese Notenbücher können dir eine wertvolle Hilfe dabei sein, dich selbst und andere beim Singen von Mantras musikalisch zu begleiten.
113 Seiten, Ringbindung DIN A 5, 12,80 €., ISBN 978-3-931854-78-2
(Mit Akkordeon, besonders zur Gitarrenbegleitung geeignet!

122 Seiten, Paperback DIN A 4, 14,80 €, ISBN 978-3-931854-23-2

Das Yoga vegan Kochbuch

Vegane Vollwertküche für Körper und Geist, leckere Rezepte aus aller Welt, gesund und vitalisierend. Hier findest du viele Anregungen für die häusliche Küche, um genau so Wohlschmeckendes zu kreieren. Mit Erläuterung zu den Prinzipien der idealen Ernährung für Yoga, Meditation und Bewusstseinserweiterung.

77 Seiten, Paperback, 8,00 €, ISBN 978-3-943376-01-2

Die Yoga-Weisheit der Bhagavad Gita für Menschen von heute

von Sukadev Bretz

Die Bhagavad Gita ist eins der meist gelesenen Bücher in Indien. Viele Inder tragen sie immer bei sich, um darin zu lesen und die Wahrheit zu verinnerlichen. Sie gilt als eine der wichtigsten Schriften im Yoga und hilft uns besonders, den Alltag bewusst zu erleben und zu spiritualisieren. Seit Jahrhunderten wird sie immer wieder neu interpretiert und ist heute im Westen ein oft kommentierter klassischer Yoga-Text. Das Anliegen dieses Buches ist es, diese Jahrhunderte alte Weisheit für Menschen von heute durch viele Beispiele, Anekdoten und Geschichten nahezu-bringen.

Erhältlich als Buch (Band 1-4) und Hörbuch (Kapitel 1-5)

Band 1: 204 Seiten, Paperback	10,50 €	ISBN 978-3-931854-62-1
Band 2: 152 Seiten, Paperback	9,50 €	ISBN 978-3-931854-65-2
Band 3: 170 Seiten, Paperback	9,90 €	ISBN 978-3-931854-77-5
Band 4: 224 Seiten, Paperback	10,80 €	ISBN 978-3-931854-96-6
Hörbuch 1, Doppel-CD Kap. 1-2	14,80 €	ISBN 978-3-931854-68-3
Hörbuch 2, Doppel-CD Kap. 3-5	14,80 €	ISBN 978-3-931854-84-3

Die Kundalini-Energie erwecken

von Sukadev Bretz

Gleich einer eingerollten Schlange ruht die Kundalini-Energie, die kosmische Urkraft in uns, am Ende der Wirbelsäule. Durch die stufenweise Erweckung dieser Energie können wir das Höchste – die Einheit mit dem Absoluten – erreichen. In inspirierender Klarheit führt Sukadev in die spirituellen Geheimnisse der Kundalini ein und zeigt, wie wir unser Leben durch die Erweckung der göttlichen Urenergie in uns bereichern können. Erläuterungen zur tantrischen Tradition, zu Reinigungs- und Erdungsritualen, zum Astralkörper, zu den Nadis und Chakren helfen, die Kraft der Kundalini besser zu verstehen und ermöglichen einen umsichtigen Umgang mit den spirituellen Erweckungserlebnissen. So wird die Kundalini zu einem inneren Abenteuer, das versteckte Potenziale und Fähigkeiten in uns entdecken, das Bewusstsein erweitern und zur eigenen Verwirklichung führen kann.

193 Seiten, Hardcover, gebunden, 14,80 €, ISBN 978-3-931854-91-1

Yoga Geschichten

nacherzählt von Sukadev Bretz

Geschichten und Märchen faszinieren die Menschen seit alters her und waren auch immer schon ein wichtiges didaktisches Hilfsmittel. Die Geschichten in diesem Buch stammen aus klassischen indischen Schriften und wurden, mit manchen eigenen Interpretationen an die heutige Lebenssituation angepasst, was besonders hilft, ihre Lehren direkt in den eigenen Alltag zu übertragen.

Erhältlich als Buch und Hörbuch

89 Seiten, Paperback	6,80 €,	ISBN 978-3-931854-50-8
Doppel-CD	14,80 €,	ISBN 978-3-931854-64-5

Die Yogaweisheit des Patanjali für Menschen von heute

von Sukadev Bretz

Die Yoga-Sutras von Pantanjali sprechen alle Ebenen des Menschseins an. Sie vermitteln einen tiefen Enblick in die praktischen, geistigen und spirituellen Dimensionen des Yoga. Im Mittelpunkt steht der menschliche Geist, seine Funktionsweise, sein Einfluss auf das Leben, aber auch auf seine verborgenen Kräfte und seine Möglichkeiten. Dem Verfasser ist es durch den von tiefer Erfahrung geprägten persönlichen Umgang mit den Yoga-Sutras gelungen, diese Yogaweisheit für den Menschen unserer Zeit fruchtbar zu machen und dabei seinen kulturellen Hintergrund, seine Bedürfnisse und seine Lebensprobleme mit einzubeziehen. Die leicht verständliche Sprache, die Fülle von praktisch anwendbaren Beispielen aus dem Leben und die zahlreichen Geschichten und Episoden verstärken die Grundaussagen und die Wirkung dieses wichtigen Yogatextes. So wird das Buch ein praktischer Leitfaden sowohl für die Bewältigung des Alltags als auch für spirituelle Erfahrungen. Gleichzeitig ist es damit ein Wegweiser für mehr Lebensfreude, Gesundheit und Wohlergehen.

211 Seiten, Hardcover, gebunden, 20,00 €, ISBN 978-3-928632-81-2, Via Nova Verlag

Das Yoga Vidya Asana-Buch

von Sukadev Bretz

Riesiges Erfahrungswissen über die Asanas der Rishikesh-Reihe, wie sie von Swami Sivananda und Swami Vishnu-Devananda gelehrt wurde. In dieses Buch ist das Wissen aus 25 Jahren Yoga-Studium und -Praxis des Autors Sukadev Bretz geflossen. Dieses Buch zeigt sanfteste wie auch fortgeschrittenste Übungen. Ausgezeichnet für jeden Übenden, der im Hatha Yoga weiter kommen will. Eine Riesenhilfe für die Unterrichtsvorbereitung von Yogalehrenden. Mit 1800 Fotos. Großformat A4. Mit umfangreichem Index zum schnellen Finden der Asanas.

208 Seiten, Paperback, 19,80 €, ISBN 978-3-931854-48-5

Der Yogi – Portraits von Swami Vishnu-devananda

von Gopala Krishna

„Ich betrachte mich als einen sehr glücklichen Menschen, dass ich Mitte der 60er Jahre bei Swami Vishnu-Devananda Yoga studieren durfte. Man konnte seine einmalige und charismatische Energie spüren, sobald er den Raum betrat. Das Buch hat diese Energie eingefangen. Es wird Dich inspirieren und Dir auf Deinem eigenen spirituellen Weg großen Enthusiasmus bringen." Lilas Folan (bekannte Yogameisterin)

201 Seiten, Paperback, 11,80 €, ISBN 978-3-931854-74-4

Yoga Vasishtha (Band1)

in der Übersetzung von Swami Venkatesananda

Dialog zwischen dem Weisen Vasishtha und Sri Rama, in dem die Lehre der Nicht-Dualität in Geschichten ausgeführt ist. Die Yoga Vasishtha zeigt einen Weg, wie man Leiden, Ruhelosigkeit, das Gefühl der Getrenntheit, Kummer, Ängste und sogar den Tod überwinden kann, wie man in der Welt lebt und dabei im Frieden bleibt.

352 Seiten, Hardcover, gebunden, 19,80 €, ISBN 978-3-931854-90-4

Yoga, Entspannung und Meditation

Gesprochen von Sukadev Bretz

Yoga für Mittelstufe A - *Yoga Vidya Grundreihe*

Klassische Mittelstufenstunde mit Atemübungen, alle 12 Grundstellungen der Yoga Vidya Reihe, die länger als auf der Anfänger-CD gehalten werden, so dass man mehr gefordert wird. Mit Anfangs- und Endentspannung.
CD, Laufzeit ca. 74 Min,, 9,80 €, ISBN 978-3-931854-56-0

Yoga für Mittelstufe B - *Yoga Vidya Grundreihe mit Variationen*

Die Grundstellungen der Yoga Vidya Reihe werden durch Variationen bzw. fordernde Stellungen ergänzt. Diese CD ist gut geeignet, um seine Yogastunde abwechslungsreicher zu gestalten.
Doppel-CD, Laufzeit ca. 92 Min., 14,80 €, ISBN 978-3-931854-35-5

Yoga für Mittelstufe C - *Hatha Yoga als Ganzkörperverehrung Gottes*

Verbinde die Übungen der Yoga Vidya Grundreihe mit Gebeten. Öffne dein Herz, spüre Dankbarkeit, drücke deine Sehnsucht aus. Diese Yogastunde ist eine der wirksamsten Weisen, Gottes Gegenwart zu spüren. Egal, ob du von Gott, Göttin, allumfassendem Bewusstsein sprechen willst - hier wird das Göttliche spürbar. Für alle, welche die Yoga Vidya Grundreihe beherrschen. Mit Kapalabhati, Wechselatmung, Sonnengebet, Kopfstand, Schulterstand, Pflug, Fisch, Vorwärtsbeuge, Kobra, Heuschrecke, Bogen, Halbmond, Drehsitz.
CD, Laufzeit ca. 60 Min, 9,80 €, ISBN 978-3-931854-81-2

Yoga für Fortgeschrittene A - *Asana Variationen*

Neben einem längeren Mantra, dem Gajananam-Mantra, sowie reinigenden Atemübungen am Anfang, enthält diese CD 24 Yogastellungen und viele Variationen. Fortgeschrittene Stellungen machen deinen Körper noch geschmeidiger und flexibler. Gleichgewichts- und Stehübungen fördern die Konzentration und die Standfestigkeit. Längere Tiefenentspannung am Ende.
Doppel-CD, Laufzeit ca. 95 Min., 14,80 €, ISBN 978-3-931854-38-6

Yoga für Fortgeschrittene B

Langes Halten der Asanas und Chakrenkonzentration

Aufladung und Energetisierung durch langes Halten der Grundstellungen der Yoga Vidya Reihe. Durch bewusste und tiefe Atmung sowie Konzentration auf die in den Stellungen angesprochenen Chakras (Energiezentren) soll Prana (Lebensenergie) aktiviert und Körperfunktionen harmonisiert werden.
Doppel-CD, Laufzeit ca. 100 Min., 14,80 €, ISBN 978-3-931854-39-3

Pranayama für Anfänger

Prana ist eine Manifestation der kosmischen Energie (Shakti). Durch Pranayama (Atemübungen) lernst du, diese Energie zu beeinflussen und zu lenken. Viele mentale Probleme entstehen durch Energieblockaden. Einfache Atemübungen helfen dir, diese Blockaden zu lösen und die Energie wieder zum Fließen zu bringen. Sprecher: Sukadev Bretz
CD, Laufzeit ca. 60 Min., 9,80 €, ISBN 978-3-931854-29-4

Pranayama für Fortgeschrittene

Wenn du bereits einige Zeit Pranayama geübt hast und Wechselatmung sowie Kapalabhati beherrschst, kannst du mit dieser CD arbeiten. Sie enthält Kapalabhati, Anuloma Viloma mit Bandhas und Samanu Mantras, Ujjayi, Surya Bedha, Bhastrika, 10 Mudras. Dadurch bist du in der Lage, subtilere Energien zu spüren und zu erwecken sowie deinen Geist zu kontrollieren. Vorsicht: Nicht für Anfänger! Um die beste Wirkung zu erzielen, ist regelmäßige Übung von Asanas und Meditation sowie eine reine Ernährung notwendig. Sprecher: Sukadev Bretz
Doppel-CD, 14,80 €, ISBN 978-3-931854-30-0

Tiefenentspannung - *zum Regenieren und Auftanken*

Jeder Mensch hat die Fähigkeit, zu einem Zustand tiefer körperlicher, seelischer und geistiger Ruhe (Tiefenentspannung) zu kommen. Diesen Zustand regelmäßig zu erreichen ist essenziell für körperliche Gesundheit, Lebensfreude und Leistungsfähigkeit. Die wichtigsten Techniken – Autogenes Training, Phantasiereise, Progressive Muskelentspannung – auf einer CD. Sprecher: Sukadev Bretz.
CD, Laufzeit ca. 75 Min., 9,80 €, ISBN 978-3-931854-09-6

Meditation – *Der Weg zum inneren Frieden*

Meditation ist der Schlüssel für Positivität, inneren Frieden, Kreativität und Lebensfreude. Schon 10 Minuten täglich erschließen die inneren Quellen der Kraft. 7 der wirkungsvollsten Techniken auf einer CD: Einfache Mantrameditation, Tratak, Ausdehnungsmeditation, Energiemeditation, kombinierte Mantrameditation, Eigenschaftsmeditation, abstrakte Meditation mit Soham. Sprecher: Sukadev Bretz.
CD, Laufzeit ca. 60 Min, 9,80 €, ISBN 978-3-931854-11-9

Meditation - *für Energie und inneren Frieden*

Meditation ist der Schlüssel für Positivität, inneren Frieden, Kreativität und Lebensfreude. Schon 10 Minuten täglich erschließen die inneren Quellen der Kraft. Auf dieser CD findest du 5 Meditationsanleitungen. Es sind Live-Mitschnitte aus Satsangs, aufgenommen im Sivananda-Saal des Hauses Yoga Vidya Bad Meinberg. Sprecherin: Suguna Langer.
MP3-CD, Laufzeit ca. 130 Min, 14,80 €, ISBN 978-3-931854-70-6

Yoga Vidya Nordsee

war früher ein Bauernhof, welcher in den Siebziger Jahren zu einem Hotel/ Pension umgebaut wurde. Es bietet eine familiäre, spirituelle und naturnahe Atmosphäre. Zum Grundstück gehören wunderschöne Rasenflächen, Kinderspielplatz, Obstwiese und herrliche alte Bäume. Der lichtdurchflutete große Yogaraum mit Blick über das weite flache Land, das liebevoll geführte Ayurveda- und Yogacafé, die gesunden frische pranareiche Nordseeluft und Wattwanderungen, machen deinen Aufenthalt zu einem besonderen Erlebnis. Abholung ab Bahnhof Wilhelmshaven möglich.

Yoga Vidya - Wiarder Altendeich 10 - 26434 Horumersiel

- Tel. 04426/904161-0 • Fax -40
- nordsee@yoga-vidya.de • www.yoga-vidya.de

Yoga Vidya Allgäu

Der Yoga Vidya Allgäu Ashram liegt auf ca. 1000 m Höhe unmittelbar vor den Allgäuer Alpen. Eingebettet in einer attraktiven Ferienregion ist Maria Rain ein beliebtes, aber ruhiges Kur- und Erholungsgebiet zwischen Kempten und Füssen. Umgeben von vielen Badeseen und fern ab von Straßenlärm und Feinstaub ist der Ort ideal für Yoga und Meditation. Direkt vom Haus eröffnet sich ein traumhafter Blick auf die Alpen. In unmittelbarer Nähe befindet sich die Alpspitze bei Nesselwang und der Grünten. Ein Genuss für jeden, der Yoga in einer kraftvollen Naturumgebung praktizieren oder lernen möchte.

Yoga Vidya - Lärchenweg 3 - 87466 Maria Rain

- allgaeu@yoga-vidya.de • www.yoga-vidya.de
